TABLES SUPPLÉMENTAIRES

DES DEUX PREMIERS VOLUMES

DE LA TABLE GÉNÉRALE

DU JOURNAL DU PALAIS,

SAVOIR:

La première, par ordre chronologique, des Arrêts rapportés dans les trente-sept volumes du Journal, publiés depuis le 1ᵉʳ. germinal an 9 (1801), jusqu'au 1ᵉʳ. janvier 1814;

La seconde, par ordre numérique, des articles des Codes en exécution desquels ces Arrêts ont été rendus;

Et la troisième, par ordre alphabétique, des noms des personnes sur les différends desquelles lesdits Arrêts ont prononcé.

A PARIS,

Au Bureau du Journal du Palais, rue de Grenelle-Saint-Honoré, N°. 55
ci-devant Hôtel des Fermes.

MARS 1815.

NOTE DE L'ÉDITEUR.

Le Propriétaire du Journal du Palais a publié, en 1809, une Table générale, par ordre alphabétique, des matières insérées dans le Journal du Palais et dans les volumes de la Collection des Arrêts qui font partie de cet Ouvrage. Quelques facilités que cette Table présentât pour la recherche des Arrêts ou des solutions des questions rapportées, comme on pouvait ne pas avoir toujours l'idée du *mot* sous lequel le Rédacteur de la Table avait placé la question que l'on désirait consulter, il en résultait que l'on ne trouvait pas quelquefois l'Arrêt que l'on cherchait. Pour épuiser tous les moyens de recherches, le Propriétaire actuel du Journal a pensé qu'il convenait, en publiant la deuxième partie de la Table générale, de livrer, en même temps, à MM. les Abonnés et au Public, trois Tables supplémentaires applicables à tous les volumes du Journal qui ont paru jusqu'au premier janvier 1814, et qui présentassent, l'une, les dates, par ordre chronologique, des Arrêts cités dans ces volumes ; l'autre, les articles, dans l'ordre numérique, de chacun des Codes en exécution desquels ces Arrêts ont été rendus ; et la troisième, les noms, par ordre alphabétique, des personnes sur les différends desquelles les Arrêts ont prononcé. On conçoit facilement qu'avec ces trois Tables et celle des matières, il est presque impossible de ne pas trouver promptement les questions ou l'Arrêt que l'on veut consulter.

La Table chronologique des Arrêts offre, outre les dates, l'indication des matières ; et celle des articles des Codes réunit, à la suite les uns des autres, tous les Arrêts rendus d'après leurs textes, en sorte que le rapprochement de ces Arrêts établit la jurisprudence formée sur chacun des articles. La Table des noms des parties les présente tous et doublement dans l'ordre alphabétique ; ainsi, il suffit, si l'on ne trouve pas ce que l'on cherche dans la Table des matières, de savoir la date de l'Arrêt ou le nom de l'une des parties litigantes, ou enfin le nombre de l'article du Code sur le sens duquel on controversait, pour découvrir bientôt l'objet de sa recherche. Le Rédacteur de ces Tables supplémentaires y a donné tous les soins dont il était capable, et il croit pouvoir compter sur leur exactitude.

La Table des Arrêts est à double colonne : elle fait connaître, dans la petite colonne à gauche, les dates des Arrêts. La première indication est celle de l'année ; la seconde celle du mois, et la troisième celle du jour. La deuxième colonne, beaucoup plus grande, indique d'abord le nom de la Cour qui a rendu l'Arrêt, ensuite les matières qui en ont fait l'objet, et enfin les volumes du Journal ou de la Collection des Arrêts, ainsi que la page dans lesquels il est rapporté.

La Table des Articles des Codes est aussi en deux colonnes. La petite à gauche indique les articles dans l'ordre numérique de chaque Code. La deuxième colonne fait connaître d'abord le nom de la Cour qui a rendu l'Arrêt, ensuite la date, et enfin le volume et la page où il est rapporté.

La Table des noms des parties ne paraît susceptible d'aucune observation pour son intelligence.

TABLE CHRONOLOGIQUE
DES ARRÊTS
RAPPORTÉS DANS LES 37 PREMIERS VOLUMES DU JOURNAL DU PALAIS,

A compter du 1er. Germinal an 9 (1801) jusqu'au 1er. Janvier 1814, avec l'indication des cours et des matières.

AN 3.		
Pluv.		
22	CASSATION. Emigré (femme d') — Renonciation à communauté. *Journ.*, 2e. sem. an 13 . . . . page 1	
AN 4.		
Messid.		
13		
	CASSATION. Cour de cassation. — Attributions. *Journ.*, 2e. sem. an 9. n°. 12 . 3	
AN 5.		
Nivose.		
8		
Messid.	CASSATION. Compromis. — Recours en cassation. *Journ.*, 1er. sem. an 10.. 260	
29		
Therm.	CASSATION. Tribunal de première instance. — Compétence. *Coll.* . . 1809. . 366	
13		
Fruct.	CASSATION. Compétence. — Vente. — Prix indéterminé. *Coll.* 1809. . . . 366	
3		
AN 7.		
Vend.	CASSATION. Paternité — Dommages-intérêts. *Journ.*, 2e. sem. an 10 . . . 490	
19		
Brum.	CASSATION. Halle. — Droit de banc. 1er. sem. an 11. 500	
27		
Frim.	CASSATION. Acquéreur. — Prix payé à la nation. *Journ.* 2e. sem. an 10. . . 321	
13		
Germ.	CASSATION. Successions — Représentation à l'infini. *Coll.* an 11. 1	
18		
Floréal		
9	CASSATION. Anciens réglemens. — Contravention. *Journ.*, 2e. sem. an 10. . 141	
AN 8.		
Nivose		
21	CASSATION. Cour de cassation. — Attributions. *Journ.*, 2e. sem. an 9, n°. 12 . 3	

AN 8.		
Vent.		
27	CASSATION. Bureau de paix. — Demande en garantie. *Journ.*, 2e. sem. an 10, pag. 13	
Mess.		
11	CASSATION. Cour de cassation. — Attributions. *Journ.* 2e. sem. an 9 n. 12 . 3	
16	ROUEN. Aubergiste. — Effets retenus. *Coll.* an 12. 49	
Ther.		
5	NANCY. Bail à cens — Transport. — Réduction. *Journ.*, 1er. sem. an 11. . . . 379	
13	PARIS. Effet de commerce. — Faux ordre. *Journ.*, 2e. sem. an 9. . n°. 25 . . 9	
Fruct.		
11	CASSATION. Requête civile. — Jugement arbitral. *Journ.*, 1er. sem. an 10. . 250	
14	PARIS. Tribunal de commerce. — Réassigné. *Journ.*, 1er. sem. an 11.. . 268	
AN 9.		
Vend.		
. . .	CASSATION. Papier-monnaie. — Billet. — Consignation. *Journ.* 2e. sem. an 9., n°. 22 3	
. . .	CASSATION. Jugement. — Question de fait et de droit. *Journ.*, 2e. sem. an 9, n°. 22 . . . . 12 .	
. . .	CASSATION. Sentence arbitrale. — Opposition. *Journ.*, 2e. sem. an 9. . n°. 23 . 6	
7	CASSATION. Jury. — Renvoi. *Journ.*, 2e. sem. an 9. . . n°. 24 3	
8	CASSATION. Directeur du jury. — Compétence. *Journ.*, 2e. sem. an 9 . n°. 24 . 5	
16	CASSATION. Délit. — Amende. *Journ.* 2e. sem. an 9. . . n°. 22 4	
16 et 18	CASSATION. Tribunal de police. — Jugement. *Journ.*, 2e. sem. an 9 . n°. 22 . 4	
Brum.		
3	CASSATION. Convol. *Journ.*, 1er. sem. 1806. 37	
7	CASSATION. Loyers. *Journ.*, 2e. sem. an 9. . . . . . n°. 24. 7	

AN 9.

Brum.

12   CASSATION. Succession. — Représentation. *Coll.* an 11 . . . . pag. 1

Frim.

12   PARIS. Domicile conventionnel. *Journ.*, 1er. sem. an 10 230

14   CASSATION. Loi du 17 nivose an 2. — Publication. *Journ.*, 2e. sem. an 10. . 359

Nivose

18   CASSATION. Douanes. *Journ.* 2e. sem. an 10 81

21   CASSATION. Arbitres forcés. — Appel. *Journ.*, 2e. sem. an 9. . n°. 2 . . . 1

22   CASSATION. Donation entre époux. — Condition. *Journ.*, 2e. sem. an 9. n°. 3 . 5

Pluv.

14   CASSATION. Pourvoi. — Moyens de requête civile. *Journ.*, 2e. sem. an 9. n°. 14 . . . 1

21   CASSATION. Requête civile. — Pièces fausses. *Journ.*, 2e. sem. an 9. . n.° 28 . 8

id.   CASSATION. Huissier. — Matricule. *Journ.*, 2e. sem. an 10. 221

id.   CASSATION. Patente — Huissier. *Journ.*, 2e. sem. an 9 . . . n°. 28 . . . 8

22   CASSATION. Patente — Huissier. *Journ.*, 1er. sem. an 10 173

id.   CASSATION. Requête civile. *Journ.*, 2e. sem. an 9 . . . n°. 28 . . . 8

id.   PARIS. Mariage — Publication. *Journ.*, 2e. sem. an 9 . . . n°. 31 . . . 5

Vent.

2   MONTPELLIER. Divorce. *Journ.*, 2e. sem. an 11. 430

5   CASSATION. Arrêtés du Gouvernement. *Coll.* an 11 185

11   CASSATION. Dernier ressort. *Journ.*, 2e. sem. an 9 . . . . n.° 6 . . . . 8 et n.° 7 1

id.   CASSATION. Jours complémentaires. *Journ.*, 2e. sem. an 9 . . . . n°. 1 . . . 1

23   PARIS. Avoués — Préfet. *Journ.*, 2e. sem. an 9 . . . . . . n°. 4 1

24   CASSATION. Tribunal de commerce — Preuve par témoins. *Journ.*, 2e. sem. an 9 . . . n.° 2 . . . . . . 6 et n.° 3 1

26   CASSATION. Jurés. - Contradiction. *Journ.*, 2e. sem. an 9 . n°. 9 6

28   CASSATION. Contrefaçon. *Journ.*, 2e. sem. an 9 . . . n.° 20 1

Germ.

. . .   CASSATION. Escroquerie — La martingale. *Journ.* 2e. sem. an 9 . . . n°. 7 . . 4 et n°. 8 1

4   CASSATION. Maire — Autorisation. *Journ.*, 2e. sem. an 9 . . . . . n.° 5 . . . 3

AN 9.

Germ.

5   PARIS. Jugement — Interprétation. *Journ.*, 2e. sem. an 9 . . . . n°. 21 . . pag. 15

id.   PARIS. Jugement qualifié en dernier ressort. *Journ.*, 2e. sem. an 9. . n°. 26 . 15

9   PARIS. Expropriation forcée — Usufruit. *Journ.*, 2e. sem. an 11 123

11   CASSATION. Récusation. *Journ.*, 2e. sem. an 9 . . . . . n°. 9 1

id.   CASSATION. Don mutuel. *Journ.*, 2e. sem. an 9 . . . . n°. 5 6

id.   CASSATION. Dépens — Taxe. *Journ.*, 2e. sem. an 9 . . . n°. 5 5

id.   CASSATION. Faux incident. *Journ.* 2e. sem. an 9 . . . . . n°. 1 9

12   CASSATION. Désistement. *Journ.*, 1er. sem. an 10 435

13   CASSATION. Délégation. *Journ.*, 2e. sem. an 9 . . . . . n°. 23 1

14   CASSATION. Domaines nationaux. *Journ.*, 2e. sem. an 9 . . . . . n.° 3 2

id.   CASSATION. Cassation — Lois romaines. *Journ.*, 2e. sem. an 9 . . n.° 12 . . 1

14   CASSATION. Aval. *Journ.*, 2e. semestre an 9, n°. 5 . . . . 7 et n°. 6 1

21   CASSATION. Maubournie — Déshéritence. *Journ.*, 2e. sem. an 9 . n°. 21 . . 7

22   ROUEN. Tiers coutumier. *Journ.*, 1er. sem. an 11 398

id.   CASSATION. Emigré (Créancier d') — Paiement. *Journ.*, 2e. sem. an 9 . . . n°. 8 7

id.   CASSATION. Délits de faux poids et mesures. *Journ.*, 2e. sem. an 9 . . . n°. 8 . . 3

28   CASSATION. Déclaration de jury — Pourvoi. *Journ.*, 2e. sem. an 9 . . . n°. 11 . 1

id.   CASSATION. Cour de cassation — Arrêt — Opposition. *Journ.*, 2e. semestre an 9 . . . . n°. 11 1

29   CASSATION. Injures verbales. *Journ.*, 2e. sem. an 9 . . . n°. 9 . . . . . . 7 et n°. 10 1

id.   CASSATION. Tribunal de police — Réparation d'honneur. *Journ.*, 2e. semestre an 9 . . . n°. 9 . . . . 7 et id. n°. 10 1

Floréal

. . .   CASSATION. Tribunal spécial — Compétence. *Journ.*, 2e. sem. an 9 . n°. 19 . 5

. . .   CASSATION. Conseil de guerre. *Journ.*, 2e. sem. an 9 . . . . n°. 8 5

13   CASSATION. Jugement — Acquiescement. *Journ.*, 2e. sem. an 9 . . . n°. 10 . . 4

AN 9.
Floréal

14 ROUEN. Commune — Caution. *Coll.* an 12. . . . . page 111

id. CASSATION. Assignats. *Journ.* 2e. sem. an 9 . . . . no. 29 9

22 CASSATION. Cassation — Offres réelles. *Journ.*, 2e. sem. an 9. . . no. 16 . . 1

23 CASSATION. Inscription du tiers consolidé. *Journ.*, 2e. sem. an 9. . . no. 18 . . 1

id. CASSATION. Exploits — Rente viagère — Huissier. *Journ.*, 2e. sem. an 9, no. 15 . 1

24 CASSATION. Compensation. *Journ.*, 2e. sem. an 9. . . . . no. 27 . . 5

25 CASSATION. Vacation—Jugement. *Journ.*, 2e. sem. an 9. . . . no. 19 . . . 1

27 RIOM. Absence. *Coll.* an 12. 95

Prair.

3 CASSATION. (Preuve testimoniale) Appel. *Journ.*, 2e. sem. an 9. . . no. 22 . . 11

4 CASSATION. Bénéfice d'inventaire. *Journ.*, 2e. sem. an 9. . . . no. 17 1

5 CASSATION. (Possession immémoriale.) *Journ.*, 2e. sem. an 9. . no. 26 . . . 6

8 CASSATION. Pourvoi rejeté. — Opposition. *Journ.*, 2e. sem. an 9. . . no. 16 . . 2

12 CASSATION. Appel. *Journ.*, 2e. sem. an 10. 486

14 CASSATION. Délibéré. *Journ.*, 2e. sem. an 9 . . . . no. 19 7

19 LIÉGE. Déréglement de mœurs. *Coll.* an 12. 116

21 CASSATION. Testament olographe. *Journ.*, 2e. sem. an 9 . . . no. 23 8

22 CASSATION. Etranger. *Journ.*, 2e. sem. an 9 . . . . . no. 19 6

id. CASSATION. Rente foncière. *Journ.*, 2e. sem. an 9 . . . . . no. 17 8

Mess.

1 CASSATION. Jugement arbitral. *Journ.*, 2e. sem. an 9 . . . no. 22 . . . 3

3 CASSATION. Légitime—Supplément. *Jour.*, 2e. sem. an 9 . . . . . no. 22 . 15

id. CASSATION. Militaire. *Journ.*, 2e. sem. an 9 . . . . no. 19 8

11 PARIS. Vente frauduleuse. — Rapport. *Journ.* 2e. sem. an 9 . . no. 35 . 14

12 CASSATION. Appel—Consignation. *Journ.*, 1er. sem. an 10. 45

14 PARIS. Jugement qualifié en dernier ressort. *Journ.*, 2e. sem. an 9 . no. 26 . 15

AN 9.
Mess.

19 ANGERS. Inscription. *Coll.* an 11 . . p. 430

21 CASSATION. Faux. *Journ.*, 2e. sem. an 9. . . . . no. 26 1

id. CASSATION. Jugement arbitral. *Journ.*, 1er. sem. an 10. 260

id. CASSATION. Jugement — Vérification d'écritures. *Journ.*, 2e. sem. an 9 . no. 24 . 8

22 CASSATION. Société de commerce. *Journ.*, 2e. sem. an 9 . . . . . no. 36 7

23 CASSATION. Héritier donataire — Rapport. *Journ.*, 2e. sem. an 9 . . no. 25 . . 1 et 1er. sem. an 10. 125

24 BESANÇON. Usure. *Journ.*, 1er. sem. an 10. 365

Therm.
2 CASSATION. Succession — Pays réunis. *Journ.*, 2e. sem. an 9. . . no. 32 . . 7

4 CASSATION. Command — Enregistrement. *Coll.* an 11. 193

id. CASSATION. Mineur — Partage. *Journ.*, 2e. sem. an 9. . . . no. 28 10

RÉCUSATION. *Journ.*, 2e. sem. an 9. . no. 30. 8

12 CASSATION. Dommages - intérêts — Contrainte par corps. *Journ.*, 2e. sem. an 9. . . . no. 34 6

13 PARIS. Lettre de change. *Journ.*, 1er. sem. an 10 . . . — 54

17 TOULOUSE. Arrérages — Prescription. *Coll.* an 12. 283

19 PARIS. Canal. *Coll.* an 11. 277

23 CASSATION. Huissier — Matricule. *Journ.*, 2e. sem. an 9 . . . . no. 30 . . . 13 et 2e. sem. an 10. 221

29 PARIS. Fonds de commerce — Successeur. *Journ.*, 2e. sem. an 9. . . no. 15 . . 7 idem. . . . . . no. 21 . . . 1 idem. . . . . . no. 34 16

Fruct.
1 CASSATION. Appel-Revendication. *Journ.*, 1er. sem. an 10. 9

id. CASSATION. Certificat d'indigence — Enquête. *Journ.*, 1er. sem. an 10. . . . 1

2 CASSATION. Timbre. *Journ.*, 2e. sem. an 10. 565

4 CASSATION. Droits féodaux. *Journ.*, 1er. sem. an 10 34

6 CASSATION. Tribunal spécial — Dommages intérêts. *Journ.*, 2e. semestre an 9 . . . no. 33 7

AN 9.
Fruct.

7 — CASSATION. Tribunal spécial — Témoins. *Journ.*, 2e. sem. an 9, n°. 35, pag. 12

11 — PARIS. Femme — Mandataire. *Journ.*, 2e. sem. an 10 29

12 — CASSATION. Tierce-opposition. *Journ.*, 1er. sem. an 10 77

13 — CASSATION. Associé. *Journ.*, 1er. sem. an 10 17

14 — CASSATION. Vaine pâture-Clôture. *Journ.*, 2e. semestre an 9, n°. 34 . . . . . 15 et *Coll.* 1807 174

16 — CASSATION. Directeur du Jury — Action publique. *Journ.*, 1er. sem. an 10 . . 61

AN 10.
Vend.

· · · — AMIENS. Jugement préparatoire — Acquéreur. *Journ.*, 1er. sem. an 11 . . 570

· · · — PARIS. Contrainte par corps. *Journ.*, 1er. sem. an 10 266

2 — CASSATION. Divorce — Acte de convocation. *Journ.*, 1er. sem. an 10 . . . 29

id. — CASSATION. Divorce — Acte de convocation. *Journ.*, 1er. sem. an 10 . . . 121

id. — PARIS. (Tribunal de commerce) — Associé — Dettes de société. *Journ.*, 1er. sem. an 10 163

3 — CASSATION. Testament—Signature. *Journ.*, 2e. sem. an 10 561

id. — CASSATION. Armistice—Succession. *Journ.* 1er. sem. an 10 285

4 — CASSATION. Tenure roturière. *Journ.*, 2e. sem. an 11 108

6 — CASSATION. Dommages intérêts — Tribunal criminel. *Journ.*, 2e. semestre an 10 138

9 — CASSATION. Stellionat. *Journ.*, 2e. sem. an 10 85

11 — CASSATION. Transports militaires—Tribunal de commerce. *Coll.*, 1810 . . . 289

id. — CASSATION. Hospice. *Journ.*, 1er. sem. an 10 86

12 — CASSATION. Domicile — Résidence de fait. *Journ.*, 1er. sem. an 11 145

id. — CASSATION. Déclinatoire. *Journ.*, 1er. sem. an 11 145

13 — CASSATION. Droit de mutation. *Journ.*, 1er. sem. an 10 . . . . · 119

AN 10.
Vend.

13 — CASSATION. Associé—Patente — Faux — Appel — Amende. *Journ.*, 1er. sem. an 10 . . . . pag. 109

14 — CASSATION. Mont-de-piété — Timbre. *Journ.*, 1er. sem. an 10 101

18 — CASSATION. Témoin — Lésion d'outre-moitié. *Journ.*, 1er. sem. an 10 . . 141

21 — CASSATION. Donation contractuelle — Héritier présomptif. *Journ.*, 1er. sem. an 10 189

22 — CASSATION. Cassation — Divers pourvois. *Coll.* an 13 139

24 — CASSATION. Vente — Mineur—Discussion — Compte de tutelle. *Journ.*, 1er. sem. an 10 178

id. — CASSATION. Agent du Gouvernement. *Journ.* 1er. sem. an 10 245

26 — PARIS. Lettres de ratification. *Journ.*, 1er. sem. an 10 250

28 — TRIBUNAL CRIMINEL. Viol. *Journ.*, 1er. sem. an 10 171

Brum.

2 — CASSATION. Lettre de change—Timbre--- Pays étranger. *Coll.* de 1807 . . . 63

id. — CASSATION. Lettre de change — Timbre— Amende. *Journ.*, 1er. sem. an 10 . . 159

3 — CASSATION. Dommages-intérêts — Injures écrites. *Journ.*, 1er. sem. an 10 . . . 131

4 — CASSATION. Signification — Arrêt d'admission. *Journ.*, 1er. sem. an 10 . . . 173

9 — CASSATION. Contumace. *Journ.*, 1er. sem. an 10 157

id. — CASSATION. Tribunal criminel — Prévarication — Compétence. *Journ.*, 1er. sem. an 10 212

12 — CASSATION. Vacances—Tierce-opposition — Bois. *Journ.*, 1er. sem. an 10. 221

14 — CASSATION. Huissier—Matricule. *Journ.*, 2e. sem. an 10 221

16 — CASSATION. Douanes. *Journ.*, 2e. sem. an 10 160

17 — CASSATION. Témoins (liste des) — Notification. *Journ.*, 1er. sem. an 10. 257

21 — CASSATION. Appel—Déclinatoire. *Journ.*, 1er. sem. an 10 205

23 — CASSATION. Pourvoi en cassation — Domaine national — Revendication —Préfet. *Journ.*, 1er. sem. an 10 237

AN 10.

Brum.

24 Cassation. Exploit — Parlant à... Nullité. *Journ.*, 1er. sem. an 10. pag. 200

25 Paris. (Tribunal criminel) — Empoisonnement. *Journ.*, 1er. sem. an 10. .201

27 Cassation. Récusation—Femme. *Journ.*, 1er. sem. an 10 34

Frim.

. . . Paris. Loi emptorem. *Journ.*, 1er. sem. an 10. 420

1 Cassation. (Opposition) — Arrêt de jonction. *Journ.*, 1er. sem. an 10. . 3.7

2 Rouen. Avaries. *Coll.* an 12. 51

3 Cassation. Preuve vocal. ou littéraire — Moyen de cassation. *Journ.*, 1er. sem. an 10. 269

6 Cassation. Excès de pouvoirs — Délit — Peine. *Journ.*, 2e. sem. an 10 . . . 119

id. Cassation. Excès de pouvoirs — Délit — Peine. *Journ.*, 2e. sem. an 10. . 235

7 Cassation. Jurés — Questions. *Journ.*, 1er. sem. an 10. 253

8 Rouen. (Opposition) — Jugement par défaut — Expropriation. *Coll.* an 12. 247

11 Cassation. Restitution de fruits. *Journ.*, 1er. sem. an 10. 454

12 Cassation. Validité de dépôt. *Journ.*, 1er. sem. an 10. 413

14 Cassation. Légitime — Réserve — Cumulation. *Journ.*, 1er. sem. an 11. 102

id. Cassation. Ordre judiciaire (Lois sur l'). *Journ.*, 1er. sem. an 10. . . . 333

22 Cassation. Huissier—Matricule. *Journ.*, 2e. sem. an 9, n°. 22. 1

id. Cassation. Brevet d'invention. *Journ.*, 1er. sem. an 10. 397

23 Paris. Majeur—Mineur-Nullité. *Journ.*, 1er. sem. an 10. 390

25 Paris. Brevet d'invention. *Journ.*, 1er sem. an 10. 422

27 Cassation. Opposition — Tribunal spécial. *Journ.*, 1er. sem. an 10. 461

Nivose

1 Cassation. Dernier ressort. *Journ.*, 1er. sem. an 10. 301

2 Paris. Appel — Conseil provisoire — Interdiction. *Journ.*, 1er. sem. an 10. 440

AN 10.

Nivose

4 Cassation. Enfant naturel — Succession. *Journ.*, 2e. sem. an 10. pag. 72

7 Paris. Promesse de bail. *Journ.*, 2e. sem. an 10. 25

9 Paris. Enquête - Tribunal délégué. *Journ.*, 1er. sem. an 11. 135

11 Cassation. Jugement interlocutoire — Associé. *Journ.*, 1er. sem. an 10. . . 349

13 Paris. Jugement par défaut — Demande vérifiée. *Journ.*, 1er. sem. an 11. 440

id. Cassation. Interrogatoire sur faits et articles. *Journ.*, 1er. sem. an 10. . . 357

id. Cassation. Amendes — Acquiescement — Délai — Faux. *Journ.*, 1er. sem. an 10. 541

17 Cassation. Jury — Faits conjecturés. *Journ.*, 1er. sem. an 10. 371

18 Cassation. (Octroi). *Journ.*, 1er. sem. an 10. 383

19 Cassation. Juge de paix — Dégradations. *Journ.*, 2e. sem. an 10. 42

id. Colmar. Dot. *Coll.* an 11. 412

22. Paris. Bureaux de paix. *Journ.*, 2e. sem. an 10. 13

23 Paris. Obligation — Cause ancienne. *Journ.*, 1er. sem. an 10. 417

24 Cassation. Maladie—Interdiction. *Journ.* 1er. sem. an 10. 381

id. Cassation. (Octroi). *Journ.*, 1er. sem. an 10. 383

id. Paris. Huissier — Cour d'appel. *Journ.*, 1er. sem. an 10. 389

id. Paris. Evocation. *Journ.*, 1er. sem. an 10. 549

25 Caen. Tiers-coutumier. *Journ.*, 1er. sem. an 11. 247

id. Cassation. Domaine congéable en Bretagne. *Journ.*, 2e. sem. an 10. 1

id. Cassation. Marchand — Registres (Défaut de). *Journ.*, 1er. sem. an 10. . 491

27 Cassation. Police correctionnelle — Jugement — Appel. *Journ.*, 2e. sem. an 10. 232

id. Cassation. Action publique. *Journ.*, 1er. sem. an 10. 525

29 Paris. Instance en rescision. *Journ.*, 2e. sem. an 10. 44

AN 10.
Pluv.

1 — PARIS. Bail emphytéotique. *Journ.*, 2e. sem. an 10.... pag. 22

2 — PARIS. Héritier — Rente remboursée. *Journ.*, 2e. sem. an 10.....247

3 — CASSATION. Rente. *Journ.*, 2e. sem. an 11....110

id. — CASSATION. Faillite. *Journ.*, 1er. sem. an 10....445

4 — CASSATION. Tribunal d'appel — Jonction d'hommes de loi. *Journ.*, 2e. sem. an 10....431

6 — PARIS. Solidarité. *Journ.*, 2e. sem. an 10....334

id. — CASSATION. Vol — Jury d'accusation. *Journ.*, 1er. sem. an 10.....477

7 — CASSATION. Juge de paix. *Journ.*, 2e. sem. an 10....42

8 — PARIS. Femme. *Coll.* an 12.....32

id. — PARIS. (Rente). *Journ.*, 1er. sem. an 10....482

id. — PARIS. Billet. *Journ.*, 1er. sem. an 10. 515

id. — PARIS. Prescription. *Journ.*, 1er. sem. an 10....517

9 — PARIS. Rescision. *Journ.*, 2e. sem. an 10....295

11 — CASSATION. Lettre de change. *Journ.*, 1er. sem. an 10....451

13 — PARIS. Partage. *Journ.*, 1er. sem. an 11....346

18 — PARIS. Douaire. *Journ.*, 1er. sem. an 10....470

21 — PARIS. Tierce-opposition. Emigré. *Journ.*, 1er. sem. an 11.......315

22 — PARIS. Emigré. *Journ.*, 2e. sem. an 10. 166

id. — PARIS. Complainte. *Journ.*, 2e. sem. an 10....171

23 — PARIS. Donation. *Journ.*, 1er. sem. an 11....108

24 — CASSATION. Loi — Fausse application — Possession. *Journ.*, 2e. sem. an 10. 198

25 — CASSATION. Appel — Réglemens locaux. *Journ.*, 2e. sem. an 11.......22

id. — BORDEAUX. Partage. *Coll.* an 12.... 97

26 — PARIS. Directeur de spectacle. *Journ.*, 2e. sem. an 10....61

id. — PARIS. Faillite. *Journ.*, 2e. sem. an 10. 266

AN 10.
Pluv.

28 — CASSATION. Question complexe — Signification de pièces — Banqueroute frauduleuse. *Journ.*, 2e. sem. an 10, pag. 53

29 — CAEN. Contrainte par corps. *Journ.*, 1er. sem. an 10.....569

id. — PARIS. Conciliation. *Journ.*, 1er. sem. an 10.....553

Vent.

... — CASSATION. Evocation. *Journ.*, 1er. sem. an 10.....549

1 — CASSATION. Dot. *Journ.*, 2e. sem. an 10....58

id. — PARIS. Appel — Sentence d'adjudication. *Journ.*, 1er. sem. an 10.....509

2 — PARIS. Solidarité. *Journ.*, 2e. sem. an 10....334

id. — CASSATION. Surenchère. *Journ.*, 1er. sem. an 10.....557

3 — CASSATION. Loi du 25 messidor an 3. *Coll.* 1810....342

id. — CASSATION. Loi du 25 messidor an 3. *Journ.*, 2e. sem. an 10....49

id. — PARIS. Préfet — Avoués. *Journ.*, 2e. sem. an 10....293

4 — LIÉGE. Mariage. — Donation. *Journ.*, 1er. sem. an 11....23

id. — CASSATION. Registres — Négocians. *Journ.*, 2e. sem. an 10....39

5 — RIOM. Don mutuel. *Journ.*, 1er. sem. an 11....75

8 — PARIS. Compétence. *Journ.*, 1er. sem. an 11....158

9 — CASSATION. Acquéreur-Créanciers. *Journ.*, 2e. sem. an 10....321

id. — CASSATION. Loi du 17 nivose an 2. *Journ.*, 2e. sem. an 10....359

12 — PARIS. Notaire. *Journ.*, 1er. sem. an 11....205

13 — PARIS. Alimens. *Journ.*, 2e. sem. an 10....7

14 — CASSATION. Arrêt — Juge de première instance. *Journ.*, 1er. sem. an 11..437

16 — CASSATION. Tribunal correctionnel — Action en garantie. *Journ.*, 2e. sem. an 10....17

24 — BORDEAUX. Rapport. *Coll.* an 12....104

25 — PARIS. Contrainte par corps. 2e. sem. an 10....211

AN 10.
Vent.

28 — CASSATION. Mari — Amende. *Journ.*, 2e. sem. an 10.......... pag. 65

id. — CASSATION. Médecins. *Journ.*, 2e. sem. an 10...............337

Germ.

4 — CASSATION. Donation. *Journ.*, 2e. sem. an 10.............33

6 — PARIS. Résidence de fait — Section des vacations — Autorisation. *Journ.*, 2e. sem. an 10...103

9 — CASSATION. Juge de paix — Témoins. *Journ.*, 2e. sem. an 10......513

12 — CASSATION. Dot — Conciliation. *Journ.*, 2e. sem. an 10......113

id. — PARIS. Legs — Successible. *Journ.*, 2e. sem. an 10........371

13 — CASSATION. Consignation. *Journ.*, 2e. sem. an 10........209

id. — PARIS. Domicile — Déclinatoire. *Journ.*, 2e. sem. an 10......88

id. — PARIS. Séparation de biens. *Journ.*, 1er. sem. an 10........273

14 — PARIS. Donation. *Journ.*, 2e. sem. an 10......252

16 — PARIS. Communauté. *Journ.*, 2e. sem. an 10......425

21 — CASSATION. Contrainte par corps. *Journ.*, 2e. sem. an 10......468

id. — CASSATION. Juge de paix. *Journ.*, 2e. sem. an 10......497

22 — CASSATION. Pourvoi en cassation — Amende. *Journ.*, 2e. sem. an 10......113

23 — CASSATION. Consignataire. *Journ.*, 2e. sem. an 10......97

id. — CASSATION. Droit commun de la Corse. *Journ.*, 2e. sem. an 10......97

id. — CASSATION. Douaire. *Journ.*, 2e. sem. an 10......129

24 — PARIS. Rente viagère. *Journ.*, 2e. sem. an 10......279

25 — CASSATION. Recors. *Journ.*, 1er. sem. an 1808.......74

id. — CASSATION. Notification — Evocation. *Journ.*, 2e. sem. an 10......353

26 — CASSATION. Autorité publique. *Journ.*, 2e. sem. an 10......

29 — ANGERS. Emigré. *Coll.* an 11......161

30 — CASSATION. Tutelle. *Journ.*, 2e. sem. an 10......143

AN 10.
Germ.

30 — CASSATION. Jugement — Nullité. *Journ.*, 2e. sem. au 10....... pag. 503

Floréal

1 — PARIS. Expropriation forcée. *Journ.*, 2e. sem. an 10........150

2 — CASSATION. Procureur impérial. *Coll.* an 11......231

3 — CASSATION. Voie civile — Déclaration. *Journ.*, 2e. sem. an 10......289

id. — CASSATION. Fausse monnaie étrangère. *Journ.*, 2e. sem. an 10......545

4 — CASSATION. Appel — Douane. *Coll.* an 11......210

6 — CASSATION. Prescription. — Droit de mutation. *Journ.*, 2e. sem. an 10......161

id. — PARIS. Ordonnance — Divorce. *Journ.*, 2e. sem. au 10......217

id. — PARIS. Huissier — Matricule. *Journ.*, 2e. sem. an 10......221

id. — PARIS. Enfant naturel. *Journ.*, 2e. sem. an 10......184

id. — PARIS. Prix (vilité de) — Saisie immobilière. *Journ.*, 2e. sem. an 10......281

id. — PARIS. Intervention — Remboursement. *Journ.*, 2e. sem. an 10......377

9 — CASSATION. Aval. *Journ.*, 2e. sem. an 10......177

10 — CASSATION. Tribunal de police. *Journ.*, 1er. sem. an 11......137

11 — ROUEN. (Péremption.) *Journ.*, 1er. sem. an 12......446

13 — CASSATION. Successions. *Coll.* an 11..1

id. — CASSATION. (Péremption.) *Journ.*, 2e. sem. an 10......193

14 — CASSATION. Action récursoire. *Journ.*, 2e. sem. an 10......147

17 — PARIS. Billet — Approbation. *Journ.*, 2e. sem. an 10......285

20 — PARIS. Mineur — Requête civile. *Journ.*, 1er. sem. an 11......92

id. — PARIS. Billet — Cause non énoncée. *Journ.*, 1er. sem. an 11......167

id. — CASSATION. Péremption — Jugement par défaut. *Journ.*, 2e. sem. an 10......257

22 — CASSATION. Autorité publique. *Journ.*, 2e. sem. an 10......225

id. — CASSATION. Transfert d'inscription. *Journ.*, 2e. sem. an 10......241

AN 10.

Floréal

23 ROUEN. Donation à cause de mort. *Journ.*, 1er. sem. an 12 . . . . . pag. 393

id. CASSATION. Loi du 17 nivose an 2 — Publication. *Journ.*, 2e. sem. an 10 . . 359

25 PARIS. Ministère public — Audition. (défaut d') *Journ.*, 1er. sem. an 11 . . 173

27 CASSATION. Conciliation — Intérêts. *Coll* an 11 58

id. CASSATION. Adjudicataire — Papier-monnaie. *Journ.*, 2e. sem. an 10 . . . 273

29 CASSATION. Etat (réclamation d') — Voie criminelle. *Journ.*, 2e. sem. an 10 . . 305

id. CASSATION. Acquéreur — Loi du 16 nivose an 6. *Journ.*, 2e. sem. an 10 . . . 406

30 PARIS. Rapport d'experts. *Journ*, 1er. sem. an 11 123

id. PARIS. Caution. *Journ.*, 1er. sem. an 11 171

id. PARIS. Dernier ressort. *Journ.*, 2e. sem. an 10 363

ib. CASSATION. Usage-Contravention *Journ.*, 2e. sem. an 10 292

id. PARIS. Dernier ressort. *Journ.*, 2e. sem. an 10 263

Prair.

6 CASSATION. Vente à fonds perdu — Successible. *Coll.* an 11 223

10 CASSATION. Tribunal de police. *Journ.*, 2e. sem. an 10 407

12 PARIS. Débiteurs solidaires. *Journ.*, 2e. sem. an 10 365

13 PARIS. Contrat d'union — Homologation — Compétence. *Journ.*, 1er. sem. an 11 218

id. CASSATION. Congé. *Journ.* 1er. sem. an 11 97

14 PARIS. Interdit. *Journ.*, 2e. sem. an 10 296

16 CASSATION. Ventes à fonds perdu — Successible. *Journ.*, 2e. sem. an 10 . . 465

16 PARIS. Billet de banque anglaise. *Journ.*, 2e. sem. an 10 548

18 PARIS. Rente viagère. *Journ.*, 2e. sem. an 10 230

25 CASSATION. Tribunal de commerce. — Recors — Contrainte. *Journ.*, 2e. sem. an 10 353

25 PARIS. Récusation. *Journ.*, 2e. sem. an 10 347

26 RIOM. Femme — Inscription — Mainlevée. *Journ.*, 2e. sem. an 10 . . . 539

AN 10.

Prair.

27 CASSATION. Veuve — Convol — Succession. *Journ.* 2e. sem. an 10 . pag. 412

29 PARIS. Tierce-opposition. *Journ.*, 2e. sem. an 10 237

id. PARIS. Tiers-détenteur. *Journ.*, 2e. sem. an 10 327

id. PARIS. Rescision. *Journ.*, 2e. sem. an 10 327

Mess.

. . . LYON. Simulation. *Journ.*, 1er sem. an 12 94

2 CASSATION. Dernier ressort. *Journ.*, 2e. sem. an 10 369

5 CASSATION. Dol. *Journ.*, 2e. semestre an 11 407

id. PARIS. Héritier — Vente — Renonciation. *Journ.*, 2e. sem. an 10 398

id. PARIS. Expropriation forcée. *Journ.*, 2e. sem. an 10 414

6 PARIS. Hypothèque — Acte administratif. *Journ.*, 2e. sem. an 11 326

7 PARIS. Mandataire — Contrat de vente. *Journ.*, 2e. sem. an 10 445

11 CASSATION. Jugement sur rapport. *Journ.*, 1er. sem. an 11 389

11 CASSATION. Femme divorcée — Juge de paix — Jugement. *Journ.*, 1er. sem. an 11 73

17 CASSATION. Grosse — Acte notarié. *Journ.*, 2e. sem. an 10 385

18 CASSATION Effet de commerce — Contre-enquête. *Journ.*, 2e. sem. an 10 . . 430

id. CASSATION. Transaction. *Journ.*, 2e. sem. an 10 519

20 NANCY. Commandement — Appel. *Journ.*, 2e. sem. an 11 268

23 PARIS. Vente sous seing privé — Transcription. *Journ.*, 2e. sem. an 10 . . 417

id. CASSATION. Loi du 10 vendémiaire an 4 — Contravention. *Journ.*, 2e. semestre an 10 433

24 CASSATION. Défrichement — Terrain communal. *Journ.*, 2e. sem. an 10 . . . 449

27 PARIS. Garantie. *Journ.*, 2e. semestre an 11 409

30 CASSATION. Contrainte-Opposition. *Journ.*, 1er. sem. an 11 360

AN 10. therm.

1 | CASSATION. Accusé absous — Dommages-intérêts. *Journ.*, 2e. sem. an 10, p. 410

id. | CASSATION. Papier-monnaie—Numéraire. *Journ.*, 2e. sem. an 10 481

2 | CASSATION. Compte. *Journ.*, 2e. sem. an 10 . . . 452

5 | PARIS. Expropriation forcée. *Journ.*, 2e. sem. an 10 . . . 414

7 | PARIS. Conciliation—Acquéreur. *Journ.*, 2e. sem. an 10 . . . 438

id. | PARIS. Coobligé solidaire—Héritier bénéficiaire. *Journ.*, 2e. sem. an 10 . . . 438

id. | CASSATION. Arbitres — Expression impropre. *Journ.*, 2e. sem. an 10 . . . 567

8 | PARIS. Séduction. *Coll.* an 11 . . . 137

id. | PARIS. Séduction — Mineure — Mariage. *Journ.*, 2e. sem. an 10 . . . 554

9 | PARIS. Tiers-saisi. *Journ.*, 2e. sem. an 10 . . . 523

10 | CASSATION. Domicile. *Journ.*, 1er. sem. an 11 . . . 38

14 | PARIS. Arbitres. *Journ.*, 1er. sem. an 11 . . . 139

16 | PARIS. Créancier surenchérisseur. *Jour.*, 1er. sem. an 11 . . . 86

id. | CASSATION. Vérification d'écritures—Dommages-intérêts. *Journ.*, 2e. sem. an 10 . . . 529

17 | CASSATION. Billet—Approbation. *Journ.*, 2e. sem. 1808 . . . 437

id. | PARIS. Tutelle. *Journ.*, 1er. semestre an 11 . . . 60

19 | PARIS. Aubergiste — Marchandises déposées. *Journ.*, 1er. sem. an 11 . . . 444

21 | AMIENS. Clause prohibitive. *Journ.*, 1er. sem. an 12 . . . 111

id. | AMIENS. (Quotité disponible). *Journ.*, 1er. sem. an 12 . . . 112

id. | CASSATION. Tribunal de commerce — Jugement. *Coll.* an 11 . . . 65

id. | CASSATION. Messager — Vol — Responbilité. *Coll.* an 11 . . . 65

23 | PARIS. Barques (Conducteurs de) Réglement. *Journ.*, 1er. sem. an 11 . . . 103

id. | CASSATION. Condamné — Biens restitués. *Coll.* an 11 . . . 49

id. | PARIS. Notaire — Infirmité. *Journ.*, 2e. sem. an 10 . . . 534

AN 10. therm.

25 | PARIS. Consignation. *Journ.*, 1er. sem. an 11 . . . pag. 8

26 | PARIS. Défenses sur requête. *Journ.*, 1er. sem. an 11 . . . 45

28 | PARIS. Divorce — Enfans. *Journ.*, 1er. sem. an 11 . . . 188

29 | CASSATION. Redevance. *Journ.*, 2e. sem. an 11 . . . 109

id. | CASSATION. Tenure roturière. *Journ.*, 2e. sem. an 11 . . . 108

id. | CASSATION. Avoués — Préfet. *Journ.*, 1er. sem. an 11 . . . 245

id. | CASSATION. Contrat d'union. *Journ.*, 1er. sem. an 11 . . . 129

Fruct.

7 | ROUEN. Avantages prohibés. *Journ.*, 2e. sem. an 11 . . . 505

8 | PARIS. Citation — Rescision. *Journ.*, 1er. sem. an 11 . . . 301

10 | PARIS. Biens ecclésiastiques. *Journ.*, 2e. sem. an 11 . . . 221

id. | PARIS. Ascendant. *Journ.*, 1er. sem. an 11 . . . 41

id. | PARIS. Contre-lettre. *Journ.*, 2e. sem. an 10 . . . 573

12 | CASSATION. Lettre de change. *Journ.*, 1er. sem. an 11 . . . 17

13 | PARIS. Tierce-opposition. *Journ.*, 1er. sem. an 11 . . . 457

id. | BRUGES. Religieuse — Succession. *Coll.* an 12 . . . 115

id. | CASSATION. Transcription. *Journ.*, 1er. sem. an 11 . . . 33

14 | CASSATION. Vente — Prix — Estimation. *Journ.*, 1er. sem. an 11 . . . 81

19 | CASSATION. Divorce — Huissier — Immatricule. *Journ.*, 1er. sem. an 11 . . . 49

21 | CASSATION. Réglement de juges. *Coll.* an 11 . . . 217

27 | CASSATION. Jugement — Adjudication. *Journ.*, 1er. sem. an 11 . . . 3

AN 11. Vend.

5 | CASSATION. Usage-Billets à ordre. *Journ.*, 1er. sem. an 11 . . . 113

6 | CASSATION. Prescription. *Journ.*, 1er. sem. an 13 . . . 67

AN 11.

Vend.

6   CASSATION. Citation — Tribunal d'appel. *Journ.*, 1er. sem. an 11. . pag. 295

13   CASSATION. Insinuation. *Journ.*, 1er. sem. an 11. . . . 119

14   CASSATION. Donanes. *Coll.* an 12. . . 255

19   CASSATION. Arrêt d'admission — Signification. *Journ.*, 1er. sem. an 11. . 134

id.   CASSATION. Compétence. *Journ.*, 1er. sem. an 11. . . . 100

20   CASSATION. Droit de mutation. *Journ.*, 1er. sem. an 11. . . . 433

id.   CASSATION. Interprétation. *Journ.*, 1er. sem. an 11. . . . 305

21   CASSATION. Clause prohibitive. *Journ.*, 1er. sem. an 11. . . . 358

id.   CASSATION. Acte notarié. *Journ.*, 1er. sem. an 11. . . . 152

23   CASSATION. Propos injurieux. *Journ.*, 2e. sem. an 11. . . . 529

27   CASSATION. Clause prohibitive. *Journ.*, 1er. sem. an 11. . . . 209

id.   CASSATION. Détenteur — Rente. *Journ.*, 1er. sem. an 11. . . . 198

Brum.

3   CASSATION. Immixtion — Compte — Assignats. *Coll.* an 11. . . . 297

5   CASSATION. Huissier — Immatricule — Jugement — *Ultra petita. Journ.*, 1er. sem. an 11. . . . 262

6   PARIS. Juges — Délibéré. *Journ.*, 2e. sem. au 11. . . . 427

7   CASSATION. Pourvoi en cassation. *Journ.*, 1er. sem. an 11. . . . 289

11   CASSATION. Droits de Retour. *Journ.*, 1er. sem. an 12. . . . 161

id.   CASSATION. Ascendans. *Journ.*, 2e. sem. an 11. . . . 113

13   CASSATION. Délits forestiers. *Journ.*, 2e. sem. an 11. . . . 385

17   CASSATION. Dernier ressort. *Journ.* 1er. sem. an 11. . . . 231

id.   CASSATION. Autorité de la chose jugée. *Journ.*, 1er. sem. an 11. . . . 177

18   COLMAR. Fruits — Saisie. *Journ.*, 1er. sem. an 12. . . . 553

id.   CASSATION. Lettre de change. *Coll.* an 11. . . . 335

19   LIÉGE. Préteur — Préférence. *Coll.* an 12. . . . 80

AN 11.

Brum.

19   CASSATION. Enquête. *Journ.*, 1er. sem. an 11. . . . pag. 193

20   PARIS. Epoux divorcés — Enfans. *Journ.*, 1er. sem. an 11. . . . 329

21   CASSATION. Evocation. *Journ.*, 1er. sem. an 10. . . . 549

id.   CASSATION. Faux témoignagne. *Journ.*, 1er. sem. an 11. . . . 342

25   CASSATION. Usage — Opposition. *Journ.*, 1er. sem. an 11. . . . 215

26   CASSATION. Intérêts. *Coll.* an 11. . . 238

27   CASSATION. Garde champêtre. *Coll.* an 12 . . . 79

29   CASSATION. Possession d'état. *Journ.*, 1er. sem. an 11. . . . 427

Frim.

1   CASSATION. Réserve — Loi du 18 pluviose an 5. *Journ.*, 2e. sem. an 11. . . . 102

id.   CASSATION. Légitimaire. *Coll.* an 11. 198

id.   CASSATION. Réserve — Donation contractuelle. *Journ.*, 2e sem. an 13. . . 545

id.   CASSATION. Domaine. *Journ.*, 1er. sem. an 11. . . . 225

2   CASSATION. Enquête — Résiliation. *Journ.*, 1er. sem. an 11. . . . 308

8   CASSATION. Douanes. *Journ.*, 1er. sem. an 11. . . . 257

9   CASSATION. Huissier — Domicile. *Coll.* an 13. . . . 311

id.   PARIS. Assemblée de famille — Divorce. *Journ.* 1er. sem. an 11. . . . 527

id.   CASSATION. Assignation — Divorce — Chambre de vacations — Enregistrement — Huissier. *Journ.*, 1er. sem. an 11. . . . 241

10   PARIS. Référé. *Journ.*, 1er. semestre an 11. . . . 279

12   CASSATION. Percepteur des contributions. *Journ.*, 1er. sem. an 11. . . . 321

16   CASSATION. Avantages. *Journ.*, 1er. sem. an 11. . . . 404

id.   CASSATION. Déporté. *Journ.*, 1er. sem. an 11. . . . 273

19   NISMES. Enfant — Légataire — Majorité ancienne. *Journ.*, 2e. sem. an 11. . 302

id.   NISMES. Requête civile. *Journ.*, 2e. sem. an 11. . . . 233

id.   PARIS. Rente foncière. *Journ.*, 1er. sem. an 11. . . . 370

AN 11.
Frim.

23 CASSATION. Retrait conventionnel. *Journ.*, 1er. sem. an 11 . . . . . . pag. 337

id. CASSATION. Protêt. *Journ.*, 1er. sem. an 11 481

id. CASSATION. Droit de mutation. *Journ.*, 1er. sem. an 11 465

24 PARIS. Pièces arguées de faux—Transport. *Journ.*, 1er. sem. an 11 416

id. CASSATION. Citation. *Coll.* an 12 . . . 190

id. PARIS. Dictionnaire de l'académie. *Journ.*, 1er. sem. an 11 283

25 PARIS. Divorce. *Journ.*, 1er. sem. an 11 412

29 CASSATION. Autorité administrative. *Journ.*, 1er. sem. an 11 383

id. CASSATION. Rente. *Journ.*, 1er. sem. an 11 364

30 PARIS. Octrois. *Journ.*, 1er. sem. an 11 392

id. CASSATION. Prescription. *Journ*, 1er. sem. an 11 353

Niv.

2 ROUEN. Expropriation forcée. *Journ.*, 2e. sem. an 11 461

id. PARIS. Prêteurs sur gage. *Journ.*, 1er. sem. an 11 396

3 PARIS. Ratification. *Journ.*, 2e. sem. an 11 136

8 CASSATION. Mineur—Conclusions. *Journ.*, 2e. sem. an 11 209

id. CASSATION. Rente — Remboursement — Indemnité. *Journ.*, 1er. semestre an 11 422

id. CASSATION. Exploit. *Journ.* 1er. sem. an 11 390

9 LYON. Retour. *Coll.* an 11 445

id. CASSATION. Commissaire de police. *Coll.* an 12 77

id. CASSATION. Ministère public. *Coll.* an 12 79

10 CASSATION. Référé. *Journ.*, 2e. sem. an 11 439

11 CASSATION. Mineur—Conclusions. *Journ.*, 1er. sem. an 11 385

13 CASSATION. Interprétation. *Journ.*, 1er. sem. an 11 417

id. CASSATION. Droit de mutation. *Coll.* an 11 418

AN 11.
Niv.

13 CASSATION. Rente viagère. *Journ.*, 1er. sem. an 11 . . . . pag. 561

14 CASSATION. Contrainte — Opposition. *Journ.*, 1er. sem. an 11 360

15 CASSATION. Appel — Désert. *Coll.* an 11 279

id. NISMES. Saisie — Rente foncière. *Journ.*, 2e. sem. an 11 510

id. CASSATION. Rature. *Journ.*, 1er. sem. an 11 342

16 DIJON. Intérêts. *Journ*, 2e. semestre an 11 28

18 PARIS. Servitude. *Journ.*, 1er. semestre an 12 428

20 CASSATION. Avoués — Régie de l'enregistrement. *Journ.*, 1er. sem. an 11 . . 424

21 CASSATION. Ordonnance — Jugement arbitral. *Journ.*, 1er. sem. an 11 . . 410

22 CASSATION. Obligation—Testament. *Coll.* an 11 316

id. CASSATION. Amende. *Journ.*, 1er. sem. an 11 369

24 CASSATION. Experts. *Coll.* 1806 . . . 3

id. CASSATION. Amende. *Coll.* an 12 . . . 77

25 AMIENS. donation. *Coll.* an 12 . . . 155

id. PARIS. Réquisition. *Journ.*, 1er. sem. an 11 487

27 CASSATION. Douaire. *Journ.*, 1er. sem. an 11 454

id. CASSATION. Chose jugée—Artistes. *Journ.*, 1er. sem. an 11 401

28 CASSATION. Brevet d'invention. *Journ.*, 2e. sem. an 1809 17

29 PARIS. Référé — Divorce. *Journ.*, 1er. sem. an 11 435

30 PARIS. Motifs de jugement. *Journ.*, 1er. sem. an 11 475

Pluv.

2 PARIS. Rente viagère — Rente. *Journ.*, 1er. sem. an 11 525

id. LYON. Absent. *Coll.* an 12 102
et 319

id. PARIS. Legs caduc. *Journ.*, 1er. sem. an 11 509

5 CASSATION. Enregistrement. *Coll.* an 12 249

id. PARIS. Tierce - opposition. *Journ.*, 1er. sem. an 11 489

AN 11.

Pluv.

6 — CASSATION. Donation déguisée. *Journ.* 2e. sem. an 13 . . . . pag. 33

id. — CASSATION. Testament — Faux incident. *Journ.*, 1er. sem. an 11 529

id. — CASSATION. Donation déguisée. *Journ.*, 2e. sem. an 11 33

id. — CASSATION. Mariage. *Journ.*, 1er. sem. an 11 420

7 — PARIS. Péremption. *Journ.*, 1er. sem. an 11 478

8 — NISMES. Jugement non qualifié — Appel. *Journ.*, 1er. sem. an 12 191

11 — CASSATION. Exhérédation officieuse. *Coll.* an 12 45

12 — CASSATION. Rente foncière — Ratification. *Journ.*, 2e. sem. an 11 . . 132

id. — CASSATION. Rente foncière — Lettre de ratification. *Journ.*, 1er. semestre an 11 497

13 — CASSATION. Substitution. *Coll.* an 12 . 121

id. — CASSATION. Culte. *Journ.*, 1er. sem. an 11 449

14 — LYON. Testament. *Coll.* an 11 . . . 424

id. — LYON. Testateur. *Coll.* an 11 . . . 421

id. — PARIS. Nullité. *Journ.*, 2e. sem. an 11 . 87

15 — DIJON. Saisie exécution. *Journ.*, 1er. sem. an 12 91

id. — ROUEN. Vendeur. (second) *Journ.*, 2e. sem. an 11 91

id. — PARIS. Lettre de change. *Journ.*, 1er. sem. an 11 527

16 — LYON. Opposition. *Coll.* an 11 . . . 425

id. — PARIS. Juge de paix — Témoins. *Journ.*, 2e. sem. an 11 118

id. — CASSATION. Halle. (droit de) *Journ.*, 1er. sem. an 11 505

18 — CASSATION. Conflit d'attribution. *Journ.*, 2e. sem. an 11 70

19 — LYON. Engagiste. *Coll.* an 11 . . . 427

id. — CASSATION. Mutation. *Journ.*, 1er. sem. an 11 468

20 — CASSATION. Tribunaux. *Journ.*, 1er. sem. an 11 485

21 — PARIS. Succession vacante. *Journ.*, 1er. sem. an 11 492

26 — CASSATION. Dernier ressort. *Journ.*, 2e. sem. an 11 389

AN 11.

Pluv.

26 — CASSATION. Bail à rente — Usufruit. *Coll.* an 12 . . . . pag. 145

id. — CASSATION. Dernier ressort. *Journ.*, 2e. sem. an 11 55

id. — CASSATION. Dernier ressort. *Journ.*, 2e. sem. an 11 389

id. — CASSATION. Loi du contrat — Pourvoi en cassation. *Journ.*, 1er. sem. an 11 . . 534

id. — PARIS. Régisseurs d'hôpitaux. *Journ.*, 2e. sem. an 11 121

id. — CASSATION. Rente. *Journ.*, 2e. sem. an 11 110

id. — PARIS. Divorce. *Journ.*, 1er. sem. an 11 545

id. — CASSATION. Simulation. *Journ.*, 1er. sem. an 11 563

27 — CASSATION. Requête en cassation. *Coll.* an 12 205

id. — PARIS. Hypothèque (purge d') — Action personnelle. *Journ.*, 2e. semestre an 11 56

29 — COLMAR. Vente — Prix — Notaire — Mandataire. *Journ.*, 1er. semestre an 12 461

id. — PARIS. Dernier ressort. *Journ.*, 2e. sem. an 11 . . . . —181

30 — PARIS. Licitation. *Journ.*, 2e. semestre an 11 62

id. — PARIS. Opposition — Arrêt. *Journ.*, 1er. sem. an 11 567

Vent.

2 — CASSATION. Adultère. *Journ.*, 2e. sem. an 11 8

id. — PARIS. Cessionnaire d'une créance — Opposition. *Journ.*, 1er. sem. an 11 . . 542

id. — CASSATION. Prestations emphytéotiques. *Journ.*, 1er. sem. an 11 539

id. — CASSATION. Exception — Appel. *Journ.*, 1er. sem. an 11 513

3 — PARIS. Communauté. *Journ.*, 2e. sem. an 11 26

id. — CASSATION. Paternité. *Journ.*, 2e. sem. an 11 3

id. — CASSATION. Législation — Testament. *Journ.*, 1er. sem. an 11 . . . 516

id. — CASSATION. Déclaration de command. *Journ.*, 1er. sem. an 11 520

4 — CASSATION. Femme — Citation en cassation. *Journ.*, *Coll.* an 12 254

AN 11.

Vent.

4 CASSATION. Erreur — Cassation. *Journ.*, 2e. sem. an 11 . . . . pag. 145

5 PARIS. Mariage. *Journ.*, 2e. sem. an 11. 43

7 PARIS. Reconnaissance — Dette acquittée. *Journ.*, 2e. sem. an 11 503

id. CASSATION. Perte d'un écrit. *Journ.*, 2e. sem. an 11. 17

9 PARIS. Revendication. *Journ.*, 2e. sem. an 11. 265

id. CASSATION. Féodalité. *Journ.*, 1er. sem. an 11. 522

11 CASSATION. Requête civile. *Journ.*, 1er. sem. an 12. 529

id. CASSATION. Requête civile — Mineur — Signification. *Journ.*, 2e. semestre an 11. 209

12 TUTEUR. Réparations. *Journ.*, 2e. sem. an 11. 293

id. PARIS. Chicaneur outré — Demande vérifiée. *Journ.*, 2e. sem. an 11. . . .249

16 CASSATION. Chose jugée. *Journ.*, 2e. sem. an 11. 129

id. CASSATION. Offres réelles. *Journ.*, 2e. sem. an 11. 40

17 CASSATION. Douaire. *Journ.*, 2e. sem. an 11. 81

18 CASSATION. Acquéreur — Rente foncière. *Journ.*, 2e. sem. an 11. 83

id. CASSATION. Enfant légitime — Lois romaines — Jurisprudence des arrêts. *Journ.*, 2e. sem. an 11. 49

id. PARIS. Tierce-opposition. *Journ.*, 2e. sem. an 11. 185

id. CASSATION. Motif d'un jugement. *Journ.*, 2e. sem. an 11. 49

19 PARIS. Rente viagère — Assignat démonstratif. *Journ.*, 2e. sem. an 11. . .149

20 PARIS. Inventaire. *Journ.*, 2e. sem. an 11. 263

id. PARIS. Prescription. *Journ.*, 2e. sem. an 11. 140

id. PARIS. Partie saisie. *Journ.*, 2e. sem. an 11. 77

23 CASSATION. Adjudication après décès. *Jour.*, 1er. sem. an 12. 585

24 TOULOUSE. Consignation. *Journ.*, 1er. sem. an 12. 348

AN 11.

Vent.

24 PARIS. Bois. *Journ.*, 2e. sem. an 11. p. 72

25 CASSATION. Donation mutuelle. *Coll.* an 11. 338

26 PARIS. Partie saisie — Affiche. *Journ.*, 2e. sem. an 11. 163

28 CASSATION. Acquéreur — Papier-monnaie. *Coll.* an 11. 226

id. PARIS. Rente viagère. *Journ.*, 2e. sem. an 11. 366

30 PARIS. Vendeur — Revendication. *Journ.*, 1er. sem. an 12. 168

Germ.

1 PARIS. Faux incident. *Journ.*, 2e. sem. an 11. 172

3 CASSATION. Mineur — Jugement non signifié. *Journ.*, 2e. sem. an 11. . .65

id. PARIS. Créancier — Titre direct — Inscription. *Journ.*, 2e. sem. an 11. . .246

7 PARIS. Médecins. *Journ.*, 2e. semestre an 11. 168

id. CASSATION. Régie de l'enregistrement. *Coll.* an 12. 5

id. CASSATION. Expertise. *Journ.*, 2e. sem. an 11. 147

8 CASSATION. Compte courant. *Coll.* an 12. 154

id. ROUEN. Alimens. *Journ.*, 2e. sem. an 11. 153

9 CASSATION. Adjudication sur licitation — Appel. *Journ.*, 1er. sem. an 12. . .49

id. CASSATION. Licitation. *Journ.*, 1er. sem. an 12. 49

id. CASSATION. Patente — Amende. *Journ.*, 2e. sem. an 11. 161

id. PAU. Contrainte par corps. *Journ.*, 2e. sem. an 11. 307

id. PARIS. Affiche — Indication. *Journ.*, 2e. sem. an 11. 123

11 ROUEN. Séparation de patrimoines. *Coll.* an 11. 439

id. PARIS. Qualité de négociant. *Journ.*, 2e. sem. an 11. 223

14 CASSATION. Conflit d'attribution. *Journ.*, 2e. sem. an 11. 196

15 POITIERS. Rente foncière — Confusion. *Coll.* an 12. . . . . .198 et 315

16 ROUEN. Créancier inscrit — Poursuite — Subrogation. *Journ.*, 2e. semestre an 11. 228

AN 11. Germ.

Date		Page
17	CASSATION. Péremption. *Journ.*, 2e. sem. an 11	pag. 257
id.	CASSATION. Ministère public — Commandite — Assignation. *Journ.*, 2e. sem. an 11	241
id.	PARIS. Contrat de mariage — Appel — Frais taxés. *Journ.*, 2e. sem. an 11	375
19	NISMES. Réclusion — Prêtres. *Journ.*, 2e. sem. an 11	350
id.	PARIS. Référés. *Journ.*, 2e. sem. an 11	207
22	CASSATION. Suspension d'huissier. *Journ.*, 2e. sem. an 11	193
23	CASSATION. Prescription. *Coll.* an 12	220
24	PARIS. Douaire. *Journ.*, 1er. sem. an 11	23
26	ANGERS. Inscription — Mandataire. *Coll.* an 11	436
id.	PARIS. Contre-enquête. *Journ.*, 2e. sem. an 11	203
28	PARIS. Saisie exécution — Partie saisie. — *Journ.*, 2e. sem. an 11	190
29	CASSATION. Mutation. *Coll.* an 12	237
id.	CASSATION. Déchéance. *Coll.* an 12	208
id.	PARIS. Bureau de paix — Violation de la loi. *Journ.*, 2e. sem. an 11	521
30	PARIS. Testament — Demeure. *Journ.*, 2e. sem. an 11	198
d.	PARIS. Vérification d'écritures. *Journ.*, 2e. sem. an 11	380

Flor.

Date		Page
. . .	CASSATION. Contrainte par corps. *Journ.*, 2e. sem. an 11	343
1	PARIS. Prescription — Donation. *Journ.*, 2e. sem. an 11	331
3	PARIS. Acquéreur — Prix reclamé. *Journ.*, 1er. sem. an 11	101
4	CASSATION. Tribunal de commerce — Compétence — Nantissement. *Coll.* an 12	101
5	CASSATION. Enquête. *Journ.*, 2e. sem. an 11	260
6	CASSATION. Institution d'héritier	212
id.	PARIS. Tuteur — Legs — Quittance. *Journ.*, 2e. sem. an 11	284
8	ROUEN. Pâture. *Journ.*, 2e. semestre an 11	570
9	PARIS. Validité d'offres. *Journ.*, 2e. sem. an 11	295

AN 11. Flor.

Date		Page
9	PARIS. Rente viagère. *Journ.*, 2e. sem. an 11	pag. 317
id.	PARIS. Appel — Titres — Dépens. *Journ.*, 2e. sem. an 11	298
12	LIÉGE. Chambre de Wetzlard. *Coll.* an 12	251
14	CASSATION. Donation à cause de mort. *Coll.* an 12	275
id.	RIOM. Convol. *Coll.* an 12	41
id.	PARIS. Séparation de patrimoines. *Coll.* an 11	352
id.	PARIS. Créancier hypothécaire. *Journ.*, 2e. sem. an 11	327
id.	PARIS. Divorce. *Journ.*, 2e. semestre an 11	312
15	POITIERS. Revendication. *Coll.* an 12	307
id.	POITIERS. Faillite. *Coll.* an 12	239
id.	PARIS. Rente viagère — Déporté. *Journ.*, 2e. sem. an 11	364
17	CASSATION. Marchandises — Jugement — Tribunal criminel. *Journ.*, 2e. sem. an 11	279
20	CASSATION. Bois — Futaie — Rapport d'experts. *Journ.*, 2e. sem. an 11	225
21	CASSATION. Institution d'héritier. *Journ.*, 2e. sem. an 11	177
22	PAU. Preuve testimoniale — Jugement interlocutoire. *Journ.*, 2e. semestre an 11	344
24	COLMAR. Reconnaissance d'écritures. *Coll.* an 12	281
26	CASSATION. Partage — Biens nobles. *Coll.* an 11	321
27	PARIS. Référés. *Journ.*, 1er. sem. an 12	357
id.	CASSATION. Conclusions subsidiaires — Lésion. *Journ.*, 2e. sem. an 11	273
30	PARIS. Droits successifs. *Journ.*, 2e. sem. an 11	392

Prair.

Date		Page
1	PARIS. Expropriation forcée. *Journ.*, 1er. sem. an 12	108
3	CASSATION. Rente viagère. *Coll.* an 12	317
id.	CASSATION. Juge — Directeur de jury. *Journ.* 2e. sem. an 11	361
id.	PARIS. Référé. *Journ.*, 2e. semestre an 11	349

AN 11.
Prair.

3 — CASSATION. Communes — Réclamation — Cour de cassation. *Journ.*, 2e. sem. an 11 . . . . pag. 321

4 — CASSATION (Enfant naturel.) *Journ.*, 2e. sem. an 11 440

5 — CASSATION. Appel — Délai. *Journ.*, 2e. sem. an 11 . . . . . , ... 497

id. — PARIS. Commanditaire — hypothèque. *Journ.*, 1er. sem. an 12 189

id. — CASSATION. Faux. *Journ.*, 2e. sem. an 11 216

6 — PAU. Appel — Signification. *Coll.* an 11 415

7 — PARIS. Collatéraux — Remboursement contesté. *Journ.*, 2e. sem. an 11 . . 472

id. — CASSATION. Contre-façon. *Jour.*, 2e. sem. an 11 218

10 — CASSATION. Evocation — Clause obscure. *Journ.*, 2e. sem. an 11 369

11 — CASSATION. Contrainte par corps. *Journ.*, 2e. sem. an 11 305

12 — PARIS. Divorce. *Journ.*, 1er. semestre an 12 55

id. — CASSATION. Mariage. *Coll.* an 11 . . . 365

id. — CASSATION. Donation. *Journ.*, 2e. sem. an 11 245

13 — PARIS. Bail. *Journ.*, 1er. sem. an 12. 104

id. — PARIS. Expropriation forcée. *Journ.*, 2e. sem. an 11 550

15 — CASSATION. Censure. *Journ.*, 2e. sem. an 11 354

17 — CASSATION. Enfant naturel. *Journ.*, 2e. sem. an 11 355

id. — CASSATION. Tribunal d'appel — Fin de non-recevoir 353

18 — CASSATION. Expropriation forcée — Vacances. *Journ.*, 2e. sem. an 11 . 422

19 — CASSATION. Juge d'appel — Excès de pouvoir. *Journ.*, 1er. sem. an 12 . 177

21 — CASSATION. Injonctions — Tribunaux. *Journ.*, 2e. sem. an 11 309

22 — PARIS. Adoption. *Journ.*, 2e. sem. an 11 537

id. — PARIS. Demande en divorce. — Réconciliation. *Journ.*, 2e. sem. an 11 . 397

24 — CASSATION. Conciliation. *Coll.* an 12. 334

25 — PARIS. Contrat de vente — Acte sous seing privé. *Journ.*, 1er. sem. an 12 . 152

AN 11.
Prair.

25 — PARIS. Institution contractuelle. *Journ.*, 1er. sem. an 12 . . . . . . pag. 156

id. — CASSATION. Rente sur l'Etat — Garantie. *Journ.*, 2e. sem. an 11 . . . 433

id. — CASSATION. Hypothèque — Sentence arbitrale. *Journ.*, 2e. sem. an 11 . 401

26 — TRÈVES. Rente — Office. *Journ.*, 1er. sem. an 12 381

id. — CASSATION. Veuve de marchand — Tribunal de commerce. *Journ.*, 2e. sem. an 11 372

id. — CASSATION. Injonctions — Tribunaux. *Journ.*, 2e. sem. an 11 309

id. — CASSATION. Acquiescement-Appel. *Journ.*, 2e. sem. an 11 289

27 — PARIS. Possession d'état. *Journ.*, 1er. sem. an 12 43

Mess.

1 — CASSATION. Divorce simulé. *Journ.*, 2e. sem. an 11 337

2 — PARIS. Epoux — Communauté. Remploi. *Journ.*, 1er. sem. an 12 301

id. — CASSATION. Testament — Pays de droit écrit. *Coll.* an 11 405

3 — CASSATION. Remboursement — Délégation. *Journ.*, 2e. sem. an 11 . . . 465

id. — CASSATION. Régie des douanes. *Journ.*, 2e. sem. an 11 386

4 — PARIS. Gestion — Pièces brulées. *Journ.*, 2e. sem. an 11 525

5 — PARIS. Stellionataire. *Journ.*, 2e. sem. an 11 428

6 — PARIS. Acquéreur — Douaire — Assignat limitatif. *Journ.*, 1er. sem. an 12 200

id. — PARIS. Mandat. *Journ.*, 1er. semestre an 12 125

7 — PARIS. Domicile. *Journ.*, 2e. semestre an 11 533

8 — CASSATION. Religieuse — Succession. *Coll.* an 12 214

id. — CASSATION. Demande principale. *Journ.*, 1er. sem. an 12 471

9 — PARIS. Titre exécutoire. *Journ.*, 1er. sem. an 12 20

id. — CASSATION. Fonds de boutique. *Journ.*, 2e. sem. an 11 513

10 — CASSATION. Action possessoire. *Journ.*, 2e. sem. an 11 417

AN 11.

Mess.

10	CASSATION. Exploit — Lettre de change. *Journ.*, 2e. sem. an 11 . . . pag. 358
11	CASSATION. Tableau d'anatomie. *Journ.*, 2e. sem. an 11 . . . 489
15	CASSATION. Affiche. *Journ.*, 1er. sem. an 13 . . . 65
id.	CASSATION. Sentence arbitrale. *Journ.*, 2e. sem. an 11 . . . 426
16	RIOM. Prescription. *Coll.* an 12 . . 212
19	PARIS. Prescription. *Journ.*, 2e. sem. an 11 . . . 494
20	CASSATION. Marchandises anglaises. *Journ.* 2e. sem. au 11 . . . 483
22	ROUEN. Contrat de prêt. *Journ.*, 1er. sem. an 12 . . . 58
id.	PARIS. Adoption. *Journ.*, 2e. sem. an 11 . . . 425
23	CASSATION. Collocation. *Journ.*, 2e. sem. an 11 . . . 470
24	CASSATION. Remboursement. *Journ.*, 2e. sem. an 11 . . . 467
id.	TOULOUSE. Légitimaire. *Journ.*, 2e. sem. an 11 . . . 527
id.	AMIENS. Incendie. *Journ.*, 2e. sem. an 11 . . . 441
26	PARIS. Incendie. *Journ.*, 2e. sem. an 11 . . . 445
29	CASSATION. Donation. *Journ.*, 1er. sem. an 12 . . . 243
id.	CASSATION. Violence — Remboursement. *Journ.*, 2e. sem. an 11 . . . 481
30	CASSATION. Acte notarié — Signature. *Journ.*, 1er. sem. an 12 . . . 33
id.	CASSATION. Interprétation. *Journ.*, 2e. sem. an 11 . . . 564

Ther.

. . .	RIOM. Sussession — Loi du 17 nivose an 2. *Coll.* an 12 . . . 286
1	CASSATION. Billet. *Journ.*, 1er. sem. an 12 . . . 81
id.	CASSATION. Pacte commissoire. *Coll.* an 12 . . . 320
id.	CASSATION. Saisie. *Journ.*, 2e. sem. an 11 . . . 522
id.	CASSATION. Juridiction. *Journ.*, 2e. sem. an 11 . . . 419
4	BORDEAUX. Paternité. *Journ.*, 1er. sem. an 12 . . . 71

AN 11.

Therm.

6	CASSATION. Opposition — Tribunal de commerce. *Coll.* an 12 . . . pag. 203
id.	CASSATION. Exploit — Extrait de l'enregistrement. *Coll.* 1811 . . . 190
id.	CASSATION. Religionnaires. *Journ.*, 1er. sem. an 12 . . . 273
7	CASSATION. Endossement. *Journ.*, 1er. sem. an 12 . . . 353
id.	CASSATION. Jugement — Enquête — Tribunal. *Journ.*, 2e. sem. an 11 . . . 451
8	CASSATION. Etranger — Enfans. *Journ.*, 2e. sem. an 12 . . . 228
id.	CASSATION. Prise à partie. *Journ.*, 2e. sem. an 11 . . . 530
id.	CASSATION. Mandat d'arrêt. *Journ.*, 2e. sem. an 11 . . . 530
9	PARIS. Divorce — Provision. *Journ.*, 1er. sem. an 12 . . . 215
13	CASSATION. Divorce—Opposition. *Journ.*, 1er. sem. an 12 . . . 345
id.	CASSATION. Etranger. *Journ*, 1er. sem. an 12 . . . 163
id.	PARIS. Failli. *Journ*, 1er. semestre an 12 . . . 252
id.	CASSATION. Appel — Justice de paix. *Journ.*, 2e. sem. an 11 . . . 561
id.	TRÈVES. Marchandises étrangères. *Journ.*, 2e. sem. an 12 . . . 554
14	CASSATION. Lettre de change. *Journ.*, 1er. sem. an 12 . . . 65
id.	PARIS. Domestiques. *Journ.*, 2e. sem. an 11 . . . 523
15	CASSATION. Jugement arbitral. *Journ.*, 1er. sem. au 12 . . . 185
id.	PARIS. Bail. *Journ.*, 2e. sem. an 11 . . . 568
id.	CASSATION. Estimation — Aveu. *Journ.*, 2e. sem. an 11 . . . 454
17	PARIS. Prescription. *Journ.*, 1er. sem. an 12 . . . 134
18	CASSATION. Saisie. *Coll.* an 12 . . . 358
21	PARIS. Dépôt. *Journ.*, 1er. semestre an 12 . . . 264
22	CASSATION. Associé. *Journ.*, 1er. sem. an 12 . . . 372
id.	TRÈVES. Privilége. *Coll.* an 12 . . . 333
28	PARIS. Pacte commissoire. *Coll.* an 12 . . . 53

AN 11. Therm.

28 CASSATION. Droit de retour. *Journ*, 1er. sem. an 12. . . . . . . p. 150

id. CASSATION. Marchandises prohibées — Régie des douanes. *Journ*, 2e. sem. an 11. . . . 545

29 ROUEN. Garenne. *Journ*., 1er. sem. an 12. . . . 170

id. CASSATION. Contrefaçon. *Journ*., 1er. sem. an 12. . . . 5

Fruc.

2 PARIS. Détenteur — Douaire. *Journ*., 1er. sem. an 12. . . . 137

id. PARIS. Religionnaires. *Journ*., 1er. sem. an 12. . . . 86

3 PARIS. Prescription. *Journ*., 1er. sem. an 12. . . . 86

4 PARIS. Appel — Acte d'avoué. *Journ*, 1er. sem. an 12. . . . 52

id. PARIS. Banquier. *Journ*., 1er. sem. an 12. . . . 11

id. CASSATION. Appel — Désert. *Coll*. an 12. . . . 261

id. CASSATION. Communes de la Belgique. *Coll*. an 12. . . . 25-

5 CASSATION. Expropriation forcée — Estimation des revenus. *Journ*., 1er. sem. an 12. . . . 17

id. CASSATION. Expropriation forcée — Désignation des immeubles. *Journ*., 1er. sem. an 13. . . . 567

id. ROUEN. Faux incident. *Journ*., 1er. sem. an 2. . . . 221

6 CASSATION. Main-levée d'opposition. *Jour*. 2e. sem. an 13. . . . 383

id. CASSATION. Dépôt volontaire — Débiteur. *Journ*., 1er. sem. an 12. . . . 11-

id. PARIS. Communauté. *Journ*., 1er. sem. an 12. . . . 238

7 ROUEN. Appel-Jugemens corrélatifs. *Coll*. an 12. . . . 44

8 PARIS. Contrefacteur. *Journ*., 2e. sem. an 11. . . . 573

id. RIOM. Légitime conventionnelle. *Journ*. 2e. sem. an 12. . . . 503

9 PARIS. Titre exécutoire. *Coll*. an 12. . 26

11 CASSATION. Bail emphytéotique. *Journ*., 1er. sem. an 12. . . . 223

12 PARIS. Notaire — Faillite. *Journ*., 1er. sem. an 12. . . . 218

AN 11. Fruct.

12 CASSATION. Consignation. *Journ*., 1er. sem. an 12. . . . . . . p. 52

id. CASSATION. Rente viagère—Femme-Remboursement. *Journ*., 1er. sem. an 12. 39

id. COLMAR. Possession d'état. *Journ*., 1er. sem. an 12. . . . 363

13 AMIENS. Concubine — Fille gagée. *Coll*. an 12. . . . 374 et *Journ*., 1er. sem. 1807. . . . 9

id. CASSATION. Contre-lettre. *Journ*., 1er. sem. an 12. . . . 180

id. CASSATION. Rente — Déclaration de 1733. *Journ*., 1er. sem. an 12. . . . 113 et *Coll*. an 12. . . . 120

id. CASSATION. Hospice. *Coll*. an 12. . 131

14 PARIS. Simulation. *Journ*., 1er. sem. an 12. . . . 120

19 CASSATION. Preuve testimoniale. *Journ*., 1er. sem. an 12. . . . 1

id. CASSATION. Expropriation forcée — Affiche. *Journ*., 1er. sem. an 12. . . . 17

20 CASSATION. Transaction — Vente et testament. *Journ*., 1er. sem. an 12. . 129

21 CASSATION. Voie publique. *Coll*. an 12. . . . 118

25 CASSATION. Garde forestier. *Journ*., 1er. sem. an 12. . . . 276

id. CASSATION. Acte notarié. *Journ*., 1er. sem. an 13. . . . 49

id. CASSATION. Don mutuel. *Coll* an 12. . 142

26 CASSATION. Bail à rente seigneuriale. *Coll*. an 12. . . . 309

AN 12. Vend.

PARIS. Tour de l'échelle. *Journ*., 1er. sem. an 13. . . . 201

10 CASSATION. Acquéreur — Papier-monnaie. *Journ*., 1er. sem. an 12. . . . 408

12 PARIS. Séquestre. *Journ*., 2e. sem. an 12. . . . 111

17 CASSATION. Juge — Jugement interlocutoire *Journ*., 1er. sem. an 12. . . . 161

18 CASSATION. Expropriation forcée. *Journ*., 1er. sem. an 12. . . . 261

19 CASSATION. Papier-monnaie — Réduction. *Journ*., 1er. sem. an 12. . . . 404

id. CASSATION. Pot de vin. *Journ*., 1er. sem. an 12. . . . 145

id. CASSATION. Rente créée avec cens. *Journ*., 1er. sem. an 13. . . . 21

AN 12.

Vend.

21	CASSATION. Taxe de dépens. *Journ.*, 1er. sem. an 12. . . . . p. 257
22	CASSATION. Acquiescement — Délai. *Journ.*, 1er. sem. an 12. 100
24	CASSATION. Dernier ressort — Réconvention. *Coll.* an 1809. 286
id.	CASSATION. Reprise d'instance. *Journ.*, 1er. sem. an 12. 187
id.	CASSATION. Commandement. *Journ.*, 1er. sem. an 12. 393
id.	CASSATION. Interdiction — Appel — Défaut de qualité. *Journ.*, 1er. sem. an 12. 194
id.	CASSATION. Contrainte par corps. *Journ.*, 2e. sem. an 12. 42
id.	CASSATION. Saisie-arrêt. *Journ.* 1er. sem. an 12. 193
id.	CASSATION. Jugement sur expropriation. *Coll.* an 12. 74
25	CASSATION. Election de domicile — Assignation. *Journ.*, 1er. sem. en 12. . 422
id.	CASSATION. Assignation. *Journ.*, 1er. sem. an 12. . . . . 97 et 330
id.	CASSATION. Réconvention. *Coll.* an 12. . 71
26.	CASSATION. Conciliation. *Journ.*, 1er. sem. an 12. 241
27	CASSATION. Lettre de change. *Journ.*, 1er. som. an 12. 515

Brum.

1	CASSATION. Tribunal d'appel — Incompétence. *Journ.* 1er. sem. an 12. . . 209
id.	CASSATION. Partage. *Journ.*, 1er. sem. an 12. 14
2	CASSATION. Enfant naturel. *Coll.* an 12. 151
3	CASSATION. Tribunal de commerce — Jugement exécutoire. *Journ.*, 1er. sem. an 12. 198
id.	CASSATION. Autorisation. *Journ.*, 1er. sem. an 12. 262
id.	CASSATION. Connaissement. *Journ.*, 1er. sem. an 12. 315
8	CASSATION. Actes publics — Enregistrement. *Journ.*, 1er. sem. an 12. . . 285
id.	CASSATION. Antidate. *Coll.* an 12. . . 83
id.	CASSATION. Délégataire. *Coll.* an 12. . 83

AN 2.

Brum.

10	CASSATION. Engagiste. *Journ.*, 1er. sem. an 12. . . . . p. 228
11	CASSATION. Dépôt. *Journ.*, 1er. semestre 1807. 89
id.	CASSATION. Dépôt — Déclaration de 1733. Jugement interlocutoire. *Journ.*, 1er. sem. an 12. 279
id.	PARIS. Enchère. *Journ.*, 1er. sem. an 12. 240
15	CASSATION. Récusation. *Journ.*, 1er. sem. an 12. 440
16	CASSATION. Autorité judiciaire. *Journ.*, 2e. sem. an 11. 49
id.	CASSATION. Enregistrement. *Collection* an 12. 128
17	CASSATION. Jugement d'admission. *Journ.*, 1er. sem. an 12. 371
18	CASSATION. Faux. *Journ.* 1er. sem. an 13. 43
19	CASSATION. Preuve testimoniale. *Coll.* an 12. 316
20	CASSATION. Expropriation forcée. *Journ.*, 1er. sem. an 12. 355
23	CASSATION. Vente. *Journ.*, 1er. sem. an 12. 205
id.	CASSATION. Avantage déguisé. *Journ.*, 1er. sem. an 12. 321
id.	PARIS. Lettre de change. *Journ.*, 1er. sem. an 12. 331
id.	CASSATION. Dernier ressort. *Journ.*, 2e. sem. an 12. 289
id.	PARIS. Hérédité. *Coll.* an 12. 130
24	PARIS. Domicile. *Journ.*, 2e. sem. an 11. 286
id.	PARIS. Assignation — Délai. *Journ.*, 1er. sem. an 12. 286
26	PARIS. Substitution. *Coll.* an 12. . . . 137
27	PARIS. Contrainte par corps. *Journ.*, 1er. sem. an 12. 347
id.	PARIS. Commandement. *Journ.*, 1er. sem. an 12. 237
id.	PARIS. Arrérages — Prescription. *Journ.*, 1er. sem. an 12. 235
29	CASSATION. Actes sous seing privé. *Journ.*, 1er. sem. an 12. 517
30	PARIS. Testament. *Journ.*, 1er. sem. an 12. 340

AN 12.
Frim.

1 CASSATION. Ordonnance — Appel. *Journ.*, 1er. sem. an 12 ...... p. 513

id. CASSATION. Domaines nationaux. Jugemens par défaut et interlocutoire. *Journ.*, 2e. sem. an 12 500

2 PARIS. Négociant — Refus de marchandises. *Journ.*, 1er. sem. an 12 ... 269

id. CASSATION. Parcours. *Coll.* an 11 ... 250

id. CASSATION. Réméré. *Journ.*, 1er. sem. an 13 ... 17

3 CASSATION. Pourvoi en cassation — Ordonnance — Jury. *Journ.*, 1er. sem. an 12 ... 525

id. PARIS. Jugement de défenses. *Journ.*, 1er. sem. an 12 ... 285

id. PARIS. Failli. *Journ.*, 1er. semestre an 12 ... 412

4 PARIS. Bateaux. *Journ.*, 1er. sem. an 12 ... 318

id. PARIS. Demande incidente. *Journ.*, 1er. sem. an 12 ... 549

7 CASSATION. Eviction. *Journ.*, 1er. sem. an 13 ... 261

8 CASSATION. Intérêt. *Journ.* 1er. sem. an 12 ... 289

id. CASSATION. Liquidation. *Journ.*, 1er. sem. an 12 ... 433

id. CASSATION. Homologation. *Journ.*, 1er. sem. an 12 ... 545

id. CASSATION. Droits successifs. *Journ.*, 2e. sem. an 12 ... 220

10 DIJON. Succession. *Journ.*, 1er. sem. an 12 ... 490

id. CASSATION. Contrainte par corps. *Journ.*, 1er. sem. an 12 ... 497

13 CASSATION. Douanes-Compétence. *Journ.*, 2e. sem. an 12 ... 242

id. CASSATION. Huissier — Ressort. *Journ.*, 1er. sem. an 12 ... 259

id. CASSATION. Réduction — Rente foncière. *Journ.* 2e. sem. an 12 ... 65

14 CASSATION. Cautionnement. *Journ.*, 1er. sem. an 12 ... 513

15 CASSATION. Hypothèque — Inscription d'office. *Journ.*, 1er. sem. an 12 ... 305

id. CASSATION. Inscription d'office. *Journ.*, 2e. sem. 1807 ... 51

id. PARIS. Sous-ordre. *Coll.* an 12 ... 291

AN 12.
Frim.

16 CASSATION. Compétence. *Journ.*, 1er. sem. an 12 ...... p. 561

id. CASSATION. Délits forestiers. *Coll.* an 13 ... 165

17 PARIS. Délégataire. *Journ.*, 1er. sem. an 12 ... 391

20 CASSATION. Divorce. *Journ.*, 1er. sem. an 12 ... 337

id. PARIS. Artiste — Convention. *Journ.*, 1er. sem. an 12 ... 457

21 PARIS. Divorce. *Journ.*, 1er. sem. an 12 ... 380

22 CASSATION. Huissier — Justice de paix. *Journ.* 1er. sem. an 12 ... 401

id. CASSATION. Injonction à un tribunal. *Journ.*, 1er. sem. an 12 ... 85 et ... 401

id. PARIS. Divorce. *Journ.*, 2e. sem. an 12 ... 13

id. TOULOUSE. Dot. *Journ.* 1er. sem. an 12 ... 430

id. PARIS. Recommandation. *Journ.*, 2e. sem. an 12 ... 45

23 NISMES. Société de commerce. *Journ.*, 1er. sem. an 13 ... 155

27 PARIS. Cohéritiers. *Journ.*, 1er. sem. an 12 ... 445

id. PARIS. Faillite. *Journ.*, 1er. sem. an 12 ... 478

id. CASSATION. Inventaire. *Journ.*, 1er. sem. an 12 ... 517

id. AMIENS. Actes respectueux. *Journ.*, 1er. sem. an 12 ... 543

29 PARIS. Testament. *Journ.*, 1er. sem. an 12 ... 360

id. CASSATION. Droit d'usage — Autorisation. *Journ.*, 1er. sem. an 12 ... 369

30 CASSATION. Tribunal spécial. *Journ.*, 1er. sem. an 12 ... 324

Nivose

1 CASSATION. Sous-traitans — Compétence. *Journ.*, 2e. sem. an 12 ... 241

2 CASSATION. Billets au porteur. *Journ.*, 2e. sem. an 12 ... 161

3 PARIS. Acquiescement — Appel. *Journ.*, 2e. sem. an 12 ... 361

id. PARIS. Appel — Expertise — Intérêts. *Journ.*, 2e. sem. an 12 ... 361

AN 12.

Nivose

4	PARIS. Femme séparée de biens. *Journ.*, 1er. sem. an 12 ... p. 445
id.	CASSATION. Récusation. *Coll.* an 12 ... 266
5	CASSATION. Engagiste. *Journ.*, 1er. sem. an 12 ... 376
id.	CASSATION. Commune — Autorisation. *Journ.*, 1er sem. an 12 ... 388
id.	CASSATION. Juge de paix — Compétence. *Journ.*, 1er. sem. an 12 ... 436
id.	CASSATION. Héritier bénéficiaire. *Journ*, 2e. sem. an 12 ... 177
6	CASSATION. Billet — Réduction — Papier-monnaie. *Coll.* an 12 ... 221
7	PARIS. Litispendance. *Journ.*, 2e. sem. an 12 ... 25
9	CASSATION. Acquiescement — Mariage avenant. *Journ.*, 2e. sem. an 12 ... 465
id.	PARIS. Ecrou — Contrainte par corps. *Journ.*, 1er. sem. an 12 ... 452
id.	PARIS. Emancipation. *Journ.*, 1er. sem. an 12 ... 377
id.	AMIENS. Enfant naturel. *Coll.* an 12 ... 414
12	CASSATION. Commissaire du gouvernement. — Prestation. *Journ.*, 1er. sem. an 12 ... 447
id.	CASSATION Caution. *Journ.*, 2e. sem. an 12 ... 167
id.	CASSATION. Droit proportionnel. *Journ.*, 1er. sem. an 13 ... 241
id.	ROUEN. Délassement. *Coll.* an 12 ... 406
13	PARIS. Intérêts. *Journ.*, 1er. sem. an 12 ... 473
14	PARIS. Dénonciateurs. *Journ.*, 2e. sem. an 12 ... 231
15	CASSATION. Tribunal spécial — Faux. *Journ*, 2e. sem. an 12 ... 67
id.	DOUAI. Héritier absent. *Journ.*, 1er. sem. an 12 ... 512
id.	CASSATION. Faux. *Coll.* 1806 ... 334
18	PARIS. Avantage entre époux. *Journ.*, 2e. sem. an 12 ... 28
id.	CASSATION Exploit — Jugement à tour de rôle. *Coll.* an 12 ... 231
id.	CASSATION. Droit de mutation. *Journ.*, 1er. sem. an 12 ... 457
id.	RIOM. Divorce — Jugement d'autorisation. *Coll.* an 12 ... 437

AN 12.

Nivose

19	PARIS. Lettre de change acceptée — Faillite. *Journ*, 1er. sem. an 12. p. 423
id.	CASSATION. Rente récognitive de la seigneurie — Fonds roturier. *Journ.*, 2e. sem. 1806 ... 68
id.	CASSATION. Expropriation forcée. *Coll.* an 12 ... 326
20	CASSATION. Cession de droits successifs — Dettes. *Journ.*, 2e. sem. an 12 ... 322
id.	CASSATION. Créanciers. *Journ.*, 2e. sem. an 13 ... 52
22	PARIS. Divorce. *Journ.*, 1er. sem. an 12 ... 504
23	PARIS. Garantie. *Journ.*, 1er. sem. an 12 ... 538
25	CASSATION. Jugement du juge de paix — Recours en cassation. *Journ.*, 2e. sem. an 12 ... 9
26	PARIS. Rescision. *Journ.*, 1er. sem. an 12 ... 30
id.	CAEN. Divorce. *Coll.* 1806 ... 322
28	BRUXELLES. Testament — Mention de la dictée. *Coll.* an 12 ... 337
id.	PARIS. Hypothèque spéciale. *Coll.* an 13 ... 355
30	PARIS. Banque territoriale. *Journ*, 1er. sem. an 12 ... 425
id.	RIOM. Papier-monnaie. *Journ.*, 1er. sem. an 13 ... 104

Pluv.

2	CASSATION. Rapport. *Coll.* an 12 ... 289
3	ROUEN. Billet à ordre — Protêt — Usage local. *Journ.*, 2e. sem. an 12 ... 188
id.	CASSATION. Arrérages — Compétence. *Journ.*, 1er. sem. an 12 ... 449
id.	CASSATION. Tribunal de paix — Incompétence — Accessoire. *Journ.*, 1er. sem. an 12 ... 438
id.	CASSATION. Jugement rendu à tour de rôle. *Coll.* an 12 ... 313 et *Coll.* an 13 ... 142
4	CASSATION. Portion non disponible. *Journ.*, 2e. sem. an 12 ... 534
id.	CASSATION. Faux incident. *Journ*, 2e. sem. an 12 ... 97
7	PARIS. Divorce. *Journ.*, 1er. sem. an 12 ... 508
id.	PARIS. Arrérages — Subvention de guerre. *Journ.*, 2e. sem. an 12 ... 382

AN 12.
Pluv.

9   Cassation. Tiers expert. *Journ.*, 1er. sem. an 12. . . . . p. 481

10 Paris. Coutume — Servitudes. *Journ.*, 1er. sem. an 12. 524

id. Cassation. Créancier en sous-ordre. *Journ.* 2e. sem. an 12. 17

13 Paris. Prescription. *Journ.*, 2e. sem. an 12. 138

14 Cassation. Peine prononcée d'office. *Journ.*, 2e. sem. an 12. 246

16 Bordeaux. Enfant adultérin. *Coll.* an 12. 393

18 Paris. Divorce. *Journ*, 1er. sem. an 12. 488

id. Cassation. Tribunal civil — Compétence. *Journ.*, 2e. sem. an 12. . . . 291

20 Cassation. Emprisonnement. *Journ.*, 2e. sem. an 12. 244

id. Bruxelles. Autorisation. *Coll.* an 12. 232

23 Cassation. Héritier bénéficiaire. *Journ.*, 2e. sem. an 12. 599

24 Paris. Tuteur — Testament. *Coll.* an 12. 348

id. Paris. Folle enchère. *Journ*, 2e. sem. an 12. 380

id. Paris. Licitation. *Coll.* an 13. . . 239

25 Paris. Créancier—Délai. Caution. *Journ.*, 2e. sem. an 12. 53

id. Cassation. Ratification. *Journ.*, 1er. sem. an 12. 484

id. Cassation. Excès de pouvoir. *Coll.* an 13. 353

26 Cassation. Simple police. *Journ.*, 2e. sem. an 12. 273

27 Paris. Privilége. *Journ.*, 1er. sem. an 12. 541

30 Bordeaux. Enfant naturel — Reconnaissance. *Journ*, 2e. sem. an 12. . . 125

id. Cassation. Droit de mutation. *Journ.*, 2e. sem. an 12. 121

Vent.

1   Paris. Adjudication *Journ.*, 2e. sem. an 12. 295

2   Nismes. Expropriation — Jugement — Nullités. *Journ*, 1er. sem. an 13. . 111

id. Nismes. Inscription — Rente foncière. *Journ*, 1er. sem. an 13. 77

AN 12.
Vent.

2   Cassation. Enfant naturel. — Pourvoi en cassation. — Amende. *Journ.*, 2e. sem. an 12. . . . . p. 5

id. Cassation. Legs évalué par le testateur. *Journ.*, 2e. sem. an 11. . . . . 308 et 2e. sem. an 12. 469

3   Cassation. Conciliation. *Journ.*, 2e. sem. an 12. 136

4   Paris. Mariage. *Journ.*, 2e. sem. an 12. 68

7   Cassation. Locataire perpétuelle. *Journ.*, 2e. sem. an 12. 337

8   Cassation. Garantie. *Journ.*, 2e. sem. an 12. 149

id. Cassation. Conflit négatif. *Journ.*, 2e. sem. an 12. 257

9   Cassation. — Créancier vendeur — Délégation. *Journ.*, 2e. sem. an 12. . . 84

id. Paris. Regnicoles — Divorce. *Journ.*, 1er. sem. an 12. 563

10 Paris. Revendication. *Coll.* an 13. . . 31

11 Cassation. Contrefaçon. *Journ.*, 2e. sem. an 12. 223

id. Paris. Adoption. *Journ.*, 2e. sem. an 12. 100

12 Paris. Tiers consolidé. *Journ.*, 2e. sem. an 12. 475

id. Paris. Expropriation forcée. *Journ.*, 2e. sem. an 12. 298

id. Bruxelles. Femme — Obligation *Journ.*, 2e. sem. an 12. 175

14 Grenoble. Enfant naturel — Reconnaissance. *Journ.*, 2e. sem. an 12. . . 89

15 Cassation. Emigré. *Journ.*, 2e. sem. an 12. 565

id. Cassation. Consignation. *Journ.*, 2e. sem. an 12. 23

id. Paris. Testament — Révocation. *Journ.*, 2e. sem. an 12. 282

id. Cassation. Emigré. *Journ.*, 2e. sem. an 12. 50

16 Cassation. Entrecens — Droit féodal. *Journ.*, 2e. sem. an 12. 8

id. Nismes. Testament — Disposition universelle. *Coll.* an 12. 454

17 Paris. Insinuation. *Journ.*, 2e. sem. an 12. 47

AN 12.

Vent.

18 CASSATION. Faux nom. *Journ.*, 2e. sem. an 12 . . . . p. 225
id. CASSATION. Mutation. *Coll.* an 13 . . . 10
19 PARIS. Hypothèque. *Journ.*, 2e. sem. an 12 378
id. PARIS. Inscription. *Journ.*, 2e. sem. an 12 178
21 CASSATION. Compensation. *Journ.*, 2e. sem. an 12 33
24 PARIS. Survivance. *Journ.*, 2e sem. an 12 183
29 CASSATION. Hypothèque spéciale. *Journ.*, 2e. sem. an 12 129
id. LYON. Alimens. *Journ.*, 2e. sem. an 12 125
30 AMIENS. Conciliation. — Opposition. *Journ.*, 2e. sem. an 12 156

Germ.

3 NISMES. Jugement — Disposition additionnelle. *Journ.*, 1er. sem. an 13 . . 191
id. PARIS. Mère tutrice — Usufruit. *Journ.*, 2e. sem. an 12 . . . . 55 et *Coll.* an 12 377
6 ROUEN. Affréteur — Jour férié. *Coll.* an 13 59
7 PARIS. Libération. *Journ.*, 2e. sem. an 12 398
id. PARIS. Vente. *Journ.*, 2e. sem. an 12 58
id. PARIS. Peines — Noms. *Journ.*, 2e. sem. an 12 170
11 PARIS. Rescision. *Journ.*, 2e. sem. an 12 53
12 CASSATION. Rente foncière. *Journ.*, 2e. sem. an 12 81
id. PARIS. Maxime *non bis in idem*. *Journ.*, 2e. sem. an 12 62
13 CASSATION. Héritier. *Journ.*, 2e. sem. an 10 113
id. CASSATION. Récusations péremptoires — Election de domicile. *Journ.*, 2e. sem. an 12 465
id. CASSATION. Fermages. *Journ.*, 2e. sem. an 12 421
15 PARIS. Adoption. *Journ.*, 2e. sem. an 12 107
16 PARIS. Possession d'état. *Journ.*, 1er. sem. an 13 . . . . 43 et 2e. sem. an 12 355

AN 12.

Germ.

19 CASSATION. Déclaration de command. *Journ.*, 2e. sem. an 12 . . . . p. 437
id. CASSATION. Divorce. *Journ.*, 1er. sem. an 13 149
id. CASSATION. Domaines nationaux. *Journ.*, 2e. sem. an 12 389
id. PARIS. Concubinage. *Journ.*, 2e. sem. an 12 261
20 PARIS. Contrainte par corps. *Coll.* an 13 217
21 CASSATION. Femme marchande. *Journ.*, 2e. sem. an 12 321
id. PARIS. Actes authentiques. *Journ.*, 2e. sem. an 12 423
id. CASSATION. Fin de non-recevoir. *Journ.*, 2e. sem. an 12 133
id. CASSATION. Réméré. *Journ.* 2e. sem. an 12 371
id. CASSATION. Régie de l'enregistrement. *Coll.* 18 8 288
22 CASSATION. Ministère public — Appel. *Journ.*, 2e. sem. an 12 357
26 CASSATION. Servitude — Chose jugée *Journ.*, 2e. sem. an 12 363
id. PARIS. Force majeure. *Journ.*, 2e. sem. an 12 293
28 PARIS. Novation. *Journ.*, 2e. sem. an 12 553
id. CASSATION. Testament. *Coll.* an 12 . . 425
id. CASSATION. Compétence — Faux. *Coll.* an 13 427

Floréal

1 CASSATION. Demande en nullité. *Journ.*, 2e. sem. an 12 419
3 PARIS. Testament. *Journ.*, 2e. sem. an 12 53
4 CASSATION. Héritier — Assignats. *Coll.* an 13 212
5 CASSATION. Servitudes discontinues. *Journ.*, 2e. sem. an 12 417
6 AMIENS. Concubine. *Journ.*, 2e. sem. an 12 508
7 CASSATION. Chose jugée. *Journ.*, 2e. sem. an 12 369
id. CASSATION. Tribunal spécial. *Journ.*, 2e. sem. an 12 423
id. PARIS. Alimens. *Coll.* an 12 390
8 ROUEN. Conseil — Interdiction. *Journ.*, 2e sem. an 12 478

AN 12.
Floréal

8   PARIS. Emigré. *Journ.*, 2e. sem. an 12. . . . . p. 328

10   PARIS. Divorce — Déchéance. *Journ.*, 2e. sem. an 12. 236

11   PARIS. Ordre — Cause rénumératoire. *Journ.*, 1er. sem. an 12. 521

id.   ROUEN. Emigré — Testament. *Coll.* an 12. 421

12   CASSATION. Droit de passe. *Journ.*, 2e. sem. an 12. 388

id.   CASSATION. Faillite. *Journ.*, 2e. sem. an 12. 145

13   PARIS. Exécutoire de dépens. *Journ.*, 2e. sem. an 12. 286

id.   PARIS. Acte de naissance. *Journ.*, 2e. sem. an 12. 232

15   CASSATION. Prêt. *Journ.*, 2e. sem. an 12. 497

id.   CASSATION. Contrebande. *Journ.*, 2e. sem. an 12. 549

id.   CASSATION. Douane. *Journ.*, 2e. sem. an 12. 435

17   CASSATION. Terrage. *Journ.*, 2e. sem. an 12. 312

id.   CASSATION. Droit d'usufruit. *Journ.*, 2e. sem. an 12. 385

id.   PARIS. Enfant naturel. *Journ.*, 2e. sem. an 12. 373

id.   PARIS. Mineur — Nullité de procédure. *Journ.*, 2e. sem. an 12. 251

18   NISMES. Adoption. *Journ.*, 2e. sem. an 12. 302

19   CASSATION. Adjudication — Garantie. *Journ.*, 2e. sem. an 12. 276

id.   CASSATION. Amende. *Journ.*, 2e. sem. an 12. 258

21   TURIN. Divorce. *Journ.*, 2e. sem. an 13. 551

22   NISMES. Expertise. *Journ.*, 2e. sem. an 12. 319

24   PARIS. Déguerpissement — Dégradations. *Journ.*, 2e. sem. an 12. 391

25   CASSATION. Mariage. *Journ.*, 2e. sem. an 12. 481

27   PARIS. Expropriation forcée. *Journ.*, 2e. sem. an 12. 325

28   PARIS. Tuteur onéraire — Expropriation forcée. *Journ.*, 2e. sem. an 12. . . . 473

AN 12.
Prair.

. . .   CASSATION. Appel. *Journ.*, sem. an 14. p. 3

. . .   ORLÉANS. Destitution de tuteur. *Journ.*, 2e. sem. an 12. 575

1   CASSATION. Pâturage et pacage. *Journ.*, 2e. sem. an 12. 561

2   CASSATION. Légitimaire. *Journ.*, 1er. sem. an 13. 193

id.   CASSATION. Réglement de juges. *Journ.*, 2e. sem. an 12. 248

3   ROUEN. Experts. *Journ.*, 2e. s. m. an 13. 27

id.   NISMES. Adoption. *Journ.*, 2e. sem. an 12. 302

id.   CASSATION. Enregistrement. *Journ.*, 1er. sem. an 13. 85

id.   CASSATION. Privilége. *Coll.* an 12. . . 369

4   NISMES. Prescription — Prestations féodales — Arrérages. *Journ.*, 1er. sem. an 13. 124

5   CASSATION. Divorce. *Journ.*, 2e. sem. an 12. 406

8   PARIS. Femme — Hypothèque. *Journ.*, 2e. sem. an 12. 153

id.   ORLÉANS. Tuteur — Autorisation — Conciliation. *Journ.*, 1er. sem. an 13. . . 222

id.   PARIS. Acquéreur — Conquêt de communauté. *Journ.*, 2e. sem. an 12. . . . 153

id.   PARIS. Interrogatoire sur faits et articles. *Coll.* an 13. 137

9   CASSATION. Endosseurs — Protêt — Provision. *Journ.*, 2e. sem. an 12. . . . 545

id.   PARIS. Violence. *Journ.*, 2e. sem. an 12. 429

id.   CASSATION. Mutation. *Coll.* an 12. . . . 10

10   CASSATION. Erreur — Biens nationaux. *Journ.*, 2e. sem. an 12. 305

11   PARIS. Commissaires - priseurs. *Journ.*, 1er. sem. an 13. 72

12   CASSATION. Visites domicilières. *Journ.*, 2e. sem. an 10. 293

id.   ROUEN. Donation. *Journ.*, 1er. sem. an 13. 568

13   PAU. Enfant naturel. — Reconnaissance. *Journ.*, sem. an 14. 170

14   CASSATION. Banqueroute frauduleuse — Accusé. *Journ.*, 1er. sem. an 13. . . . 3

16   CASSATION. Prescription. *Journ.*, 1er. sem. an 13. 19

AN 12.

Prair.

16 Cassation. Appel. *Journ.*, 2e. sem. an 12. . . . . p. 563

id. Cassation. Eviction. *Coll.* an 13. 1

17 Paris. Opposition — Jugement. *Journ.*, 2e. sem. an 12 471

id. Cassation. Droit proportionnel. *Journ.*, 2e. sem. an 12 433

19 Orléans. Redevances. *Journ.*, 1er. sem. an 13 26

id. Paris. Tuteur — Instance. *Coll.* an 12. 403

23 Cassation. Rescision. *Journ.*, 2e. sem. an 12. 401

id. Paris. Dépositaire. *Journ.*, 2e. sem. an 12 395

24 Cassation. Offres réelles. *Journ.*, 2e. sem. an 12. 452

id. Cassation. Jurés — Age — Naissance. *Journ.*, 1er. sem. an 13 163

id. Rouen. Don mutuel — Mariage. *Coll.* an 13 13

25 Paris. Eviction. *Journ.*, 1er. sem. an 13. 140

id. Pau. Convol. *Coll.* an 13 123

26 Cassation. Appel. *Journ.*, 2e. sem. an 12 124

id. Paris. Expert — Preuve par témoins. *Journ.*, 2e. sem. an 12 538

29 Liége. Testament olographe. *Journ.*, 1er. sem. an 13. 87

id. Pau. Mariage. *Coll.* an 13 36

id. Cassation. Tribunal de commerce. *Coll.* an 13 134

Mess.

1 Paris. Séparation de biens. *Journ.*, 2e. sem. an 12 409

id Cassation. Exécutoire de dépens — Enregistrement. *Journ.*, 2e. sem. an 12. 390

6 Cassation. Testament mystique. *Journ.*, 2e. sem. an 12 513

id. Bordeaux. Tutelle. *Journ.*, 2e. sem. an 12. 458

7 Cassation. Adjudicataire — Fermier. *Coll.* an 12. 443

id. Cassation. Droits féodaux — *Journ.*, 2e. sem. 1806. 67

8 Cassation. Réméré. *Journ.*, 2e. sem. an 12. 551

AN 12.

Mess.

8 Cassation. Enfant naturel. *Journ.*, 1er. sem. an 15. . . . . p. 314

id. Cassation. Possession de commune. *Journ.*, 2e. sem. an 12. 515

id. Cassation. Héritiers — Pourvoi en cassation. *Journ.*, 1er. sem. an 13. . . 214

9 Paris. Transcription. *Journ.*, 2e. sem. an 12. 488

id. Paris. Mariage — Opposition. *Journ.*, 2e. sem. an 12. 445

10 Cassation. Faux. *Journ.*, 1er. sem. an 13. 177

id. Cassation. Dépôt. *Journ.*, 1er. sem. an 13. 278

id. Cassation. Action mixte — Créancier — Héritier. *Coll.* an 13. 241

11 Rouen. Emigré. *Journ.*, 1er. sem. an 13. 12

13 Paris. Assignation — Nullité. *Journ.*, 1er. sem. an 13. 8

14 Paris. Acquéreur — Frais de notification. *Journ.*, 2e. sem. an 12. 413

15 Paris. Testament — Exécuteur testamentaire. *Journ.*, 2e. sem. an 12. . . 410

id. Cassation. Acquéreur — Formalités. *Coll.* an 12. 501

18 Pau. Convol. *Coll.* an 13. 123

id. Cassation. Tribunal de police — Amende Avocat — Plainte. *Journ.*, 1er. sem. an 13. 262

id. Besançon. Jugemens rendus en pays étranger. *Journ.*, 1er. sem. an 13. . 164

id. Cassation. Dommages-intérêts. *Journ.*, 1er. sem. an 13. 260

id. Paris. Tuteur. *Journ.*, 2e. sem. an 12. 440

22 Cassation. Prise maritime — Retenue. *Journ.*, 1er. sem. an 13. 417

id. Paris. Substitution. *Coll.* an 12. . . 485

id. Cassation. Réparation d'injures. *Coll.* an 13. 53

id. Paris. Ordre — Privilége. *Journ.*, 1er. sem. an 13. 122

id. Cassation. Timbre. *Coll.* an 13. . . 58

23 Paris. Ordre — Etat des inscriptions. *Journ.*, 2e. sem. an 12. 567

id. Cassation. Appel. *Journ.*, 1er. sem. an 13. 151

AN 12. Mess.

23 — PARIS. Déchéance. *Journ.*, 2e. sem. an 12. . . . . p. 567

24 — PARIS. Divorce. *Journ.*, 2e. sem. an 12. 570

27 — AMIENS. Enfant naturel — Reconnaissance. *Journ.*, 1er. sem. an 13. . 281

28 — PARIS. Faillite. *Journ.*, 2e. sem. an 12. 575

29 — CASSATION. Cour d'appel — Evocation. *Journ.*, 1er. sem. an 13. 161

id. — CASSATION. Tiers-coutumier. *Journ.*, 2e. sem. an 12. . . . . 458 et *Coll.* an 12. 465

30 — ROUEN. Divorce. *Journ.*, 1er. sem. an 13. 551

Ther.

1 — CASSATION. Tribunal de police — Affiche. *Journ.*, 1er. sem. an 13. 117

4 — CASSATION. Inscription — Pays de nantissement. *Journ.*, 1er. sem. an 13. 81

5 — PARIS. Scellés. *Journ.*, 2e. sem. an 12. 535

6 — CASSATION. Héritier présomptif. *Journ.*, 1er. sem. an 13. 33

id. — TOULOUSE. Compétence. *Journ.*, 1er. sem. an 13. 527

id. — CASSATION. Droit proportionnel. *Journ.*, 1er. sem. an 13. 113

id. — CASSATION. Prescription. *Journ.*, 1er. sem. an 13. 369

7 — PARIS. Substitution. *Journ.*, 1er. sem. an 13. 60

9 — PARIS. Autorisation. *Journ.*, 1er. sem. an 13. 238

11 — PARIS. Interdiction. *Journ.*, 1er. sem. an 13. 23

id. — LIÉGE. Testament. *Journ.*, 2e. sem. an 12. 557

13 — CASSATION. Inscription — Débiteur primitif. *Journ.*, 1er. sem. 1806. . 225

id. — CASSATION. Admission en cassation — Chose jugée. *Journ.*, 1er. sem. an 13. . . . 97

14 — CASSATION. Compétence. *Journ.*, 1er. sem. an 13. 467

18 — CASSATION. Requête civile. *Journ.*, 1er. sem. an 13. 302

id. — CASSATION. Jugemens — Etrangers. *Journ.*, 1er. sem. an 13. 321

19 — CASSATION. Legs. *Journ.*, 1er. sem. an 13. 129

AN 12. Therm.

19 — COLMAR. Preuve testimoniale. *Journ.*, 1er. sem. an 13. . . . . p. 187

20 — CASSATION. Possessoire. *Journ.*, 2e. sem. an 13. 465

it. — PARIS. Jugement — Opposition. *Journ.*, 1er. sem. an 13. 152

21 — CASSATION. Tribunal de police. *Journ.*, 1er. sem. an 13. 236

id. — PARIS. Déclaration de command. *Journ.*, 1er. sem. an 13. 249

22 — CASSATION. Délits forestiers. *Journ.*, 1er. sem. an 13. 257

23 — PARIS. Déclinatoire — Litispendance. *Journ.*, 1er. sem. an 13. 153

25 — CASSATION. Appel. *Journ.*, 1er. sem. an 13. 199

id. — CASSATION. Second pourvoi — Héritiers. *Journ.*, 1er. sem. an 13. 233

26 — CASSATION. Propriétés littéraires. *Journ.*, 1er. sem. an 13. 209

id. — CASSATION. Ordonnance de 1667. *Journ.*, 1er. sem. an 13. 197

id. — CASSATION. Mort civile. *Coll.* an 13. . . 178

28 — PARIS. Expropriation forcée — Affiche — Commandement. *Journ.*, 1er. sem. an 13. 70

id. — BRUXELLES. Succession. *Journ.*, 1er. sem. an 13. 285

29 — PARIS. Agent de change. *Coll.* an 13. 223

Fruct.

2 — CASSATION. Renonciation — Acte entre-vifs. *Journ.*, 1er. sem. an 13. . . 273

3 — PARIS. Juridiction — Ajournement — Réglement de 1738. *Journ.*, 1er. sem. an 13. 404

id. — BRUXELLES. Testament dicté à la 3e. personne. *Coll.* an 13. 65

4 — CASSATION. Tuteur. *Journ.*, 1er. sem. an 13. 401

id. — PARIS. Héritier bénéficiaire — Autorisation. *Coll.* an 13. 91

5 — CASSATION. Contumace. *Journ.*, 1er. sem. 312

id. — PARIS. Créancier hypothécaire — Vente Résiliée. *Journ.*, 1er. sem. an 13. . . 267

id. — PARIS. Testament — Mention de l'écriture. *Journ.*, 2e. sem. an 12. 557

AN 12.

Fruct.

6 Paris. Surenchère. *Journ.*, 1er. sem. an 13 . . . . p. 119

9 Cassation. Droit proportionnel. *Journ.*, 1er. sem. an 13 241

10 Cassation. Compétence. 1er. sem. an 13 391

id. Paris. Tiers-opposant — Intervention. *Journ.*, 1er. sem. an 13 491

id. Paris. Délégation — Clause prohibitive. *Coll.* an 13 104

11 Rouen. Faux incident. *Coll.* an 13 . . 129

id. Rouen. Dommages-intérêts. *Coll.* an 13 229

id. Aix. Inscription — Réduction — Hypothèque légale. *Journ.* 1er. sem. an 13 393

id. Cassation. Colonies. *Journ.*, 1er. sem. an 13 451

id. Cassation. Créancier—Cassation. *Journ.*, 1er. sem. an 13 433

id. Cassation. Transcription. 1er. sem. an 13 419

13 Cassation. Dol. *Journ.*, 1er. sem. an 13 342

id. Turin. Dot. *Journ.*, 1er. sem. an 13 363

14 Paris. Enfant naturel. *Journ.*, 1er. sem. an 13 344

id. Turin. Testament — Mention de la dictée. *Coll.* an 13 68

id. Paris. Inscription. *Coll.* an 13 . . . 219

16 Colmar. Arrestation. *Journ.*, 1er. sem. an 13 334

id. Cassation. Adoption. *Journ.*, 1er. sem. an 13 228

17 Cassation. Compétence. *Journ.*, 1er. sem. an 13 215

20 Cassation. Confession judiciaire — Dépôt. *Coll.* an 13 167

21 Rouen. Divorce. *Coll.* an 13 . . . 189

28 Cassation. Faux accusé. *Journ.*, 1er. sem. an 13 328

AN 13.

Vend.

9 Cassation. Déclinatoire — Dernier ressort. *Journ.*, 1er. sem. an 13 . . . 513

id. Cassation. Billet à ordre — Contrainte par corps. *Journ.*, 1er. sem. an 13 513

AN 13.

Vend.

9 Cassation. Expertise. *Journ.*, 1er. sem. an 13 . . . . p. 304

11 Cassation. Domicile. *Journ.*, 1er. sem. an 13 535

id. Cassation. Tribunal de commerce — Compétence. *Journ.*, 1er. sem. an 13 516

12 Cassation. Faux. *Journ.*, 1er. sem. an 13 . . . , ... 565

id. Cassation. Ministère public — Pourvoi en cassation. *Journ.*, 1er. sem. an 13 474

16 Cassation. Ministère public. (audition du) *Journ.*, 1er. sem. an 13 . . . 518

17 Cassation. Jugement — Refus de plaider. *Journ.*, 1er. sem. an 13 . . . 385

id. Cassation. Commune. *Journ.*, 1er. sem. an 13 332

20 Cassation. Excès de pouvoir. *Coll.* an 13 256

24 Cassation. Champart. *Journ.*, 1er. sem. an 13 376

25 Cassation. Juge de paix — Divorce. *Journ.*, 1er. sem. an 13 246

Brum.

1 Cassation. Testament. *Journ.*, 1er. sem. an 13 91

id. Cassation. Exploit. *Journ.*, 1er. sem. an 13 522

id. Cassation. Colonies. *Journ.*, 1er. sem. an 13 451

id. Cassation. Délit — Instruction. *Coll.* an 13 249

3 Cassation. Question intentionnelle. *Journ.*, 2e. sem. an 13 132

5 Cassation. Juré. *Journ.*, 1er. sem. an 13 455

id. Cassation. Délit — Règle *non bis in idem. Coll.* an 13 327

id. Cassation. Plaignant — Intervention. *Journ.*, 1er. sem. an 13 550

7 Cassation. Exploit — Extrait de l'enregistrement. *Journ.*, 2e. sem. an 13. 84 et *Coll.* 1811 91

8 Cassation. Conseil de guerre — Furieux — Homicide. *Coll.* an 13 154

9 Cassation. Rente — Retenue d'impositions. *Journ.*, 1er. sem. an 13 . . . 545

id. Cassation. Enfant naturel. *Journ.*, 1er. sem. an 13 388

AN 13. Brum.

14 CASSATION. Triages. *Coll.* an 13. p. 145
16 CASSATION. Héritier donataire. *Journ.*, 2e. sem. an 13 ... 113
id. CASSATION. Faux incident. *Journ.*, 1er sem. an 13 ... 519
23 CASSATION. Obligation notariée. *Journ.*, 2e. sem. an 13 ... 145
id. PARIS. Imputation. *Journ.*, 1er. sem. an 13 ... 316
24 NISMES. Tutelle. *Journ.*, 1er. sem. an 13 ... 574
id. PARIS. Loyers. *Journ.*, 1er. sem. an 13 ... 476
25 CASSATION. Suppression d'état. *Journ.*, 1er. sem. an 13 ... 289
26 PARIS. Obligation — Fils de famille — Caution. *Journ.*, 1er. sem. an 13 ... 423
28 CASSATION. Acquéreurs associés. *Journ.*, 1er. sem. an 13 ... 529
id. PARIS. Faillite. *Journ.*, 1er. sem. an 13 ... 524
29 CASSATION. Péremption. *Journ.*, 2e. sem. an 13 ... 24
id. CASSATION. Effet négociable. *Journ.*, 2e. sem. an 13 ... 65
30 ROUEN. Pâture. *Journ.*, 1er. sem. an 13 ... 470
id. CASSATION. Communes. *Journ.*, 1er. sem. an 13 ... 305

AN 13. Frim.

2 PARIS. Douaire. *Journ.*, 2e. sem. an 13 ... 37
id. CASSATION. Contagion. *Journ.*, 1er. sem. an 13 ... 449
6 CASSATION. Compensation. *Journ.*, 2e. sem. an 13 ... 177
id. CASSATION. Expropriation forcée. *Journ.*, 1er. sem. an 12 ... 17 et 1er. sem. an 13 ... 567
8 CASSATION. Opposition. *Journ.*, 2e. sem. an 13 ... 55
9 PARIS. Endosseur. *Journ.*, 1er. sem. an 13 ... 425
10 PARIS. Expropriation forcée — Époux — Communauté. *Journ.*, 1er. sem. an 13 ... 406
14 PARIS. Mariage. *Coll.* an 3 ... 35

AN 13. Frim.

15 CASSATION. Police correctionnelle. *Coll.* an 13 ... p. 225
17 COLMAR. Expropriation forcée — Mineur — Biens indivis. *Journ.*, 2e. sem. an 13 ... 10
18 CASSATION. Démission de biens. *Journ.*, sem. an 14 ... 305
20 CASSATION. Chasse. *Journ.*, 2e. sem. an 13 ... 337
21 PARIS. Tuteur. *Journ.*, 1er. sem. an 13 ... 456
id. CASSATION. Double droit. *Journ.*, 1er. sem. an 13 ... 357
22 PARIS. Novation — Inscription — Institution contractuelle. *Journ.*, 2e. sem. an 13 ... 71
23 CASSATION. Associé. *Journ.*, 2e. sem. an 13 ... 129
id. PARIS. Communauté. *Journ.*, 1er. sem. an 13 ... 445
24 PARIS. Tuteur — Prescription. *Journ.*, 1er. sem. an 13 ... 443
26 CASSATION. Enregistrement. *Coll.* an 13 ... 242
27 CASSATION. Ministère public — Conseil de famille — Voie d'action. *Journ.*, 2e. sem. an 13 ... 69 et *Coll.* an 13 ... 284
id. CASSATION. Tiers-coutumier. *Coll.* an 13 ... 332
28 CASSATION. Testament. *Journ.*, 1er. sem. 1806 ... 129
id. CASSATION. Vente — Héritiers d'émigré. *Coll.* an 13 ... 273

Niv.

1 PARIS. Prescription—Inscription. *Journ.*, 2e. sem. an 13 ... 92
3 PARIS. Spoliation de succession. *Journ.*, 1er. sem. an 13 ... 428
id. PARIS. Femme — Réparations. *Coll.* an 13 ... 303
5 CASSATION. Solidarité. *Journ.*, 1er. sem. an 13 ... 481
id. PARIS. Revendication. *Journ.*, 2e. sem. an 13 ... 139
id. CASSATION. Demandes — Diverses compétences—Fin de non-recevoir. *Journ.*, 2e. sem. an 12 ... 18
id. PARIS. Faux. *Journ.*, 2e. sem. an 13 ... 6

AN 13.

Nivose

5   PARIS. Dommages-intérêts — Dépens — Recélé. *Coll.* an 13 . . . . . p. 195

7   PARIS. Lésion. *Journ.*, 2e. sem. an 13. 104

id.   CASSATION. Indigence. *Coll.* an 13. . 193

8   PARIS. Divorce. *Journ.*, 2e. sem. an 13. 446

id.   CASSATION. Subrogation. *Journ.*, 1er. sem. an 13. 561

10   PARIS. Lettre de change. *Journ.*, 2e. sem. an 13. 233

id.   CASSATION. Dévolution coutumière. *Coll.* an 13. 292

12   CASSATION. Enregistrement. *Coll.* an 13. 209

13   PARIS. Créancier hypothécaire — Inscription. *Journ.*, 1er. sem. an 13. . . 539

14   POITIERS. Testateur — Vente. *Journ.*, 2e. sem. an 13. 43

15   PARIS. Appel. *Coll.* an 13. 245

17   PARIS. Testament — Loi du 17 nivose an 2. *Coll.* an 13. 157

id.   CASSATION. Voie criminelle — Voie civile. *Coll.* an 13 345

21   PARIS. Fraude. *Coll.* an 13. 333

24   CASSATION. Mutation — Institution contractuelle. *Journ.*, 1er. sem. an 13 . 472

id.   PARIS. Démission de biens. *Journ.*, 2e. sem. an 13. 205

id.   CASSATION. Experts. *Coll.* de 1806 . . . 3

25   BESANÇON. Expropriation forcée — Affiche — Omission. *Journ.*, 1er. sem. an 13. 537

26   PARIS. Péremption. *Journ.*, 2e. sem. an 13. 110

Pluv.

2   POITIERS. Inscription d'office — Rente foncière. *Journ.*, 2e. sem. an 13. . 350

id.   PARIS. Inscription. *Journ.*, 2e. sem. an 13. 506

3   CASSATION. Jugement préparatoire. *Journ.*, 2e. sem. an 13. 273

id.   BRUXELLES. Testament — Mention de la lecture. *Journ.*, 2e. sem. an 13. . 426

5   TURIN. Testament mystique. *Journ.*, 2e. sem. 1806. 156

id.   PARIS. Tierce-opposition. *Coll.* an 13. 229

6   ROUEN. Exceptions — Prescription. *Journ.*, sem. an 14. 22

AN 13.

Pluv.

8   CASSATION. Bail. *Journ.*, 2e. sem. an 13. . . . . p. 161

9   CASSATION. Acquiescement. *Coll.* an 13. 276

id.   AGEN. Substitution — Testament. *Journ.*, 2e. sem. an 13. 171

10   CASSATION. Vente nulle — Enregistrement. *Journ.*, 2e. sem. an 13. 181

id.   CASSATION. Lettre de change. *Journ.*, 2e. sem. an 13. 81

id.   PARIS. Société. *Journ.*, 2e. sem. an 13. 86

id.   CASSATION. Expropriation forcée. *Coll.* an 13. 215

11   POITIERS. Absent. *Journ.*, sem. an 14. 29

id.   PARIS. Restitution en entier. *Coll.* an 13. 318

13   PARIS. Domicile — Compétence. *Journ.*, 2e. sem. an 13. 135

16   CASSATION. Grace — Arrêt — Sursis. *Journ.*, 2e. sem. an 13. 17

id.   CASSATION. Mariage. *Journ.*, 2e. sem. an 13. 257

id.   CASSATION. Expropriation forcée. *Journ.*, 2e. sem. 1808. 209

id.   CASSATION. Lettre de change. *Journ.*, 2e. sem. an 13. 312

17   CASSATION. Héritier institué — Election. *Journ.*, 1er. sem. an 13. 264   et 2e. sem. an 13 5

19   CASSATION. Alimens. *Coll.* an 13. . . 312

20   TRÈVES. Créancier hypothécaire. *Coll.* de 1807. 264

22   CASSATION. Hospices. *Journ.*, 2e. sem. an 13. 369

26   CASSATION. Epoux — Larcin — Complices. *Journ.*, 2e. sem. an 13. 305

30   CASSATION. Divorce. *Journ.*, 1er. sem. an 13. 497

id.   PARIS. Enfant naturel — Reconnaissance — Partage — Subrogé-tuteur. *Journ.*, 2e. sem. an 13. 488

id.   POITIERS. Congé. *Journ.*, 2e. sem. an 13. 509

id.   DIJON. Divorce. *Coll.* de 1806. . . . 104

Vent.

1   CASSATION. Conciliation. *Journ.*, 2e. sem. an 13. 211

id.   CASSATION. Divorce. *Coll.* de 1806. . 302

AN 13. Vent.

3 — PARIS. Requête civile. *Journ.*, 2e. sem. an 13. . . . p. 124

id. — POITIERS. Exploit — Remise—Indication. *Journ.*, sem. an 14. . . . 78

4 — PARIS. Inscription — Hypothèque — Ordre — Rente viagère — Douaire. *Journ.*, 2e. sem. an 13. . . . 127 et *Coll.* an 13. . . . 257

7 — CASSATION. Donation. *Coll.* an 13. 314

8 — CASSATION. Expropriation forcée — Inscription. *Journ.*, 2e. sem. an 13. 241

13 — PARIS. Inscription — Transport. *Journ.*, 2e. sem. an 13. 165

id. — CASSATION. Billet à ordre. *Journ.*, 2e. sem. an 13. 228

id. — CASSATION. Assemblée de famille — Juge de paix — Intervention. *Journ.*, 2e. sem. an 13. 353

14 — CASSATION. Faux. *Coll.* de 1806. 330

15 — PARIS. Obligation — Défaut d'approbation. *Journ.*, 2e. sem. an 13. 222

id. — CASSATION. Confusion. *Journ.*, 2e. sem. an 13. 289

18 — BRUXELLES. Testament—Lecture. *Journ.*, 2e. sem. an 13. 426

20 — PARIS. Aval. *Journ.*, 2e. sem an 13. 251

id. — CASSATION. Possessoire. *Journ.*, 2e. sem. an 13. 465

21 — CASSATION. Donation. *Coll.* de 1806. 28

22 — CASSATION. Expert. *Journ.*, 2e. sem. an 13. 97

23 — POITIERS. Exécuteur testamentaire. *Journ.*, 1er. sem. 1806. 330

id. — CASSATION. Ministère public — Liste des jurés. *Journ.*, sem. an 14. 86

25 — CASSATION. Inscription. *Journ.*, 2e. sem. an 13. 289

id. — PARIS. Divorce. *Coll.* an 13. 287

28 — CASSATION. Expropriation forcée — Audience continuée. *Journ.*, 2e. sem. an 13. 225

29 — POITIERS. Acquéreur — Biens de mineur. *Coll.* de 1806. 507

30 — PARIS. Roulage. *Journ.*, 2e. sem. an 13. 60

id. — PARIS. Solidarité. *Journ.*, 2e. sem. an 13. 298

AN 13. Germ.

1 — PARIS. Commissionnaire de roulage — Responsabilité. *Journ.*, 2e. sem. an 11. . . . p. 476 et 2e. sem. an 13. . . . 189

2 — CASSATION. Magistrat — Suspension. *Journ.*, 2e. sem. an 13. 49

id. — PARIS. Taxe de dépens — Ordre. *Coll.* de 1806. 135

4 — PARIS. Légitimation. *Journ.*, 2e. sem. an 13. 147

id. — CASSATION. Juge — Plaidoirie. *Journ.*, sem. an 14. 147

5 — CASSATION. Rente foncière. *Coll.* an 13. 368

6 — CASSATION. Dépens. *Journ.*, 2e. sem. an 13. 278

8 — PARIS. Traite adhirée. *Journ.*, 2e. sem. an 13. 246

9 — PARIS. Emprisonnement. *Journ.*, 2e. sem. an 13. 392

id. — AGEN. Mariage. *Coll.* de 1806. 12

12 — CASSATION. Donation — Réserve. *Journ.*, 2e. sem. an 13. 545

14 — CASSATION. Alimens. *Journ.*, 2e. sem. an 13. 456

16 — PARIS. Lettre de change. *Journ.*, 2e. sem. an 13. 358

17 — CASSATION. Preuve testimoniale — Tribunal criminel. *Journ.*, 2e. sem. an 13. 389

18 — PARIS. Décès. (certificat de) *Journ.*, 2e. sem. an 13. 118

21 — PARIS. Biens substitués — Fruits — Legs. *Journ.*, 2e. sem. an 13. 274

id. — BRUXELLES. Absence—Succession. *Journ.*, sem. an 14. 72

23 — PARIS. Billets à ordre. *Journ.*, 2e. sem. an 13. 214

25 — CASSATION. Divorce. *Journ.*, sem. an 14. 33

id. — CASSATION. Enregistrement. *Coll.* 1806. 53

27 — CASSATION. Péremption. *Journ.*, sem. an 14. 129

id. — BRUXELLES. Divorce — Domicile — Enfans. *Coll.* an 13. 412

28 — PARIS. Contrainte par corps — Autorisation. *Journ.*, 2e. sem. an 13. 214

il. — AIX. Intérêts. *Journ.*, sem. an 14. 288

30 — NISMES. Requête civile. *Journ.*, sem. an 14. 185

AN 13.		AN 11.	
Flor.		**Flor.**	
3	CASSATION. Donation à cause de mort. *Journ.*, sem. an 14. . . . . . p. 113	18	PARIS. Lettres de ratification — Paiement. *Coll.* an 13. . . . . . · . . . . p. 359
id.	CASSATION. Sentence — Appel — Prescription. *Coll.* an 13. 380	*id.*	BORDEAUX. Enfant naturel — Reconnaissance. *Journ.*, sem. an 14. 38
4	PARIS. Appel. (désertion de l') *Journ.*, 2e. sem. an 13. . . . . · . 302	19	CASSATION. Présomption légale. *Journ.*, 2e. sem. an 13. . . . . · . 497
6	CASSATION. Ministère public. — Liste des jurés. *Journ.*, sem. an 14. . . . 88	22	CASSATION. Commanditaire. *Journ.*, 2e. sem. an 13. 417
id.	PARIS. Dot. *Coll.* an 1806. 272	23	CASSATION. Contributions. *Journ.*, 2e. sem. an 13. 403
7	PARIS. Assemblée de famille. *Journ.*, 2e. sem. an 13. 268	24	PARIS. Créance liquide — A-comptes. *Journ.*, 1er. sem. 1806. 75
9	BRUXELLES. Ministère public—Jugement. *Journ.*. 2e. sem. an 13. 525	*id.*	CASSATION. Emigré. *Journ.*, 2e. sem. an 13. 481
id.	MONTPELLIER. Enfant naturel. *Journ.*. 2e. sem. an 13. 555	*id.*	CASSATION. Jugement — Preuve vocale. *Journ.*, 2e. sem. an 13. 529
10	PARIS. Lettre de change. *Journ.*, 2e. sem. an 13. 342	25	NISMES. Tribunaux — Compétence — Emigré amnistié — Restitution. *Coll.* an 1806. 76
id.	MONTPELLIER. Opposition—(Main-levée d') —Conciliation—Autorisation. *Coll.* an 13. 418	26	NISMES. Conciliation. *Coll.* an 1806. 65
11	CASSATION. Experts. *Coll.* 1806. . . . 3	27	PARIS. Enfant naturel — Acte de naissance. *Journ.*, 2e. sem. an 13. . . 266
12	PARIS. Lettre de change. *Jour.*, 2e. sem. an 13. 317	*id.*	BRUXELLES. Séparation de corps. *Journ.*, 2e. sem. an 13. 460
id.	CASSATION. Faux. *Coll.* 1806. . . . 338	30	CASSATION. Inscription. *Journ.*, 1er. sem. 1806. 230
13	PARIS. Preuve testimoniale. *Journ.*, 2e. sem. an 13. 405	**Prair.**	
id.	PARIS. Bail-Acquéreur. *Journ.*, 2e. sem. an 13. 219	1	CASSATION. Expropriation forcée — Péremption. *Journ.*, 2e. sem. an 13. . 502
14	TURIN. Promesse de mariage. *Journ.*, 2e. sem. 1808. 559	*id.*	CASSATION. Absence. *Journ.*, 2e. sem. an 13. 449
id.	CASSATION. Acte de naissance. *Journ.*, 2e. sem. an 13. 193	*id.*	CASSATION. Jugement exécutoire par provision — Appel. *Journ.*, 2e. sem. an 13. 522
id.	CASSATION. Donation mutuelle. *Coll.* an 13. 470	3	PARIS. Préfet — Domicile. *Journ.*, 2e. sem. an 13. 533
16	CASSATION. Expropriation forcée — Vacances. *Journ.*, 2e. sem. an 13. . . 401	*id.*	ROUEN. Licitation — Serment. *Journ.*, 1er. sem. an 13. 27
id.	ROUEN. Interdiction. *Journ.*, 2e. sem. an 13. 236	4	LIÉGE. Vente de deux héritages. *Coll.* an 1806. 62
17	ROUEN. Cause criminelle — Pourvoi en cassation. *Journ.*, 2e. sem. an 13. . 283	8	CASSATION. Associé. *Journ.*, sem. an 14. 17
id.	PARIS. Faux — Domicile — Expropriation forcée. *Coll.* an 13. 355	*id.*	POITIERS. Jugement rendu en pays étranger. *Coll.* an 1806. 181
18	CASSATION. Chose jugée — Paternité — Reconnaissance. *Journ.*, 2e. sem. an 13. 433	11	AMIENS. Droits litigieux—Avoués. *Coll.* an 1809. 502
		14	PARIS. Vente — Constitution. *Journ.*, 2e. sem. an 13. 396
id.	CASSATION. Emigré. *Journ.*, 2e. sem. an 13. 561	*id.*	CASSATION. Divorce. *Journ.*, sem. an 14. 241
		15	PARIS. Paquet cacheté. *Journ.*, sem. an 14. 268

AN 13.

Prair.

16 CASSATION. Jugement arbitral — Pourvoi en cassation. *Journ.*, 2e. sem. an 13 . . . . p. 418

18 LIÉGE. Absence. *Journ.*, sem. an 14. 142

21 CASSATION. Contrainte par corps. *Journ.*, 2e. sem. 1806 97

id. ROUEN. Parricide — Succession. *Journ.*, 2e. sem. an 13 474

id. PARIS. Revendication. *Journ.*, 2e. sem. an 13 365

id. CASSATION. Séquestre. *Journ.*, sem. an 14 3

22 PARIS. Femme séparée de biens. *Journ.*, 2e. sem. an 13 419

id. CASSATION. Surenchère. *Journ.*, sem. an 14 49

23 PARIS. Novation — Collocation. *Journ.*, 2e. sem. an 13 506

id. PARIS. Question d'état — Preuve vocale. *Journ.*, 2e. sem. an 13 381

id. PARIS. Avocat — Preuve testimoniale — Supposition. *Coll.* an 13 285

id. PARIS. Hypothèque générale — Ordre. *Coll.* an 13 435

24 NISMES. Réserve Légitimaire. *Coll.* an 1806 49

25 PARIS. Enfant naturel — Paternité. *Journ.*, 2e. sem. an 13 321

id. CASSATION. Lettre de ratification. *Coll.* 1806 165

id. BESANÇON. Inscription — Expropriation forcée. *Coll.* an 1806 340

28 CASSATION. Enfant adultérin — Testament. *Journ.*, sem. an 14 81

29 DIJON. Loi *emptorem. Journ.*, 1er. sem. 1806 28

id. CASSATION. Preuve testimoniale. *Journ.*, 2e. sem. an 13 185

id. BESANÇON. Paternité. *Coll.* an 1806 . 145

30 CASSATION. Loi du contrat — Violation. *Journ.*, 1er. sem. 1806 145

id. CONSEIL DES PRISES. — Cargaison — Course maritime. *Journ.*, sem. an 14. 42

Mess.

2 CASSATION. Compétence. *Journ.*, sem. an 14 217

3 PARIS. Séparation de biens — Dot et reprises. *Journ.*, sem. an 14 9

id. LIÉGE. Mariage. *Coll.* an 1806 . . . 37

AN 13.

Mess.

4 BRUXELLES. Réduction — Avantages statutaires. *Coll.* an 13 . . . . . p. 372

5 CASSATION. Abordage. *Journ.*, 1er. sem. 1806 354

id. CASSATION. Hypothèque — Prêtres. *Journ.*, 1er. sem. 1806 97

6 CASSATION. Expropriation forcée. *Journ.*, 1er. sem. 1806 305

id. PARIS. Faillite — Bilan rectifié. *Journ.*, 1er. sem. 1806 214

9 PARIS. Mariage. *Journ.*, 1er. sem. 1806 91

10 BRUXELLES. Enfant naturel. *Coll.* an 1806 89

12 TURIN. Acte sous seing privé — Compromis. *Coll.* an 1809 167

13 CASSATION. Mort civile. *Journ.*, sem. an 14 65

id. PARIS. Renonciation — Enfant donataire — Compte — Partage. *Journ.*, sem. an 14 261

14 CASSATION. Opposition à jugement — Fin de non-recevoir. *Journ.* sem. an 14. 257

18 MONTPELLIER. Interdiction. *Coll.* an 1806 378

19 CASSATION. Action possessoire — Dernier ressort. *Journ.*, 2e. sem. an 13. 465

20 COLMAR. Excès — Sévices — Divorce. *Coll.* an 1806 104

22 BRUXELLES. Enquête. *Journ.*, sem. an 14 238

id. CASSATION. Enfant naturel. *Journ.*, sem. an 14 209

id. PARIS. Ecrit privé — Projet de transaction. *Journ.*, sem. an 14 277

28 CASSATION. Compensation. *Journ.*, sem. an 14 245

29 BRUXELLES. Vices rédhibitoires. *Journ.*, sem. an 14 221

id. ROUEN. Contrainte par corps. *Journ.*, 1er. sem. 1806 142

id. BRUXELLES. Opposition à jugement — Assignation nulle. *Coll.* an 1806 . . . 70

30 PARIS. Chirurgien — Legs — Démence — Testament — Signature. *Journ.*, sem. an 14 106

Therm.

1 PARIS. Divorce. *Journ.*, 2e. sem. an 13 573

AN 13.

therm.

4   AMIENS. Transaction. *Journ.*, sem. an 14 . . . . p. 302

id.   CASSATION. Tiers - coutumier. *Coll.* an 13 332

5   CASSATION. Loi du contrat — Violation. *Journ.*, 1er. sem. 1806 145

id.   CASSATION. Exploit. *Journ.*, 1er. sem. 1806 38

id.   CASSATION. Transcription. *Journ.*, 1er. sem. 1806 3

6   CASSATION. Testament olographe. *Journ.*, 2e. sem. an 13 513

id.   PARIS. Ordre — Intervention. *Coll.* an 1806 199

7   PARIS. Loteries. *Journ.*, 1er. sem. 1806. 54

8   CASSATION. Compétence — Appel. *Coll.* an 1806 209

10   PARIS. Rente viagère. *Journ.*, sem. an 14 122

id.   CASSATION. Testament — Mention de l'écriture. *Journ.*, sem. an 14 . . . 138

id.   CASSATION. Vente. *Journ.*, 1er. sem. 1806 241

11   PARIS. Ecrit privé — Décharge. *Journ.*, 1er. sem. 1806 157

id.   CASSATION. Testament — Pays coutumier. *Journ.*, 1er. sem. 1806 129

12   CASSATION. Péremption d'instance. *Journ.*, sem. an 14 129

13   CASSATION. Compétence — Vente — Prix indéterminé. *Coll.* an 1809 . . . 365

id.   CASSATION. Faux. *Coll.* an 1806 . . 332

15   GRENOBLE. Enfant naturel — Reconnaissance. *Journ.*, sem. an 14 204

id.   RENNES. Donation entre vifs. *Journ.*, 2e. sem. 1807 297

id.   BESANÇON. Homme de loi — Traité — Expropriation. *Coll.* an 1806 . . . 292

17   CASSATION. Servitudes. *Journ.*, sem. an 14 177

id.   PARIS. Grosses de jugemens. *Journ.*, 1er. sem. 1806 303

id.   AIX. Donation-Réserve. *Coll.* an 1806. 321

18   CASSATION. Dot. *Journ.*, 1er. sem. 1806 257

19   CASSATION. Serment. *Journ.*, sem. an 14 97

AN 13.

therm.

21   CASSATION. Témoins — Partie plaignante. *Coll.* an 1806 . . . . p. 128

id.   PARIS. Succession indivise — Domaine national — Compétence. *Journ.*, sem. an 14 164

23   ANGERS. Enfant naturel—Reconnaissance. Transaction. *Journ.*, sem. an 14 . 295

25   AMIENS. Conseil judiciaire. *Journ.*, 1er. sem. 1806 45

id.   PARIS. Inscription. *Journ.*, 2e. sem. an 13 552

id.   PARIS. Dommages-intérêts. *Journ.*, 1er. sem. an 13 30

id.   PARIS. Alimens. *Journ.*, sem. an 14 . 93

26   CONSEIL DES PRISES. Prisonniers. *Journ.*, 1er. sem. 1806 222

28   METZ. Chemins vicinaux. *Journ.*, 1er. sem. an 1806 41

Fruct.

1   CASSATION. Concubine. *Journ.*, sem. an 14 225

2   CASSATION. Tiers - coutumier. *Coll.* an 13 332

3   BRUXELLES. Lettre de change. *Journ.*, 2e. sem. 1806 225

id.   CASSATION. Arrêt exécuté — Pourvoi en cassation. *Journ.*, sem. an 14 . . 193

4   AGEN. Hypothèque générale. *Journ.*, 1er. sem. 1806 9

id.   CASSATION. Légataire. *Journ.*, sem. an 14 161

5   PARIS. Dot. *Coll.* an 1806 225

8   BRUXELLES. Excès. — Sévices—Divorce. *Coll.* an 1806 104

id.   CASSATION. Legs. *Journ.*, sem. an 14. 145

9   CASSATION. Prêtres insermentés. *Journ.*, 1er. sem. 1806 97

id.   CASSATION. Jugement-Opposition. *Journ.*, sem. an 14 56

id.   PARIS. Mineur. *Journ.*, sem. an 14 . 58

id.   PARIS. Inscription de faux — Mariage. *Journ.*, sem. an 14 150

id.   PARIS. Commissionnaires de roulage. *Coll.* an 1806 118

10   CASSATION. Prescription. *Coll.* an 13. 207

21   PARIS. Avoué. *Journ.*, 1er. sem. 1806. 311

id.   CASSATION. Propres aliénés. *Journ.*, 1er. sem. 1806 24

AN 13.

Fruct.

11   AMIENS. Assemblée de famille. *Journ.*, 1er. sem. 1806 . . . . p. 31

id.   PARIS. Dépens — Appel — Mise d'exécution. *Journ.*, sem. an 14 180

id.   PARIS. Distribution de deniers — Inventaire — Provisions — Référé. *Journ.*, sem. an 14 195

id.   CASSATION. Faux. *Coll.* an 1806 . . 335

12   PARIS. Serment décisoire. *Journ.*, 2e. sem. 1806 198

id.   BORDEAUX. Mariage—Opposition. *Journ.*, sem. an 14 241

id.   BORDEAUX. Actes respectueux. *Journ.*, sem. an 14 248

id.   LIÉGE. Paternité. *Coll.* an 1806 . . 233

13   PARIS. Créancier inscrit — Succession vacante. *Journ.*, 1er. sem. 1806 . . . 297

id.   PARIS. Effets publics. *Journ.*, 1er. sem. 1806 121

id.   PARIS. Agent de change. *Journ.*, 1er. sem. 1806 121

id.   PARIS. Dépens — Condamnés. *Journ.*, sem. an 14 201

15   CASSATION. Enfant naturel. *Journ.*, 1er. sem. 1806 209

id.   NANCY. Testament — Lecture. *Journ.*, 2e. sem. an 13 426

16   CASSATION. Inscription. *Journ.*, 1er. sem. 1806 233

id.   CASSATION. Vendeur — Statut local — Hypothèque tacite. *Coll.* an 1806. 85

17   CASSATION. Élection d'héritier. *Journ.*, 1er. sem. 1806 49

18   CASSATION. Légataire universel. *Coll.* an 1807 20

20   CASSATION. Cour martiale. *Journ.*, sem. an 14 231

22   CASSATION. Appel. *Journ.*, sem. an 14. 273

id.   CASSATION. Agent du gouvernement. *Journ.*, 1er. sem. 1806 292

24   CASSATION. Convol. *Journ.*, 1er. sem. 1806 81

25   CASSATION. Ignorance de fait — Nullité. *Journ.*, 1er. sem. 1806 17

id.   CASSATION. Condition résolutoire. *Coll.* an 1806 97

30   BRUXELLES. Appel — Opposition. *Coll.* an 1805 282

AN 14.

Vend.

8   CASSATION. Donation mutuelle. *Journ.*, 1er. sem. 1806 . . . . p. 33

id.   CASSATION. Haie séparative. *Coll.* an 1806 115

10   ROUEN. Alimens. *Coll.* an 1806 . . . 159

11   CASSATION. Déposition de témoins — Lecture. *Coll.* an 1806 177

19   CASSATION. Vente de fruits — Meubles. *Journ.*, 1er. sem. 1806 65

24   CASSATION. Tutelle. *Coll.* an 1806 . 256

25   PARIS. Expropriation forcée. *Journ.*, 1er. sem. 1806 186

Brum.

2   CASSATION. Conscrits. *Coll.* an 1806 . 221

4   CASSATION. Excès de pouvoir. *Journ.*, 1er. sem. 1806 340

8   CASSATION. Lettre de change. *Journ.*, 1er. sem. 1806 106

9   CASSATION. Condamné — Nouveau délit. *Journ.* 1er. sem. 1806 262

id.   CASSATION. Expert. *Coll.* an 1806 . 263

11   CASSATION. Conscrit — Tribunaux. *Coll.* an 1806 221

id.   CASSATION. Complicité. *Coll.* an 1806. 270

13   CASSATION. Séparation de corps. *Journ.*, 1er. sem. 1806. 180

id.   CASSATION. Command. (déclaration de) — Amende. *Journ.*, 2e. sem. 1806. 161

id.   CASSATION. Hypothèques. *Coll.* an 1806.193

15   CASSATION. Donation déguisée. *Journ.*, 1er. sem. 1806. 113

17   CASSATION. Conscrit. *Coll.* an 1806 . 221

20   CASSATION. Requête civile. *Journ.*, 1er. sem. 1806 277

id.   CASSATION. Consignation. *Journ.*, 1er. sem. 1806. 289

21   CASSATION. Donation entre époux. *Journ.*, 1er. sem. 1806 193

id.   CASSATION. Redevance — Bail à cens. *Journ.*, 2e. sem. 1806. 72

22   ROUEN. Divorce. *Coll.* an 1806 . . . 302

29   CASSATION. Réméré. *Journ.*, 1er. sem. 1806. 273

Frim.

1   PARIS. Commissionnaire de roulage. *Coll.* an 1806. 118

AN 14.
Frim.

2	CASSATION. Juge de paix — Suppléant. *Journ.*, 1er. sem. 1806.... p. 163
4	CASSATION. Inscription—Ordre—Douaire. *Journ.*, 1er. sem. 1806.....353
5	CASSATION. Etranger—Déclinatoire. *Coll.* an 1806.........374
6	ROUEN. Faux. *Journ.*, 1er. sem. 1806...........109
id.	BRUXELLES. Ministère public — Acte de l'état civil. *Coll.* an 1806...218
id.	CASSATION. Experts. *Coll.* an 1806.289
9	BRUXELLES. Garantie. *Coll.* an 1806.259
11	CASSATION. Retour légal et conventionnel. *Journ.*, 1er. sem. 1806.....529
id.	CASSATION. Divorce. *Journ.*, 1er. sem. 1806...........177
12	BRUXELLES. Divorce. *Journ.*, 1er. sem. 1806............357
id.	COLMAR. Expropriation forcée. *Journ.*, 1er. sem. 1806........348
id.	PARIS. Enchères. *Journ.*, 1er., sem. 1806...........411
13	PARIS. Preuve testimoniale. *Journ.*, 1er. sem. 1806.........326
14	CASSATION. Convention synallagmatique — Preuve. *Journ.*, 1er. sem. 1806.385
15	PARIS. Procureurs — Frais — Prescription. *Journ.*, 1er. sem. 1806...374
19	CASSATION. Commencement de preuve par écrit. *Journ.*, 1er. sem. 1806..465
id.	PARIS. Divorce — Jugement. *Journ.*, 1er. sem. 1806..........495
20	NISMES. Rente foncière. *Journ.*, 1er. sem. 1806............504
id.	PARIS. Héritier bénéficiaire. *Journ.*, 1er. sem. 1806.........235
id.	CASSATION. Hypothèques. *Journ.*, 1er. sem. 1806...........137
id.	TRÈVES. Jugement — Lettre de change. *Coll.* an 1807.........33
22	AIX. Partage — Prélèvement. — Mineur — Formalités. *Coll.* an 1807...199
26	CASSATION. Mineur — Vente judiciaire. *Coll.* an 1806........346
27	CASSATION. Vente sur publication volontaire. *Coll.* an 1806......348
28	PARIS. Action *ab irato*. *Journ.*, 1er. sem. 1806............164

AN 14.
Frim.

30	PARIS. Alimens. *Journ.*, 1er. sem. 1806.........p. 342

Niv.

2	CASSATION. Cour d'appel — Section incomplète. *Journ.*, 2e. sem. 1806..455
3	AGEN. Testateur—Usufruitier--Inventaire. *Journ.*, 2e. sem. 1806....219
6	CASSATION. Gardes forestiers — Délits forestiers. *Coll.* an 1807.....269
id.	CASSATION. Preuve testimoniale. *Journ.*, 2e. sem. 1806.........409
9	PARIS. Fruits — Action possessoire. *Coll.* an 1806............267
id.	CASSATION. Acquéreur—Inscription omise. *Coll.* an 1806.........467
10	CASSATION. Contumace. *Coll.* an 1806.450
id.	CASSATION. Expropriation forcée. *Journ.*, 1er. sem. 1806........363
id.	CASSATION. Féodalité. *Journ.*, 1er. sem. 1806...........417

Germ.

2	PARIS. Contre-lettre. *Coll.* an 1806.135

Ther.

14	CASSATION. Procédure — Moyens de cassation. *Journ.*, 1er. sem. an 12.....65

Fruct.

11	PARIS. Sénatus-consulte Velléïen. *Journ.*, 1er. sem. 1806..........69

1806.
Janvier

9	CASSATION. Délits forestiers. *Coll.* an 1807............269
4	COLMAR. Révendication. *Coll.* an 1806.481
6	PARIS. Don mutuel. *Coll.* an 1810.450
7	CASSATION. Emigré — Jugement rendu en pays étranger. *Journ.*, 1er. semestre 1806.............561
8	CASSATION. Possession d'état — Alimens. *Journ.*, 1er. sem. 1806......433
id.	PARIS. Suggestion. *Journ.*, 1er. sem. 1806............250
9	PARIS. Bénéfice d'inventaire. *Journ.*, 2e. sem. 1806............13
id.	ROUEN. Appel — Délais — Frais de contumace. *Journ.*, 1er. sem. 1806...430
14	COLMAR. Expropriation forcée de deux immeubles. *Journ.*, 2e. sem. 1806.350

1806.

Janvier

15 COLMAR. Saisie--Dépôt. *Coll.* an 1806. 516

18 ROUEN. Juge de paix — Jugement. *Coll.* an 1806 525

id. ROUEN. Navire. *Journ.*, 1er. sem. 1806 264

20 CASSATION. Actions *empti et venditi. Coll.* an 1806 370

id. CASSATION. prohibition de se remarier. *Journ.*, 1er. sem. 1806 513

21 CASSATION. Novation. *Coll.* an 1806 . 381

id. CASSATION. Divorce. *Jour.*, 1er. sem. 1806 183

22 CASSATION. Etranger — Déclinatoire. *Coll.* an 1806 311

id. CASSATION. Séparation de patrimoines. *Journ.*, 1er. sem. 1806 449

id. CASSATION. Jugement d'ordre — Appel — Déchéance. *Journ.*, 1er. sem. 1806 481

id. CASSATION. Chambre des vacations — Opposition — Divorce. *Journ.*, 1er. sem. 1806 410

23 PARIS. Garantie. *Journ.*, 1er. sem. 1806 489

24 COLMAR. Tribunal de commerce—Sursis. *Coll.* an 1806 472

25 CASSATION. Excès de pouvoir. 1er. sem. 1806 245

26 CASSATION. Coupes de bois. *Journ.*, 1er. sem. 1808 388

id. CASSATION. Cour d'appel — Surséances. *Journ.*, 1er. sem. 1806 337

27 PARIS. Ecrit privé — Héritier testamentaire. *Journ.*, 2e. sem. 1806 120

28 BRUXELLES. Hypothèque — Transaction. *Coll.* an 1806 538

id. MONTPELLIER. Alimens — Etat civil. *Journ.*, 2e. sem. 1806 314

29 PARIS. Testament--Interprétation. *Journ.*, 1er. sem. 1807 184

Février

1 TURIN. Alimens — Aïeul — Petit-fils. *Journ.*, 1er. sem. 1810 510

id. TURIN. Testament mystique. *Journ.*, 2e. sem. 1806 126

3 CASSATION. Reconnaissance d'écriture. *Journ.*, 1er. sem. 1806 345

id. CASSATION. Billet — Jugement de reconnaissance. *Journ.*, 1er. sem. 1806. 545

1806.

Février

3 PAU. Mal vénérien—Epoux. *Journ.*, 1er. sem. 1806 . . . . p. 281

4 CASSATION. Contrat d'union — Incompétence — Jugement. *Journ.*, 2e. sem. 1806 17

5 BRUXELLES. Pourvoi au conseil d'Etat. *Coll.* an 1807 377

6 PARIS. Exécuteur testamentaire. *Journ.*, 1er. sem. 1806 522

8 ROUEN. Inscription — Erreur. *Journ.*, 2e. sem. 1806 476

id. PARIS. Opposition — Péremption. *Journ.*, 1er. sem. 1806 317

9 ROUEN. Religionnaire fugitif — Prescription. *Coll.* an 1807 228

10 TRÈVES. Privilége — Vendeur. *Coll.* an 1808 380

id. TRÈVES. Disposition universelle non-renouvelée. *Coll.* an 1806 432

id. CASSATION. Rente féodale—Cens. *Journ.*, 2e. sem. 1805 70

12 PARIS. Opposition —Faux incident —Transaction. *Journ.*, 2e. sem. 1806 . . 280

id. CASSATION. Appel. *Journ.*, 1er. sem. 1806 81

id. CASSATION. Redevances — Pouvoir judiciaire—Compétence. *Journ.*, 1er. sem. 1806 533

15 CASSATION. Héritier présomptif. *Journ.*, 1er. sem. 1806 321

17 PARIS. Testament détruit par le feu. *Journ.*, 1er. sem. 1807 449

18 PARIS. Divorce. *Journ.*, 1er. sem. 1806 391

19 CASSATION. Redevances — Concession — Cens. *Journ.*, 2e. sem. 1806 . . 75

id. CASSATION. Cession de biens — Piémont. *Journ.*, 2e. sem. 1806 289

id. BRUXELLES. Exploit — Copie. *Journ.*, 2e. sem. 1807 496

20 CASSATION. Brevet d'invention. *Journ.*, 2e. sem. 1809 17

21 ORLÉANS. Surenchère — Caution. *Journ.*, 1er. sem. 1806 363

24 PARIS. Intervention—Mandataire. *Journ.*, 2e. sem. 1806 76

id. CASSATION. Lettre de change. *Journ.*, 2e. sem. 1806 3

1806.

Février

26 CASSATION. Garantie—Privilége. *Journ.*, 2ᵉ. sem. 1806 . . . . p. 49

27 CASSATION. Tribunal de police — Compétence. *Journ.*, 2ᵉ. sem. 1806 . 202

Mars.

3 AGEN. Accroissement — Héritier légitimaire. *Coll.* an 1807 279

4 CASSATION. Bénéfice d'inventaire. *Coll.* an 1806 437

6 ROUEN. Actes respectueux — Termes irrévérentiels. *Journ.*, 1ᵉʳ. sem. 1805. 474

7 TURIN. Bail — Expiration du terme. *Journ.*, 1ᵉʳ. sem. 1806 445

11 PARIS. Protêt. *Journ.*, 2ᵉ. sem. 1806. 246

id. PARIS. Billets à ordre. *Journ.*, 1ᵉʳ. sem. 1806. 470

id. CASSATION. Opposition—Associé —Tiers-saisi — Paiement. *Journ.*, 1ᵉʳ. sem. 1806 401

12 CASSATION. Testament olographe. *Journ.*, 2ᵉ. sem. 1806 193

id. PARIS. Légitime—Légataire. *Journ.*, 1ᵉʳ. sem. 1807. 440

13 AMIENS. Retrait successoral — Avantages —Coutume d'Amiens. *Coll.* an 1806. 495

15 TURIN. Institution contractuelle. *Coll.* an 1807. 82

id. BRUXELLES. Conseil de famille. *Coll.* an 1807 121

id. TURIN. Libéralité — Réduction. *Journ.*, 1ᵉʳ. sem. 1807 446

16 CASSATION. Faux matériel. *Journ.*, 2ᵉ. sem. 1806 422

17 BRUXELLES. Transcription. *Coll.* an 1807 22

18 CASSATION. Enregistrement. *Journ.*, 2ᵉ. sem. 1806 276

19 TURIN. Donation — Prélèvement — Succession future. *Coll.* an 1807 . . . 90

21 PARIS. Inscription — Séparation de patrimoines. *Journ.*, 1ᵉʳ. sem. 1806. . 449

22 CASSATION. Divorce. *Coll.* an 1806. . 385

id. TURIN. Testament — Mention de l'écriture. *Coll.* an 1807 150

id. CASSATION. Divorce. *Journ.*, 1ᵉʳ. sem. 1806 310

24 CASSATION. Faux. *Journ.*, 2ᵉ. sem. 1806 420

1806.

Mars.

24 CASSATION. Titre nouvel. *Journ.*, 2ᵉ. sem. 1806 . . . . p. 216

id. ROUEN. Cession de droits successifs. *Journ.*, 1ᵉʳ. sem. 1806 556

id. TURIN. Rapport — Legs. *Journ.*, 1ᵉʳ. sem. 1807 396

25 CASSATION. Assurance — Bâtimens étrangers. *Journ.*, 2ᵉ. sem. 1806 . . . 309

id. BRUXELLES. Testament — Mention de la dictée. *Journ.*, 2ᵉ. sem 1806 . . . 40

id. CASSATION. Quittance privée. *Journ.*, 2ᵉ., sem. 1806 33

26 CASSATION. Alimens — Action judiciaire. *Journ.*, 1ᵉʳ. sem. 1806 38

27 CASSATION. Faux noms. *Journ.*, 2ᵉ. sem. 1806. 417

id. PARIS. Désaveu. *Journ.*, 1ᵉʳ. sem. 1806 380

28 NISMES. Séparation de patrimoines. *Journ.*, 2ᵉ. sem. 1806 27

29 PARIS. Ingratitude. *Coll.* an 1806 . 349

id. BRUXELLES. Mariage. *Journ.*, 1ᵉʳ. sem. 1807 105

31 CASSATION. Bénéfice d'inventaire — Emigré. *Coll.* an 1806 437

id. PARIS. Expropriation forcée. *Journ.*, 1ᵉʳ. sem. 1806 324

Avril.

2 CASSATION. Bail privé — Sous-locataire. *Journ.*, 2ᵉ. sem. 1806 9

4 BRUXELLES. Inscription—Arrérages. *Coll.* an 1807 67

11 CASSATION. Société. *Coll.* an 1806 . 480

12 PARIS. Contrat judiciaire — Désaveu — Procureurs. *Journ.*, 2ᵉ. sem. 1806. 292

id. BRUXELLES. Héritier *ab intestat. Coll.* an 1807 53

id. PARIS. Domicile — (Election de) — Appel. *Journ.*, 2ᵉ. sem. 1806 23

13 RIOM. Enchère — Rétractation — Tuteur. *Coll.* an 1807 188

14 GRENOBLE. Ministres du culte — Testament. *Journ.*, 2ᵉ. sem. 1806 . . . 84

id. CASSATION. Créanciers — Héritiers — Pourvoi en cassation. *Journ.*, 2ᵉ. sem. 1806 241

id. PARIS. Dépens. *Journ.*, 1ᵉʳ. sem. 1806. 425

1806.

Avril.

15   PARIS. Vérification de créances. *Journ.*, 2e. sem. 1806 . . . . p. 167

16   CASSATION. Preuve testimoniale. *Journ.*, 1er. sem. 1806 497

id.   CASSATION. Forêt royale—Feuilles mortes. *Journ.*, 2e. sem. 1807 545

21   BRUXELLES. Honoraires — Notaire — Réglement. *Journ.*, 1er. sem. 1806 . 461

id.   PARIS. Cautionnement. *Journ.*, 1er. sem. 1806 571

22   BRUXELLES. Mariage. *Journ.*, 2e. sem. 1806 190

23   PARIS. Séparation de corps. *Journ.*, 2e. sem. 1806 203

id.   CASSATION. Enchères — (Mise aux) — Créancier — Acquéreur. *Journ.*, 2e. sem. 1807 353

24   CASSATION. Mendicité. *Journ.*, 2e. sem. 1806 423

id.   PARIS. Arrêt — Opposition. *Journ.*, 2e. sem. 1806 310

26   BESANÇON. Demande libellée. *Journ.*, 2e. sem. 1806 332

id.   BRUXELLES. Donation — Divorce — Substitution. *Journ.*, 2e. sem. 1806 . . 103

28   METZ. Obligation — Acte privé — Rente viagère. *Journ.*, 2e. sem. 1807 . . 155

29   PARIS. Huissier — Exploit — Rescision. *Journ.*, 2e. sem. 1806 266

30   AGEN. Institution d'héritier — Charge de substitution. *Coll.* an 1806 424

id.   AGEN. Disposition universelle non-renouvelée. *Coll.* an 1806 432

id.   CASSATION. Rente — Arrérages. *Journ.*, 2e. sem. 1806 161

id.   CASSATION. Succession — Religionnaire fugitif. *Journ.*, 1er. sem. 1807 . 283

id.   TRÈVES. Mariage. *Journ.*, 2e. sem. 1806. 60

mai.

1   BESANÇON. Enfant naturel. *Journ.*, 1er. sem. 1807 312

5   CASSATION. Péage. *Coll.* an 1806 . . 541

6   TURIN. Compromis — Acte synallagmatique. *Coll.* an 1807 239

id.   NISMES. Enfant naturel. *Journ.*, 2e. sem. 1806 539

7   ROUEN. Vente — Condamné — Créanciers. *Journ.*, 2e. sem. 1806 . . . 491

1806.

Mai.

7   AMIENS. Héritier légal. *Journ.*, 1er. sem. 1807 . . . . p. 269

10   PAU. Arrêt — Opposition. *Journ.*, 2e. sem. 1806 364

12   CASSATION. Emigré. *Journ.*, 2e. sem. 1806 113

id.   PARIS. Billet à ordre. *Journ.*, 1er. sem. 1806 525

14   CASSATION. Expropriation forcée. *Journ.*, 2e. sem. 1806 385

id.   BRUXELLES. Preuve testimoniale. *Journ.*, 2e. sem. 1806 567

id.   PARIS. Divorce. *Journ.*, 1er. sem. 1806. 535

17   TURIN. Majeur — Statut local—Compromis. *Coll.* an 1807 99

18   NISMES. Appel incident. *Coll.* an 1809. 217

id.   CASSATION. Vente verbale. *Journ.*, 2e. sem. 1806 177

19   PARIS. Notaire — Contrainte par corps. *Journ.*, 2e. sem. 1806 133

id.   PAU. Appel — Notification — Notaire. *Journ.*, 2e. sem. 1806 394

id.   TURIN. Appel — Nullité — Comparution. *Journ.*, 1er. sem. 1807 460

20   CASSATION. Curateur — Interdiction — Lois — Etat des personnes. *Journ.*, 2e. sem. 1806 145

21   BRUXELLES. Mère tutrice — Administration. *Coll.* an 1807 47

id.   LIÉGE. Disposition universelle non-renouvelée. *Coll.* an 1806 432

22   BORDEAUX. Mariage—Opposition—Actes respectueux. *Coll.* an 1807 . . . 334

24   PAU. Enfant naturel. *Coll.* an 1806 . 453

26   CASSATION. Titre — (Défaut de). *Journ.*, 2e. sem. 1806 129

27   ROUEN. Legs — Argent comptant — Dettes actives. *Journ.*, 2e. sem. 1806 . . 57

Juin.

2   CASSATION. Legs — Somme mobilière — Epoux. *Journ.*, 2e. sem. 1806 . . 497

4   CASSATION. Lettre de change. *Journ.*, 2e. sem. 1806 225

5   CASSATION. Débiteurs solidaires — Jugement — Opposition. *Journ.*, 1er. sem. 1807 65

7   BRUXELLES. Possession d'état. *Journ.*, 1er. sem. 1807 105

1806.
Juin.

10　CASSATION. Communauté de biens—Emigration. *Journ.* ; 2e. sem. 1806. p. 337

id.　CASSATION. Papier - monnaie. *Journ.* , 1er. sem. 1807. 465

11　CASSATION. Mariage. *Journ.* , 2e. sem. 1806. 369

id.　CASSATION. Possesseur de bonne foi. *Journ.* , 2e. sem. 1806. 565

id.　TRÈVES. Jugement — Divorce. *Journ.* , 2e. sem. 1806. 461

12　CASSATION. Partage — Renonciation. *Journ.* , 2e. sem. 1806. 401

id.　PARIS. Jugement arbitral. *Journ.* , 2e. sem. 1806. 413

13　CASSATION. Ordonnance d'un directeur du jury. *Journ.* , 1er. sem. 1807. . . . 181

14　CASSATION. Ajournement — Domicile élu. *Journ.* , 2e. sem. 1806. 225

16　BORDEAUX. Enfant naturel *Coll.* an 1807. 393

17　BRUXELLES. Prescription. *Journ.* , 1er. sem. 1807. 74

18　CASSATION. Rivières navigables. *Journ.* , 2e. sem. 1806. 257

21　NISMES. Testament mystique. *Coll.* an 1807. 207

id.　PARIS. Inscription du tiers consolidé — Legs. *Journ.* , 2e. sem. 1806. . . . 154

23　CASSATION. Jugement — Juge de paix — Tierce - opposition. *Journ.* , 2e. sem. 1806. 151

24　CASSATION. Ecrit privé — Enregistrement —Contrainte par corps. *Coll.* an 1807. 5

id.　BRUXELLES. Interrogatoire sur faits et articles. *Journ.* , 1er. sem. 1807. . 286

25　BRUXELLES. Antichrèse. *Coll.* an 1807. 109

26　CASSATION. Femme — Mari en démence. *Coll.* an 1807. 163

id.　NISMES. Bailleur — Trouble — Garantie. *Coll.* an 1807. 311

id.　ROUEN. Société. *Journ.* , 2e. sem. 1806. 252

30　CASSATION. Appel — Délai — Mineur — *Journ.* , 2e. sem. an 13. 532

id.　CASSATION. Vérification — Signature — Acte privé. *Journ.* , 1er. sem. 1806. 273

id.　CASSATION. Mineur — Fins de non-recevoir. *Journ.* , 2e. sem. 1806 . . . 532

id.　CASSATION. Prescription. *Coll.* an 1806. 492

1806.
Juill.

1　CASSATION. Dépôt volontaire — Confession indivisible. *Coll.* an 1806 . . . p. 507

2　CASSATION. Tribunal de police. *Coll.* an 1808 26

4　CASSATION. Vente d'immeuble — Rente viagère. *Journ.* , 2e. sem. 1806 . . 481

5　PARIS. Subrogation. *Journ* , 2e. sem. 1806 326

9　CASSATION. Contrat de mariage — Testament — Témoins. *Journ.* , 2e. sem. 1806 433

id.　CASSATION. Dépôt volontaire — Preuve par témoins — Dépenses. *Coll.* an 1806 519

id.　PARIS. Ruisseau—Usage exclusif. *Journ.* , 2e. sem. 1806 301

id.　COLMAR. Domicile. *Journ.* , 2e. sem. 1807 110

11　GRENOBLE. Cession de droits successifs. *Journ.* , 1er. sem. 1807 543

12　CASSATION. Conscrit. *Journ.* , 2e. sem. 1807. 177

id.　BRUXELLES. Adoption. *Journ.* , 2e. sem. 1806 555

id.　BRUXELLES. Privilége. *Journ.* , 1er. sem. 1807 43

14　CASSATION. Cour d'appel — Provision — Séparation de corps. *Journ.* , 2e. sem. 1806 529

15　CASSATION. Testament mystique. *Journ.* , 2e. sem. 1806 471

16　CASSATION. Lettre de change. *Coll.* an 1807. 63

id.　CASSATION. Femme non-autorisée — Ministère public. *Journ.* , 2e. sem. 1806. 545

17　PARIS. Testament — Mention de la dictée — Termes équivalens. *Journ.* , 2e. sem. 1806 181

id.　POITIERS. Indemnité — Fermier — Cas fortuits. *Journ.* , 1er. sem. 1807 . 383

18　CASSATION. Conscrit. *Journ.* , 2e. sem. 1807 177

19　PARIS. Rapport — Enfant naturel — Donation. *Journ.* , 2e. sem. 1806 . . 378

21　CASSATION. Disposition gratuite — Testament. *Journ.* , 2e. sem. 1806 . . . 449

id.　CASSATION. Expropriation forcée (poursuite en) — Vente — Revendication. *Journ.* , 2e. sem. 1806 305

1806.
Juill.

22 CASSATION. Cour royale — Huissier — Lésion. *Journ.*, 2e sem. 1806 . . 465

23 CASSATION. Procureurs impériaux et leurs substituts. *Journ.*, 2e. sem. 1806 . 353

id. LIÉGE. Testament dicté en langue étrangère. *Journ.*, 1er. sem. 1807 . . 123

26 PAU. Compétence. *Journ.*, 2e. sem. 1806 429

28 CASSATION. Enregistrement. *Coll.* an 1807 289

29 POITIERS. Injures graves. *Journ.*, 1er sem. 1807 236

30 CASSATION. Divorce — Jugement d'admission — Réconciliation. *Journ.*, 1er. sem. 1807 273

31 POITIERS. Bail—Fermages échus. *Journ.*, 1er. sem. 1807 335

Août.

2 PARIS. Alimens. *Journ.*, 2e. sem. 1806. 390

4 TURIN. Compromis. *Coll.* an 1807 . . 239

id. CASSATION. Veuve — Coutume normande. *Journ.*, 1er. sem. 1807 24

6 CASSATION. Donation entre-vifs. *Journ.*, 1er. sem. 1807 17

id. BORDEAUX. Tombeaux — Pièces d'or. *Journ.*, 2e. sem. 1806 487

id. BRUXELLES. Divorce — Scellés. *Journ.*, 1er. sem. 1807 206

8 PARIS. Rente viagère. *Journ.*, 2e. sem. 1806. 520

id. ROUEN. Hypothèque (Priorité d') *Journ.*, 2e. sem. 1806 443

id. PARIS. Enfant naturel. *Journ.*, 2e. sem. 1806 552

9 PARIS. Transcription. *Journ.*, 2e. sem. 1806 456

11 PARIS. Offres réelles. *Journ.*, 2e. sem. 1806 534

13 COLMAR. Vente--Simulation. *Coll.* an 1807 434

id. CASSATION. Tribunal de commerce—Compétence. *Coll.* an 1807 193

id. CASSATION. Contre-lettre. *Coll.* an 1806. 528

id. ANGERS. Concubine. *Journ.*, 2e. sem. 1807 427

id. BRUXELLES. Femme — Mari en faillite — Résidence. *Journ.*, 1er. sem. 1807. 411

1806.
Août.

18 CASSATION. Tribunal de commerce — Vérification d'écritures — Sursis — Dépositions de témoins. *Journ*, 1er. sem. 1806 321

19 CASSATION. Mutation (droit de)—Douaire. *Coll.* an 1807 13

id. CASSATION. Vente—Part indivise. *Journ.*, 1er. sem. 1807 310

20 CASSATION. Statut réel — Testament olographe — Cassation. *Journ.*, 2e. sem. 1806 561

22 METZ. Erreur de droit—Restitution. *Coll.* an 1807 346

id. CASSATION. Conscrits. *Coll.* an 1808. 109

id. PARIS. Emprisonnement. *Journ.*, 2e. sem. 1806. 507

23 PAU. Divorce. Demande en nullité. *Journ.*, 2e. sem. 1806 523

26 CASSATION. Donation entre-vifs. *Journ.*, 1er. sem. 1807 17

28 POITIERS. Testament — Vice de forme. *Journ.*, 2e. sem. 1808 504

29 GRENOBLE. Donation par contrat de mariage—Réduction. *Coll.* an 1807 . 168

id. CASSATION. Escroquerie. *Coll.* an 1807. 28

30 BRUXELLES. Interdiction — Administrateur provisoire. *Coll.* an 1807 . . 158

id. BRUXELLES. Epoux — habitation séparée. *Coll.* an 1807 131

id. ANGERS. Epoux survivant — Avantages — Loi du contrat. *Journ.*, 1er. sem. 1807 366

Sept.
1 CASSATION. Novation. *Journ.*, 1er. sem. 1807. 293

3 CASSATION. Enfant naturel — Testament olographe — Subrogé tuteur — Conseil de famille. *Journ.*, 1er. sem. 1807. 161 et 113

id. CASSATION. Enregistrement *Journ.*, 1er. sem. 1807. 101

5 CASSATION. Matière correctionnelle — Procuration pour appeler. *Coll.* an 1807. 283

9 CASSATION. Retrait successoral. *Journ.*, 2e. sem. 1806. 548

id. CASSATION. Subrogation du bailleur de fonds. *Journ.*, 2e. sem. 1806. . 504

id. CASSATION. Expropriation forcée — Etat des inscriptions. *Journ.*, 2e. sem. 1806. 503

1806.

Sept.

24   Paris. Domicile — Lettre de change — Assignation. *Journ.*, 2e. sem. 1806. p. 424

Octob.

1   Paris. Billets à ordre. *Journ.*, 2e. sem. 1806. 424

2   Paris. Locataire. Enlèvement de meubles. *Journ.*, 2e. sem. 1806. 439

id.   Paris. Propriétaire (droit du) sur les meubles. *Journ.*, 2e. sem. 1806. . 511

id.   Cassation. Cour spéciale. *Coll.* an 1807. 46

3   Cassation. Faux nom. *Coll.* an 1807. 97

6   Cassation. Lettre de change. *Journ.*, 1er. sem. 1807. 177

id.   Cassation. Rapport d'experts. *Journ.*, 1er. sem. 1807. 152

id.   Cassation. Accusé — Absous — Action civile — Dépôt volontaire. — Aveu. *Journ.*, 1er. sem. 1807. 117

id.   Cassation. Caution. *Journ.*, 1er. sem. 1807. 97

8   Cassation. Faillite — Vente. *Journ.*, 1er. sem. 1807. 55

id.   Cassation. Arbitres. *Journ.*, 1er. sem. 1807. 49

9   Cassation. Action civile *Journ.*, 1er. sem. 1807. 228

13   Cassation. Prescription. *Coll.* an 1807. 237

id.   Rouen. Dépositaire infidèle — Amende. *Journ.*, 1er. sem. 1807. 94

14   Cassation. Appel — Main-levée d'inscription — Hypothèque. *Journ.*, 1er. sem. 1807. 193

id.   Cassation. Litispendance. *Journ.*, 1er. sem. 1807. 209

16   Cassation. Associé — Signature sociale — Abus. *Journ.*, 1er. sem. 1807. . 145

27   Cassation. Contrainte par corps. *Journ.*, 1er. sem. 1807. 3

29   Cassation. Octroi — Enregistrement — Caution-Subrogation. *Coll.* an 1807. 75

id.   Cassation. Droit d'enregistrement — Adjudication sur expropriation forcée. *Journ.*, 1er. sem. 1807. 33

Nov.

5   Cassation. Héritier contractuel. *Journ.*, 1er. sem. 1807. 433

id.   Cassation. Action en rescision. *Journ.*, 1er. sem. 1807. 225

1806.

Nov.

5   Cassation. Expropriation forcée. — Appel. *Journ.*, 1er. sem. 1807. . . p. 137

6   Cassation. Faux témoignage. *Coll.* an 1807. 155

11   Cassation. Cour de cassation — Compétence. *Coll.* an 1807. 51

12   Cassation. Prise à partie. *Journ.*, 2e. sem. 1806. 513

id.   Bruxelles. Expropriation forcée — Tuteur — Autorisation. *Journ.*, 1er. sem. 1807. 253

15   Paris. Femme séparée de biens. *Journ.*, 1er. sem. 1807. 154

18   Rennes. Donation entre-vifs. *Journ.*, 1er. sem. 1807. 297

id.   Cassation. Usufruit — Puissance paternelle. *Coll.* an 1807. 106

id.   Cassation. Preuve testimoniale — Prodigue. *Journ.*, 1er. sem. 1807. . . . 165

23   Bruxelles. Tuteur — Opposition. — Désistement. *Journ.*, 1er. sem. 1807. 253

24   Cassation. Adoption. *Journ.*, 1er. sem. 1807. 129

27   Rouen. Parcours — Prairies non closes. *Coll.* an 1807. 16

id.   Besançon. Testament — Mention de l'écriture. *Journ.*, 1er. sem. 1807. . 349

28   Paris. Ordre. (poursuite d') — Créancier — Intérêt. *Journ.*, 1er. sem. 1807. 216

Déc.

1   Paris. Vente — Succession vacante. *Coll.* an 1807. 8

id.   Cassation. Aînesse (droit d') — Retrait Successoral ou de subrogation. *Journ.*, 1er. sem. 1807. 81

2   Nismes. Vérification d'écritures. *Journ.*, 1er. sem. 1807. 477

id.   Cassation. Bénéfice de cession — Piémont. *Journ.*, 1er. sem. 1807. . . 289

3   Cassation. Protêt. *Journ.*, 1er. sem. 1807. 417

id.   Liége. Mandataire — Créancier — Vente. *Journ.*, 1er. sem. 1807. 221

5   Cassation. Dépôt volontaire — Violation. *Coll.* an 1807. 116

id.   Paris. Lettre de change — Action en garantie—Délai. *Journ.*, 1er. sem. 1807. 69

6   Colmar. Privilége. *Coll.* an 1807. . . 285

1806.
Décem.

6 — PARIS. Lettre de change (accepteur d'une) — Contrainte par corps. — *Journ.*, 1er. sem. 1807 . . . . p. 159

8 — CASSATION. Cheptel — Privilége. *Journ.*, 1er. sem. 1807 321

9 — BRUXELLES. Amende — Désistement d'appel. *Journ.*, 1er. sem. 1807 . . . 142

10 — TRÈVES. Testament écrit en deux langues. *Coll.* an 1807 442

id. — AGEN. Conseil de famille — Mariage. *Journ.*, 1er. sem. 1807 485

id. — CASSATION. Société de commerce. *Journ.*, 1er. sem. 1807 244

id. — CASSATION. Action mixte — Action hypothécaire. *Journ.*, 1er. sem. 1807. . 241

id. — CASSATION. Créancier hypothécaire — Main-levée. *Journ.* 1er. sem. 1807. 212

11 — CASSATION. Acte faux et nul. *Journ.*, 2e. sem. 1808 289

id. — BRUXELLES. Privilége — Premier saisissant. *Journ.*, 2e. sem. 1807 . . . 525

id. — ROUEN. Vente — Marchandises — Résiliation — Garantie —. Vente. *Journ.*, 1er. sem. 1807 188

16 — CASSATION. Discussion — Tiers-détenteur. *Journ.*, 1er. sem. 1807. . . . 401

22 — CASSATION. Droit d'enregistrement *Journ.*, 1er. sem. 1808 375

id. — CASSATION. Obligation sous seing privé — Hypothèque — Jugement. *Journ.*, 2e. sem. 1807 17

id. — CASSATION. Hypothèque sur une rente constituée. *Journ.*, 1er. sem. 1807. 305

23 — CASSATION. Appel — Adjudication. *Coll.* an 1807 143

id. — BRUXELLES. Epoux (droits des) — Réglement. *Journ.*, 2e. sem. 1807 . . . 75

id. — PARIS. Endossement. *Journ.*, 1er. sem. 1807 38

24 — BRUXELLES. Hypothèque légale. *Coll.* an 1807 256

id. — PARIS. Sévices et injures — Divorce. *Journ.* 1er. sem. 1807 61

27 — CASSATION. Faux. *Journ.*, 2e. sem. 1807 244

30 — NISMES. Mariage. *Journ.*, 2e. sem. 1807 270

1807.
Janv.

. . . — TOULOUSE. Séparation de biens. *Journ.* 2e. sem. 1808 . . . . p. 332

2 — CASSATION. Caution. *Journ.*, 1er. sem. 1807 357

id. — CASSATION. Tribunal de police. *Coll.* an 1808. 128

5 — ROUEN. Amende. *Journ.*, 1er. sem. 1807 140

id. — CASSATION. Substitution. *Coll.* an 1807. 128

id. — BRUXELLES. Enfant naturel. *Coll.* an 1807. 280

6 — PARIS. Meubles. *Journ.*, 1er. sem. 1807. 231

7 — CASSATION. Opposition. *Journ.*, 2e. sem. 1807 103

9 — CASSATION. Prescription. *Journ.*, 1er. sem. 1808 133

id. — CASSATION. Exploit — Nullité. *Journ.*, 1er. sem. 1809 346

10 — PARIS. Femme. *Journ.*, 1er. sem. 1807. 201

12 — CASSATION. Opposition. *Journ.*, 2e. sem. 1807 103

13 — CASSATION. Rapport — Legs. *Journ.*, 1er. sem. 1807 545

id. — CASSATION. Droit d'enregistrement. *Journ.*, 1er. sem. 1808 359

14 — CASSATION. Exception de nullité. *Journ.*, 1er. sem. 1807 529

15 — CASSATION. Reconnaissance d'écriture. *Coll.* an 1807 314

17 — TURIN. Travaux publics. *Coll.* an 1808. 219

id. — CASSATION. Redevance qualifiée dîme. — Concession de fonds. *Coll.* an 1809. 438

18 — CASSATION. Droit d'enregistrement. *Journ.*, 1er. sem. 1808 359

id. — CASSATION. Testament écrit à la troisième personne. *Journ.*, 1er. sem. 1809. 228

19 — TRÈVES. Preuve testimoniale — Commencement de preuve par écrit — Certificat de notoriété. *Journ.*, 1er. sem. 1807. 428

id. — CASSATION. Femme. *Journ.*, 2e. sem. 1807 118

20 — BRUXELLES. Mariage. *Journ.*, 1er. sem. 1807 345

id. — CASSATION. Curateur. *Journ.*, 1er. sem. 1807 469

id. — CASSATION. Contrat de mariage. *Coll.* an 1807 204

1807.

Janvier

20   CASSATION. Dot. *Journ.*, 1er. sem. 1808 . . . . p. 353

21   CASSATION. Roulage. *Journ.*, 1er. sem. 1807 481

id.   NISMES. Hypothèque — Faillite. *Journ.*, 2e. sem. 1807 539

22   CASSATION. Emigration. *Coll.* an 1807. 136

23   CASSATION. Contre-façon. *Coll.* an 18 9. 15

26   CASSATION. Emigré. *Journ.*, 1er. sem. 1807 561

id.   CASSATION. Tradition feinte. *Journ.*, 2e. sem. 1807 129

id.   PARIS. Hypothèque. *Journ.*, 2e. sem. 1807 405

27   CASSATION. Société tacite. *Coll.* an 1806. 186

id   CASSATION. Bigamie. *Journ.*, 2e. sem. 1807 33

id.   BRUXELLES. Preuve testimoniale — Billet. *Coll.* an 1807 211

28   CASSATION. Legs. *Journ.*, 1er. sem. 1807 257

id.   CASSATION. Assurance. *Journ.*, 1er. sem. 1807 513

id.   LYON. Femme. *Journ.*, 2e. sem. 1807. 509

id.   CASSATION. Fausse énonciation. *Journ.*, 2e. sem. 1808 410

29   ROUEN. Failli. *Coll.* an 1807 273

31   PARIS. Inscription. *Journ.*, 1er. sem. 1807 168

id.   PARIS. Enfant naturel. *Journ.*, 1er. sem. 1807 248

Février

1   CASSATION. Divorce. *Journ.*, 1er. sem. 1807 337

3   GRENOBLE. Possession d'état. *Journ.*, 2e. sem. 1807 29

4   CASSATION. Compromis. *Journ.*, 2e. sem. 1807. 385

id.   CASSATION. Cours d'eau. *Coll.* an 1807. 417

id.   TRÈVES. Divorce. *Journ.*, 1er. sem. 1808 509

5   PARIS. Prescription — Procureurs. *Journ.*, 1er. sem. 1807 360

id.   CASSATION. Pêche. *Coll.* an 1807. . . 344

6   ROUEN. Assurance. *Journ.*, 1er. sem. 1807. 261

1807.

Février

6   BRUXELLES. Compromis — Arbitre — Tiers-arbitre. *Journ.*, 2e. sem. 1807. . p. 94

7   PARIS. Frais. *Journ.*, 1er. sem. 1807. 284

id.   PARIS. Transport. *Journ.*, 1er. sem. 1807. 422

9   PARIS. Preuve testimoniale — Rente viagière. *Journ.*, 1er. sem. 1808. . . 325

10   PARIS. Offres réelles — Taxe. *Journ.*, 1er. sem. 1807 390

id.   CASSATION. Contravention. *Journ.*, 2e. sem. 1807 89

id.   LIÉGE. Hypothèque. *Journ.*, 2e. sem. 1807 186

11   CASSATION. Billets à ordre. *Journ.*, 1er. sem. 1807 497

id.   NISMES. Inscription — Transcription. *Coll.* an 1807 250

13   PARIS. Tribunaux. *Journ.*, 2e. sem. 1807 39

17   CASSATION. Sauf-conduit. *Journ.*, 2e. sem. 1807 3

18   LIÉGE. Séparation de patrimoines. *Journ.*, 2e. sem. 1807 186

id.   CASSATION. Amnistie. *Coll.* an 1807. 303

19   CASSATION. Charlatan. *Journ.*, 2e. sem. 1807 37

id.   CASSATION. Récidive. *Journ.*, 2e. sem. 1807 89

23   CASSATION. Contrainte par corps. *Journ.*, 1er. sem. 1807 6

id.   CASSATION. Rescision. *Journ.*, 1er. sem. 1807 501

id.   CASSATION. Contrainte. *Coll.* an 1807. 174

24   PARIS. Expropriation forcée. *Journ.*, 1er. sem. 1806 506

id.   PARIS. Jury médical — Réparation civile. *Journ.*, 1er. sem 1807 518

26   CASSATION. Tutelle. *Journ.*, 1er. sem. 1807 550

id.   CASSATION. Contre-lettre. *Journ.*, 2e. sem. 1807 180

27   CASSATION. Bois. *Journ.*, 2e. sem. 1807 49

id.   BORDEAUX. Adultère. *Journ.*, 1er. sem. 1808 25

28   PARIS. Contrainte par corps — Election de domicile. *Journ.*, 1er. sem. 18 . . 76

id.   AGEN. Retour. *Coll.* an 1807 . . . 450

1807.
Mars.

2 — CASSATION. Rente seigneuriale. *Journ.*, 1er. sem. 1807 . . . . . p. 516

3 — CASSATION. Partage. *Journ.*, 2e. sem. 1807 . . . 149

id. — BRUXELLES. Garantie. *Journ.*, 2e. sem. 1807 . . . 252

4 — PARIS. Procureurs. *Journ.*, 1er. sem. 1807 . . . 360

id. — PARIS. Réserve--Emigré. *Coll.* an 1807. 382

5 — CASSATION. Compétence. *Journ.*, 1er. sem. 1807 . . . 534

7 — BRUXELLES. Inscription. *Coll.* an 1807. 297

9 — LIÉGE. Remise. *Coll.* an 1807 . . . 307

11 — CASSATION. Cautionnement. *Journ.*, 2e. sem. 1807 . . . 65

id. — CASSATION. Tribunal. *Journ.*, 2e. sem. 1807 . . . 131

id. — COLMAR. Huissier — Acquisition de droits litigieux. *Coll.* an 1809 . . . 502

12 — CASSATION. Décès. *Journ.*, 2e. sem. 1807 . . . 209

16 — CASSATION. Dépens. *Journ.*, 1er. sem. 1807 . . . 369

17 — CASSATION. Reconnaissance d'écriture. *Journ.*, 1er. sem. 1807 . . . 449

id. — RIOM. Testament olographe. *Journ.*, 2e. sem. 1807 . . . 572

id. — CASSATION. Failli — Hypothèque. *Coll.* an 1807 . . . 222

18 — CASSATION. Lettre confidentielle. *Journ.*, 2e. sem. 1807 . . . 387

id. — NISMES. Rapport. *Coll.* an 1807 . . . 463

19 — AIX. Curateur au ventre. *Journ.*, 2e. sem. 1807 . . . 330

20 — ROUEN. Greffier de justice de paix. *Journ.*, 1er. sem. 1807 . . . 526

id. — PARIS. Démence — Preuve testimoniale. *Journ.*, 1er. sem. 1807 . . . 570

id. — CASSATION. Incendie. *Journ.*, 2e. sem. 1807 . . . 452

24 — PARIS. Confusion. *Journ.*, 2e. sem. 1807 . . . 69

id. — CASSATION. Acquiescement. *Coll.* an 1807 . . . 353

id. — CASSATION. Cour de cassation. *Coll.* an 1807 . . . 433

25 — ROUEN. Intervention—Signature. *Journ.*, 2e. sem. 1807 . . . 59

1807.
Mars.

25 — CASSATION. Testament. *Journ.*, 2e. sem. 1807 . . . p. 97

26 — CASSATION. Notaire—Ratification. *Journ.*, 1er. sem. 1809 . . . 341

27 — BRUXELLES. Exploit d'assignation. *Journ.*, 2e. sem. 1807 . . . 286

28 — CASSATION. Témoins. *Journ.*, 2e. sem. 1807 . . . 468

30 — BRUXELLES. Divorce. *Coll.* an 1806 . . 96

id. — BRUXELLES. Domicile. *Journ*, 2e. sem. 1807 . . . 110

31 — CASSATION. Substitution. *Journ.*, 2e. sem. 1807 . . . 113

Avril.

2 — CASSATION. Faux. *Coll.* an 1806 . . . 124

id. — CASSATION. Faux. *Journ.*, 2e. sem. 1807 . . . 436

4 — BRUXELLES. Substitution.—Fidéicommissaire. *Journ.*, 2e. sem. 1807 . . . 141

id. — BRUXELLES. Exploit. *Journ.*, 2e. sem. 1807 . . . 447

id. — TURIN. Testament. *Journ.*, 2e. sem. 1808 . . . 506

6 — CASSATION. Tutelle. *Journ.*, 1er. sem. an 13 . . . 362

id. — PARIS. Rescision. *Journ.*, 1er. sem. 1807 . . . 471

7 — GRENOBLE. Réserve. *Coll.* an 1807 . . 320

id. — CASSATION. Jugement. *Coll.* an 1807 . 400

id. — PARIS. Contrainte par corps. *Journ.*, 1er. sem. 1807 . . . 458

id. — CASSATION. Prise d'eau. *Journ.*, 1er. sem 1807 . . . 566

id. — GRENOBLE. Réserve. *Journ.*, 2e. sem. 1807 . . . 127

8 — CASSATION. Connexité. *Journ.*, 2e. sem. 1807 . . . 566

id. — CASSATION. Rescision. *Coll.* an 1807 . 261

9 — CASSATION. Expropriation forcée. *Journ.*, 2e. sem. 1807 . . . 371

id. — CASSATION. Contre-lettre. *Coll.* an 1807. 276

11 — PARIS. Protêt — Inscription. *Journ.*, 2e. sem. 1807 . . . 11

13 — CASSATION. Bail à rente. *Coll.* an 1807. 447

15 — CASSATION. Mutation. *Journ.*, 2e. sem. 1807 . . . 273

id. — COLMAR. Appel. *Coll.* an 1808 . . . 112

807.

Avril.

16   Paris. Séparation de corps. *Journ.*, 2e. sem. 1807 . . . . p. 21

17   Paris. Société. *Journ.*, 2e. sem. 1807. 292

id.   Cassation. Prescription — Délits — Bois nationaux—Coupes. *Coll.* an 1809. 115

18   Paris. Contrainte par corps. *Journ.*, 1er. sem. 1807 503

22   Bruxelles. Adoption. *Journ.*, 2e. sem. 1807 42

id.   Cassation. Hypothèque — Formalité. *Journ.*, 2e. sem. 1807 81

id.   Colmar. Séparation de corps. *Coll.* an 1808 186

23   Paris. Assignation. *Journ.*, 1er. sem. 1807 535

25   Colmar. Exploit. *Coll.* an 1807 . . . 351

27   Turin. Prescription *longissimi temporis--* Pays de droit écrit — Interdit. *Coll.* an 1809 182

28   Dijon. Domicile. *Coll.* an 1807 . . . 413

29   Cassation. Mutation. *Journ.*, 2e. sem. 1807 273

30   Bruxelles. Signification. *Journ.*, 2e. sem. 1807 462

id.   Cassation. Etat. *Journ.*, 2e. sem. 1807 481

Mai.

1   Paris. Communauté. *Journ.*, 2e. sem. 1807 56

2   Paris. Inscription — Compensation. *Journ.*, 2e. sem. 1807 278

id.   Amiens. Donation entre-vifs. *Journ.*, 2e. sem. 1807 342

id.   Bruxelles. Saisie. *Coll.* an 1807 . . 407

id.   Angers. Partage. *Coll.* an 1807 . . . 422

4   Cassation. Testament. *Journ.*, 2e. sem. 1807 161

id.   Cassation. Démission de biens en Normandie. *Journ.*, 2e. sem. 1807 . . . 321

id.   Cassation. Maires et adjoints. *Coll.* an 1808 53

5   Cassation. Donation déguisée. *Journ.*, 2e. sem. 1807 289

id.   Cassation. Divorce. *Journ.*, 2e. sem. 1807 369

id.   Paris. Pension alimentaire. *Coll.* an 1807 402

1807.

Mai.

8   Paris. Contrainte par corps. *Journ.*, 1er. sem. 1807 . . . . p. 503

id.   Cassation. Directeur du jury. *Journ.*, 2e. sem. 1807 401

id.   Bruxelles. Exploit — Testament. *Coll.* an 1807 455

id.   Bruxelles. Séparation de corps.—Scellés. *Coll.* an 1808 152

9   Cassation. Délits forestiers — Témoins — Ministère public. *Coll.* an 1809. 152

11   Cassation. Licitation. *Journ.*, 2e. sem. 1807 305

13   Cassation. Notaires. *Journ.*, 2e. sem. 1807 433

14   Cassation. Rachat — Fruits. *Journ.*, 1er. sem. 1808 33

15   Paris. Command. *Journ.*, 2e. sem. 1807 324

id.   Bruxelles. Conseil judiciaire. *Coll.* an 1807 476

18   Cassation. Ministère du culte. *Journ.*, 2e. sem. 1807 193

id.   Bruxelles. Succession. *Journ.*, 1er. sem. 1808 332

19   Nismes. Hypothèque générale. *Journ.*, 2e. sem. 1807 409

20   Bruxelles. Acte sous seing privé. *Coll.* an 1807 431

id.   Bruxelles. Legs. *Journ.*, 1er. sem. 1808 521

21   Cassation. Tiers-acquéreur. *Journ.*, 2e. sem. 1807 145

22   Cassation. Faux — Désertion. *Coll.* an 1809 23

25   Cassation. Concession. *Coll.* an 13. . 253

id.   Paris. Aval. *Journ.*, 2e. sem. 1807. 91

id.   Cassation. Pouvoir judiciaire. *Coll.* an 1808 116

26   Cassation. Droit de mutation. *Journ.*, 2e. sem. 1807 166

id.   Cassation. Créancier hypothécaire. *Journ.*, 2e. sem. 1807 228

id.   Cassation. Curateur aux causes. *Journ.*, 2e. sem. 1807 357

id.   Cassation. Divorce. *Journ.*, 1er. sem. 1808 161

27   Paris. Donation entre-vifs. *Journ.*, 2e. sem. 1807 152

1807.
Mai.

27 — Paris. Jugement — Mandataire. *Journ.*, 2e. sem. 1807 . . . . p. 374

id. — Paris. Donation entre-vifs. *Coll.* an 1807 357

id. — Rouen. Testament olographe. *Journ.*, 1er. sem. 1808 13

id. — Cassation. Testament. *Coll.* an 1808 . 102

id. — Trèves. Privilége. *Coll.* an 1808 . . 380

28 — Cassation. Transcription. *Journ.* 2e. sem. 1807 241

Juin.

1 — Paris. Expropriation forcée. *Journ.*, 1er. sem. 1807 553

id. — Paris. Solidarité. *Journ.*, 2e. sem. 1807 267

id. — Paris. Revendication. *Coll.* an 1807. 293

2 — Bruxelles. Saisie exécution. *Journ.*, 1er. sem. 1807 556

3 — Bruxelles. Appel. *Journ.*, 2e. sem. 1807 382

id. — Nismes. Testament mystique. *Coll.* an 1807 20

id. — Bruxelles. Pouvoir. *Journ.*, 1er. sem. 1808 573

4 — Nismes. Hypothèques. *Journ.*, 2e. sem. 1807 287

id. — Paris. Expropriation forcée. *Journ.*, 2e. sem. 1807 310

id. — Bruxelles. Prêts sur gage — Prêteur sur gage. *Coll.* an 1808 58

id. — Cassation. Soustraction de lettre à la poste. *Journ.*, 2e. sem. 1809 . . . 244

6 — Cassation. Billet à ordre — Acquit provisoire — Faux. *Coll.* an 1809 5

9 — Bruxelles. Héritier présomptif. *Coll.* an 1806 119

10 — Cassation. Contrainte par corps. *Journ.*, 2e. sem. 1807 225

id. — Cassation. Assignation. *Journ.*, 2e. sem. 1807 417

id. — Nismes. Donation testamentaire. *Coll.* an 1808 300

11 — Nismes. Second acquéreur — Transcription — Priorité. *Journ.*, 1er. sem. 1809 237

12 — Cassation. Collocation — Inscription. *Journ.*, 2e. sem. 1807 465

13 — Paris. Femme — Appel — Signification. *Journ.*, 2e. sem. 1807 122

1807.
Juin.

13 — Paris. Testament. *Journ.*, 2e. sem. 1807 . . . . p. 133

. — Paris. Succession vacante. *Journ.*, 2e. sem. 1807 182

id. — Bruxelles. Contrainte par corps. *Journ.*, 1er. sem. 1808 573

15 — Liége. Domicile. *Journ.*, 1er. sem. 1808 476

id. — Liége. Appel. *Journ.*, 2e. sem. 1808. 476

16 — Paris. Vente. *Journ.*, 2e. sem. 1807. 246

id. — Cassation. Lettre de change. *Journ.*, 2e. sem. 1807 539

id. — Paris. Etranger. *Journ.*, 2e. sem. 1808. 348

17 — Bruxelles. Enfant naturel. *Coll.* an 1808 441

18 — Paris. Epoux — Institution contractuelle. *Journ.*, 2e. sem. 1807 360

id. — Cassation. Créanciers. *Journ.*, 2e. sem. 1807 449

id. — Paris. Donation. *Journ.*, 2e. sem. 1808 262

id. — Cassation. Administration forestière. *Coll.* an 1808 230

id. — Cassation. Tribunaux correctionnels — Audition des témoins reprochés. *Coll.* an 1809 372

19 — Cassation. Garde forestier — Age requis. *Coll.* an 1809 389

23 — Paris. Prêt d'argent. *Journ.*, 2e. sem. 1807 106

id. — Cassation. Champart — Redevances foncières. *Journ.*, 1er. sem. 1808 . . . 295

24 — Cassation. Privilége. *Journ.*, 2e. sem. 1807 308

id. — Trèves. Avoué — Cession de droit litigieux. *Coll.* an 1809 502

25 — Paris. Héritier bénéficiaire. *Journ.*, 2e. sem. 1807 169

26 — Bruxelles. Exploit. *Journ.*, 1er. sem. 1808 479

30 — Cassation. Dommages-intérêts — Vente. *Journ.*, 2e. sem. 1807 513

Juillet.

. . . — Bruxelles. Action en indemnité. — Pouvoir administratif — Compétence — Offres. *Tome* 2. 1812 258

2 — Cassation. Contrefaçon. *Journ.*, 1er. sem. 1808 71

id. — Bruxelles. Interdit. *Coll.* an 1808 . 291

1807. Juillet.

2	TOULOUSE. Action en partage — Légitimaires Défaut de formes. *Coll.* an 18 9 88
3	DIJON. Mariage. *Journ.*, 2e. sem 1807. 44
id.	ROUEN. Associé commanditaire — Syndic d'une union — Tribunal de commerce. *Coll.* an 1808. 28
id.	CASSATION. Lettres missives — Faux — Escroquerie. *Coll.* an 1809. 26
5	TRÈVES. Epoux. *Journ.*, 2e. sem. 1807. 75
6	CASSATION. Inscription. *Journ.*, 1er. sem. 1808. 49
8	CASSATION Femme. *Coll.* an 1807 . . 380
id.	NISMES. Divorce. *Journ.*, 1er. sem. 1808. 204
id.	BRUXELLES. Honoraires. *Journ.*, 1er. sem. 1808. 395
9	CASSATION. Faux. *Journ.*, 2e. sem. 1808. 421
id.	CASSATION. Mari — Maîtres de maisons. *Coll.* an 1808. 92
10	TRÈVES. Tribunaux de commerce — Compétence — Etat des personnes. *Coll.* an 1809. 159
id.	CASSATION. Chasse — Poursuite d'office. *Coll.* an 1809. 352
14	CASSATION. Donation entre-vifs. *Coll.* an 1807. 473
id.	BORDEAUX. Legs — Légataire. *Journ.*, 1er. sem. 1808. 93
id.	BRUXELLES. Assignation. *Journ.*, 1er. sem. 1808. 283
15	CASSATION. Cours d'eau. *Journ.*, 1er. sem. 1808. 89
id.	ROUEN Surenchère. *Journ.*, 1er. sem. 1808. 44
id.	BRUXELLES. Séparation de corps — Excès *Coll.* an 1808. 248
id.	CASSATION. Femme mariée — Consentement du mari — Autorisation du juge. *Coll.* an 1809 222
16	ROUEN. Hypothèque. *Journ.*, 2e. sem. 1807. 477
17	CASSATION. Prestation — Féodalité. *Coll.* an 1809 430
18	PARIS. Hypothèque générale. *Journ.*, 2e. sem. 1807. 403
id.	AIX. Absent. *Coll.* an 1808 . . 36.

1807. Juillet.

21	PARIS. Opposition. *Journ.*, 2e. sem. 1807. . . . . p. 214
id.	ROUEN. Retrait successoral. *Journ.*, 2e. sem. 1807. 366
22	CASSATION. Mariage. *Journ.*, 2e. sem. 1807. 257
id.	CASSATION. Epoux. *Journ.*, 2e. sem. 1807. 337
id.	BRUXELLES. Testament. *Journ.*, 2e. sem. 1808. 14
id.	BRUXELLES. Testament. *Journ.*, 2e. sem. 808. 508
id.	BRUXELLES. Testament. *Coll.* an 1808. 311
23	PARIS. Faillite — Rapport. *Journ.*, 1er. sem. 1808. 19
id.	CASSATION. Garde champêtre — Délit rural. *Coll.* an 1809. 352
25	BRUXELLES. Mineur. *Coll.* an 1808. . 277
28	ROUEN. Expropriation forcée. *Journ.*, 2e. sem. 1807. 314
29	NISMES. Prescription — Lecture — Appel. *Coll.* an 1808. 142
id.	CASSATION. Faux. *Journ.*, 2e. sem. 1807. 497
30	NISMES. Appel. *Journ.*, 1er. sem. 1807. 460
id.	PARIS. Douaire. *Journ.*, 2e. sem. 1807. 424
31	PARIS. Suppression d'état. *Journ*, 2e. sem. 1807. . . . . 23.

Août.

4	PARIS. Avoué. *Journ.*, 2e. sem. 1807. 506
id.	PARIS. Expropriation forcée — Appel — Ordre. *Journ.*, 2e. sem. 1807. . . . 520
id.	BRUXELLES. Appel. *Journ.*, 1er. sem. 1808. 559
id.	PARIS. Collocation — Hypothèque. *Journ.*, 2e. sem. 1807. 195
5	PARIS. Femme séparée de biens. *Journ.*, 1er. sem. 1807. 390
id.	CASSATION. Enfant naturel. *Coll.* an 1807. 460
6	CASSATION. Faux. *Journ.*, 2e. sem. 1808. 421
7	BRUXELLES. Arrêts par défaut. *Journ.*, 2e. sem. 1808. 188
8	CASSATION. Ministère public. *Journ.*, 1er. sem. 1808. 119

1807.
Août.
10 PARIS. Associé commanditaire. *Journ.*, 2e. sem. 1807 .... p. 547
11 PARIS. Cession. *Journ.*, 2e. sem. 1807 438
12 CASSATION. Procédure. *Journ.*, 1er. sem. 1807 561
id. CASSATION. Compensation. *Journ.*, 2e. sem. 1807 561
id. PARIS. Enfant naturel. *Coll.* an 1808. 510
13 CASSATION. Faux. *Journ.*, 1er. sem. 1807 455
id. CASSATION. Faux. *Journ.*, 1er. sem. 1808 455
id. CASSATION. Bâtons. *Coll.* an 1808 223
id. CASSATION. Faux en écriture privée. *Coll.* an 1809 27
14 CASSATION. Signature. *Coll.* an 1808 161
17 CASSATION. Endossement. *Journ.*, 1er. sem. 1808 369
18 CASSATION. Désaveu. *Journ.*, 1er. sem. 1808 97
id. CASSATION. Appel. *Journ.*, 1er. sem. 1808 273
19 PARIS. Surenchère—Signification. *Journ.*, 2e. sem. 1807 454
id. CASSATION. Testament. *Journ.*, 2e. sem. 1807 518
id. BRUXELLES. Lettre missive. *Journ*, 1er. sem. 1808 185
20 NISMES. Femme divorcée—Alimens. *Coll.* an 1808 284
22 NISMES. Signification. *Journ.*, 1er. sem. 1808 286
id. BRUXELLES. Hypothèque particulière—Hypothèque générale—Signification. *Journ.*, 2e. sem. 1808 250
23 ANGERS. Testament. *Coll.* an 1808 201
24 BRUXELLES. Preuve testimoniale. *Journ.*, 1er. sem. 1808 305
25 PARIS. Assignation. *Journ.*, 2e. sem. 1807 568
26 CASSATION. Mineur—Ministère public. *Coll.* an 1808 5
id. CASSATION. Appel—Mineur. *Journ.*, 1er. sem. 1808 113
id. AIX. Prise maritime—Assureurs—Marchandises—Confiscation. *Coll.* an 1811. 86

1807.
Août.
27 PARIS. Signification. *Journ.*, 2e. sem. 1807 .... p. 534
id. CASSATION. Criminel. *Journ.*, 1er. sem. 1808 199
id. CASSATION. Tribunal. *Coll.* an 1808 63
id. CASSATION. Faux — Passe-port. *Coll.* an 1809 24
28 PARIS. Substitution. *Journ.*, 2e. sem. 1807 490
29 PARIS. Héritier. *Journ.*, 2e. sem. 1807 534
id. BRUXELLES. Communauté. *Journ.* 1er. sem. 1808 444
id. TURIN. Lettre de change. *Coll.* an 1808 225
id. TRÈVES. Droit de rétention — Fermier — Dommages et intérêts. *Coll.* an 1809. 285
30 CASSATION. Inscription. *Journ.*, 1er. sem. 1808 193
31 PARIS. Inscription — Séparation contractuelle. *Journ.*, 2e. sem. 1807 469
Sept.
2 CASSATION. Mort civile — Mandataire. *Journ.*, 1er. sem. 1808 3
3 CASSATION. Adjoints de maire. *Journ.*, 1er. sem. 1807 215
4 CASSATION. Lettre de change. *Coll.* an 1808 477
6 CASSATION. Arpenteurs forestiers. *Coll.* an 1808 485
7 CASSATION. Inscription. *Journ.*, 1er. sem. 1808 209
8 CASSATION. Cour d'appel. *Coll.* an 1808. 205
10 CASSATION. Témoins. *Coll.* an 1808 184
id. CASSATION. Lettre de change. *Coll.* an 1808 477
11 CASSATION. Amende. *Coll.* an 1808 489
Octob.
6 CASSATION. Faits et promesses. *Journ.*, 1er. sem. 1808 55
id. CASSATION. Juge de paix. *Journ.*, 1er. sem. 1808 100
7 CASSATION. Créance — Expropriation forcée. *Journ.*, 1er. sem. 1808 129
8 CASSATION. Vente. *Coll.* an 1808 147
id. CASSATION. Testament. *Journ.*, 2e. sem. 1808 410

1807.

Octob.

13   Cassation. Conseil de famille — Interdit. *Journ.*, 1er. sem. 1808. . . . p. 8i

20   Cassation. Avantages. *Journ.* 1er. sem. 1808. 65

21   Paris. Instituteur. *Journ.* 1er. sem. 1808. . . . . 9i

id.   Cassation. Action possessoire. *Journ.* 1er. sem. 1808. 145

id.   Cassation. Divorce. *Journ.* 1er. sem. 1808. 449

22   Cassation. Dernier ressort — Demande réconventionnelle. *Coll.* an 1809. 286.

28   Cassation. Pouvoir judiciaire. *Coll.* an 1808. 159

29   Cassation. Expropriation forcée. *Journ.*, 1er. sem. 1808. 177

30   Cassation. Vente de bois — Exploitation prohibée. *Journ.*, 2e. sem. 1809. . 497

Nov.

2   Cassation. Ajournement — Exploit. *Journ.* 1er. sem. 1808 37

id.   Cassation. Acquéreur (l'). *Coll.* an 1808. 171

id.   Cassation. Notaire — Acte public — Répertoire. *Journ.*, 1er. sem. 1809. 481

4   Cassation. Instance—Actes respectueux. *Coll.* an 1808. 257

5   Cassation. Créancier hypothécaire. *Journ.* 1er. sem. 1808. 353

id.   Cassation. Appel. *Journ.* 1er. sem. 1808. 484

id.   Cassation — Moutons — Paisson — Permission. 2e. sem. 1809 497

9   Paris. Enfant naturel. *Journ.*, 1er. sem. 1808 182

11   Cassation. Tribunal correctionnel. *Journ.*, 1er. sem. 1808. 505

id.   Cassation. Transaction. *Coll.* an 1808. . . . . , ... 244

15   Besançon. Prohibition. *Journ.*, 2e. sem. 1808. 300

18   Cassation. Dernier ressort. *Journ.* 1er. sem. 1808 420

20   Cassation. Acte. *Journ.* 2e. sem. 1808. 289

22   Cassation. Folle enchère. *Journ.*, 1er. sem. 1808. 337

1807.

Nov.

23   Cassation. Amendes. *Journ.* 1er. sem. 1808 . . . . p. 326

id.   Cassation. Code civil. *Coll.* an 1808. . 65

id.   Trèves. Débiteur principal — Caution solidaire. *Journ.* 2e. sem. 1809. . . 366

25   Cassation. Endossement. *Journ.*, 1er. sem. 1808. 369

28   Turin. Alimens — Aïeul — Petit-fils. *Journ.*, 1er. sem. 1810. 510

30   Cassation. prescription. *Journ.*, 1er. sem. 1808. 17

id.   Cassation. Notaires. *Journ.*, 1er. sem. 1808. 308

Décem.

1   Paris. Substitution. *Journ.*, 1er. sem. 1808. 38

2   Cassation. Mariage. *Journ.*, 2e. sem. 1808. 311

id.   Bruxelles. Acte sous seing privé — Fin de non-recevoir. *Coll.* an 1809. . . 167

id.   Cassation. Dernier ressort. — Reconvention. *Coll.* an 1809 286

3   Cassation. Testament. *Coll.* an 1808. 137

id.   Bruxelles. Hypothèque. *Coll.* an 1808. 355

4   Paris. Tutelle. — Convol. *Journ.*, 1er. sem. 1808. 8

id.   Bruxelles. Appel. *Journ.*, 2e. sem. 1808. 257

id.   Cassation. Cour spéciale — Compétence. *Jour.*, 2e. sem. 1809. 519

5   Rouen. Assurance. *Journ.*, 1er. sem. 1808. 123

id.   Bruxelles. Bail — Demande en paiement— Conciliation. *Coll.* an 1809. 415

9   Rouen. Communication de pièces. *Journ.*, 1er. sem. 1808. 175

id.   Bruxelles. Jugement de commerce — Appel — Exécution. *Journ.*, 1er. sem. 1809. 221

10   Paris. Délais. *Journ.*, 1er. sem. 1807. 91

id.   Cassation. Fonctionnaire public. *Coll.* an 1808. 507

11   Cassation. Douanes. *Coll.* an 1808. . 439

12   Rouen. Rente. *Journ.*, 1er. sem. 1808. 141

id.   Bruxelles. Avocats — Honoraires — Réduction de demande. *Journ.*, 2e. sem. 1809. 415

14   Paris. Ecrou. *Journ.*, 1er. sem. 1808. 60

1807.

Déc.

15. PARIS. Jugement arbitral. *Journ.*, 1er. sem. 1808. . . . . p. 103
id. CASSATION. Donation. *Journ.*, 1er. sem. 1808. 342
16 CASSATION. Domicile. *Journ.*, 1er. sem. 1808. 168
id. CASSATION. Absent. *Journ.*, 1er. sem. 1808. 561
id. CASSATION. Bail à longues années. *Journ.*, 1er. sem. 1808. 433
17 TURIN. Rente. *Journ.*, 2e. sem. 1807. 220
id. CASSATION. Inscription — Succession vacante. *Journ.*, 1er. sem. 1808. . . 225
18 CASSATION. Divorce. *Journ.*, 1er. sem. 1808. 241
19 CASSATION. Appel. *Coll.* an 1808. . . 254
id. CASSATION. Faux — Billet de banque. *Coll.* an 1809. 21
id. BRUXELLES. Inscription collective — Fondé de pouvoirs. *Coll.* an 1809. 36
21 CASSATION. Emigré. *Coll.* an 1808. . . 3
22 BRUXELLES. Surenchère. *Journ.*, 1er. sem. 1808. 228
23 CASSATION. Escroquerie. *Coll.* an 1808. 272
id. CASSATION. Régie de l'enregistrement. *Coll.* an 1808. 288
id. CASSATION. Litispendance — Compétence. *Coll.* an 1809. 208
24 ROUEN. Communication de pièces. *Journ.*, 1er. sem. 1807. 175
id. CASSATION. Actes respectueux. *Coll.* an 1808. 215
25 CASSATION. Ivresse. *Journ.*, 1er. sem. 1808. 246
id. CASSATION. Greffier. *Coll.* an 1808. . 426
26 PARIS. Inscription — Intérêts — Ordre — Rente viagère *Journ.*, 1er. sem. 1808. 228
id. BRUXELLES. Donation déguisée. *Coll.* an 1808. 413
id. BRUXELLES. Domicile. *Coll.* an 1808. 430
28 CASSATION. Fonctionnaire public. *Coll.* an 1807. 361
30 CASSATION. Décision administrative. *Coll.* an 1809. 378
id. PARIS. Avoué. *Journ.*, 1er. sem. 1808. 121
id. BRUXELLES. Propriétaires par indivis — Congé. *Journ.*, 1er. sem. 1810. . . 365

1808.

Janv.

2 PARIS. Autorisation. *Journ.*, 1er. sem. 1808. . . . . p. 201
id. CASSATION. Code civil — Caution. *Journ.*, 1er. sem. 1808 305
3 BRUXELLES. Effets de commerce — Protêt — Caution. *Journ.*, 2e. sem. 1809. 237
id. BRUXELLES. Droit de champart — Féodalité. *Coll.* an 1809 444
4 CASSATION. Preuve testimoniale. *Journ.*, 1er. sem. 1808 529
id. AGEN. Absence — Succession — Déclaration d'absence — Emigré. *Coll.* an 1809. 127
5 CASSATION. Péremption. *Journ.*, 1er. sem. 1808. 289
6 CASSATION. Enfant naturel. *Coll.* an 1808 191
id. BRUXELLES. Acquéreur. *Coll.* an 1808 457
7 CASSATION. Faux. *Journ.*, 2e. sem. 1808 353
id. BRUXELLES. Opposition — Appel — Délai. *Journ.*, 1er. sem. 1809. 559
id. COLMAR. Vaine pâture — Servitude. *Coll.* an 1809 174
id. BRUXELLES. Lettre de change — Défaut de date de l'endossement — Délai de la demande en garantie. *Coll.* an 1809. 364
8 PARIS. Indemnité — Héritier bénéficiaire — Expropriation forcée. *Journ.*, 1er. sem. 1808. 150
9 PARIS. Détenu pour dettes. *Journ.*, 1er. sem. 1808. 74
id. BRUXELLES. Jugement d'ordre — Délai d'appel. *Coll.* an 1809 408
11 PARIS. Résidence — Insinuation. *Coll.* an 1808. 208
id. PARIS. Héritiers collatéraux — Gains de survie — Enfant adultérin — Législation — Mariage. *Journ.*, 1er. sem. 1808. 257
id. CASSATION. Mémoire injurieux. *Journ.*, 2e. sem. 1808 273
id. CASSATION. Amende. *Journ.*, 1er. sem. 1808 279
id. PARIS. Partage. *Journ.*, 1er. sem. 1808. 311
12 CASSATION. Femme. *Journ.*, 1er. sem. 1808. 401
id. BRUXELLES. Enfant naturel — Reconnaissance — Enregistrement. *Journ.*, 1er. sem. 1809. 382

1808.

Janv.

15	Paris. Pouvoir judiciaire. *Coll.* an 1808 . . . . p. 125
id.	Paris. Expropriation forcée. *Journ.*, 1er. sem. 1808 172
16	Cassation. Mandataire — Réparation civile. *Journ.*, 1er. sem 1808 . . . 481
18	Cassation. Substitution. *Journ.*, 2e. sem. 1808 65
id.	Cassation. Parenté respective. *Journ.*, 2e. sem. an 1808 197
id.	Besançon. Adoption — Mort civile. *Coll.* an 1809 77
id.	Bruxelles. Saisie-immobilière — Moyens de nullité — Signification. *Coll.* an 1809 . . . 381
19	Paris. Contrainte par corps. *Journ.*, 1er. sem. 1808 347
id.	Paris. Experts — Partage. *Coll.* an 1808 174
id.	Paris. Vente — Tierce-opposition. *Coll.* an 1808 232
20	Bruxelles. Domicile. *Coll.* an 1808 430
id.	Bruxelles. Stipulation — Droit seigneurial — Translation. *Coll.* an 1809. 441
22	Paris. Bail. *Journ.*, 1er. sem. 1808. 136
23	Paris. Ecrou. *Journ.*, 1er. sem. 1808. 159
id.	Paris. Donation — Créancier. *Journ.*, 1er. sem. 1808 217
25	Paris. Signification—Notification. *Journ.*, 1er. sem. 1808 298
id.	Rouen. Testament olographe — Rente viagère — Legs. *Coll.* an 1808 . . 75
id.	Liége. Mari — Communauté — Aliénation. *Coll.* an 1809 239
26	Paris. Testament. *Journ.*, 1er. sem. 1808 327
id.	Cassation. Contrat d'union. *Journ.*, 1er. sem. 1808 417
id.	Cassation. Dot — Mari — Préciput. *Journ.*, 1er. sem. 1808 497
27	Trèves. Impuissance. *Journ.*, 2e. sem. 1808 345
id.	Nismes. Interdiction — Ministère public. *Journ.*, 1er. sem. 1809 271
id.	Nismes. Interdiction — Ministère public. *Coll.* an 1809 44
28	Cassation. Enfant naturel. *Journ.*, 1er. sem. 1808 42

1808.

Janv.

28	Cassation. Bois communaux. *Journ.*, 2e. sem. 1808 . . . . p. 150
30	Bruxelles. Indivision — Usufruit — Charges. *Journ.*, 1er. sem. 1810 . 254
id.	Bruxelles. Femme — Cession — Droit litigieux. *Journ.*, 1er. sem. 1810. . 318

Févr.

1	Cassation. Huisssiers de cassation — Exploits. *Journ.*, 2e. sem. 18 9 . . . 548
2	Paris. Locataire. *Journ.*, 1er. sem. 1808 301
id.	Paris. Appel. *Journ.*, 1er. sem. 1808 473
id.	Cassation. Interprétation. *Journ.*, 2e. sem. 1808 209
id.	Cassation. Transaction sur procès — Cession de droits héréditaires — Droit d'enregistrement. *Coll.* an 1809 157
3	Bruxelles. Domaines nationaux — Acquéreur — Autorité administrative. *Coll.* an 1810 293
4	Paris. Huissier. *Journ.*, 1er. sem. 1808 281
id.	Cassation. Assignation — Domicile. *Journ.*, 1er. sem. 1808 385
id.	Cassation. Testament. *Journ.*, 1er. sem. 1808 407
5	Cassation. Faux. *Journ.*, 1er. sem. 1808 342
id.	Cassation. Homicide. *Coll.* an 1808. 449
8	Paris. Appel—Assignation. *Journ.*, 1er. sem. 1808 552
id.	Cassation. Jour férié. *Journ.*, 2e. sem. 1808 345
9	Cassation. Preuve par écrit — Serment. *Coll.* an 1808 321
id.	Turin. Appel — Incident. *Coll.* an 1809 217
10	Paris. Prescription. *Journ.*, 1er. sem. 1808 360
id.	Paris. Dommages-intérêts. *Journ.*, 1er. sem. 1808 379
11	Paris. Donation. *Journ.*, 1er. sem. 1808 409
id.	Cassation. Usage. *Journ.*, 2e. sem. 1808 375
id.	Paris. Passage. *Coll.* an 1808 164
id.	Cassation. Faux — Ordre substitué à un acquit—Compétence. *Coll.* an 1809. 1

1808.

Févr.

12 CASSATION. Pêche. *Journ.*, 2e. sem. 1808. . . . . p. 241

13 PARIS. Société. *Journ.*, 1er. sem. 1808. 233

14 AIX. Testament. Conseil judiciaire. *Journ.*, 2e. sem 1809. 330

15 CASSATION. Compromis—Faillite. *Journ.*, 1er. sem. 1808. 545

id. PARIS. Dépôt. *Coll.* an 1808. . . . 106

16 CASSATION. Mal vénérien. *Journ.*, 2e. sem. 1808. 513

id. PARIS. Munitionnaire des vivres — Pouvoir judiciaire. *Coll.* an 1808. . . 131

17 PARIS. Arbitre. *Journ.*, 2e. sem. 1808. 94

id. CASSATION. partage. *Coll.* an 1808. . 279

18 PARIS. Billet. *Journ.*, 1er. sem. 1808. 390

23 METZ. Possession d'état. *Journ.*, 2e. sem. 1808. 102

id. BRUXELLES. Femme étrangère — Obligation — Autorisation du mari. *Coll.* an 1809. . . . 428

id. AIX. Crédit — Cargaison — Mandat. *Journ.*, 1er. sem. 1810. . . . 301

26 PARIS. Ajournement. *Journ.*, 1er. sem. 1808. . . . 415

id. COLMAR. Divorce — Caution — Cohabitation. *Journ.*, 2e. sem. 1809. . . 171

27 PARIS. Dépens. *Journ.*, 2e. sem. 1808. 351

Mars.

1 PARIS. Ajournement. *Journ.*, 1er. sem. 1808. . . . 415

id. PARIS. Acquéreur. *Coll.* an 1808. . 262

2 CASSATION. Arrangement de famille — Donation. *Journ.*, 2e. sem. 1808. 161

id. CASSATION. Excès. *Coll.* an 1808. . 308

7 CASSATION. Enregistrement — Expertise. *Journ.*, 1er. sem. an 1810. . . . 82

9 PARIS. Réméré *Journ.*, 1er. sem. 1808. . . . 458

id. CASSATION. Code de commerce. *Journ.*, 2e. sem 1808. . . . 84

id. CASSATION. Tiers-acquéreur — Droit de mutation — Ordre. *Journ.*, 1er. sem. 1810. . . . 81

10 CASSATION. Enfant naturel. *Journ.*, 2e. sem. 1808. . . . 86

id. CASSATION. Prohibition. *Coll.* an 1808. 297

id. LIMOGES. Intérêt — Usure. *Journ.*, 2e. sem. 1809. . . . 20

1808.

Mars.

12 PARIS. Indemnité — Garantie. *Journ.*, 1er. sem. 1808. . . . . p. 485

14 TRÈVES. Incompétence — Jugement. *Coll.* an 1808. . . . 486

15 CASSATION. Héritier. *Journ.*, 2e. sem. 1808. . . . 243

id. BRUXELLES. Société — Agent — Cautionnement. *Coll.* an 1809. . . . 154

id. BRUXELLES. Fonds rural — Reconvention tacite. *Journ.*, 1er. sem. 1810. . . 447

16 ANGERS. Séparation de biens — Femme sans dot. *Journ.*, 1er. sem. 1811. 110

17 ROUEN. Divorce. *Journ.*, 1er. sem. 1808. . . . 526

id. ROUEN. Dépens. *Journ.*, 2e. sem. 1808. 140

id. CASSATION. Faux — Vente. *Coll.* an 1809. . . . 19

id. CASSATION. Jugement par défaut — Police correctionnelle. *Coll.* an 1809. . . 63

18 CASSATION. Dépens. *Journ.*, 2e. sem. 1808. . . . 276

id. BESANÇON. Saisie immobilière — Pouvoir spécial — Commandement — Formule. *Coll.* an 811. . . . 112

19 TURIN. Appel incident. *Coll.* an 1809. 217

id. TURIN. Signification — Erreur dans la mention de la date — Cautionnement. *Coll.* an 1809. . . . 385

21 PARIS. Acquéreur — Créancier hypothécaire. *Journ.*, 1er. sem. 1808. . . . 424

id. CASSATION. Donation—Rapport. *Journ.*, 2e. sem. 1808. . . . 39

id. CASSATION. Lettre de change — Présomptions. *Journ.*, 2e. sem. 1806. . . . 177

id. CASSATION. Cour criminelle. *Journ.*, 2e. sem. 1808. . . . 212

id. RENNES. Séparation de corps. *Journ.*, 2e. sem. 1808. . . . 445

id. PARIS. Exigibilité — Surenchère. *Coll.* an 1808. . . . 490

24 PARIS. Prescription. *Coll.* an 1808 . 349

25 PARIS. Incompétence. *Journ.*, 2e. sem. 1808 231

id. PARIS. Arbitres — Jugement arbitral. *Journ.*, 2e. sem. 1808 390

26 PARIS. Inscription — Privilége — Héritier légitimaire étranger — Vendeur. *Journ.*, 2e. sem. 1808 278

1808. Mars.

27	ROUEN. Tribunal civil. *Journ.*, 2e. sem. 1806. . . . . . p. 223
id.	CASSATION. Servitude apparente. *Journ.*, 2e. sem. 1808. 214
29	CASSATION. Autorisation. *Journ.*, 1er. sem. 1808. 470
id.	CASSATION. Divorce. *Journ.*, 2e. sem. 1808 19
id.	CASSATION. Divorce. *Coll.* an 1806 . . 96
id.	TOULOUSE. Transcription. *Coll.* an 1808 9
30	PARIS. Codébiteur solidaire — Solidarité. *Journ.*, 2e. sem. 1808 23
31	LIMOGES. Enfans adultérins. *Journ.*, 2e. sem. 1808. 359
id.	BRUXELLES. Interdiction — Prodigalité. *Coll.* an 1809 137

Avril.

2	PARIS. Cession. *Journ.*, 1er. sem. 1808 569
id.	PARIS. Vente. *Journ.*, 2e. sem. 1808. 44
4	PARIS. Testament. *Journ.*, 1er. sem. 1808 439
id.	PARIS. Héritier bénéficiaire — Prescription — Douaire. *Journ.*, 2e. sem. 1808. . 6
id.	CASSATION. Hypothèque spéciale. *Journ.*, 2e. sem. 1808 8
id.	CASSATION. Réconciliation. *Coll.* an 1808. 377
id.	LIÉGE. Voiturier — Marchandises refusées. *Journ.*, 2e. sem. 1810 45
id.	PARIS. Douaire — Arrérages. *Coll.* an 1811 207
5	CASSATION. Inscription. *Journ.*, 1er. sem. 1808 465
id.	CASSATION. Inscription. *Journ.*, 2e. sem. 1808. 7
id.	PARIS. Jugement — Remboursement. *Coll.* an 1808 . . . . . 3 8
id.	CASSATION. Communes. *Coll.* an 1808. 410
id.	NISMES. Exploit — Saisie immobilière — Lecture des charges. *Coll.* an 1809. 276
6	CASSATION. Demandes connexes. *Journ.*, 2e. sem. 1808 124
id.	BRUXELLES. Rente constituée — Offres réelles. *Journ.*, 1er. sem. 1810 . . 415
7	NISMES. Testament — Election. *Coll.* an 1810 60
8	PARIS. Dol. *Journ.*, 1er. sem. 1808 . 535

1808. Avril.

9	PARIS. Surenchère. *Journ.*, 2e. sem. 1808. . . . . . p. 44
id.	BRUXELLES. Tierce-opposition formée par action principale. *Coll.* an 1809 . 394
12	PARIS. Numéraire. *Journ.*, 2e. sem. 1808. 54
id.	CASSATION. Huissier — Exploits. *Journ.*, 2e. sem. 1808 129
id.	CASSATION. Chasse — Port d'armes. *Journ.*, 2e. sem. 1808 133
id.	CASSATION. Tribunaux. *Journ.*, 2e. sem. 1808 200
id.	CASSATION. Droit proportionnel. *Journ.*, 2e. sem. 1808 225
id.	BORDEAUX. Testament mystique. *Journ.*, 2e. sem. 1808 267
id.	BORDEAUX. Testament mystique — Témoins — Suscription. *Coll.* an 1809. 150
13	TURIN. Testament — Dommages-intérêts — Serment décisoire. *Journ.*, 2e. sem. 1809 232
id.	TURIN. Caution — Immeubles. *Coll.* an 1810 71
15	CASSATION. Fausse déclaration — Confiscation. *Coll.* an 1809 125
16	BRUXELLES. Inscription — Profession. *Coll.* an 1810. 110
id.	COLMAR. Demande incidente — Compétence. *Coll.* an 1810 302
18	CASSATION. Emigration — Partage. *Journ.*, 1er. sem. 1809 71
20	TURIN. Obligation — Commencement de preuve par écrit. *Journ.*, 2e. sem. 1809. 362
21	CASSATION. Faux en écriture public. *Coll.* an 1809 16
id.	CASSATION. Cour spéciale — Complice. *Coll.* an 1810 385
22	CASSATION. Autorisation — Retrait. *Journ.*, 2e. sem. 1808 49
id.	CASSATION. Coaccusés — Témoins — Parent. *Journ.*, 1er. sem. 1810 . . . 468
23	CASSATION. Vol — Edifice public. *Coll.* an 1810 353
25	PARIS. Billet du commerce. *Journ.*, 2e. sem. 1808 519
26	CASSATION. Clause spéciale. *Journ.*, 2e. sem. 1808 33

1808.
Avril.

26 Cassation. Adoption. *Journ.*, 2ᵉ. sem. 1808 . . . . p. 113

27 Cassation. Vente. *Coll.* an 1808 . . 352

id. Cassation. Biens communaux. *Coll.* an 1809. 32

Mai.

1 Cassation. Autorisation. *Journ.*, 2ᵉ. sem. 1808 165

2 Paris. Dommages-intérêts — Procuration — Engagement. *Journ.*, 2ᵉ. sem. 1808. 151

id. Cassation. Secondes noces. *Journ.*, 2ᵉ. sem. 1808 228

id. Cassation. Certificat d'indigence. *Journ.*, 2ᵉ. sem. 1808 309

id. Cassation. Commune — Autorisation. *Journ.*, 2ᵉ. sem. 1809 88

3 Nismes. Divorce — Incompatibilité d'humeur — Non cohabitation — Fin de non recevoir. *Coll.* an 1809 . . . 369

4 Cassation. Éviction. *Journ.*, 2ᵉ. sem. 1808 97

5 Angers. Divorce — Preuve — Appel. *Journ.*, 2ᵉ. sem. 1809 302

6 Liége. Mère remariée — Emancipation *Journ.*, 1ᵉʳ. sem. 1809 251

id. Angers. Divorce — Faits et articles. *Coll.* an 1809 145

7 Cassation. Aliénation. *Journ.*, 2ᵉ. sem. 1808 321

9 Rouen. Contribution foncière. *Journ.*, 2ᵉ. sem. 1808 63

10 Paris. Légataire universel. *Journ.*, 2ᵉ sem. 1808 134

11 Paris. Enfant. *Journ.*, 2ᵉ. sem. 1808. 311

16 Paris. Commanditaire. *Journ.*, 2ᵉ. sem. 1808 75

id. Cassation. Mariage. *Coll.* an 1808 . 385

17 Cassation. Aveu judiciaire — Reconnaissance d'écritures. *Journ.*, 1ᵉʳ. sem. 1809 289

18 Cassation. Dépens. *Journ.*, 2ᵉ. sem. 1808 17

id. Cassation. Hypothèque générale. *Journ.*, 2ᵉ. sem. 1808 145

19 Pau. Code de commerce. *Journ.*, 2ᵉ. sem. 1808 573

20 Paris. État. *Journ.*, 2ᵉ. sem. 1808 . 542

1808.
Mai.

23 Cassation. Substitution — Empêchement de disponibilité. *Coll.* an 1809. p. 289

24 Cassation. Avantage. *Journ.*, 2ᵉ. sem. 1808 257

id. Cassation. Confusion. *Journ.*, 2ᵉ. sem. 1808 401

25 Cassation. Divorce. *Journ.*, 2ᵉ. sem. 1808 327

id. Cassation. Juge de paix. *Journ.*, 2ᵉ. sem. 1808 245

id. Cassation. Cas fortuit. *Journ.*, 2ᵉ. sem. 1808 369

27 Paris. Vendeur. *Journ.*, 2ᵉ. sem. 1808. 247

28 Paris. Interrogatoire sur faits et articles. *Journ.*, 2ᵉ. sem. 1808 170

id. Cassation. Abus de confiance — Escroquerie. *Coll.* an 1809 57

id. Bruxelles. Prêteur sur gages — Tribunal de commerce. *Coll.* an 1810 . 296

29 Liége. Testament mystique — Signatures. *Journ.*, 1ᵉʳ. sem. 1809 107

id. Paris. Femme — Cohabitation *Journ.* 2ᵉ. sem. 1809 171

30 Paris. Etranger. *Journ.*, 2ᵉ. sem. 1808. 87

31 Aix. Refus de plaider — Jugement. *Journ.* 1ᵉʳ. sem. 1809. 527

Juin.

3 Paris. Communauté bénéficiaire. *Journ.*, 2ᵉ. sem. 1808 125

id. Cassation. Jugemens criminels — Tierce opposition. *Journ.*, 1ᵉʳ. sem. 1809. 24

id. Besançon. Acte de naissance — Rectification — Paternité désavouée. *Journ.*, 1ᵉʳ. sem. 1810 285

5 Paris. Adjudication — Revente sur folle enchère. *Journ.* 1ᵉʳ. sem. 1810 . . 151

7 Cassation. Donation. *Journ.*, 2ᵉ. sem. 1808. 449

8 Cassation. Testament. *Journ.*, 2ᵉ. sem. 1808. 337

9 Cassation. Octroi — Procès-verbaux. *Coll.* an 1810 363

10 Bruxelles. Incompétence-Appel. *Journ.*, 1ᵉʳ. sem. 1810 382

id. Turin. Cession de biens — Contrainte par corps. *Coll.* an 1810 336

1808.

Juin.

11   CASSATION. Asile. *Journ.*, 2e. sem. 1808. . . . . p. 405

id.   TURIN. Obligation—Novation—Caution. *Journ.*, 2e. sem. 1809. 207

id.   TURIN. Second mariage contracté le premier mari vivant — Adultère. *Coll.* an 1809. 527

13   CASSATION. Amnistie. *Journ.*, 2e. sem. 1808. 406

id.   CASSATION. Etat et qualité des personnes. — Tribunal de commerce. *Journ.*, 2e. sem. 1808. 569

id.   PARIS. Cession de biens. *Journ.*, 2e. sem. 1810. 108

14   CASSATION. Avocats. *Journ.*, 2e. sem. 1808. 417

15   PARIS. Matière sommaire. *Journ.*, 2e. sem. 1808. 416

17   PARIS. Lésion. *Journ.*, 2e. sem. 1808. 201

18   CASSATION. Donation entre-vifs. *Journ.*, 2e. sem. 1808. 305

20   CASSATION. Exploit. *Journ.*, 2e. sem. 1808. 355

21   BESANÇON. Inscription. *Journ.*, 2e. sem. 1808. 461

22   PARIS. Curateur. *Journ.*, 2e. sem. 1808. 347

id.   CASSATION. Compétence. *Journ.*, 2e. sem. 1808. 566

id.   NISMES. Saisie-immobilière — Désignation des biens — Incident — Adjudication préparatoire — Appel. *Coll.* an 1809. 119

id.   CASSATION. Rente féodale — Aliénation du droit seigneurial. *Coll.* an 1809. 433

id.   BRUXELLES. Société — Liquidation. *Coll.* an 1810. 19

24   PARIS. Démence. *Journ.*, 2e. sem. 1808. 216

27   BRUXELLES. Référé — Emprisonnement. *Journ.*, 2e. sem. 1808. 315

28   CASSATION. Emigré — Droit naturel et des gens. *Journ.*, 1er. sem. 1809. . . 421

id.   CASSATION. Emigration — Elimination. *Journ.*, 2e. sem. 1809. 289

id.   CASSATION. Vins—Droits. *Coll.* 1810. 321

29   CASSATION. Effets publics — Rescriptions. *Journ.*, 2e. sem. 1808. 561

1808.

Juin.

29   BRUXELLES. Désistement de conclusions par avocat. *Coll.* an 1809. . . . p. 374

30   PARIS. Appel. *Journ.*, 2e. sem. 1808. 330

id.   PARIS. Nullité—Quittance conditionnelle. *Journ.*, 2e. sem. 1808. 375

Juillet.

1   CASSATION. Femme mariée — Action criminelle — Autorisation. *Journ.*, 1er sem. 1809. 102

4   ROUEN. Appel — Jugement par défaut — Déclinatoire. *Coll.* an 1809. . . . 271

5   CASSATION. Preuve testimoniale. *Journ.*, 2e. sem. 1808. 545

id.   CASSATION. Action — Domicile. *Journ.*, 1er. sem. 1809. 17

6   CASSATION. Donation. *Journ.*, 2e. sem. 1808. 513

id.   TURIN. Appel — Intervention — Nullité d'appel. *Journ.*, 2e. sem. 1809. . . 524

8   LIMOGES. Testament. *Journ.*, 2e. sem. 1808. 510

id.   CASSATION. Faux nom — Escroquerie — Cour spéciale. *Coll.* an 1809. . . . 253

id.   BRUXELLES. Délai d'appel — Signification — Affirmation. *Coll.* an 1809. . . 447

9   BRUXELLES. Rente constituée — Arrérages. *Journ.*, 1er. sem. 1810. . . . 32

12   PARIS. Séparation de corps. *Journ.*, 2e. sem. 1808. 297

id.   PARIS. Rente viagère. *Journ.*, 2e. sem. 1808. 357

id.   CASSATION. Citation en conciliation — Intérêts. *Coll.* an 1810. 10

id.   BRUXELLES. Autorité administrative — Compétence. *Coll.* an 1810. 298

13   PARIS. Démence.—Rente viagère. *Journ.*, 1er. sem. 1809. 73

id.   CASSATION. Aveu judiciaire — Division. *Journ.*, 1er. sem. 1809. 471

id.   CASSATION. Faux incident — Feuille d'audience. *Coll.* an 1809. 85

14   AIX. Légitimité — Acte de naissance — Impuissance. *Journ.*, 1er. sem. 1809. 156

id.   BRUXELLES. Substitution — Institution. *Coll.* an 1809. 201

id.   CASSATION. Délit — Délai — Preuve de récidive. *Coll.* an 1809. 344

1808.
Juillet.

15 PARIS. Commencement de preuve par écrit. *Journ.*, 2e. sem. 1808 .... p. 424

id. NANCY. Juif—Serment. *Journ.*, 1er. sem. 18.9 350

id. ANGERS. Communauté — Inventaire. *Journ.*, 1er. sem. 1809 397

18 ANGERS. Séparation de corps — Pension alimentaire. *Journ.*, 1er. sem. 1809. 94

id. BOURGES. Retrait — Droits successifs — Vente. *Coll.* an 1810 112

19 LYON. Tribunal de commerce—Conseil de prud'hommes-Appel. *Coll.* an 1810. 299

20 PARIS. Offres réelles. *Journ.*, 2e. sem. 18.8 381

id. CASSATION. Expropriation forcée — Prix de l'immeuble vendu. *Journ.*, 1er. sem 1809 438

21 BORDEAUX. Juge de paix. *Journ.*, 2e. sem. 18.8 479

26 CASSATION. Nullité. *Journ.*, 2e. sem. 18 8 518

id. CASSATION. Substitution — Testament *Journ.*, 2e. sem. 1808 533

id. CASSATION. Succession—Domicile. *Journ.*, 1er. sem. 18.9 3

id. AIX. Veuve — Héritière testamentaire. *Journ.*, 2e. sem. 1809 396

27 ROUEN. Demande en restitution — Cession — Remboursement de prix. *Coll.* an 18.9 210

28 TOULOUSE. Preuve de légitimité — Déclaration de père — Désaveu du mari *Journ.*, 1er. sem. 1809 154

id. CASSATION. Maire — Délit — Arrestation — Autorisation du gouvernement. *Coll.* an 1809 280

id. BRUXELLES. Immeuble par destination — Hypothèque. *Journ.* 1er. sem. 1810 . 78

29 CASSATION. Inventaire des récoltes—Droit proportionnel. *Journ.*, 2e. sem. 1809. 565

id. POITIERS. Enfant naturel — Déclaration de maternité — Commencement de preuve par écrit. *Coll.* an 1809 .. 303

Août.

1 BRUXELLES. Procureur-général. *Journ.*, 2e. sem. 18.8 525

id. BRUXELLES. Ministère public. *Coll.* an 18.8 696

2 CASSATION. Contrainte par corps *Journ.*, 2e. sem. 18 8 388

1808.
Août.

3 CASSATION. Communaux—Rachat. *Journ.*, 1er. sem. 1809 .... p. 213

id. CASSATION. Testament — Surcharge — Renvois. *Journ.*, 1er. sem. 1809 .. 389

id. CASSATION. Option — Dot — Hérédité. *Coll.* an 1809 76

id. BRUXELLES. Tuteur — Interdiction — Parent. *Coll.* an 1809 107

4 PARIS. Surenchère. *Journ.*, 2e. sem. 1808. 206

id. BESANÇON. Femme — Adoption — Tutelle légale. *Coll.* an 1810 161

6 BRUXELLES. Experts — Appel d'expertise pour irrégularité. *Journ.*, 2e. sem. 1809. 510

8 CASSATION. Grosses d'actes notariés. *Journ.*, 2e. sem. 18.8 419

id. CASSATION. Dépens — Fidéicommis. *Journ.*, 2e. sem. 1808 529

id. PAU. Aveugle — Acte sous seing privé. *Journ.*, 2e. sem. 1811 127

9 BRUXELLES. Testament. — Témoins. *Journ.*, 1er. sem 1809 42

id. TURIN. Appel — Assignation dans le délai légal. *Journ.*, 2e. sem. 1809 473

10 PARIS. Billets de commerce. *Journ.*, 2e. sem. 1808 472

id. PARIS. Messageries. *Coll.* an 18.8 .. 47.

id. CASSATION. Acquéreur — Tierce-opposition. *Journ.*, 1er. sem. 1810 .. 421

11 CASSATION. Reconnaissance. *Journ.*, 2e. sem. 1808 468

id. PARIS. Inscription. *Journ.*, 2e. sem. 18.8 551

id. CASSATION. Indivis — Construction — Partage. *Journ.*, 1er. sem. 1809 .. 53

id. BRUXELLES. Signification — Réserve — Acquiescement. *Coll.* an 1809 . 247

id. CASSATION. Témoins — Alliés — Dépositions écrites — Médecins. *Coll.* an 1810 543

id. BRUXELLES. Bail à ferme — Pacte commissoire. *Tome* 1er. 1812 307

12 PARIS. Tiers-acquéreur. *Journ.*, 2e. sem. 18.8 54

id. NISMES. Donation — Meubles — Minorité. *Coll.* an 1810 90

13 CASSATION. Emigré. *Journ.*, 2e. sem. 1808 193

1808.
Août.

15   Bruxelles. Peine d'emprisonnement. *Coll.* an 1810 . . . . p. 370

16   Rouen. Communauté — Coutume de Normandie, *art.* 540 — Garantie. *Coll.* an 1809 110

17   Cassation. Billet. *Journ.*, 1er. sem. an 11 65

18   Paris. Failli — Inventaire. *Journ.*, 2e. sem. 1808 539

id.   Cassation. Appel—Intervention. *Journ.*, 1er. sem. 1809 65

id.   Paris. Mort civile — Alimens. *Journ.*, 1er. sem. 1809 331

id.   Cassation. Expropriation forcée. — Intérêts du prix. *Coll.* an 1809 42

id.   Cassation. Délit — Exception préjudicielle. *Coll.* an 1810 36

19   Paris. Expropriation forcée. *Journ.*, 2e. sem. 1807 490

id.   Paris. Nullité. *Journ.*, 2e. sem. 1808. 458

id.   Bruxelles. Tierce-opposition. *Journ.*, 2e. sem. 1808 470

id.   Paris. Redevances supprimées. *Journ.*, 1er. sem. 1809 266

id.   Cassation. Sorcellerie. (Imputation de) *Journ.*, 2e. sem. 1811 33

20   Colmar. Contrainte par corps — Dommages - intérêts. *Journ.*, 1er. sem. 1809 45

id.   Paris. Vente d'immeubles indivis — Refus de vente d'un des cohéritiers. *Journ.*, 1er. sem. 1809 135

23   Paris. Inscription — Actes conservatoires. *Journ.*, 2e. sem. 1808 443

id.   Cassation. Inscription. *Journ.*, 2e. sem. 1808 485

id.   Turin. Institution — Droit d'accroissement. *Coll.* an 1810 22

24   Cassation. Successions — Donations — Etrangers — Réciprocité. *Journ.*, 1er. sem. 1809 49

id.   Bourges. Appel — Signification au domicile élu. *Journ.*, 1er. sem. 1809 . . 214

id.   Cassation. Droit d'enregistrement — Action de la régie. *Journ.*, 2e. sem. 1809 468

id.   Colmar. Achat de bois — Associés — Compétence. *Coll.* an 1810 333

1808.
Août.

25   Cassation. Vente de bois—Récolement—Concours des Adjudicataires. *Journ.*, 2e. sem. 1809 . . . . p. 497

id.   Cassation. Jugement du tribunal de police — Tierce - opposition — Amende. *Coll.* an 1810 399

26   Besançon. Conseil de famille — Exclusion. *Journ.*, 1er. sem. 1810 . . . 172

30   Cassation. Médecins — Simulation. *Journ.*, 2e. sem. 1808 481

id.   Cassation. Appel — Tierce - opposition —Collusion. *Journ.*, 1er. sem. 1809 85

id.   Cassation. Clandestinité de mariage. *Journ.*, 1er. sem. 1809 311

id.   Cassation. Etangs voisins—Prescription. *Journ.*, 2e. sem. 1809 113

id.   Paris. Ordre — Production tardive. *Coll.* an 1810 137

31   Rennes. Filiation — Preuve par témoins. *Journ.*, 1er. sem. 1809 11

id.   Paris. Jonction de causes — Messageries — Bacs et bateaux. *Journ.*, 1er. sem. 1809 26

id.   Bruxelles. Demande en séparation de corps — Inventaire — Vente. *Journ.*, 1er. sem. 1809 333

Sept.

1   Cassation. Subrogation. *Journ.*, 2e. sem. 1808 433

3   Cassation. Forêts — Usagers — Délivrance à fin de coupe. *Journ.*, 2e. sem. 1809 497

5   Cassation. Inscription hypothécaire — Caution. *Journ.*, 1er. sem. 1809 . . 37

6   Cassation. Entrepreneur — Sous-traitans — Contestation. *Coll.* an 1809 . . . 283

7   Cassation. Assignation. *Journ.*, 2e. sem. 1808 497

id.   Cassation. Fermier — Servitude nécessaire. *Journ.*, 1er. sem. 1809 7

id.   Cassation. Interdiction volontaire. *Journ.*, 1er. sem. 1809 20

id.   Cassation. Etranger devenu Français — Litispendance. *Journ.*, 1er. sem. 1809. 33

id.   Cassation. Prescription de 30 ans — Fermages. *Coll.* an 1809 274

8   Cassation. Droit de mutation par décès — Legs particuliers. *Journ.*, 1er. sem. 1809 182

1808.

Sept.

14   PARIS. Lettre de change. *Journ.*, 2e. sem. 1808 . . . . p. 414

id.   PARIS. Jugement — Nullité. *Journ.*, 2e. sem. 1808 440

20   PARIS. Bénéfice de cession — Livres de commerce. *Coll.* an 1809 61

29   PARIS. Assignation. *Journ.*, 2e. sem. 1808 522

id.   BRUXELLES. Appel — Assignation dans le délai légal. *Journ.*, 2e. sem. 1809. 473

Octob.

3   CASSATION. Jugement. *Journ.*, 2e. sem. 1808 536

id.   CASSATION. Évocation. *Journ.*, 2e. sem. 1808 548

4   CASSATION. Lettre de change — Remboursement — Endosseur— Compétence. *Coll.* an 1809 97

5   PARIS. Notaire. *Journ.*, 2e. sem. 1808. 494

id.   CASSATION. Absent — Curateur — Compromis. *Journ.*, 1er. sem. 1809. 453

id.   CASSATION. Locatairie perpétuelle. *Journ.*, 1er. sem. 1810 100

6   PARIS. Vente d'immeubles — Prix — Purge. *Journ.*, 1er. sem. 1809 30

id.   CASSATION. Adoption — Legs subséquent. *Journ.*, 1er. sem. 1809 148

id.   PARIS. Saisie immobilière — Nullités. *Coll.* an 1809 193

9   CASSATION. Compétence — Récusation en masse — Demande en renvoi pour suspicion légitime. *Coll.* an 1809 . . 353

10   CASSATION. Bail à comptant — Redevance féodale. *Coll.* an 1809 188

11   CASSATION. Expropriation forcée—Affiche. *Journ.*, 1er. sem. 1809 261

id.   BRUXELLES. Epouse de négociant — Faits et articles. *Journ.*, 2e. sem. 1809. 400

id.   CASSATION. Vente d'objets mobiliers — — Acte sous seing privé. *Coll.* an 1809 108

id.   CASSATION. Compétence — Vente d'immeuble — Prix indéterminé — Compétence. *Coll.* an 1809 366

12   CASSATION. Transcription. *Journ.*, 2e. sem. 1808 455

id.   CASSATION. Requête civile — Amende — Restitution. *Coll.* an 1810 . . . 377

1808.

Octob.

18   CASSATION. Prise maritime — Vente — Consignataire. *Journ.*, 1er. sem. 1809 . . . . p. 161

19   CASSATION. Légataires universels — Accroissement. *Journ.*, 1er. sem. 1809. 97

id.   CASSATION. Droit d'enregistrement — Restitution. *Journ.*, 1er. sem. 1809.200

23   CASSATION. Justice de paix—Compétence. *Journ.*, 1er. sem. 1809 129

24   CASSATION. Jugement définitif — Preuve par témoins. *Journ.*, 1er. sem. 1809.113

id.   BRUXELLES. Signification — Contrainte par corps. *Coll.* an 1809 390

25   CASSATION. Expertise — Enregistrement. *Journ.*, 1er. sem. 1809 132

id.   CASSATION. Divorce — Acte de convocation. *Journ.*, 1er. sem. 1809 . . . 177

id.   CASSATION. Féodalité — Rente foncière. *Journ.*, 1er. sem. 1809 193

26   CASSATION. Fief noble — Commune. *Coll.* an 1809 103

Nov.

3   CASSATION. Appel — Délai. *Journ.*, 1er. sem. 1809 108

id.   CASSATION. Testament — Ordonnance de 1735 — Mention de lecture. *Coll.* an 1809 149

8   CASSATION. Tabac fabriqué — Impôt. *Journ.*, 1er. sem. 1810 56

12   PARIS. Lettre de change — Acceptation — Endossement. *Journ.*, 1er. sem. 1809 9

14   ROUEN. Inscription hypothécaire — Identité. *Journ.*, 1er. sem. 1809 58

15   CASSATION. Emigré—Hypothèque. *Journ.*, 1er. sem. 1809 305

id.   CASSATION. Propriétaires riverains — Autorisation administrative. *Coll.* an 1809 262

16   CASSATION. Enfant naturel — Pension alimentaire — Acte de reconnaissance sous seing privé. *Journ.*, 1er. sem. 1809.369

17   CASSATION. Absence — Possession provisoire. *Journ.*, 1er. sem. 1809 . . . 337

id.   RIOM. Testament — Signature. *Journ.*, 2e. sem. 1809 219

18   ROUEN. Quitance simulée—Avantage indirect. *Journ.*, 1er. sem. 1809 . . . 11

1808.

Nov.

18   CASSATION. Gardes forestiers — Affirmation. *Coll.* an 1809 . . . . . p. 383

id.   CASSATION. Arrêt — Jugement de police — Injures. *Journ.*, 1er. sem. 1810. 40

id.   CASSATION. Faux — Droits réunis. *Coll.* an 1810 47

21   CASSATION. Société de commerce — Assignation. *Journ.*, 1er. sem. 1809 . . 69

id.   CASSATION. Mariages clandestins — Effets civils. *Journ.*, 1er. sem. 1809. 209

22   CASSATION. Donation entre-vifs — Clause obligatoire. *Journ.*, 1er. sem. 1809 343

23   PARIS. Nullité. *Journ.*, 2e. sem. 18 8 570

id.   CASSATION. Emigration. Amnistie — Elimination. *Journ.*, 1er. sem. 1809. 134

id.   CASSATION. Servitude — Complainte. *Journ.*, 1er. sem. 1809 197

24   CASSATION. Vente simulée. *Journ.*, 1er. sem. 1809 113

id.   CASSATION. Tribunal de police — Déni de justice. *Coll.* an 1810 314

29   PARIS. Succession — Legs d'argent. *Journ.*, 1er. sem. 1809 . . . . 5.

id.   ROUEN. Mémoire imprimé — Injures — Intervention. *Journ.*, 1er. sem. 1809. 351

id.   PARIS. Hypothèque légale — Contrat de mariage — Rente viagère. *Coll.* an 1809 66

id.   TOULOUSE. Requête civile — Admission — Avoués. *Journ.*, 1er. sem. 1810. 431

Déc.

1   PARIS. Levée de scellés — Description. *Journ.*, 1er. sem. 1809 79

2   CASSATION. Edition contrefaite — Annonce. *Coll.* an 1810 155

5   CASSATION. Bail à Convenant — Rente. *Journ.*, 1er. sem. 1809. 241

6   CASSATION. Cour d'appel — Récusation en masse. *Journ.*, 2e. sem. 1809 . 343

id.   CASSATION. Injures verbales — Action civile — Compétence — Juge de paix. *Coll.* an 1809 268

7   CASSATION. Père — Pension alimentaire. *Journ.*, 1er. sem. 1809 81

id.   CASSATION. Emigré — Amnistié — Etat d'enfant contesté. *Journ.*, 1er. sem. 1809. 273

1808.

Déc.

8   NISMES. Donation en faveur de mariage — Acte sous seing-privé. *Journ.*, 2e. sem. 1809 . . . . p. 348

9   PARIS. Enfans naturels — Collatéraux — Succession. *Journ.*, 1er. sem. 1809 90

10   RIOM. Surenchère — Assignation. *Journ.*, 2e. sem. 1809 512

12   NISMES. Avoué — Acceptation. *Journ.*, 2e. sem. 1809 382

13   PARIS. Arbitres — Compétence. *Journ.*, 1er. sem. 1809 104

id.   CASSATION. Ordre — Appel — Collocation — Lettre de ratification. *Journ.*, 1er. sem. 1809 145

id.   CASSATION. Divorce — Discussion publique. *Journ.*, 1er. sem. 1809 246

id.   LIÉGE. Rente constituée — Rachat. *Journ.*, 2e. sem. 1809 29

id.   COLMAR. Donation — Mineur — Autorisation. *Journ.*, 2e. sem. 1809 . . . 44

id.   BRUXELLES. Hypothèque spéciale — Succession indivise — Partage. *Journ.*, 2e. sem. 1809 124

id.   BRUXELLES. Contrat à la grosse aventure — Clause de paiement au porteur. *Journ.*, 2e. sem. 1809 540

14   ROUEN. Contrat de vente — Pacte résolutoire — Revendication. *Journ.*, 1er. sem. 1809. 187

id.   BRUXELLES. Inscription hypothécaire — Maison de commerce — Intérêt du prix. *Journ.*, 2e. sem. 1809 378

id.   TURIN. Serment — Rit. *Journ.*, 1er. sem. 1810 137

id.   CASSATION. Expertise — Appréciation d'offices. *Coll.* an 1810 56

15   CASSATION. Assignation — Délai. *Journ.*, 2e. sem. 1809 309

id.   CASSATION. Vaine pâture — Servitude. *Coll.* an 1809 174

id.   GRENOBLE. Actes qualifiés — Ventes — Avantages indirects — Simulation — Nullité. *Coll.* an 1809 557

17   PARIS. Arrêt définitif — Demande postérieure en faux incident. *Journ.*, 1er. sem. 1809 152

20   CASSATION. Brevet d'invention. *Journ.*, 2e. sem. 1809 20

1808.
Déc.

21   PARIS. Appel-Désignation d'avoué. *Journ.*, 1er. sem. 1809 . . . . p. 183

id.   ROUEN. Tiers-arbitre — Décision — Délai. *Journ.*, 1er. sem. 1809 205

22   PARIS. Testament — Lecture. *Journ.*, 1er. sem. 1809 39

id.   LIÉGE. Appel — Signification de jugement. *Journ.*, 1er. sem. 1809 . . 479

23   PARIS. Créancier hypothécaire — Fermier détenteur de l'hypothèque — Opposition. *Journ.*, 1er. sem. 1809 . . . 117

id.   PARIS. Demande en élargissement — Etrangers — Requête civile. *Journ.*, 1er. sem. 1809 141

24   PARIS. Bail — Eviction — Indemnité. *Journ.*, 1e. sem. 1809 121

26   CASSATION. Lettre de change — Simple promesse. *Journ.*, 1er. sem. 1809. 373

27   CASSATION. Enquête—Assignation. *Journ.*, 1er. sem. 1809. 293

id.   PARIS. Enfant-naturel—Provision alimentaire. *Journ.*, 1er. sem. 1809. . . 441

28   CASSATION. Ordre — Jugement — Signification. *Journ.*, 1er. sem. 1809. . 324

id.   AGEN. Legs—Réserve—Rapport. *Journ.*, 2e. sem. 1809. 77

id.   RIOM. Exploit—Enregistrement. *Journ.*, 2e. sem. 1809 415

id.   CASSATION. Hypothèque — Pays de nantissement — Inscription — Surenchère. *Coll.* an 1809 141

29   NISMES. Testament—Possession—Action en délaissement — Dot. *Journ.*, 1er. sem. 1809 412

30   PARIS. Créancier — Inscription — Surenchère. *Coll.* an 1809 141

id.   NISMES. Constitution de dot — Présomption de droit—Intention contraire. *Coll.* an 1809. 550

31   PARIS. Tribunaux de commerce — Compétence — Garantie — Ordre — Titre à produire. *Journ.*, 2e. sem. 1809. 137

id.   COLMAR. Appel — Opposition. *Journ.*, 2e. sem. 1809 142

1809.
Janvier

2   PARIS. Argent—Intérêt. *Journ.*, 2e. sem. 1809 209

1809.
Janvier

2   PARIS. Acte d'appel — Signification. *Journ.*, 1er. sem. 1809 . . . p. 214

id.   PARIS. Interdiction (demande en) — Actes antérieurs. *Journ.*, 1er. sem. 1810 535

3   CASSATION. Offres de remboursement de rentes — Rachat de rentes. *Journ.*, 1er. sem. 1809 404

id.   TURIN. Inscription — Profession du débiteur. *Coll.* an 1810 399

4   CASSATION. Surenchère — Caution. *Journ.*, 1er. sem. 1809 309

5   PARIS. Appel — Délai — Instruction. *Journ.*, 1er. sem. 1809 202

id.   PARIS. Appel—Signification. *Journ.*, 1er. sem. 1809 214

id.   CASSATION. Acquéreur — Inscription — Vendeur. *Journ.*, 1er. sem. 1809 . 257

id.   LIÉGE. Surenchère — Délai de 24 heures. *Journ.*, 2e. sem. 1809 560

id.   CASSATION. Institution universelle — *Journ.*, 1er. sem. 1810 3

7   PARIS. Lettre de change — Protêt — Tribunal. *Journ.*, 1er. sem. 1809 . . 358

id.   PARIS. Entreprise—Dommages et intérêts. *Journ.*, 1er. sem. 1809 483

9   CASSATION. Désertion — Complicité. *Journ.*, 2e. sem. 1809 49

10   PARIS. Impositions — Récolte — Fermier. *Coll.* an 1809 28

id.   CASSATION. Vente—Contre-lettre. *Journ.*, 1er. sem. 1809 225

11   CASSATION. Compétence — Juridiction volontaire. *Journ.*, 2e. sem. 1809 . . 33

id.   CASSATION. Evocation — Incompétence. *Coll.* an 1809 132

id.   BRUXELLES. Négociant — Marchandises refusées. *Journ.* 2e. sem. 1810. . . 45

id.   PARIS. Retrait successoral — Etranger. *Coll.* an 1810 56

12   NISMES. Surenchère — Redevances foncières. *Journ.*, 1er. sem. 1809 . . 508

13   LIÉGE. Séparation de corps — Séquestre. *Journ.* 1er. sem. 1810 384

14   PARIS. Détenu pour dettes. *Journ.*, 2e. sem. 1809 174

id.   PARIS. Faillite — Syndics. *Coll.* an 1809. 102

1809.
Janvier

17   CASSATION. Compromis — Ignorance — Nullité—Émigré. *Coll.* an 1809. p. 16:

id.   PARIS. Appel — Commune—Autorisation. *Journ.*, 1er. sem. 1809 311

id.   BRUXELLES. Mariage — Dénonciations calomnieuses. *Journ.*, 2e. sem. 1809 447

id.   CASSATION. Donation — Retour. *Journ.*, 1er. sem. 1810 118

19   CASSATION. Redevance qualifiée féodale. *Coll.* an 1809 436

20   ANGERS. Appel — Expropriation—Signification. *Coll.* an 1809 281

21   ANGERS. Délai d'appel — Pièces fausses — Fins de non-recevoir. *Coll.* an 1809. 346

23   CASSATION. Notaires — Déclarations de command. *Journ.*, 1er. sem. 1809. 341

id.   PARIS. Donation entre-vifs — Réserves. *Journ.*, 2e. sem. 1809 9

24   PARIS. Billet à ordre — Cession — Protêt — Compensation. *Journ.*, 1er. sem. 1809 505

id.   PARIS. Mandataire officieux — Perte. *Journ.*, 2e. sem. 1810 40

25   CASSATION. Succession indivise — Cession de droits — Partage. *Journ.*, 1er. sem. 1809 357

28   PARIS. Jugement d'ordre — Opposition. *Journ.*, 2e. sem. 1809 249

id.   PAU. Mariage—Ministère public—Appel *Journ.* 1er. sem. 1809 317

id.   CASSATION. Faux — Blanc-seing. *Coll.* an 1809 225

Février

1   BRUXELLES. Usure — Serment décisoire. *Journ.* 1er. sem. 1809 541

id.   CASSATION. Héritages — Droits seigneuriaux. *Coll.* an 1809 198

2   CASSATION. Concours de ventes du même immeuble. *Journ.* 1er. sem. 1809 . 520

3   PARIS. Marchands—Achat commun—Solidarité. *Journ.*, 1er. sem. 1809 . . 287

id.   CASSATION. Plainte d'usure — Tribunal correctionnel. *Coll.* an 1809 . . . 235

id.   PARIS. Vente de biens de la communauté - Héritiers Renonciation—Nullité— Surenchère. *Coll.* an 1809 255

1809.
Février

4   BRUXELLES. Femme commune — Obligations. *Coll.* an 1810 . . . . . p. 165

id.   BRUXELLES. Loi *procula*. *Coll.* an 1810. 75

5   CASSATION. Registres de l'état civil. — Omission—Preuve testimoniale. *Journ.*, 1er. sem. 1809 412

6   CASSATION. Messageries—Responsabilité. *Journ.*, 2e. sem. 1809 22

7   PARIS. Mariage — Naissances — Actes publics. *Journ.*, 1er. sem. 1809 . . 281

id.   NISMES. Legs de quotité — Institution universelle. *Journ.*, 1er. sem. 1809. 489

id.   CASSATION. Curateur — Révocation et nomination d'office. *Journ.*, 1er. sem. 1809 533

9   PARIS. Ordre — Intervention — Appel — Frais de justice — Collocation. *Journ.*, 1er. sem. 1809 347

10   ORLÉANS. Billet à ordre—Endossement en blanc — Faux — Garantie. *Journ.*, 2e. sem. 1809 106

id.   PARIS. Ecritures — Expertise — Preuve testimoniale. *Journ.*, 2e. sem. 1809. 487

11   BRUXELLES. Interrogatoire sur faits et articles—Délai. *Journ.*, 2e. sem. 1809. 460

id.   BRUXELLES. Loi *procula*. *Coll.* an 1810. 75

13   CASSATION. Jugement par défaut — Signification — Hypothèque. *Journ.*, 1er. sem. 1809 385

id.   PARIS. Déclaration de command — Réserve de déclaration. *Journ.*, 1er. sem. 1809 393

id.   CASSATION. Droit de mutation — Bail authentique—Expertise. *Coll.* an 1811. 252

14   PARIS. Arbitre d'office. *Journ.*, 2e. sem. 1809. 345

15   CASSATION. Etranger — Arrestation. *Journ.*, 1er. sem. 1810 113

16   PARIS. Créancier — Inscription collective. *Journ.*, 1er. sem. 1809 230

id.   ORLÉANS. Enfant — Succession. *Journ.*, 1er. sem. 1809 14

17   PARIS. Canal. Droit de péage. *Journ.*, 1er. sem. 1809 294

id.   CASSATION. Vente — Exhibition d'espèces — Billets substitués. *Coll.* an 1809. 401

18   ROUEN. Paternité — Déclaration — Alimens. *Journ.*, 1er. sem. 1809 . . . 299

id.   BRUXELLES. Mariage. *Coll.* an 1810. 169

1809. Février

18 — PARIS. Mineur — Action en rescision — Femme mariée — Appel — Intervention. *Journ.*, 1er. sem. 1809 . . . . . p. 406

id. — BRUXELLES. Mariage — Nullité. *Journ.*, 2e. sem. 1810 300

20 — PARIS. Donations — Rapport. *Journ.*, 1er. sem. 1809 573

id. — LIÉGE. Testament — Clause d'institution de fidéicommis. *Journ.*, 2e. sem. 1809 589

id. — CASSATION. Contumax — Droits civils — Héritiers présomptifs. *Coll.* an 1809. 214

22 — ANGERS. Obligation déguisée. *Jou n.*, 1er. sem. 1809 377

id. — CASSATION. Conciliation. — Conclusions nouvelles. *Journ*, 2e. sem. 1809 . . 38

id. — GRENOBLE. Testament — Date de rectification. *Journ.*, 1er. sem. 1810 . . . 463

id. — RIOM. Femme mariée — Acquisition. *Coll.* an 1810 360

id. — LIÉGE. Erreur de droit — Vente — Rente féodale — Garantie. *Coll.* an 1810 . 366

23 — PARIS. Société — Tribunal. *Journ.*, 1er. sem. 1809 358

id. — BRUXELLES. Interrogatoire sur faits et articles. (requête afin d') *Coll.* an 1810 318

24 — CASSATION. Délits forestiers — Restitution. *Journ.*, 2e. sem. 1809 337

id. — PARIS. Saisie — Faillite — Acte d'union et d'abandon. *Coll.* an 1809 . . . 418

25 — PARIS. Marchands — Ressemblance de boutiques. *Journ.*, 1er. sem. 1810 . . 44

id. — AMIENS. Héritier bénéficiaire — Inventaire. — Abandon. *Journ.*, 1er. sem. 1810 94

27 — CASSATION. Féodalité — Redevances mixtes. *Journ.*, 2e. sem. 1809 369

id. — BRUXELLES. Femme commune — Obligations. *Coll.* an 1810 163

28 — CASSATION. Emigration. — Divorce — Pension alimentaire. *Journ.*, 1er. sem. 1809 401

id. — PARIS. Société de commerce — Significations. *Journ.*, 1er. sem. 1809 . . . 475

Mars.

1 — CASSATION. Succession — Représentation — contrats de mariage — Compulsoire. *Journ.*, 1er. sem. 1809 426

1809. Mars.

1 — CASSATION. Contrat à titre onéreux — Droit d'enregistrement. *Journ.*, 1er. sem. 1809 . . . . p. 529

id. — CASSATION. Dot — Immeubles donnés en paiement. *Coll.* an 1810 176

2 — PARIS. Obligé solidaire — Surenchère — Succession vacante — Vente d'immeubles. *Journ.*, 1er. sem. 1809 . . 527

id. — CASSATION. Question d'Etat — Action criminelle. *Journ.*, 2e. sem. 1809 . . 241

id. — CASSATION. Stellionat — Poursuite par voie de police correctionnelle. *Coll.* an 1809 414

3 — PARIS. Substitution — Legs universel — Propriété — Usufruit. *Coll.* an 1809. 263

6 — CASSATION. Ordre — Jugement d'homologation — Collocation. *Journ.*, 1er. sem. 1809 433

8 — CASSATION. Surenchère — Jugement de déchéance. *Journ.*, 1er. sem. 1809. 419

9 — CASSATION. Subornation de témoins — Tentative. *Journ.*, 2e. sem. 1809. 31

id. — CASSATION. Biens communaux — Triages. *Coll.* an 1810 5

id. — BORDEAUX. Appel — Incompétence — Billet à ordre — Contrainte par corps. *Coll.* an 1810 199

id. — BORDEAUX. Mère tutrice — Convol. *Coll.* an 1810 226

10 — PARIS. Inscriptions hypothécaires — Collocations. *Journ.*, 1er. sem. 1809 . . 457

id. — PARIS. Témoins — Reproches. *Journ.*, 2e. sem. 1809 572

id. — PARIS. Acte de naissance — Faux noms — Maternité désavouée. *Journ.*, 1er. sem. 1810 118

id. — BORDEAUX. Appel incident — Quittance — Mandat. *Coll.* an 1810 218

14 — BOURGES. Contestation d'état — Possession d'état — Divorce. — Enfant né d'un prêtre et d'une laïque — Mariage subséquent — Légitimation. *Journ.*, 1er. sem. 1809. 401

id. — CASSATION. Vœux religieux — Tierce opposition. *Journ.*, 2e. sem. 1809 . . 321

id. — BORDEAUX. Serment — Rit. *Journ.*, 1er. sem. 1810 137

id. — CASSATION. Prescription — Héritier. *Journ.*, 1er. sem. 1810 465

15 — BORDEAUX. Dégradations — Juge de paix — Descente. *Journ.*, 1er. sem. 1810. 201

1808.

Mars.

16	CASSATION. Faillite — Compétence. *C.ll.* an 1810 . . . . p. 408
17	PARIS. Interdiction — Diminution de fortune. *Journ.*, 1er. sem. 1809 . 556
id.	PARIS. Peine du boulet — Capacité d'ester à droit. *Coll.* an 1809 230
18	BRUXELLES. Vente — Résiliation. *Journ.*, 2e. sem. 1809 334
id.	CASSATION. Appel incident — Plainte en Faux — Exceptions. *Coll.* an 1809. 410
20	PARIS. Solidarité — Tierce-opposition. *Journ.*, 1er. sem. 1809 535
id.	PARIS. Rentes — Fabriques d'églises — Prescription — Retenue des impositions. *Journ.*, 2e. sem. 1809 441
21	CASSATION. Mariage—Opposition. *Journ.*, 1er. sem. 1809 465
id.	CASSATION. Interlocutoire — Pourvoi. *Journ.*, 2e. sem. 1809 323
22	CASSATION. Etranger — Obligations — Contrainte par corps. *Journ.*, 2e. sem. 1809 497
id.	CASSATION. Créancier hypothécaire — Aliénation simulée. *Journ.*, 1er. sem. 1809 552
id.	CASSATION. Contrainte par corps — Élargissement — Ministère public. *Journ.*, 1er. sem. 1809 571
id.	PARIS. Jugement par défaut — Opposition — Avoué. *Journ.*, 2e. sem. 1809 . 285
23	BORDEAUX. Vente — Eviction. *Coll.* an 1810 242
id.	BORDEAUX. Rescision — Transaction — Cohéritiers. *Journ.*, 1er. sem. 1810. 396
24	TRÈVES. Contrainte par corps. *Journ.*, 1er. sem. 1810 237
28	ROUEN. Billet à ordre signé en blanc au dos. *Journ.*, 2e. sem. 1809 . . . 271
29	CASSATION. Prises maritimes—Tribunaux Compétens. *Journ.*, 1er. sem. 1809. 513
30	CASSATION. Mandat — Vente — Fausse énonciation de prix. *Coll.* an 1809. 395

Avril.

6	CASSATION. Témoin — Enfant adultérin. *Journ.*, 2e. sem. 1809 52
id.	CASSATION. Notaires — Commission — Ressort. *Journ.*, 2e. sem. 1809 . . 135
id.	CASSATION. Testament—Témoins. *Journ.*, 2e. sem. 1809 65

1809.

Avril.

6	CASSATION. Hypothèque — Billets — Lettres-de-change. *Coll.* an 1809 p. 241
id.	PARIS. Effets négociés après échéance. *Journ.*, 1er. sem. 1810 29
id.	CASSATION. Faux—Endossement en blanc. *Coll.* an 1810 47
8	PARIS. Commerce — Tiers-arbitre — Procès-verbal. *Journ.*, 2e. sem. 1809. 153
id.	GRENOBLE. Légitimes — Réserves. *Tom.* 1er. 1812 271
11	ROUEN. Partage d'opinions — Demande d'interrogatoire sur faits et articles. *Journ.*, 2e. sem. 1809 460
id.	TOULOUSE. Donation — Transcription — Ingratitude. *Coll.* an 1810 . . . 184
12	GRENOBLE. Enfant illégitime — Demande en déclaration d'illégitimité. *Journ.*, 2e. sem. 1809 56
13	PARIS. Notaire — Honoraires. *Journ.*, 1er. sem. 1810 75
14	PARIS. Rentes viagères — Prescription. *Journ.*, 1er. sem. 1809 462
15	CASSATION. Successible—Cautionnement. *Journ.*, 1er. sem. 1809 501
id.	PARIS. Poursuite d'ordre — Créancier — Société de commerce — Lettres de ratification — Revente. *Coll.* an 1809. 478
id.	PARIS. Marchés à terme — Faillite — Atermoiement. *Journ.*, 1er. sem. 1810 124
id.	BRUXELLES. Surenchère—Tiers-détenteur. *Coll.* an 1810 205
17	PARIS. Péremption d'instance — Décès. *Journ.*, 1er. sem. 1810 15
18	CASSATION. Demande d'ordre — Succession indivise. *Journ.*, 2e. sem. 1809. 67
id.	CASSATION. Succession — Absent — Droit de mutation. *Journ.*, 2e. sem. 1809 129
id.	PARIS. Divorce — Décision arbitrale. *Journ.*, 1er. sem. 1810 100
id.	TURIN. Testament mystique. — Témoin non citoyen français. *Coll.* an 1811. 63
19	CASSATION. Testament public — Dispositions additionnelles —Lecture. *Journ.*, 1er. sem. 1809 545
id.	CASSATION. Arrérages de rentes — Prescription. *Journ.*, 2e. sem. 1809. 145

1809.
Avril.

19   Paris. Messageries — Voyageur — Conducteurs. *Journ.*, 2e. sem. 1809. p. 182

id.   Paris. Fraude — Acquéreur — Dommages-intérêts. *Coll.* an 1810 . . . 11

20   Bruxelles. Succession—Division *Journ.*, 2e. sem. 1809 493

id.   Cassation. Tiers-coutumier — Coutume de Normandie. *Coll.* an 1810 . . 193

21   Rouen. Femme mariée—Recours. *Journ.*, 1er. sem. 1809 443

id.   Riom. Enfant naturel — Adoption — Transaction. *Coll.* an 1810 . . . 210

id.   Cassation. Militaire—Déclarations mensongères. *Coll.* an 1811 399

23   Paris. Donation en usufruit — Caution. *Coll.* an 1810 315

24   Cassation. Notaires—Répertoire. *Journ.*, 2e. sem. 1809 88

id.   Cassation. Notaires — Amendes. *Journ.*, 2e. sem. 1809 150

id.   Cassation. Action intentée par une section de commune — Autorisation administrative. *Coll.* an 1809 . . . 361

id.   Paris. Délégation — Poursuites. *Coll.* an 1809 511

26   Cassation. Ministère public — Mineurs. *Journ.* 2e. sem. 1809 133

id.   Colmar. Marchandises — Commettant — Revendication. *Coll.* an 1810 . . 393

28   Paris. Filiation — Preuve par lettres. *Journ.*, 2e. sem. 1809 167

id.   Paris. Communes — Revendication — Prescription. *Journ.*, 2e. sem. 1809. 267

id.   Cassation. Faux—Action publique. *Coll.* an 1810 47

29   Cassation. Falsification — Mariage — Dispense. *Coll.* an 1809 423

id.   Paris. Faux incident — Ministère public. *Journ.*, 1er. sem. 1810 . . . 31

id.   Bordeaux. Epoux donataire — Usufruit — Caution. *Coll.* an 1810 . . . 403

id.   Paris. Acte — Simulation. *Journ.*, 1er. sem. 1811 168

Mai.

1   Cassation. Lettre de change — Tireur sur soi-même. *Journ.*, 2e. sem. 1809. 81

id.   Cassation. Prêt — Timbre proportionnel. *Journ.*, 2e. sem. 1809 200

1809.
Mai.

2   Paris. Stellionat — Contrat de constitution. *Journ.*, 2e. sem. 1809 . . p. 94

3   Cassation. Divorce — Témoins. *Journ.*, 2e. sem. 1809 118

id.   Cassation. Intérêt — Réductibilité. *Journ.*, 2e. sem. 1809 209

id.   Cassation. Vente d'immeuble — Expertise. *Journ.*, 2e. sem. 1809 . . . 353

4   Cassation. Jugement arbitral. *Journ.*, 2e. sem. 1809 408

5   Colmar. Appel de jugement interlocutoire — Source — Servitude — Preuve. *Coll.* an 1809 474

id.   Riom. Incendie — Voisin. *Coll.* an 1810 237

8   Paris. Vente — Défaut de mesure — Opposition. *Journ.*, 2e. sem. 1809. 202

id.   Cassation. Contrainte — Visa. *Journ.*, 2e. sem. 1809 295

id.   Cassation. Avoué — Greffier — Appel — Amende. *Journ.*, 2e. sem. 1809. 389

9   Cassation. Emigration — Mort civile — Possession provisoire — Baux. *Journ.*, 2e. sem. 1809 289

10   Cassation. Vente d'effets mobiliers — Priviléges du vendeur. *Journ.*, 2e. sem. 1809 97

id.   Cassation. Divorce — Jugement d'admission — Demande nouvelle. *Journ.*, 2e. sem. 1809 305

id.   Paris. Déclinatoire — Registres de l'état civil—Perte—Décrets forcés—Douaires non-ouverts. *Journ.*, 1er. sem. 1810 105

12   Colmar. Expropriation — Opposition — Transport. *Journ.*, 2e. sem. 1809. 574

13   Paris. Résidence de fait — Compétence. *Journ.*, 1er. sem. 1810 41

14   Cassation. Testament mystique — Date — Suscription. *Journ.*, 1er. sem. 1809 561

15   Cassation. Inscription hypothécaire — Succession. *Journ.*, 2e. sem. 1809 . 3

id.   Paris. Coassocié — Appel. *Journ.*, 1er. sem. 1810 91

16   Paris. Acte de naissance — Commencement de preuve par écrit. *Journ.*, 2e. sem. 1809 68

1809.

Mai,

16   CASSATION. Déclaration de paternité — Enfant — Alimens. *Journ.*, 2e. sem. 1809 . . . . p. 273

id.   CASSATION. Domicile — Preuve de changement de domicile. *Journ.*, 2e. sem. 1809 534

id.   CASSATION. Sous seing — Acte authentique — Aveu de paternité. *Journ.*, 2e. sem. 1809. 561

id.   CASSATION. Compétence — Autorité administrative. *Coll.* an 1809 . . . 547

id.   BRUXELLES. Mariage — Condition—Legs. *Journ.*, 1er. sem. 1810 456

17   CASSATION. Legs — Charges du legs — Emigration. *Journ.*, 2e. sem. 1809 . 225

id.   CASSATION. Inscription hypothécaire. *Journ.*, 2e. sem. 1809 385

18   CASSATION. Délits forestiers — Amendes. *Journ.*, 2e. sem. 1809 263

id.   PARIS. Tribunal de commerce—Jugement par défaut — Appel. *Journ.*, 1er. sem. 1810 62

19   PARIS. Surenchère — Substitution de caution. *Journ.*, 2e. sem. 1809 90

id.   BESANÇON. Testament nul — Témoins. *Coll.* an 1810. 97

20   PARIS. Vente d'immeuble — Pivilége du vendeur — Faillite. *Journ.*, 1er. sem. 1809 522

22   AMIENS. Jugement d'ordre — Appel. *Journ.*, 1er. sem. 1810 159

24   CASSATION. Lettre de change—Pays étrangers — Timbre — Faillite — Protêt. *Journ.*, 1er. sem. 1810 27

26   ORLÉANS. Lettre de ratification par un usufruitier — Droit du propriétaire. *Coll.* an 1809. 455

27   COLMAR. Voiturier — Marchandises — Vente. *Coll.* an 1810 381

28   CASSATION. Acte de naissance — Faux noms. *Journ.*, 1er. sem. 1810. . . 65

29   PARIS. Appel — Saisie immobilière nulle — Subrogation d'un second saisissant. *Journ.*, 2e. sem. 1809 101

30   CASSATION. Rente — Concession — Réserve — Droit de lods et ventes. *Coll.* an 1809. 439

31   BRUXELLES. Appel—Déclinatoire. *Coll.* an 1801. 265

1809.

Juin

1   PARIS. Ordre — Production des titres — Distribution. *Journ.*, 2e. sem. 1809. . . . . p. 38

id.   CASSATION. Mise en cause d'un tiers — Interlocutoire. *Coll.* an 1809. . . . 417

2   PARIS. Légitimation — Mariage — Donation. *Journ.*, 2e. sem. 1809. . 313

3   BRUXELLES. Absent—Succession. *Journ.*, 2e. sem. 1810. 31

6   PARIS. Testament — Enfant adultérin. *Journ.*, 2e. sem. 1809. 25

id.   CASSATION. Succession vacante — Curateur — Créancier. *Journ.*, 2e. sem. 1809. 356

id.   CASSATION. Frais de justice criminelle — Trésor public — Créanciers. *Journ.*, 2e. sem. 1809. 433

id.   BRUXELLES. Ordre — Créanciers — Propriété. *Coll.* an 1810 286

7   PARIS. Référé — Requête d'avoué à avoué. *Journ.*, 2e. sem. 1809. 54

id.   ROUEN. Notaires — Nullités — Dommages-intérêts. *Journ.*, 2e. sem. 1809. 185

id.   CASSATION. Prince souverain — Obligation — Emigrés — Séquestre. *Journ.*, 2e. sem. 1809. 438

8   CASSATION. Mariage à l'étranger — Provision alimentaire. *Journ.*, 2e. sem. 1809. 177

id.   PARIS. Acte de nantissement — Privilége. *Coll.* an 1809. 494

id.   CASSATION. Police corretionnelle — Appel — Ministère public. *Journ.*, 1er. sem. 1810. 486

9   BRUXELLES. Appel—Assignation dans le délai légal. *Journ.*, 2e. sem. 1809. 473

11   COLMAR. Acquéreur — Dettes garanties — Purge. — Frais. *Journ.*, 1er. sem. 1810. 222

12   PARIS. Saisie immobilière — Election de domicile. *Journ.*, 2e. sem. 1809. . 537

id.   CASSATION. Poursuite en réparation d'injures — Préposé des droits réunis — Autorisation du directeur général. *Coll.* an 1809. 392

id.   PARIS. Compensation — Saisie-arrêt. *Coll.* an 1809. 558

13   CASSATION. Vente — Ordre — Tribunal compétent. *Journ.*, 2e. sem. 1809. 293

1809.	
Juin.	
13	Paris. Enfant naturel—Alimens. *Journ.*, 2e. sem. 1809. . . . . p. 297
id.	Paris. Aveu judiciaire — Propriété — Inscription. *Journ.*, 2e. sem. 1809. 549
14	Cassation. Droit de mutation — Expertise — Bail. *Coll.* an 1811. 252
16	Cassation. Acte administratif — Interprétation. *Journ.*, 1er. sem. 1810. 260
id.	Turin. Débiteur failli — Créances—Contribution. *Coll.* an 1810. 404
17	Bruxelles. Sauvetage de marchandises —Privilége. *Journ.*, 1er. sem. 1810. 190
id.	Turin. Testament — Fausse qualification — Concubine — Legs. *Coll.* an 1810. 419
id.	Nismes. Femme non commune. *Coll.* an 1810. 430
20	Nismes. Fonds dotal—Inaliénabilité—Exception. *Journ.*, 1er. sem. 1810. 349
id.	Cassation. Police correctionnelle — Anciens réglemens. *Journ.*, 1er. sem. 1810. 500
id.	Toulouse. Veuve légataire — Usufruit — Réserve légale. *Coll.* an 1810. . . 267
21	Paris. Taxe de frais — Prescription — Compensation. *Journ.*, 2e. sem. 1809. 372
22	Paris. Débiteur — Domicile — Arrestation. *Journ.*, 2e. sem. 1809. . . 391
id.	Paris. Caution — Vente—Inscription — Titre nouvel. *Journ.*, 1er. sem. 1810. 195
id.	Cassation. Notaires injuriés. *Journ.*, 1er. sem. 1810. 515
id.	Besançon. — Legs d'usufruit — Inscription. *Coll.* an 1810. 44
23	Liége. Action divisée — Tribunal de commerce. *Journ.*, 1er. sem. 1810. 495
24	Rouen. Femme normande — Sénatus velléien. *Coll.* an 1810 276
26	Cassation. Dispositions universelles — Quotité disponible. *Journ.*, 2e. sem. 1809. 193
id.	Cassation. Enfant naturel — Portion héréditaire--Partage de succession. *Journ.*, 2e. sem. 1809 257
id.	Cassation. Mineur émancipé — Assignation. *Journ.*, 1er. sem. 1810. . . . 310

1809.	
Juin.	
27	Bruxelles. Billets de commerce —Epoux cosignataires. — Approbation. *Journ.*, 1er. sem. 1810 . . . . p. 111
id.	Bruxelles. Mineur interdit—Hypothèque tacite. *Coll.* an 1810 143
30	Paris. Haie séparative — Propriété exclusive. *Journ.*, 2e. sem. 1809 . . . 233
Juillet.	
1	Paris. Dot — Hypothèque — Aliénation de dot. *Journ.*, 2e. sem. 1809 . . 358
id.	Paris. Vente par licitation — Mineurs — Lésion — Experts — Partage. *Coll.* an 1809 522
3	Bruxelles. Femme — Saisie — Revendication. *Journ.*, 1er. sem. 1810 . . 575
4	Colmar. Notaires — Dommages-intérêts. *Journ.*, 2e. sem. 1809 185
id.	Paris. Compulsoire — Action principale. *Journ.*, 2e. sem. 1809. 326
id.	Paris. Prescription — Citation. *Journ.*, 2e. sem. 1809 521
5	Cassation. Divorce — Opposition — Provision alimentaire. *Journ.*, 2e. sem. 1809 449
id.	Nismes. Conscrit—Remplacement. *Journ.*, 1er. sem. 1810. 539
id.	Bruxelles. Séparation de corps — Jugement — Témoins — Reproches. *Coll.* an 1810 481
id.	Nismes. Jugement par défaut — Nouvelle assignation. *Journ.*, 2e. sem. 1812. 64
6	Cassation. Coupe de bois—Délit. *Journ.*, 2e. sem. 1810 481
7	Paris. Succession vacante — Légataire. *Coll.* an 1810 36
id.	Colmar. Jugement sur requête — Expulsion — Dommages-intérêts. *Coll.* an 1810. 411
8	Pau. Etranger—Tribunaux français. *Coll.* an 1810 305
11	Paris. Jugement arbitral — Enregistrement — Dépôt au greffe. *Journ.*, 2e. sem. 1809 420
id.	Cassation. Séparation volontaire — Divorce — Propres aliénés. *Journ.*, 1er. sem. 1810. 17
12	Cassation. Acquéreur — Surenchère — Contrat judiciaire. *Coll.* an 1810. . 85
id.	Bruxelles. Assignation à bref délai. *Coll.* an 1810. 444

1809.
Juillet.

14   Paris. Contestation jugée en pays étranger. *Journ.*, 2e. sem. 1809 . . p. 507

id.   Grenoble. Expropriation — Créancier à divers titres. *Journ.*, 1er. sem. 1811. 462

15   Colmar. Citation en conciliation — Prescription — Tiers-détenteur. *Coll.* an 181. 287

17   Paris. Bail — Résiliation. *Journ.*, 2e. em. 1809 410

18   Cassation. Divorce — Alimens — Héritiers. *Journ.*, 2e. sem. 1809 . . . 401

id.   Paris. Séparation de corps — Réconciliation présumée. *Journ.*, 1er. sem. 1810. 252

id.   Colmar. Acte rémunératoire — Services rendus — Acte sous seing privé. *Coll.* an 1811 277

19   Paris. Héritier — Legs — Légataire universel — Second testament. *Coll.* an 1809 449

id.   Cassation. Renonciation—Statut local — Partage conventionnel — Légitimaire. *Coll.* an 1809 513

id.   Bruxelles. Notaire — Destitution. *Coll.* an 1811 20

id.   Bruxelles. Hypothèque spéciale — Inscription — Pays de nantissement. *Coll.* an 1811 30

20   Cassation. Testament mystique — Témoins. *Journ.*, 2e. sem. 1809 . . 161

id.   Cassation. Testament — Legs caducs. *Journ.*, 2e. sem. 1809 485

21   Paris. Divorce — Jugement d'admission. *Journ.*, 2e. sem. 1809 566

id.   Dijon. Rente — Remboursement forcé. *Journ.*, 2e. sem. 1811 202

22   Paris. Notariat — Communication de minutes. *Journ.*, 2e. sem. 1809 . . 469

id.   Pau. Acte d'appel — Nullité. *Journ.*, 1er. sem. 1810 126

id.   Grenoble. Jugement interlocutoire — Mariage — Preuve testimoniale. *Coll.* an 1810 148

id.   Cassation. Compromis — Clause pénale — Compétence. *Coll.* an 1810 . . 307

id.   Bruxelles. Interrogatoire — Juge. *Coll.* an 1810 319

id.   Bruxelles. Prêt converti en rente. *Coll.* an 1811 31

1809.
Juillet.

24   Paris. Banquier — Effets confiés. *Journ.*, 1er. sem. 1810 . . . . p. 13

26   Pau. Acte d'appel — Nullité. *Journ.*, 1er. sem. 1810 477

id.   Cassation. Négociant — Caution — Tribunal compétent. *Journ.*, 2e. sem. 1809 529

id.   Colmar. Dépôt volontaire — Preuve par témoins. *Coll.* an 1811 44

27   Paris. Adjudication — Revente sur folle enchère. *Journ.*, 1er. sem. 1810. . 151

28   Paris. Demande en divorce — Faits nouveaux. *Journ.*, 2e. sem. 1809 . . 456

id.   Paris. Tuteur — Absent — Remplacement. *Coll.* an 1810 262

id.   Riom. Enfant naturel — Reconnaissance — Succession. *Journ.*, 2e. sem. 1811. 230

29   Bruxelles. Appel — Délai — Assignation. *Coll.* an 1810. 14

id.   Turin. Jugement d'expédient — Transaction — Tuteur. *Coll.* an 1810. . . 349

31   Cassation. Epoux — Donation testamentaire. *Journ.*, 2e. sem. 1809. . . 481

Août.

1   Paris. Concordat — Opposition. *Journ.*, 1er. sem. 1810. 131

id.   Cassation. Héritier — Renonciation. *Journ.*, 1er. sem. 1810. 353

id.   Rouen. Inscription — Exigibilité. *Journ.*, 1er. sem. 1810. 448

2   Paris. Voiturier — Frais de transport — Privilége. *Journ.*, 1er. sem. 1810. 270

id.   Bruxelles. Exécuteur testamentaire. *Journ.*, 1er. sem. 1810. 557

id.   Paris. Traites — Coupures — Novation. *Coll.* an 1810. 121

3   Cassation. Concordat — Jours fériés. *Journ.*, 2e. sem. 1809. 545

id.   Cassation. Lettre — Fausse signature. *Journ.*, 1er. sem. 1810. 72

4   Paris. Faux incident — Dépôt — Délai. *Journ.*, 1er. sem. 1810. 342

id.   Paris. Créanciers — Partage — Minorité. *Coll.* an 1810. 68

5   Paris. Juge de paix — Compétence. *Journ.*, 1er. sem. 1810. 296

id.   Paris. Billets de change — Contrainte par corps. *Journ.*, 1er. sem. 1810. . 427

1809.
Août.

7   Paris. Vente d'effets saisis — Sursis. *Coll* an 1810. . . . . p. 157

8   Paris. Mariage — Mère non consultée — Désistement d'appel. *Journ.*, 2e. sem. 1809. 245

id.   Cassation. Saisie immobilière — Adjudication préparatoire — Délai. *Journ.*, 2e. sem. 1809. 513

id.   Paris. Transport — Faillite. (allégation de) *Journ.*, 1er. sem. 1810. 247

id.   Paris. Faillite — Epoque. *Journ.*, 1er. sem. 1810. 313

id.   Turin. Incendie — Responsabilité — Absence. *Journ.*, 2e. sem. 1811. . . 311

id.   Bruxelles. Cause instruite — Décès. *Coll.* an 1811. 46

9   Cassation. Compétence — Nullité — Vente de biens nationaux. *Journ.*, 1er. sem. 1810. 481

10   Cassation. Séparation de corps — Révocation d'avantages. *Journ.*, 2e. sem. 1809. 417

id.   Cassation. Cour spéciale — Chose jugée — Exception préjudicielle. *Journ.*, 1er. sem. 1810. 209

id.   Paris. Succession — Bénéfice d'inventaire. *Journ.*, 1er. sem. 1810. 283

id.   Paris. Bureau de paix — Non comparution. *Coll.* an 1810. 168

id.   Paris. Compromis — Clause prohibitive. *Coll.* an 1810. 178

11   Paris. Testament olographe — Vérification — Scellés. *Journ.*, 1er. sem. 1810. 57

id.   Colmar. Destination du père de famille — Servitude — Construction. *Coll.* an 1809. 126

id.   Rennes. Testament — Témoin — Etranger. *Coll.* an 1811. 63

id.   Dijon. Faillite — Revendication. *Coll.* an 1811. 76

12   Paris. Société — Caissier — Compte rendu. *Coll.* an 1810. 200

id.   Nismes. Testament — Témoin non signataire. *Coll.* an 1811. 60

14   Cassation. Saisie-arrêt — Dettes-Compensation. — Tiers-saisi. *Coll.* an 1809. 489

16   Cassation. Rente — Féodalité — Concessions à titre précaire. *Coll.* an 1809. 440

16   Cassation. Lettre de change — Commissionnaire — Action en garantie. *Coll.* an 1809. . . . . p. 467

id.   Pau. Déclaration d'appel — Notaire — Assignation — Délai. *Journ.* 1er. sem. 1810. 63

17   Paris. Exécution testamentaire — Compte — Compétence. *Coll.* an 1810. 105

id.   Paris. Marchandises — Vente — Revente. *Coll.* an 1811. 437

18   Cassation. Délit rural — Prescription. *Coll.* an 1811. 293

21   Paris. Déclaration de command — Election de domicile. *Coll.* an 1809. . . 195

22   Paris. Rente féodale — Arrérages — Répétition — Dernier ressort. *Coll.* an 1810. 329

23   Cassation. Séparation de biens — Séparation de corps — Dot. *Journ.*, 2e. sem. 1809. 405

24   Bruxelles. Mère tutrice — Enfant naturel. *Journ.*, 2e. sem. 1810. . . . 93

id.   Paris. Donation — Prêtre. *Coll.* an 1810. 85

26   Paris. Fonds hypothéqués — Dégradations. *Journ.*, 1er. sem. 1810. . . 166

id.   Paris. Bail notarié — Défaut de signature. *Journ.*, 1er. sem. 1810. . . . 262

id.   Colmar. Condition — Enfans — Survie. *Journ.*, 1er. sem. 1810. 535

28   Cassation. Compte de société — Jugement — Erreur. *Journ.*, 1er. sem. 1810. 9

id.   Rouen. Interdiction — Conseil de famille — Allié. *Journ.*, 1er. sem. 1810. . 45

id.   Paris. Jugement contre mineur — Majorité — Appel. *Journ.*, 1er. sem. 1810. 135

30   Cassation. Requête civile — Consultation d'avocats. *Journ.*, 2e. sem. 1809. 465

id.   Paris. Lettre de change — Recours — Protêt — Date. *Journ.*, 1er. sem. 1810. 84

id.   Cassation. Enregistrement — Contre-lettre. *Journ.*, 1er. sem. 1810. . . 161

31   Cassation. Faux — Compétence. *Coll.* an 1810. 47

Sept.

4   Cassation. Appel — Constitution d'avoué. *Journ.*, 2e. sem. 1809. 453

1809.

Sept.

8 CASSATION. Délits forestiers — Peine — Loi abrogée. *Journ.*, 1er. sem. 1810. p. 33

id. CASSATION. Tribunal de police — Action civile — Compétence. *Coll.* an 1811. 247

11 CASSATION. Testament — Héritier institué — Prières — Prêtre — Témoin. *Journ.*, 1er. sem. 1810. 23

13 CASSATION. Testament — Lecture — Addition. *Journ.*, 1er. sem. 1810. . . 49

id. CASSATION. Tribunal de paix — Jugement par défaut — Non exécution. *Journ.*, 1er. sem. 1810. 97

19 CASSATION. Droit d'enregistrement — Jugemens. *Journ.*, 1er. sem. 1810. . 451

20 PARIS. Expropriation convertie en vente. *Journ.*, 2e. sem. 1810. 58

27 PARIS. Déclaration de domicile. *Journ.*, 1er. sem. 1810. 230

id. PARIS. Expropriation — Incidens — Jugemens par défaut. *Journ.*, 1er. sem. 1810. 376

Octob.

3 ROME. Référé — Condamnation — Dépens. *Journ*, 2e. sem. 1811. . . . 464

4 PARIS. Homme de lettres — Tribunal de commerce. *Journ.*, 1er. sem. 1810. 202

11 CASSATION. Jugement par défaut — Appel. *Journ.*, 2e. sem. 1810. 33

13 CASSATION. Bois d'affouage — Prohibition. *Coll.* an 1811. 275

16 CASSATION. Opposition à mariage — Bref du Pape. *Journ.*, 1er. sem. 1810. 321

17 CASSATION. Séparation de patrimoine — Loi du 11 brumaire an 7. *Coll.* an 1810. 32

19 PARIS. Enfant — Mariage — Pouvoir. *Journ.*, 1er. sem. 1810. 348

id. CASSATION. Marchandises françaises — Capture. *Coll.* an 1810. 119

23 CASSATION. Maire — Autorité administrative. *Coll.* an 1810. 306

30 CASSATION. Droit de mutation — Déclaration — Héritiers. *Coll.* an 1810. . . 223

Nov.

7 CASSATION. Remboursement — Papier-monnaie. *Coll.* an 1810. 101

8 CASSATION. Femme — Hypothèque — Priorité. *Journ.*, 1er. sem. 1810. . . . 289

1809.

Nov.

8 CASSATION. Déclaration du jury — Soustraction d'enfant. *Journ.*, 1er. sem. 1810. . . . . p. 417

13 CASSATION. Récusation — Refus — Dépens. *Coll.* an 1810. 81

14 CASSATION. Contrainte par corps. — Dépens. *Journ.*, 1er. sem. 1810. . . 179

id. PARIS. Propriétaires indivis — Réparations. *Coll.* an 1810. 208

16 CASSATION. Jugement exécuté — Appel. *Coll.* an 1810. 257

18 PARIS. Bail — Faillite. *Journ.*, 1er. sem. 1810. 423

id. PARIS. Vente d'effets saisis — Opposition. *Coll.* an 1810. 340

20 PARIS. Garant — Jugement par défaut — Opposition. *Coll.* an 1810. . . . 215

id. PARIS. Mineur — Hypothèque — Inventaire. *Journ.*, 1er. sem. 1810. . . 299

id. ROME. Jugement — Dernier ressort — Contrainte par corps. *Journ.*, 2e. sem. 1811. 334

21 PARIS. Péremption d'instance — Anciennes lois. *Journ.*, 1er. sem. 1810. . 234

id. PARIS. Mineur — Hypothèque légale. *Journ.*, 2e. sem. 1810. 57

id. CASSATION. Acte notarié — Pays réuni. *Coll.* an 1810. 129

22 CASSATION. Ordre — Collocation — Intérêts. *Journ.*, 1er. sem. 1810. . . 305

23 NISMES. Saisie immobilière — Cahier des charges. *Coll.* an 1811. 112

24 PARIS. Billet à ordre — Assignation — Garantie. *Coll.* an 1810. 224

27 PARIS. Fondé de pouvoir — Billets. *Coll.* an 1810. 239

28 CASSATION. Signification — Jour férié — Surenchère — Ordre. *Journ.*, 1er. sem. 1810. 145

id. PARIS. Legs d'immeubles — Epoux. *Journ.*, 1er. sem. 1810. 440

29 PARIS. Instance d'appel — Péremption. *Coll.* an 1810. 273

id. CASSATION. Tuteur décédé — Nomination — Domicile. *Journ.*, 1er. sem. 1810. 129

id. PARIS. Lettre de change — Force majeure. *Journ.*, 1er. sem. 1810. . . . 471

id. PARIS. Associés — Compromis. *Coll.* an 1810. 254

1809.
Nov.
29 PARIS. Jugement argué de faux — Action publique. *Coll.* an 1810 .... p. 344
id. BRUXELLES. Bail — Cofermiers — Solidarité. *Coll.* an 1811 130
30 PARIS. Folle enchère — Instance nouvelle. *Journ.*, 1er. sem. 1810 331
id. PARIS. Droits successifs — Cessionnaires — Charges. *Coll.* an 1810 258
id. PARIS. Associés — Inventaire — Immeuble indivis. *Coll.* an 1810 355
id. CASSATION. Juge de paix — Récusation. *Journ.*, 1er. sem. 1811 177
Déc.
2 PARIS. Rapport d'experts — Dépôt. *Coll.* an 1810 284
4 CASSATION. Acte d'appel — Griefs. *Journ.*, 1er. sem. 1810 177
id. TURIN. Enquête — Appel — Désistement — Délai. *Coll.* an 1811 132
5 PARIS. Adjudicataire sur folle enchère — Charges — Frais. *Journ.*, 1er. sem. 1810. 156
6 PARIS. Auteur — Tribunal de commerce. *Coll.* an 1810 365
7 PARIS. Apposition de scellés — Absence. *Journ.*, 1er. sem. 1810 569
8 CASSATION. Magistrat — Peine correctionnelle. *Journ.*, 2e. sem. 1810 20
11 CASSATION. Tribunal étranger — Désistement. *Journ.*, 2e. sem. 1810 . . . 97
id. PARIS. Tour d'échelle — Vues droites — Femme — Droits immobiliers — *Coll.* an 1810 371
12 CASSATION. Juge de paix — Action civile — Compétence. *Journ.*, 1er. sem. 1810. 211
id. PARIS. Obligation sous seing privé — Approbation. *Journ.*, 1er. sem. 1807. 487
id. PARIS. Séparation de corps — Témoins — Parens. *Coll.* an 1810 378
id. PARIS. Obligation — Fausse énonciation — Intérêt — Réduction — Réméré. *Coll.* an 1810 386
13 CASSATION. Adoption — Femme mariée. *Journ.*, 1er. sem. 1810 164
id. CASSATION. Droit d'enregistrement — Vente sous seing privé — Rétroactivité. *Journ.*, 1er. sem. 1810 439

1809.
Déc.
13 PARIS. Jugement d'ordre — Appel. *Coll.* an 1810 . . . . p. 401
id. PARIS. Vente de récolte. *Coll.* an 1810. 412
14 CASSATION. Donation avant le Code civil — Rapport. — *Journ.*, 1er. sem. 1810. 193
15 PARIS. Débiteur failli — Convention — Date en blanc. *Coll.* an 1810 . . . 417
id. CASSATION. Faillite — Inscription — Erreur — Cassation. *Coll.* an 1811 5
16 PARIS. Mère tutrice — Convol — Divorce — Remboursement. *Journ.*, 1er. sem. 1810. 181
id. PARIS. Tribunal étranger — Sentence arbitrale — Associé. *Journ.*, 1er. sem. 1810 519
19 CASSATION. Faillite — Créancier chirographaire — Concordat. *Journ.*, 1er. sem. 1810 225
id. PARIS. Héritier bénéficiaire — Mineur — Saisie réelle. *Journ.*, 1er. sem. 1810. 358
id. PARIS. Opposition — Demande en mainlevée — Compétence. *Coll.* an 1810. 435
20 TURIN. Droit d'accroissement — Ministère public. *Coll.* an 1810 227
22 PARIS. Inscription après la vente. *Journ.*, 1er. sem. 1810 333
id. PARIS. Acte d'appel — Copie. *Journ.*, 2e. sem. 1810 395
id. PARIS. Tribunal de commerce — Rentes sur l'état. *Journ.*, 1er. sem. 1810 . 412
23 CASSATION. Droits d'enregistrement — jugemens. *Journ.*, 1er. sem. 1810 . 451
id. PARIS. Enchère non acceptée. *Coll.* an 1810 438
26 RIOM. Testament — Témoin — Légataire — Parenté. *Journ.*, 1er. sem. 1811. 491
id. PARIS. Mandat — Ratification — Papier-monnaie. *Coll.* an 1811 12
27 CASSATION. Succession — Exclusion. *Journ.*, 1er. sem. 1810 228
id. CASSATION. Collatéraux. *Journ.*, 1er. sem. 1810 433
id. PARIS. Compensation — Compte. *Coll.* an 1811 15

1809.
Déc.

27   POITIERS. Rente constituée—Arrérages—Rachat. *Coll.* an 1811 . . . p. 295

28   CASSATION. Acte de naissance — Faux. *Journ.*, 2e. sem. 1811 73

29   PARIS. Tribunal de commerce — Défense au fond. *Coll.* an 1811 26

id.   PARIS. Acquéreur — Arrérages prescrits—Paiement—Recours. *Coll.* an 1811 . 27

id.   PARIS. Colonies — Acquéreurs—Pension alimentaire. *Coll.* an 1811 37

30   PARIS. Lettres de change — Prescription — Faillite. *Journ.*, 2e. sem. 1810 . 23

1810.
Janvier

3   CASSATION. Animaux — Dommage — Responsabilité. *Journ*, 1er. sem. 1810. 276

id.   CASSATION. Testament nuncupatif. *Journ.*, 1er. sem. 1810 497

id.   CASSATION. Substitution — Eviction. *Journ.*, 1er. sem. 1810 545

id.   CASSATION. Ordre. *Journ.*, 2e. sem. 1810. 35

id.   PARIS. Saisie immobilière — Demande incidente — Jugement par défaut. *Coll.* an 1811 40

4   PARIS. Arrestation—Hôtel garni. *Journ.*, 1er. sem. 1810 445

5   CASSATION. Bois (coupes de)—Récolement —Procès-verbaux. *Coll.* an 1811 . 286

6   PARIS. Stellionat. *Coll.* an 1811 . . . 54

8   PARIS. Vente — Rente viagère — Transport. *Coll.* an 1811 56

9   CASSATION. Hypothèque conventionnelle —Indivisibilité. *Journ.*, 1er. sem. 1810. 373

id.   TURIN. Notaire — Eloignement. *Journ.*, 2e. sem. 1810 142

id.   CASSATION. Convois funèbres — Entrepreneur—Compétence. *Coll.* an 1811 . 24

10   CASSATION. Appel — Défenses — Commune. *Journ.*, 1er. sem. 1810 . . 257

id.   CASSATION. Usufruitier — Dégradations — Compétence. *Journ.*, 1er. sem. 1810. 273

id.   RIOM. Notaire—Testament—Date omise. *Journ.*, 1er. sem. 1811 205

id.   CASSATION. Fenêtre oblique—Prescription —Mur mitoyen. *Coll.* an 1811 . 33

1810.
Janvier

10   TURIN. Droit d'aubaine — Absent — Succession. *Coll.* an 1811 . . . p. 164

11   PARIS. Société de commerce—Dissolution —Contre-lettre. *Coll.* an 1810 . . 322

13   PARIS. Location de meubles — Saisie. *Journ.*, 1er. sem. 1810 551

id.   PARIS. Servitude apparente — Garantie. *Journ.*, 2e. sem. 1811 23

id.   PARIS. Vente à réméré—Contrat pignoratif. *Coll.* an 1811 72

15   PARIS. Enfant naturel — Pension. *Journ.*, 2e. sem. 1810 24

id.   MONTPELLIER. Emigré — Radiation provisoire — Mariage. *Coll.* an 1811 . 145

16   CASSATION. Anciennes coutumes — Avantages entre époux. *Journ.*, 1er. sem. 1810 385

id.   CASSATION. Echange — Chose indivise — Stellionat. *Journ.*, 2e. sem. 1810 . . 49

17   CASSATION. Jugement interlocutoire — Testament — Témoin. *Journ.*, 1er. sem. 1810 337

18   POITIERS. Transcription — Saisie immobilière. *Journ.*, 2e. sem. 1810 . . . 236

id.   PARIS. Jugement par défaut — Acquiescement — Opposition. *Coll.* an 1811 . 84

19   PARIS. Tuteur — Transaction — Enfant naturel — Alimens. *Journ.*, 1er. sem. 1810 212

id.   PARIS. Jugement sur les qualités posées. *Coll.* an 1811 108

20   PARIS. Premier et dernier ressort—Appel. *Journ.*, 1er. sem. 1810 501

id.   PARIS. Entreprise — Fournitures — Mandataire. *Coll.* an 1811 98

id.   NISMES. Testament olographe — Mention du lieu. *Coll.* an 1811 335

id.   PARIS. Tribunal de famille — Tuteur *ad hoc*—Nullité. *Tom.* 1, 1812 . . . 32

22   CASSATION. Legs — Suggestion — Réduction. *Journ.*, 1er. sem. 1810 . . . 241

id.   PARIS. Conservateur des hypothèques. *Journ.*, 1er. sem. 1810 570

id.   CASSATION. Exploit d'assignation—Copie. *Journ.*, 2e. sem. 1810 57

id.   CASSATION. Exploit—Copie—Parlant à . . *Coll.* an 1811 49

23   CASSATION. Testament — Clause révocatoire — Enregistrement. *Journ.*, 1er. sem. 1810 369

1810.

janvier

23 Cassation. Appel incident. *Journ.*, 1er. sem. 1810. . . . . p. 401

id. Cassation. Délit — Commune — Arrêt — Signification. *Journ.*, 1er. sem. 1810. 534

id. Paris. Femme — Hypothèque — Exploit — Copie. *Journ.*, 2e. sem. 1810 . . 27

id. Paris. Vente — Mandataire — Contrainte par corps. *Journ.*, 2e. sem. 1810 . 263

id. Cassation. Appel — Signification — Domicile élu — Exploit — Copie. *Coll.* an 1811 49

24 Turin. Acquéreur — Créanciers — Préférence. *Journ.*, 1er. sem. 1811. . . 443

25 Paris. Lettre de change — Force majeure. *Journ.*, 1er. sem. 1810 474

id. Paris. Emprisonnement — Pouvoir spécial — Prète-nom. *Journ.*, 1er. sem. 1810 493

26 Cassation. Marchandises — Marque — Faux. *Journ.*, 2e. sem. 1810 . . . 497

id. Paris. Jugement par défaut — Tierce-opposition — Amende. *Coll.* an 1811 . 124

27 Paris. Testament — Motifs — Faux — Sourd. *Journ.*, 1er. sem. 1810. . 554

30 Paris. Acquéreur — Congé. *Journ.*, 1er. sem. 1810. 380

id. Cassation. Assignation — Nullité couverte. *Journ.*, 1er. sem. 1810. . 389

id. Paris Destination du père de famille — Fosse d'aisances. *Coll.* an 1811 . . 128

Février

1 Paris. Requête civile. *Journ.*, 1er. sem. 1811. 411

5 Cassation. Droit d'enregistrement — Restitution — Notaire. *Journ.*, 1er. sem. 1810. 329

id. Cassation. Jugement qualifié en dernier ressort. *Journ.*, 2e. sem. 1810 . . . 17

id. Paris. Vente à réméré — Déchéance. *Journ.*, 2e. sem. 1810. 232

id. Trèves. Société de commerce — Arbitres — Compétence. *Journ.*, 1er. sem. 1811. 46

id. Paris. Acte d'appel — Nom et immatricule de l'huissier. *Coll.* an 1811. . 444

6 Agen. Domicile élu — Jugement — Signification — Lettre de change. *Coll.* an 1811. 376

1810.

Février

7 Bruxelles. Cession de biens — Formalités. *Journ.*, 2e. sem. 1810. . . p. 109

8 Cassation. Émigration — Successibles — Enfans. *Journ.*, 2e. sem. 1810. . 52

id. Bourges. Prêt — Vente sans jugement. *Journ.*, 2e. sem. 1811. 287

9 Turin. Saisie immobilière — Appel — Pouvoir spécial. *Journ.*, 2e. sem. 1810. 478

10 Paris. Inscription renouvelée — Faillite — Droits anciens. *Coll.* an 1811. 270

12 Bruxelles. Appel — Bail. *Journ.*, 2e. sem. 1810. 336

id. Cassation. Faux — Prescription. *Coll.* an 1811. 259

13 Turin. Substitution pupillaire — Code civil. *Coll.* an 1811 312

14 Cassation. Associé commanditaire. — Rapport. *Journ.*, 1er. sem. 1810. . . 529

id. Paris. Effets publics — Contrainte par corps. *Journ.*, 2e. sem. 1810. . . . 9

id. Cassation. Saisie-arrêt — Compensation — Etranger. *Journ.*, 2e. sem. 1810. 65

id. Turin. Séparation de corps — Fin de non-recevoir. *Journ.*, 2e. sem. 1810. 495

15 Paris. Messageries — Perte — Evaluation. *Journ.*, 1er. sem. 1810. . . 405

id. Cassation. Inscription — Erreur — Prénoms. *Journ.*, 1er. sem. 1810. . 449

id. Cassation. Acte — Plainte en faux. *Journ.*, 1er. sem. 1810. 513

id. Cassation. Exploit d'assignation — Copie. *Journ.*, 2e. sem. 1810. 7

id. Paris. Contrat de mariage — Contre-lettre. *Journ.*, 2e. sem. 1810. 70

17 Bruxelles. Conscrit remplaçant. *Journ.*, 2e. sem. 1810. 156

19 Liége. Ordre — Jugement par défaut — Opposition. *Journ.*, 1er. sem. 1811. 335

20 Cassation. Intérêts — Loi ancienne. *Journ.*, 1er. sem. 1810. 295

id. Paris. Suppression d'état — Acte de bienfaisance. *Journ.*, 1er. sem. 1810. . 390

id. Cassation. Inscription — Indication. *Journ.*, 1er. sem. 1810. 565

id. Paris. Testament ancien — Loi du 17 nivose — Portion disponible. *Coll.* an 1811. 329

1801.

Février

21 CASSATION. Torrens--Redevances. *Journ.*, 1er. sem 1810 . . . . p. 547

id. PARIS. Marchandises — Vente — Demande reconventionnelle. *Journ.*, 2e. sem. 1810 74

id. CASSATION. Délégation imparfaite — Inscription. *Coll.* an 1810 446

22 PARIS. Jugement — Acquiescement — Contrainte par corps — Frères. *Coll.* an 1811 243

23 COLMAR. Frais de protèt — Intérêts — Dernier ressort. *Journ.*, 2e. sem 1810 30

24 BRUXELLES. Associé mandataire — Indemnité. *Journ.*, 2e. sem. 1810 62

id. RENNES. Associés en faillite — Abandon. *Journ.*, 2e. sem. 1810 78

25 TURIN. Acte notarié—Signature. *Journ.*, 2e. sem. 1810 14

26 TRÈVES. Appel — Domicile élu — Lettre de charge. *Journ.*, 1er. sem. 1810. 271

id. CASSATION. Droits féodaux. — Redevances. *Journ.*, 2e. sem. 1810 . . . 81

id. PARIS. Légataire universel. — Créancier. *Journ.*, 2e. sem. 1810 91

27 BOURGES. Biens nationaux — Rescision. *Journ.*, 2e. sem. 1811 46

id. CASSATION. Lettre de change — Présentation. *Journ.*, 2e. sem. 1810 . . . 101

id. CASSATION. Contrat à la grosse — Exceptions. *Journ.*, 2e. sem. 1810 . . . 113

28 PARIS. Emprisonnement — Sauf-conduit. *Journ.*, 2e. sem. 1810 88

id. CASSATION. Lettre de change. *Journ.*, 2e. sem. 1810 225

id. BRUXELLES. Arbres — Vaine pâture — Communes — Riverains. *Coll.* an 1811 264

Mars.

1 CASSATION. Inscription — Maison de commerce. *Journ.*, 1er. sem. 1810 . . 484

3 PARIS. Requête civile—Contrariété *ultra petita. Journ.*, 1er. sem. 1810 . . 503

id. BRUXELLES. Tribunal de commerce — Jugement—Sursis. *Jour.*, 2e. sem. 1811 109

5 CASSATION. Appel — Fin de non-recevoir. *Journ.*, 2e. sem. 1810 . . . 116

1810.

Mars.

5 PARIS. Société—Marché. *Journ.*, 2e. sem. 1810 . . . . p. 138

id. BRUXELLES. Saisie immobilière — Fonds indivis. *Journ.*, 2e. sem. 1811 . . 175

6 PARIS. Séparation de biens — Divertissement. *Journ.*, 2e. sem. 1810 . . . 105

8 CASSATION. Constitutions piémontaises — Domaines—Aliénations. *Coll.* an 1811. 325

10 PARIS. Ordre — Appel — Délai. *Journ.*, 1er. sem. 1810 279

id. AGEN. Partage —Testament. *Journ.*, 2e. sem. 1810 206

12 CASSATION. Epoux acquéreurs — Surenchère — Notification. *Journ.*, 2e. sem. 1810 129

id. AGEN. Saisie immobilière — Contenance. *Journ.*, 2e. sem. 1810 444

13 PARIS. Désaveu—Avoué. *Journ.*, 1er. sem. 1810 494

id. CASSATION. Autorités administrative et judiciaire — Conflit. *Coll.* an 1811 . 101

id. BRUXELLES. Trésor. — Ouvrier. *Coll.* an 1811 182

id. BRUXELLES. Faillite — Ordonnances du commissaire — Opposition. Tom. 1er. 1812 393

14 CASSATION. Successions indivises—Successible. *Journ.*, 2e. sem. 1810 . . . 241

id. CASSATION. Société — Lettre de change — Juridiction. *Journ.*, 1er. sem. 1811 90

id. CASSATION. Société en participation—Assignation. *Coll.* an 1811 119

id. CASSATION. Concordat homologué—Créanciers—Tierce-opposition. *Coll.* an 1811 317

15 CASSATION. Agens de change—Opérations prohibées. *Coll.* an 1811 280

16 BOURGES. Vente—Dol—Libéralité déguisée. *Coll.* an 1811 458

17 ROUEN. Enquête — Nullité. *Journ.*, 2e. sem. 1810 173

id. TURIN. Saisie immobilière — Tableau—Séquestre. *Coll.* an 1811 361

id. PARIS. Femme normande — Régime dotal — Tiers-acquéreurs. *Coll.* an 1811. 386

18 CASSATION. Prise maritime—Actionnaires. *Journ.*, 1er. sem. 1811 113

1810.
Mars.

19 FLORENCE. Interrogatoire — Serment. *Journ.*, 2e. sem. 1811 . . . p. 560

id. CASSATION. Appel — Signification — Emprisonnement. *Journ.*, 1er. sem. 1810. 561

20 PAU. Appel — Délai. *Journ.*, 2e. sem. 1810 92

id. PARIS. Succession—Objet commun. *Journ.* 2e. sem. 1810 125

id. PARIS. Divorce—Appel. *Journ.*, 2e. sem. 1810 152

id. LIMOGES. Octroi établi depuis la vente. *Coll.* an 1811 348

21 PARIS. Déconfiture — Vente — Inscription —Femme—Acquisition. *Coll.* an 1810 470

22 CASSATION. Présomptions — Preuves par témoins—Loi ancienne. *Coll.* an 1811. 299

id. PARIS. Conquêts de communauté.—Vente après divorce. *Coll.* an 1811 . . . 369

23 PARIS. Enquête—Appel—Délai. *Journ.*, 2e. sem. 1810 154

id. CASSATION. Auteur étranger — Contrefacteurs—Compétence. *Journ.*, 1er. sem. 1811 321

24 AGEN. Mineur—Conseil de famille. *Journ.*, 2e. sem. 1810 269

id. BRUXELLES. Ouverture d'une faillite—Déconfiture—Incapacité. *Journ.*, 2e. sem. 1810 228

26 CASSATION. Institution contractuelle — Vente. *Coll.* an 1811 137

28 CASSATION. Acte sous seing privé—Enregistrement. *Journ.*, 1er. sem. 1810. 68

id. CASSATION. Lettre de change—Force majeure. *Journ.*, 2e. sem. 1810 . . 145

id. CASSATION. Matière sommaire — Dépens. *Journ.*, 2e. sem. 1810 149

id. BRUXELLES. Fidéicommis — Pauvres. *Journ.*, 2e. sem. 1810 378

id. CASSATION. Acte sous seing privé — Condamnation — Droit d'enregistrement. *Coll.* an 1811 267

id. CASSATION. Serment judiciaire — Rit — Quakérisme. *Coll.* an 1811 . . . 352

Avril.

2   AGEN. Promesse de mariage—Dommages-intérêts. *Journ.*, 1er. sem. 1811 . 143

1810.
Avril.

1   TURIN. Serment décisoire—Interrogatoire. *Coll.* an 1811 . . . . p. 196

4   ORLÉANS. Juge — Témoin — Assignation. *Journ.*, 1er. sem. 1810 524

id. CASSATION. Cessionnaire — Inscription. *Journ.*, 2e. sem. 1810 83

id. BRUXELLES. Saisie immobilière—Demeure — Domicile. *Journ.*, 2e. sem. 1808. 415

id. PARIS. Créanciers unis — Prescription — Interdits. *Journ.*, 1er. sem. 1812 . 266

5   RENNES. Associés en faillite — Abandon. *Journ.*, 2e. sem. 1810 78

7   BRUXELLES. Contrainte par corps—Septuagénaire. *Journ.*, 2e. sem. 1810 . . 220

9   RENNES. Succession — Héritiers—Absens. *Journ.*, 1er. sem. 1811 171

10 PARIS. Femme—Lettres de change. *Journ.*, 2e. sem. 1810 170

id. CASSATION. Concordat — Homologation — Plainte. *Journ.*, 1er. sem. 1811 . . 65

id. PARIS. Exploit—Parlant à—Jugement exécuté—Tierce-opposition. *Coll.* an 1811. 455

11 CASSATION. Intérêts—Réduction. *Journ.*, 2e. sem. 1810 161

id. BRUXELLES. Actes respectueux—Témoins —Demeure. *Journ.*, 2e. sem. 1810. 286

id. BRUXELLES. Ordre—Régie de l'enregistrement—Avoué. *Coll.* an 1811 . . . 210

id. PARIS. Rente foncière — Reconnaissance. — Prescription interrompue. *Coll.* an 1811 401

12 PAU. Femme — Habitation. *Journ.*, 2e. sem. 1810 127

id. CASSATION. Juges — Partage d'opinions. *Journ.*, 2e. sem. 1810 3

id. BRUXELLES. Clerc de notaire — Témoin instrumentaire. *Journ.*, 1er. sem. 1811 43

13 PARIS. Arbitre—Révocation—Compromis —Mineur. *Coll.* an 1811 289

id. CASSATION. Prescription — Empêchement de droit—Délit forestier. *Coll.* an 1811. 453

14 PARIS. Testament olographe — Vente — Enfans. *Journ.*, 2e. sem. 1810 . . 184

id. BRUXELLES. Conflit. — Défense d'exécuter —Préfet. *Journ.*, 2e. sem. 1810 . 494

1810.

Avril.

15	TURIN. Donations — Femme — Enfans—Usufruit — Prélèvement. *Journ.*, 1er. sem. 1811 . . . . p. 376
16	PAU. Cession de biens—Débiteur-gardien. *Journ.*, 2e. sem. 1810 191
18	CASSATION. Enquête — Jugement — Témoins. *Journ.*, 2e. sem. 1810 . . 135
19	BRUXELLES. Divorce prononcé—Demande en nullité. *Journ.*, 2e. sem. 1810. 349
id.	CASSATION. Serment—Promesse—Témoin. *Journ.*, 2e. sem. 1810 566
20	ROUEN. Société en participation —Faillite—Avances. *Journ.*, 1er. sem. 1811. 61
24	TURIN. Usufruit—Fermages. *Journ.*, 2e. sem. 1810 428
id.	TURIN. Conscrit — Remplaçant. *Journ.*, 2e. sem. 1810 447
25	BRUXELLES. Faillite — Revendication. *Journ.*, 2e. sem. 1810 398
26	CASSATION. Prêt qualifié dépôt. *Coll.* an 1811 473
27	TURIN. Réméré.—Epoque de l'exercice—Acquéreur. *Coll.* an 1811. 249
28	PARIS. Bail — Boutique fermée. *Journ.*, 2e. sem. 1810 167
id.	BRUXELLES. Voyageur—Diligence. *Journ.*, 2e. sem. 1810 475
30	CASSATION. Cessation de paiemens. *Journ.*, 2e. sem. 1810 177
id.	CASSATION. Brevet d'invention — Contrefaçon. *Journ.*, 2e. sem. 1810 . . 407

Mai.

1	PARIS. Fol enchérisseur — Frais. *Journ.*, 2e. sem. 1810 11
id.	PARIS. Séparation de corps—Faits—Preuves *Journ.*, 2e. sem. 1810 390
id.	TURIN. Interrogatoire—Vente—Expertise—Serment. *Journ.*, 2e. sem. 1810. 509
2	CASSATION. Matière sommaire — Dépens. *Journ.*, 2e. sem. 1810 149
id.	CASSATION. Serment supplétoire — Papiers domestiques. *Journ.*, 1er. sem., 1811 68
id.	CASSATION. Jugement d'ordre — Signification. *Journ.* 1er. sem. 1811 . . 102
id.	PARIS. Femme séparée de biens—Engagement — Nullité. *Coll.* an 1811 . . 140
3	PARIS. Requête civile. *Journ.*, 2e. sem. 1810 199

1810.

Mai.

3	PARIS. Bail — Fraude. *Journ.*, 2e. sem. 1810 . . . . p. 313
id.	BRUXELLES. Appel— Nullité couverte. *Journ.*, 1er. sem. 1811 28
4	POITIERS. Jeu de billard—Dette. *Journ.*, 2e. sem. 1810 318
id.	LIMOGES. Coutumes—Donations. *Journ.*, 1er. sem. 1811 14
5	COLMAR. Dernier ressort — Acquéreur—Libération. *Journ.*, 2e. sem. 1810. 366
id.	PARIS. Adjudicataire—Surenchères—Indemnité. *Journ.*, 2e. sem. 1810 . 441
id.	TURIN. Absent — Envoi en possession. *Journ.*, 2e. sem. 1810 557
8	CASSATION. Séparation de corps—Alimens—Témoins. *Journ.*, 2e. sem. 1810 . 193
id.	CASSATION. Enregistrement — Restitution—Rapport. *Journ.*, 2e. sem. 1810 . 198
id.	CASSATION. Enfant — Possession d'état — Acte de mariage. *Journ.*, 2e. sem. 1810. 209
id.	BRUXELLES. Inscription—Certificat—Stellionat. *Journ.*, 1er. sem. 1811 . . . 28
id.	DOUAY. Testament public—Legs au profit de la famille du notaire *Journ.*, 2e. sem. 1811 106
id.	AGEN. Femme — Inscription. *Journ.*, 2e. sem. 1811 476
id.	CASSATION. Transcription—Loi du 11 brumaire an 7 — Code civil. *Coll.* an 1811. 154
9	BRUXELLES. Intervention en matière de commerce. *Journ.*, 2e. sem. 1810 . 463
id.	PARIS. Tiers - saisi — Frais payés sans taxe. *Journ.*, 1er. sem. 1811 . . . 328
10	PARIS. Mineur—Jugement — Opposition. *Journ.*, 2e. sem. 1810 203
id.	PARIS. Expropriation—Militaire—Notification. *Journ.*, 1er. sem. 1811 . . . 10
id.	PARIS. Interdiction—Prodigalité. *Coll.* an 1811 217
id.	BRUXELLES. Saisie immobilière — Moyens de nullité — Appel — Héritier. *Coll.* an 1811 439
12	PARIS. Acquéreur — dépôt. *Journ.*, 2e. sem. 1810 471
id.	BRUXELLES. Acquéreur — Créancier délégué—Délaissement. *Coll.* an 1811 . 593

1810.
Mai.

14 CASSATION. Testament — Enfans adulté-·
rins.—Héritiers. *Journ.*, 2ᵉ. sem. 1810.
. . . . p. 373

id. TURIN Lettre de change — Acceptation—
Serment. *Journ.*, 1ᵉʳ. sem. 1811 . 139

15 LIÉGE. Gage — Remise du titre. *Journ.*,
2ᵉ. sem. 1810 575

16 CASSATION. Lettre de change — Endosseur
—Faillite. *Journ.*, 2ᵉ. sem. 1810 . 180

id. PARIS. Tiers-saisi — Déclaration affirmative. Tom. 1ᵉʳ., 1812 114

17 CASSATION. Inscription — Pays de nantissement. *Journ.*, 1ᵉʳ. sem. 1811 . . 390

18 PARIS. Séparation de corps — Témoins.
Journ., 2ᵉ. sem. 1810 250

19 PARIS. Agens de change — Responsabilité
—Privilége. *Journ.*, 2ᵉ. sem. 1810. 281

id. PARIS. Vente—Mesure—Garantie. *Journ.*
2ᵉ. sem. 1810 553

id. PARIS. Transport — Compensation — Extrait d'enregistrement—Bénéfice d'inventaire (jugement de) —Tierce-opposition.
Coll. an 1811 341

21 PARIS. Péremption d'instance. *Journ.*, 2ᵉ.
sem. 1810. 235

id. ROUEN. Légataire universel — Caution.
Journ., 2ᵉ. sem. 1810 255

id. CASSATION. Enfant naturel—Acte de naissance. *Journ.*, 2ᵉ. sem. 1810 . . . 321

id. CASSATION. Mariage — Convol — Piémont
—Militaire. *Coll.* an 1810 464

id. BRUXELLES. Défaut contre l'appelant.
Journ., 2ᵉ. sem. 1811 62

id. BRUXELLES. Défaut contre le demandeur
—Opposition—Délai. *Journ.*, 1ᵉʳ. sem.
1811 222

22 CASSATION. Injures verbales—Compétence.
Journ., 2ᵉ. sem. 1810 230

23 CASSATION. Testament —Lecture — Mention. *Coll.* an 1811 174

24 PARIS. Maître — Animaux — Dommage.
Journ., 2ᵉ. sem. 1810 297

26 PARIS. Intérêts prohibés. *Journ.*, 2ᵉ. sem.
1810 215

28 PARIS. Sentence arbitrale—Date—Dépôt.
Journ., 2ᵉ. sem. 1810 253

id. CASSATION. Monnaie de billon. *Journ.*,
2ᵉ. sem. 1810 257

1809.
Mai.

30 CASSATION. Moyens de nullité, *Journ.*, 2ᵉ.
sem. 1810 . . . . p. 247

id. TRÈVES. Actes sous seing privé en matière
de commerce. *Journ.*, 1ᵉʳ. sem. 1811.
. . . . 224

id. TURIN. Tiers-acquéreur—Délaissement—
Améliorations. *Coll.* an 1811 . . 393

Juin.

1 PARIS. Débiteur incarcéré. *Journ.*, 2ᵉ.
sem. 1810 285

2 PARIS. Faillite—Billet à ordre—Protêt—
Appel — Domicile élu. *Coll.* an 1811.
. . . . 255

3 PARIS. Vente sous seing privé—Revendication. *Coll.* an 1811 485

4 CASSATION. Arrêt — Dol (indices de).
Journ., 2ᵉ. sem. 1810 551

5 CASSATION. Prescription. *Journ.*, 2ᵉ. sem.
1810 294

6 CASSATION. Inscription — Domicile réel.
Journ., 2ᵉ. sem. 1810 337

id. CASSATION. Interdiction — Prodigalité —
Conseil. *Journ.*, 2ᵉ. sem. 1810 . . 369

7 CASSATION. Prêt—Juif—Militaire. *Journ.*,
2ᵉ. sem. 1810 289

id. PARIS. Contrainte par corps—Opposition.
Journ., 2ᵉ. sem. 1810 299

id. CASSATION. Déclinatoire — Juge de paix.
Journ., 2ᵉ. sem. 1810 305

id. CASSATION. Dernier ressort. *Journ.*, 1ᵉʳ.
sem. 1811 181

11 CASSATION. Testament — Surcharges.
Journ., 2ᵉ. sem. 1810 253

id. CASSATION. Arrêt prononcé — Interpella-
tion. *Journ.*, 2ᵉ. sem. 1810 . . . 357

id. ROUEN. Inscription—Exigibilité. *Journ.*,
2ᵉ. sem. 1810 431

13 BRUXELLES. Rente—Hypothèque spéciale.
Coll. an 1811 303

id. NISMES. Arrêt par défaut — Opposition.
Journ., 1ᵉʳ. sem. 1811 253

14 GRENOBLE. Testament révoqué—Legs divers. *Journ.*, 2ᵉ. sem. 1811 28

16 CASSATION. Action possessoire — Compétence. *Journ.*, 2ᵉ. sem. 1810 . . 463

id. LIÉGE. Testament olographe — Démence.
Journ., 1ᵉʳ. sem. 1811 122

1810. Juin.

Date	Entrée
19	CASSATION. Matière commerciale — Acompte—Preuve par témoins. *Journ.*, 2e. sem. 1810 . . . . p. 279
id.	CASSATION. Billet à ordre — Valeur *entre nous*. *Journ.*, 2e. sem. 1810 . . . 343
id.	AIX. Séparation de corps prononcée—Demande en divorce. *Journ.*, 1er. sem. 1811 397
20	CASSATION. Héritier — Lettre de change—Registres — Preuve vocale. *Journ.*, 2e. sem. 1810 417
id.	CASSATION. Arrêt — Droits de greffe. *Journ.*, 2e. sem. 1810 483
21	CASSATION. Lettre de change — Protêt — Provision. *Journ.*, 2e. sem. 1810. 309
id.	BRUXELLES. Testament olographe — Ecriture méconnue. *Journ.*, 1er. sem. 1811. 79
id.	TURIN. Acquéreur — Fermier — Congé. *Journ.*, 2e. sem. 1811 271
id.	BESANÇON. Biens indivis — Saisie-réelle. Tom. 1er., 1812 389
23	PARIS. Requête civile — Fausse date. *Journ.*, 2e. sem. 1810 345
25	TURIN. Mère tutrice—Convol. *Journ.*, 2e. sem. 1810 571
id.	PARIS. Propriétaire non apparent—Notaire non responsable. *Journ.*, 1er. sem. 1811. 200
26	PARIS. Bail—Fraude—Acquéreur. *Journ.*, 2e. sem. 1810 316
id.	CASSATION. Avaries—Prescription. *Journ.*, 2e. sem. 1810. 385
27	PARIS. Jugement par défaut — Contrainte par corps—Mari. *Journ.*, 2e. sem. 1810. 359
id.	PARIS. Séparation de corps — Domicile commun. *Journ.* 2e. sem. 1810 . . 573
id.	CASSATION. Résiliation de bail — Enquête —Pourvoi. *Journ.*, 2e. sem. 1810. 468
id.	CASSATION. Effet de commerce—Action du porteur. *Coll.* an 1811 199
28	CASSATION. Femme — Hypothèque — Inaliénabilité. *Journ.*, 2e. sem. 1810 . 421
id.	CASSATION. Failli—Héritiers bénéficiaires. *Journ.*, 2e. sem. 1810 486
id.	BRUXELLES. Exploit — Lettre de change. *Journ.*, 2e. sem. 1810 525
id.	ROUEN. Pays réunis—Hypothèque—Ordre—Intérêts. *Coll.* an 1811 227
28	CASSATION. Régie—Droit perçu indûment—Cassation. *Coll.* an 1811 . . p. 233
id.	FLORENCE. Péremption — Tentatives de conciliation. Tom. 2, 1813 . . . 320
29	PARIS. Domicile — Succession (ouverture de). *Coll.* an 1811 159
30	ROUEN. Compensation—Débiteur solidaire. *Journ.*, 1er. sem. 1811 75

Juillet.

Date	Entrée
2	LIMOGES. Séparation de corps — Faits circonstanciés. *Journ.*, 1er. sem. 1811. 413
id.	LIÉGE. Exploit—Marguilliers de paroisse. Tom 1er., 1812 221
3	CASSATION. Rente foncière — Co-tenanciers. *Journ.*, 1er. sem. 1811 . . 116
4	CASSATION. Contrat — Résolution — Contrat judiciaire. *Journ.*, 2e. sem. 1810. 513
id.	PARIS. Acquéreur — Rente constituée — Ordre — Omission. *Journ.*, 1er. sem. 1811 183
id.	COLMAR. Election de domicile—Commandement—Saisie. *Journ.*, 1er. sem. 1811. 255
5	PARIS. Divorce — Pension alimentaire. *Journ.*, 2e. sem. 1810 348
id.	CASSATION. Rente féodale — Transaction. *Journ.*, 1er. sem. 1811 53
id.	PARIS. Arbitres-rapporteurs — Matière commerciale. *Coll.* an 1811 . . . 177
6	PARIS. Fabrique d'église—Rentes—Titre nouvel. *Journ.*, 1er. sem. 1811 . . 105
7	PARIS. Ordonnance de référé — Appel—Succession. *Journ.*, 2e. sem. 1810. 364
id.	PARIS. Transport sous seing privé. *Journ.*, 2e. sem. 1810 410
10	PARIS. Hypothèque—Inscription — Désignation. *Journ.* 2e. sem. 1810 . . 121
id.	PARIS. Divorce — Domicile. *Journ.*, 2e. sem. 1810 376
id.	CASSATION. Redevances — PLAIT et SERVIS. *Journ.*, 2e. sem. 1810. . . . 401
id.	PARIS. Caution—Billet à ordre — Faillite. *Journ.*, 2e. sem. 1810 426
id.	CASSATION. Vente — Réserve d'usufruit—Enregistrement. *Journ.*, 2e. sem. 1810. 549
11	PARIS. Lettre de change —Acceptation—Domicile. *Coll.* an 1811 . . . . 15?

1810.
Juillet.

11 BRUXELLES. Donation rémunératoire — Maître — Domestique. *Coll.* an 1811. . . . . p. 432

12 CASSATION. Témoin — Serment — Rit. *Journ.*, 2e. sem. 1810 436

id. CASSATION. Péremption d'instance. *Journ.*, 2e. sem. 1810 504

13 CASSATION. Tribunaux correctionnels et criminels — Compétence. *Journ.*, 2e. sem. 1810 533

14 PARIS. Défendeur en garantie — Inscription — Responsabilité. *Coll.* an 1810. 487

id. BRUXELLES. Bordereau de collocation — Saisie immobilière. *Journ.*, 1er. sem. 1811 351

id. PARIS. Contrat — Cause illicite. *Coll.* an 1811 464

16 CASSATION. Conseil de famille — Alliés germains. *Journ.*, 2e. sem. 1810 . 536

id. PARIS. Créanciers — Abandon — Concordat — Intervention. *Journ.*, 1er. sem. 1811. 40

id. CASSATION. Interdiction (jugement d') — Formalités. *Journ.*, 1er. sem. 1811. 129

id. TRÈVES. Demande en garantie — Cause d'appel. *Journ.*, 2e. sem. 1811 . . . 43

17 CASSATION. Débiteur incarcéré — Maladie — Créancier. *Journ.*, 2e. sem. 1810. 388

id. CASSATION. Serment — Bureaux de paix. *Journ.*, 2e. sem. 1810 433

id. PARIS. Cause d'appel — Inscription de faux. *Journ.*, 2e. sem. 1810 492

18 BRUXELLES. Billet à ordre — Compétence. *Coll.* an 1811 322

id. PAU. Enfant naturel — Reconnaissance — Acte privé — Alimens. *Coll.* an 1811. 406

id. LIÉGE. Effet de commerce — Compte — Novation. *Journ.*, 1er. sem. 1811 . . 59

id. BRUXELLES. Conseil de famille — Tutelle — Second mari — Destitution. *Journ.*, 1er. sem. 1811 336

19 CASSATION. Testament — Loi municipale — Legs. *Journ.*, 2e. sem. 1810 . . 449

20 PARIS. Reçu sans date — Compte. *Journ.*, 2e. sem. 1810 489

id. PARIS. Décès — Annonce publique. *Journ.*, 2e. sem. 1810. 474

1810.
Juillet.

21 PARIS. Régie des domaines — Contraintes — Compétence. *Journ.*, 2e. sem. 1810 . . . . p. 414

id. CASSATION. Donation entre époux — *Journ.*, 1er. sem. 1811 187

id. BRUXELLES. Huissier — Signification — Faux. *Journ.*, 1er. sem. 1811 . . 545

id. PARIS. Vente — Chose vicieuse — Garantie. *Coll.* an 1811 357

23 PARIS. Arbitres — Jugement préparatoire. *Journ.*, 2e. sem. 1810 506

24 TOULOUSE. Enfant naturel — Reconnaissance — Rétractation. *Journ.*, 2e. sem. 1811. 230

id. PARIS. Servitude — Destination du père de famille. *Coll.* an 1811 283

26 CASSATION. Puissance paternelle — Usufruit. *Journ.*, 2e. sem. 1810. . . . 517

27 TRÈVES. Jugement du tribunal de commerce — Signification — Etranger. *Journ.*, 1er. sem. 1811 541

30 PARIS. Fournisseur — Privilége. *Journ.*, 2e. sem. 1810 423

31 PARIS. Licitation — Biens partageables. *Journ.*, 1er. sem. 1811 26

Août.

1 PARIS. Armateurs — Tribunal de commerce. *Journ.*, 2e. sem. 1810 . . 540

id. BRUXELLES. Bail à ferme — Condition résolutoire. *Journ.*, 2e. sem. 1811 . . 13

id. ANGERS. Femme marchande publique. *Journ.*, 2e. sem. 1811 91

id. BRUXELLES. Arrêt par défaut — Signification. *Journ.*, 1er. sem. 1811 . . . 96

id. CASSATION. Prescription décennale — Tiers-acquéreur. *Journ.*, 1er. sem. 1811. 97

id. ROUEN. Exploit — Copie — Voisin — Refus. *Journ.*, 1er. sem. 1811 126

id. CASSATION. Arrêt par défaut — Avoué — Cessation de pouvoirs — Exploit — Extrait de l'enregistrement. *Coll.* an 1811 . 187

id. BRUXELLES. Donation — Survenance d'enfans. *Coll.* an 1811 480

id. TRÈVES. Juif — Créance reconnue — Femme obligée. Tom. 1er., 1812 36

2 CASSATION. Emigré amnistié — Intérêts. *Journ.*, 2e. sem. 1810 545

3 PARIS. Emigré rayé — Absolution. *Journ.*, 1er. sem. 1811 204

1810.

Août.

3   CASSATION. Arrêtés administratifs — Infractions—Peines—Tribunaux. *Coll.* an 1811 . . . . p. 421

4   PARIS. Lettres de change—Protêt—Débiteur originaire. *Journ.*, 2ᵉ. sem. 1810. 397

id.   PARIS. Jugement d'ordre—Appel—Intervenant — Collocation. *Coll.* an 1811. 193

6   CASSATION. Succession (déclaration de)—Délai — Séquestre. *Journ.*, 2ᵉ. sem. 1810. 551

id.   PARIS. Arbitres — Commerçans. *Journ.*, 2ᵉ. sem. 18.0 439

id.   PARIS. Don mutuel. *Coll.* an 1810. . 450

id.   PARIS. Tour de l'échelle. *Journ.*, 1ᵉʳ. sem. 1811. 136

7   PARIS. Enfant naturel. *Journ.*, 2ᵉ. sem. 1810 330

id.   CASSATION. Droit écrit — Renonciation — Succession future. *Journ.*, 1ᵉʳ. sem. 1811 3

id.   CASSATION. Testament mystique — Acte de suscription. *Journ.*, 1ᵉʳ. sem. 1811. 17

id.   PARIS. Séparation de corps — Nouveaux faits articulés — Termes irrévérentiels. *Journ.*, 1ᵉʳ. sem. 1811 55

9   BRUXELLES. Effet de commerce — Endossement — Valeur fournie. *Journ.*, 2ᵉ. sem. 1811 383

id.   PARIS. Lettres de ratification—Acquéreur commandataire — Appel — Mise en cause. *Coll.* an 1811 424

10   ROUEN. Appel — Signification—Domicile élu *Journ.*, 1ᵉʳ. sem. 1811 . . . 141

id.   TRÈVES. Requête d'opposition — Signification à domicile. *Journ.*, 2ᵉ. sem. 1811. 140

13   TRÈVES. Alimens. *Journ.*, 1ᵉʳ. sem. 1811. 158

id.   CASSATION. Servitude discontinue — Possession annale. *Coll.* an 1811 . . . 213

id.   PARIS. Bail anticipé — Surenchérisseur — Titre récognitif. *Coll.* an 1811 . . . 233

16   DOUAI. Licitation — Surenchère. *Journ.*, 1ᵉʳ. sem. 1811 153

17   PARIS. Partage judiciaire. *Coll.* an 1811 201

1810.

Août.

18   TURIN. Testament olographe — Vérification. *Journ.*, 2ᵉ. sem. 1811. . p. 186

20   PARIS. Arrêt — Exécution — Ordonnance de référé. *Journ.*, 1ᵉʳ. sem. 1811 . . 70

id.   MONTPELLIER. Jugement par défaut — Parties solidaires — Exécution. *Journ.*, 2ᵉ. sem. 1811 446

21   PARIS. Tribunal de commerce — Offres réelles — Appel incident. *Coll.* an 1811. 224

id.   CASSATION. Associé-régisseur — Inscription. *Journ.*, 1ᵉʳ. sem. 1811 33

id.   BRUXELLES. Appel — Délai de la loi — Ordre — Privilége. *Journ.*, 1ᵉʳ. sem. 1811 558

id.   PARIS. Saisie immobilière — Dénonciation—Vente sur publications—Faillite. *Coll.* an 1811 476

id.   BRUXELLES. Mineur — Partage — Date — Preuve par témoins. *Coll.* an 1811 . 488

id.   PAU. Tribunal de première instance — Compétence — Qualité. *Coll.* an 1811. 493

22   MONTPELLIER. Hypothèque ancienne — Inscription. *Journ.*, 2ᵉ. sem. 1810. 542

id.   PARIS. Failli — Vente. *Journ.*, 2ᵉ. sem. 1810 569

id.   PARIS. Lettre de change — Compétence. *Journ.*, 1ᵉʳ. sem. 1811 73

id.   BRUXELLES. Arbitrage forcé. *Journ.*, 1ᵉʳ. sem. 1811 447

23   CASSATION. Récusation — Injures écrites. *Journ.*, 1ᵉʳ. sem. 1811 197

id.   BRUXELLES. Saisie immobilière—Moyens de nullité. *Journ.*, 2ᵉ. sem. 1811 . . 31

24   NISMES. Appel—Délai. *Journ.*, 1ᵉʳ. sem. 1811 527

id.   TURIN. Enquête — Assignation à avoué. *Tom.* 1ᵉʳ. 1812 275

25   PARIS. Arrérages de douaire — Héritier bénéficiaire. *Coll.* an 1811 . . . 207

id.   PARIS. Lettre de change — Offres réelles — Intérêts — Frais. *Coll.* an 1811. 417

id.   BRUXELLES. Compte de tutelle—Révision. *Tom.* 1ᵉʳ. 1812 300

27   PARIS. Mandataire — Garantie. *Journ.*, 2ᵉ. sem. 1810 459

id.   CASSATION. Femme normande — Enfant — Avantage. *Journ.*, 1ᵉʳ. sem. 1811. 49

1810.
Août.

27   CASSATION. Femme — Sénatus-consulte velléïen. *Journ.*, 1er. sem. 1811. p. 145

id.   AGEN. Donations — Femme — Enfans — Réduction — Prélèvement. *Journ.*, 1er. sem. 1811 376

28   PARIS. Assignation — Résidence en pays étranger. *Journ.*, 2e. sem. 1810 . . 519

id.   PARIS. Domicile (translation de) — Intention. *Journ.*, 2e. sem. 1810 . . 522

id.   POITIERS. Enfant naturel — Reconnaissance. *Journ.*, 2e. sem. 1811 . . . 230

30   BRUXELLES. Appel — Décès de l'intimé — Signification. *Journ.*, 2e. sem. 1811. 223

31   PARIS. Privilége — Créancier — Vendeur — Père tuteur — Régime dotal — Inscription — Hypotèque — Gain de survie acquis au mari. *Journ.*, 1er. sem. 1811 359

Sept.

3   CASSATION. Avoués adjudicataires — Enregistrement — Droit proportionnel. *Journ.*, 1er. sem. 1811 6

id.   CASSATION. Divorce pour incompatibilité d'humeur *Journ.*, 1er. sem. 1811 . . 182

4   LYON. Jugement par défaut — Opposition. *Journ.*, 1er. sem. 1811 239

id.   LYON. Emprisonnement — Pouvoir spécial. *Journ.*, 1er. sem. 1811 303

5   CASSATION. Emigré — Actesconservatoires. — Succession vacante — Inscription. *Coll.* an 1811 309

id.   CASSATION. Fournisseurs — Commis — Appointemens — Contrainte par corps. *Coll.* an 1811 361

7   CASSATION. Huissier — Etat de salaires — Fausse énonciation. *Journ.*, 2e. sem. 1811 257

id.   CASSATION. Bois — Récolement — Sommation. *Journ.*, 2e. sem. 1811 . . . 277

20   PARIS. Débiteur sous condition — Dépôt. *Journ.*, 1er. sem. 1811 93

22   ROUEN. Jugement d'ordre — Appel. *Journ.*, 1er. sem. 1811 287

Octob.

1   CASSATION. Testament public — Loi du 25 ventose an 11. *Journ.*, 1er. sem. 1811. 37

2   CASSATION. Enregistrement — Exploits non enregistrés. *Journ.*, 1er. sem. 1811. 357

1810.
Octob.

2   PAU. Avoué — Mandat répudié — Jugement. *Journ.*, 2e. sem. 1811. p. 489

3   CASSATION. Faillite — Vente d'immeubles — Compétence. *Journ.*, 2e. sem. 1810. 529

id.   CASSATION. Divorce par consentement mutuel. — Inventaire. *Journ.*, 1er. sem. 1811 81

id.   PARIS. Femme — Logement convenable. *Journ.*, 1er. sem. 1811 118

id.   PARIS. Saisie-arrêt — Main-levée provisoire — Compétence. *Journ.*, 1er. sem. 1811. 458

id.   CASSATION. Pétition — Fausses signatures. *Journ.*, 2e. sem. 1811 257

10   CASSATION. Partage — Rescision — Droit d'enregistrement. *Coll.* an 1811 . . 203

id.   CASSATION. Cour spéciale ordinaire — Condamné — Compétence. Tom. 1er., 1812. 355

11   CASSATION. Tribunal de police — Jugement — Insertion de la loi. *Coll.* an 1811. 223

id.   CASSATION. Injures verbales — Juge de paix — Tribunal de police. *Coll.* an 1811. 241

17   CASSATION. Jugement arbitral — Partie non entendue. *Journ.*, 1er. sem. 1811 . 369

id.   CASSATION. Lettres de ratification — Anciens propriétaires. *Journ.*, 1er. sem. 1811 469

23   CASSATION. Instance sur opposition — Péremption. *Journ.*, 1er. sem. 1811 . 289

29   CASSATION. Acte — Preuve testimoniale. *Journ.*, 1er. sem. 1811 161

id.   CASSATION. Billet à ordre — Paiement — Indication du lieu. *Journ.*, 1er. sem. 1811 209

id.   CASSATION. Prescription — Médecins — Chirurgiens. *Journ.*, 1er. sem. 1811. 225

Nov.

5   CASSATION. Notaire — Enregistrement. *Journ.* 1er. sem. 1811. 248

id.   PARIS. Tiers-saisi — Déclaration affirmative. *Journ.*, 1er. sem. 1811 . . 250

7   CASSATION. Substitution — Nullité — Institution. *Journ.*, 1er. sem. 1811 . . 167

id.   CASSATION. Legs — Héritiers — Solidarité. *Journ.*, 1er. sem. 1811 337

1810.
Nov.

8   CASSATION. Douanes — Action civile — Compétence. *Journ.*, 1er. sem. 1811. . . . . p. 165

10   COLMAR. Remboursement — Assignats — Violence. *Coll.* an 1811 109

12   PARIS. Domestique — Pension viagère. *Journ.*, 1er. sem. 1811 263

id.   CASSATION. Emigration—Amnistie—Communauté conjugale. *Journ.*, 1er. sem. 1811 562

14   CASSATION. Commissionnaire — Faillite — Revendication. *Journ.*, 1er. sem. 1811 149

16   PARIS. Jugement par défaut — Appel. *Journ.*, 1er. sem. 1811 298

id.   COLMAR. Enquête—Prorogation de délai. *Journ.*, 1er. sem. 1811 367

17   PARIS. Succession bénéficiaire — Vente d'immeubles—Créancier—Intervention. *Journ.*, 1er. sem. 1811 152

id.   ROUEN. Tuteur destitué—Subrogé tuteur. *Journ.*, 1er. sem. 1811 271

id.   PARIS. Saisie immobilière — Conquêt — 1re. publication *Journ.*, 1er. sem. 1811. 348

19   CASSATION. Libéralité déguisée. *Journ.*, 1er. sem. 1811 257

id.   PARIS. Mari mineur—Autorisation—Partage — Vente. *Journ.*, 1er. sem. 1811. 296

id.   BRUXELLES. Bénéfice de cession — Défaut de livres. *Coll.* an 1811 447

20   PARIS. Marché—Livraison. *Journ.*, 1er. sem. 1811 238

21   CASSATION. Appel—Délai de la loi. *Journ.*, 1er. sem. 1811 135

22   CASSATION. Enquête — Assignation—Délai. *Journ.*, 1er. sem. 1811 . . . 261

23   CASSATION. Régie des droits réunis — Exploit—Formalités. *Coll.* an 1811 . . 339

id.   CASSATION. Ouvrages d'or—Anciens poinçons. *Coll.* an 1811 412

id.   TURIN. Inscription après la vente. Tom. 1er, 1812 64

24   BRUXELLES. Ouverture d'une faillite — Déconfiture — Incapacité. *Journ.*, 2e. sem. 1812 228

26   CASSATION. Huissier — Exploit irrégulier. *Journ.*, 1er. sem. 1811 . . . . 2 0

1810.
Nov.

26   CASSATION. Droit d'octroi — Amende — Incompétence. *Journ.*, 2e. sem. 1811. . . . . p. 215

27   COLMAR. Qualités de jugement—Opposition. *Journ.*, 2e. sem. 1811 . . . 174

28   BRUXELLES. Testament — Successibles — Inventaire. Tom. 1er., 1812 . . . 161

29   CASSATION. Testament. — Démence. *Journ.*, 1er. sem. 1811 241

30   CASSATION. Prêtre—Déposition. *Journ.*, 1er. sem. 1811 193

id.   CASSATION. Condamné—Grâce—Révision. *Journ.*, 2e. sem. 1811 145

id.   CASSATION. Tribunal de police correctionnelle—Faits accessoires. *Coll.* an 1811. 435

Déc.

1   PARIS. Vente judiciaire—Lésion. *Journ.*, 1er. sem. 1811 170

id.   PARIS. Tiers-détenteur—Possession de dix ans. *Journ.*, 1er. sem. 1811 . . . 285

id.   BRUXELLES. Interrogatoire—Opposition—Convention non écrite. *Journ.*, 2e. sem. 1811 284

3   TURIN. Contrainte par corps — Dernier ressort—Appel. *Journ.*, 1er. sem. 1811 523

4   PARIS. Séparation de corps — Résidence. *Journ.*, 1er. sem. 1811 108

id.   CASSATION. Donation entre époux — Ingratitude. *Journ.*, 1er. sem. 1811 229

id.   ROME. Lettre missive. Tom. 1er, 1812. 453

5   PARIS. Inscription omise par le conservateur. *Journ.*, 1er. sem. 1811 . . . 405

id.   CASSATION. Jugement arbitral — Enregistrement. *Journ.*, 1er. sem. 1811 . 433

id.   CASSATION. Arbitres divisés — Tiers-arbitre. *Journ.*, 1er. sem. 1811 . . . 481

id.   TURIN. Enquête — Assignation par actes d'avoué. Tom. 1er., 1812 275

10   CASSATION. Formalité — Preuve testimoniale. *Journ.*, 1er. sem. 1811 . . 282

11   CASSATION. Mineur—Droits immobiliers. *Journ.*, 1er. sem. 1811 214

id.   CASSATION. Séparation de biens — Exécution. *Journ.*, 1er. sem. 1811 . . . 293

12   PARIS. Société — Liquidateur — Signification. *Journ.*, 1er. sem. 1811 . . . 270

1810.
Déc.

12 CASSATION. Donation— Transcription. *Journ.*, 1er. sem. 1811 . . . . p. 273

id. CASSATION. Conscrit—Convention illicite. *Journ.*, 1er. sem. 1811 278

id. CASSATION. Cession de droits successifs — Acte nul — Ratification. *Journ.*, 1er. sem. 1811 325

13 CASSATION. Notaire — Destitution — Ministère public. *Journ.*, 2e. sem. 1811. 85

id. LIÉGE. Effet de commerce — Endossement — Valeur fournie. *Journ.*, 2e. sem. 1811 381

14 PARIS. Séparation de corps — Accusation d'adultère. *Journ.*, 1er. sem. 1811. 413

id. CASSATION. Bois (adjudicataire de)—Vérification. *Journ.*, 1er. sem. 1811 . . 435

15 COLMAR. Mariage —Opposition. *Journ.*, 1er. sem. 1811 316

id. NISMES. Nom (usurpation de) — Action — Moyen dilatoire. *Journ.*, 2e. sem. 1811 155

17 TURIN. Femme—Acte sous seing privé.— Autorisation — Signature. *Journ.*, 2e. sem. 1811 171

18 CASSATION. Arbitres volontaires—Dernier ressort — Cassation. *Journ.*, 1er. sem 1811 403

id. CASSATION. Vente simulée — Revente. *Journ.*, 1er. sem. 1811 417

19 PARIS. Jugement d'instruction. *Journ.*, 1er. sem. 1811 269

id. CASSATION. Femme marchande publique — Biens dotaux—Hypothèque. *Journ.*, 1er. sem. 1811 308

id. CASSATION. Testament public — Preuve testimoniale. *Journ.*, 1er. sem. 1811. 340

id. MONTPELLIER. Jugement préparatoire — Mise en cause. *Journ.*, 2e. sem. 1811. 415

20 BRUXELLES. Contrainte par corps—Référé. *Journ.*, 2e. sem. 1811 304

id. BRUXELLES. Saisie-arrêt. Tom. 1er. 1812. 160

23 NISMES. Inscription—Exigibilité. *Journ.*, 1er. sem. 1811 304

26 PARIS. Faillite (obligation après) *Journ.*, 1er. sem. 1811 233

1810.
Déc.

26 CASSATION. Terrains vagues. *Journ.*, 1er. sem. 1811 . . . . p. 421

27 NISMES. Légataire universel — Scellés. *Journ.*, 1er. sem. 1811 429

id. CASSATION. Pêche. *Journ.*, 1er. sem. 1811. 437

id. BRUXELLES. Société en participation — Arbitres. Tom. 1er. 1812. 311

28 PARIS. Père tuteur—Destitution. *Journ.*, 1er. sem. 1811. 217

29 TURIN. Testament—Formalités — Gendre —Restitution. Tom. 1er., 1812. . 61

31 CASSATION. Fruits — Usage — Statuts locaux. *Journ.*, 1er. sem. 1811 . . 305

—

1811.
Janvier

2 COLMAR. Conscrit remplaçant. *Journ.*, 1er. sem. 1811 495

3 NISMES. Sourd-muet— Mariage — Conseil de famille. *Journ.*, 2e. sem. 1811. 220

id. CASSATION. Délit commis sciemment — Acquittement. *Coll.* an 1811 . . . 483

id. GRENOBLE. Trésor — Usufruitier. Tom. 1er. 1812 274

4 BRUXELLES. Conseil de famille. *Journ.*, 2e. sem. 1811 267

7 LIÉGE. Inscription rectifiée — Créance future — Hypothèque, *Journ.*, 2e. sem. 1811 391

8 CASSATION. Appel—Délai de la loi. *Journ.*, 1er. sem. 1811 561

9 TURIN. Appel — Délai — Défaut contre l'appelant. *Journ.*, 2e. sem. 1811 . 62

id. TRÈVES. Acte — Contradictions —Preuve par témoins. *Journ.*, 2e. sem. 1811. 523

10 NISMES. Débiteur failli — Cession. *Coll.* an 1811 496

11 ANGERS. Conscrit — Remplaçant. Tom. 1er., 1812 457

12 TURIN. Enquête — Prorogation de délai. Tom. 1er., 1812 275

14 CASSATION. Biens communaux — Possession—Nullité—Rachat. Tom. 1er. 1812. 97

15 CASSATION. Enfant naturel—Partage avant le Code civil. *Journ.*, 1er. sem. 1811. 372

1811.	
Janvier	
15	Paris. Inscription—Edit de 1771—Opposition. *Journ.*, 1er. sem. 1811 . p. 473
id.	Rennes. Vente de meubles — Tradition feinte. Tom. 3, 1812 380
16	Cassation. Condamné — Frais. *Journ.*, 1er. sem. 1811 449
id.	Cassation. Action divisible — Cohéritiers —Désistement. *Journ.*, 2e. sem. 1811. 3
17	Cassation. Acte administratif— Compromis. *Journ.*, 1er. sem. 1811 . . . 502
id.	Cassation. Testament interprété—Juges. *Coll.* an 1811. 414
id.	Rome. Dépens de contumace. Tom. 1er, 1812 454
18	Paris. Délit — Prescription — Meurtre—Vente annullée. *Journ.*, 1er. sem. 1811. 393
19	Turin. Femme—Autorisation—Biens paraphernaux. *Journ.*, 1er. sem. 1811. 509
id.	Pau. Saisie immobilière —1re. publication --Exploit·Société. *Journ.*, 2e. sem.1811. 301
id.	Bruxelles. Enfans. — Alimens. *Journ.*, 2e. sem. 1811 366
21	Paris. Séparation de corps — Nullité de mariage. *Journ.*, 1er. sem. 1811.. 220
22	Rome. Avoué—Distraction de frais—Serment. *Journ.*, 1er. sem. 1811 . . 476
id.	Cassation. Enfant — Noms identiques. *Journ.*, 1er. sem. 1811 529
23	Cassation. Cour d'appel—Incompétence. *Journ.*, 1er. sem. 1811 419
id.	Cassation. Etranger — Témoin testamentaire. *Journ.*, 1er. sem. 1811 . . . 454
id.	Bordeaux. Signification à avoué — Irrégularité. Tom. 1er., 1812 456
id.	Riom. Dépositaire — Interpellation judiciaire — Déclaration. Tom. 1er. 1813. 153
24	Paris. Marché—Livraison (défaut de)—Excuse. *Journ.*, 1er. sem. 1811 . . 460
id.	Cassation. Fonctionnaire public — Faux certificat. *Journ.*, 2e. sem. 1811 . 257
28	Rouen. Femme normande — Conquêts. *Journ.*, 1er. sem. 1811 299
29	Cassation. Lettre de change—Compétence. *Journ.*, 1er. sem. 1811 422

1811.	
Janvier	
29	Cassation. Militaire — Expropriation forcée. *Journ.*, 2e. sem. 1811 . . . p. 17
30	Paris. Mur mitoyen — Espaliers — Domicile. *Journ.*, 1er. sem. 1811 . . . 375
id.	Turin. Enfant—Possession d'état — Héritiers. *Journ.*, 2e. sem. 1811 . . . 537
id.	Bruxelles. Avantages entre époux—Prohibition. Tom. 1er., 1812 478
31	Paris. Enquête — Prorogation de délai. *Journ.*, 1er. sem. 1811 313
Février	
1	Turin. Jugement — Débouté d'opposition —Saisie-exécution. *Coll.* an 1811.. 499
3	Cassation. Notaire — Répertoire. *Journ.*, 1er. sem. 1811 548
4	Paris. Militaire — Domicile — Arrêté de compte. *Journ.*, 1er. sem. 1811. . 342
id.	Bruxelles. Mineur — Enfant naturel— Tutrice légale. *Journ.*, 1er. sem. 1811. 568
id.	Cassation. Saisie immobilière— Adjudication — Moyens de nullité. *Coll.* an 1811 495
5.	Cassation. Saisie immobilière—Commandement — Domicile élu. *Journ.*, 1er. sem. 1811 353
id.	Paris. Héritier légitimaire — Dettes de la succession. *Journ.*, 1er. sem. 1811 . 554
id.	Cassation. Jugement par défaut—Opposition. *Journ.*, 2e. sem. 1811 . . . 37
id.	Bruxelles. Arrêt par défaut—Opposition — Moyens. Tome 1er. 1812 . . . 158
6	Rennes. Transport — Notification. Tom. 3, 1812 382
id.	Rennes. Faillite—Associé décédé. Tom. 3, 1812 385
7	Cassation. Appelant—Refus de plaider. *Journ.*, 2e. sem. 1811 225
8	Cassation. Récusation d'un tribunal entier — Compétence. *Coll.* an 1811 . 385
9	Paris. Saisie immobilière — Affiches. *Journ.* 1er. sem. 1811 252
id.	Cassation. Gardes forestiers — Vente de bois—Acheteurs—Complices. Tom. 1er., 1812 255
11	Paris. Péremption d'instance — Citation en conciliation. *Journ.*, 1er. sem. 1811. 442

1811.

Janvier

11 PARIS. Tribunal — Nomination d'un seul expert. *Journ.*, 1er, sem. 1811 . p. 521

id. PARIS. Société en commandite — Dissolution—Intérêts et bénéfices. *Journ.*, 2e. sem. 1811 358

id. TRÈVES. Conseil de famille —Jugement— —Appel — Mineur — Vente. Tome 3, 1812 170

12 CASSATION. Compensation. *Journ.*, 1er. sem. 1811 385

id. CASSATION. Femme—Inscription—Radiation. — *Journ.*, 1er. sem. 1811 . . 513

id. CASSATION. Lettres de change — Offres réelles— Compétence. *Journ.*, 2e. sem. 1811 385

id. TURIN. Séparation de corps. — Résidence. *Journ.*, 2e. sem. 1811 493

14 CASSATION. Absent — Envoi en possession —Droit de mutation. *Journ.*, 1er. sem. 1811 520

id. CASSATION. Ministère public—Récusation. *Journ.*, 2e. sem. 1811 503

15 CASSATION. Branches d'arbres — Voie de fait. *Journ.*, 2e. sem. 1811 22

id. POITIERS. Mère tutrice—Convol. *Journ.*, 2e. sem. 1811 79

id. CASSATION. Délit rural.--Bestiaux. *Journ.*, 2e. sem. 1811 18

id CASSATION. Juge de paix — Récusation. Tome 1er, 1812 363

id. RIOM. Rente foncière donnée en dot — Remboursement. Tom. 3, 1812 . 555

18 PARIS. Fermages—Prescription—Appel— Délai. *Journ.*, 1er. sem. 1811 . . 424

id. FLORENCE. Appel — Désistement — Frais. Tom. 1er, 1813 472

19 CASSATION. Garantie entre héritiers. *Journ.*, 2e. sem. 1811 49

id. CASSATION. Emigré amnistié — Jugement exécuté. Tom. 1er, 1812 367

20 CASSATION. Acte—Dol—Fraude—Preuve testimoniale. *Journ.*, 1er. sem. 1811 465

id. LIÉGE. Rente — Intérêt — Contre-lettre. Tom. 1er, 1812 149

id. BRUXELLES. Inscription — Biens indivis. *Journ.*, 2e. sem. 1812 225

22 CASSATION. Bois défensable — Preuve par témoins—Peine. *Coll.* an 1811 . . 462

1811.

Février

25 PARIS. Séparation de corps — Fait arrivé pendant l'instance. *Journ.*, 1er. sem. 1811 . . . . p. 487

27 BESANÇON. Bien paraphernal — Vente — Garantie. *Journ.*, 1er. sem. 1811 . 509

28 CASSATION. Juifs—Créance — Acte public —Artisans. *Journ.*, 2e. sem. 1811 . 273

Mars.

1 ROUEN. Postulant — Pouvoir spécial. *Journ.*, 1er. sem. 1811 556

id. ANGERS. Propres fictifs—Rentes — Mobilisation. *Journ.*, 2e. sem. 1811 . . . 143

2 TURIN. Notification—Coacquéreurs—Surenchère. Tom. 1er, 1812 57

4 CASSATION. Nantissement — Désignation. *Journ.*, 2e. sem. 1811 161

5 CASSATION. Sénatus - consulte velléien. *Journ.*, 1er. sem. 1811 484

id. CASSATION. Voituriers — Effets perdus— Responsabilité. *Journ.*, 2e. sem. 1811. 117

id. CASSATION. Billet à ordre—Non négociant —Contrainte par corps. *Journ.*, 2e. sem. 1811 325

6 CASSATION. Avantages matrimoniaux — Loi du 17 nivose an 2. *Journ.*, 2e. sem. 1811 113

7 GÈNES. Mariage—Impuissance—Stérilité. *Journ.*, 2e. sem. 1811 253

id. CASSATION. Vendeur—Privilége.—*Journ.*, 2e. sem. 1811 275

8 CASSATION. Chef d'atelier — Ouvriers — Délit—Responsabilité. *Journ.*, 2e. sem. 1812 391

9 PARIS. Question d'état — Possession (défaut de). *Journ.*, 1er. sem. 1811 . 536

id. CASSATION. Faillite—Concordat — Plainte en banqueroute. *Journ.*, 2e. sem. 1811. 65

id. BRUXELLES. Testament — Successibles — Inventaire. Tom. 1er, 1812 . . . 164

11 CASSATION. Légitimation — Succession. *Journ.*, 1er. sem. 1811 497

id. PARIS. Dépens—Distraction—Compensation. *Journ.* 1er. sem. 1811 . . . 507

id. PARIS. Fidéicommis — Legs transmis aux enfans du légataire. *Journ.*, 2e. sem. 1811 150

1811.
Mars.

12   PARIS. Femme séparée de biens — Autorisation générale. *Journ.*, 1er. sem. 1811 . . . . p. 487

id.   CASSATION. Hopothèque légale — Etablissement public — Mineur. *Journ.*, 2e. sem. 1811 129

id.   CAEN. Interdiction — Tutelle — Légitime. Tom. 1, 1812 289

13   PARIS. Inscription — Douaire — Exigibilité. *Journ.*, 1er. sem. 1811 504

id.   TURIN. Lettre de change—Valeur fournie — Juridiction. *Journ.*, 2e. sem. 1811. 461

16   PARIS. Petits-enfans — Rapport — Prêt. *Journ.*, 2e. sem. 1811 262

id.   TURIN. Second acquéreur — Transcription — Inscription vicieuse. *Jour.*, 2e. sem. 1811 391

id.   PARIS. Septuagénaire — Contrainte par corps. *Journ.*, 2e. sem. 1811 . . . 408

id.   BRUXELLES. Exécuteur testamentaire — Héritiers — Offres. *Journ.*, 2e. sem. 1811. 412

id.   TURIN. Fermier — Cas fortuits. Tom. 1, 1812 283

17   CASSATION. Sorcellerie. (imputation de) *Journ.* 2e. sem. 1811 33

18   PARIS. Divorce — Désistement — Nouvelle demande. *Journ.*, 1er. sem. 1811. 439

19   PARIS. Compétence — Société de banque. *Journ.*, 2e. sem. 1811 57

id.   CASSATION. Compensation. *Journ.*, 2e. sem. 1811 294

id.   COLMAR. Juif—Obligation — Co-obligés. Tom. 1, 1812 38

id.   RENNES. Caution solidaire — Créancier — Ordre — Forclusion. Tom. 1, 1813. 124

20   CASSATION. Messageries — Responsabilité. *Journ.*, 2e. sem. 1811 117

id.   CASSATION. Demande en garantie.—Cause d'appel. *Journ.*, 2e. sem. 1811 . 147

id.   BRUXELLES. Donation — Père tuteur — Clerc de notaire. Tom. 1, 1812 . . . 52

id.   TRÈVES. Servitude — Passage — Enquête — Nullité. Tom. 1, 1812 168

21   CASSATION. Dépôt — Violation. *Journ.*, 2e. sem. 1811 97

1811.
Mars.

21   ROME. Plainte — Acquittement — Dommages-intérêts. *Journ.*, 2e. sem. 1811. . . . . p. 444

22   PARIS. Tiers-saisi — Déclaration affirmative — Appel — Dépens. *Journ.*, 2e. sem 1811. 25

id.   COLMAR. Juif — Usure — Preuve par témoins — Jugement interlocutoire — Appel. Tom. 1, 1812 36

id.   LIÉGE. Communauté — Dissolution. Tom. 1er. 1812 473

23   BRUXELLES. Testament mystique — Acte authentique. Tom. 1, 1812 46

id.   BRUXELLES. Ouverture d'une faillite — Déconfiture—Incapacité. *Journ.*, Tom. 1er. 1812 228

25   PARIS. Société de commerce — Femme — Hypothèque. *Journ.*, 2e. sem. 1811. 10

27   PARIS. Surenchère — Délai. *Journ.*, 1er. sem. 1811. 566

id.   CASSATION. Droit de mutation—Paiement provisoire — Héritier. Tom. 1, 1812. 253

id.   COLMAR. Propriétaire — Voie publique. Vues obliques. *Journ.*, 2e. sem. 1812. 50

id.   LIÉGE. Signature déniée — Vérification — Preuve vocale. Tom. 2, 1812 . . . 547

28   PARIS. Effets de commerce — Faillite — Revendication. *Journ.*, 2e. sem. 1811. 60

id.   CASSATION. Virement commercial—Effets protestés. *Journ.*, 2e. sem. 1811 . 209

id.   BRUXELLES. Billet à ordre—Endosseurs—Faillite — Accepteur—Caution. *Journ.*, 2e. sem. 1812. 243

29   BESANÇON. Testament — Lecture — Legs. *Journ.*, 2e. sem. 1811 427

id.   CASSATION. Douanes — Visites domiciliaires. *Journ.*, 2e. sem. 1812 84

Avril.
1   CASSATION. Vente d'immeubles — Billets à ordre. *Journ.*, 2e. sem. 1811 . . . 4-9

2   CASSATION. Inscription — Epoque d'exigibilité—Rente. *Journ.*, 2e. sem. 1811. 7

id.   CASSATION. — Frais d'expertise — Ordonnance — Opposition. *Journ.*, 2e. sem. 1811. 196

1811.

Avril.

2   PARIS. Hôtellerie — Vol. *Journ.*, 2e. sem. 1811 . . . . p. 228

id.   CASSATION. Matière possessoire — Jugement du juge de paix — Appel. Tom. 1, 1812 556

3   PARIS. Mineur — Restitution — Créanciers. *Journ*, 2e. sem. 1811 . . . 167

id.   ANGERS. Tuteur — Action réelle. *Journ.*, 2e. sem. 1811 208

4   PARIS. Epoux usufruitier — Droit de mutation. *Journ.*, 1er. sem. 1811 . . 564

id.   BRUXELLES. Actes respectueux — Comparution des parties. Tom. 1, 1812 . . 154

id.   CASSATION. Peine afflictive — Age — Cours d'assises Tom. 1, 1812 . . . 343

6   PARIS. Adultère — Divorce. *Journ*, 2e. sem 1811 153

id.   ROUEN. Commerce — Opération en nom collectif. *Journ.*, 2e. sem. 1811 . . 349

8   PARIS. Vérification d'écriture. *Journ.*, 2e. sem. 1811 120

10   PARIS. Testament révoqué par acte sous seing privé. *Journ.*, 2e. sem. 1811 . . 39

12   PARIS. Acte sous seing privé — Date — Tiers. Tom. 1, 1812 34

id.   CASSATION. Droits réunis — Jugement par défaut — Opposition — Appel. Tom. 2, 1812 365

13   BRUXELLES. Testament—Témoins—Domicile. Tom. 1, 1812 49

15   PARIS. Inscription rayée et rétablie. *Journ.*, 1er. sem. 1811 550

id.   RENNES. Femme non autorisée—Jugement. Tom. 2, 1813 502

16   PARIS. Legs d'usufruit et de propriété. *Journ.*, 2e. sem. 1811 135

17   CASSATION. Donation entre-vifs — Transcription. *Journ.*, 2e. sem. 1811 . . 52

18   CASSATION Opposition par requête — Délai. *Journ.*, 2e. sem. 1811 163

19   TURIN. Folle surenchère — Appel — Délai — Défaut joint à la cause. T. 1, 1812. 466

20   PARIS. Enfant donataire—Légitime—Rapport. *Journ.*, 2e. sem. 1811 . . . 329

id.   PARIS. Divorce — Scellés — Injure grave. *Journ.*, 1er. sem. 1811 376

id.   BRUXELLES. Lettre de change — Protêt faute d'acceptation. Tom 1, 1812. 151

1811.

Avril

20   BRUXELLES. Surenchère — Etablissement public. Tom. 2, 1813 . . . . p. 589

23   CASSATION. Etangs — Action possessoire. *Journ.*, 2e. sem. 1811 516

24   PARIS. Contrat de mariage — Mineur — Donation—Survenance d'enfans. *Journ.*, 2e. sem. 1811 88

id.   NANCY. Femme—Autorisation—Mari demandeur. Tom. 1, 1812 588

25   PARIS. Tribunal de commerce — Compétence — Agent de change. *Journ.*, 2e. sem. 1811 76

id.   NISMES. Déclaration privée — Testament olographe — Legs de meubles. *Journ.*, 2e. sem. 1811 556

26   PARIS. Loteries — Femme marchande publique. Tom. 1, 1812 260

27   CASSATION. Actions réelles — Connexité. *Journ.*, 2e. sem. 1811 165

29   CASSATION. Arroturement—Réserve de la directe. Tom. 1. 1812 330

30   CASSATION. Distraction de dépens—Avoué —Affirmation *Journ.*, 2e. sem. 1811. 81

id.   CASSATION. Femme normande — Recours. *Journ.*, 2e. sem. 1811 177

id.   CASSATION. Militaire — Expropriation. *Journ.*, 2e. sem. 1811 193

id.   LIÉGE. Conseil de famille—Tribunaux—Mineur—Mariage—Autorisation. Tom. 2, 1812 478

Mai.

1   PARIS. Inscription prise sans hypothèque. *Journ.* 2e. sem. 1811 309

id.   CASSATION. Compromis—Mineur. *Journ.*, 2e. sem. 1811 374

id.   CASSATION. Fond enclavé — Passage. *Journ.* 2e. sem. 1811 470

id.   COLMAR. Acquéreur à réméré. *Journ.*, 2e. sem. 1811 542

id.   ROUEN. Fermier—Congé—Preuve par témoins. Tom. 1, 1812 124

id.   CASSATION. Appel—Loi du 3 brumaire — Code de procédure. Tom. 1, 1812. 319

2   ROME. Assignation à bref délai. *Journ.*, 2e. sem. 1811 125

id.   PARIS. Débiteur — Sûretés promises — Vente d'actions—Mandat. *Journ.*, 2e. sem. 1811 198

3   COLMAR. Dommages-intérêts — Expertise — Offres. *Journ.*, 2e. sem. 1811 . . 512

1811.
Mai.

6   Paris. Divorce — Enquête. *Journ.*, 2e. sem. 1811 . . . . p. 55

id.   Cassation. Déclaration d'hypothèque — Tiers-détenteur. Tom. 2, 1812 . . 327

8   Paris. Faillite — Consignation — Scellés. *Journ.*, 2e. sem. 1811 182

id.   Cassation. Séparation de patrimoines. *Journ.*, 2e. sem. 1811 132

id.   Cassation. Preuve par témoins — Epoque de la convention. Tom. 1, 1812 . . 83

9   Paris. Emprisonnement — Réparations civiles. *Journ.*, 2e. sem. 1811 . . . 216

id.   Cassation. Jury — Déclaration — Circonstances modifiées. *Journ.*, 2e. sem. 1811. 337

id.   Paris. Congé — Rétribution du portier. Tom. 1, 1812 265

11   Paris. Institution contractuelle — Condition. *Journ.*, 2e. sem. 1811 . . . 388

id.   Turin. Appel signifié à domicile élu — Domicile réel. Tom. 1, 1812 470

id.   Colmar. Cessionnaire — Prêt — Tierce-opposition. Tom. 2, 1812 54

14   Cassation. Paternité (recherche de la) — Exception. *Journ.*, 2e. sem. 1811. . 100

id.   Cassation. Droits d'enregistrement — Requête civile. *Journ.*, 2e. sem. 1811. 227

15   Paris. Héritier bénéficiaire — Exclusion — Coutume — Mandataire. *Journ.*, 2e. sem. 1811 296

id.   Cassation. Surenchère — Charges — Dépens — Solidarité. *Journ.*, 2e. sem. 1811. 353

id.   Paris. Société en participation — Preuve par témoins. Tome 1, 1812 . . . 142

17   Paris. Lettre de change — Résidence — Lieu du paiement. *Journ.*, 2e. sem. 1811 279

id.   Rouen. Bail verbal — Tacite réconduction — Fermier. Tom. 1er., 1812 . . . 124

18   Paris. Lettre de change — Caution — Femme. *Journ.*, 2e. sem. 1811 . . 279

id.   Bruxelles. Veuve — Inventaire (défaut d') — Communauté. *Journ.*, 2e. sem. 1811. 508

id.   Paris. Vente de bois — Contrainte par corps. *Journ.*, 1er. sem. 1811 . . . 523

1811.
Mai.

20   Paris. Billet — Souscripteur — Assignation. *Journ.*, 2e. sem. 1811 . . p. 170

21   Cassation. Hypothèque — Jugement par défaut non signifié. *Journ.*, 2e. sem. 1811 369

22   Cassation. Officier comptable — Caution — Poursuites. Tom., 1er. 1812 . . 128

id.   Turin. Commis voyageur — Marché — Domicile. Tom. 1er. 1813 357

28   Cassation. Tribunal de commerce — Exceptions — Compétence. Tom. 1er. 1812 351

29   Paris. Absence — Dettes — Arrérages — Prescription. *Journ.*, 2e. sem. 1811. 344

id.   Cassation. Exploit — Domicile élu — Formalités. Tom., 1er. 1812 . . . 130

id.   Cassation. Boissons — Congé — Confiscation. Tom. 2e., 1812 455

30   Paris. Communauté — Coutume de Troyes — Exploit — Nullité. Tom. 1er., 1812. 109

31   Colmar. Séparation de corps — Femme étrangère — Provision. Tom. 1er., 1812. 116

Juin.

1   Paris. Avoués — Chambre de discipline. *Journ.*, 2e. sem. 1811 103

id.   Paris. Epoux survivant — Reprises — Papier-monnaie — Donation — Deuil. *Journ.*, 2e. sem. 1811 422

id.   Turin. Notification — Huissier. Tom. 2e. 1812 341

5   Cassation. Timbre — Lettre de change — Porteur. *Journ.*, 2e. sem. 1811 . . 529

id.   Trèves. Acte simulé — Preuve par témoins. *Coll.* an 1811 469

id.   Cassation. Loi — Promulgation. *Tom.* 1er., 1812. 13

6   Cassation. Vente sur folle enchère — Loyaux-coûts. *Journ.*, 2e. sem. 1811. 405

id.   Cassation. Amende civile — Responsabilité. Tom. 1er., 1812 344

id.   Cassation. Enregistrement — Acte complémentaire. Tom. 1er., 1812 . . . 496

7   Cassation. Jugement souverain — Voie de fait — Peine afflictive. Tom. 1er., 1812 417

1811. Juin.

8 RIOM. Ordre — Créanciers inscrits — Anciens vendeurs. Tom. 1er., 1812. p. 67

10 CASSATION. Testament—Lecture. Journ., 2e. sem. 1811 324

11 CASSATION. Arrêt interlocutoire — Points de fait et de droit — Motifs. Journ., 2e. sem. 1811 435

id. PARIS. Héritier bénéficiaire — Compte. Journ., 2e. sem. 1811 486

id. CASSATION. Saisie-arrêt — Cautionnement —Amende. Tom. 1er. 1812 . . . 252

12 CASSATION. Location verbale — Enregistrement. Journ., 2e. sem. 1811 . . 289

id. CASSATION. Tacite reconduction — Enregistrement. Journ., 2e. sem. 1811. 293

id. CASSATION. Notaire—Répertoire. Journ., 2e. sem. 1811 357

id. CASSATION. Rente foncière — Lettres de ratification. Journ., 2e. sem. 1811. 417

13 PARIS. Lettre de change pour le compte d'autrui — Provision. Journ., 2e. sem. 1811 279

id. CASSATION. Religionnaires fugitifs. Journ., 2e. sem. 1811 305

14 COLMAR. Saisie immobilière — Compte — Sursis. Journ., 2e. sem. 1811. 479

id. COLMAR. Notaire décédé — Minutes. Tom. 1er., 1812 121

15 TRÈVES. Mandataire — Action — Dommages-intérêts. Tom. 1er., 1812 . . 165

id. RENNES. Rente de fondation — Hospices. Tom. 2e., 1813 115

id. RENNES. Garantie (demande en) — Cause d'appel. Tom. 2e., 1813 117

id. RENNES. Faillite — Privilége. Tom. 3e., 1813 448

16 CASSATION. Bail à locatairie perpétuelle— Résolution. Tom. 1er., 1812 . . . 185

17 CASSATION. — Location verbale — Enregistrement. Journ., 2e. sem. 1811 289

id. PARIS. Notaire — Vente de meubles — Formalités — Responsabilité. Tom. 1er, 1812 369

19 CASSATION. Juifs—Créances—Chose jugée. Journ., 2e. sem. 1811 342

1811. Juin.

19 CASSATION. Emigré — Mariage. Journ., 2e. sem. 1811 . . . . p. 387

id. RENNES. Succession —Héritiers—Bénéfice d'inventaire. Tom. 3. 1813 . . . 119

21 COLMAR. Acquéreur évincé et adjudicataire — Fraude — Preuve par témoins— Tiers. Tom. 1er., 1812 476

24 CASSATION. Testament—Lecture. Journ., 2e. sem. 1811 321

25 CASSATION. Jugement par défaut — Jugement sur l'opposition — Appel. Journ., 2e. sem. 1811 547

26 BRUXELLES. Vente aux enchères — Immeuble. Journ., 2e. sem. 1811 . . 527

27 CASSATION. Substitution—Enfans. Journ., 2e. sem. 1811 401

id. CASSATION. Hôtels garnis — Vol. Journ., 2e. sem. 1811 420

id. PARIS. Contribution — Sommation aux opposans. Journ., 2e. sem. 1811 . . 459

id. CASSATION. Tribunal de police correctionnelle — Action publique. Journ., 2e. sem. 1811 533

id. CASSATION. Contravention forestière — Tribunal de police—Compétence. Tom. 1er., 1812 358

id. CASSATION. Police correctionnelle — Partage d'opinions — Fonctionnaire public — Injures verbales. Tom. 1er., 1812. 481

28 PARIS Exhérédation officieuse —Substitution. Tom. 1er. 1812 24

29 PARIS. Ambassadeurs—Privilége. Journ., 2e. sem. 1811 411

Juill.

1 PARIS. Testament—Legs—Renonciation. Journ., 2e. sem. 1811 250

id. CASSATION. Timbre — Effet de commerce non négocié. Journ., 2e. sem. 1811. 529

2 CASSATION. Jugement d'ordre — Appel. Journ., 2e. sem. 1811 433

id. RENNES. Commissionnaire de roulage — — Lettres de voiture — Perte. Tom. 3, 1813 115

3 CASSATION. Rentes foncières féodales. Journ., 2e. sem. 1811 481

id. CASSATION. Enregistrement — Notaire — Responsabilité. Tom. 1er. 1812 . . 493

1811.
Juillet

4 BRUXELLES. Actes de l'état civil—Enfant naturel — Tutelle légale. Tom. 1er. 1812 . . . . p. 215

id. RENNES. Ordonnance d'*exequatur* — Opposition — Appel — Délai. Tom. 2e., 1813 365

5 PARIS. Billet au porteur — Suspicion. Tom. 1er., 1812 376

id. RENNES. Jugement par défaut — Oppositition (requête d') Tom. 3., 1813 . 552

7 GRENOBLE. Testament — Mineur — Quotité disponible. Tom. 2e., 1812 . . . 57

8 ROUEN. Protêt — Procès-verbal de perquisition — Huissier — Garantie — Compétence. Tom. 1er., 1812 72

id. PARIS. Election de domicile — Acte antérieur au Code civil. Tom. 1er. 1812. 373

id. TRÈVES. Eviction — Revendication — Impenses nécessaires—Remboursement. Tom. 2e., 1812 253

9 PARIS. Séparation de biens — Femme sans dot. *Journ.*, 2e. sem. 1811 124

id. PARIS. Sentence — Appel — Séquestre — Minorité. Tom. 1er., 1812 144

id. CASSATION. Juifs — Acte public — Numération d'espèces. Tom. 1er., 1812. . 250

10 CASSATION. Femme—Autorisation. *Journ.*, 2e. sem. 1811 484

id. LIÉGE. Huissier — Exploit — Parens. Tom. 1er., 1812 219

12 RENNES. Enfant né dans le huitième mois — Déposition en matière criminelle. Tom. 2e., 1813 202

13 PARIS. Femme séparée de biens — Assignation—Copie. *Journ.*, 2e. sem. 1811 554

15 CASSATION. — Jugemens — Chose jugée. *Journ.*, 2e. sem. 1811 241

id. GRENOBLE. Enfant adultérin (mère d') — Personne interposée. Tom. 1er., 1812. 461

16 CASSATION. Acte d'appel—Signification— Domicile élu. *Journ.*, 2e. sem. 1811. 453

id. CASSATION. Timbre — Affiche de jugement. *Journ.* 2e., sem. 1811 . . . 529

id. PARIS. Jugement déclaré commun — Appel — Délai. Tom. 1er., 1812. 262

1811.
Juillet.

17 CASSATION. Jugement d'ordre — Appel — Débiteur failli. *Journ.*, 2e. sem. 1811. . . . . p. 473

id. CASSATION. Instruction par écrit — Régie des domaines. Tom. 1er. 1812 . . . 21

id. CASSATION. Redevance féodale — Petits domaines. Tom. 1er., 1812 245

id. CASSATION. Huissier — Ressort — Cour d'appel. Tom. 1er., 1812 356

20 PARIS. Ordre — Intervenant — Bénéfice d'inventaire — Séparation de patrimoines. *Journ.*, 2e. sem. 1811 . . 518

21 CASSATION. Rente féodale—Arroturement. Tom. 1er., 1812 330

22 GRENOBLE. Femme — Acquisition. Tom. 1er., 1812 222

id. CASSATION. Transaction — Droit certain. Tom. 1er., 1812 413

23 CASSATION. Saisie immobilière—Offres— Compensation. Tom. 1er., 1812 . . 160

id. BRUXELLES. Billet — Débiteurs solidaires — Approbation. Tom. 3., 1812 . 410

24 CASSATION. Enfant naturel — Adoption antérieure au Code civil. *Journ.*, 2e. sem. 1811 465

25 PARIS. Percepteurs des contributions — Tribunal de commerce. *Journ.*, 2e. sem. 1811 534

id. BRUXELLES. Femme française veuve d'un étranger—Emigration. Tom. 1er., 1812. 396

26 METZ. Acte d'appel — Assignation — Domicile. *Journ.*, 2e. sem. 1812 . 248

id. ANGERS. Hypothèque— Inscription—Jugement d'ordre—Appel. Tom. 1er., 1813. 382

29 BRUXELLES. Enfant adultérin — Alimens. Tom. 1er., 1812 292

id. PARIS. Salaires—Saisie-arrêt. Tom. 1er., 1812 382

30 CASSATION. Saint-Domingue — Débiteurs colons. Tome 1er., 1812 176

id. PARIS. Domicile — Commission en pays étranger. Tom. 1er. 1812 267

id. PARIS. Jugement sur partage d'opinions— Copropriétaires. Tom. 1er., 1812 . 451

31 DOUAY. Donation déguisée — Héritiers. Tom. 3, 1812 69

id. RENNES. Epoux—Reprise—Communauté. Tom. 2, 1813 100

1811.
Juillet.

31 RENNES. Séparation de corps—Instance—Enfant. Tom. 3, 1813 . . . . p. 354

Août.

1 CASSATION. Mort civile — Donation, Journ., 2e. sem. 1811 545

id. PARIS. Frais de scellés et d'inventaire—Légataire. Tom. 1er., 1812 . . . 444

id. ROUEN. Emphythéose — Rente foncière. Tom. 1er., 1812 459

2 CASSATION. Adresse fallacieuse — Escroquerie. Tom. 1er., 1812 80

5 MONTPELLIER. Partage d'immeubles. — Expertise—Prélèvement. Tom. 3, 1812. 155

6 CASSATION. Billet à ordre — Simple promesse—Compétence. Journ., 2e. sem., 1811 513

id. PARIS. Expropriation—Mois. Journ., 2e. sem. 1811 571

7 CASSATION. Saisie immobilière—Appel—Adjudication définitive--Nullité. Journ., 2e. sem. 1811 497

id. BRUXELLES. Bail à ferme—Pacte commissoire. Tom. 1er., 1812 307

8 BRUXELLES. Immeubles par destination — Légataires — Dettes. Tom. 1er., 1812. 211

id. CASSATION. Hôtellerie— Vol. Tome 1er., 1812 353

id. LIÉGE. Inscription (renouvellement d'). Journ., 2e. sem. 1812 554

9 PARIS. Testament—Lecture. Journ., 2e. sem. 1811 456

id. PARIS. Enfant naturel — Tutelle. Journ., 2e. sem. 1811 549

id. CASSATION. Juge suppléant—Fonctions de juré. Tom. 1er., 1812 256

id. PARIS. Vente entre époux—Avances non justifiées. Tom. 1er., 1812 . . . 374

10 PARIS. Faillite—Concordat—Nullité—Garantie. Tom. 1er., 1812 29

id. CASSATION. Loteries — Mises — Avances. Tom. 1er., 1812 86

id. PARIS. Jugement par défaut—Signification—Appel—Délai. Tom. 1er., 1812 . 101

id. CASSATION. Port d'armes — Prescription. Tom. 1er., 1812 195

id. GÈNES. Testament — Vente de meubles — Opposition. Tom. 2, 1812 . . 222

1811.
Août.

1 BRUXELLES. Faillite — Douanes — Contrainte—Opposition. Tom. 1er., 1812. . . . . p. 205

id. CASSATION. Testament — Légataire incertain — Tiers. Tom. 1er., 1812. . . 499

13 PARIS. Testament olographe—Date—Signature. Journ., 2e. sem. 1811 . . 455

id. PARIS. Femme commune— Coutume normande — Remploi. Tom. 1er., 1812. 146

id. BRUXELLES. Administration publique — Contrainte—Faillite. Tom. 1er., 1812. 205

id. BRUXELLES. Dépens — Séparation de corps — Exécutoire — Opposition. Journ., Tom. 2, 1812 351

id. BRUXELLES. Billet—Désaveu de la signature—Vérification. Tom. 2, 1812 . 545

14 CASSATION. Divorce—Préciput—Liquidation. Tom. 1er., 1812 5

id. GRENOBLE. Testament—Témoin — Appel —Nullité. Tom. 1er., 1812 . . . 173

id. TURIN. Saisie-réelle — Mineur — Dettes actives — Discussion. Tom. 3, 1813. 363

15 PARIS. Concordat — Opposition. Journ., 2e. sem. 1811. 90

16 CASSATION. Tribunaux correctionnels et de police—Compétence—Délit forestier—Omission. Tom. 1er., 1812 . . 242

id. PARIS. Femme non marchande—Tribunal de commerce — Etranger — Domicile. Tom. 1er., 1812 371

id. NANCY. Election de domicile — Exploit—Constitution d'avoué. Tom. 2, 1812. 150

id. AIX. Contrat—Hypothèque générale—Bureau de paix—Conciliation. Tom. 1er., 1813, ... 56

17 CASSATION. Accusé absous—Complice condamné. Tom. 1er., 1812 346

id. GÈNES. Lettre de change. Tom. 2, 1812. 571

19 CASSATION. Marché—Novation—Effets de commerce — Prescription. Tom. 1er., 1812 132

id. GÈNES. Séparation de corps—Réconciliation—Plaidoiries—Diffamation. Tom. 3, 1813 109

1811.

Août.

20   CASSATION. Étranger — Assignation. *Journ.*, 2e. sem. 1811 . . . . . p. 56

21   CASSATION. Appel — Domicile élu. Tom. 1er., 1812 360

22   CASSATION. Police correctionnelle—Arrêt —Opposition. Tom. 1er., 1812 . . 95

23   PARIS. Institution contractuelle — Legs — Donation. Tom. 1er., 1812 . . . 438

24   PARIS. Rente sur l'état — Transfert forcé. Tom. 1er., 1812 . . . . 176 et 436

id.   CASSATION. Liberté provisoire — Instance d'appel. Tom. 3, 1812 286

id.   CASSATION. Marchandises — Confiscation. Tom. 3, 1812 437

id.   RENNES. Enquête — Témoins — Assignation. Tom. 3, 1813 357

26   CASSATION. Compromis entre mineurs et majeurs. Tom. 3, 1812 521

27   PARIS. Testament—Disposition obscure—Preuve par témoins. *Journ.*, 2e. sem. 1811 440

id.   CASSATION. Enfant naturel — Reconnaissance — Rétractation. Alimens — Dol. Tom. 1er., 1812 76

id.   PARIS. Saisie-immobilière — Dénonciation —Délai. Tom. 1er., 1812 270

28   CASSATION. Tierce-opposition — Cointéressés. Tom. 1er., 1812 7

id.   LIÉGE. Billet à ordre — Qualité de négociant. Tom. 3, 1812 153

29   BRUXELLES. Femme étrangère—Puissance maritale—Assignation. Tom. 2, 1812 535

id.   BORDEAUX. Décès — Registres — Preuve par témoins. Tom. 1er., 1813 . . . 142

30   GÈNES. Femme—Autorisation maritale — Obligation solidaire. Tom. 2, 1812. 561

31   PARIS. Prévention de banqueroute—Concordat. *Journ.*, 2e. sem. 1811 . . 504

Sept.

2   CASSATION. Expertise — Expert absent. Tom. 1er., 1812 10

id.   CASSATION. Rente féodale — Acquéreur. Tom. 1er., 1812 330

3   CASSATION. Femme—Biens dotaux—Aliénation. *Journ.*, 2e. sem. 1811 . . 561

id.   CASSATION. Décès—Assignation—Dernier domicile. Tom. 1er., 1812 . . . 20

1811.

Sept.

4   CASSATION. Compétence — Demande réduite. Tom. 1er., 1812 . . . . p. 193

id.   CASSATION. Question d'état — Étrangers —Tribunaux français. Tom. 1er., 1812. 403

5   CASSATION.. Tribunal de police — Jugement — Appel. Tom. 1er., 1812 . 324

6   CASSATION. Escroquerie—Restitution. Tom. 1er., 1812 349

id.   CASSATION. Crimes—Militaires—Compétence — Conseils de guerre. Tom. 2, 1812 282

9   CASSATION. Séparation de biens—Douaire —Inscription. Tom. 1er., 1812 . . 312

11   CASSATION. Droit de mutation—Nue propriété—Héritier. Tom. 1er., 1812. 140

id.   CASSATION. Enregistrement—Vacations—Amende — Notaire. Tom. 2, 1812. 276

13   CASSATION. Cour d'assises — Compétence. Tom. 1er., 1812 492

25   PARIS. Contrainte par corps.— Loi du 15 germinal an 6. Tom. 1er., 1812 . 108

id.   TURIN. Tribunal de commerce—Jugement —Appel. Tom. 2, 1812 491

id.   BRUXELLES. Opposition à mariage — Enfant. Tom. 2, 1813 393

Octob.

1   GÈNES. Inventaire —Description des immeubles—Donataire—Rapport. Tom. 3, 1812 137

4   CASSATION. Tribunal de police — Gardes forestiers — Délits. *Journ.*, 2e. sem. 1812 392

7   CASSATION. Femme mariée—Assignation. Tom. 1er., 1812 135

9   CASSATION. Interlocutoire — Evocation. Tom. 1er., 1812 182

id.   CASSATION. Mutation — Titre non représenté. Tom. 1er., 1812 518

10   CASSATION. Accusé acquitté — Pourvoi. Tom. 1er., 1812 316

12   CASSATION. Cour prévôtale de douanes — Faux — Compétence. Tom. 2, 1812. 33

1811.

Octob.

12 — Cassation. Pourvoi en cassation. — Ministère public — Exception. Tom. 2, 1812 . . . . p. 71

14 — Cassation. Notaires — Honoraires — Déboursés. Tom. 1er., 1812 90

17 — Rome. Ministère public — Fonctions d'avoués. Tom. 1er., 1812 43

id. — Cassation. Donation — Somme réservée. Tom. 1er., 1812 567

id. — Cassation. Pourvoi en cassation — Ministère public — Exception. Tom. 2, 1812. 74

id. — Cassation. Vol — Escalade. Tom. 5, 1812. 305

18 — Cassation. Police correctionnelle — Pourvoi en cassation — Notification. Tom. 1er., 1812 411

id. — Cassation. Militaire français — Fausse monnaie — Cour spéciale. Tom. 1er., 1812. 511

22 — Cassation. Enregistrement — Vacations — Amende — Notaire. Tom. 2, 1812 . 276

24 — Cassation. Arrêt d'admission — Signification — Domicile élu. Tom. 1er. 1812. 134

id. — Cassation. Jugement qualifié en dernier ressort — Appel. Tom. 1er., 1812 . 190

25 — Cassation. Vol — Logeur — Hôtel garni. Tom. 1er., 1812 419

id. — Cassation. Gardes forestiers — Procès verbaux. Tom. 1er., 1812 522

id. — Cassation. Chambre d'instruction — Opposition — Ministère public. Tom. 2, 1812 30

id. — Nismes. Jugement en dernier ressort — Contrainte par corps. Tome 1er., 1813. 350

27 — Cassation. Second mariage. Tom. 1er., 1812 225

30 — Cassation. Militaire en activité de service. — Ministère public — Expropriation — Mineur. Tom. 2, 1812 23

31 — Cassation. Notaire — Destitution — Tribunaux. Tom. 1er., 1812 239

Nov.

2 — Cassation. Jury — Délibération — Nullité. Tom. 2, 1812 20

id. — Cassation. Cour spéciale de Paris — Attributions. Tom. 1er., 1812 549

1811.

Nov.

4 — Cassation — Testament (second) — Révocation — Lecture. Tom. 1er., 1812. p. 230

id. — Cassation. Exploit — Signification. Tom 1er., 1812 427

5 — Cassation. — Arbitres — Contrainte par corps. Tom. 1er., 1812 235

id. — Cassation. Vente à réméré — Expertise — Régie de l'enregistrement. Tom. 1er., 1812 407

7 — Cassation. Plainte en banqueroute — Déclaration de faillite. Tom. 2, 1812. 166

11 — Cassation. Enregistrement — Vacations — Amende — Notaire. Tom. 2, 1812. 276

id. — Cassation. Hypothèque légale — Cohéritiers. Tom. 1er., 1812 512

12 — Cassation. Enfant adultérin — Adoption — Acte authentique. Tome 2, 1812. 95

13 — Cassation. Contre-lettre — Nullité — Triple droit d'enregistrement. Tom. 1er., 1812 365

id. — Cassation. Compétence — Juge de paix — Matière possessoire. Tom. 1er., 1812. 425

id. — Bruxelles. Communauté — Époux survivant — Vente de meubles. Tom. 2, 1812. 422

14 — Cassation. Accusé — Délit accessoire — Acquittement. Tom. 1er., 1812 . . 558

id. — Cassation. Recours en cassation — Ministère public — Partie acquittée — Notification. Tom. 2, 1812 267

15 — Paris. Donation entre époux — Etat des dettes — Annexe. Tom. 1er., 1812. 103

id. — Cassation. Tribunal d'exception — Témoin — Faussaire. Tom. 2, 1812 . 506

19 — Paris. Cohéritiers — Ventes de meubles — Dépôt. Tom. 1er., 1812 203

id. — Cassation. Ordre — Jugement par défaut — Opposition. Tom. 1er., 1812 . . 336

20 — Liége. Testament — Légataire institué ou ses descendans. Tom. 5, 1812 . . 253

20 — Cassation. Notaire. — Interdiction. — Ministère public. Tom. 2, 1812 . . . 36

21 — Cassation. Violences — Blessures — Arrêt de renvoi. Tom. 1er., 1812 . . . 515

22 — Colmar. Effet de commerce — Aval — Artisan. Tom. 1er., 1812 391

1811.

Nov.

22   Cassation. Administration forestière — Délits dans les coupes. Tom. 1er., 1812. . . . . p. 543

id.   Cassation. Droits réunis—Contravention —Procédure. Tom. 2, 1812 . . . 27

id.   Paris. Associé — Délais — Saisie - arrêt Tom. 2, 1812 207

id.   Cassation. Ouvrier à gages —Vol. Tom. 2, 1812 301

23   Cassation. Droit de mutation—Legs d'usufruit —Restitution — Intérêts. Tom. 1er, 1812 550

24   Cassation. Absence déclarée — Dernières nouvelles—Acte de notoriété. Tom. 1er., 1812 400

25   Paris. Mandat — Décès présumé. Tom. 1er., 1812 379

id.   Cassation. Surenchère—Rente foncière— Tom. 1er. 1812 408

id.   Douai. — Testament — Douaire révoqué — Legs à titre universel. Tom. 1er., 1812 535

id.   Bruxelles. Action en indemnité — Pouvoir administratif—Incompétence. Tom. 2, 1812 239

26   Bruxelles. Jugement — Contrainte par corps—Appel. Tom. 2, 1812 . . . 532

27   Cassation. Caution — Tierce - opposition —Exceptions. Tom. 1er., 1812 . . 504

id.   Cassation. Expropriation forcée— Notification—Créancier. Tom. 2, 1812. . 65

id.   Lyon. Acte d'appel — Créancier — Hypothèque judiciaire—Expropriation. Tom. 2, 1812 151

28   Cassation. Cour impériale — Renvoi — Compétence. Tom. 2, 1812. . . . 39

29   Cassation. Témoin — Fausse excuse— Amende — Emprisonnement. Tom. 2, 1812 359

id.   Cassation. Homicide — Jury — Renvoi. Tom. 2, 1812 503

30   Lyon. Epoux — Moyen coërcitif. Tom. 1er., 1812 387

Déc

2   Cassation. Tiers acquéreur—Clause résolutoire. Tom. 1er., 1812 321

id.   Trèves. Mariage—Défaut de publications —Témoins. Tom. 2, 1812 . . . 427

1811.

Déc.

3   Nismes. Mariage — Alliance naturelle — Commerce illicite.—Opposition. Tom. 3, 1812 . . . . p. 333

4   Cassation. Exploit — Date. Tom. 1er., 1812 333

id.   Cassation. Testament — Révocation — Réhabilitation. Tom. 1er. 1812 . . 421

id.   Cassation. Marché — Lieu du paiement. Tom. 1er. 1812 564

id.   Bruxelles. Saisie immobilière — Offres réelles — Jugement par défaut — Opposition. Tom. 3, 1812. 500

id.   Trèves. Descente sur les lieux — Partie requérante. Tom. 3, 1812. . . . 569

5   Nanci. Surenchérisseur — Notification — Déconfiture. Tom. 2, 1812 . . . 140

id.   Bruxelles. Faillite — Créancier hypothécaire — Expropriation. Tom. 2, 1812 540

6   Colmar. Mariage — Religieux — Nullité. Tom. 1er. 1812 538

9   Paris. Communauté — Hypothèque — Inscription. Tom. 1er. 1812 . . . 524

10   Paris. Femme — Disposition à titre gratuit — Autorisation. Journ., 2e. sem. 1811 566

12   Paris. Arbres — Usufruitier. Tom. 1er., 1812 257

id.   Nismes. Vendeur—Privilége —Créanciers hypothécaires. Tom. 2, 1812 . . 336

id.   Gênes. Jugement—Opposition à un jugement par défaut. Tom. 2, 1812 . . 566

13   Cassation. Injures — Peine de simple police. — Tom. 2, 1812 444

id.   Trèves. Procédure — Ratification postérieure. Tom. 3, 1812 511

14   Lyon. Incendie — Dommages et intérêts. Tom. 2, 1812 621

15   Cassation. Bois.—Futaies. Tom. 3, 1812. 79

16   Cassation. Enfant naturel reconnu avant sa naissance—Acte non enregistré. Tom. 1er., 1812 430

id.   Cassation. Adultère—Divorce. Tom. 1er., 1812 486

id.   Trèves. Enquête—Appel — Arrêt confirmatif—Signification. Tom. 3, 1812. 351

17   Cassation. Lésion—Rescision—Droit proportionnel. Tom. 1er., 1812 . . . 406

1811.
Déc.

17   CASSATION. Enquête — Assignation — Juge-commissaire. Tom. 2, 1812. p. 10

18   BRUXELLES. Testament — Héritiers — Inventaire — Usufruitier. Tom. 2, 1812. 48

id.   BRUXELLES. Enquête — Juge - commissaire — Fixation du jour — Témoins. Tom. 1er., 1813 287

19   PARIS. Créancier — Acte d'indulgence — Enregistrement. Tom. 1, 1812 . . 197

id.   CASSATION. Viol — Travaux forcés à perpétuité. Tom. 2, 1812 93

23   PARIS. Saisie — Faillite — Scellés — Vente. Tom. 1er., 1812 205

id.   GÈNES. Testament olographe — Vérification. Tom. 2, 1813 303

24   CASSATION. Assignation — Enquête — Contre-enquête. Tom. 2, 1812 14

27   LIÉGE. Péremption — Instance — Indivisibilité. Tom. 1er., 1813 542

id.   CASSATION. Délai — Délit forestier — Prescription. Tom. 2, 1812 86

id.   LIÉGE. Compétence — Fabricant. Tom. 3, 1812. 150

28   PARIS. Paternité. Tom. 3, 1812 . . . 569

30   TRÈVES. Compétence — Evocation. Tom. 1er., 1813 476

31   PARIS. Tribunal de commerce — Saisie-arrêt — Compétence. Tom. 1er., 1812. 381

id.   BRUXELLES. Enquête — Commencement. Tom. 3, 1812 348

id.   CAEN. Enfant — Puissance paternelle — Absence — Alimens. Tom. 1er., 1813. 319

1812.
Janv.

. . .   GRENOBLE. Concubine — Obligations — Testament. Tom. 3, 1812 62

3   CASSATION. Cour d'assises — Procès-verbal — Serment — Témoins. *Journ.*, 2e. sem. 1812. 171

4   CASSATION. Suppositions — Obligation frauduleuses — Escroquerie. *Journ.*, 2e. sem. 1812 383

id.   TURIN. Prodigue — Conseil — Interdiction — Notification. Tom. 3, 1812. 144

6   PARIS. Faillite. (caractères de la) Tom. 1, 1812. 200

1812.
Janvier

6   PARIS. Acquéreur — Lettres de ratification — Rapport du prix. Tom. 1, 1812. p. 385

id.   CASSATION. Saisie immobilière — Pouvoir spécial Tom. 1, 1812. 543

7   PARIS. Avoué poursuivant — Adjudicataire. Tom. 1, 1812. 446

id.   PARIS. Appel — Matière commerciale — Arrêt — Tierce-opposition — Sursis. Tom. 1, 1812. 449

id.   CASSATION. Assignation — Délai. *Journ.*, 2e. sem. 1812. 271

id.   NISMES. Appel — Incident — Délai. Tom. 1, 1813. 117

8   CASSATION. Lettre de change — Contrainte par corps — Compétence. 2e. sem. 1812. 17

id.   AIX. Enfant — Légitimité — Héritiers. *Journ.*, 2e. sem. 1812. 216

id.   CASSATION. Coutume de Namur — Héritier — Fief — Transmission — Privilége. Tom. 1, 1813. 81

id.   COLMAR. — Adjudicataire — Mandat verbal — Revente — Dommages-intérêts. Tom. 1, 1813. 306

9   CASSATION. — Faillite — Jugement — Opposition. *Journ.*, 2e. sem. 1812. . 261

id.   BRUXELLES. Election de domicile — Avoué — Paiement. Tom. 3, 1812. . . . 404

id.   BRUXELLES. Effet à ordre — Tiers - porteur — Preuve par témoins. Tom. 1, 1813. 389

10   DOUAI. Inscription — Acquéreur — Fausse déclaration. *Journ.*, 2e. sem. 1812. 137

id.   NANCY. — Exception — Nullité d'enquête — Assignation — Domicile. *Journ.*, 2e. sem. 1812. 483

id.   TURIN. Convention matrimoniale — Hypothèque légale — Héritiers. Tom. 1, 1813. 199

13   PARIS. Vente — Revente — Clause résolutoire. Tom. 1, 1812. 440

14   COLMAR. — Autorisation — Femme — Habitation — Domicile convenable. Tom. 1, 1812. 588

id.   LYON. Sourd-muet — Conseil judiciaire. *Journ.*, 2e. sem. 1812. 332

15   CASSATION. Sentence arbitrale — Date. Tom. 1, 1812. 555

id.   BRUXELLES. — Inscription d'Etat — Omission. Tom. 3, 1812. 397

1812.

Janvier

15   CASSATION. Mandat—Associés—Compromis. Tom. 1, 1813. . . . . . . p. 401

id.   LIMOGES. Retrait successoral — Cohéritier — Cession de droits. Tom. 1, 1813. 519

16   CASSATION. Serment — Témoins à décharge. Tom. 3, 1812. 103

id.   BRUXELLES. Pension alimentaire — Domestiques. Tom. 3, 1812. 526

id.   CASSATION. Contumace — Représentation — Procédures. Tom. 1, 1813. . . 540

17   NISMES. Tribunaux de commerce — Exception de litispendance — Créanciers — Concordat. Tom. 1, 1813. . . 236

18   PARIS. Epoux séparés de biens — Acquisition — Surenchères — Notification. Journ., 2e. sem. 1812. 109

id.   CASSATION. Condamné — Récidive — Réhabilitation —. Usages locaux. Tom. 3, 1812. 209

20   ROUEN. Héritiers — Femme normande — Convention matrimoniale. Journ., 2e. sem. 1812. 324

id.   TRÈVES — Enfans mineurs — Frais d'entretien et éducation. Tom. 1, 1813. 379

id.   BORDEAUX. Saisie immobilière—Mineur — Dettes actives. Tom. 3, 1813. . 363

21   CASSATION. Droit de mutation — Donation. Journ., 2e. sem. 1812. . . . 82

id.   CASSATION. Résiliation d'un bail—Preuve par témoins. Journ., 2e. sem. 1812. 273

id.   METZ. Compétence — Ministère public — Appel. Tom. 3, 1812. 261

id.   COLMAR. Lettre de change — Lieu ou nom supposé. Tom 2, 1813. . . 553

22   CASSATION. Légitimation—Mariage subséquent—Prêtre marié. Journ., 2e. sem. 1812. 5

23   BRUXELLES. Requête civile — Tribunal de commerce. Journ., 2e. sem. 1812. 557

27   CASSATION. Cohéritiers — Notaire — Succession. Journ., 2e. sem. 1812. . . 71

id.   PARIS. Héritier — Absent — Demande en envoi en possession. Journ., 2e. sem. 1812. 188

id.   CASSATION. Billet à ordre — Signature — Endossement en blanc. Journ., 2e. sem. 1812. 295

1812.

Janvier

28   PARIS. Héritier bénéficiaire — Caution — Tom. 1, 1812. . . . . p. 586

id.   PARIS.. Faillite — Frais de justice — Fournitures de subsistances — Privilége. Journ., 2e. sem. 1812. 193

29   CASSATION. Notaire — Amende — Surcharges — Interlignes, etc. Tom. 1, 1812. 563

id.   CASSATION. Intérêts — Demande de réduction. Journ., 2e. sem. 1812. . . 176

30   PARIS. Rentes foncières — Hypothèque. Tom. 1er., 1812. 530

31   PARIS. Faillite — Effets souscrits par le failli. Journ., 2e. sem. 1812 . . . 44

id.   PARIS. Commissionnaire—Lettres de change—Endos—Faillite—Garantie. Journ., 2e. sem. 1812. 45

id.   AIX. Désaveu — Enfant — Action en justice. Journ., 2e. sem. 1812. . . . 344

Février

1   PARIS. Enfant naturel reconnu avant sa naissance. Tom. 1er., 1812. . . . 430 et 433

3   PARIS. Commandement—Domicile—Saisie immobilière — Affiches. Journ., 2e. sem. 1812 41

id.   PARIS. Héritier bénéficiaire—Obligation—Mineur—Partage—Rescision. Journ., 2e. sem. 1812 308

id.   BRUXELLES. Exploit—Partage — Rescision (demande en) — Lésion. Tom. 1er., 1813 232

id.   CASSATION. Contrainte par corps—Septuagénaire — Lettre de change. Tom. 1er., 1813 213

5   CASSATION. Effets de commerce—Revendication. Journ., 2e. sem. 1812 . . 269

id.   GÈNES. Exceptions— Interdiction (provocation d'). Journ., 2e. sem. 1812 . 557

6   METZ. Tutelle légitime — Interdiction — Conseil de famille — Majorité des voix. Journ., 2e. sem. 1812 156

id.   CASSATION. Violence — Extorsion — Commencement d'exécution — Complices. Journ., 2e. sem. 1812 369

id.   BRUXELLES. Enquête — Comparution — Nullité ouverte. Tom. 3, 1812. . . 344

7   PARIS. Cohéritiers--Compensation. Journ., 2e. sem. 1812 205

id.   CASSATION. Escroquerie—Faits caractéristiques. Tom. 3, 1812. 446

1812.
Février

7 CASSATION. Accusé — Excuses. Tom. 3, 1812 . . . . p. 518
8 PARIS. Uusufruit — Douaire — Offres. *Journ.*, 2e. sem. 1812 119
id. CASSATION. Faussaire — Peine. Tom. 3, 1812 91
10 CASSATION. Action possessoire—Servitude discontinue—Incompétence. *Journ.*, 2e. sem. 1812 303
id. TURIN. Succession — Parens paternels — Successibles. Tom. 3, 1813 274
11 CASSATION. Droit de mutation—Legs d'usufruit. Tom. 1er., 1812 560
id. CASSATION. Déconfiture.—Vente—Inscription. Tom. 2, 1813 250
12 LIÉGE. Testament—Passion — Incapacité. Tom. 1er., 1813 121
13 TURIN. Délai — Assignation. *Journ.*, 2e. sem. 1812 89
id. CASSATION. Faux certificat.—Peine. Tom. 3, 1812 212
14 DOUAI. Droits successifs. — Acquéreur — Nullité. *Journ.*, 2e. sem. 1812 . . 127
id. CASSATION. Meurtre volontaire. Tom. 3, 1812 95
15 BRUXELLES. Femme—Droits immobiliers. Tom. 3, 1812 161
17 CASSATION. Jugement en dernier ressort —Appel—Tiers mis en cause. *Journ.*, 2e. sem. 1812 168
id. BORDEAUX. Vente—Prix—Condition non accomplie. Tom. 2, 1813 208
19 PARIS. Adjudicataire — Revente sur folle enchère—Opposition. *Journ.*, 2e. sem. 1812 125
id. CASSATION. Tribunal de commerce—Comparution. *Journ.*, 2e. sem. 1812 . . 379
20 NANCY. Avantages entre époux — Coutumes. *Journ.*, 2e. sem. 1812 . . . 145
id. COUR D'ASSISES. Huissier— Ressort — Ministère public — Appel. Tom. 3. 1812. 99
id. CASSATION. Serment—Témoins — Enfans. Tom. 3, 1812 104
id. CASSATION. Pêche—Engins prohibés. Tom. 3, 1812 107
id. LIÉGE. Vente judiciaire — Défaut de mesure. Tom. 3, 1813 520
21 CASSATION. Accusation—Témoin — Interprète. *Journ.*, 2e. sem. 1812 . . . 501

1812.
Février

21 CASSATION. Pêche—Engins prohibés—Action publique. Tom. 3, 1812 . . p. 108
22 PARIS. Donation—Ingratitude—Interdiction légale. Tom. 3, 1812 465
id. LIÉGE. Testament olographe — Signature—Date. Tom. 3, 1812 502
24 PARIS. Associé—Solidarité—Achat. *Journ.*, 2e. sem. 1812 113
id. ROUEN. Acquéreur — Transcription — Créanciers—Privilége—Vendeur. *Journ.* 2e. sem. 1812 327
id. CASSATION. Lettre de change — Acceptation—Provision. *Journ.*, 2e. sem. 1812. 356
25 CASSATION. Jugement — Déclinatoire — Appel. *Journ.*, 2e. sem. 1812 . . . 66
id. NISMES. Commis-voyageur — Domicile. Tom. 1er., 1813 . .
id. CASSATION. Bois de haute-futaie — — Action en supplément de pr. 1er., 1813 . . . .
26 NISMES. Régime dotal — Immeubles — Succession. Tom. 1er. 114
id. TURIN. Compétence — Locataire — Paiement par anticipation — Preuve. Tom. 1er., 1813 157
id. CASSATION. Enregistrement — Experte—Délai—Contrats à titre onéreux. *Journ.*, 2e. sem. 1812 152
id. CASSATION. Bail — Sous-location — Résiliation. *Journ.*, 2e. sem. 1812 . . 386
27 CASSATION. Jugement provisoire — Révocation. *Journ.*, 2e. sem. 1812 . . 433
28 CASSATION. Pourvoi en cassation—Calomnie—Plainte. *Journ.*, 2e. sem. 1812. 255
29 PARIS. Divorce — Enquêtes — Nullités — Témoins—Reproches. *Journ.*, 2e. sem. 1812 100
id. PARIS. Réparation d'injures. *Journ.*, 2e. sem. 1812 457

Mars.
2 PARIS. Licitation—Colicitant—Adjudicataire.—Hypothèque — Créancier opposant—Garantie. Tom. 1er., 1812 . 578
id. CASSATION. Succession — Inscription. *Journ.*, 2e. sem. 1812 361

1812.

Mars.

2   PARIS. Douaire — Donation. *Journ.*, 2e. sem. 1812 . . . . p. 393

3   ROUEN. Billet — Contrainte par corps — Compétence. Tom. 1er, 1813 . . .478

4   DOUAI. Héritier bénéficiaire — Succession — Dettes — Poursuites. *Journ.*, 2e. sem. 1812 135

id.   CASSATION. Appel d'un jugement.—Délai. *Journ.*, 2e. sem. 1812 178

id.   LIMOGES. Droits successifs — Cession — Cohéritiers. *Journ.*, 2e. sem. 1812..530

5   PARIS. Commissionnaire de roulage—Responsabilité—Mandat—Demande en garantie. *Journ.*, 2e. sem. 1812 . .318

id.   CASSATION. Serrurier—Banqueroute frauduleuse. Tom. 3, 1813 13

7   COLMAR. Ouvrier — Privilége — Faillite. Tom. 3, 1812 173

9   PARIS. Ordre — Faillite — Inscription — Lettres de ratification — Douaire. Tom. 3, 1812 215

10   PARIS. Immeuble saisi — Convention. *Journ.*, 2e. sem. 1812 121

id.   CASSATION. Droits d'enregistrement—Contrainte. *Journ.*, 2e. sem. 1812 . .367

id.   CASSATION. Renonciation à succession future—Rescision — Prescription. Tom. 3, 1812 25

11   PARIS. Acquéreur—Contrat — Action hypothécaire— Délaissement. *Journ.*, 2e. sem. 1812 106

id.   CASSATION. Tutelle—Interdits—Domicile. *Journ.*, 2e. sem. 1812 285

id.   CASSATION. Actes notariés—Signature des notaires. *Journ.*, 2e. sem. 1812 . .353

id.   CASSATION. Régie des domaines — Ministère public — Condamné insolvable. Tom. 3, 1812 33

id.   BRUXELLES. Hospice—Autorisation. Tom. 3, 1812 415

id.   TRÈVES. Ordre — Griefs — Acte d'appel. Tom. 1er, 1813 46

id.   PAU. Femme mineure—Autorisation. Tom. 2, 1813 287

12   PARIS. Inventaire — Omission — Bénéfice d'inventaire—Caution. *Journ.*, 2e. sem. 1812 196

id.   PARIS. Lettre de change — Force majeure—Tiers-porteur — Recours. *Journ.*, 2e. sem. 1812 315

1813.

Mars.

13   CASSATION. Accusé — Jury — Déclaration favorable—Renvoi. Tom. 3, 1812 p.364

id.   CASSATION. Outrages — Notaire. Tom. 3, 1812 590

14   NISMES. Enfant naturel—Reconnaissance — Adoption — Révocation. Tom. 1er, 1813 49

15   CASSATION. Assignation—Femme mariée. Tom. 3, 1812 88

id.   PARIS. Témoins—Divorce—Délai. *Journ.*, 2e. sem. 1812 103

16   PARIS. Tribunal de commerce—Jugement par défaut. *Journ.*, 2e. sem. 1812 .321

id.   PARIS. Effets de commerce — Héritiers—Tribunaux de commerce. *Journ.*, 2e. sem. 1812 400

id.   ROUEN. Droits litigieux — Cessionnaire. Tom. 3, 1812 75

id.   TRÈVES. Cours impériales — Huissiers — Résidence. Tom. 3, 1812 565

17   CASSATION. Pourvoi en règlement de juges — Assignation. *Journ.*, 2e. sem. 1812 430

id.   BRUXELLES. Aval—Billet à ordre — Saisie—Ordonnance—Appel. Tom. 3, 1812 406

id.   BORDEAUX. Vente—Contenance. Tom. 2, 1813 560

18   PARIS. Exception péremptoire—Interrogatoire — Reconnaissance tacite. *Journ.*, 2e. sem. 1812 312

id.   CASSATION. Lettres de change —Contrainte par corps. *Journ.*, 2e. sem. 1812 .575

id.   CASSATION. Saisie immobilière — Cahier des charges-Publication. T. 3, 1812. 215

19   CASSATION. Lettres de change — Tribunal compétent. *Journ.*, 2e. sem. 1812.497

id.   PARIS. Droit de chasse—Fermier. Tom. 3, 1812 460

id.   CASSATION. Changement de domicile — Preuve — Circonstances particulières. Tom. 1er, 1813 22

20   PARIS. Associés—Entreprise de commerce—Contrainte par corps. *Journ.*, 2e. sem. 1812 209

id.   CASSATION. Police correctionnelle—Appel—Déchéance. Tom. 3, 1812 . . .592

23   CASSATION. Droit de mutation — Estimation. *Journ.*, 2e. sem. 1812 . . .564

1812.

Mars.

23 CASSATION. Mutation — Droit proportionnel. *Journ.*, 2e. sem. 1812 . . p. 494

24 PARIS. Legs par un aïeul — Emploi —
Tuteur. Tom. 3, 1812 46

id. CASSATION. Héritier(qualité d')—Compétence—Dernier ressort. Tom. 3, 1812.
. . . . 202

25 CASSATION. Exploit — Copie — Voisin.
Tom. 3, 1812 36

id. CASSATION. Droit d'enregistrement — Liquidation de société. Tom 3, 1812. 92

id. BRUXELLES. Contre-lettre — Droit d'enregistrement — Fraude. Tom. 1er., 1813.
. . . . 227

26 BRUXELLES. Mari exproprié — Femme —
Adjudicataire. Tom. 3, 1812. . . 248

id. CASSATION. Tribunaux des douanes —
Compétence — Violences. Tom. 3,
1812. 281

27 CASSATION. Acte public — Date — Surcharge. Tom. 1er., 1813. 5

28 CASSATION. Injures verbales — Réparation publique. Tom. 3, 1812. . . 431

30 CASSATION. Juges — Arrêt — Nullité.
Journ., 2e. sem. 1812 452

id. BRUXELLES. Donation déguisée—Rapport.
Tom. 1er., 1813. 433

Avril.

1 CASSATION. Arrêt contradictoire—Option
—Délai. *Journ.*, 2e. sem. 1812. . 435

TURIN. Succession légitimaire — Renonciation — Donation — Portion disponible. Tom. 1er., 1813. 510

id. CASSATION. Femme — Assignation. Tom.
3, 1812. 89

2 CASSATION. Dépens—Exécutoire— Opposition—Compétence. Tom. 1er., 1813.
. . . . 539

id. CASSATION. Délit — Amende — Tribunal
de police — Excès de pouvoir. Tom.
1er., 1813. 576

id. CASSATION. Loterie — Autorisation. Tom.
1er., 1813. 590

id. TURIN. Saisie immobilière — Défaut de
titre — Appel. Tom. 2, 1813. . 240

3 PARIS. Revente — Créanciers — Inscription. *Journ.*, 2e. sem. 1812. . . 402

id. CASSATION. Conscrit — Père et mère —
Recèlement. Tom. 1er., 1813. . 182

7 TURIN. Serment faux — Inscription en
faux incident. Tom. 3, 1812. . . 538

1812.

Avril.

8 CASSATION. Autorité de la chose jugée —
Violation. Tom. 3, 1812 . . . p. 289

9 BRUXELLES. Saisie-arrêt — Appel — Notification — Domicile élu. Tom. 3,
1812. 418

id. CASSATION. Délit de rébellion — Compétence. Tom. 1er., 1813. 490

10 CASSATION. Jugement — Appel — Incompétence. Tom. 1er., 1813. . . 583

11 PARIS. Divorce — Témoins — Prénoms—
Citation. *Journ.*, 1er. sem. 1812. . 397

id. GÈNES. Subrogé tuteur — Mandat verbal
— Notaire. Tom. 2, 1813. . . . 503

13 CASSATION. Mineur — Expropriation —
Discussion — Cause d'appel. Tom. 3,
1812. 12

14 PARIS. Débiteur de mauvaise foi — Bénéfice de cession. *Journ.*, 2e. sem 1812.
. . . . 212

15 CASSATION. Emigré — Succession — Institution contractuelle. Tom. 1er., 1813.
. . . . 491

16 CASSATION. Ouvrages doublés et plaqués—
Masque. Tom. 1er., 1813. . . . 592

id. CASSATION. Gendarmes — Rébellion ar-
mée. Tom. 1er., 1813 603

17 PARIS. Substitution fidéicommissaire —
Avantages — Divorce — Transaction—
Succession — Légitime. *Journ.*, 2e.
sem. 1812. 181

id. COLMAR. Donation d'usufruit — Maison
indivise — Héritiers. Tom. 3, 1812.
. . . . 487

18 CASSATION. Cour d'assises — Procès-verbal—Témoins—Serment. Tom. 1er.,
1813. 579

id. CASSATION. Vol — Vagabondage — Jury.
Tom. 1er., 1813. 581

20 PARIS. Prescription — Huissiers. *Journ*,
2e. sem. 1812. 191

id. CAEN. Rente — Cohéritiers — Remboursement. Tom. 1er., 1813. . . . 441

21 CASSATION. Enquête — Délai — Vacation.
Journ., 2e. sem. 1812. 447

id. PARIS. Avantages indirects — Donataire
— Bail à vil prix. *Journ.*, 2e. sem.
1812. 465

id. CASSATION. Juge de paix — Récusation.
Tom. 3, 1812. 22

1812.

Avril.

21　CASSATION. Faux — Titre supposé. Tom. 2, 1813 . . . . p. 602

22　BRUXELLES. Acte sous seing privé — Doubles originaux. Tom. 3, 1812 . . . 533

id.　NISMES. Héritier universel — Legs — Caution. Tom. 3, 1813 271

23　BRUXELLES. Mariage — Nullité — Enfant adoptif. Tom. 3, 1812 163

id.　CASSATION. Voleur — Commis — Déclaration du jury — Peine de 5 années de réclusion. Tom. 1er., 1813 . . . 544

24　CASSATION. Réméré — Sommation — Prescription — Qualités et dates des actes — Rectification d'erreurs. Tom. 1er., 1813 161

id.　CASSATION. Délit — Complicité — Conscrit — Remplacement — Faux. Tom. 1er., 1813 544

id.　ROUEN. Hypothèque — Compte courant. Tom. 3, 1812 394

25　PARIS. Héritier — Bénéfice d'inventaire — Légitime. Journ., 2e. sem. 1812. 415

27　DOUAI. Testament public — Témoins. Journ., 2e. sem. 1812 129

id.　CASSATION. Tiers-détenteur — Action hypothécaire. Tom. 3, 1812 38

id.　CASSATION. Lettre de change — Provision — Garantie. Tom. 3, 1813 173

id.　TURIN. Rente constituée — Offres réelles. Tom. 3, 1813 561

28　LIMOGES. Absent — Envoi en possession — Obligation — Action en paiement. Tom. 1er., 1813 203

id.　LIÉGE. Péremption d'instance. Tom. 3, 1813 554

29　PARIS. Failli — Vente de meubles — Opposition. Journ., 2e. sém. 1812. 203

id.　CASSATION. Droit de mutation — Echange d'immeubles. Tom. 3, 1812 . . . 353

30　BRUXELLES. Poste aux chevaux (maître de) — Tribunal de commerce. Tom. 3, 1812 496

id.　CASSATION. Acte de souveraineté — Occupation d'un pays par une puissance ennemie. Tom. 1er., 1813 529

Mai.

1　PARIS. Exhédération--Donations déguisées — Preuve par témoins. Journ., 2e. sem. 1812 509

1812.

Mai.

1　CASSATION. Faux — Conscription. Tom. 2, 1813 . . . . p. 603

2　CASSATION. Testament mystique — Ouverture. Tom. 3, 1812 583

id.　BRUXELLES. Contrat de mariage — Avantage entre époux — Succession. Tom. 1er., 1813 467

4　PARIS. Débiteur détenu — Maladie — Translation. Tom. 3, 1812 42

id.　CASSATION. Hypothèque — Indivisibilité. Tom. 3, 1812 81

id.　CASSATION. Appelant — Arrêt par défaut — Avoué. Tom. 3, 1812 97

5　PARIS. Douaire coutumier — Purge — Femme normande. Journ., 2e. sem. 1812 214

id.　CASSATION. Donation entre-vifs — Rapport — Collatéraux. Tom. 3, 1812. 357

id.　CASSATION. Inscriptions — Radiation — Compétence. Tom. 2, 1813 . . 49

6　CASSATION. Inscription — Demande en main-levée — Règlement de juges. Tom. 3, 1812 441

id.　TRÈVES. Appel — Signification — Rectification — Délai. Tom. 1er. 1813 . . 474

　　PARIS. Almanach impérial — Patrimoine. Tom. 3, 1812 136

id.　COLMAR. Pays réunis — Enfant — Contrat de mariage — Enfant naturel. Tom. 3, 1812 177

id.　PARIS. Cohéritiers — Accord — Renonciation modifiée. Tom 3, 1812 . . 225

id.　LIMOGES. Garantie — Inscription. Tom. 3, 1813 442

11　PARIS. Faillite — Créanciers — Débiteur — Jugement — Tierce-opposition. Journ., 2e. sem. 1812 463

id.　PARIS. Faillite — Vente — Tierce-opposition. Journ., 2e. sem. 1812 . . . 473

id.　PARIS. Emigré — Créanciers — Liquidation — Cautions. Journ., 2e. sem. 1812. 515

id.　ROUEN. Acquéreur — Prix — Intérêts des intérêts. Tom. 3, 1812 425

id.　BRUXELLES. Jugement par défaut — Signification — Délai d'appel. Tom. 1er. 1813 431

12　CASSATION. Taxe de dépens — Pourvoi en cassation — Droit de copie. Tom. 3, 1812 18

1812.
Mai.

12 CASSATION. Alimens fournis par un tiers. Tom. 3, 1812 . . . . p. 293

id. PARIS. Bailleur à ferme — Usurpations — Détenteurs. *Journ.*, 2e. sem. 1812. 527

14 PARIS. Créanciers — Abandon volontaire. *Journ.*, 2e. sem. 1812 520

id. PARIS. Présomptions graves — Billets rejetés. Tom. 3, 1812 125

18 CASSATION. Donation mutuelle — Irrévocabilité — Code civil. Tom. 3, 1812 433

20 CASSATION. Emigration — Testament. Tom. 3, 1812 29

id. BRUXELLES. Faillite — Concordat — Recours. Tom. 1er., 1813 225

21 ROUEN. Inscription — Rente — Emigré amnistié. Tom. 3, 1812 388

id. CASSATION. Crime — Récidive — Réhabilitation — Cour spéciale — Compétence. Tom. 1er. 1813 598

23 AMIENS. Saisie immobilière — Moyens de nullité — Erreur — Revendication — Surenchère. Tom. 3, 1812 . . . 266

25 CASSATION. Séparation de patrimoines — Vente — Confusion. Tom. 3, 1812 191

26 CASSATION. Statuts coutumiers — Avantages matrimoniaux. Tom. 3, 1812. 101

id. CASSATION. Rente — Retenue — Impositions. Tom. 3, 1812 105

27 CASSATION. Créancier — Gage — Prescription, Tom. 1er., 1813 567

28 PARIS. Acte d'appel — Nullité couverte — Remboursement — Garantie. Tom. 3, 1812 58

id. BRUXELLES. Obligation — Incarcération — Violence. Tom. 1er., 1813 304

30 CASSATION. Accusation — Faits — Jury — Cour d'assises. Tom. 1er., 1813. 551

id. CASSATION. Conscrit réfractaire — Recélement. Tom. 1er., 1813 594

Juin.

1 PARIS. Etang. — Nivellement. *Journ.*, 2e. sem. 1812 408

id. DOUAI. Testament — Témoins — Bourg — Signature. Tom. 3, 1812 149

id. CASSATION. Arbitres — Récusation. Tom. 3, 1812 107

1812.
Juin.

1 ROUEN. Saisie immobilière — Pouvoir spécial. Tom. 3, 1812 . . . . . . p. 390

id. TURIN. Compte — Exécutoire — Appel. Tom. 3, 1812 422

id. PARIS. Rentes constituées — Donation. Tom. 1er., 1813 35

2 PARIS. Traites protestées — Garantie. *Journ.*, 2e. sem. 1812 420

id. CASSATION. Faillite — Concordat rejeté. Tom. 3, 1812 517

3 PARIS. Interrogatoire sur faits et articles — Mari. — Tom. 3, 1812 . . . 245

id. CASSATION. Commandement — Election de domicile — Tiers. Tom. 3, 1812 303

id. CASSATION. Copie — Perte de l'original — Commencement de preuve par écrit. Tom. 1er., 1813 76

id. CASSATION. Commune — Défaut d'autorisation — Jugement. Tom. 1, 1813. 561

4 CASSATION. Interprète — Serment. Tom. 1er., 1813 593

id. CASSATION. Maison de prêt — Intérêts — Concussion. Tom. 1er., 1813 . . . 596

id. CASSATION. Guet-à-pens — Préméditation. Tom. 1er., 1813 597

6 CASSATION. Compétence — Injures verbales. *Journ.*, 2e. sem. 1812 . . . 411

id. PARIS. Ordre — Supplément de prix. Tom. 3, 1812 109

8 CASSATION. Substitution conditionnelle. Tom. 3, 1812 283

10 PARIS. Enquête — Matière sommaire — Nouveau délai. Tom. 3, 1812 . . . 48

id. CASSATION. Droit de transcription — Supplément — Dernier enchérisseur. Tom. 3, 1812 275

id. CASSATION. Commune — Exploit — Maire — Visa. Tom. 3, 1812 275

id. PARIS. Hypothèque — Titre constitutif — Désignation — Opposition à la taxe — Acquiescement. Tom. 1er., 1813. 374

id. BRUXELLES. Legs — Résolution. Tom. 3, 1812 373

11 PARIS. Etranger — Réclamation — Appel. Tom. 3, 1812 322

12 CASSATION. — Marchand — Faillite — Contribution. Tom. 2, 1813 388

1812.

Juin.

12   CASSATION. Commission militaire — Témoins — Condamnations. Tom. 1er., 1813. . . . . p. 606

15   PARIS. Faillite — Femme — Dol — Intérêt — Collocation. Tom. 3, 1812 . 506

id.   PARIS. Adultère—Divorce. (demande en) Tom. 3, 1812. 118

id.   CASSATION. Actes adminitratifs — Loi abrogée — Religieux — Succession. Tom. 3, 1812. 195

16   PARIS. Enfant naturel — Droits successifs. *Journ.*, 2e. sem. 1812. . 523

id.   PARIS. Bail à loyer — Condition — Faillite — Syndic. Tom. 3, 1812. . . 133

id.   CASSATION. Droits féodaux — Arrérages. Tom. 3, 1812. 440

17   CASSATION. Saisie immobilière — Première publication. Tom. 3, 1812. . 86

id.   AMIENS. Libération — Présomptions — Preuves par témoins. Tom. 3, 1812. 167

id.   CASSATION. Concordat — Demande en nullité. Tom. 3, 1812. 205

id.   TRÈVES. Péremption d'instance. Tom. 3, 1813. 586

18   CASSATION. Vol nocturne dans un jardin attenant à une maison habitée — Peine. Tom. 1er., 1813. 607

id.   METZ. Achat et revente d'immeubles — Société. Tom. 2, 1813. 584

20   CASSATION. Blessures—Peine. Tom. 1er., 1813. 505

22   CASSATION. Effet de commerce — Protêt — Recours. Tom. 3, 1812. . . . 183

id.   CASSATION. Jugement du tribunal de paix — Appel. Tom. 3, 1813. 297

id.   RIOM. Compétence — Dommages-intérêts — Saisie — Nullité. Tom. 3, 1812. 481

id.   CASSATION. Donation — Charge — Interprétation — Cassation. Tom. 3, 1812. 576

23   PARIS. Privilége — Ouvrier — Domestique — Récolte. Tom. 3, 1812. . 330

id.   CASSATION. Acquéreur — Notification. — Purgement d'hypothèque. Tom. 1er., 1813. 321

id.   CASSATION. Congé d'ouvrier — Compétence. Tom. 3, 1813. 559

3

Juin.

24   CASSATION. Effet de commerce — Valeur reçue. Tom. 3, 1812. . . . . . p. 84

id.   CASSATION. Offres réelles — Créancier direct—Consignation. Tom. 3, 1812. 199

id.   COLMAR. Alimens — Enfans solidaires. Tom. 3, 1812. 542

id.   BRUXELLES. Compte — Condamnation éventuelle. Tom. 2, 1813. . . . 431

id.   PARIS. Compte courant — Solde — Intérêts. Tom. 1er., 1813. 139

25   CASSATION. Donation — Père tuteur — Acceptation. Tom. 3, 1812. . . . 189

id.   PARIS. Faillite—Vérification des créances. Tom. 3, 1812. 221

id.   CASSATION. Acte de naissance — Faux. Tom. 1er., 1813. 587

id.   ROUEN. Rente constituée — Offres réelles. Tom. 2, 1813. 342

id.   CASSATION. Lettre de change — Provision — Garantie. Tom. 3, 1813. . . 173

26   LIÉGE. Hypothèque — Privilége — Vendeurs. Tom. 3, 1813. 142

27   PARIS. Maternité — Aveux des parens. Tom. 3, 1812. 316

id.   CASSATION. Ministère public — Frais — Condamnation. Tom. 3, 1813. . . 48

id.   CASSATION. Gardes champêtres — Procès-verbaux. — Enonciation de la demeure. Tom. 3, 1813. 287

29   PARIS. Femme — Hypothèque légale — Subrogation — Déconfiture. Tom. 3, 1812. 112

id.   PARIS. Lettre de change pour le compte d'autrui—Provision. Tom. 3, 1812. 231

id.   DOUAI. Récusation — Juge correctionnel — Juge civil. Tom. 3, 1812. . 373

id.   CASSATION. Divorce admis — Nullité couverte. Tom. 2, 1813. 134

30   CASSATION. Jugement exécutoire — Saisie-arrêt — Opposition. Tom. 3, 1812. 277

Juill.

1   CASSATION. Demande indéterminée — Dommages-intérêts. Tom 3, 1812. 193

id.   PARIS. Péremption — Reprise d'instance — Constitution d'avoué. Tom. 3, 1812. 328

2   CASSATION. Délit de calomnie — Plainte. Tom. 1er., 1813. 559

1812.
Juillet.

3 CASSATION. Contrefaçon — Plagiat. Tom. 3, 1812 . . . . p. 5

id. COLMAR. Mineur — Compte — Décharge. Tom. 3, 1812 491

id. BRUXELLES. Lettre de change — Supposition de lieu. Tom. 2, 1813 553

4 TRÈVES. Letré de change. Tom. 2, 1813. 553

6 CASSATION. Rente — Remboursement. (contrainte en) Journ., 2e. sem. 1812. 578

id. PARIS. Enfant naturel — Opposition — Reconnaissance légale. Journ., 2e. sem. 1812. 584

id. PARIS. Absent — Droit réclamé. Tom. 3, 1812. 235

id. PARIS. Vente — Prix — Expertise. Tom. 3, 1812. 238

id. CASSATION. Jour férié — Acte judiciaire. Tom. 3, 1812. 301

id. CASSATION. Droit de mutation — Surenchère — Expertise. Tom. 3, 1812. 429

id. NISMES. Exploit — Emigré — Hypothèque. Tom. 1er., 1813 309

id. CASSATION. Servitude discontinue — Action possessoire. Tom. 3, 1813. 318

7 PARIS. Jugement par défaut — Péremption — Tiers. Tom. 3, 1812. . . . 454

8 PARIS. Compensation — Obligé solidaire — Clause pénale. Tom. 3, 1812. . . 458

id. CASSATION. Paternité — Action en désaveu. Tom. 1er., 1813. 11

9 AMIENS. Letre de ratification — Hypothèque — Vendeur. Tom. 3, 1812. 506

id. CASSATION. Jugement qualifié en dernier ressort — Pourvoi en cassation. Tom. 3, 1812. 516

id. CASSATION. Enfant naturel — Contrat de mariage — Donation. Tom. 1er., 1813. 85

id. CASSATION. Violences graves — Peine Tom. 1er., 1813. 561

10 PARIS. Banquier — Effets à négocier — Force majeure — Perte. Tom. 3, 1812. 365

id. CASSATION. Vol de récolte — Peine. Tom. 1er., 1813. 563

1812.
Juillet.

11 PARIS. Saisie immobilière — Décès — Demande en distraction. Tom. 3, 1812. . . . . p. 121

id. PARIS. Preuve par témoins — Actes écrits — Matière de commerce. Tom. 1er., 1813. 333

13 CASSATION. Chambre des appels — Affaires civiles. Tom. 1er., 1813. . . 246

id. MONTPELLIER. Enfant naturel — Succession — Neveux — Fruits. Tom. 3, 1812. 257

id. BRUXELLES. Tuteur subsidiaire — Hypothèque légale. Tom. 2, 1813. . . 514

16 LYON. Partage provisionnel — Mineurs — Vente — Eviction. Tom. 1er., 1813. 281

id. ROUEN. Pacte commissoire — Rentes — Arrérages. Tom. 1er., 1813. . . . 399

20 BRUXELLES. Interdit — Femme — Conseil de famille. Tom. 1er., 1813 . . . 106

id. CASSATION. Injures verbales — Réparation — Condamnation pécuniaire. Tom. 1er., 1813. 588

21 PARIS. Acte sous seing privé — Dénégation — Contrat — Dol. Tom. 3, 1812. 241

id. RIOM. Défaut. (jonction de) — Jugement faute de plaider. Tom. 3, 1812. 485

id. BRUXELLES. Scellés — Main-levée — Tribunaux de commerce — Compétence. Tom. 1er., 1813. 73

id. COLMAR. Acquéreur cessionnaire — Eviction. Tom. 1er., 1813. 239

22 CASSATION. Bénéfice d'inventaire — Héritier pattiaire — Dettes de la succession. Tom. 1er., 1813. 177

id. BRUXELLES. Contrat verbal — Conditions — Déclaration. Tom. 3, 1813. . 207

23 NANCY. Jour férié — Cohéritier — Licitation. Tom. 1er., 1813. 61

id. CASSATION. Inscription hypothécaire — Créance exigible. Tom. 1er., 1813. 328

id. CASSATION. Préposé des douanes — Violences — Cours prévôtales — Compétence. Tom. 1er., 1813. 552

24 DOUAI. Divorce — Mari — Adultère. Tom. 3, 1812. 546

28 MONTPELLIER. — Exploit — Date. Tom. 2, 1813. 480

1812.
Juillet.

28   GÈNES. Mineur — Saisie immobilière — Poursuites. Tom. 3, 1813 . . p. 97

29   CASSATION. Conseil de famille — Délibération — Poursuite — Juge de paix. Tom. 1er, 1813 19

id.   BRUXELLES. Bail — Usufruitier. Tom. 2, 1813 606

30   CASSATION. Crime — Action publique — Prescription. Tom. 1er, 1813 571

id.   CASSATION. Accusation — Récidive — Identité. Tom. 1er, 1813 . . . 574

id.   CASSATION. Cours spéciales — Vagabonds — Compétence. Tom. 1er, 1813. 578

id.   CASSATION. Commissaires de police — Injures — Peine. Tom. 1er, 1813. 599

31   PARIS. Testament olographe — Legs — Prêtre. Tom. 1er, 1813 137

Août.

3   PARIS. Ordre — Règlement — Forclusion. Tom. 3, 1812 246

id.   PARIS. Surenchérisseur — Caution. Tom. 3, 1812 310

id.   PARIS. Mandat — Prétexte d'ignorance. Tom. 3, 1812 524

id.   CASSATION. Arrêt — Pourvoi — Délai — Compétence. Tom. 1er, 1813. 247

id.   CASSATION. Loi — Effet rétroactif — Rentes convenancières. Tom. 2, 1813 174

5   CASSATION. Puissance paternelle — Usufruit — Petits enfans mineurs. Tom. 1er, 1813 169

id.   CASSATION. Faillite — Achat — Paiement. Tom. 1er, 1813 241

id.   NISMES. Vente — Absent — Inscription — Sommation. Tom. 1er, 1813 . . 424

id.   CASSATION. Femme non commune en biens — Assignation. Tom. 1er, 1813. 557

id.   NISMES. Assignation — Domicile — Profession. Tom. 2, 1813 165

id.   CASSATION. Saisie immobilière — Dénonciation — Affiches. Tom. 2, 1813 171

7   PARIS. Bail — Prohibition de céder. Tom. 5, 1812 319

id.   NISMES. Bail à cheptel — Notification. Tom. 2, 1813 427

1812.
Août.

11   PARIS. Faillite — Compte courant — Dividende. Tom. 3, 1812 . . . . . p. 312

id.   CASSATION. Émigration — Séparation de biens — Radiation. Tom. 1er, 1813. 89

id.   CAEN. Crédit ouvert — Hypothèque — Validité. Tom. 3, 1813 278

12   CASSATION. Vente de la chose d'autrui — Éviction — Garantie. Tom. 1er, 1813. 413

id.   CASSATION. Servitudes apparentes — Éviction — Garantie. Tom. 3, 1813 . . 49

id.   NISMES. Voiturier — Chevaux — Louage — Privilège. Tom. 3, 1813 . . . 317

13   AMIENS. Donation en usufruit entre époux — Réserve de vendre, etc. Tom. 3, 1812. 377

id.   CAEN. Bail à vil prix — Nu propriétaire. Tom. 3, 1812 559

id.   BRUXELLES. Demande en séparation — Apposition de scellés — Vente d'effets de la communauté. Tom. 1er, 1813. 436

id.   PARIS. Enfant adultérin — Reconnaissanc — Acte de naissance — Rectification. Tom. 1er, 1813 455

id.   CASSATION. Vol de fruits — Vol de récolte. Tom. 1er, 1813 575

14   CASSATION. Délit — Complices — Indivisibilité de la procédure. Tom. 1er, 1813 584

id.   NISMES. Vente simulée — Créancier. Tom. 2, 1813 120

id.   CASSATION. Vente de bois — Marteau impérial — Suppression de l'empreinte. Tom. 3, 1813 84

17   CASSATION. Écrit — Mandat au porteur — Lettre de change — Compétence. Tom. 2, 1813 9

19   RIOM. Endossement en blanc — Date supposée. Tom. 3, 1812 469

id.   CASSATION. Communauté — Propres normands — Obligations — Hypothèque. Tom. 1er, 1813 449

20   BRUXELLES. Lettres de change — Supposition de lieu — Présomption. Tom. 1er, 1813 219

id.   BRUXELLES. Bail verbal — Tacite reconduction — Preuve de faits. Tom. 1er, 1813 549

id.   CASSATION. Pierres — Armes. Tom. 3, 1813 525

1812.

Août.

21 COLMAR. Acquéreur — Délaissement — Caution. Tom. 1er., 1813 . . p. 276

24 NISMES. Actes sous seing privé — Obligations réciproques. Tom. 3, 1813. . 153

25 RIOM. Jugement par défaut — Appel — Délai. Tom. 3, 1812. 474

id. RIOM. Hypothèque. (demande en) — Jugement — Appel. Tom. 3, 1812. . 476

id. RIOM. Compétence — Dommages-intérêts — Saisie — Nullité. Tom. 3, 1812 . 481

id. ROUEN. Enfant naturel — Maternité. Tom. 3, 1812. 562

id. CASSATION. Testament — Institution universelle — Dispense de rapport. Tom. 1er., 1813. 129

id. CASSATION. Possession d'état — Commencement de preuve par écrit. Tom. 1er., 1813. 209

id. CASSATION. Servitude — Actes de possession. Tom. 1er., 1813. 407

26 PARIS. Jugement par défaut — Péremption. Tom. 1er., 1813. 31

id. ANGERS. Hypothèque légale — Conquêts de communauté — Créanciers. Tom. 1er., 1813. 109

27 PARIS. Domicile contractuel — Acquéreur à réméré — Hypothèque. Tom. 3, 1812. 307

id. CASSATION. Jugement rendu en pays étranger — Hypothèque — Exécutoire. Tom. 1er., 1813. 251

id. PARIS. Vaine pâture — Droit communal — Réglement. Tom. 1er., 1813. . . 32

28 PARIS. Obligation — Causes — Interrogatoire. Tom. 3, 1812. 325

id. PARIS. Mandat — Placement de fonds. Tom. 3, 1812. 467

29 PARIS. Marchand — Enseigne — Nom. (addition de) Tom. 3, 1812. . . 456

Sept.

1 CASSATION. Testament — Institué. Tom. 1er., 1813. 444

2 METZ. Saisie immobilière — Pouvoir spécial — Nullités. Tom. 1er., 1813. 195

id. CASSATION. Déconfiture — Faillite — Caractères intermédiaires. Tom. 1er., 1813. 257

1812.

Sept.

2 CASSATION. Déconfiture — Aliénations — Créanciers. Tom. 1er., 1813 . p. 260

id. CASSATION. Arbitrage — Cas d'urgence. Tom. 2, 1813. 18

3 CASSATION. Ordre — Compétence. Tom. 2, 1813. 217

id. CASSATION. Faux — Provocation. Tom. 2, 1813. 575

4 CASSATION. Servitude — Exception. Tom. 2, 1813. 597

5 CASSATION. Bigamie — Prescription. Tom. 3, 1813. 86

id. CASSATION. Serment — Accusation de faux. Tom. 3, 1813. 294

10 CASSATION. Endossement irrégulier — Compensation. Tom. 3, 1813. . 411

id. CASSATION. Faux — nom. Tom. 3, 1813. 537

11 PARIS. Jugement en dernier ressort — Contrainte par corps. Tom. 1er., 1813. 352

12 BRUXELLES. Faux — Lettre de change — Appel. Tom. 2, 1813. 521

id. CASSATION. Effets volés — Recel — Complicité. Tom. 3, 1813. 288

18 PARIS. Référé. Tom. 3, 1812. . . 522

25 PARIS. Commission — Négociant — Registres. Tom. 3, 1812. 449

27 CASSATION. Droit de mutation — Démission de biens. Tom. 2, 1813. . . 13

30 PARIS. Marchandises — Destination — Prescription. Tom. 1er., 1813. . . 416

Octob.

2 PARIS. Demande en divorce — Obligations du mariage. Tom. 1er., 1813. . . 25

4 CASSATION. Enfant naturel — Reconnaissance — Acte sous seing privé — Alimens. Tom. 1er., 1813. 481

6 CASSATION. Rente dite *noble* — Féodalité. Tom. 1er., 1813. 165

7 CASSATION. Inscription — Acte de cession. Tom. 2, 1813. 79

id. CASSATION. Femme — Jugement — Demande en nullité. Tom. 2, 1813. . 132

12 CASSATION. Pharmacien — Alliés — Donation. Tom. 3, 1812. 513

1812.

Octob.

13   Douai. Faillite — Vente d'immeubles — Formalités. Tom. 3, 1812 . . . p. 550

id.   Cassation. Saisie immobilière —Poursuivant — Nullité. Tom. 2, 1813. . . 42

id.   Cassation. Femme s'obligeant dans l'intérêt de son mari — Autorisation. Tom. 2, 1813 52

id.   Cassation. Enquête — Cassation. Tom 2, 1813. 88

14   Cassation. Arrêt — Cassation. Tom. 1er., 1813 487

20   Cassation. Enquête — Loi ancienne. Tom. 2, 1813. 152

21   Cassation. Testament — Lecture. Tom. 2, 1813. 253

22   Cassation. Communes — Droit de réintégrande. Tom. 1er., 1813. . . . 173

id.   Cassation. Police correctionnelle—Appel —Ministère public. Tom. 2, 1813. 187

26   Cassation. Acquisition présumée—Droit proportionnel. Tom. 2, 1813. . . 185

id.   Cassation. Péremption d'instance—Voie d'exception. Tom. 2, 1813. . . . 209

27   Cassation. Action pétitoire — Chose jugée. Tom. 2, 1813. 147

28   Cassation. Boisson appelée piquette — Droit. Tom. 2, 1813. 595

29   Cassation. Saisie-exécution — Soustraction — Enfant. Tom. 2, 1813. . . 21

id.   Cassation. Accusé acquitté — Fait accessoire. Tom. 2, 1813. 481

30   Cassation. Police correctionnelle — Juge d'instruction. Tom. 2, 1813. . . 545

id.   Cassation. Enfant abandonné. Tom. 2, 1813. 591

id.   Cassation. Délits — Prescription. Tom. 3, 1813. 267

Nov.

1   Cassation. Mutation présumée — Droit d'enregistrement. Tom. 2, 1813. . 453

2   Cassation. Contrat—Preuve par témoins — Réméré. Tom. 2, 1813. . . . 144

3   Cassation. Coupe de bois — Prescription —Surenchère. Tom. 3, 1813. . . 46

id.   Cassation. Billet — Approbation. Tom. 2, 1813. 56

1812.

Nov.

4   Cassation. Rente constituée — Remboursement. Tom. 3, 1813 . . . . p. 561

6   Cassation. Vol d'épis de blé. Tom. 2, 1813. 598

7   Cassation. Faux — Témoin instrumentaire — Signature. Tom. 3, 1813. 494

9   Paris. Ordonnance d'*exequatur* — Opposition — Exécution. Tom. 1er., 1813. 98

id.   Cassation. Juif—Obligation — Numération d'espèces. Tom. 2, 1813. . . 129

10   Paris. Exécuteur testamentaire —Contestations —Frais. Tom. 1er., 1813. 268

id.   Paris. Droit de courtage — Résiliation — Revente. Tom. 1er., 1813. . . . 337

id.   Cassation. Emigré amnistié — Réclamations — Autorité administrative. Tom. 2, 1813. 24

id.   Cassation. Commune (Section de) Autorisation. Tom. 2, 1813. . . 180

id.   Cassation. Effet de commerce — Recours — Protêt — Délai. Tom. 2, 1813. 189

11   Paris. Bail — Sous-baux — Tierce-opposition. Tom. 1er., 1813. 27

id.   Paris. Notaire — Dépôt — Remise. Tom. 1er., 1813. 91

id.   Douai. Communauté — Créancier — Saisie-arrêt. Tom. 1er., 1813. . . . 397

id.   Cassation. Vente — Marchandises — Revendication. Tom. 2, 1813. . . 29

id.   Paris. Hypothèque — Prohibition d'aliéner. Tom. 2, 1813. 94

id.   Cassation. Enregistrement— Contravention — Notaire. Tom. 2, 1813. . 573

id.   Cassation. —Hypothèque—Inscription— Désignation des biens. Tom. 3, 1813. 29

13   Cassation. Délit de pâturage. Tom. 2, 1813. 545

17   Cassation. Substitution — Transaction. Tom. 2, 1813. 168

id.   Cassation. Inscription — Enonciation inexacte — Nullité. Tom. 3, 1813. 168

18   Cassation. Billet à ordre — Revendication. — Endossement en blanc. Tom. 2, 1813. 139

id.   Cassation. Action publique — Plainte. Tom. 3, 1813. 137

1812.

Nov.

19   CASSATION. Saisie immobilière — Placards — Marché. Tom. 3, 1813 . . p. 246

id.   BRUXELLES. Testament — Légataire — — Inventaire. Tom. 3, 1813. . . 123

20   NANCY. Délai d'appel — Signification. Tom. 1er., 1813. 362

21   ROUEN. Séparation de biens — Caution — Cohabitation. Tom. 1er., 1813. . 148

id.   PARIS. Biens dotaux — Créanciers — Saisie-arrêt. Tom. 1er., 1813. . . 216

id.   PARIS. Femme — Hôtel-garni — Assignation — Nullité couverte. Tom. 2, 1813. 68

22   CASSATION. Falsification — Acte non légalisé. Tom. 2, 1813. 600

id.   CASSATION. Déclaration de command — Notification — Droit d'enregistrement. Tom. 3, 1813. 165

23   PARIS. Adjudicataire — Loyers — Collocation. Tom. 1er., 1813. 100

id.   NANCY. Actes de procédure — Enregistrement — Jugement par défaut — Tierce - opposition. Tom. 1er., 1813. 364

id.   CASSATION. Société en matière civile — Femme séparée de biens. Tom. 2, 1813. 15

id.   CASSATION. Notaire et témoins appelés en témoignage. Tom. 2, 1813. 54

id.   CAEN. Tutelle — Mère — Second mariage — Caution. Tom. 3, 1813. . . . 313

24   PARIS. Rente viagère — Hypothèque — Usufruit — Saisie immobilière — Recours. Tom. 3, 1813. 346

25   TRÈVES. Saisie immobilière — Notification — Visa. Tom. 2, 1813. . . 443

id.   CASSATION. Affectation hypothécaire — Inscription — Radiation. Tom. 2, 1813. 534

26   PARIS. Failli — Concordat — Créanciers hypothécaires. Tom. 1er. 1813. . . 102

id.   BRUXELLES. Péremption d'instance. Tom. 3, 1813. 586

28   BRUXELLES. Billet à ordre — Remise de place en place. Tom. 3, 1813. . . 434

1812.

Nov.

30   PARIS. Vente — Convention — Contrat — Purgement d'hypothèque. Tom. 1er., 1813. . . . . p. 213

Déc.

1   PARIS. Cession de biens — Bonne foi. Tom. 1er., 1813. 344

id.   CASSATION. Usufruit — Caution — Héritier bénéficiaire. Tom. 2e., 1813. . 369

2   CASSATION. Obligation sans cause. — Hypothèque. Tom. 1er., 1813 289

3   BRUXELLES. État de faillite — Poursuites. Tom. 2e., 1813 368

id.   CASSATION. Parricide — Complice. Tom. 2e., 1813 545

id.   BRUXELLES. Acte d'appel — Ordre — Griefs — Inscription. Tom. 3e., 1813. 157

4   CAEN. Testament — Serviteur — Témoin. Tom. 2e., 1813 425

7   ROUEN. Jugement par défaut — Inscription. Tom. 2e., 1813. 273

8   CASSATION. Loi du 2 prairial an 7 — Rescision — Partage — Déchéance. Tom. 2e., 1813 241

id.   CAEN. Faillite — Syndics définitifs — Révocation. Tom. 3e., 1813 . . . 367

id.   CASSATION. Rentes foncières — Solidarité — Retenue. Tom. 2e., 1813 37

9   CASSATION. Concordat — Contrainte par corps. Tom. 2e., 1813 449

10   CASSATION. Saisie immobilière — Dénonciation — Délai. Tom. 1er., 1813 . 330

id.   BRUXELLES. Rente — Prescription — Interruption. Tom. 2e., 1813 . . . 519

id.   CASSATION. Femme — Jugement. Tom. 2e., 1813 593

id.   BRUXELLES. Rente constituée — Hypothèque — Prescription. Tom. 3e., 1813. 203

11   PARIS. Époux mineur — Testament — Mandataire — Dommages-intérêts. Tom. 1er., 1813 420

12   PARIS. Saisie-immobilière — Adjudicataire — Notification. Tom. 1er., 1813 . . 502

1812. Déc.

12 — CAEN. Acte respectueux — Notification — Copie remise au maire. Tom. 3e., 1813. . . . . p. 283

15 — BRUXELLES. Mariage — Opposition — Ascendans. Tom. 2e., 1813 . . . 386

16 — AMIENS. Conscrit — Remplacement — Mariage. Tom. 1er., 1813 . . . 315

17 — AMIENS. Saisie immobilière — Demande incidente — Appel — Délai. Tom. 1er., 1813 145

id. — PARIS. Succession — Héritier bénéficiaire — Créanciers — Ouverture d'ordre. Tom. 1er., 1813 . . . 341

id. — CASSATION. Retour légal — Ascendant. Tom. 2e., 1813 . . . 401

18 — PARIS. Tribunaux de commerce — Incidens — Compétence. Tom. 1er., 1813 . 499

id. — CASSATION. Conscrit — Recèlement. Tom. 2e., 1813 . . . 514

id. — COLMAR. Faillite — Nomination de syndics. Tom. 2e., 1813 . . . 608

id. — CASSATION. Vol — Violence. Tom. 3e., 1813 . . . 558

21 — PARIS. Enfant — Conception — Légitimation — Mariage subséquent — Succession. Tom. 1er., 1813 . . . 184

id. — PARIS. Donation entre vifs — Acceptation. Tom. 1er., 1813 . . . 298

id. — PARIS. Construction vicieuse — Garantie. Tom. 2e., 1813 . . . 193

id. — CASSATION. Prescription — Loi ancienne. Tom. 2e., 1813 . . . 377

id. — TURIN. Cession de biens — Stellionat. Tom. 3e., 1813 . . . 596

22 — PARIS. Rente viagère — Arrérages — Remboursement — Clause résolutoire — Nullité. Tom. 1er., 1813 . . . 277

id. — CASSATION. Institution d'héritier. Tom. 3., 1813 . . . 474

23 — DOUAI. Acte notarié — Faux. Tom. 2., 1813 . . . 310

25 — CASSATION. Intérêt — Condition. Tom. 2., 1813 . . . 398

26 — CASSATION. Complicité. Tom. 2., 1813. 599

1812. Déc.

28 — TRÈVES. Absence — Envoi en possession. Tom. 2, 1813 . . . . . . p. 315

id. — CASSATION. Indigens — Pourvoi en cassation — Amende — Dispense. Tom. 3., 1813 . . . 128

id. — CASSATION. Testament mystique — Notaire — Formalités. Tom. 3, 1813 . 321

30 — PARIS. Faillite — Concordat — Dividende — Appel. Tom. 2, 1813 . . . 61

id. — CASSATION. Sentence arbitrale — Recours. Tom. 3, 1813 . . . 409

1813. Janvier

2 — PARIS. Compétence conventionnelle — Décision — Appel. Tom. 1er., 1813 . . 496

id. — CASSATION. Vol de chevaux — Peine. Tom. 1er., 1813 . . . 577

id. — CASSATION. Substitution — Condition. Tom. 2, 1813 . . . 81

4 — CASSATION. Enquête — Assignation — Procès-verbal. Tom. 3, 1813 . . . 133

6 — CASSATION. Assurance maritime — Délai d'abandon — Domicile de l'assuré. Tom. 1er., 1813 . . . 554

7 — AMIENS. Expropriation — Notification — Domicile. Tom. 1er., 1813 . . . 463

id. — CASSATION. Crime — Action publique — Prescription. Tom. 1er., 1813 . . 571

9 — PARIS. Commerçant — Faillite — Possession habituelle. Tom. 1er., 1813 . . . 261

id. — BRUXELLES. Vente aux enchères — Acte sous seing privé. Tom. 2, 1813 . . 510

id. — BRUXELLES. Testament — Témoins. Tom. 3, 1813 . . . 63

11 — DOUAI. Tribunaux de commerce — Jugement par défaut — Exécution provisoire — Opposition. Tom. 1er., 1813 . . 393

12 — LIMOGES. Enfant — Viabilité. Tom. 2, 1813 . . . 97

13 — CASSATION. Changement de nom. Tom. 2, 1813 . . . 5

15 — PARIS. Mineur — Collocation — Contrat de mariage — Cession de droits. Tom. 1er., 1813 . . . 522

13.

Janvier

15   CASSATION. Vol—Escalade—Peine. Tom. 1er., 1813 . . . . p. 601

id.   PARIS. Appel—Cohéritiers—Licitation — Privilége. Tom. 2, 1813 198

id.   PAU. Retour conventionnel. Tom. 2, 1813. 357

18   CASSATION. Héritiers présomptifs — Promesse — Serment décisoire. Tom. 1er., 1813 563

id.   PARIS. Prescription de trente ans—Rente. Tom. 2, 1813 73

19   CASSATION. Lettre de change — Prescription de cinq ans. Tom. 2, 1813 . . . 33

id.   COLMAR. Rapport —Cohéritiers — Créancier. Tom. 2, 1813 300

id.   BRUXELLES. Enfant naturel—Légitimation par mariage subséquent. Tom. 3, 1813. 268

20   PARIS. Débiteur incarcéré — Translation. Tom. 2, 1813. 47

id.   PARIS. Saisie immobilière—Procès-verbal —Rédaction. Tom. 2, 1813 . . . 262

21   CASSATION. Accusé—Acquittement. Tom. 1er., 1813 602

22   PARIS. Lettre de change adirée. Tom. 2, 1813 417

id.   CASSATION. Domestique — Abus de confiance. Tom. 3, 1813 535

id.   CASSATION. Accusé. — Renvoi. Tom. 3, 1813 606

23   PARIS. Locataire—Eviction — Indemnité. Tom. 2, 1813 90

id.   PARIS. Faillite — Vente — Subrogation. Tom. 2, 1813 297

id.   CASSATION. Action publique. Tom. 3, 1813 582

25   CASSATION. Avoué—Emolumens — Vacations. Tom. 2, 1813 126

id.   TURIN. Arbitrage—Compétence. Tom. 3, 1813 445

26   CASSATION. Vendeur—Privilége — Transcription. Tom. 3, 1813 161

27   CAEN. Légataire—Donation — Transcription. Tom. 3, 1813 516

1813.

Janvier

30   BRUXELLES. Saisie immobilière — Jugement par défaut — Opposition — Frais. Tom. 3, 1813 . . . . p. 265

Février

1   CASSATION. Droit proportionnel — Nouvelles conventions. Tom. 2, 1813 . 183

id.   CASSATION. Loi étrangère — Cassation. Tom. 2, 1813 456

2   PARIS. Testament—Donation par contrat de mariage. Tom. 2, 1813 226

id.   CASSATION. Citation à une personne décédée. Tom. 2, 1813 415

3   CASSATION. Institution contractuelle—Disposition à titre gratuit. Tom. 2; 1813. 177

id.   CAEN. Emigration—Enfant—Compétence. Tom. 2, 1813 345

6   PARIS. Saisie immobilière — Pouvoir spécial. Tom. 2, 1813 382

id.   PARIS. Tribunal de commerce—Jugement — Exécution—Titre contesté. Tom. 3, 1813 308

8   PARIS. Domicile conventionnel—Sénatus-consulte velléien — Stellionat. Tom. 2, 1813 64

id.   CASSATION. Récolte—Adjudication — Enregistrement. Tom. 2, 1813 . . . 327

id.   CASSATION. Femme normande — Douaire. Tom. 2, 1813 399

9   CASSATION. Arrêt—Frais liquidés—Omission. Tom. 2, 1813 219

11   PARIS. Substitution (grevé de)—Légitime—Hypothèque. Tom. 2, 1813 . . 156

id.   PARIS. Absence — Héritier présomptif — Droit acquis. Tom. 2, 1813 . . . 234

id.   PARIS. Droits matrimoniaux—Réglement — Opposition — Jour férié. Tom. 2, 1813 267

id.   CASSATION. Riverains—Nouveau lit. Tom. 3, 1813 89

12   COLMAR. Moulin—Canal. Tom. 3, 1813. 45

id.   CASSATION. Conseils de guerre — Compétence — Ordonnance d'acquittement. Tom. 3, 1813 53

1813.

Février

15 CASSATION. Echange—Droit de transcription. Tom. 2, 1813 . . . . . p. 289

id. CASSATION. Jouissance alternative — Partage. Tom. 2, 1813 488

16 CASSATION. Droits féodaux. Tom. 2, 1813. 570

id. PARIS. Divorce — Demande en nullité — Alimens. Tom. 3, 1813 226

17 CASSATION. Servitude discontinue — Demande en complainte. Tom. 2, 1813. 408

id. CASSATION. Vente — Droit d'enregistrement—Inductions. Tom. 2, 1813 . 321

18 BRUXELLES. Succession—Enfant naturel—Renonciation au supplément — Complément de portion légale. Tom. 3, 1813. 69

id. CASSATION. Procès-verbal—Inscription de faux—Moyens de faux. Tom. 3, 1813. 326

id. BRUXELLES. Services rendus—Donation—Rapport. Tom. 3, 1813. 476

22 CASSATION. Intérêt—Demande judiciaire. Tom. 3, 1813 369

23 PARIS. Legs (délivrance de) — Délais. Tom. 2, 1813 500

25 PAU. Roulage (commissionnaire de) — Retard—Garantie. Tom. 2, 1813 . 351

27 PARIS. Faillite—Vente—Officiers ministériels. Tom. 2, 1813 58

id. PARIS. Débiteur — Abandon volontaire—Pension alimentaire — Tom. 3, 1813. 398

id. CASSATION. Meurtre — Excuse. Tom. 3, 1813 457

Mars.

4 AIX. Mariage simulé. Tom. 2, 1813. 467

11 PARIS. Ordre — Hypothèque légale — Subrogation. Tom. 3, 1813 429

13 PARIS. Faillite — Syndics — Créanciers. Tom. 3, 1813 62

id. CASSATION. Alimens—Père—Répétition. Tom. 3, 1813 401

1813.

Mars.

15 CASSATION. Demande reconventionnelle—Dernier ressort. Tom. 2, 1813. p. 255

id. CASSATION. Fermages—Prescription. Tom. 2, 1813. 406

16 CASSATION. Opposition à jugement—Délai additionnel. Tom. 2, 1813 . . . 324

id. CASSATION. Privilége — Inscription. Tom. 2, 1813 328

id. PARIS. Inscription—Hypothèque légale — Ordre. Tom. 2, 1813 337

17 ROUEN. Donation—Enfant naturel — Succession — Neveux. Tom. 2, 1813 . 276

id. PARIS. Saisie immobilière — Formalités. Tom. 2, 1813. 382

id. COLMAR. Concordat — Homologation — Appel. Tom. 2, 1813 586

id. CASSATION. Démence — Donation — Nullité. Tom. 3, 1813 5

18 CASSATION. Accusé—Obligation—Compétence — Juge-auditeur. Tom. 2, 1813. 120

id. PARIS. Récusation—Tribunal—Arrêt annullé. Tom. 2, 1813 547

20 PARIS. Billet à ordre — Endossement irrégulier. Tom. 2, 1813 379

22 CASSATION. Entreprise de commerce — Associés — Contrainte par corps. Tom. 3, 1813 16

24 CASSATION. Enregistrement (droit d')—Acte nul. Tom. 2, 1813 447

id. CASSATION. Compensation — Créance sur l'Etat. Tom. 2, 1813 451

id. CASSATION. Timbre—Acte sous seing privé. Tom. 2, 1813 486

id. CASSATION. Rente constituée — Rachat. Tom. 2, 1813 529

25 PARIS. Arbitres (nomination d') Tom. 3, 1813 539

26 PARIS. Saisie-réelle — Vente volontaire. Tom. 3, 1813 58

id. PARIS. Testament — Legs —Substitution. Tom. 3, 1813 93

id. BRUXELLES. Rente constituée—Arrérages. Tom. 3, 1813 561

1813.
Mars.

27 — AMIENS. Expropriation—Faux incident—Cause d'appel. Tom. 2, 1813. p. 394

id. — PAU. Divorce — Procédure — Fait isolé. Tom. 2, 1813 474

29 — CASSATION. Lettre de change — Endossement irrégulier. Tom. 2, 1813 . 566

30 — CASSATION. Suppression d'état. Tom. 2, 1813. 538

id. — CASSATION. Droit de mutation—Vente annullée. Tom. 2, 1813 564

id. — BOURGES. Mariage—Opposition. Tom. 3, 1813 543

31 — PARIS. Exploit — Absence — Surenchère—Nullité. Tom. 2, 1813. 270

id. — CASSATION. Rente en grains — Réduction. Tom. 2, 1813. 332

id. — ROUEN. Lettre de change — Tireur — Provision. Tom. 3, 1813. 150

Avril.

5 — CASSATION. Appel. (déclaration d') Tom. 2, 1813. 568

id. — CASSATION. Cour de cassation — Faux incident —Inscription — Délai. Tom. 3, 1813. 26

6 — CASSATION. Enfant naturel — Succession — Neveux. Tom. 2, 1813 373

7 — CASSATION. Femme divorcée — Reprises—Hypothèque. Tom. 3, 1813 . . . 209

id. — CASSSATION. Prête-nom — Tribunal de commerce — Contrainte par corps. Tom. 3, 1813. 386

9 — CASSATION. Communes — Pré — Bois. Tom. 3, 1813 501

10 — PARIS. Offres réelles—Tribunal—Compétence. Tom. 3, 1813 181

12 — CASSATION. Acte possessoire — Compétence. Tom. 2, 1813 577

13 — PARIS. Acte nul — Ratification — Vente — Successible. Tom. 2, 1813 . . 491

id. — LA HAYE. Séparation de corps volontaire. Tom. 3, 1813 78

14 — ROUEN. Failli — Concordat — Opposition — Délai. Tom. 3, 1813. 147

1813.
Avril.

15 — NANCY. Divorce — Enquête — Témoins—Procès-verbal. Tom. 3, 1813. p. 341

16 — DOUAI. Faillite — Concordat homologué — Créances contestées. Tom. 2, 1813. 282

21 — PARIS. Donataire—Répudiation—Créanciers — Hypothèque — Expropriation. Tom. 3, 1813. 188

id. — CASSATION. Contrainte par corps—Septuagénaire. Tom. 3, 1813. 458

22 — COLMAR. Ordre — Créance de juifs. Tom. 3, 1813. 436

id. — CASSATION. Prescription — Démence — Complicité. Tom. 3, 1813. . . . 462

24 — PARIS. Arbitrage — Séparation de biens. Tom. 2, 1813. 208

26 — PARIS. Ordre — Vacances — Contredits. Tom. 2, 1813. 496

id. — CASSATION. Inscription — Séquestre — Fermiers généraux. Tom. 2, 1813. 561

27 — CASSATION. Délit—Rassemblement. Tom. 3, 1813. 81

28 — CASSATION. Boissons — Droit de mouvement — Force majeure. Tom. 2, 1813. 161

id. — CASSATION. Action possessoire — Possession respective. Tom. 2, 1813. . . 579

id. — LIMOGES. Faillite — Syndics —Sociétaire — Contestations — Arbitres. Tom. 3, 1813. 192

Mai.

1 — PARIS. Divorce — Emancipation. Tom. 2, 1813. 221

id. — PARIS. Enfant interdit — Choix d'un tuteur. Tom. 2, 1813. 294

4 — LIMOGES. Constructions — Préjudice — Indemnités. Tom. 3, 1813. . . 195

id. — COLMAR. Juif. (créance de) Tom. 3, 1813. 436

6 — PARIS. Reprise d'instance — Péremption — Prescription — Citation. Tom. 3, 1813. 184

8 — CASSATION. Vol — Effraction. Tom. 3, 1813. 608

1813.
Mai.

10 CASSATION. Tuteur — Transaction — Lois romaines. Tom. 3, 1813 . . . p. 449

12 CASSATION. Saisie Immobilière — Huissier — Pouvoir spécial. Tom. 3, 1813. 393

13 PARIS. Testament — Restitution — Nullité. Tom. 3, 1813. 104

id. CASSATION. Substitution — Condition. Tom. 3, 1813. 415

14 PARIS. Action en partage — Prescription. Tom. 2, 1813. 581

15 PARIS. Interdiction — Conseil de famille — Assemblée. Tom. 3, 1813. . . 340

17 PARIS. Arbitres récusés — Ordonnance d'excquatur. Tom. 2, 1813. . . 498

id. PARIS. Incompétence (exception d') — Jugement exécuté — Appel. Tom. 3, 1813. 585

18 CASSATION. Faillite — Conventions — Défaut d'exécution. Tom. 3, 1813. . . 9

22 PARIS. Enfant naturel — Succession — Partage. Tom. 2, 1813. 463

id. CASSATION. Nantissement — Prêteur — Frais de vente — Usure. Tom. 3, 1813. 129

25 ROUEN. Puissances — Droit d'aubaine — Questions d'état. Tom. 2, 1813. . 432

id. AMIENS. Acquéreur d'un droit d'exploitation — Action en demande de passage. Tom. 3, 1813. 75

26 ROUEN. Poursuite — Discontinuation — Péremption d'instance. Tom. 3, 1813. 236

id. CASSATION. Concession de fonds — Rentes — Redevances féodales. Tom. 3, 1813. 375

29 PARIS. Enfant — Actes de notoriété — Commencement de preuve par écrit. Tom. 3, 1813. 97

id. PARIS. Billet — Femme solidaire — Approbation. Tom. 3, 1813. . . . 138

id. CASSATION. Renvoi pour cause d'incompétence. Tom. 3, 1813. 574

Juin.

2 CASSATION. Héritier légataire. Tom. 3, 1813. 496

1813.
Juin.

4 CASSATION. Délit — Complices — Tribunal d'exception. Tom. 3, 1813. p. 464

8 CASSATION. Péremption d'instance — Indivisibilité. Tom. 3, 1813. . . . 491

10 CASSATION. Enfant naturel — Vol. Tom. 3, 1813. 413

14 CASSATION. Saisie réelle — Jugement — Adjudication — Appel — Signification. Tom. 3, 1813. 297

15 CASSATION. Prête-nom — Actes conservatoires. Tom. 3, 1813. 386

17 PARIS. Vente de tableaux — Demande en résiliation de la vente. Tom. 3, 1813. 36

id. CASSATION. Religionnaires fugitifs — Descendans — Droits civils — Succession. Tom. 3, 1813 247

id. CASSATION. Condamnation par contumace — Conjoint — Divorce. Tom. 3, 1813. 255

id. PARIS. Contribution — Contredits — Délai. Tom. 3, 1813. 473

19 PARIS. Péremption d'instance — Créanciers — Sentence par défaut. Tom. 3, 1813. 31

22 CASSATION. Mineur — Enfant naturel — Reconnaissance. Tom. 3, 1813. . . 215

id. NANCY. Etranger — Emprisonnement — Billet à ordre — Endossement. Tom. 3, 1813. 230

23 CASSATION. Donation entre époux — Mandat — Contre-lettre. Tom. 3, 1813. 48

26 PARIS. Vente — Ordre — Tribunal — Ressort. Tom. 3, 1813. 263

29 AMIENS. Endossement en blanc — Registres — Propriété. Tom. 3, 1813. 350

id. CASSATION. Redevances féodales — Rentes foncières — Mobilisation. Tom. 3, 1813. 529

Juillet.

1 PARIS. Succession — Légataire — Administration. Tom. 3, 1813 338

2 CASSATION. Complicité — Jurés — Déclaration. Tom. 3, 1813. 241

1813. Juillet.		1813. Juillet.	
3	Paris. Enfant — État — Renonciation. Tom. 3, 1813 . . . . p. 260	23	Cassation. Vol entre le coucher et le lever du soleil. Tom. 3, 1813 . . . . p. 506
5	Paris. Testament — Révocation. Tom. 2, 1813 604	id.	Cassation. Témoins — Formule du serment. Tom. 3, 1813 522
6	Cassation. Avocat — Dommages-intérêts — Compétence. Tom. 3, 1813 . . 555	24	Paris. Ordre en blanc — Effets négociables. Tom. 3, 1813 507
8	Montpellier. Arbitres — Tribunal. Tom. 3, 1813 41	26	Cassation. Demande en divorce — Concubinage. Tom. 3, 1813 289
10	Paris. Copropriétaire indivis — Vente — Propriété. Tom. 3, 1813 331	id.	Cassation. Action civile. Tom. 3, 1813. 584
12	Paris. Folle-enchère — Adjudicataire — Charges — Droits. Tom. 3, 1813 . 310	28	Cassation. Billet — Ordre personnel — Contrainte par corps. Tom. 3, 1813. 504
id.	Cassation. Rente constituée — Offres réelles. Tom. 3, 1813 379	29	Cassation. Droits réunis—Contravention. Tom. 3, 1813 604
13	Cassation. Legs universel — Personne interposée. Tom. 3, 1813 404	**Août.**	
16	Paris. Femme — Inscription — Hypothèque. Tom. 3, 1813 466	9	Paris. Désaveu — Preuve par témoins. Tom. 3, 1813 419
19	Paris. Mineur — Adjudication — Obligations — Jugement — Tuteur. Tom. 3, 1813 301	19	Paris. Acquéreur — Demande en nullité — Filiation — Preuve par témoins. Tom. 3, 1813 510
23	Nancy. Contrainte par corps — Jugement — Signification. Tom. 3, 1813 . 347	26	Aix. Testament public — Formes — Témoins — Lecture. Tom. 3, 1813 . 359

FIN DE LA TABLE CHRONOLOGIQUE.

TABLE,
PAR ORDRE NUMÉRIQUE,
DES ARTICLES DES CODES

En exécution desquels ont été rendus les Arrêts rapportés dans les trente-sept volumes du Journal du Palais, publiés depuis le premier germinal an 9 (1801) jusqu'au premier janvier 1814.

CODE CIVIL.

Articles		Articles	
1	CONSEIL D'ETAT. — 12 prairial an 13. *Journ.*, 2e. sem. an 13 . . . P. 542	11	CASSATION. — 1er. février 1813. Tom. 2 , 1813. . . . . P. 456
id.	CASSATION. — 9 juillet 1812. Tom. 1er. , 1813. 85	14	CASSATION. — 8 prairial an 13. *Coll.* an 14 - 1806 181
2	PARIS. (Tribunal civil) — 24 pluviose an 12. *Coll.* an 12 348	*id.*	CASSATION. — 30 mai. 1808. *Journ.* ,2e. sem. 1808 87
id.	TURIN. — 15 mars 1806. *Coll.* an 1807. 82	*id.*	CASSATION. — 7 septembre 1808. *Journ.*, 1er. sem. 1809 33
id.	CASSATION. — 13 décembre 1809. *Journ.*, 1er. sem. 1810 439	*id.*	BRUXELLES. — 23 février 1808. *Coll.* an 1809. 428
id.	CASSATION. — 21 février 1810. *Journ.*, 1er. sem. 1810 547	*id.*	PARIS. — 11 juin 1812. Tom. 3 , 1812. 322
id.	CASSATION. — 3 septembre 1811. *Journ.*, 2e. sem. 1811 561	17	CASSATION. — 17 juin 1811. *Journ.* , 2e. sem. 1811. 305
id.	CASSATION. — 26 mai 1812. Tom. 3 , 1812. 105	25	CASSATION. — 10 nivose an 14. *Coll.* an 14 - 1806 450
id.	CASSATION. — 18 mai 1812. Tom. 3 , 1812. 433	*id.*	CASSATION. — 16 mai 1808. *Coll.* an 1808. 385
id.	PARIS. — 11 février 1813. Tom. 2 , 1813 267	27	CASSATION. — 17 juin 1813. Tom. 3 , 1813. 255
3	RUREMONDE. (Tribunal civil) — 6 prairial an 12. *Coll.* an 12 26	28	CASSATION. — 17 juin 1813. Tom. 3 , 1813. 255
6	PARIS. — 23 janvier 1806. *Journ.*, 1er. sem. 1806. 489	29	CASSATION. — 17 juin 1813. Tom. 3 , 1813. 255
id.	CASSATION. — 19 juillet 1810. *Journ.*, 2^e. sem. 1810. 449	30	CASSATION. — 17 juin 1813. Tom. 3 , 1813. 255
10	CASSATION. — 13 juin 1811. *Journ.*, 2^e. sem. 1811. 305	31	CASSATION. — 17 juin 1813. Tom. 3 , 1813. 255
11	COLMAR. — 4 janvier 1806. *Coll.* an 14. 1806. 481	34	NISMES. — 18 mars 1807. *Coll.* an 1807. 463
id.	CASSATION. — 22 janvier 1806. *Coll.* an 14 - 1806 311	46	BRUXELLES. — 7 juin 1806. *Journ.*, 1er. sem. 1807. 110
		id.	TRÈVES. — 19 janvier 1807. *Journ.*, 1er. sem. 1809. 427

Articles	CODE CIVIL.	Articles	CODE CIVIL.
46.	CASSATION. — 12 mars 1807. *Journ.*, 2e. sem. 1807 . . . . P. 209	111	CASSATION. — 5 fructidor an 13. *Journ.*, 2e. sem. 1806 . . . . . . P. 232
id.	CASSATION. — 5 février 1809. *Journ.*, 1er. sem. 1809 412	id.	TURIN. — 19 mai 1806. *Journ.*, 1er. sem. 1807 462
id.	CASSATION. — 14 mai 1810. *Journ.*, 2e. sem. 1810 273	id.	BOURGES. — 24 août 1808. *Journ.*, 1er. sem. 1809 214
id.	BORDEAUX. — 29 août 1811. Tom. 1er., 1813 181	id.	PARIS. — 12 juin 1809. *Journ.*, 2e. sem. 1809 537
56	BRUXELLES. — 4 février 1811. *Journ.*, 1er. sem. 1811 568	id.	AGEN. — 6 février 1810. *Coll.* an 1811 376
63	AGEN. — 10 décembre 1806 *Journ.*, 1er. sem. 1807 485	id.	CASSATION. — 29 octobre 1810. *Journ.*, 1er. sem. 1811 209
71	CONSEIL D'ETAT. — 4 thermidor an 13. *Journ.*, 2e. sem. an 13 543	id.	CASSATION. — 5 février 1811. *Journ.*, 1er. sem. 1811 353
75	CASSATION. — 22 juillet 1807. *Journ.*, 2e. sem. 1807 257	id.	PARIS. — 8 juillet 1811. Tom. 1er., 1812 373
99	BRUXELLES. — 6 frimaire an 14. *Coll.* an 14 - 1806 218	112	CASSATION. — 20 février 1809. *Coll.* an 1809 214
100	PARIS. — 13 août 1812. Tom. 1er., 1813 455	114	DOUAI. — 15 nivose an 12. *Journ.*, 1er. sem. an 12 511
101	BRUXELLES. — 6 frimaire an 14. *Coll.* an 14 - 1806 218	115	CASSATION. — 1er. prairial an 13. *Journ.*, 2e. sem. an 13 449
103	CASSATION. — 13 germinal an 12. *Journ.*, 2e. sem. an 12 465	id.	POITIERS. — 11 pluviose an 13. *Journ.*, sem. an 14 29
id.	CASSATION. — 19 mars 1812. Tom. 1er., 1813 22	id.	CASSATION. — 17 novembre 1808. *Journ.*, 1er sem. 1809 337
104	CASSATION. — 13 germinal an 12. *Journ.*, 2e. sem. an 12 465	id.	LIMOGES. — 28 avril 1812. Tom. 1er., 1813 203
id.	CASSATION. — 19 mars 1812. Tom. 1er., 1813 22	116	REIMS. (Tribunal civil) — 4 prairial an 11 *Coll.* an 12 113
id.	DOUAI. — 27 avril 1812. *Journ.*, 2e. sem. 1812 129	id.	POITIERS. — 11 pluviose an 13. *Journ.*, sem. an 14 29
105	PARIS. (Tribunal civil) — 15 nivose an 12. *Journ.*, 1er. sem. an 12 . . . 479	id.	CASSATION. — 1er. prairial an 13. *Journ.*, 2e. sem. an 13 449
id.	DOUAI. — 27 avril 1812. *Journ.*, 2e. sem. 1812 129	117	CASSATION. — 1er. prairial an 13. *Journ.*, 2e. sem. an 13 449
106	BRUXELLES. — 27 mars 1807. *Journ.*, 2e. sem. 1807 286	119	CASSATION. — 17 novembre 1808. *Journ.*, 1er. sem. 1809 337
107	CASSATION. — 11 mars 1812. *Journ.*, 2e. sem. 1812 285	120	AIX. — 8 juillet 1807. *Coll.* an 1808 368
108	PARIS. — 28 floréal an 12. *Journ.*, 2e. sem. an 12 473	id.	CASSATION. — 24 novembre 1811. Tom. 1er., 1813 400
id.	CASSATION. — 26 juillet 1808. *Journ.*, 1er. sem. 1809 3	id.	LIMOGES. — 28 avril 1812. Tom. 1er., 1813 203
110	CASSATION. — 19 mars 1812. Tom. 1er., 1813 22	121	AIX. — 8 juillet 1808. *Coll.* an 1808 368
111	CASSATION. — 13 germinal an 12. *Journ.*, 2e. sem. an 12 465	123	AIX. — 8 juillet 1808. *Coll.* an 1808 368

Articles	CODE CIVIL.	Articles	CODE CIVIL.
124	LIMOGES. — 28 avril 1812. Tom. 1er., 1813 . . . . P. 209	150	CASSATION. — 3 octobre 1810. *Journ.*, 1er. sem. 1811 . . . . P. 81
125	CASSATION. — 14 février 1811. *Journ.*, 1er. sem. 1811 520	151	AMIENS. — 17 frimaire an 12. *Journ.*, 1er. sem. an 12 543
134	LIMOGES. — 28 avril 1812. Tom. 1er., 1813. 203	*id.*	BORDEAUX. — 12 fructidor an 13. *Journ.*, sem. an 14 248
135	LIÉGE. — 18 prairial an 13. *Journ.*, sem. an 14 142	*id.*	ROUEN. — 6 mars 1806. *Journ.*, 1er. sem. 1806. 474
id.	AGEN. — 4 janvier 1808. *Coll.* an 1809. 127	*id.*	CASSATION. — 4 novembre 1807. *Coll.* an 1808. 257
id.	CASSATION. — 18 avril 1809. *Journ.*, 2e. sem. 1809. 129	*id.*	CASSATION. — 24 décembre 1807. *Coll.* an 1808. 215
id.	BRUXELLES. — 3 juin 1809. *Journ.*, 2e. sem. 1810 31	*id.*	CASSATION. — 21 mars 1809. *Journ.*, 1er. sem. 1809. 465
id.	AIX. — 26 juillet 1809. *Journ.*, 2e. sem. 1809. 396	*id.*	CAEN. — 12 décembre 1812. Tom. 3, 1813. 283
id.	RENNES. — 9 avril 1810. *Journ.*, 1er. sem. 1811 171	152	CASSATION. — 24 décembre 1807. *Coll.* an 1808. 215
id.	TRÈVES. — 28 décembre 1812. Tom. 2, 1813. 315	*id.*	CAEN. — 12 décembre 1812. Tom. 3, 1813. 283
136	DOUAI. — 15 nivose an 12. *Journ.*, 1er. sem. an 12 511	153	BORDEAUX. — 22 mai 1806. *Coll.* an 1807. 334
id.	BRUXELLES. — 21 germinal an 13. *Journ.*, sem. an 14 72	154	CAEN. — 12 décembre 1812. Tom. 3, 1813. 283
id.	LIÉGE. — 18 prairial an 13. *Journ.*, sem. an 14 142	155	CAEN. — 12 décembre 1812. Tom. 3, 1813. 283
id.	AGEN. — 4 janvier 1808. *Coll.* an 1809. 127	159	CASSATION. — 3 septembre 1806. *Journ.*, 1er. sem. 1807 161
id.	AIX. — 26 juillet 1808. *Journ.*, 2e. sem. 1809. 396	160	NISMES. — 3 décembre 1806. *Journ.*, 2e. sem. 1807. 270
id.	CASSATION. — 18 avril 1809. *Journ.*, 2e. sem. 1809. 129	*id.*	AGEN. — 10 décembre 1806. *Journ.*, 1er. sem. 1807 485
id.	BRUXELLES. — 3 juin 1809. *Journ.*, 2e. sem. 1810 31	*id.*	NIMES. — 3 janvier 1811. *Journ.*, 2e. sem. 1811. 220
id.	RENNES. — 9 avril 1810. *Journ.*, 1er. sem. 1811 171	161	CASSATION. — 3 septembre 1806. *Journ.*, 1er. sem. 1807 161
id.	PARIS. — 27 janvier 1812. *Journ.*, 2e. sem. 1812. 188	*id.*	NISMES. — 3 décembre 1811. Tom. 3, 1812. 333
141	LIMOGES. — 28 avril 1812. Tom. 1er., 1813. 203	162	CASSATION. — 3 septembre 1806. *Journ.*, 1er. sem. 1807 161
142	PARIS. — 28 juillet 1809. *Coll.* an 1810. 262	*id.*	BRUXELLES. — 1er. août 1808. *Journ.*, 2e. sem. 1808 525
144	LIÉGE. — 30 avril 1811. *Journ.*, 2e. sem. 1812. 478	*id.*	BRUXELLES. — 1er. août 1808. *Coll.* an 1808. 496
147	BOURGES. — 30 mars 1813. Tom. 3, 1813. 543	165	AGEN. — 10 décembre 1806. *Journ.*, 1er. sem. 1807. 485
148	PARIS. — 8 août 1809. *Journ.*, 2e. sem. 1809. 245	167	AGEN. — 10 décembre 1807. *Journ.*, 1er. sem. 1807. 485

Articles	CODE CIVIL.	Articles	CODE CIVIL.
168	AGEN. — 10 décembre 1807. *Journ.*, 1er. sem. 1807. . . . . P. 485	184	BRUXELLES. — 1er. août 1808. *Coll.* an 1808 . . . . P. 496
170	TRÈVES. — 2 décembre 1811. *Journ.*, 2e. sem. 1812. 427	id.	CASSATION. — 28 janvier 1809. *Journ.*, 1er. sem. 1809 317
171	BRUXELLES.—21 juillet 1812. Tom. 1er., 1813. 73	189	CASSATION. — 2 avril 1807. *Journ.*, 2e. sem. 1807 436
172	TURIN. — 14 floréal an 13. *Journ.*, 2e. sem. 1808. 553	190	BRUXELLES. — 1er. août 1808. *Journ.*, 2e. sem. 1808 525
id.	BRUXELLES. — 22 avril 1806. *Journ.*, 2e. sem. 1806 190	id.	BRUXELLES. — 1er. août 1808. *Coll.* an 1808 496
id.	CASSATION. — 16 octobre 1809. *Journ.*, 1er. sem. 1810 321	191	BRUXELLES. — 7 juin 1806. *Journ.*, 1er. sem. 1807 110
id.	BRUXELLES. — 25 septembre 1811. Tom. 2, 1813. 393	id.	DIJON. — 3 juillet 1807. *Journ.*, 2e. sem. 1807 441
173	BRUXELLES. — 22 avril 1806. *Journ.*, 2e. sem. 1806 190	id.	CASSATION. — 28 janvier 1809. *Journ.*, 1er. sem. 1809 317
id.	BRUXELLES. — 17 janvier 1809. *Journ.*, 2e. sem. 1809 447	id.	CASSATION. — 16 octobre 1809. *Journ.*, 1er. sem. 1810 321
id.	BOURGES. — 30 mars 1813. Tom. 3, 1813. 543	192	PARIS. — 19 octobre 1809. *Journ.*, 1er. sem. 1810. 348
174	PARIS. — 29 messidor an 12. *Journ.*, 2e. sem. an 12 445	id.	TRÈVES. — 2 décembre 1811. *Journ.*, 2e. sem. 1812 427
id.	BRUXELLES. — 22 avril 1806. *Journ.*, 2e. sem. 1806. 190	193	CASSATION. — 22 juillet 1807. *Journ.*, 2e. sem. 1807 252
id.	NISMES. — 30 décembre 1806. *Journ.*, 2e. sem. 1807 270	194	CASSATION. — 16 pluviose an 13. *Journ.*, 2e. sem. an 13 257
id.	COLMAR. — 15 décembre 1810. *Journ.*, 1er. sem. 1811 316	id.	AGEN. — 9 germinal an 13. *Coll.* an 14- 1806 12
id.	BRUXELLES. — 15 décembre 1812. Tom. 2, 1813 386	id.	DIJON. — 3 juillet 1807. *Journ.*, 2e. sem. 1807 441
175	AGEN. — 10 décembre 1806. *Journ.*, 1er. sem. 1807 485	id.	PARIS. — 20 mai 1808. *Journ.*, 2e. sem. 1808 542
176	BRUXELLES. — 22 avril 1806. *Journ.*, 2e. sem. 1806. 190	id.	PARIS. — 7 février 1809. *Journ.*, 1er. sem. 1809 281
id.	BRUXELLES. — 17 janvier 1809. *Journ.*, 2e. sem. 1809 447	195	AGEN. — 9 germinal an 13. *Coll.* an 14- 1806 12
178	NISMES. — 30 décembre 1806. *Journ.*, 2e. sem. 1807 270	id.	PARIS. — 20 mai 1808. *Journ.*, 2e. sem. 1808 542
id.	CASSATION. — 4 novembre 1807. *Coll.* an 1808. 257	id.	PARIS. — 7 février 1809. *Journ.*, 1er. sem. 1809 281
180	COLMAR. — 6 décembre 1811. Tom. 1er., 1812. 538	197	PARIS. — 20 mai 1808. *Journ.*, 2e. sem. 1808 542
182	AGEN. — 10 décembre 1806. *Journ.*, 1er. sem. 1807 485	id.	PARIS. — 7 février 1809. *Journ.*, 1er. sem. 1809 281
id.	PARIS. — 8 août 1809. *Journ.*, 2e. sem. 1809 245	id.	CASSATION. — 8 mai 1810. *Journ.*, 2e. sem. 1810 209
184	BRUXELLES. — 1er. août 1808. *Journ.*, 2e. sem. 1808 525	198	CASSATION. — 16 pluviose an 13. *Journ.*, 2e. sem. an 13 257

Articles	CODE CIVIL.	Articles	CODE CIVIL.
198	AGEN. — 9 germinal an 13. *Coll.* an 14-1806 . . . . P. 12	211	CASSATION. — 14 germinal an 13. *Journ.*, 2e. sem. an 13 . . . . P. 456
199	AGEN. — 9 germinal an 13. *Coll.* an 14-1806 12	212	BRUXELLES.—30 août 1806. *Coll.* an 1807. 131
201	PARIS. — 9 messidor an 13. *Journ.*, 1er. sem. 1806 91	id.	CASSATION. — 30 août 1808. *Journ.*, 2e. sem. 1808 481
202	PARIS. — 9 messidor an 13. *Journ.*, 1er. sem. 1806 91	213	BRUXELLES.—30 août 1806. *Coll.* an 1807. 131
203	NISMES. — 12 fructidor an 12. *Journ.*, 1er. sem. an 13 45	214	BRUXELLES. — 8 fructidor an 13. *Coll.* an 14 - 1806 104
205	PARIS (tribunal civil). — *Coll.* an 12. 109	id.	BRUXELLES. — 13 août 1806. *Journ.*, 1er. sem. 1807 411
id.	PARIS (tribunal civil).—11 frimaire an 12. 527	id.	BRUXELLES.—30 août 1806. *Coll.* an 1807. 131
id.	TURIN. — 1er. février 1806 et 28 novembre 1807. *Journ.*, 1er. sem. 1810. . 510	id.	AGEN. — 10 décembre 1806. *Journ.*, 1er. sem. 1807 485
id.	CASSATION. — 7 décembre 1808. *Journ.*, 1er. sem. 1809 81	id.	CASSATION. — 12 janvier 1808. *Journ.*, 1er. sem. 1808 401
id.	COLMAR. — 24 juin 1812. Tom. 3, 1812 542	id.	PARIS. — 29 mai 1808. *Journ.*, 1er. sem. 1809 171
206	PARIS. — 30 frimaire an 14. *Journ.*, 1er. sem. 1806 342	id.	PAU. — 12 avril 1810. *Journ.*, 2e. sem. 1810 127
207	TURIN. — 1er. février 1806 et 28 novembre 1807. *Journ.*, 1er. sem. 1810 . 510	id.	LYON. — 30 novembre 1811. Tom. 1er. 1812 387
id.	CASSATION. — 7 décembre 1808. *Journ.*, 1er. sem. 1809 81	id.	COLMAR. — 14 janvier 1812. Tom. 1er., 1812 590
id.	TREVES. — 13 août 1810. *Journ.*, 1er. sem. 1811 158	215	CASSATION. — 21 germinal an 12. *Journ.*, 2e. sem. an 12 321
id.	TRÈVES. — 20 janvier 1812. Tom. 1er., 1813 379	id.	CASSATION. — 16 juillet 1806. *Journ.*, 2e. sem. 1806 545
208	CASSATION. — 7 décembre 1808. *Journ.*, 1er. sem. 1809 81	id.	CASSATION. — 1er. juillet 1808. *Journ.*, 1er. sem. 1809 102
id.	TRÈVES. — 20 janvier 1812. Tom. 1er., 1813 379	id.	CASSATION. — 10 juillet 1811. *Journ.*, 2e. sem. 1811 484
id.	CASSATION.—12 mai 1812. Tom. 3, 1812. 293	id.	CASSATION. — 7 octobre 1811. Tom. 1er., 1812 135
209	TRÈVES. — 20 janvier 1812. Tom. 1er., 1813 379	id.	CASSATION. — 15 mars 1812. Tom. 3, 1812 88
id.	CASSATION.—12 mai 1812. Tom. 3, 1812 293	id.	CASSATION. — 5 août 1812. Tom. 1er., 1813 557
210	CASSATION. — 14 germinal an 13. *Journ.*, 2e. sem. an 13 456	217	PARIS. — 11 frimaire an 14. *Journ.*, 1er. sem. 1806 69
id.	PARIS. — 2 août 1806. *Journ.*, 2e. sem. 1806 390	id.	PARIS — 1er. octobre 1806. *Journ.*, 2e. sem. 1806 424
id.	CASSATION.—12 mai 1812. Tom. 3, 1812. 293	id.	CASSATION. — 3 mai 1808. *Journ.*, 2e. sem. 1808 165
211	NISMES. — 12 fructidor an 12. *Journ.*, 1er. sem. an 13 45	id.	CASSATION. — 30 août 1808. *Journ.*, 1er. sem. 1809 321

Articles	CODE CIVIL.
217	Paris. — 10 avril 1810. *Journ.*, 2e. sem. 1810 . . . . P. 170
id.	Angers. — 1er. août 1810. *Journ.*, 2e. sem. 1811 91
id.	Turin. — 17 décembre 1810. *Journ.*, 2e. sem. 1811 171
id.	Cassation. — 12 février 1811. *Journ.*, 1er. sem. 1811 513
id.	Gênes. — 30 août 1811. *Journ.*, 2e. sem. 1812 561
id.	Cassation. — 13 octobre 1812. Tom. 2, 1813 52
218	Cassation. — 21 germinal an 12. *Journ.*, 2e. sem. an 12 321
id.	Montpellier. — 10 floréal an 13. *Coll.* an 13 418
id.	Cassation. — 16 juillet 1806. *Journ.*, 2e. sem. 1806 545
id.	Cassation. — 3 mai 1808. *Journ.*, 2e. sem. 1808 165
219	Montpellier. — 10 floréal an 13. *Coll.* an 13 418
id.	Cassation. — 3 mai 1808. *Journ.*, 2e. sem. 1808 165
220	Bruxelles. — 12 ventose an 12. *Journ.*, 2e. sem. an 12 175
id.	Rouen. — 16 juillet 1807. *Journ.*, 2e. sem. 1807 477
id.	Bruxelles. — 4 et 27 février 1809. *Coll.* an 1810 165
id.	Nismes. — 17 juin 1809. *Coll.* an 1810. 430
id.	Angers. — 1er. août 1810. *Journ.*, 2e. sem. 1811 91
221	Paris. — 4 fructidor an 12. *Coll.* an 13. 91
id.	Cassation. — 29 mars 1808. *Journ.*, 1er. sem. 1808 470
223	Paris. — 12 mars 1812. *Journ.*, 1er. sem. 1811 490
id.	Cassation. — 5 août 1812. Tom. 1er., 1813 557
225	Paris. — 28 germinal an 13. *Journ.*, 2e. sem. an 13 214
id.	Bruxelles. — 30 janvier 1808. *Journ.*, 1er. sem. 1810 318
id.	Angers. — 1er. août 1810. *Journ.*, 2e. sem. 1811 91

Articles	CODE CIVIL.
225	Cassation. — 7 octobre 1811. Tom. 1er., 1812 . . . . P. 135
id.	Cassation. — 15 mars 1812. Tom. 3, 1812 88
id.	Cassation. — 5 août 1812. Tom. 1er., 1813 557
227	Paris. — 4 fructidor an 12. *Coll.* an 13 91
228	Trèves. — 30 avril 1806. *Journ.*, 2e. sem. 1806 60
id.	Cassation. — 27 octobre 1811. Tom. 1er, 1812 225
id.	Aix. — 8 janvier 1812. Tom. 2, 1812. 216
229	Pau. — 3 février 1806. *Journ.*, 1er. sem. 1806 281
id.	Bordeaux. — 27 février 1807. *Journ.*, 1er. sem. 1808 25
id.	Cassation. — 16 décembre 1811. Tom. 1er., 1812 481
230	Poitiers. 2 prairial an 12. *Journ.*, 1er. sem. an 13 204
id.	Pau. — 3 février 1806. *Journ.*, 1er. sem. 1806 281
id.	Paris. — 2 juillet 1806. *Journ.*, 1er. sem. 1807 9
id.	Limoges. — 2 juillet 1810. *Journ.*, 1er. sem. 1811 413
id.	Douai. — 24 juillet 1812. Tom. 3, 1812. 546
id.	Cassation. — 26 juillet 1813. Tom. 3, 1813 289
231	Dijon. — 30 pluviose an 13. *Coll.* an 14. 1806 110
id.	Cassation. — 14 prairial an 13. *Journ.*, sem. an 14 241
id.	Pau. — 3 février 1806. *Journ.*, 1er. sem. 1806 281
id.	Paris. — 2 juillet 1806. *Journ.*, 1er. sem. 1807 9
id.	Poitiers. — 29 juillet 1806. *Journ.*, 1er. sem. 1807 236
232	Pau. — 3 février 1806. *Journ.*, 1er. sem. 1806 281
id.	Bourges. — 30 mars 1813. Tom. 3, 1813. 346
id.	Cassation. — 17 juin 1813 — Tom. 3, 1813 255

Articles	CODE CIVIL.
236	Paris. 1er. fructidor an 11. *Coll.* an 12. . . . . P. 14
id.	Riom. — 18 nivose an 12. *Coll.* an 12. 457
id.	Colmar. — 20 messidor an 13. *Coll.* an 14. 1806 111
id.	Bruxelles. — 12 frimaire an 14. *Journ.*, 1er. sem. 1806 357
id.	Paris. — 18 février 1806. *Journ.*, 1er. sem. 1806 391
id.	Paris. — 14 mai 1806. *Journ.*, 1er. sem. 1806 535
id.	Cassation. — 2 mars 1808. *Coll.* an 1808. 308
id.	Limoges. — 2 juillet 1810. *Journ.*, 1er. sem. 1811 413
238	Cassation. — 25 germinal an 13. *Journ.*, sem. an 14 33
239	Cassation. — 25 germinal an 13. *Journ.*, sem. an 14 33
id.	Paris. — 14 mai 1806. *Journ.*, 1er. sem. 1806 535
240	Cassation. — 25 germinal an 13. *Journ.*, sem. an 14 33
241	Amiens. — 15 fructidor an 11. *Coll.* an 12 374
id.	Bruxelles. — 12 frimaire an 14. *Journ.*, 1er. sem. 1806 357
id.	Cassation. — 28 décembre 1807. *Journ.*, 1er. sem. 1808 241
242	Amiens. — 13 fructidor an 11. *Coll.* an 12 374
id.	Cassation. — 26 mai 1807. *Journ.*, 1er. sem. 1808 161
243	Amiens. — 13 fructidor an 11. *Coll.* an 12. 374
id.	Paris. — 14 mai 1806. *Journ.*, 1er. sem. 1806 535
244	Cassation. — 11 frimaire an 14. *Journ.*, 1er. sem. 1806 177
245	Cassation. — 21 janvier 1806. *Journ.*, 1er. sem. 1806 183
246	Cassation. — 21 janvier 1806. *Journ.*, 1er. sem. 1806 183
id.	Cassation. — 30 juillet 1806. *Journ.*, 1er. sem. 1807 273
id.	Angers. — 6 mai 1808. *Coll.* an 1809. 145

Articles	CODE CIVIL.
246	Pau. — 27 mars 1813. Tom. 2, 1813. . . . . P. 474
247	Cassation. — 21 janvier 1806. *Journ.*, 1er. sem. 1806 183
id.	Cassation. — 30 juillet 1806. *Journ.*, 1er. sem. 1807 273
id.	Angers. — 6 mai 1808. *Coll.* an 1809. 145
id.	Cassation. — 29 juin 1812. Tom. 2, 1813. 134
id.	Pau. — 27 mars 1813. Tom. 2, 1813. 474
249	Bruxelles. — 12 frimaire an 14. *Journ.*, 1er. sem. 1806 357
id.	Paris. — 21 juillet 1809. *Journ.*, 2e. sem. 1809. 566
id.	Paris. — 29 février 1812. *Journ.*, 2e. sem. 1812 100
id.	Paris. — 16 mars 1812. *Journ.*, 2e. sem. 1812 103
250	Paris. — 16 mars 1812. *Journ.*, 2e. sem. 1812 103
251	Paris. — 12 décembre 1809. *Coll.* an 1810. 378
id.	Paris. — 11 avril 1812. *Journ.*, 2e. sem. 1812 397
252	Paris. — 6 mai 1811. *Journ.*, 2e. sem. 1811 55
id.	Nancy. — 15 avril 1813. Tom. 3, 1813. 341
253	Rouen. — 17 mars 1808. *Journ.*, 1er. sem. 1808 526
id.	Paris. — 6 mai 1811. *Journ.*, 2e. sem. 1811 55
id.	Nancy. — 15 avril 1813. Tom. 3, 1813. 341
254	Nancy. — 15 avril 1813. Tom. 3, 1813. 341
255	Nancy. — 15 avril 1813. Tom. 3, 1813. 341
259	Paris. — 19 frimaire an 14. *Journ.*, 1er. sem. 1806. 204
id.	Trèves. — 11 juin 1806. *Journ.*, 2e. sem. 1806. 461
id.	Cassation. — 26 mai 1807. *Journ.*, 1er. sem. 1808. 161
id.	Nismes. — 8 juillet 1807. *Journ.*, 1er. sem. 1808. 204

Articles	CODE CIVIL.	Articles	CODE CIVIL.
259	CASSATION. — 4 avril 1808. *Coll.* an 1808. . . . . P. 377	268	PAU. — 27 mars 1813. Tom. 2, 1813. . . . . P. 474
id.	PARIS. — 20 mars 1810. *Journ.*, 2e. sem. 1810. 152	269	PARIS. (Tribunal civil)— 10 ventose an 12. *Journ.*, 1er. sem. an 12 . . . 558
id.	PAU. — 27 mars 1813. Tom. 2, 1813. 474	*id.*	PARIS. — 27 germinal an 13. *Coll.* an 13. 412
260	CASSATION. — 26 mai 1807. *Journ.*, 1er. sem. 1808. 161	*id.*	TURIN. — 12 février 1811. *Journ.*, 2e. sem. 1811. 493
id.	NISMES. — 8 juillet 1807. *Journ.*, 1er. sem. 1808. 204	*id.*	GÊNES. — 19 août 1811. Tom. 3, 1813. 109
id.	PARIS. — 20 mars 1810. *Journ.*, 2e. sem. 1810. 152	270	BRUXELLES. — 6 août 1806. *Journ.*, 1er. sem. 1807. 206
261	CASSATION. — 17 juin 1813. Tom. 3, 1813. 255	*id.*	BRUXELLES. — 8 mai 1807. *Coll.* an 1808. 152
262	TRÈVES. — 11 juin 1806. *Journ.*, 2e. sem. 1806. 461	*id.*	COLMAR. — 26 février 1808. *Journ.*, 2e. sem. 1809. 174
id.	CASSATION. — 30 juillet 1806. *Journ.*, 1er. sem. 1807. 273	*id.*	BRUXELLES. — 31 août 1808. *Journ.*, 1er. sem. 1809. 333
id.	ANGERS. — 5 mai 1808. *Journ.*, 2e. sem. 1809. 302	*id.*	LIÉGE. — 13 janvier 1809. *Journ.*, 1er. sem. 1810. 384
id.	CASSATION. — 10 mai 1809. *Journ.*, 2e. sem. 1809. 305	*id.*	BRUXELLES. — 13 août 1812. Tom. 1er., 1813. 436
266	BRUXELLES. — 26 avril 1806. *Journ.*, 2e. sem. 1806. 100	271	BRUXELLES. — 13 août 1812. Tom. 1er., 1813. 436
267	BRUXELLES. — 8 mai 1807. *Coll.* an 1808. 152	272	CASSATION. — 4 avril 1808. *Coll.* an 1808. 377
id.	ANGERS. — 18 juillet 1808. *Journ.*, 1er. sem. 1809. 94	*id.*	PARIS. — 18 juillet 1809. *Journ.*, 1er. sem. 1810. 252
id.	RENNES. — 31 juillet 1811. Tom. 3, 1813. 354	*id.*	GÊNES. — 19 août 1811. Tom. 3, 1813. 109
268	PARIS. — 27 germinal an 13. *Coll.* an 13. 412	273	BORDEAUX. — 9 fructidor an 12. *Journ.*, 1er. sem. an 13 493
id.	CASSATION. — 13 brumaire an 14. *Journ.*, 1er. sem. 1809 180	*id.*	PARIS. — 18 juillet 1809. *Journ.*, 1er. sem. 1809. 252
id.	PARIS. — 19 frimaire an 14. *Journ.*, 1er. sem. 1806. 204	*id.*	GÊNES. — 19 août 1811. Tom. 3, 1813. 109
id.	TRÈVES. — 4 février 1807. *Journ.*, 1er. sem. 1807. 509	274	CASSATION. — 30 juillet 1806. *Journ.*, 1er. sem. 1807. 273
id.	BRUXELLES. — 15 juillet 1807. *Coll.* an 1807. 248	278	CASSATION. — 3 octobre 1810. *Journ.*, 1er. sem. 1811 81
id.	COLMAR. — 26 février 1808. *Journ.*, 2e. sem. 1809. 174	279	CASSATION. — 3 octobre 1810. *Journ.*, 1er. sem. 1811 81
id.	ANGERS. — 18 juillet 1808. *Journ.*, 1er. sem. 1809. 94	283	CASSATION. — 3 octobre 1810. *Journ.*, 1er. sem. 1811 81
id.	PARIS. — 27 juin 1810. *Journ.*, 2e. sem. 1810. 373	285	CASSATION. — 3 octobre 1810. *Journ.*, 1er. sem. 1811 81
id.	GÊNES. — 19 août 1811. Tom. 3, 1813. 109	289	CASSATION. — 3 octobre 1810. *Journ.*, 1er. sem. 1811 81

Articles	CODE CIVIL.	Articles	CODE CIVIL.
290	CASSATION. — 3 octobre 1810. *Journ.*, 1er. sem. 1811 . . . . P. 81	310	LA HAYE. — 13 avril 1813. Tom. 5, 1813. . . . . P. 78
293	PARIS. — 29 février 1812. *Journ.*, 2e. sem. 1812. 100	311	PARIS. — 2 juillet 1806. *Journ.*, 1er. sem. 1807. 9
298	BRUXELLES.—12 frimaire an 14. *Journ.*, 1er. sem. 1806 357	312	LIÉGE. — 12 fructidor an 13. *Coll.* an 14 - 1806 233
299	BRUXELLES. — 26 avril 1806. *Journ.*, 2e. sem. 1813 100	id.	TOULOUSE. — 28 juillet 1808. *Journ.*, 1er. sem. 1809. 154
id.	PARIS. — 2 juillet 1805. *Journ.*, 1er. sem. 1807. 9	id.	AIX. — 8 janvier 1812. *Journ.*, 2e. sem. 1812. 216
300	PARIS. — 2 juillet 1806. *Journ.*, 1er. sem. 1807. 9	313	AIX. — 14 juillet 1808. *Journ.*, 2e. sem. 1809. 156
301	PARIS —25 thermidor an 13. *Journ.*, sem. an 14 93	314	BESANÇON. — 29 prairial an 13. *Coll.* an 14 - 1806 145
id.	CASSATION. — 18 juillet 1808. *Journ.*, 2e. sem. 1809 401	id.	LIÉGE. — 12 fructidor an 13. *Coll.* an 14. 1806. 233
302	POITIERS — 15 février 1811. *Journ.*. 2e. sem. 1811. 79	315	AIX. — 19 mars 1807. *Journ.*, 2.e sem. 1807. 330
303	POITIERS. — 15 février 1811. *Journ.*, 2e. sem. 1811. 79	id.	GRENOBLE. —12 avril 1809. *Journ.*, 2e. sem. 1809 56
305	PARIS. — 10 juillet 1813. Tom. 3, 1813. 331	id.	AIX. — 8 janvier 1812. *Journ.*, 2e. sem. 1812. 216
306	DIJON. — 30 pluviose an 13. *Coll.* an 14-1806. 110	316	PARIS.— 9 août 1813. Tom. 3, 1813. 419
id.	COLMAR. — 20 messidor an 13. *Coll.* an an 14-1806. 111	317	LIÉGE. — 12 fructidor an 13. *Coll.* an 14-1806 233
id.	PAU. — 3 février 1806. *Journ.*, 1er. sem. 1806. 281	id.	AIX. — 14 juillet 1808. *Journ.*, 2e. sem. 1809 156
id.	PARIS. — 2 juillet 1806. *Journ.*, 1er. sem. 1807. 9	319	PARIS. — 20 mai 1808. *Journ.*, 2e. sem. 1808 542
id.	LA HAYE. — 13 avril 1813. Tom. 5, 1813. 78	id.	PARIS. — 10 mars 1809. *Journ.*, 1er. sem. 1810 118
307	CASSATION. — 13 brumaire an 14. *Journ.*, 1er. sem. 1806 180	id.	PARIS. — 9 mars 1811. *Journ.*, 1er. sem. 1811 536
id.	PARIS. — 16 avril 1807. *Journ.*, 2e. sem. 1807. 21	id.	PARIS. — 29 mai 1813. Tom. 3, 1813. 97
id.	BRUXELLES. — 15 juillet 1807. *Coll.* an 1808. 248	320	PARIS. — 10 mars 1809. *Journ.*, 1er. sem. 1810. 118
id.	CASSATION. — 8 mai 1810. *Journ.*, 2e. sem. 1810 193	id.	PARIS. — 9 mars 1811. *Journ.*, 1er. sem. 1811. 536
id.	LA HAYE. — 13 avril 1813. Tom. 3, 1813. 78	id.	PARIS. — 29 mai 1813. Tom. 3, 1813. 97
308	PARIS. — 16 avril 1807. *Journ.*, 2e. sem. 1807. 21	321	COLMAR. — 12 fructidor an 11. *Journ.*, 1er. sem. an 12. 363
310	TURIN. — 21 floréal an 12. *Journ.*, 1er. sem. an 13 556	id.	AIX. — 14 juillet 1808. *Journ.*, 2e. sem. 1809. 156
id.	AIX. — 19 juin 1810. *Journ.*, 1er. sem. 1811. 97	id.	CASSATION. — 25 août 1812. Tom. 1er., 1813. 209
		id.	PARIS. — 29 mai 1813. Tom. 3, 1813. 97
		322	AIX. — 14 juillet 1808. *Journ.*, 2e. sem. 1809. 156

Articles	CODE CIVIL.
322	PARIS. — 10 mars 1809. *Journ.*, 1er. sem. 1810 . . . . P. 118
id.	PARIS. — 7 août 1810. *Journ.*, 2e. sem. 1810 330
id.	CASSATION. — 22 janvier 1811. *Journ.*, 1er. sem. 1811 529
323	TRÈVES. — 19 janvier 1807. *Journ.*, 1er. sem. 1807 428
id.	PARIS. — 31 juillet 1807. *Journ.*, 2e. sem. 1807 231
id.	AIX. — 14 juillet 1808. *Journ.*, 2e. sem. 1809 156
id.	PARIS. — 28 avril 1809. — *Journ.*, 2e. sem. 1809 167
id.	CASSATION. — 28 mai 1809. *Journ.*, 1er. sem. 1810 65
id.	PARIS. — 10 mars 1809. *Journ.*, 1er. sem. 1810 118
id.	CASSATION. — 14 mai 1810. *Journ.*, 2e. sem. 1810 273
id.	CASSATION. — 21 mai 1810. *Journ.*, 2e. sem. 1810 321
id.	PARIS. — 7 août 1810. *Journ.*, 2e. sem. 1810 330
id.	CASSATION. — 22 janvier 1811. *Journ.*, 1er. sem. 1811 529
id.	BORDEAUX. — 29 août 1811. Tom. 1er. 1813 142
id.	CASSATION. — 25 août 1812. Tom. 1er., 1813. 209
id.	PARIS. — 29 mai 1813. Tom. 3, 1813. 97
324	PARIS. (tribunal civil) 17 germinal an 12. *Coll.* an 12 372
id.	PARIS. — 31 juillet 1807. *Journ.*, 2e. sem. 1807 231
id.	PARIS. — 28 avril 1809. *Journ.*, 2e. sem. 1809 167
id.	PARIS. — 7 août 1810. *Journ.*, 2e. sem. 1810 330
id.	CASSATION. — 22 janvier 1811. *Journ.*, 1er. sem. 1811 529
id.	ROUEN. — 25 août 1812. Tom. 3, 1812. 562
id.	CASSATION. — 25 août 1812. Tom. 1er., 1813. 209
325	CASSATION. — 31 mars 1808. *Journ.*, 2e. sem. 1808. 359

Articles	CODE CIVIL
325	AIX. — 14 juillet 1808. *Journ.*, 2e. sem. 1809 . . . . P. 156
id.	POITIERS. — 29 juillet 1808. *Coll.* an 1809 303
id.	CASSATION. — 14 mai 1810. *Journ.*, 2e. sem. 1810 273
326	CASSATION. — 20 prairial an 12. *Journ.*, 2e. sem. an 12 483
id.	CASSATION. — 19 messidor an 12. *Journ.*, 1er. sem. an 13 185
id.	CASSATION. — 30 avril 1807. *Journ.*, 2e. sem. 1807. 481
id.	CASSATION. — 2 mars 1809. *Journ.*, 2e. sem. 1809. 241
id.	CASSATION. — 30 mars 1813. Tom. 2, 1813. 538
327	CASSATION. — 10 messidor an 12. *Journ.*, 1er. sem. an 13 177
id.	CASSATION. — 10 messidor an 12. *Journ.*, 1er. sem. an 13 185
id.	CASSATION. — 30 avril 1807. — *Journ.*, 2e. sem. 1807 481
id.	CASSATION. — 2 mars 1809. *Journ.*, 2e. sem. 1809. 241
id.	PARIS. — 10 mars 1809. *Journ.*, 1er. sem. 1810. 118
id.	CASSATION. — 30 mars 1813. Tom. 2, 1813. 538
329	PARIS. — 19 août 1813. Tom. 3, 1813 510
330	PARIS. — 19 août 1813. Tom. 3, 1813 510
331	GRENOBLE. — 14 ventose an 12. *Journ.*, 2e. sem. an 12 89
id.	CASSATION. — 21 décembre 1812. Tom. 1er., 1813 184
id.	BRUXELLES. — 19 janvier 1813. Tom. 3, 1813 268
334	AMIENS. — 9 nivose an 12. *Coll.* an 12 414
id.	AMIENS. — 27 messidor an 12. *Journ.*, 1er. sem. an 13 281
id.	CASSATION. — 14 floréal an 13. *Journ.*, 2e. sem. an 13 193
id.	PARIS. — 27 floréal an 13. *Journ.*, 2e. sem. an 13 266
id.	PARIS. — 25 prairial an 13. *Journ.*, 2e. sem. an 13 321

Articles	CODE CIVIL.	Articles	CODE CIVIL.
334	MONTPELLIER. — 9 floréal an 13. *Journ.*, 2ᵉ. sem. an 13 . . . . P. 555	336	CASSATION. — 22 juin 1813. Tom. 3, 1813. . . . . P. 215
id.	GRENOBLE. — 15 thermidor an 13. *Journ.*, sem. an 14 204	337	CASSATION. — 18 floréal an 13, *Journ.*, 2ᵉ. sem. an 13 433
id.	ANGERS. — 25 thermidor an 13. *Journ.*, sem. an 14 295	*id.*	PAU. — 13 prairial an 12. *Journ.*, sem. an 14 170
id.	AMIENS. — 4 thermidor an 13. *Journ.*, sem. an 14 300	*id.*	CASSATION. — 6 janvier 1808. *Coll.* an 1808 191
id.	MONTPELLIER. — 28 janvier 1806. *Journ.*, 2ᵉ. sem. 1806 314	*id.*	PARIS. — 13 juin 1809. *Journ.*, 2ᵉ. sem. 1809 297
id.	CASSATION. — 3 septembre 1806. *Journ.*, 1ᵉʳ. sem. 1807 113	*id.*	CASSATION. — 27 août 1811. Tom. 1, 1812 76
id.	BRUXELLES. — 17 juin 1807. *Coll.* an 1808 441	339	CASSATION. — 31 mars 1808. *Journ.*, 2ᵉ. sem. 1808 359
id.	ROUEN. — 18 février 1809. *Journ.*, 1ᵉʳ. sem. 1809 299	*id.*	CASSATION. — 14 mai 1810. *Journ.*, 2ᵉ. sem. 1810 273
id.	CASSATION. — 16 mai 1809. *Journ.*, 2ᵉ. sem. 1809 273	*id.*	CASSATION. — 22 juin 1813. Tom. 3, 1813 215
id.	CASSATION. — 16 mai 1809. *Journ.*, 2ᵉ. sem. 1809 561	340	LYON. — 29 ventose an 12. *Journ.*, 2ᵉ. sem. an 12 125
id.	BRUXELLES. — 4 février 1811. *Journ.*, 1ᵉʳ. sem. 1811 568	*id.*	MONTPELLIER. — 28 janvier 1806. *Journ.*, 2ᵉ. sem. 1806 314
id.	POITIERS. — 28 août 1810. *Journ.*, 2ᵉ. sem. 1811 230	*id.*	BESANÇON. — 29 prairial an 13. *Coll.* an 14 - 1806 145
id.	PAU — 18 juillet 1810. *Coll.* an 1811. 406	*id.*	CASSATION. — 31 mars 1808. *Journ.*, 2ᵉ. sem. 1808. 359
id.	CASSATION. — 16 décembre 1811. Tom. 1, 1812. 430	*id.*	ROUEN. — 18 février 1809. *Journ.*, 1ᵉʳ. sem. 1809 299
id.	PARIS. — 1ᵉʳ. février 1812. Tom. 1, 1812 433	*id.*	PARIS. — 6 juin 1809. *Journ.*, 2ᵉ. sem. 1809. 25
id.	CASSATION. — 4 octobre 1812. Tom. 1ᵉʳ., 1813 481	*id.*	CASSATION. — 16 mai 1809. *Journ.*, 2ᵉ. sem. 1809 273
id.	CASSATION. — 22 juin 1813. Tom. 3, 1813 215	*id.*	CASSATION. — 16 mai 1809. *Journ.*, 2ᵉ. sem. 1809. 561
335	GRENOBLE. — 14 ventose an 12. *Journ.*, 2ᵉ. sem. an 12 89	*id.*	CASSATION. — 14 mai 1810. *Journ.*, 2ᵉ. sem. 1810. 273
id.	PARIS. — 2 juillet 1806. *Journ.*, 1ᵉʳ. sem. 1807. 9	*id.*	CASSATION. — 14 mai 1811. *Journ.*, 2ᵉ. sem. 1811 109
id.	CASSATION. — 31 mars 1808. *Journ.*, 2ᵉ. sem. 1808 359	*id.*	PAU. — 18 juillet 1810. *Coll.* an 1811. 406
id.	PAU. — 18 juillet 1810. *Coll.* an 1811 406	*id.*	CASSATION. — 4 octobre 1812. Tom. 1ᵉʳ., 1813. 481
id.	BRUXELLES. — 29 juillet 1811. Tom. 1ᵉʳ., 1812. 292	341	RENNES. — 31 août 1808. *Journ.*, 1ᵉʳ. sem. 1809 11
id.	PARIS. — 13 août 1812. Tom. 1ᵉʳ., 1813 455	*id.*	PARIS. — 16 mai 1809. *Journ.*, 2ᵉ. sem. 1809. 68
336	BRUXELLES. — 4 février 1811. *Journ.*, 1ᵉʳ. sem. 1811. 568	*id.*	CASSATION. — 21 mai 1810. *Journ.*, 2ᵉ. sem. 1810. 321

Articles	CODE CIVIL.	Articles	CODE CIVIL.
341	ROUEN. — 25 août 1812. Tom. 3, 1812. . . . . P. 562	387	BESANÇON. — 15 novembre 1807. *Journ.*, 2e. sem. 1808 . . . . P. 300
342	CASSATION. — 31 mars 1808. *Journ.*, 2e. sem. 1808. 359	388	TURIN. — 17 mai 1806. *Coll.* an 1807. 99
343	BRUXELLES. — 12 juillet 1806. *Journ.* 2e. sem. 1806 555	389	BESANÇON. — 15 novembre 1807. *Journ.*, 2e. sem. 1808 300
345	BRUXELLES. — 22 avril 1807. *Journ.*, 2e. sem. 1807 42	id.	LIMOGES. — 28 avril 1812. Tom. 1er., 1813. 203
346	CASSATION. — 16 fructidor an 12. *Journ.*, 1er. sem. an 13. 228	390	BORDEAUX. — 6 messidor an 12. *Journ.*, 2e. sem. an 12 458
id.	BRUXELLES. — 22 avril 1807. *Journ.*, 2e. sem. 1807 42	id.	PARIS. — 5 germinal an 12. *Coll.* an 12. 377
347	BRUXELLES. — 22 avril 1809. *Journ.*, 2e. sem. 1807 42	id.	PARIS. — 4 décembre 1807. *Journ.*, 1er. sem. 1808. 8
348	BRUXELLES. — 22 avril 1807. *Journ.*, 2e. sem. 1807 42	id.	BESANÇON. — 15 novembre 1807. *Journ.*, 2e. sem. 1808 300
350	CASSATION. — 6 octobre 1808. *Journ.*, 1er. sem. 1809 148	id.	CASSATION. — 6 avril 1808. *Coll.* an 1808. 362
356	BRUXELLES. — 22 avril 1809. *Journ.*, 2e. sem. 1807 42	id.	PARIS. — 9 août 1811. *Journ.*, 2e. sem. 1811. 549
358	BRUXELLES. — 23 avril 1812. Tom. 3, 1812. 163	id.	GÈNES — 10 août 1811. *Journ.*, 2e. sem. 1812. 222
372	PARIS. — 3 germinal an 12. *Coll.* an 12 377	id.	CASSATION. — 11 mars 1812. *Journ.*, 2e. sem. 1812. 285
id.	CASSATION. — 21 mars 1809. *Journ.*, 1er. sem. 1809 465	id.	PARIS. — 1er. mai 1813. Tom. 2, 1813. 294
id.	CAEN. — 31 décembre 1811. Tom. 1er., 1813. 319	391	GÈNES. — 10 août 1811. Tom. 2, 1812. 212
374	NISMES. — 12 fructidor an 12. *Journ.*, 1er. sem. an 13 45	392	PARIS. (Tribunal civil), 24 pluviose an 12. *Coll.* an 12 348
id.	CAEN. — 31 décembre 1811. Tom. 1er., 1813. 319	393	AIX. — 19 mars 1807. *Journ.*, 2e. sem. 1807 330
377	PARIS. — 9 nivose an 12. *Journ.*, 1er. sem. an 12. 377	394	CASSATION. — 26 février 1807. *Journ.*, 1er. sem. 1807 550
384	PARIS. — 3 germinal an 12. *Journ.*, 2e. sem. an 12. 55	395	CASSATION. — 26 février 1807. *Journ.*, 1er. sem. 1807 550
id.	PARIS. — 3 germinal an 12. *Coll.* an 12. 377	id.	PARIS. — 4 décembre 1807. *Journ.*, 1er. sem. 1808 8
id.	BESANÇON. — 15 novembre 1807. *Journ.*, 2e. sem. 1808 300	id.	PARIS. — 10 mai 1810. *Journ.*, 2e. sem. 1810 203
id.	LIMOGES. — 28 avril 1812. Tom. 1er., 1813. 203	id.	TURIN. — 25 juin 1810. *Journ.*, 2e. sem. 1810 571
id.	TRÈVES. — 20 janvier 1812. Tom. 1er., 1813. 379	396	TURIN. — 25 juin 1810. *Journ.*, 2e. sem. 1810 571
385	TRÈVES. — 20 janvier 1812. Tom. 1er. 1813. 379	397	PARIS. — 15 messidor an 12. *Journ.*, 2e. sem. an 12 440
386	TRÈVES. — 20 janvier 1808. Tom. 1er., 1813. 379	id.	BESANÇON. — 15 novembre 1807. *Journ.*, 2e. sem. 1808 300

Articles	CODE CIVIL.
397	CAEN. — 12 mars 1811. Tom. 1er., 1812. . . . P. 289
id.	CASSATION. — 11 mars 1812. Tom. 2, 1812 . . . 285
id.	PARIS. — 1er. mai 1813. Tom. 2, 1813. . . . 294
398	PARIS. (Tribunal civil) 24 pluviose an 12. Coll. an 12 . . . 348
402	PARIS. — 15 messidor an 12. Journ., 2e. sem. an 12 . . . 440
id.	CASSATION. — 26 février 1807. Journ., 1er. sem. 1807 . . . 550
id.	BESANÇON. — 26 août 1808. Journ., 1er. sem. 1810 . . . 172
405	CASSATION. — 26 février 1807. Journ., 1er. sem. 1807 . . . 550
id.	PARIS. — 9 août 1811. Journ., 2e. sem. 1811 . . . 549
id.	CASSATION. — 11 mars 1812. Journ., 2e. sem. 1812 . . . 285
406	CASSATION. — 29 novembre 1809. Journ., 1er. sem. 1810 . . . 129
id.	PARIS. — 28 juillet 1809. Coll. an 1810. . . . 262
407	PARIS. — 7 floréal an 13. Journ., 2e. sem. an 13 . . . 268
id.	AMIENS. — 11 fructidor an 13. Journ., 1er. sem. 1806 . . . 31
id.	CASSATION. — 3 septembre 1806. Journ., 1er. sem. 1807 . . . 161
id.	AGEN. — 10 décembre 1806. Journ., 1er. sem. 1807 . . . 485
id.	CASSATION — 22 juillet 1807. Journ., 2e. sem. 1807 . . . 257
id.	BRUXELLES. — 15 mars 1806. Coll. an 1807 . . . 121
id.	CASSATION. — 13 octobre 1807. Journ., 1er. sem. 1808 . . . 81
id.	BORDEAUX. — 21 juillet 1808. Journ. 2e. sem. 1808 . . . 479
id.	ROUEN. — 28 août 1809. Journ., 1er. sem. 1810 . . . 45
id.	BESANÇON. — 26 août 1808 Journ., 1er. sem. 1810 . . . 172
id.	AGEN. — 24 mars 1810. Journ., 2e. sem. 1810 . . . 269
id.	CASSATION. — 16 juillet 1810. Journ., 2e. sem. 1810 . . . 536
407	BRUXELLES. — 18 juillet 1810. Journ., 1er. sem. 1811 . . . P. 330
id.	BRUXELLES. — 4 janvier 1811. Journ., 2e. sem. 1811 . . . 267
408	ROUEN. — 28 août 1809. Journ., 1er. sem. 1810 . . . 45
409	CASSATION. — 3 septembre 1806. Journ., 1er. sem. 1807 . . . 161
id.	BESANÇON. — 26 août 1808. Journ., 1er. sem. 1810 . . . 172
410	AMIENS. — 11 fructidor an 13. Journ., 1er. sem. 1806 . . . 31
411	AGEN. — 10 décembre 1806. Journ., 1er. sem. 1807 . . . 485
id.	CASSATION. — 22 juillet 1807. Journ., 2e. sem. 1807 . . . 257
415	BRUXELLES. — 15 mars 1806. Coll. an 1807 . . . 121
id.	AGEN. — 24 mars 1810. Journ., 2e. sem. 1810 . . . 269
416	BORDEAUX. — 21 juillet 1808. Journ., 2e. sem. 1808 . . . 479
417	BESANÇON. — 15 novembre 1807. Journ., 2e. sem. 1808 . . . 300
420 et 421	ORLÉANS. — 2 fructidor an 11. Journ., 1er. sem. an 12 . . . 65
423	ROUEN. — 28 août 1809. Journ., 1er. sem. 1810 . . . 45
id.	CASSATION. — 16 juillet 1810. Journ., 2e. sem. 1810 . . . 536
440	AGEN. — 24 mars 1810. Journ., 2e. sem. 1810 . . . 269
442	CASSATION. — 13 octobre 1807. Journ., 1er. sem. 1808 . . . 81
id.	ROUEN. — 17 mars 1808. Journ., 1er. sem. 88. . . . 526
id.	BESANÇON. — 26 août 1808. Journ., 1er. sem. 1810 . . . 172
443	ROUEN. — 17 mars 1808. Journ., 1er. sem. 1808 . . . 526
444	CASSATION. — 13 octobre 1807. Journ., 1er. sem. 1808 . . . 81
id.	BRUXELLES. — 24 août 1809. Journ., 2e. sem. 1810 . . . 93
id.	BESANÇON. — 4 août 1808. Coll. an 1810. . . . 161
id.	PARIS. — 28 décembre 1810. Journ., 1er. sem. 1811 . . . 217

Articles	CODE CIVIL.
445	CASSATION. — 13 octobre 1807. *Journ.*, 1er. sem. 1808 . . . . P. 81
id.	BESANÇON. — 26 août 1808. *Journ*, 1er. sem. 1810. 172
446	BRUXELLES. — 24 août 1809. *Journ.*, 2e. sem. 1810 93
id.	ROUEN. — 17 novembre 1810. *Journ.*, 1er. sem. 1811 271
448	ORLÉANS — prairial an 12. *Journ.*, 2e. sem. an 12 575
id.	CASSATION. — 13 ventose an 13. *Journ.*, 2e. sem. an 13 353
id.	TURIN. — 29 juillet 1809. *Coll.* an 1810. 349
450	CASSATION. — 26 août 1807. *Journ.*, 1er. sem. 1808. 113
id.	BESANÇON. — 15 novembre 1807. *Journ.*, 2e. sem. 1808 300
id.	CASSATION. — 26 août 1807. *Coll.* an 1808. 5
id.	BRUXELLES. — 3 août 1808. *Coll.* an 1809. 107
id.	GENES. — 10 août 1811. *Journ.*, 2e. sem. 1812. 222
457	ROUEN. — 26 juin 1806. *Journ.*, 2e. sem. 1806. 252
id.	CASSATION. — 26 août 1807. *Coll.* an 1808. 5
id.	CASSATION. — 26 août 1807. *Journ.*, 1er. sem. 1808. 113
458	PARIS. (Tribunal civil) — 25 thermidor an 11. *Coll.* an 12 16
id.	ROUEN. — 26 juin 1806. *Journ.*, 2e. sem. 1806. 252
459	ORLÉANS — 2 fructidor an 11. *Journ.*, 1er. sem. an 12 65
id.	PARIS. (Tribunal civil) — 25 thermidor an 11. *Coll.* an 12 16
id.	ROUEN. — 3 prairial an 12. *Journ.*, 2e. sem. an 13 27
id.	ROUEN. — 26 juin 1806. *Journ.*, 2e. sem. 1806. 252
id.	CASSATION. — 26 août 1807. *Journ.*, 1er. sem. 1808. 113
id.	CASSATION. — 26 août 1807. *Coll.* an 1808. 5
id.	CASSATION. — 3 octobre 1810. *Journ.*, 2e. sem. 1810 529

Articles	CODE CIVIL.
459	TRÈVES — 11 février 1811. Tom. 3, 1812. . . . . P. 170
id.	GENES. — 11 avril 1812. Tom. 2, 1813. 503
id.	PARIS. (Tribunal civil) — 25 thermidor an 11. *Coll.* an 12 16
id.	ROUEN. — prairial an 12. *Journ.*, 2e. sem. an 13 27
id.	ROUEN. — 26 juin 1806. *Journ.*, 2e. sem. 1806. 252
460 et 461	ORLÉANS. — 2 fructidor an 11. *Journ.*, 1er. sem. an 12 65
462 et 463	ORLÉANS. — 2 fructidor an 11. *Journ.*, 1er. sem. an 12 65
463	BRUXELLES. — 20 mars 1811. Tom. 1er., 1812. 52
id.	PARIS. — 19 prairial an 12. *Coll.* an 12. 403
id.	ORLÉANS. — 8 prairial an 12. *Journ.*, 1er. sem. an 13 222
id.	BRUXELLES. — 12 novembre 1806. *Journ.*, 1er. sem. 1807 253
id.	RIOM. — 13 avril 1806. *Coll.* an 1807. 188
id.	BESANÇON. — 3 juin 1808. *Journ.*, 1er. sem. 1810 285
id.	CASSATION. — 11 décembre 1810. *Journ.*, 1er. sem. 1811 214
id.	ANGERS. — 3 avril 1811. *Journ.*, 2e. sem. 1811. 208
id.	BRUXELLES. — 4 juillet 1811. Tom. 1er., 1812. 215
464 et 465	ORLÉANS. — 2 fructidor an 11. *Journ.*, 1er. sem. an 12 65
465	PARIS. — 21 frimaire an 13. *Journ.*, 1er. sem. an 13 456
466	CASSATION. — 26 août 1807. *Journ.*, 1er. sem. 1808 113
id.	CASSATION. — 26 août 1807. *Coll.* an 1808. 5
id.	LYON. — 16 juillet 1812. Tom. 1er., 1813. 281
467	CASSATION. — 26 août 1807. *Journ.*, 1er. sem. 1808. 113
id.	CASSATION. — 26 août 1807. *Coll.* an 1808. 5
id.	TURIN. — 29 juillet 1809. *Coll.* an 1810. 349

Articles	CODE CIVIL.	Articles	CODE CIVIL.
467	LYON. — 16 juillet 1812. Tom. 1er, 1813. . . . . . P. 285	491	NISMES. — 27 janvier 1808. Journ., 1er sem. 1809. . . . . . P. 271
471	CASSATION. — 28 mars 1812. Tom. 3, 1812. 431	id.	NISMES — 27 janvier 1808. Coll. an 1809. 44
472	COLMAR. — 3 juillet 1812. Tom. 3, 1812. 401	492	MONTPELLIER. — 18 messidor an 13. Coll. an 14-1806. 3-8
474	ROUEN. — 29 novembre 1808. Journ., 1er. sem. 1809 351	id.	CASSATION. — 7 septembre 1808. Journ., 1er. sem. 1809 20
476	LIÉGE. — 6 mai 1808. Journ., 1er. sem. 1809. 251	493	CORBEIL. (Tribunal civil) — 26 prairial an 11. Coll. an 12 140
id.	PAU. — 11 mars 1812. Tom. 2, 1813 287	id.	PARIS. — 29 messidor an 12. Journ., 2e. sem. an 12 445
477	LIÉGE. — 6 mai 1808. Journ., 1er. sem. 1809. 251	id.	CASSATION. — 7 septembre 1808. Journ., 1er. sem. 1809 20
id.	PARIS. — 1er. mai 1813. Tom. 2, 1813. 221	id.	COLMAR. — 15 décembre 1810. Journ., 1er. sem. 1811 316
481	LIÉGE. — 6 mai 1808. Journ., 1er. sem. 1809. 251	id.	GÈNES. — 5 février 1812. Journ., 2e. sem. 1812. 557
482	PAU. — 11 mars 1812. Tom. 2, 1813. 287	494	PARIS. 21 messidor an 12. Journ. 2e. sem. an 12 445
488	CASSATION. — 21 mars 1809. Journ., 1er. sem. 1809 465	id.	CORBEIL. — (Tribunal civil) 26 prairial an 11. Coll. an 12 140
489	CASSATION. — 20 mai 1806. Journ., 2e. sem. 1806 145	id.	CASSATION. — 7 septembre 1808. Journ., 1er. sem. 1809 20
id.	NISMES. — 27 janvier 1808. Journ., 1er. sem. 1809. 271	id.	BRUXELLES. — 15 décembre 1812. Tom. 2, 1813 386
id.	NISMES. — 27 janvier 1808. Coll. an 1809. 44	495	MONTPELLIER. — 18 messidor an 13. Coll. an 14-1806 3-8
id.	LYON. — 14 janvier 1812. Journ., 2e. sem. 1812. 332	id.	ROUEN. — 17 novembre 1810. Journ., 1er. sem. 1811 271
490	PARIS. — 29 messidor an 12. Journ., 2e. sem. an 12 445	id.	GÈNES. — 5 février 1812. Journ., 2e. sem. 1812. 557
id.	CASSATION. — 26 juin 1806. Coll. an 1807. 163	496	CASSATION. — 7 septembre 1808. Journ., 1er. sem. 1809 20
id.	BRUXELLES. — 15 mai 1807. Coll. an 1807. 476	id.	PARIS. — 15 mai 1813. Tom. 3, 1813. 310
id.	CASSATION. — 7 septembre 1808. Journ., 1er. sem. 1809 20	498	MONTPELLIER. — 18 messidor an 13. Coll. an 14 1806. 3-8
id.	NISMES. — 27 janvier 1808. Journ., 1er. sem. 1809. 271	id.	CASSATION. — 7 septembre 1808. Journ., 1er. sem. 1809 20
id.	NISMES. — 27 janvier 1808. Coll. an 1809. 44	499	ROUEN. — 8 floréal an 12. Journ., 2e. sem. an 12 478
id.	PARIS. — 1er. mai 1813. Tom. 2, 1813. 294	id.	AMIENS. — 25 thermidor an 13. Journ., 1er. sem. 1806. 45
491	BRUXELLES. — 15 mai 1807. Coll. an 1807. 476	501	CASSATION. — 16 juillet 1810. Journ., 1er. sem. 1811. 129
id.	CASSATION. — 7 septembre 1808. Journ., 1er. sem. 1809 20	id.	TURIN. — 4 janvier 1812. Tom. 3, 1812. 144

Articles	CODE CIVIL.	Articles	CODE CIVIL.
502	CASSATION.—16 juillet 1810. *Journ.*, 1er. sem. 1811 . . . P. 129	514	BRUXELLES.—15 mai 1807. *Coll.* an 1807. . . . P. 476
id.	TURIN.—4 janvier 1812. Tom. 3, 1812 . . . 144	518	LIÉGE.—22 mars 1811. Tom. 1, 1812. . . . 473
id.	CASSATION.—17 mars 1813. Tom. 3, 1813 . . . 5	520	CASSATION. — 19 vendémiaire an 14. *Journ.*, 1er. sem. 1806 . . . 65
503	CASSATION.—18 novembre 1806. *Journ.*, 1er. sem. 1807 . . . 165	id.	CASSATION.—17 mars 1807. *Coll.* an 1807. . . . 222
id.	CASSATION.—17 mars 1813. Tom. 3, 1813 . . . 5	521	CASSATION. — 25 février 1812. Tome 1, 1813 . . . 369
504	LIÉGE.—16 juin 1810. *Journ.*, 1er. sem. 1811 . . . 122	522	BRUXELLES.—8 août 1811. Tom. 1, 1812. . . . 211
id.	PARIS. (Tribunal civil)—24 pluviose an 12. *Collect.* an 12 . . . 348	524	BRUXELLES. — 28 juillet 1808. *Journ.*, 1er. sem. 1810 . . . 78
id.	PARIS.—30 messidor an 13. *Journ.*, sem. an 14 . . . 106	id.	BRUXELLES. — 8 août 1811. Tom. 1er., 1812 . . . 211
id.	PARIS.—24 juin 1808. *Journ.*, 2e. sem. 1808 . . . 216	526	CASSATION. — 14 mai 1806. *Journ.*, 2e. sem. 1806 . . . 385
id.	PARIS.—13 juillet 1808. *Journ.*, 1er. sem. 1809 . . . 73	id.	TURIN.—24 avril 1810. *Journ.*, 2e. sem. 1810 . . . 428
id.	GÊNES.—5 février 1812. *Journ.*, 2e. sem. 1812 . . . 557	529	NISMES. — 23 frimaire an 14. *Journ.*, 1er. sem. 1806 . . . 504
id.	CASSATION. — 17 mars 1813. Tom., 3 1813 . . . 5	id.	CASSATION. — 15 juin 1808. *Journ.*, 2e. sem. 1808 . . . 305
505	ROUEN.—8 floréal an 12. *Journ.*, 2e. sem. an 12 . . . 478	id.	TURIN. — 16 juin 1809. *Coll.* an 1810 . . . 404
id.	METZ.—6 février 1812. *Journ.*, 2e. sem. 1812 . . . 156	id.	CASSATION. — 29 juin 1813. Tom. 3, 1813 . . . 529
id.	CASSATION.—11 mars 1812. *Journ.*, 2e. sem. 1812 . . . 285	530	NISMES. — 23 frimaire an 14. *Journ.*, 1er. sem. 1806 . . . 504
id.	PARIS. — 1er. mai 1813. Tom. 3, 1813 . . . 294	id.	CASSATION. — 29 juin 1813. Tom. 3, 1813 . . . 529
506	METZ.—6 février 1812. *Journ.*, 2e. sem. 1812 . . . 156	533	ROUEN. — 27 mai 1806. *Journ.*, 2e. sem. 1806 . . . 57
id.	CASSATION. — 11 mars 1812. *Journ.*, 2e. sem. 1812 . . . 285	id.	PARIS. — 6 janvier 1807. *Journ.*, 1er. sem. 1807 . . . 231
507	BRUXELLES. — 20 juillet 1812. Tom. 1, 1813 . . . 106	id.	GÊNES. — 10 août 1811. *Journ.*, 2e. sem. 1812 . . . 222
509	METZ.—6 février 1812. *Journ.*, 2e. sem. 1812 . . . 156	535	ROUEN. — 27 mai 1806. *Journ.*, 2e. sem. 1806 . . . 57
id.	CASSATION.—11 mars 1812. *Journ.*, 2e. sem. 1812 . . . 285	id.	PARIS. — 6 janvier 1807. *Journ.*, 1er. sem. 1807 . . . 231
id.	CAEN.—12 mars 1811. Tom. 1, 1812 . . . 289	id.	BORDEAUX. — 20 janvier 1812. Tom. 3, 1813 . . . 363
511	NISMES. — 3 janvier 1811. *Journ.*, 2e. sem. 1811 . . . 220	538	METZ. — 28 thermidor an 13. *Journ.*, 1er. sem. 1806 . . . 41
513	CASSATION. — 20 mai 1806. *Journ.*, 2e. sem. 1806 . . . 145	id.	CASSATION. — 21 février 1810. *Journ.*, 1er. sem. 1810 . . . 547
id.	CASSATION. — 6 juin 1810. *Journ.*, 2e. sem. 1810 . . . 329		

Articles	CODE CIVIL.	Articles	CODE CIVIL.
542	Metz. — 28 thermidor an 13. *Journ.*, 1er. sem. 1806 . . . . P. 41	641	Cassation. — 17 juin 1812. Tom. 3, 1812. . . . . P. 86
555	Cassation. — 11 août 1808. *Journ.*, 1er. sem. 1809 53	*id.*	Cassation. — 25 août 1812. Tom. 1er., 1813 407
558	Cassation. — 23 avril 1811. *Journ.*, 2e. sem. 1811 516	642	Cassation. — 4 février 1807. *Coll.* an 1807 417
id.	Paris. — 1er. juin 1812. *Journ.*, 2e. sem. 1812 408	*id.*	Cassation. — 25 août 1812. Tom. 1er., 1813 407
563	Cassation. — 11 février 1813. Tom. 3, 1813 89	643	Cassation. — 4 février 1807. *Coll.* an 1807. 417
591	Paris. — 12 décembre 1811. Tom. 1er., 1812 257	*id.*	Colmar. — 5 mai 1809. *Coll.* an 1809. 474
592	Paris. — 12 décembre 1811. Tom. 1er., 1812 257	644	Paris. — 9 juillet 1806. *Journ.*, 2e. sem. 1806 301
id.	Cassation. — 25 février 1812. Tom. 1er., 1813 369	*id.*	Cassation. — 7 avril 1807. *Journ.*, 1er. sem. 1807 566
595	Bruxelles. — 29 juillet 1812. Tom. 2, 1813 606	*id.*	Cassation. — 4 février 1807. *Coll.* an 1807 417
598	Grenoble. — 3 janvier 1811. Tom. 1er., 1812 274	*id.*	Cassation. — 15 juillet 1807. *Journ.*, 1er. sem. 1808 89
600	Agen. — 3 nivose an 14. *Journ.*, 2e. sem. 1806 219	*id.*	Cassation. — 21 février 1810. *Journ.*, 1er. sem. 1810 547
id.	Bruxelles. — 18 décembre 1811. *Journ.*, 2e. sem. 1812 487	*id.*	Colmar. — 12 février 1813. Tom. 3, 1813 45
601	Bordeaux. — 29 avril 1809. *Coll.* an 1810. 403	*id.*	Cassation. — 11 février 1813. Tom. 3, 1813 89
id.	Nismes. — 22 avril 1812. Tom. 3, 1813. 271	645	Cassation. — 7 avril 1807. *Journ.*, 1er. sem. 1807 566
609	Paris. — 4 avril 1811. *Journ.*, 1er. sem. 1811 564	*id.*	Cassation. — 4 février 1807. *Coll.* an 1807. 417
611	Bruxelles. — 18 décembre 1811. *Journ.*, 2e. sem. 1812 487	*id.*	Cassation. — 15 juillet 1807. *Journ.*, 1er. sem. 1808 89
612	Cassation. — 4 fructidor an 13. *Journ.*, sem. an 14 161	*id.*	Cassation. — 21 février 1810. *Journ.*, 1er. sem. 1810 547
id.	Paris. — 4 avril 1811. *Journ.*, 1er. sem. 1811 564	658	Cassation. — 10 janvier 1810. *Coll.* an 1811 33
id.	Bruxelles. — 18 décembre 1811. Tom. 2, 1812 487	665	Cassation. — 10 janvier 1810. *Coll.* an 1811 33
637	Cassation. — 23 novembre 1808. *Journ.*, 1er. sem. 1809 197	670	Cassation. — 8 vendémiaire an 14. *Coll.* an 14-1806 115
639	Cassation. — 30 août 1808. *Journ.*, 2e. sem. 1809 113	*id.*	Paris. — 30 juin 1809. *Journ.*, 1er. sem. 1809 233
640	Cassation. — 30 août 1808. *Journ.*, 2e. sem. 1809 113	671	Cassation. — 31 décembre 1810. *Journ.*, 1er. sem. 1811 305
id.	Cassation. — 25 août 1813. Tom. 1er., 1813 407	672	Cassation. — 15 février 1811. *Journ.*, 2e. sem. 1811 22
641	Cassation. — 4 février 1807. *Coll.* an 1807 417	674	Cassation. — 8 septembre 1809. *Coll.* an 1811 247

Articles	CODE CIVIL.
678	CASSATION.—17 thermidor an 13. *Journ.*, sem. an 14 . . . . P. 177
id.	PARIS.—24 juillet 1810. *Coll.* an 1811. 283
id.	COLMAR.—27 mars 1811. *Journ.*, 2e. sem. 1812. 50
679	CASSATION.—17 thermidor an 13. *Journ.*, an 14 177
id.	COLMAR.—17 mars 1811. *Journ.*, 2e. sem. 1812. 50
680	COLMAR.—27 mars 1811. *Journ.*, 2e. sem. 1812. 50
682	CASSATION.—1er. mai 1811. *Journ.*, 2e. sem. 1811. 470
id.	AMIENS.—25 mai 1813. Tom. 3, 1813. 75
683	CASSATION.—1er. mai 1811. *Journ.*, 2e. sem. 1811. 470
686	CASSATION.—23 novembre 1808. *Journ.*, 1er. sem. 1809. 197
688	COLMAR.—11 août 1809. *Coll.* an 1810. 126
id.	CASSATION.—10 février 1812. *Journ.*, 2e. sem. 1812 303
689	PARIS.—11 février 1808. *Coll.* an 1808. 164
id.	COLMAR.—11 août 1809. *Coll.* an 1810. 126
690	PARIS.—25 avril 1811. *Journ.*, 2e. sem. 1811. 556
691	CASSATION.—23 novembre 1808. *Journ.*, 1er. sem. 1809 197
id.	CASSATION.—13 août 1810. *Coll.* an 1811. 213
id.	CASSATION.—31 décembre 1810. *Journ.*, 1er. sem. 1811 305
id.	CASSATION.—10 février 1812. *Journ.*, 2e. sem. 1812 303
id.	CASSATION.—17 février 1813. Tom. 2, 1813 408
id.	CASSATION.—6 juillet 1812. Tom. 3, 1813 318
694	PARIS.—11 février 1808. *Coll.* an 1808. 164
701	CASSATION.—10 janvier 1810. *Coll.* an 1811. 33
id.	PARIS.—24 juillet 1810. *Coll.* an 1811. 283

Articles	CODE CIVIL.
703	CASSATION.—11 février 1813. Tom. 3, 1813 . . . . P. 89
716	BRUXELLES.—13 mars 1810. *Coll.* an 1811. 182
id.	GRENOBLE.—3 janvier 1811. Tom. 1, 1812 274
718	CASSATION.—11 mars 1811. *Journ.*, 1er. sem. 1811. 497
717	AMIENS.—7 janvier 1813. Tom. 1er., 1813 463
724	AGEN.—3 mars 1806. *Coll.* an 1807. 179
id.	BRUXELLES.—2 août 1809. *Journ.*, 1er. sem. 1810 557
id.	CASSATION.—11 mars 1811. *Journ.*, 1er. sem. 1811 497
id.	CASSATION.—21 décembre 1812. Tom. 1er., 1813 184
725	ORLÉANS.—16 février 1809. *Journ.*, 2e. sem. 1809 14
id.	LIMOGES.—12 janvier 1813. Tom. 2, 1813 97
id.	CASSATION.—1er. février 1813. Tom. 2, 1813 456
726	RUREMONDE. (Tribunal civil.)—6 prairial an 12. *Coll.* an 13 26
id.	CASSATION.—24 août 1808. *Journ.*, 1er. sem. 1809 49
id.	CASSATION.—1er. février 1813. Tom. 2, 1813 456
732	CASSATION.—23 novembre 1807. *Coll.* an 1808 65
id.	BOURGES.—27 février 1810. *Journ.*, 2e. sem. 1811 46
733	CHATEAUDUN. (Tribunal civil.)—6 pluviose an 12. *Coll.* an 12 379
id.	BRUXELLES.—28 thermidor an 12. *Journ.*, 1er. sem. an 13 285
id.	BRUXELLES.—18 mai 1807. *Journ.*, 1er. sem. 1808 332
id.	PARIS.—4 avril 1808. *Journ.*, 1er. sem. 1808 439
id.	CASSATION.—27 décembre 1809. *Journ.*, 1er. sem. 1810 228
id.	CASSATION.—27 décembre 1809. *Journ.*, 1er. sem. 1810 433
id.	PARIS.—1er. juillet 1811. *Journ.*, 2e. sem. 1811 250

Articles	CODE CIVIL.	Articles	CODE CIVIL.
733	AMIENS. — 7 janvier 1813. Tom. 1er., 1813 . . . . P. 463	756	NISMES. — 6 mai 1806. *Journ.*, 2e. sem. 1806. . . . . P. 579
734	PARIS. — 4 avril 1808. *Journ.*, 1er. sem. 1808. 439	id.	CASSATION. — 3 septembre 1806. *Journ.*, 1er. sem. 1 07. 161
id.	BRUXELLES. — 20 avril 1809. *Journ.*, 2e. sem. 1809. 493	id.	CASSATION. — 5 août 1807. *Coll.* an 1807. 460
id.	CASSATION. — 11 mars 1811. *Journ.*, 1er. sem. 1811. 497	id.	CASSATION. — 28 janvier 1808. *Journ.*, 1er. sem. 1808 404
743	NISMES. — 18 mars 1807. *Coll.* an 1807. 463	id.	ROUEN. — 18 février 1809. *Journ.*, 1er. sem. 1809. 299
745	TURIN. — 13 fructidor an 12. *Journ.*, 1er. sem. an 13 363	id.	CASSATION. — 11 mars 1811. *Journ.*, 1er. sem. 1811. 497
id.	TURIN. — 15 mars 1806. *Coll.* an 1807. 81	id.	RIOM. — 28 juillet 1809. 2e. sem. 1811. 230
id.	CASSATION. — 23 novembre 1807. *Coll.* an 1808. 65	id.	PAU. — 18 juillet 1810. *Coll.* an 1811. 406
746	BRUXELLES. — 18 thermidor an 12. *Journ.*, 1er. sem. an 13 285	id.	CASSATION. — 10 juin 1813. Tom. 3, 1813. 413
747	AGEN. — 28 février 1807. *Coll.* an 1807. 450	757	PARIS. — 30 pluviose an 13. *Journ.*, 2e. sem. an 13 488
id.	CASSATION. — 17 décembre 1812. Tom. 2, 1813 401	id.	CASSATION. — 22 messidor an 13. *Journ.*, sem. an 14. 209
750	CHATEAUDUN. (Tribunal civil) — 6 pluviose an 12. *Coll.* an 12 379	id.	NISMES. — 6 mai 1806. *Journ.*, 2e. sem 1806. 539
id.	BRUXELLES. — 28 thermidor an 12. *Journ.*, 1er. sem. an 13 285	id.	PAU. — 24 mai 1806. *Coll.* an 14 - 1806. 455
id.	CASSATION. — 15 brumaire an 14. *Journ.*, 1er. sem. 1806 113	id.	ANGERS. — 13 août 1806. *Journ.*, 2e. sem. 1807. 427
id.	BRUXELLES. — 18 mai 1807. *Journ.*, 1er. sem. 1808. 332	id.	CASSATION. — 5 août 1807. *Coll.* an 1807. 460
id.	BRUXELLES. — 27 décembre 1809. *Journ.*, 1er. sem. 1810. 228	id.	CASSATION. — 28 janvier 1808. *Journ.*, 1er. sem. 1808. 404
id.	CASSATION. — 27 décembre 1809. *Journ.*, 1er. sem. 1810. 433	id.	BRUXELLES. — 12 janvier 1808. *Journ.*, 1er. sem. 1809 382
752	CHATEAUDUN. (Tribunal civil) — 6 pluviose an 12. *Coll.* an 12 379	id.	CASSATION. — 26 juin 1809. *Journ.*, 2e. sem. 1809. 257
id.	BRUXELLES. — 28 thermidor an 12. *Journ.*, 1er. sem. an 13 285	id.	RIOM. — 21 avril 1809. — *Coll.* an 1810. 210
id.	BRUXELLES. — 18 mai 1807. *Journ.*, 1er. sem. an 1808 332	id.	RIOM. — 28 juillet 1809. *Journ.*, 2e. sem. 1811. 230
id.	CASSATION. — 27 décembre 1809. *Journ.*, 1er. sem. 1810 228	id.	PARIS. — 16 juin 1812. *Journ.*, 2e. sem. 1812. 523
id.	CASSATION. — 27 décembre 1809. *Journ.*, 1er. sem. 1810. 433	id.	COLMAR. — 9 mai 1812. Tom. 3, 1812. 177
733	BRUXELLES. — 28 thermidor an 12. *Journ.*, 1er. sem. an 13 285	id.	MONTPELLIER. — 13 juillet 1812. Tom. 3, 1812. 257
756	CASSATION. — 14 floréal an 13. *Journ.*, 2e. sem. an 13 193	id.	PARIS. — 27 juin 1812. Tom. 3, 1812. 316

Articles	CODE CIVIL.	Articles	CODE CIVIL.
757	Rouen. — 17 mars 1813. Tom. 2, 2813. . . . . P. 276	775	Rennes. — 9 avril 1810. *Journ.*, 1er. sem. 1811. . . . . P. 171
id.	Cassation. — 6 avril 1813. Tom. 2, 1813. 373	782	Rennes. — 10 juin 1811. Tom. 3, 1813. 119
id.	Paris. — 22 mai 1813. Tom. 2, 1813. 463	783	Paris. — 10 août 1809. *Journ.*, 1er. sem. 1810. 283
758	Angers. — 13 août 1806. *Journ.*, 2e. sem. 1807. 427	785	Paris. — 1er. juillet 1811. *Journ.*, 2e. sem. 1811. 250
760	Bruxelles. — 18 février 1813. Tom. 3, 1813. 69	*id.*	Turin. — 1er. avril 1812. Tom. 1er., 1813. 510
761	Cassation. — 22 messidor an 13 *Journ.*, sem. an 14. 209	786	Turin. — 23 août 1808. *Coll.* an 1810. 22
id.	Pau. — 24 mai 1806. *Coll.* an 14-1806. 453	*id.*	Paris. — 1er. juillet 1811. *Journ.*, 2e. sem. 1811. 250
id.	Bruxelles. — 18 février 1813. Tom. 3, 1813. 69	*id.*	Turin. — 1er. avril 1812. Tom. 1er., 1813. 510
762	Bordeaux. — 16 pluviose an 12. *Coll.* an 12. 393	791	Bruxelles. — 9 juin 1807. *Coll.* an 1808. 119
id.	Paris. — 25 prairial an 13. *Journ.*, 2e. sem. an 13. 321	*id.*	Bruxelles. — 18 février 1813. Tom. 3, 1813 69
id.	Angers. — 13 août 1806. *Journ.*, 2e. sem. 1807. 427	793	Amiens. — 25 février 1809. *Journ.*, 1er. sem. 1810 94
id.	Cassation. — 31 mars 1808. *Journ.*, 2e. sem. 1808. 359	794	Amiens. — 25 février 1809. *Journ.*, 1er. sem. 1810. 94
id.	Pau. — 18 juillet 1810. *Coll.* an 1811. 406	*id.*	Gênes. — 1er. octobre 1811. Tom. 3, 1812. 137
id.	Cassation. — 27 août 1811. Tom. 1er., 1812. 76	797	Cassation. — 10 juin 1807. *Journ.*, 2e. sem. 1807. 417
id.	Bruxelles. — 29 juillet 1811. Tom. 1er., 1812. 292	*id.*	Cassation. — 1er. août 1809. *Journ.*, 1er. sem. 1810. 353
id.	Paris. — 13 août 1812. Tom. 1er., 1813. 455	798	Cassation. — 10 juin 1807. *Journ.*, 2e. sem. 1807. 417
763	Bordeaux. — 16 pluviose an 12. *Coll.* an 12. 393	*id.*	Cassation. — 1er. août 1809. *Journ.*, 1er. sem. 1810. 353
id.	Cassation. — 28 prairial an 13. *Journ.*, sem. an 14. 81	799	Cassation. — 1er. août 1809. *Journ.*, 1er. sem. 1810. 353
id.	Paris. — 13 juin 1809. *Journ.*, 2e. sem. 1809. 297	800	Cassation. — 10 juin 1807. *Journ.*, 2e. sem. 1807. 225
id.	Trèves. — 6 mai 1812. Tom. 1er., 1813. 474	801	Cassation. — 1er. août 1809. *Journ.*, 1er. sem. 1810. 350
765	Bruxelles. — 17 juin 1807. *Coll.* an 1808. 441	*id.*	Amiens. — 25 février 1809. *Journ.*, 1er. sem. 1810. 94
id.	Riom. — 21 avril 1809 *Coll.* an 1810. 210	803	Paris. — 4 fructidor an 12. *Coll.* an 13. 91
id.	Bruxelles. — 4 février 1811. *Journ.*, 1er. sem. 1811. 568	*id.*	Paris. — 1er. juillet 1813. Tom. 3, 1813. 338
766	Cassation — 3 septembre 1806. *Journ.*, 1er. sem. 1807. 151	804	Cassation. — 22 janvier 1807. *Coll.* an 1807. 136

Articles	CODE CIVIL.	Articles	CODE CIVIL.
826	PARIS. — 4 fructidor an 12. *Coll.* an 13. . . . . P. 91	827	ROUEN. — 5 prairial an 12. *Journ.*, 2e. sem. an 13. . . . . P. 27
id.	CASSATION. — 22 janvier 1807. *Coll.* an 1807. . . . 136	828	ROUEN. — 3 prairial an 12. *Journ.*, 2e. sem. an 13. 27
id.	AMIENS. — 25 février 1809. *Journ.*, 1er. sem. 1810. 94	id.	CASSATION. — 26 avril 1808. *Journ.*, 2e. sem. 1808. 113
id.	PARIS. — 17 décembre 1812. Tom. 1er, 1813. 341	id.	PARIS. — 17 août 1810. *Coll.* an 1811. 201
807	PARIS. — 28 janvier 1812. Tom. 1er, 1812. 586	id.	MONTPELLIER — 5 août 1811. Tom. 3, 1812. 155
808	AMIENS. — 25 février 1809. *Journ.*, 1er. sem. 1810. 94	829	CASSATION. — 14 décembre 1809. *Journ.*, 1er. sem. 1810. 193
809	AMIENS. — 25 février 1809. *Journ.*, 1er. sem. 1810. 94	830	MONTPELLIER. — 5 août 1811. Tom. 3, 1812. 155
812	CASSATION. — 7 février 1809. *Journ.*, 1er. sem. 1809. 533	831	AIX. — 2 nivose an 14. *Coll.* an 1807. 139
813	CASSATION. — 20 janvier 1807. *Journ.*, 1er. sem. 1807 469	id.	PARIS. — 19 janvier 1808. *Coll.* an 1808. 174
id.	CASSATION. — 6 juin 1809. *Journ.*, 2e sem. 1809. 356	id.	MONTPELLIER. — 5 août 1811. Tom. 3, 1812. 155
814	CASSATION. — 7 février 1809. *Journ.*, 2e. sem. 1809 533	832	BRUXELLES. — 22 décembre 1807. *Journ.*, 2e. sem. 1808. 238
815	CASSATION. — 15 février 1813. Tom. 2, 1813. 488	833	BRUXELLES. — 22 décembre 1807. *Journ.*, 1er. sem. 1808 238
817	AIX. — 22 frimaire an 14. *Coll.* an 1807. 199	834	PARIS. — 19 janvier 1808. *Coll.* an 1808. 174
818	BRUXELLES. — 30 fructidor an 13. *Coll.* an 14-1806. 282	837	AIX. — 2 nivose an 14. *Coll.* an 1807. 139
id.	TOULOUSE. — 2 juillet 1807. *Coll.* an 1809. 88	838	AIX. — 2 nivose an 14. *Coll.* an 1807. 139
id.	BRUXELLES. — 15 février 1812. Tom. 3, 1812. 361	id.	AIX. — 22 frimaire an 14. *Coll.* an 1807. 199
819	AIX. — 2 nivose an 14. *Coll.* an 1807. 136	839	ROUEN. — 3 prairial an 12. *Journ.*, 2e. sem. an 13. 27
821	PARIS. — 5 thermidor an 12. *Journ.*, 2e. sem. an 12 535	id.	ROUEN. — 26 juin 1806. *Journ.*, 2e. sem. 1806. 252
822	CASSATION. — 11 mai 1807. *Journ.*, 2e. sem. 1807. 305	840	AIX. — 22 frimaire an 14. *Coll.* an 1807. 199
id.	TURIN. — 1er. avril 1812. Tom. 1er., 1813. 510	id.	LYON. — 16 juillet 1812. Tom. 1er., 1813. 281
824	AIX. — 2 nivose an 14. *Coll.* an 1807. 139	841	AMIENS. — 13 mars 1806. *Coll.* an 14-1806. 495
id.	MONTPELLIER. — 5 août 1811. Tom. 3, 1812. 155	id.	ROUEN. — 24 mars 1806. *Journ.*, 1er. sem. 1806. 556
826	PARIS. — 19 novembre 1811. Tom. 1er., 1812. 203	id.	CASSATION. — 9 septembre 1806. *Journ.*, 2e. sem. 1806. 548
id.	BRUXELLES. — 13 novembre 1811. *Journ.*, 2e. sem. 1812 422	id.	CASSATION. — 1er. décembre 1806. *Journ.*, 1er. sem. 1807. 81

Articles	CODE CIVIL.	Articles	CODE CIVIL.
841	GRENOBLE. — 11 juillet 1806. *Journ.*, 1er. sem. 1807 . . . . P. 543	870	CASSATION. — 7 novembre 1810. *Journ.*, 1er. sem. 1811 . . . . P. 337
id.	ROUEN. — 21 juillet 1807. *Journ.*, 2e. sem. 1807 366	871	TURIN. — 24 mars 1806. *Journ.*, 1er. sem. 1807 396
id.	CASSATION. — 22 avril 1808. *Journ.*, 2e. sem. 1808 49	872	CAEN. — 20 avril 1812. Tom. 1er., 1813. 442
id.	COLMAR. — 11 mars 1807. *Coll.* an 1809. 502	873	CASSATION. — 15 avril 1809. *Journ.*, 1er. sem. 1809 501
id.	CASSATION. — 14 mars 1810. *Journ.*, 2e. sem. 1810 241	id.	CASSATION. — 19 février 1811. *Journ.*, 2e. sem. 1811 49
id.	PARIS. — 11 janvier 1809. *Coll.* an 1810. 56	id.	CASSATION. — 22 juillet 1812. Tom. 1er., 1813 177
id.	PARIS. — 31 juillet 1810. *Journ.*, 1er. sem. 1811 26	877	PARIS. — 9 messidor an 11. *Journ.*, 1er. sem. an 12 20
id.	CASSATION. — 12 décembre 1810. *Journ.*, 1er. sem. 1811 325	id.	PARIS. — 9 thermidor an 11. *Coll.* an 12 26
843	TURIN. — 24 mars 1806. *Journ.*, 1er. sem. 1807 396	id.	BRUXELLES. — 10 mai 1810. *Coll.* an 1811. 439
id.	TURIN. — 15 mars 1806. *Coll.* an 1807. 82	881	CASSATION. — 30 juillet 1806. *Journ.*, 1er. sem. 1807 273
id.	AGEN. — 28 décembre 1808. *Journ.*, 2e. sem. 1809 77	882	PARIS. — 13 juin 1807. *Journ.*, 2e. sem. 1807 182
id.	CASSATION. — 5 mai 1812. Tom. 3, 1812. 357	id.	PARIS. — 23 janvier 1808. *Journ.*, 1er. sem. 1808 217
id.	CASSATION. — 25 août 1812. Tom. 1er., 1813 129	id.	PARIS. — 4 août 1809. *Coll.* an 1810. 68
id.	BRUXELLES. — 30 mars 1812. Tom. 1er., 1813 433	id.	PARIS. — 2 mars 1812. Tom. 1, 1812. 578
id.	TURIN. — 1er. avril 1812. Tom. 1er., 1813. 510	883	PARIS. — (Tribunal civil.) 16 messidor an 11. *Coll.* an 12 19
844	TURIN. — 15 mars 1807. *Coll.* an 1807. 82	id.	CASSATION. — 25 janvier 1809. *Journ.*, 1er. sem. 1809 353
845	TURIN. — 15 mars 1807. *Coll.* an 1807. 82	id.	PARIS. — 2 mars 1811. Tom. 1, 1812. 578
id.	TURIN. — 1er. avril 1812. Tom. 1er., 1813. 510	id.	BRUXELLES. — 20 février 1811. *Journ.*, 2e. sem. 1812 225
848	BRUXELLES. — 30 mars 1812. Tom. 1er., 1813 433	888	LIMOGES. — 4 mars 1812. *Journ.*, 2e. sem. 1812 530
853	PARIS. — 21 avril 1812. *Journ.*, 2e. sem. 1812 465	892	PARIS. — 6 avril 1807. *Journ.*, 1er. sem. 1807 471
id.	BRUXELLES. — 18 février 1813. Tom. 3, 1813 476	893	CASSATION. — 15 brumaire an 14. *Journ.*, 1er. sem. 1806 113
857	AGEN. — 28 décembre 1808. *Journ.*, 2e. sem. 1809 77	id.	BRUXELLES. — 26 avril 1806. *Journ.*, 2e. sem. 1806 100
id.	COLMAR. — 19 janvier 1813. Tom. 2, 1813. 300	id.	CASSATION. — 22 juillet 1807. *Journ.*, 2e. sem. 1807 337
870	CASSATION. — 19 février 1811. *Journ.*, 2e. sem. 1811 49	id.	LIÉGE. — 29 mai 1808. *Journ.*, 1er. sem. 1809 107

Articles	CODE CIVIL.	Articles	CODE CIVIL.
893	Cassation. — 1er. mars 1809. *Journ.*, 1er. sem. 1809 . . . . P. 529	896	Cassation. — 8 juin 1812. Tom. 3, 1812. . . . . P. 283
id.	Besançon. — 19 mai 1809. *Coll.* an 1810. 97	id.	Paris. — 26 mars 1813. Tom. 3, 1813. 93
id.	Cassation. — 18 janvier 1813. Tom. 1er., 1813 563	id.	Agen. — 30 avril 1806. *Coll.* an 14-1806. 424
894	Rennes. — 15 thermidor an 13. *Journ.*, 1er. sem. 1807 297	898	Besançon. — 29 mars 1811. *Journ.*, 2e. sem. 1811. 427
895	Paris. — 28 frimaire an 14. *Journ.*, 1er. sem. 1806 164	899	Paris. — 26 mars 1813. Tom. 3, 1813. 93
id.	Rennes. — 15 thermidor an 13. *Journ.*, 1er. sem. 1807 297	id.	Paris. — 3 mars 1809. *Coll.* an 1809. 263
id.	Turin. — 23 août 1808. *Coll.* an 1810. 22	900	Paris. (Tribunal civil.) — 24 pluviose an 12. *Coll.* an 12 348
id.	Cassation. — 18 janvier 1813. Tom. 1er., 1813 563	id.	Bruxelles. — 16 mai 1809. *Journ.*, 1er. sem. 1810 456
896	Paris. — 7 thermidor an 12. *Journ.*, 1er. sem. an 13 60	id.	Cassation. — 13 mai 1813. Tom. 3, 1813. 415
id.	Agen. — 30 avril 1806. *Coll.* an 14-1806. 424	901	Aix. — 14 février 1808. *Journ.*, 2e. sem. 1809 330
id.	Bruxelles. — 26 avril 1806. *Journ.*, 2e. sem. 1806 100	id.	Liége. — 16 juin 1810. *Journ.*, 1er. sem. 1811 122
id.	Bruxelles. — 4 avril 1807. *Journ.*, 2e. sem. 1807 141	id.	Cassation. — 29 novembre 1810. *Journ.*, 1er. sem. 1811 241
id.	Cassation. — 18 janvier 1808. *Journ.*, 2e. sem. 1808. 65	id.	Rouen. — 17 mars 1813. Tom. 2, 1813. 276
id.	Cassation. — 26 juillet 1808. *Journ.*, 2e. sem. 1808 433	id.	Cassation. — 17 mars 1813. Tom. 3, 1813. 5
id.	Cassation. — 5 janvier 1809. *Journ.*, 1er. sem. 1810 3	902	Cassation. — 22 janvier 1810. *Journ.*, 1er. sem. 1810 241
id.	Liége. — 20 février 1809. *Journ.*, 2e. sem. 1809 489	id.	Turin. — 17 juin 1809. *Coll.* an 1810. 419
id.	Bruxelles. — 14 juillet 1808. *Coll.* an 1809 201	903	Grenoble. — 7 juillet 1811. *Journ.*, 2e. sem. 1812 57
id.	Paris. — 3 mars 1809. *Coll.* an 1809. 263	904	Grenoble. — 7 juillet 1811. *Journ.*, 2e. sem. 1812 57
id.	Cassation. — 7 novembre 1810. *Journ.*, 1er. sem. 1811 167	id.	Paris. — 11 décembre 1812. Tom. 1er., 1813 420
id.	Paris. — 16 avril 1811, *Journ.*, 2e. sem. 1811 135	905	Pau. — 16 avril 1810, *Journ.*, 2e. sem. 1810 191
id.	Paris. — 11 mars 1811. *Journ.*, 2e. sem. 1811 150	908	Paris. — 30 pluviose an 13. *Journ.*, 2e. sem. an 13 488
id.	Cassation. — 27 juin 1811. *Journ.*, 2e. sem. 1811 401	id.	Paris. — 15 prairial an 13. *Journ.*, sem. an 14 265
id.	Besançon. — 29 mars 1811. *Journ.*, 2e. sem. 1811. 427	id.	Pau. — 24 mai 1806. *Coll.* an 14-1806. 453
id.	Turin. — 29 décembre 1810. Tom. 1er., 1812 61	id.	Angers. — 13 août 1806. *Journ.*, 2e. sem. 1807 427

Articles	CODE CIVIL.
908	CASSATION. — 31 mars 1808. *Journ.*, 2e. sem. 1808 . . . . P. 359
id.	PARIS. — 13 août 1812. Tom. 1er., 1813. 455
id.	CASSATION. — 13 juillet 1813. Tom. 3, 1813 404
909	PARIS. — 30 messidor an 13. *Journ.*, sem. an 14 106
id.	GRENOBLE. — 14 avril 1806. *Journ.*, 2e. sem. 1806 84
id.	CASSATION. — 21 juillet 1806. *Journ.*, 2e. sem. 1806 449
id.	CASSATION. — 18 mai 1807. *Journ.*, 2e. sem. 1807 193
id.	CASSATION. — 5 mai 1807. *Journ.*, 2e. sem. 1807 289
id.	CASSATION. — 30 août 1808. *Journ.*, 2e. sem. 1808 481
id.	BRUXELLES. — 28 mars 1810. *Journ.*, 2e. sem. 1810 378
id.	CASSATION. — 12 octobre 1812. Tom. 3, 1812 513
910	BRUXELLES. — 28 mars 1810. *Journ.*, 2e. sem. 1810 378
911	PARIS. — 30 pluviose an 13. *Journ.*, 2e. sem. an 13 488
id.	CASSATION. — 1er. fructidor an 13. *Journ.*, sem. an 14 225
id.	PARIS. — 15 prairial an 13. *Journ.*, 1er. sem. an 14 268
id.	GRENOBLE. — 14 avril 1806. *Journ.*, 2e. sem. 1806 84
id.	CASSATION. — 5 mai 1807. *Journ.*, 2e. sem. 1807 289
id.	ANGERS. — 13 août 1807. *Journ.*, 2e. sem. 1807 427
id.	BRUXELLES. — 28 mars 1810. *Journ.*, 2e. sem. 1810 378
id.	GRENOBLE. — 15 juillet 1811. Tom. 1, 1811 461
id.	CASSATION. — 13 juillet 1813. Tome 3, 1813 404
912	RUREMONDE. (Tribunal civil.) — 6 prair. an 12. *Coll.* an 13 26
id.	CASSATION. — 24 août 1808. *Journ.*, 1er. sem. 1809 49
id.	CASSATION. — 1er. février 1813. Tome 2, 1813 456

Articles	CODE CIVIL.
913	PARIS. — 7 thermidor an 12. *Journ.*, 1er. sem. an 13 . . . . P. 60
id.	TURIN. — 13 fructidor an 12. *Journ.*, 1er. sem. an 13 363
id.	PAU. — 24 mai 1806. *Coll.* an 14 — 1806 453
id.	NISMES. — 6 mai 1806. *Journ.*, 2e. sem. 1806 539
id.	PARIS. — 20 août 1806. *Journ.*, 2e. sem. 1806 569
id.	TURIN. — 15 mars 1806. *Coll.* an 1807 82
id.	GRENOBLE. — 29 août 1806. *Coll.* an 1807 168
id.	CASSATION. — 26 juin 1809. *Journ.*, 2e. sem. 1809 257
id.	TOULOUSE. — 20 juin 1809. *Coll.* an 1810 267
id.	AGEN. — 27 août 1810. *Journ.*, 1er. sem. 1811 376
id.	TURIN. — 15 avril 1810. *Journ.*, 1er. sem. 1811 380
id.	PARIS. — 1er. août 1811. Tom. 1, 1812 444
id.	TURIN. — 1er. avril 1812. Tom. 1., 1813 510
id.	BRUXELLES. — 18 février 1813. Tom. 3, 1813 476
915	PARIS. — 6 janvier 1806. *Coll.* an 1810 450
id.	ROUEN. — 20 janvier 1812. Tom. 2, 1812 324
id.	CASSATION. — 8 mai 1812. Tom. 3, 1812 433
916	TRÊVES. — 10 février 1806. *Coll.* an 14-1806 433
id.	CASSATION. — 22 janvier 1810. *Journ.*, 1er. sem. 1810 241
918	BRUXELLES. — 30 mars 1812. Tom. 1, 1813 433
919	PAU. — 24 mai 1806. *Coll.* an 14-1806 453
id.	TURIN. — 24 mars 1806. *Journ.*, 1er. sem. 1806 396
id.	CASSATION. — 25 août 1812. Tom. 1er, 1813 129
920	TURIN. — 15 mars 1807. *Coll.* an 1807 82

Articles	CODE CIVIL.	Articles	CODE CIVIL.
920	GLENOBLE.—29 août 1806. *Coll.* an 1807. P. 168	939	CAEN.—27 janvier 1813. Tom. 3, 1813. P. 516
id.	CASSATION. — 7 juin 1808. *Journ.*, 2e. sem. 1808 . . . 449	941	TOULOUSE. — 29 mars 1808. *Coll.* an. 1808 . . . 399
id.	CASSATION. — 14 décembre 1809. *Journ.*, 1er. sem. 1810 . . . 193	*id.*	PARIS. — 18 juin 1807. *Journ.*, 2e. sem. 1808 . . . 262
id.	CASSATION. — 22 janvier 1810. *Journ.*, 1er. sem. 1810 . . . 241	*id.*	CASSATION. — 12 décembre 1810. *Journ.*, 1er. sem. 1811 . . . 273
id.	CASSATION. — 25 août 1812. Tom. 1er., 1813 . . . 129	*id.*	CAEN. — 27 janvier 1813. Tom. 3, 1813. . . . 516
922	PARIS.—27 mai 1807. *Coll.* an 1807 . 357	942	PARIS. — 18 juin 1807. *Journ.*, 2e. sem. 1808 . . . 262
id.	ROUEN. — 20 janvier 1812. *Journ.*, 2e. sem. 1812 . . . 324	943	RENNES. — 15 thermidor an 13. *Journ.*, 1er. sem. 1807 . . . 297
id.	TURIN. — 1er. avril 1812. Tom. 1, 1813. . . . 510	*id.*	AMIENS. — 2 mai 1807. *Journ.*, 2e. sem. 1807 . . . 342
923	CASSATION. 7 juin 1808. *Journ.*, 2e. sem. 1808 . . . 449	944	RENNES — 15 thermidor an 13. *Journ.*, 1er. sem. 1807 . . . 297
931	CASSATION. — 14 frimaire an 14. *Journ.*, 1er. sem. 1806 . . . 385	945	RENNES. — 15 thermidor an 13. *Journ.*, 1er. sem. 1807 . . . 297
id.	BRUXELLES. — 26 avril 1806. *Journ.*, 2e. sem. 1806 . . . 100	*id.*	CASSATION. — 14 juillet 1807. *Coll.* an 1807. . . . 473
id.	BRUXELLES. — 9 juin 1807. *Coll.* an 1808. . . . 119	946	RENNES. — 15 thermidor an 13. *Journ.*, 1er. sem. 1807 . . . 297
id.	NISMES. — 8 décembre 1808. *Journ.*, 2e. sem. 1809 . . . 348	947	AMIENS. — 2 mai 1807. *Journ.*, 2e. sem. 1807. . . . 342
id.	BRUXELLES. — 18 février 1813. Tom. 3, 1813 . . . 476	*id.*	CASSATION. — 22 juillet 1807. *Journ.*, 2e. sem. 1807. . . . 377
935	BRUXELLES. — 20 mars 1811. Tom. 1er., 1812. . . . 52	948	ROUEN. — 12 prairial an 12. *Journ.*, 1er. sem. an 13 . . . 568
id.	CASSATION. — 25 juin 1812. Tom. 3, 1812 . . . 189	949	CASSATION. — 14 juillet 1807. *Coll.* an 1807. . . . 473
936	NISMES. — 3 janvier 1811. *Journ.*, 2e. sem. 1811 . . . 220	952	CASSATION. — 17 décembre 1812. Tom. 2, 1813 . . . 401
id.	LYON. — 14 janvier 1812. *Journ.*, 2e. sem. 1812 . . . 332	953	PARIS. — 2 juillet 1806. *Journ.*, 1er. sem. 1807. . . . 9
938	PARIS. — 18 juin 1807. *Journ.*, 2e. sem. 1808 . . . 262	*id.*	CASSATION. — 14 juillet 1807. *Coll.* an 1807. . . . 473
id.	TOULOUSE. — 11 avril 1809. *Coll.* an 1810. . . . 184	*id.*	CASSATION. — 7 juin 1808. *Journ.*, 2e. sem. 1808. . . . 449
id.	CASSATION. — 12 décembre 1810. *Journ.*, 1er. sem. 1811. . . . 273	955	PARIS. — 2 juillet 1806. *Journ.*, 1er. sem. 1807. . . . 9
939	PARIS. — 18 juin 1807. *Journ.*, 2e. sem. 1808. . . . 262	*id.*	RENNES. — 20 mars 1808. *Journ.*, 2e. sem. 1808. . . . 445
id.	TOULOUSE.—29 mars 1808. *Coll.* an 1808. . . . 399	959	PARIS.—2 juillet 1806. *Journ.*, 1er. sem. 1807. . . . 9
id.	TOULOUSE. — 11 avril 1809. *Coll.* an 1810. . . . 184	*id.*	CASSATION. — 10 août 1809. *Journ.*, 2e. sem. 1809 . . . 417

Articles	CODE CIVIL.
959	TOULOUSE. — 11 avril 1809. *Coll.* an 1810. . . . . P. 184
960	PARIS. — 1 juin 1809. *Journ.*, 2e. sem. 1809 313
id.	PARIS. — 1er. juin 1811. *Journ.*, 2e. sem. 1811 422
id.	BRUXELLES. — 16 janvier 1812. Tom. 3, 1812. 526
965	PARIS. — 1er. juin 1811. *Journ.*, 2e. sem. 1811 422
967	PARIS. — 25 avril 1811. *Journ.*, 2e. sem. 1811 556
968	TURIN. — 17 juin 1809. *Coll.* an 1810. 419
969	CASSATION. — 18 janvier 1813. Tom. 1er., 1813. 563
970	CASSATION. — 12 mars 1806. *Journ.*, 2e. sem. 1806 193
id.	RIOM. — 17 mars 1807. *Journ.*, 2e. sem. 1807 572
id.	PARIS — 13 août 1811. *Journ.*, 2e. sem. 1811 455
id.	NISMES. — 20 janvier 1810. *Coll.* an 1811 335
id.	LIÉGE. — 22 février 1812. Tom. 3, 1812. 502
id.	CASSATION. — 1er. septembre 1812. Tom. 1er., 1813. 444
971	PARIS. — 17 juillet 1806. *Journ.*, 2e. sem. 1806 181
id.	TURIN. — 22 mars 1806. *Coll.* an 1807. 150
id.	BORDEAUX. — 14 juillet 1807. *Journ.*, 1er. sem. 1808 93
id.	CASSATION. — 23 janvier 1811. *Journ.*, 1er. sem. 1811 454
id.	RENNES. — 11 août 1809. *Coll.* an 1811. 70
id.	BRUXELLES. — 9 janvier 1813. Tom. 3, 1813. 63
972	MONTDIDIER. (Tribunal civil) — 8 messidor an 12. *Journ.*, 2e. sem. an 12. 342.
id.	PARIS — 9 germinal an 12. *Journ.*, 2e. sem. an 12 557
id.	LIÉGE. — 11 thermidor an 12. *Journ.*, 2e. sem. an 12 557
id.	BRUXELLES. — 3 fructidor an 12. *Coll.* an 12. 65

Articles	CODE CIVIL.
972	BRUXELLES. — 28 nivose an 12. *Coll.* an 12. . . . . P. 337
id.	TURIN. — 14 fructidor an 12. *Coll.* an 13. 68
id.	CASSATION. — 10 thermidor an 13. *Journ.*, sem. an 14 138
id.	CASSATION. — 19 frimaire an 14. *Journ.*, sem. an 14 289
id.	NANCY. — 15 fructidor an 13. *Journ.*, sem. an 14 294
id.	BRUXELLES. — 25 mars 1806. *Journ.*, 2e. sem. 1806 40
id.	PARIS. — 17 juillet 1806. *Journ.*, 2e. sem. 1806 181
id.	CASSATION. — 9 juillet 1806. *Journ.*, 2e. sem. 1806 433
id.	LIÉGE. — 23 juillet 1806. *Journ.*, 1er. sem. 1807 123
id.	BESANÇON. — 27 novembre 1806. *Journ.*, 1er. sem. 1807 349
id.	CASSATION. — 4 mai 1807. *Journ.*, 2e. sem. 1807 161
id.	CASSATION — 19 août 1807. *Journ.*, 2e. sem. 1807 518
id.	TURIN. — 22 mars 1806. *Coll.* an 1807. 150
id.	TRÈVES. — 10 décembre 1806. *Coll.* an 1807. 444
id.	BRUXELLES. — 8 mai 1807. *Coll.* an 1807. 455
id.	CASSATION. — 4 février 1808. *Journ.*, 1er. sem. 1808 407
id.	CASSATION. — 26 juillet 1808. *Journ.*, 2e. sem. 1808 533
id.	CASSATION. — 27 mai 1807. *Coll.* an 1808. 102
id.	CASSATION. — 3 décembre 1807. *Coll.* an 1808. 137
id.	ANGERS. — 23 août 1807. *Coll.* an 1808. 201
id.	CASSATION. — 18 janvier 1807. *Journ.*, 1er. sem. 1809 228
id.	PARIS. — 22 décembre 1808. *Journ.*, 1er. sem. 1809 39
id.	CASSATION. — 13 septembre 1809. *Journ.*, 1er. sem. 1810 49
id.	CASSATION. — 3 août 1808. *Journ.*, 1er. sem. 1809 389

Articles	CODE CIVIL.
972	CASSATION. — 19 avril 1809. *Journ.*, 1er. sem. 1809 . . . . P. 545
id.	COLMAR. — 4 juillet 1809. *Journ.*, 2e. sem. 1809 185
id.	BESANÇON. — 19 mai 1809. *Coll.* an 1810. 97
id.	CASSATION. — 10 et 24 juin 1811. *Journ.*, 2e. sem. 1811 321
id.	BESANÇON. — 29 mars 1811. *Journ.*, 2e. sem. 1811. 427
id.	PARIS. — 9 août 1811. *Journ.*, 2e. sem. 1811. 426
id.	CASSATION. — 23 mai 1810. *Coll.* an 1811. 174
id.	TURIN. — 29 décembre 1810. Tom. 1er., 1812. 61
id.	GRENOBLE. — 14 août 1811. — Tom. 1er., 1812. 173
id.	CASSATION. — 4 novembre 1811. Tom. 1er., 1812. 230
id.	CASSATION. — 21 octobre 1812. Tom. 2, 1813. 253
id.	BRUXELLES. — 8 ventose an 13. *Journ.*, 2e. sem. 1813. 426
id.	BRUXELLES. — 9 janvier 1813. Tom. 3, 1813. 63
id.	AIX. — 26 août 1813. Tom. 3, 1813. 359
973	TURIN. — 14 fructidor an 12. *Coll.* an 13. 68
id.	PARIS. — 17 juillet 1809. *Journ.*, 2e. sem. 1806. 181
id.	TURIN. — 22 mars 1806. *Coll.* an 1807. 150
id.	DOUAI. — 1er. juin 1812. Tom. 3, 1812. 141
974	TURIN. — 14 fructidor an 12. *Coll.* an 13. 68
id.	PARIS. — 17 juillet 1806. *Journ.*, 2e. sem. 1806 181
id.	TURIN. — 22 mars 1806. *Coll.* an 1807. 150
id.	BORDEAUX. — 12 avril 1808. *Journ.*, 2e. sem. 1808 267
id.	CASSATION. — 20 juillet 1809. *Journ.*, 2e. sem. 1809 161
id.	BORDEAUX. — 12 avril 1808. *Coll.* an 1809 150

Articles	CODE CIVIL.
974	DOUAI. — 1er. juin 1812. Tom. 3, 1812. . . . . . . P. 141
id.	BRUXELLES. — 9 janvier 1813. Tom. 3, 1813 63
975	BORDEAUX. — 14 juillet 1807. *Journ.*, 1er. sem. 1808 93
id.	CASSATION. — 6 avril 1809. *Journ.*, 2e. sem. 1809 65
id.	CASSATION. — 11 septembre 1809. *Journ.*, 1er. sem. 1810 23
id.	CASSATION. — 17 janvier 1810. *Journ.*, 1er. sem. 1810 337
id.	RIOM. — 26 décembre 1809. *Journ.*, 1er. sem. 1811 491
id.	CAEN. — 4 décembre 1812. Tom. 2, 1813. 425
976	TURIN. — 5 pluviose an 13. *Journ.*, 2e. sem. an 13 156
id.	TURIN. — 1er. février 1806. *Journ.*, 2e. sem. 1806 126
id.	CASSATION. — 15 juillet 1806. *Journ.*, 2e. sem. 1806 471
id.	BORDEAUX. — 12 avril 1808. *Journ.*, 2e. sem. 1808 267
id.	LIÉGE. — 29 mai 1808. *Journ.*, 1er. sem. 1809 107
id.	CASSATION. — 14 mai 1809. *Journ.*, 1er. sém. 1809 561
id.	CASSATION. — 20 juillet 1809. *Journ.*, 2e. sem. 1809 161
id.	BORDEAUX. — 12 avril 1808. *Coll.* an 1809 150
id.	CASSATION. — 7 août 1810. *Journ.*, 1er. sem. 1811 17
id.	MONTPELLIER. — 5 août 1811. Tom. 3, 1812 155
id.	CASSATION. — 28 décembre 1812. Tom. 3, 1813 321
977	TURIN. — 5 pluviose an 13. *Journ.*, 2e. sem. an 13 156
id.	LIÉGE. — 29 mai 1808. *Journ.*, 1er. sem. 1809 107
id.	CASSATION. — 22 février 1813. Tom. 3, 1813 . . . . . . 36)
979	NISMES. — 3 juin 1807. *Coll.* an 1808. 20
980	BRUXELLES. — 9 août 1808. *Journ.*, 1er. sem. 1809 42

Articles	CODE CIVIL.	Articles	CODE CIVIL.
980	CASSATION.—23 janvier 1811. *Journ.*, 1er. sem. 1811 . . . . P. 454	1001	CASSATION. — 13 septembre 1809. *Journ.*, 1er. sem. 1810 . . . . P. 49
id.	TURIN. — 18 avril 1809. *Coll.* an 1811. 63	*id.*	CASSATION. — 7 août 1810. *Journ.*, 1er. sem. 1811 17
id.	RENNES. — 11 août 1809. *Coll.* an 1811. 70	*id.*	CASSATION. —23 janvier 1811. *Journ.*, 1er. sem. 1811 454
id.	BRUXELLES. — 13 avril 1811. Tom. 1, 1812 49	*id.*	CASSATION. —10 et 24 juin 1811. *Journ.*, 2e. sem. 1811 321
id.	DOUAI. — 27 avril 1812. *Journ.*, 2e. sem. 1812 129	*id.*	RENNES. — 11 août 1809. *Coll.* an 1811. 70
id.	CAEN.—4 décembre 1812. Tom. 2, 1813. 425	*id.*	CASSATION. —23 mai 1810. *Coll.* an 1811. 174
id.	BRUXELLES. — 9 janvier 1813. Tom. 3, 1813 63	*id.*	CASSATION. — 4 novembre 1811. Tom. 1er., 1812 230
1001	PARIS. — 9 germinal an 12. *Journ.*, 2e. sem. an 12 557	*id.*	LIÉGE. — 22 février 1812. Tom. 5, 1812. 502
id.	LIÉGE. — 11 thermidor an 12. *Journ.*, 2e. sem. an 12 557	*id.*	CASSATION. — 28 décembre 1812. Tom. 3, 1813 321
id.	TURIN. — 5 pluviose an 13. *Journ.*, 2e. sem. an 13 156	1002	AGEN. — 3 mars 1806. *Coll.* an 1807. 179
id.	BRUXELLES. — 18 ventose an 13. *Journ.*, 2e. sem. an 13 426	1003	AGEN. — 3 mars 1806. *Coll.* an 1807. 179
id.	CASSATION. — 19 frimaire an 14. *Journ.*, sem. an 14 289	*id.*	NISMES. — 7 février 1809. *Journ.*, 1er. sem. 1809 489
id.	NANCY. — 15 fructidor an 13. *Journ.*, sem. an 14 294	*id.*	CASSATION. — 20 juillet 1809. *Journ.*, 2e. sem. 1809 485
id.	TURIN. — 1er. février 1806. *Journ.*, 2e. sem. 1806 126	*id.*	CASSATION. — 2 septembre 1812. Tom. 2, 1813 18
id.	CASSATION. — 12 mars 1806. *Journ.*, 2e. sem. 1806 193	1006	PARIS. — (Tribunal civil) 18 thermidor an 11. *Coll.* an 11 22
id.	LIÉGE. — 23 juillet 1806. *Journ.*, 1er. sem. 1807 123	*id.*	DIJON. — 30 frimaire an 12. *Journ.*, 1er. sem. an 12 490
id.	BESANÇON. — 27 novembre 1806. *Journ.*, 1er. sem. 1807 349	*id.*	PARIS. — 5 thermidor an 12. *Journ.*, 2e. sem. an 12 535
id.	TURIN. — 22 mars 1806. *Coll.* an 1807. 150	*id.*	PARIS. — (Tribunal civil) 19 messidor an 11. *Coll.* an 12 24
id.	BORDEAUX.—14 juillet 1807. *Journ.*, 1er. sem. 1808 93	*id.*	AMIENS. — 7 mai 1806. *Journ.*, 1er. sem. 1807 269
id.	CASSATION. — 4 février 1808. *Journ.*, 1er. sem. 1808 407	*id.*	ROUEN. —27 mai 1807. *Journ.*, 1er. sem. 1808 13
id.	NISMES. — 3 juin 1807. *Coll.* an 1808. 20	*id.*	PARIS. — 11 août 1809. *Journ.*, 1er. sem. 1810 57
id.	CASSATION.—27 mai 1807. *Coll.* an 1808. 102	*id.*	ROUEN. — 21 mai 1810. *Journ.*, 2e. sem. 1810. 255
id.	PARIS. — 22 décembre 1808. *Journ.*, 1er. sem. 1809 39	*id.*	BRUXELLES. — 9 mars 1811. Tom. 1, 1812. 164
id.	BRUXELLES. — 9 août 1808. *Journ.*, 1er. sem. 1809 42	1008	ROUEN. — 27 mai 1807. *Journ.*, 1er. sem. 1808. 13

Articles	CODE CIVIL.
1008	Paris. — 11 août 1809. *Journ.*, 1er. sem. 1810 . . . . P. 57
id.	Nismes. — 27 décembre 1810. *Journ.*, 1er. sem. 1811. 429
id.	Gènes. — 23 décembre 1811. Tom. 2, 1813. 305
1010	Turin. — 24 mars 1806. *Journ.*, 1er. sem. 1807. 396
id.	Agen. — 3 mars 1806. *Coll.* an 1807. 179
id.	Nismes. — 7 février 1809. *Journ.*, 1er. sem. 1809. 489
id.	Paris. — 25 avril 1811. *Journ.*, 2e. sem. 1811. 556
id.	Bruxelles. — 19 novembre 1812. Tom. 3, 1813. 123
1011	Agen. — 3 mars 1806. *Coll.* an 1807. 179
id.	Nismes. — 7 février 1809. *Journ.*, 1er. sem. 1809. 489
id.	Bruxelles. — 2 août 1809. *Journ.*, 1er. sem. 1810. 557
id.	Bruxelles. — 19 novembre 1812. Tom. 3, 1813. 123
1012	Turin. — 24 mars 1806. *Journ.*, 1er. sem. 1807. 394
1013	Douai. — 25 novembre 1811. Tom. 1er., 1812. 535
1014	Cassation. — 17 mai 1809. *Journ.*, 2e. sem. 1809. 225
1016	Nismes. — 22 avril 1812. Tom. 3, 1813. 271
1017	Cassation. — 17 mai 1809. *Journ.*, 2e. sem. 1809. 225
id.	Cassation. — 7 novembre 1810. *Journ.*, 1er. sem. 1811. 337
id.	Nismes. — 22 avril 1812. Tom. 3, 1813. 271
1021	Cassation. — 17 janvier 1811. *Coll.* an 1811. 414
1023	Paris. — 19 juillet 1809. *Coll.* an 1809. 449
1026	Paris. — 6 février 1806. *Journ.*, 1er. sem. 1806. 522
id.	Poitiers. — 23 ventose an 13. *Journ.*, 1er. sem. 1806. 330
1031	Poitiers. — 23 ventose en 13. *Journ.*, 1er. sem. 1806. 330

Articles	CODE CIVIL.
1031	Paris. — 6 février 1806. *Journ.*, 1er. sem. 1806. . . . . P. 522
1034	Paris. — 10 novembre 1812. Tom. 1er., 1813. 268
1035	Bruxelles. — 22 juillet 1807. *Journ.*, 2e. sem. 1808. 14
id.	Poitiers. — 29 août 1806. *Journ.*, 2e. sem. 1808. 505
id.	Turin. — 4 avril 1807. *Journ.*, 2e. sem. 1808. 507
id.	Bruxelles. — 22 juillet 1807. *Journ.*, 2e. sem. 1808. 509
id.	Bruxelles. — 22 juillet 1807. *Coll.* an 1808. 311
id.	Paris. — 1er. décembre 1808. *Journ.*, 1er. sem. 1809. 79
id.	Nismes. — 7 février 1809. *Journ.*, 1er. sem. 1809 489
id.	Cassation. — 23 janvier 1810. *Journ.*, 1er. sem. 1810. 369
id.	Grenoble. — 14 juin 1810. *Journ.*, 2e. sem. 1811 28
id.	Paris. — 10 avril 1811. *Journ.*, 2e. sem. 1811 39
id.	Cassation. — 2 mai 1812. Tom. 3, 1812. 583
id.	Paris. — 5 juillet 1813. Tom. 2, 1813. 604
1036	Grenoble. — 14 juin 1810. *Journ.*, 2e. sem. 1811 28
id.	Nismes. — 7 février 1809. *Journ.*, 1er. sem. 1809 489
1037	Turin. — 4 avril 1807. *Journ.*, 2e. sem. 1808. 507
1038	Poitiers. — 14 nivose an 13. *Journ.*, 2e. sem. an 13 43
id.	Cassation. — 7 mai 1808. *Journ.*, 2e. sem. 1808 321
1044	Agen. — 3 mars 1806. *Coll.* an 1807 . 179
id.	Cassation. — 19 octobre 1808. *Journ.*, 1er. sem. 1809 97
id.	Paris. — 3 mars 1809. *Coll.* an 1809 . 263
id.	Turin. — 23 août 1808. *Coll.* an 1810. 22
1045	Agen. — 3 mars 1806. *Coll.* an 1807. 179
id.	Turin. — 23 août 1808. *Coll.* an 1810. 22

Articles	CODE CIVIL.	Articles	CODE CIVIL.
1048	CASSATION. — 31 mars 1807. *Journ.*, 2e. sem. 1807 . . . . P. 113	1093	TURIN. — 13 fructidor an 12. *Journ.*, 1er. sem. an 13 . . . . P. 363
id.	BRUXELLES. — 14 juillet 1808. *Coll.* an 1809 201	id.	PARIS. — 15 novembre 1811. Tom. 1er., 1812 103
id.	TURIN. — 29 décembre 1810. Tom. 1er., 1812 61	1094	AMIENS. — 2 mai 1807. *Journ.*, 2e. sem. 1807 342
id.	PARIS. — 13 mai 1813. Tom. 3, 1813. 104	id.	CASSATION. — 30 août 1808. *Journ.*, 2e. sem. 1808 481
1049	AGEN.—30 avril 1806. *Coll.* an 14-1806. 424	id.	NISMES. — 10 juin 1807. *Coll.* an 1808. 300
id.	CASSATION. — 31 mars 1807. *Journ.*, 2e. sem. 1807 . . . . • 113	id.	TOULOUSE.—20 juin 1809. *Coll.* an 1810 267
id.	BRUXELLES. — 14 juillet 1808. *Coll.* an 1809 201	id.	BRUXELLES. — 21 juillet 1810. *Journ.*, 1er. sem. 1811 187
id.	CASSATION. — 27 juin 1811. *Journ.*, 2e. sem. 1811 401	id.	AGEN. — 27 août 1810. *Journ.*, 1er. sem. 1811 376
1050	AGEN.—30 avril 1806. *Coll.* an 14-1806. 424	id.	TURIN. — 15 avril 1810. *Journ.*, 1er. sem. 1811 380
id.	CASSATION. — 31 mars 1807. *Journ.*, 2e. sem. 1807 113	id.	PARIS. — 11 décembre 1812. Tom. 1er., 1813 420
id.	PARIS. — 13 mai 1813. Tom. 3, 1813. 104	1095	PARIS. — 11 décembre 1812. Tom. 1er., 1813. . . . . P. 420
1055	BESANÇON. — 15 novembre 1807. *Journ.*, 2e. sem. 1808 300	1096	CASSATION. — 22 juillet 1807. *Journ.*, 2e. sem. 1807. 337
id.	BRUXELLES. — 14 juillet 1808. *Coll.* an 1809 201	1097	CASSATION. — 22 juillet 1807. *Journ.*, 2e. sem. 1807. 337
1081	TURIN. — 15 mars 1807. *Coll.* an 1807. 82	id.	CASSATION. — 23 juin 1813. Tom. 3, 1813. 481
1084	PARIS. — 15 novembre 1811. Tom. 1er., 1812 103	1098	TURIN.—13 fructidor an 13. *Journ.*, 1er. sem. an 13 363
1085	PARIS. — 15 novembre 1811. Tom. 1er., 1812 103	id.	CASSATION. — 24 mai 1808. *Journ.*, 2e. sem. 1808. 257
1086	GRENOBLE.—29 août 1806. *Coll.* an 1807. 168	id.	NISMES. — 10 juin 1807. *Coll.* an 1808. 300
id.	CASSATION. — 17 octobre 1811. Tom. 1, 1812 567	1099	TURIN. — 13 fructidor an 12. *Journ.*, 1er. sem. an 13 363
1089	TURIN. — 15 mars 1806. *Coll.* an 1807. 82	id.	CASSATION.—24 mai 1808. *Journ.*, 2e. sem. 1808. 257
1090	TURIN. — 13 fructidor an 12. *Journ.*, 1er. sem. an 13 363	1106	CASSATION.—22 novembre 1808. *Journ.*, 1er. sem. 1809 243
id.	TURIN. — 15 mars 1807. *Coll.* an 1807. 82	id.	CASSATION. — 27 septembre 1812. Tom. 2, 1813. 13
id.	TURIN. — 15 mars 1806. *Coll.* an 1807. 90	1108	CAEN. — 11 août 1812. Tom. 3, 1813. 278
id.	TURIN. — 15 mars 1806. *Journ.*, 1er. sem. 1807 46	1109	CASSATION. — 18 floréal an 13. *Journ.*, 2e. sem. an 13 433
1092	TURIN.—13 fructidor an 12. *Journ.*, 1er. sem. an 13 363	id.	PAU. — 13 prairial an 12. *Journ.*, sem. an 14 170

Articles	CODE CIVIL.
1109	CASSATION. — 17 janvier 1809. *Coll.* an 1809 . . . . P. 161
id.	CASSATION. — 20 février 1811. *Journ.*, 1er. sem. 1811 . . . 465
id.	GÈNES. — 7 mars 1811. *Journ.*, 2e. sem. 1811 . . . 253
id.	TRÈVES — 5 juin 1811. *Coll.* an 1811 . . . 469
id.	CASSATION. — 27 août 1811. Tom. 1er., 1812 . . . 76
id.	COLMAR. — 6 décembre 1811. Tom. 1er., 1812 . . . 538
1110	CASSATION. — 17 janvier 1809. *Coll.* an 1809 . . . 161
id.	COLMAR. — 6 décembre 1811. Tom. 1er., 1812 . . . 538
1111	CASSATION. — 18 floréal an 13. *Journ.*, 2e. sem. an 13 . . . 433
id.	BRUXELLES. — 28 mai 1812. Tom. 1er., 1813 . . . 301
1112	CASSATION. — 18 floréal an 13. *Journ.*, 2e. sem. an 13 . . . 433
id.	PAU. — 13 prairial an 12. *Journ.*, sem. an 14 . . . 170
id.	BRUXELLES. — 28 mai 1812. Tom. 1er., 1813 . . . 301
1116	CASSATION. 20 février 1811. *Journ.*, 1er. sem. 1811 . . . 465
id.	TRÈVES. — 5 juin 1811. *Coll.* an 1811 . . . 469
1117	CASSATION. — 20 février 1811. *Journ.*, 1er. sem. 1811 . . . 465
1120	CASSATION. — 2 novembre 1807. *Coll.* an 1808 . . . 171
id.	CASSATION. — 4 juillet 1810. *Journ.*, 2e. sem. 1810 . . . 513
1121	CASSATION. — 2 novembre 1807. *Coll.* an 1808 . . . 171
id.	CASSATION. — 4 juillet 1810. *Journ.*, 2e. sem. 1810 . . . 513
1122	CASSATION. — 2 novembre 1807. *Coll.* an 1808 . . . 171
1123	PARIS. — 11 frimaire an 14. *Journ.*, 1er. sem. 1806 . . . 69
id.	ROUEN. — 24 juin 1809. *Coll.* an 1810 . . . 276
id.	CASSATION. — 27 août 1810. *Journ.*, 1er. sem. 1811 . . . 145
1123	CASSATION. — 5 mars 1811. *Journ.*, 1er. sem. 1811 . . . P. 484
id.	CASSATION. — 12 février 1811. *Journ.*, 1er. sem. 1811 . . . 513
id.	GÈNES. — 30 août 1811. *Journ.*, 2e. sem. 1812 . . . 561
1124	CASSATION. — 12 février 1811. *Journ.*, 1er. sem. 1811 . . . 513
id.	BRUXELLES. — 4 février 1811. *Journ.*, 1er. sem. 1811 . . . 568
id.	GÈNES. — 30 août 1811. *Journ.*, 2e. sem. 1812 . . . 561
id.	CASSATION. — 22 juin 1813. Tom. 3, 1813 . . . 215
1125	PARIS. — 11 frimaire an 14. *Journ.*, 1er. sem. 1806 . . . 69
id.	CASSATION. — 5 octobre 1808. *Journ.*, 1er. sem. 1809 . . . 453
id.	COLMAR. — 13 décembre 1808. *Journ.*, 2e. sem. 1809 . . . 44
id.	CASSATION. — 27 août 1810. *Journ.*, 1er. sem. 1811 . . . 145
id.	CASSATION. — 1er. mai 1811. *Journ.*, 2e. sem. 1811 . . . 374
id.	LYON. — 16 juillet 1812. Tom. 1er., 1813 . . . 281
id.	CASSATION. — 22 juin 1813. Tom. 3, 1813 . . . 215
1130	BRUXELLES. — 18 février 1813. Tom. 3, 1813 . . . 69
1131	CASSATION. — 4 janvier 1808. *Journ.*, 1er. sem. 1808 . . . 529
id.	CASSATION. — 21 février 1810. *Journ.*, 1er. sem. 1810 . . . 547
id.	PARIS. — 14 juillet 1810. *Coll.* an 1811 . . . 464
id.	TRÈVES — 5 juin 1811. *Coll.* an 1811 . . . 469
id.	CASSATION. — 22 juillet 1811. Tom. 1er., 1812 . . . 413
id.	GRENOBLE. — . . janvier 1812. Tom. 3, 1812 . . . 62
id.	CASSATION. — 2 décembre 1812. Tom. 1er., 1813 . . . 289
id.	LIÉGE. — 11 juin 1812. Tom. 2, 1813 . . . 588
1132	CASSATION. — 2 décembre 1812. Tom. 1er., 1813 . . . 289

Articles	CODE CIVIL.	Articles	CODE CIVIL.
1133	Cassation.—12 décembre 1810. *Journ.*, 1er. sem. 1811 . . . . P, 278	1157	Cassation. — 18 mars 1807. *Journ.*, 2e. sem. 1807. . . . . P. 387
id.	Paris. — 14 juillet 1810. *Coll.* an 1811. 464	1158	Cassation. — 18 mars 1807. *Journ.*, 2e. sem. 1807. 387
id.	Trèves — 5 juin 1811. *Coll.* an 1811. 469	1159	Bruxelles. — 31 décembre 1807. *Journ.*, 1er. sem. 1810 360
id.	Grenoble. — ... janvier 1812. Tom. 3, 1812. 62	1161	Cassation. — 18 mars 1807. *Journ.*, 2e. sem. 1809. 387
id.	Liége. — 11 juin 1812.—Tom. 2, 1813. 588	1165	Cassation. — 2 novembre 1807. *Coll.* an 1808. 171
1134	Cassation. 30 prairial an 13, *Journ.*, 1er. sem. 1806. 154	*id.*	Cassation. — 19 juillet 1809. *Coll.* an 1809. 513
id.	Cassation. — 26 mai 1807. *Journ.*, 2e. sem. 1807. 228	1166	Cassation. — 14 mai 1806. *Journ.*, 2e. sem. 1806. 385
id.	Cassation. — 8 août 1808. *Journ.*, 2e. sem. 1808. 419	*id.*	Turin. — 16 juin 1809. *Coll.* an 1810. 404
id.	Cassation. — 5 avril 1808. *Coll.* an 1808. 410	*id.*	Paris. — 19 juin 1813. Tom. 3, 1813. 31
id.	Cassation. — 16 août 1809. *Coll.* an 1809. 440	*id.*	Colmar.—22 avril 1813. Tom. 3, 1813, ... 436
id.	Cassation. — 4 juillet 1810. *Journ* , 2e. sem. 1810. 513	1167	Cassation. — 22 mars 1809. *Journ.*, 1er. sem. 1809. 552
id.	Cassation. — 26 février 1812. *Journ* , 2e. sem. 1812. 386	*id.*	Paris. — 3 mai 1810. *Journ.*, 2e. sem. 1810. 313
id.	Cassation. — 24 avril 1812. Tom. 1er., 1813. 161	*id.*	Paris. — 4 août 1809. *Coll.* an 1810. 68
1135	Cassation. — 26 mai 1807. *Journ.*, 2e. sem. 1807. 228	*id.*	Turin. — 16 juin 1809. *Coll.* an 1810. 404
id.	Cassation. — 16 août 1806. *Coll.* an 1806. 440	*id.*	Paris. — 13 décembre 1809. *Coll.* an 1810. 412
1137	Cassation. — 21 janvier 1807. *Journ.*, 1er. sem. 1807. 481	*id.*	Angers. — 1er. août 1810. *Journ.*, 2e. sem. 1811. 91
1139	Cassation. — 7 septembre 1810. *Journ.*, 2e. sem. 1811 277	1170	Bruxelles. — 9 janvier 1813. Tom. 2, 1813. 510
1041	Décret impérial. — 16 février 1807. *Journ.*, 1er. sem. 1807. 318	1172	Grenoble. — . janvier 1812. Tom. 3, 1812 62
1149	Turin. — 15 avril 1808. *Journ.*, 2e. sem. 1809. 282	1174	Bruxelles. — 9 janvier 1813. Tom. 2, 1813 510
1153	Paris. — 24 juin 1812. Tom. 1er., 1813. 139	*id.*	Caen. — 11 août 1812. Tom. 3, 1813. 278
id.	Cassation. — 25 novembre 1812. Tom. 2, 1813. 398	1183	Cassation. — 22 novembre 1807. *Journ.*, 1er. sem. 1808 337
id.	Cassation. — 22 février 1813. Tom. 3, 1813. 369	*id.*	Bruxelles. — 1er. août 1810. *Journ.*, 2e. sem. 1811 13
1155	Rouen. — 11 mai 1812. Tom. 3, 1812. 425	*id.*	Nancy. — 23 juillet 1812. Tom. 1er., 1813 62
1156	Paris. — 20 mars 1813. Tom. 2, 1813. 379	1184	Cassation. — 8 octobre 1807. *Coll.* en 1808. 147

Articles	CODE CIVIL.	Articles	CODE CIVIL.
1184	Bruxelles. — 1er. août 1810. *Journ.*, 2e. sem. 1811 . . . . P. 13	1244	Colmar. — 24 janvier 1806. *Coll.* an 14-1806 . . . . P. 472
id.	Limoges. — 4 mars 1812. *Journ.*, 2e. sem. 1812 530	id.	Colmar. — 12 frimaire an 14. *Journ.* 1er. sem. 1806 348
id.	Turin. — 27 avril 1812. Tom. 3, 1813. 561	id.	Paris. — 18 décembre 1806. *Journ.*, 1er. sem. 1807 91
1186	Bruxelles. — 3 janvier 1808. *Journ.*, 2e. sem. 1809 237	id.	Paris. — 7 août 1809. *Coll.* an 1810. 157
1188	Paris. — 28 novembre 1806. *Journ.*, 1er. sem. 1807 216	id.	Cassation. — 4 mai 1812. Tom. 3, 1812. 81
id.	Cassation. — 16 décembre 1807. *Journ.*, 1er. sem. 1808 433	id.	Cassation. — 22 juin 1812. Tom. 3, 1812 183
id.	Cassation. — 9 janvier 1810. *Journ.*, 1er. sem. 1810 373	1247	Bruxelles. — 6 avril 1808. *Journ.*, 1er. sem. 1810 415
id.	Bruxelles. — 28 mars 1811. Tom. 2, 1812 243	1250	Cassation. — 23 juin 1812. Tom. 1er., 1813 321
id.	Aix. — 16 août 1811. Tom. 1er., 1813. 56	1251	Cassation. — 29 octobre 1806. *Coll.* en 1807 75
id.	Cassation. — 2 septembre 1812. Tom. 1er., 1813 260	id.	Cassation. — 14 novembre 1810. *Journ.*, 1er. sem. 1811 149
1202	Cassation. — 15 mai 1811. *Journ.*, 2e. sem. 1811 353	id.	Cassation. — 23 juin 1812. Tom. 1er., 1812 321
id.	Cassation. — 3 juillet 1811. Tom. 1er., 1812 493	1254	Paris. — 23 brumaire an 13. *Journ.*, 1er. sem. an 13 316
1206	Montpellier. — 20 août 1810. *Journ.*, 2e. sem. 1811 446	1257	Nismes. — 7 mars 1806. *Journ.*, 1er. sem. 1807 26
1209	Paris. — 29 mai 1811. *Journ.*, 2e. sem. 1811 344	1258	Nismes. — 7 mars 1806. *Journ.*, 1er. sem. 1807 26
1217	Cassation. — 16 janvier 1811. *Journ.*, 2e. sem. 1811 3	id.	Paris. — 4 juin 1807. *Journ.*, 2e. sem. 1807 310
1218	Bruxelles. — 15 avril 1809. *Coll.* an 1810 205	id.	Paris. — 10 février 1807. *Journ.*, 1er. sem. 1807. 390
1231	Paris. — 8 juillet 1812. Tom. 3, 1812. 458	id.	Cassation. — 3 janvier 1809. *Journ.*, 1er. sem. 1809. 404
1236	Paris. — 11 août 1806. *Journ.*, 2e. sem. 1806 534	id.	Cassation. — 24 avril 1812. Tom. 1er., 1813. 161
id.	Paris. — 10 avril 1813. Tom. 3, 1813. 181	id.	Rouen. — 25 juin 1812. Tom. 2, 1813. 342
id.	Cassation. — 12 juillet 1813. Tom. 3, 1813 379	1259	Cassation. — 24 avril 1812. Tom. 1er., 1813 161
1239	Cassation. — 24 février 1806. *Journ.*, 2e. sem. 1806 3	1268	Pau. — 16 avril 1810. *Journ.*, 2e. sem. 1810 191
1240	Paris. — 17 floréal an 12. — *Journ.*, 2e. sem. an 12 373	id.	Nismes. — 10 janvier 1811. *Coll.* an 1811. 496
1242	Cassation. — 11 mars 1806. *Journ.*, 1er. sem. 1806. 401	id.	Paris. — 1er. décembre 1812. Tom. 1er., 1813. 344
		id.	Turin. — 21 décembre 1812. Tom. 3, 1813. 596

Articles	CODE CIVIL.	Articles	CODE CIVIL.
1269	Bruxelles. — 7 février 1810. *Journ.*, 2e. sem. 1810 . . . . P. 109	1318	Paris. — 13 avril 1813. Tom. 2 , 1813. . . . . P. 491
1270	Cassation. — 2 décembre 1806. *Journ.*, 1er. sem. 1807. 289	1319	Cassation.— 9 avril 1807. *Coll.* an 1807. 276
id.	Pau. — 16 avril 1810. *Journ.*, 2e. sem. 1810. 191	id.	Cassation — 3 octobre 1808. *Journ.*, 2e. sem. 1808. 536
id.	Turin. — 21 décembre 1812. Tom. 3 , 1813. 596	id.	Cassation.. — 16 mai 1809. *Journ.*, 2e. sem. 1809. 273
1271	Cassation. — 19 août 1811. Tom. 1 , 1812. 152	id.	Cassation. — 16 mai 1809. *Journ.*, 2e. sem. 1809. 561
id.	Trèves. — 4 juillet 1812. Tom. 2 , 1813. 557	id.	Cassation. — 15 février 1810. *Journ.*, 1er. sem. 1810. 513
1273	Liége. — 18 juillet 1810. *Journ.*, 1er. sem. 1811. 59	id.	Cassation. — 27 août 1811. Tom. 1, 1812. 76
1281	Liége. — 18 juillet 1810. *Journ.*, 1er. sem. 1811. 59	id.	Turin. — 7 avril 1812. Tom. 3 , 1812. 538
1289	Cassation. — 28 messidor an 13. *Journ.*, sem. an 14 245	1320	Cassation. — 16 mai 1808. *Journ.*, 2e. sem. 1809. 273
id.	Cassation. — 14 août 1809. *Coll.* an 1809. 489	id.	Cassation. — 16 mai 1809. *Journ.*, 2e. sem. 1809. 561
id.	Cassation. — 12 février 1811. *Journ.*, 1er. sem. 1811. 385	id.	Cassation. — 23 juin 1813. Tom. 3. 1813. 481
1290	Cassation. — 14 août 1809. *Coll.* an 1809. 489	1321	Cassation. — 9 avril 1807. *Coll.* an 1807. 276
1291	Paris. — 12 mai 1806. *Journ.*, 1er. sem. 1806. 528	id.	Cassation.. — 10 janvier 1809. *Journ.*, 1er. sem. 1809. 225
id.	Cassation. — 14 août 1809. *Coll.* an 1809. 489	id.	Paris. — 11 janvier 1810. *Coll.* an 1810. 322
id.	Cassation. — 12 février 1811. *Journ.*, 1er. sem. 1811. 385	id.	Liége. — 20 février 1811. Tom. 1, 1812. 149
id.	Cassation. — 19 mars 1811. *Journ.*, 2e. sem. 1811. 294	id.	Bruxelles. — 25 mars 1812. Tom. 1er. , 1813. 227
1298	Cassation. — 14 août 1809. *Coll.* an 1809. 489	1322	Cassation. — 9 avril 1807. *Coll.* an 1807. 276
1300	Cassation. — 1er. décembre 1812. Tom. 2 , 1813. 369	id.	Cassation. — 28 mars 1810. *Journ.*, 2e. sem. 1810. 68
1301	Cassation. — 1er. décembre 1812. Tom. 2 , 1813. 369	id.	Turin. — 18 août 1810. *Journ.*, 2e. sem. 1811. 186
1310	Cassation. — 22 juin 1813. Tom. 3 , 1813. 215	id.	Cassation. — 28 mars 1810. *Coll.* an 1811. 267
1311	Bruxelles. — 21 août 1810. *Coll.* an 1811. 488	id.	Cassation. — 23 juin 1813. Tom. 3 , 1813. 481
1317	Cassation. — 16 mai 1809. *Journ.*, 2^e. sem. 1809. 273	1323	Cassation. — 30 juin 1806. *Journ*, 2^e. sem. 1806. 273
id.	Cassation. — 16 mai 1809. *Journ.*, 2^e. sem. 1809. 561	id.	Cassation. — 17 mai 1808. *Journ.*, 1er. sem. 1809. 289
id.	Pau. — 18 juillet 1810. *Coll.* an 1811. 406	1324	Cassation. — 30 juin 1806. *Journ.*, 2e. sem. 1806. 273

Articles	CODE CIVIL.	Articles	CODE CIVIL.
1325	CASSATION. — 14 frimaire an 14. *Journ.*, 1er. sem. 1806. . . . . . . P. 385	1328	TURIN. — 26 février 1812. Tom. 1er., 1813. . . . . . . P. 157
id.	CASSATION. — 24 juin 1806. *Coll.* an 1807. . . . 5	1331	CASSATION. — 2 mai 1810. *Journ.*, 1er. sem. 1811. . . . 68
id.	TURIN. — 6 mai 1806. *Coll.* an 1807. . . . 239	id.	CASSATION. — 27 février 1812. *Journ.*, 2e. sem. 1812. . . . 433
id.	TURIN. — 4 août 1806. *Coll.* an 1807. . . . 241	1333	CASSATION. — 10 thermidor an 13. *Journ.*, 1er. sem. 1806. . . . 241
id.	TURIN. — 12 messidor an 13. *Coll.* an 1809. . . . 167	1334	CASSATION. — 3 juin 1812. Tom. 1er., 1813. . . . 76
id.	BRUXELLES. — 2 décembre 1807. *Coll.* an 1809. . . . 167	1335	CASSATION. — 14 octobre 1811. Tom. 1er., 1812. . . . 90
id.	BRUXELLES. — 22 avril 1812. Tom. 3, 1812. . . . 533	id.	CASSATION. — 3 juin 1812. Tom. 1er., 1813. . . . 76
id.	BRUXELLES. — 9 janvier 1813. Tom. 2, 1813. . . . 510	1337	CASSATION. — 25 octobre 1808. *Journ.*, 1er. sem. 1809. . . . 193
1326	PARIS. — 18 février 1808. *Journ.*, 1er. sem. 1808. . . . 390	1338	TURIN. — 12 messidor an 13. *Coll.* an 1809. . . . 167
id.	CASSATION. — 17 août 1808. *Journ.*, 2e. sem. 1808. . . . 437	id.	BESANÇON. — 19 mai 1809. *Coll.* an 1810. . . . 97
id.	TURIN. — 20 avril 1808. *Journ.*, 2e. sem. 1809. . . . 362	id.	CASSATION. — 27 mars 1812. Tom. 1er., 1813. . . . 5
id.	BRUXELLES. — 27 juin 1809. *Journ.*, 1er. sem. 1810. . . . 111	1339	BESANÇON. — 19 mai 1809. *Coll.* an 1810. . . . 97
id.	PARIS. — 12 décembre 1809. *Journ.*, 1er. sem. 1810. . . . 487	1340	BRUXELLES. — 9 juin 1807. *Coll.* an 1808. . . . 119
id.	CASSATION. — 27 janvier 1812. *Journ.*, 2e. sem. 1812. . . . 295	id.	BESANÇON. — 29 mars 1811. *Journ.*, 2e. sem. 1811. . . . 427
id.	BRUXELLES. — 13 août 1811. *Journ.*, 2e. sem. 1812. . . . 545	id.	COLMAR. — 18 juillet 1809. *Coll.* an 1811. . . . 277
id.	BRUXELLES. — 23 juillet 1811. Tom. 3, 1812. . . . 410	id.	CASSATION. — 23 juin 1813. Tom. 3, 1813. . . . 481
id.	CASSATION. — 3 novembre 1812. Tom. 2, 1813. . . . 56	1341	COLMAR. — 19 thermidor an 12. *Journ.*, 1er. sem. an 13. . . . 187
id.	PARIS. — 29 mai 1813. Tom. 3, 1813. . . . 138	id.	CASSATION. — 13 fructidor an 12. *Journ.*, 1er. sem. an 13. . . . 342
id.	NISMES. — 24 août 1812. Tom. 3, 1813. . . . 153	id.	PARIS. — 13 frimaire an 14. *Journ.*, 1er. sem. 1806. . . . 326
1328	CASSATION. — 3 décembre 1806. *Journ.*, 1er. sem. 1807. . . . 417	id.	CASSATION. — 1er. juillet 1806. *Coll.* an 14-1806 . . . 507
id.	CASSATION. — 11 octobre 1808. *Coll.* an 1809. . . . 108	id.	CASSATION. — 9 juillet 1806. *Coll.* an 14-1806. . . . 519
id.	BRUXELLES. — 3 juillet 1809. *Journ.*, 1er. sem. 1810. . . . 575	id.	CASSATION. — 29 août 1806. *Coll.* an 1806. . . . 28
id.	PARIS. — 7 juillet 1810. *Journ.*, 2e. sem. 1810. . . . 410	id.	CASSATION. — 14 frimaire an 14. *Journ.*, 1er. sem. 1806 . . . 385
id.	BRUXELLES. — 21 août 1810. *Coll.* an 1811. . . . 483	id.	CASSATION. — 18 novembre 1806. *Journ.*, 1er. sem. 1807 . . . 165

Articles	CODE CIVIL.
1341	CASSATION. — 4 janvier 1808. *Journ.*, 1er. sem. 1808 . . . . P. 529
id.	CASSATION. — 5 juillet 1808. *Journ.*, 2e. sem. 1808 545
id.	CASSATION. — 9 février 1808. *Coll.* an 1808 321
id.	CASSATION. — 19 juin 1810. *Journ.*, 2e. sem. 1810 279
id.	CASSATION. — 29 octobre 1810. *Journ.*, 1er. sem. 1811 341
id.	CASSATION — 10 décembre 1810. *Journ.*, 1er. sem. 1811 281
id.	BESANÇON. — 27 février 1811. *Journ.*, 1er. sem. 1811 509
id.	TRÈVES. — 9 janvier 1811. *Journ.*, 2e. sem. 1811 523
id.	TRÈVES. — 5 juin 1811. *Coll.* an 1811 469
id.	CASSATION. — 21 janvier 1812. *Journ.*, 2e. sem. 1812 273
id.	BRUXELLES. — 9 janvier 1812. Tom. 1er., 1813 389
id.	CASSATION. — 1er. septembre 1812. Tom. 1er., 1813 444
id.	CASSATION. — 2 novembre 1812. Tom. 2, 1813 144
id.	CASSATION. — 5 septembre 1812. Tom. 3, 1813 294
1342	CASSATION. — 5 juillet 1808. *Journ.*, 2e. sem. 1808 545
1343	CASSATION. — 18 mai 1806. *Journ.*, 2e. sem. 1806 177
1346	CASSATION. — 2 novembre 1812. Tom. 2, 1813 144
1347	CASSATION. — 19 frimaire an 14. *Journ.*, 1er. sem. 1806 465
id.	CASSATION. — 9 février 1808. *Coll.* an 1808 321
id.	TURIN. — 20 avril 1808. *Journ.*, 2e. sem. 1809 362
id.	CASSATION. — 29 octobre 1810. *Journ.*, 1er. sem. 1811 161
id.	BRUXELLES. — 13 août 1811. *Journ.*, 2e. sem. 1812 545
id.	ROUEN. — 25 août 1812. Tom. 3, 1812 562

Articles	CODE CIVIL.
1347	TURIN. — 26 février 1812. Tom. 1er., 1813 . . . . P. 157
id.	CASSATION. — 5 septembre 1812. Tom. 3, 1812 294
1348	PARIS. — 13 frimaire an 14. *Journ.*, 1er. sem. 1806 326
id.	CASSATION. — 29 octobre 1810. *Journ.*, 1er. sem. 1811 161
id.	BRUXELLES. — 9 janvier 1812. Tom. 1er., 1813 389
id.	CASSATION. — 2 novembre 1812. Tom. 2, 1813 144
1350	CASSATION. — 10 messidor an 12. *Journ.*, 1er. sem. an 13 278
id.	CASSATION. — 19 floréal an 13. *Journ.*, 2e. sem. an 13 497
id.	CASSATION. — 6 octobre 1806. *Journ.*, 1er. sem. 1807 117
id.	CASSATION. — 5 novembre 1811. Tom. 1er., 1812 235
id.	CASSATION. — 1er. avril 1812. *Journ.*, 2e. sem. 1812 435
id.	CASSATION. — 8 avril 1812. Tom. 3, 1812 289
1351	CASSATION. — 10 messidor an 12. *Journ.*, 1er. sem. an 13 278
id.	CASSATION. — 6 octobre 1806. *Journ.*, 1er. sem. 1807 117
id.	CASSATION. — 9 mars 1811. *Journ.*, 2e. sem. 1811 65
id.	CASSATION. — 15 juillet 1811. *Journ.*, 2e. sem. 1811 241
id.	CASSATION. — 15 décembre 1809. *Coll.* an 1811 5
id.	CASSATION. — 5 novembre 1811. Tom. 1er. 1812 235
id.	CASSATION. — 1er. avril 1812. *Journ.*, 2e. sem. 1812 435
id.	CASSATION. — 8 avril 1812. Tom. 3, 1812 289
id.	CASSATION. — 29 juin 1813. Tom. 3, 1813 529
id.	CASSATION. — 18 mars 1813. Tom. 2, 1813 120
1352	CASSATION. — 19 floréal an 13. *Journ.*, 2e. sem. an 13 497
id.	AIX. — 26 juillet 1808. *Journ.*, 2e. sem. 1809 396

Articles	CODE CIVIL.	Articles	CODE CIVIL.
1352	Cassation. — 8 avril 1812. Tom. 3, 1812. . . . . P. 289	1361	Cassation. — 17 juillet 1810. Journ., 2ᵉ. sem. 1810. . . . . P. 433
id.	Cassation. — 13 juillet 1813. Tom. 3, 1813. 404	1363	Turin. — 7 avril 1812. Tom. 3, 1812. 538
1353	Cassation. — 11 novembre 1806. Coll. an 1807. 51	id.	Cassation. — 18 janvier 1813. Tom. 1ᵉʳ., 1813. 563
id.	Cassation. — 22 janvier 1810. Journ., 1ᵉʳ. sem. 1810 241	1364	Turin. — 2 avril 1810. Coll. an 1811. 196
id.	Cassation. — 2 mai 1810. Journ., 1ᵉʳ sem. 1811 68	1365	Cassation. — 18 janvier 1813. Tom. 1ᵉʳ., 1813. 563
id.	Cassation. — 20 février 1811. Journ., 1ᵉʳ. sem. 1811 465	1366	Paris. — 21 fructidor an 13. Journ., 1ᵉʳ. sem. 1806. 198
id.	Trèves. — 5 juin 1811. Coll. an 1811. 469	id.	Cassation. — 5 juillet 1808. Journ., 2ᵉ. sem. 1808. 545
id.	Cassation. — 14 octobre 1811. Tom. 1ᵉʳ., 1812 90	id.	Cassation. — 28 mars 1810. Coll. an 1811. 352
id.	Paris. — 14 mai 1812. Tom. 3, 1812. 125	1367	Cassation. — 29 prairial an 13. Journ., 2ᵉ. sem. an 13 385
1356	Cassation. — 1ᵉʳ. juillet 1806. Coll. an 14 - 1806 507	id.	Paris. — 21 fructidor an 13. Journ., 1ᵉʳ. sem. 1806. 198
id.	Turin. — 4 août 1806. Coll. an 1807. 241	id.	Cassation. — 5 juillet 1808. Journ., 2ᵉ. sem. 1808. 545
id.	Cassation. — 17 mai 1808. Journ., 1ᵉʳ. sem. 1809. 289	id.	Paris. — 15 février 1810. Journ., 1ᵉʳ. sem. 1810. 405
id.	Cassation. — 13 juillet 1808. Journ., 1ᵉʳ. sem. 1809 471	1369	Paris. — 15 février 1810. Journ., 1ᵉʳ. sem. 1810. 405
id.	Paris. — 13 juin 1809. Journ., 2ᵉ. sem. 1809. 549	1370	Colmar. — 8 janvier 1812. Tom. 1ᵉʳ., 1813. 306
id.	Paris. — 3 mars 1810. Journ., 1ᵉʳ. sem. 1810. 503	1372	Cassation. — 14 octobre 1812. Tom. 1ᵉʳ. 1813 487
id.	Cassation. — 3 juin 1812. Tom. 1ᵉʳ., 1813. 76	1377	Colmar. — 21 juillet 1812. Tom. 1ᵉʳ., 1813. 239
id.	Cassation. — 18 janvier 1813. Tom. 1ᵉʳ., 1813. 563	1378	Cassation. — 12 décembre 1810. Journ., 1ᵉʳ. sem. 1811 278
id.	Bruxelles. — 22 juillet 1812. Tom. 3, 1813. 207	1382	Paris. — 1ᵉʳ. mai 1807. Journ., 2ᵉ. sem. 1807. 56
1357	Cassation. — 17 juillet 1810. Journ., 2ᵉ. sem. 1810. 433	id.	Rouen. — 7 juin 1809. Journ., 2ᵉ. sem. 1809. 185
id.	Cassation. — 28 mars 1810. Coll. an 1811. 352	id.	Colmar. — 4 juillet 1809. Journ., 2ᵉ. sem. 1809. 185
id.	Cassation. — 18 janvier 1813. Tom. 1ᵉʳ., 1813. 563	id.	Turin. — 13 avril 1808. Journ., 2ᵉ. sem. 1809. 282
1358	Turin. — 4 août 1806. Coll. an 1807. 241	id.	Turin. — 8 août 1809. Journ., 2ᵉ. sem. 1811. 311
id.	Bruxelles. — 1ᵉʳ. février 1809. Journ., 1ᵉʳ. sem. 1809 541	id.	Lyon. — 14 décembre 1811. Journ., 2ᵉ. sem. 1812. 62
1360	Bruxelles. — 20 janvier 1807. Journ., 1ᵉʳ. sem. 1807 345	id.	Cassation. — 6 juillet 1813. Tom. 3, 1813. 555

Articles	CODE CIVIL.	Articles	CODE CIVIL.
1383	PARIS. — 1er. mai 1807. *Journ.*, 2e. sem. 1807. . . . . P. 56	1421	PARIS. — 9 juillet 1811. *Journ.*, 2e. sem. 1811. . . . . P. 124
id.	ROUEN. — 7 juin 1809. *Journ.*, 2e. sem. 1809. 185	1424	CASSATION. — 9 juillet 1807. *Coll.* an 1808. 92
id.	COLMAR. — 4 juillet 1809. *Journ.*, 2e. sem. 1809. 185	id.	CASSATION. — 6 juin 1811. *Journ.*, 2e. sem. 1812. 441
id.	TURIN. — 13 avril 1808. *Journ.*, 2e. sem. 1809. 282	1427	GÊNES. — 30 août 1811. *Journ.*, 2e. sem. 1812. 561
id.	COLMAR. — 8 janvier 1812. Tom. 1er., 1813. 306	id.	CASSATION. — 13 octobre 1812. Tom. 2., 1813. 52
id.	CASSATION. — 6 juillet 1813. Tom. 3, 1813. 555	1428	BRUXELLES — 30 fructidor an 13. *Coll.* an 14-1806. 282
1384	CASSATION. — 26 juin 1806. *Coll.* an 1807. 163	id.	DOUAI. — 11 novembre 1812. Tom. 1er., 1813. 397
id.	CASSATION. — 9 juillet 1807. *Coll.* an 1808. 92	1429	CAEN. — 13 août 1812. Tom. 3, 1812. 559
id.	CASSATION. — 6 juin 1811. Tom. 1er., 1812. 340	1430	CAEN. — 13 août 1812. Tom. 3, 1812. 559
id.	CASSATION. — 8 mars 1811. *Journ.*, 2e. sem. 1812. 391	id.	BRUXELLES. — 29 juillet 1812. Tom. 2, 1813. 606
id.	CASSATION. — 6 juin 1811. *Journ.*, 2e. sem. 1812. 441	1431	BRUXELLES. — 27 juin 1809. *Journ.*, 1er. sem. 1810. 111
1385	CASSATION. — 3 janvier 1810. *Journ.*, 1er. sem. 1810. 276	id.	CASSATION. — 12 février 1811. *Journ.*, 1er. sem. 1811 513
1386	TURIN. — 8 août 1809. *Journ.*, 2e. sem. 1811. 311	id.	GÊNES. — 30 août 1811. *Journ.*, 2e. sem. 1812. 561
1387	TURIN. — 13 fructidor an 12. *Journ.*, 1er. sem. an 13. 363	id.	CASSATION. — 13 octobre 1812. Tom. 2, 1813. 52
id.	CASSATION. — 31 juillet 1809. *Journ.*, 2e. sem. 1809 481	1433	BRUXELLES. — 18 décembre 1811. *Journ.*, 2e. sem. 1812 487
1388	COLMAR. — 22 avril 1807. *Coll.* an 1808. 186	id.	DOUAI. — 11 novembre 1812. Tom. 1er., 1813. 397
1390	CASSATION. — 19 juillet 1810. *Journ.*, 2e. sem. 1810 449	1440	CASSATION. — 2 septembre 1812. Tom. 1er., 1813. 260
id.	NANCY. — 20 février 1812. *Journ.*, 2e. sem. 1812 145	1443	BESANÇON. — 26 avril 1806. *Journ.*, 2e. sem. 1806. 332
1394	COLMAR. — 22 avril 1807. *Coll.* an 1808. 186	id.	COLMAR. — 22 avril 1807. *Coll.* an 1808. 186
1395	COLMAR. — 22 avril 1807. *Coll.* an 1808. 186	id.	CASSATION. — 23 août 1809. *Journ.*, 2e. sem. 1809. 405
1396	CASSATION. — 23 juin 1813. Tom. 3, 1813. 481	id.	CASSATION. — 3 octobre 1810. *Journ.*, 1er. sem. 1811 81
1401	DOUAI — 11 novembre 1812. Tom. 1er., 1813. 397	id.	ANGERS. — 16 mars 1808. *Journ.*, 1er. sem. 1811. 110
id.	RENNES. — 31 juillet 1811. Tom. 2, 1813. 108	id.	PARIS. — 9 juillet 1811. *Journ.*, 2e. sem. 1811. 124
1421	CASSATION. — 30 juin 1807. *Journ.*, 2e. sem. 1807. 513	id.	ROUEN. — 21 novembre 1812. Tom. 1er., 1813. 148

Articles	CODE CIVIL.	Articles	CODE CIVIL.
1443	Paris. — 24 avril 1813. Tom. 2, 1813. . . . . P. 258	1494	Bruxelles. — 27 juin 1809. *Journ.*, 1er. sem. 1810 . . . . P. 111
1444	Cassation. — 11 décembre 1810. *Journ.*, 1er. sem. 1811 293	1495	Angers. — 26 août 1812. Tom. 1er., 1813. 109
id.	Paris. — 12 mars 1811. *Journ.*, 1er. sem. 1811. 490	id.	Turin. — 10 janvier 1812. Tom. 1er., 1813. 199
id.	Paris. — 24 avril 1813. Tom. 2, 1813. 258	1515	Cassation. — 26 mai 1807. *Journ.*, 2e. sem. 1807. 166
1445	Paris. — 16 avril 1807. *Journ.*, 2e. sem. 1807. 21	1516	Cassation. — 26 mai 1807. *Journ.*, 2e. sem. 1807. 166
1446	Cassation. — 11 février 1812. Tom. 2, 1813. 250	id.	Nancy. — 20 février 1812. *Journ.*, 2e. sem. 1812. 145
1449	Paris. — 12 mars 1811. *Journ.*, 1er. sem. 1811. 490	1525	Cassation. — 26 mai 1807. *Journ.*, 2e. sem. 1807. 166
1450	Besançon. — 27 février 1811. *Journ.*, 1er. sem. 1811 509	id.	Nancy. — 20 février 1812. *Journ.*, 2e. sem. 1812. 145
1451	Paris. — 16 avril 1807. *Journ.*, 2e. sem. 1807. 21	1527	Cassation. — 24 mai 1808. *Journ.*, 2e. sem. 1808. 257
1452	Cassation. — 5 mai 1807. *Journ.*, 2e. sem. 1807. 369	1537	Paris. — 2 octobre 1812. Tom. 1er., 1813. 25
id.	Cassation. — 26 janvier 1808. *Journ.*, 1er. sem. 1808 497	1538	Cassation. — 5 août 1812. Tom. 1er., 1813. 557
1454	Paris. — 6 mars 1810. *Journ.*, 2e. sem. 1810. 105	1552	Riom. — 15 février 1811. Tom. 3, 1812. 555
1456	Bruxelles. — 18 mai 1811. *Journ.*, 2e. sem. 1811. 508	1553	Riom. — 15 février 1811. Tom. 3, 1812. 555
1460	Paris. — 1er. mai 1807. *Journ.*, 2e. sem. 1807. 56	1554	Paris. — 1er. juillet 1809. *Journ.*, 2e. sem. 1809. 358
id.	Paris. — 6 mars 1810. *Journ.*, 2e. sem. 1810. 105	id.	Cassation. — 27 août 1810. *Journ.*, 1er. sem. 1811. 49
1466	Bruxelles. — 18 décembre 1811. *Journ.*, 2e. sem. 1812. 487	id.	Cassation. — 27 août 1810. *Journ.*, 1er. sem. 1811. 145
1467	Trèves. — 20 janvier 1812. Tom. 1er., 1813. 379	id.	Cassation. — 19 décembre 1810. *Journ.*, 1er. sem. 1811 308
1470	Douai. — 11 novembre 1812. Tom. 1er., 1813. 597	id.	Cassation. — 30 avril 1811. *Journ.*, 2e. sem. 1811. 177
1476	Colmar. — 17 frimaire an 13. *Journ.*, 2e. sem. an 13 10	id.	Cassation. — 3 septembre 1811. *Journ.*, 2e. sem. 1811 561
id.	Cassation. — 25 janvier 1809. *Journ.*, 1er. sem. 1809 353	1557	Lyon. — 28 janvier 1807. *Journ.*, 2e. sem. 1807. 509
id.	Bruxelles. — 13 novembre 1812. *Journ.*, 2e. sem. 1812. 422	1558	Genes. — 30 août 1811. *Journ.*, 2e. sem. 1812. 561
1483	Bruxelles. — 18 mai 1811. *Journ.*, 2e. sem. 1811. 508	1576	Besançon. — 27 février 1811. *Journ.*, 1er. sem. 1811. 509
1487	Bruxelles. — 27 juin 1809. *Journ.*, 1er. sem. 1810. 111	1582	Cassation. — 14 frimaire an 14. *Journ.*, 1er. sem. 1808. 385
1491	Bruxelles. — 13 novembre 1811. *Journ.*, 2e. sem. 1812 422	1583	Cassation. — 24 février 1806. *Journ.*, 2e. sem. 1806 3

Articles	CODE CIVIL.	Articles	CODE CIVIL.
1583	POITIERS. — 18 janvier 1810. *Journ.*, 2e. sem. 1810. . . . . P. 236	1619	PARIS. — 16 juin 1807. *Journ.*, 2e. sem. 1807. . . . . P. 246
id.	CASSATION. — 2 décembre 1811. Tom. 1er., 1812. 321	*id.*	LIÉGE. — 20 février 1812. Tom. 3, 1813. 520
id.	LIÉGE. — 22 mars 1811. Tom. 1er., 1812. 473	1622	PARIS. — 15 juin 1807. *Journ.*, 2e. sem. 1807. 246
1585	CASSATION. — 11 novembre 1812. Tom. 2, 1813. 29	*id.*	PARIS. — 5 mai 1810. *Journ.*, 2e. sem. 1810. 441
1592	PARIS. — 6 juillet 1812. Tom. 3, 1812. 238	*id.*	CASSATION. — 25 février 1812. Tom. 1er., 1813. 369
1594	ROUEN. — 15 juillet 1807. *Journ.*, 1er. sem. 1808 44	*id.*	CASSATION. — 3 novembre 1813. Tom. 3, 1813 46
id.	PARIS. — 7 janvier 1812. Tom. 1er., 1812. 446	1626	CASSATION. — 4 mai 1808. *Journ.*, 2e. sem. 1808. 97
1595	PARIS. — 9 août 1811. Tom. 1er., 1812. 374	1627	CASSATION. — 4 mai 1808. *Journ.*, 2e. sem. 1808. 97
1596	LIÉGE. — 3 décembre 1806. *Journ.*, 1er. sem. 1807. 221	*id.*	COLMAR. — 11 juin 1809. *Journ.*, 1er. sem. 1810. 222
id.	PARIS. — 7 janvier 1812. Tom. 1er., 1812. 446	1628	CASSATION. — 6 octobre 1807. *Journ.*, 1er. sem. 1808. 55
1597	AMIENS. — 11 prairial an 13. *Coll.* an 1809. 502	1630	CASSATION. — 4 mai 1808. *Journ.*, 2e. sem. 1808. 97
id.	TRÈVES. — 24 juin 1807. *Coll.* an 1809. 502	*id.*	PARIS. — 28 mai 1812. Tom. 3, 1812. 53
id.	COLMAR. — 11 mars 1807. *Coll.* an 1809. 507	1633	CASSATION. — 4 mai 1808. *Journ.*, 2e. sem. 1808. 97
id.	ROUEN. — 27 juillet 1808. *Coll.* an 1809. 210	1634	PARIS. — 13 janvier 1812. Tom. 1er., 1812. 440
1598	ROUEN. — 15 juillet 1807. *Journ.*, 1er. sem. 1808 44	1638	PARIS. — 13 janvier 1810. *Journ.*, 1er. sem. 1811. 23
1599	CASSATION. — 24 février 1806. *Journ.*, 2e. sem. 1806. 3	*id.*	CASSATION. — 12 août 1812. Tom. 3, 1813. 49
id.	CASSATION. — 16 janvier 1810. *Journ.*, 2e. sem. 1810. 49	1641	ROUEN. — 11 décembre 1806. *Journ.*, 1er. sem. 1807. 188
id.	CASSATION. — 18 décembre 1810. *Journ.*, 1er. sem. 1811. 417	1643	ROUEN. — 11 décembre 1806. *Journ.*, 1er. sem. 1807. 188
1601	CASSATION. — 5 frimaire an 14. *Coll.* an 14-1806. 374	1644	ROUEN. — 11 décembre 1806. *Journ.*, 1er. sem. 1807. 188
1602	PARIS. — 20 novembre 1810. *Journ.*, 1er. sem. 1811. 238	1651	TURIN. — 22 mai 1811. Tom. 1er., 1813. 357
1609	TURIN. — 22 mai 1811. Tom. 1er., 1813. 357	1652	ROUEN. — 11 mai 1812. Tom. 3, 1812. 425
1610	CASSATION. — 8 octobre 1807. *Coll.* an 1808. 147	1653	COLMAR. — 21 août 1812. Tom. 1er., 1813. 276
1613	CASSATION. — 16 décembre 1807. *Journ.*, 1er. sem. 1808. 433	*id.*	BORDEAUX. — 17 février 1812. Tom. 2, 1813. 208
1618	BORDEAUX. — 17 mars 1812. Tom. 2, 1813. 560	1654	CASSATION. — 2 décembre 1811. Tom. 1, 1812. 321

Articles	CODE CIVIL.	Articles	CODE CIVIL.
1654	LIMOGES. — 4 mars 1812. *Journ.*, 2e. sem. 1812. . . . . . . P. 530	1684	LIÉGE. — 20 février 1812. Tom. 3, 1813. . . . . P. 520
id.	CASSATION. — 26 janvier 1813. Tom. 3, 1813. 161	1686	ROUEN. — 26 juin 1806. *Journ.*, 2e. sem. 1806. 253
1655	CASSATION. — 16 décembre 1807. *Journ.*, 1er. sem. 1808. 433	1687	ROUEN. — 26 juin 1806. *Journ.*, 2e. sem. 1806. 252
id.	ROUEN. — 14 décembre 1808. *Journ.*, 1er. sem. 1809. 187	1689	BRUXELLES. — 30 janvier 1808. *Journ.*, 1er. sem. 1810. 318
id.	CASSATION. — 2 décembre 1811. Tom. 1er., 1812. 321	1690	BRUXELLES. — 30 janvier 1808. *Journ.*, 1er. sem. 1810. 318
1656	ROUEN. — 14 décembre 1808. *Journ.*, 1er. sem. 1809. 187	id.	BRUXELLES. — 23 mars 1811. *Journ.*, 2e. sem. 1812. 234
id.	CASSATION. — 2 décembre 1811. Tom. 1er., 1812. 321	id.	RENNES. — 6 février 1811. Tom. 3, 1812. 382
id.	TURIN. — 27 avril 1812. Tom. 3, 1813. 561	1693	CASSATION. — 6 octobre 1807. *Journ.*, 1er. sem. 1808. 55
1660	TURIN. — 27 avril 1810. *Coll.* an 1811. 247	id.	PARIS. — 28 mai 1812. Tom. 3, 1812. 53
id.	CASSATION. — 24 avril 1812. Tom. 1er., 1813. 161	1699	PARIS. — 14 thermidor an 12. *Journ.*, 2e. sem. an 13. 139
id.	CASSATION. — 2 novembre 1812. Tom. 2, 1813. 144	id.	ROUEN. — 27 juillet 1808. *Coll.* an 1809. 210
1661	CASSATION. — 29 brumaire an 14. *Journ.*, 1er. sem. 1806. 273	id.	CASSATION. — 14 mars 1810. *Journ.*, 2e. sem. 1810. 241
id.	CASSATION. — 2 novembre 1812, Tom. 2, 1813. 144	id.	ROUEN. — 16 mars 1812. Tom. 3, 1812. 75
1662	CASSATION. — 2 novembre 1812. Tom. 2, 1813. 144	id.	AIX. — 26 août 1813. Tom. 3, 1813. 359
1664	CASSATION. — 2 décembre 1811. Tom. 1er., 1812. 321	1700	CASSATION. — 19 août 1806. *Journ.*, 1er. sem. 1807. 310
1673	TURIN. — 30 mai 1810. *Coll.* an 1811. 396	id.	ROUEN. — 27 juillet 1808. *Coll.* an 1809. 210
id.	CASSATION. — 24 avril 1812. Tom. 1er., 1813. 161	1701	CASSATION. — 14 mars 1810. *Journ.*, 2e. sem. 1810. 241
1674	BOURGES. — 27 février 1810. *Journ.*, 2e. sem. 1811. 46	1714	TURIN. — 6 mai 1806. *Coll.* an 1807. 239
1677	PARIS. — 12 décembre 1809. *Coll.* an 1810. 386	1715	BRUXELLES. — 24 août 1807. *Journ.*, 1er. sem. 1808. 313
1678	DÉCRET IMPÉRIAL. — 16 février 1807. *Journ.*, 1er. sem. 1807. 318	1717	CASSATION. — 26 février 1812. *Journ.*, 2e. sem. 1812. 385
id.	CASSATION. — 23 février 1807. *Journ.*, 1er. sem. 1807. 501	id.	PARIS. — 7 août 1812. Tom. 3, 1812. 319
1679	CASSATION. — 23 février 1807. *Journ.*, 1er. sem. 1807. 501	1719	PARIS. — 24 décembre 1808. *Journ.*, 2e. sem. 1809. 121
1682	DÉCRET IMPÉRIAL. — 16 février 1807. *Journ.*, 1er. sem. 1807. 318	1722	PARIS. — 17 juillet 1809. *Journ.*, 2e. sem. 1809. 410
1684	PARIS. — 1er. décembre 1810. *Journ.*, 1er. sem. 1811. 170	1725	NISMES. — 26 juin 1806. *Coll.* an 1807. 311

Articles	CODE CIVIL.
1726	NISMES. — 26 juin 1806. *Coll.* an 1807. . . . . P. 311
1733	TURIN. — 8 août 1809. *Journ.*, 2e. sem. 1811. 311
1734	TURIN. — 8 août 1809. *Journ.*, 2e. sem. 1811. 311
1735	PARIS. — 21 décembre 1812. Tom. 2, 1813. 193
1736	BRUXELLES. — 13 vendémiaire an 13. *Journ.*, 1er. sem. an 13. 254
id.	BRUXELLES. — 15 mars 1808. *Journ.*, 1er. sem. 1810. 447
1737	TURIN. — 7 mars 1806. *Journ.*, 1er. sem. 1806. 445
1738	BRUXELLES. — 15 mars 1808. *Journ.*, 1er. sem. 1810. 447
id.	CASSATION. — 12 juin 1811. *Journ.*, 2e. sem. 1811. 293
id.	ROUEN. — 1er. mai 1811. Tom. 1er., 1812. 126
1739	ROUEN. — 1er. mai 1811. Tom. 1er., 1812. 126
1741	POITIERS. — 31 juillet 1806. *Journ.*, 1er. sem. 1807. 335
id.	BRUXELLES. — 7 août 1811. Tom. 1er., 1812. 307
1743	PARIS. — 13 floréal an 13. *Journ.*, 2e. sem. an 13. 219
id.	DIJON. — 29 prairial an 13. *Journ*, 2e. sem. 1806. 28
id.	PARIS. — 23 janvier 1813. Tom. 2, 1813. 90
1748	BRUXELLES. — 13 vendémiaire an 13. *Journ.*, 1er. sem. an 13. 254
id.	POITIERS. — 30 pluviose an 13. *Journ.*, 2e. sem. an 13. 509
id.	TURIN. — 21 juin 1810. *Journ.*, 2e. sem. 1811. 271
1750	BRUXELLES. — 13 vendémiaire an 13. *Journ.*, 1er. sem. an 13. 254
id.	PARIS. — 16 février 1808. *Coll.* an 1808. 131
1752	PARIS. — 2 octobre 1806. *Journ.*, 2e. sem. 1806. 439
1753	CASSATION. — 2 avril 1806. *Journ.*, 2e. sem. 1806. 9
id.	PARIS. — 2 février 1808. *Journ.*, 1er. sem. 1808. 301

Articles	CODE CIVIL.
1760	CASSATION. — 26 février 1812. *Journ.*, 2e. sem. 1812. . . . . P. 386
1774	BRUXELLES. — 31 décembre 1807. *Journ.*, 1er. sem. 1810. 360
id.	BRUXELLES. — 15 mars 1808. *Journ.*, 1er. sem. 1810. 447
id.	ROUEN. — 17 mai 1811. Tom. 1er., 1812. 124
id.	BRUXELLES. — 20 août 1812. Tom. 1er., 1812. 549
1775	BRUXELLES. — 15 mars 1808. *Journ.*, 1er. sem. 1810. 447
id.	BRUXELLES. — 20 août 1812. Tom. 1er., 1813. 549
1776	BRUXELLES. — 31 décembre 1807. *Journ.*, 1er. sem. 1810. 360
id.	BRUXELLES. — 15 mars 1808. *Journ.*, 1er. sem. 1810. 447
id.	CASSATION. — 12 juin 1811. *Journ.*, 2e. sem. 1811. 293
id.	BRUXELLES. — 20 août 1812. Tom. 1er., 1813. 549
1782	PARIS. — 1er. germinal an 13. *Journ.*, 2e. sem. an 13. 189
1783	PARIS. — 19 avril 1809. *Journ.*, 2e. sem. 1809. 182
1784	PARIS. — 31 août 1808. *Journ.*, 1er. sem. 1809. 26
id.	CASSATION. — 6 février 1809. *Journ.*, 2e. sem. 1809. 22
id.	PARIS. — 19 avril 1809. *Journ.*, 2e. sem. 1809. 182
id.	PARIS. — 15 février 1810. *Journ.*, 1er. sem. 1810. 405
1785	CASSATION. — 6 février 1809. *Journ.*, 2e. sem. 1809. 22
id.	BRUXELLES. — 28 avril 1810. *Journ.*, 2e. sem. 1810. 475
1812	POITIERS. — 27 décembre 1809. *Coll.* an 1811. 295
1813	NISMES. — 7 août 1812. Tom. 2, 1813. 427
1822	CASSATION. — 8 décembre 1806. *Journ.*, 1er. sem. 1807. 321
1833	ROUEN. — 6 avril 1811. *Journ.*, 2e. sem. 1811. 349
1834	BESANÇON. — 27 novembre 1806. *Journ.*, 1er. sem. 1807. 349

Articles	CODE CIVIL.	Articles	CODE CIVIL.
1834	CASSATION. — 23 novembre 1812. Tom. 2, 1813. . . . . P. 15	1912	CASSATION. — 12 juillet 1813. Tom. 3, 1813. . . . . P. 379
1846	CASSATION. — 22 mars 1813. Tom. 3, 1813. 16	id.	BRUXELLES. — 26 mars 1813. Tom. 3, 1813. 561
1850	CASSATION. — 18 octobre 1808. Journ., 1er. sem. 1809. . . . 161	id.	TURIN. — 27 avril 1812. Tom. 3, 1813. 561
1853	ROUEN. — 6 avril 1811. Journ., 2e. sem. 1811. 349	id.	CASSATION. — 4 novembre 1812. Tom. 3, 1813. 561
1859	PARIS. — 12 août 1809. Coll. an 1810. 200	1913	CASSATION. — 2 septembre 1812. Tom. 1er., 1813. . . . 260
1865	RENNES. — 6 février 1811. Tom. 3, 1812 385	id.	CASSATION. — 11 février 1812. Tom. 2, 1813. 250
1872	BRUXELLES — 22 juin 1808. Coll. an 1810. 19	id.	CASSATION. — 4 novembre 1812. Tom. 3, 1813. 561
id.	GRENOBLE. — 22 juillet 1811. Tom. 1er., 1812. 222	1917	CASSATION. — 21 janvier 1807. Journ., 1er. sem. 1807 481
id.	BRUXELLES. — 21 juillet 1812. Tom. 1er., 1813. 73	id.	CASSATION. — 16 janvier 1808. Journ., 1er. sem. 1808. . . . 481
1875	CASSATION. — 15 janvier 1812. Tom. 1er., 1813. 401	1921	CASSATION. — 6 octobre 1806. Journ., 1er. sem. 1807. 117
1906	CASSATION. — 29 janvier 1812. Journ., 2e. sem. 1812. 176	1923	CASSATION. — 1er. juillet 1806. Coll. an 14-1806. 507
1907	CASSATION. — 3 mai 1809. Journ., 2e. sem. 1809. 209	id.	CASSATION. — 16 janvier 1808. Journ., 1er. sem. 1808. 481
1907	CASSATION. — 20 février 1810. Journ., 1er. sem. 1810. 295	id.	COLMAR. — 26 juillet 1809. Coll. an 1811. 44
id.	CASSATION. — 11 avril 1810. Journ., 2e. sem. 1810. 161	1924	CASSATION. — 1er. juillet 1806. Coll. an 14-1806. 507
id.	PARIS. — 12 décembre 1809. Coll. an 1810. 386	id.	CASSATION. — 21 mars 1811. Journ., 2e. sem. 1811. 97
id.	CASSATION. — 29 janvier 1812. Journ., 2e. sem. 1812. 176	id.	COLMAR. — 26 juillet 1809. Coll. an 1811. 44
1909	CASSATION. — 3 janvier 1809. Journ., 1er. sem. 1809. 404	id.	CASSATION. — 1er. septembre 1812. Tom. 1er., 1813. 444
1912	TURIN. — 17 décembre 1806. Journ., 2e. sem. 1807. 220	1931	COLMAR. — 26 juillet 1809. Coll. an 1811. 44
id.	LIÉGE. — 13 décembre 1808. Journ., 2e. sem. 1809. 29	1933	COLMAR. — 26 juillet 1809. Coll. an 1811. 44
id.	CASSATION. — 9 janvier 1810. Journ., 1er. sem. 1810. 373	1945	PAU. — 16 avril 1810. Journ., 2e. sem. 1810. 191
id.	BRUXELLES. — 6 avril 1808. Journ., 1er. sem. 1810. 415	1952	PARIS. — 19 avril 1809. Journ., 2e. sem. 1809. 182
id.	DIJON. — 21 juillet 1809. Journ., 2e. sem. 1811. 202	1953	PARIS. — 2 avril 1811. Journ., 2e. sem. 1811. 228
id.	CASSATION. — 6 juillet 1812. Journ., 2e. sem. 1812. 578	1961	GÊNES. — 23 décembre 1811. Tom. 2, 1813. 305
id.	ROUEN. — 25 juin 1812. Tom. 2, 1813. 342	id.	CASSATION. — 28 avril 1813. Tom. 2, 1813. 579

Articles	CODE CIVIL.	Articles	CODE CIVIL.
1965	POITIERS. — 4 mai 1810. *Journ.*, 2e. sem. 1810. . . . . P. 318	1994	PARIS. — 5 mars 1812. *Journ.*, 2e. sem. 1809 . . . . P. 318
id.	CASSATION. — 10 août 1811. Tom. 1er., 1812. 86	id.	AIX. — 23 février 1808. — *Journ.*, 1er. sem. 1810 301
1966	POITIERS. — 4 mai 1810. *Journ.*, 2e. sem. 1810. 318	1996	CASSATION. — 22 mars 1813. Tom. 3, 1813 16
1967	ANGERS. — 22 février 1809. *Journ.*, 1er. sem. 1809. 377	1999	CASSATION. — 27 janvier 1812. *Journ.*, 2e. sem. 1812 71
1974	ROUEN. — 25 janvier 1808. *Coll.* an 1808. 75	2002	CASSATION. — 27 janvier 1812. Tom. 2, 1812 71
id.	PARIS. — 13 juillet 1808. *Journ.*, 1er. sem. 1809 73	2004	AIX. — 23 février 1808. *Journ.*, 1er. sem. 1810 301
1975	PARIS. — 9 février 1807. *Journ.*, 1er. sem. 1807. 325	2005	CASSATION. — 15 février 1808. *Journ.*, 1er. sem. 1808 545
id.	ROUEN. — 25 janvier 1808. *Coll.* an 1808. 75	2008	CASSATION. — 15 février 1808. *Journ.*, 1er. sem. 1808 545
id.	PARIS. — 13 juillet 1808. *Journ.*, 1er. sem. 1809. 73	2009	CASSATION. — 15 février 1808. *Journ.*, 1er. sem. 1808 545
1977	PARIS. — 22 décembre 1812. Tom. 1er., 1813. 270	2011	CASSATION. — 25 novembre 1812. Tom. 2, 1813 534
1978	PARIS. — 22 décembre 1812. Tom. 1er., 1813. 270	2014	PARIS. — 22 janvier 1810. *Journ.*, 1er. sem. 1810 570
1983	PARIS. — 4 juin 1807. *Journ.*, 2e. sem. 1807. 310	2015	CASSATION. — 25 novembre 1812. Tom. 2, 1813 534
1984	NISMES. — 12 décembre 1808. *Journ.*, 2e. sem. 1809. 382	2017	CASSATION. — 15 avril 1809. *Journ.*, 1er. sem. 1809 501
1985	RENNES. — 2 juillet 1811. Tom. 3, 1813. 115	2022	CASSATION. — 2 janvier 1808. *Journ.*, 1er. sem. 1808 305
1986	CASSATION. — 16 janvier 1808. *Journ.*, 1er. sem. 1808 481	2023	CASSATION. — 2 janvier 1808. *Journ.*, 1er. sem. 1808 305
1987	CASSATION. — 8 juillet 1807. *Coll.* an 1807. 380	id.	TURIN. — 13 avril 1808. *Coll.* an 1810. 71
1988	CASSATION. — 8 juillet 1807. *Coll.* an 1807 380	id.	RENNES. — 19 mars 1811. Tom. 1, 1813. 124
1989	CASSATION. — 8 juillet 1807. *Coll.* an 1807 380	2029	CASSATION. — 29 octobre 1806. *Coll.* an 1807 75
id.	CASSATION. — 15 janvier 1812. Tom. 1er., 1813 401	id.	CASSATION. — 1er. septembre 1808. *Journ.*, 2e. sem. 1808 433
1991	PARIS. — 7 thermidor an 13. *Journ.*, 1er. sem. 1806 54	2032	CASSATION. — 11 février 1812. Tom. 2, 1813 250
1992	PARIS. — 7 thermidor an 13. *Journ.*, 1er. sem. 1806 54	2037	TURIN. — 11 juin 1808. *Journ.*, 2e. sem. 1809 207
1992	CASSATION. — 22 janvier 1807. *Coll.* an 1807 136	id.	RENNES. — 19 mars 1811. Tom. 1, 1813. 124
id.	CASSATION. — 18 octobre 1808. *Journ.*, 1er. sem. 1809 161	2039	TURIN. — 11 juin 1808. *Journ.*, 2e. sem. 1809 207
1994	CASSATION. — 22 janvier 1807. *Coll.* an 1807 136	2044	BESANÇON. — 27 novembre 1806. *Journ.*, 1er. sem. 1807 349

Articles	CODE CIVIL.	Articles	CODE CIVIL.
2044	CASSATION. — 8 avril 1807. *Coll.* an 1807 . . . . P. 26.	2070	CASSATION. — 10 juin 1807. *Journ.*, 2e. sem. 1807 . . . . P. 225
id.	BRUXELLES. — 1er. décembre 1810. *Journ.*, 2e. sem. 1811 284	*id.*	BRUXELLES. — 7 avril 1810. *Journ.*, 2e. sem. 1810 220
2046	RENNES. — 12 juillet 1812. Tom. 2, 1813 202	*id.*	CASSATION. — 3 février 1812. Tom. 2, 1813 213
2048	CASSATION. — 25 mars 1807. *Journ.*, 2e. sem. 1807 97	2074	BESANÇON. — 27 novembre 1806. *Journ.*, 1er. sem. 1807 349
2049	CASSATION. — 25 mars 1807. *Journ.*, 2e. sem. 1807 97	*id.*	PARIS. — 8 juin 1809. *Coll.* an 1809. 494
2052	CASSATION. — 25 mars 1807. *Journ.*, 2e. sem. 1807 97	*id.*	CASSATION. — 4 mars 1811. *Journ.*, 2e. sem. 1811 161
id.	CASSATION. — 24 mars 18.7. *Coll.* an 1807 353	2075	BRUXELLES. — 23 mars 1811. *Journ.*, 2e. sem. 1812 234
id.	ANGERS. — 2 mai 1807. *Coll.* an 1807. 422	2076	LIÉGE. — 15 mai 1810. *Journ.*, 2e. sem. 1810 575
id.	CASSATION. — 4 janvier 1808. *Journ.*, 1er. sem. 1808 529	2078	LIÉGE. — 3 décembre 1806. *Journ.*, 1er. sem. 1807 221
id.	CASSATION. — 22 juillet 1811. Tom. 1, 1812 413	*id.*	BOURGES. — 8 février 1810. *Journ.*, 2e. sem. 1811 287
id.	DOUAI. — 16 avril 1813. Tom. 2, 1813. 282	2092	CASSATION. — 14 mai 1806. *Journ.*, 2e. sem. 1806 385
id.	CASSATION. — 23 juin 1813. Tom. 3, 1813 481	*id.*	CASSATION. — 22 mars 1809. *Journ.*, 2e. sem. 1809 552
2053	CASSATION. — 25 mars 1807. *Journ.*, 2e. sem. 1807 97	2093	CASSATION. — 14 mai 1806. *Journ.*, 2e. sem. 1806 385
2054	CASSATION. — 25 mars 1807. *Journ.*, 2e. sem. 1807 97	2095	BRUXELLES. — 21 août 1810. *Journ.*, 1er. sem. 1811 558
id.	CASSATION. — 23 juin 1813. Tom. 3, 1813 481	2098	CASSATION. — 6 juin 1809. *Journ.*, 2e. sem. 1809 433
2059	PARIS. — 2 mai 1809. *Journ.*, 2e. sem. 1809 94	*id.*	BRUXELLES. — 13 août 1811. Tom. 1er., 1812 206
2059	CASSATION. — 2 mars 1809. *Coll.* an 1809 404	*id.*	DOUAI. — 4 mars 1812. *Journ.*, 2e. sem. 1812 135
2062	PARIS. — 19 avril 1809. *Journ.*, 2e. sem. 1809 182	2101	CASSATION. — 6 juin 1809. *Journ.*, 2e. sem. 1809 433
2063	CASSATION. — 14 novembre 1809. *Journ.*, 1er. sem. 1810 179	*id.*	CASSATION. — 27 novembre 1811. *Journ.*, 2e. sem. 1812 65
id.	LIÉGE. — 28 août 1811. Tom. 3, 1812. 153	*id.*	PARIS. — 28 janvier 1812. *Journ.*, 2e. sem. 1812 193
2066	PARIS. — 18 avril 1807. *Journ.*, 1er. sem. 1807 503	*id.*	PARIS. — 23 juin 1812. Tom. 3, 1812. 330
id.	BRUXELLES. — 7 avril 1810. *Journ.*, 2e. sem. 1810 220	2102	COLMAR. — 4 janvier 1806. *Coll.* an 14-1806 481
2070	PARIS. — 18 avril 1807. *Journ.*, 1er. sem. 1807 503	*id.*	CASSATION. — 2 avril 1806. *Journ.*, 2e. sem. 1806 9
id.	PARIS. — 8 mai 1807. *Journ.*, 1er. sem. 1807 512	*id.*	BRUXELLES. — 12 juillet 1806. *Journ.*, 1er. sem. 1807 43

Articles	CODE CIVIL.	Articles	CODE CIVIL.
2102	CASSATION. — 24 juin 1807. *Journ.*, 2ᵉ. sem. 1807 . . . . P. 3.8	2108	NISMES. — 12 décembre 1811. *Journ.*, 2ᵉ. sem. 1812. . . . . P. 536
id.	BRUXELLES. — 11 décembre 1806. *Journ.*, 2ᵉ. sem. 1807 525	id.	LIMOGES. — 4 mars 1812. *Journ.*, 2ᵉ. sem. 1812. 630
id.	CASSATION. — 8 décembre 1806. *Journ.*, 1ᵉʳ. sem. 1807 321	id.	PARIS. — 15 janvier 1813. Tom. 2, 1813. 198
id.	CASSATION. — 29 octobre 1806. *Coll.* an 1807 75	id.	LIMOGES. — 4 mars 1812. *Journ.*, 2ᵉ. sem. 1812. 530
id.	CASSATION. — 10 mai 1809. *Journ.*, 2ᵉ. sem. 1809 97	2109	PARIS. — 15 janvier 1813. Tom. 2, 1813. 198
id.	CASSATION. — 6 juin 1809. *Journ.*, 2ᵉ. sem. 1809 433	id.	CASSATION. — 5 novembre 1807. *Journ.*, 1ᵉʳ. sem. 1808. 353
id.	PARIS. — 2 août 1809. *Journ.*, 1ᵉʳ. sem. 1810 270	2110	CASSATION. — 22 janvier 1806. *Journ.*, 1ᵉʳ. sem. 1806. 449
id.	PARIS. — 18 novembre 1809. *Journ.*, 1ᵉʳ. sem. 1810 422	2111	CASSATION. — 21 mars 1806. *Journ.*, 1ᵉʳ. sem. 1806. 456
id.	PARIS. — 23 juin 1812. Tom. 3, 1812. 330	id.	NISMES. — 28 mars 1806. *Journ.*, 2ᵉ. sem. 1806. 27
2103	BRUXELLES. — 17 mars 1806. *Coll.* an 1807 22	id.	TOULOUSE. — 12 janvier 1807. *Journ.*, 2ᵉ. sem. 1808. 332
id.	CASSATION. — 26 janvier 1813. Tom. 3, 1813 161	id.	CASSATION. — 8 mai 1811. *Journ.*, 2ᵉ. sem. 1811. 132
2104	PARIS. — 28 janvier 1812. *Journ.*, 2ᵉ. sem. 1812 193	id.	PARIS. — 20 juillet 1811. *Journ.*, 2ᵉ. sem. 1811. 518
2105	BRUXELLES. — 21 août 1810. *Journ.*, 1ᵉʳ. sem. 1811 558	id.	CASSATION. — 7 mars 1811. *Journ.*, 2ᵉ. sem. 1811. 275
2106	BRUXELLES. — 17 mars 1806. *Coll.* an 1807 22	2113	NISMES. — 12 décembre 1811. *Journ.*, 2ᵉ. sem. 1812. 336
id.	COLMAR. — 6 décembre 1806. *Coll.* an 1807 285	id.	CASSATION. — 9 janvier 1810. *Journ.*, 1ᵉʳ. sem. 1810. 373
id.	CASSATION. — 7 mars 1811. *Journ.*, 2ᵉ. sem. 1811 275	2114	CAEN. — 11 août 1812. Tom. 3, 1813. 278
id.	CASSATION. — 2 décembre 1811. Tom. 1, 1812 321	id.	CASSATION. — 14 mai 1806. *Journ.*, 2ᵉ. sem. 1806. 385
id.	NISMES. — 12 décembre 1811. *Journ.*, 2ᵉ. sem. 1812. 336	2118	BRUXELLES. — 28 juillet 1808. *Journ.*, 1ᵉʳ. sem. 1810. 78
id.	CASSATION. — 26 janvier 1813. Tom. 3, 1813. 161	id.	TURIN. — 24 avril 1810. *Journ.*, 2ᵉ. sem. 1810. 428
2107	CASSATION. — 27 novembre 1811. *Journ.*, 2ᵉ. sem. 1812. 65	id.	CASSATION. — 29 juin 1813. Tom. 3, 1813. 529
2108	BRUXELLES. — 17 mars 1806. *Coll.* an 1807. 22	id.	CASSATION. — 8 novembre 1809. *Journ.*, 1ᵉʳ. sem. 1810 289
id.	COLMAR. — 6 décembre 1806. *Coll.* an 1807. 285	2121	CASSATION. — 7 avril 1813. Tom. 3, 1813. 209
id.	CASSATION. — 17 mai 1809. *Journ.*, 2ᵉ. sem. 1809. 385	id.	BESANÇON. — 18 messidor an 12, *Journ.*, 1ᵉʳ. sem. an 13. 164
id.	CASSATION. — 7 mars 1811. *Journ.*, 2ᵉ. sem. 1811 275	2123	CASSATION. — 8 prairial an 13. *Coll.* an 14-1806. 181

Articles	CODE CIVIL.	Articles	CODE CIVIL.
2123	CASSATION. — 3 février 1806. *Journ.*, 1er, sem. 1806. . . . . P. 545	2135	CASSATION. — 19 décembre 1809. *Journ.*, 1er. sem. 1810. . . . . . . P. 225
id.	CASSATION. — 14 mai 1806. *Journ.*, 2e. sem. 1806. 385	id.	CASSATION. — 8 novembre 1809. *Journ.*, 1er. sem. 1810. 289
id.	CASSATION. — 17 mars 1807. *Journ.*, 1er. sem. 1807. 499	id.	PARIS. — 20 novembre 1809. *Journ.*, 1er. sem. 1810. 299
id.	CASSATION. — 15 janvier 1807. *Coll.* an 1807 314	id.	PARIS. — 23 janvier 1810. *Journ.*, 2e. sem. 1810 27
id.	CASSATION. — 15 juillet 1811. *Journ.*, 2e. sem. 1811. 241	id.	PARIS. — 30 août 1808. *Coll.* an 1810. 137
id.	CASSATION. — 21 mai 1811. *Journ.*, 2e. sem. 1811. 369	id.	CASSATION. — 12 mars 1811. *Journ.*, 2e. sem. 1811. 129
id.	CASSATION. — 27 août 1812. Tom. 1er., 1813. 251	id.	ANGERS. — 26 août 1812. Tom. 1er., 1813. 109
id.	ROUEN. — 7 décembre 1812. Tom. 2, 1813. 273	id.	BRUXELLES. — 13 juillet 1812. Tom. 2, 1813. 514
id.	CASSATION. — 2 décembre 1811. Tom. 1, 1812. 321	id.	CASSATION. — 7 avril 1813. Tom. 3, 1813. 209
2128	CASSATION. — 27 août 1812. Tom. 1er., 1813. 251	id.	PARIS. — 16 juillet 1813. Tom. 3, 1813. 466
2129	AIX. — 11 fructidor an 12. *Journ.*, 1er. sem. an 13. 393	2144	LYON. — 28 janvier 1807. *Journ.*, 2e. sem. 1807. 509
id.	CASSATION. — 23 août 1808. *Journ.*, 2e. sem. 1808. 485	id.	CASSATION — 12 février 1811. *Journ.*, 1er. sem. 1811. 513
id.	CASSATION. — 20 février 1810. *Journ.*, 1er. sem. 1810 565	id.	PARIS. — 15 janvier 1813. Tom. 1er., 1813. 522
id.	COLMAR. — 11 juin 1809. *Journ.*, 1er. sem. 1810. 222	2145	CASSATION. — 12 février 1811. *Journ.*, 1er. sem. 1811. 513
id.	AIX. — 16 août 1811. Tom. 1er., 1813. 56	2146	PARIS. — 16 février 1809. *Journ.*, 1er. sem. 1809. 230
id.	PARIS. — 10 juin 1812. Tom. 1er., 1813. 374	id.	PARIS. — 20 mai 1809. *Journ.*, 1er. sem. 1809. 522
2132	ROUEN. — 24 avril 1812. Tom. 3, 1812 394	id.	CASSATION. — 19 décembre 1809. *Journ.*, 1er. sem. 1810. 225
id.	CASSATION. — 2 décembre 1812. Tom. 1er., 1813 289	id.	PARIS. — 20 juillet 1811. *Journ.*, 2e. sem. 1811. 518
id.	CAEN. — 11 août 1812. Tom. 3, 1813. 278	id.	CASSATION. — 15 décembre 1809. *Coll.* an 1811. 5
2134	COLMAR. — 6 décembre 1806. *Coll.* an 1807 285	id.	PARIS. — 29 juin 1812. Tom. 3, 1812. 112
id.	TOULOUSE. — 12 janvier 1807. *Journ.*, 2e. sem. 1808. 232	2147	BRUXELLES. — 30 janvier 1808. *Journ.*, 1er. sem. 1810. 318
id.	CASSATION. — 19 décembre 1809. *Journ.*, 1er. sem. 1810. 225	2148	ROUEN. — 8 février 1806. *Journ.*, 2e. sem. 1806. 476
id.	CASSATION. — 7 avril 1813. Tom. 3, 1813. 209	id.	CASSATION. — 2 mars 1812. *Journ.*, 2e. sem. 1812. 361
2135	BRUXELLES. — 24 décembre 1806. *Coll.* an 1807. 255	id.	CASSATION. — 23 juillet 1812. Tom. 1er., 1813. 328

Articles	CODE CIVIL.	Articles	CODE CIVIL.
2148	CASSATION. — 11 novembre 1812. Tom. 3, 1813 . . . . P. 20	2166	TURIN. — 23 novembre 1810. Tom. 1, 1812 . . . . P. 64
2149	CASSATION. — 2 mars 1812. *Journ.*, 2e. sem. 1812 361	id.	CASSATION. — 29 juin 1813. Tom. 3, 1813 529
id.	ANGERS. — 26 juillet 1811. Tom. 1er., 1813 582	2167	NISMES. — 4 juin 1807. *Journ.*, 2e. sem. 1807 296
2150	PARIS. — 10 mars 1809. *Journ.*, 1er. sem. 1809 457	id.	ROUEN. — 15 juillet 1807. *Journ.*, 1er. sem. 1808 44
id.	PARIS. — 14 juillet 1810. *Coll.* an 1810 487	id.	TURIN. — 30 mai 1810. *Coll.* an 1811 396
2151	NISMES. — 23 frimaire an 14. *Journ.*, 1er. sem. 1806 504	id.	CASSATION. — 29 juin 1813. Tom. 3, 1813 529
id.	PARIS. — 4 août 1807. *Journ.*, 2e. sem. 1807 195	2168	NISMES. — 4 juin 1807. *Journ.*, 2e. sem. 1807 296
id.	CASSATION.. — 22 novembre 1809. *Journ.*, 1er. sem. 1810 305	id.	TURIN. — 30 mai 1810. *Coll.* an 1811 396
id.	ROUEN. — 28 juin 1811. *Coll.* an 1811 227	id.	CASSATION. — 27 avril 1812. Tom. 3, 1812 38
id.	NISMES. — 12 décembre 1811. *Journ.*, 2e. sem. 1812 336	id.	COLMAR. — 21 août 1812. Tom. 1er., 1813 276
2154	PARIS. (Tribunal civil) — 6 juin 1810. *Journ.*, 2e. sem. 1810 174	2169	BESANÇON. — 25 prairial an 13. *Coll.* an 14 1806 340
2155	NISMES. — 23 frimaire an 14. *Journ.*, 1er. sem. 1806 504	id.	NISMES. — 4 juin 1807. *Journ.*, 2e. sem. 1807 296
2157	PARIS. — 14 fructidor an 12. *Coll.* an 13 219	id.	ROUEN. — 28 juillet 1807. *Journ.*, 2e. sem. 1807 314
2159	CASSATION. — 5 mai 1812. Tom. 2, 1813 49	id.	POITIERS. — 18 janvier 1810. *Journ.*, 2e. sem. 1810 236
2161	AIX. — 11 fructidor an 12. *Journ.*, 1er. sem. an 13 393	id.	BRUXELLES. — 12 mai 1810. *Coll.* an 1811 393
id.	AGEN. — 4 fructidor an 13. *Journ.*, 1er. sem. 1806 9	id.	CASSATION. — 27 avril 1812. Tom. 3, 1812 38
id.	NISMES. — 19 mai 1807. *Journ.*, 2e. sem. 1807 409	id.	COLMAR. — 21 août 1812. Tom. 1, 1813 276
id.	CASSATION. — 9 janvier 1810. *Journ.*, 1er. sem. 1810 373	id.	NISMES — 6 juillet 1812. Tom. 1, 1813 309
id.	BESANÇON. — 22 juin 1809. *Coll.* an 1810 44	id.	NISMES. — 5 août 1812. Tom. 1, 1813 424
id.	PARIS. — 16 juillet 1813. Tom. 3, 1813 466	2170	CASSATION. — 16 décembre 1806. *Journ.*, 1er. sem. 1807 401
2162	AIX. — 11 fructidor an 12. *Journ.*, 1er. sem. an 13 393	2171	CASSATION. — 21 mai 1807. *Journ.*, 2e. sem. 1807 145
2164	AGEN. — 4 fructidor an 15. *Journ.*, 1er. sem. 1806 9	2172	BRUXELLES. — 12 mai 1810. *Coll.* an 1811 393
2165	AIX. — 11 fructidor an 12. *Journ.*, 1er. sem. an 12 393	2174	ROUEN. — 28 juillet 1807. *Journ.*, 2e. sem. 1807 314
id.	AGEN. — 4 fructidor an 13. *Journ.*, 1er. sem. 1806 9	2175	CASSATION. — 5 novembre 1807. *Journ.*, 1er. sem. 1808 353

Articles	CODE CIVIL.	Articles	CODE CIVIL.
2175	TURIN. — 30 mai 1810. *Coll.* an 1811. . . . . P. 396	2183	NISMES.—6 juillet 1812. Tom. 1er., 1813. . . . . P. 309
2178	ROUEN. — 15 juillet 1807. *Journ.*, 1er. sem. 1808 44	*id.*	NISMES.—5 août 1812. Tom. 1er., 1813. 424
2180	CASSATION. — 1er. août 1810. *Journ.*, 1er. sem. 1811 97	2184	PARIS. — 28 novembre 1806., *Journ.*, 1er. sem 1807. 216
id.	TURIN. — 10 janvier 1812. Tom. 1, 1813 199	*id.*	NISMES. — 4 juin 1807. *Journ.*, 2e. sem. 1807. 296
2181	CASSATION. — 20 frimaire an 14. *Journ.*, 1er. sem. 1806 137	*id.*	CASSATION. 9 janvier 1810. *Journ.*, 1er. sem. 1810. 373
id.	NISMES. — 4 juin 1807. *Journ.*, 2e. sem. 1807 296	*id.*	TURIN. — 2 mars 1811. Tom. 1 1812, ... 57
id.	NISMES. — 11 juin 1807. *Journ.*, 1er. sem. 1809 237	2185	ORLÉANS. — 21 février 1806. *Journ.*, 1er. sem. 1806. 263
id.	COLMAR. — 11 juin 1809. *Journ.*, 1er. sem. 1810 222	*id.*	CASSATION. — 25 avril 1806. *Journ.*, 2e. sem. 1807. 353
id.	POITIERS. — 18 janvier 1810. *Journ.*, 2e. sem. 1810 236	*id.*	PARIS. — 19 août 1807. *Journ.*, 2e. sem. 1807. 454
id.	TURIN. — 23 novembre 1810. Tom. 1, 1812 64	*id.*	CASSATION. — 23 décembre 1806. *Coll.* an 1807. 143
id.	CASSATION. — 15 février 1813. Tom. 2, 1813 289	*id.*	BRUXELLES. — 22 décembre 1807. *Journ.*, 1er. sem. 1808. 238
2182	NISMES — 11 juin 1807. *Journ.*, 1er. sem. 1809 237	*id.*	CASSATION.— 4 janvier 1809. *Journ.* 1er., sem. 1809. 309
id.	CASSATION. — 9 mars 1808. *Journ.*, 1er. sem. 1810 81	*id.*	PARIS. — 2 mars 1809. *Journ.*, 1er. sem. 1809. 327
id.	CASSATION. — 18 décembre 1810. *Journ.*, 1er. sem. 1811 417	*id.*	NISMES. — 12 janvier 1809. *Journ.*, 1er. sem. 1809. 508
id.	MONTPELLIER. — 8 mai 1810. *Coll.* an 1811 154	*id.*	PARIS. — 19 mai 1809. *Journ.*, 2e. sem. 1809. 90
id.	TURIN. — 23 novembre 1810. Tom. 1, 1812 64	*id.*	CASSATION. — 12 mars 1810. *Journ.*, 2e. sem. 1810 129
id.	CASSATION. — 2 décembre 1811. Tom. 1, 1812 321	*id.*	DOUAI. — 16 août 1810. *Journ.*, 1er. sem. 1811. 155
id.	CASSATION. — 29 juin 1813. Tom. 3, 1813 529	*id.*	CASSATION. — 15 mai 1811. *Journ.*, 2e. sem. 1811. 353
2183	NISMES. — 4 juin 1807. *Journ.*, 2e. sem. 1807 296	*id.*	TURIN. — 2 mars 1811. Tom. 1, 1812. 57
id.	PARIS. — 21 mars 1808. *Journ.*, 1er. sem. 1808. 424	*id.*	CASSATION. — 25 novembre 1811, Tom. 1, 1812 418
id.	CASSATION. — 15 mai 1811. *Journ.*, 2e. sem. 1811 353	*id.*	TURIN. — 1er. juin 1811. *Journ.*, 2e. sem. 1812 341
id.	TURIN. — 2 mars 1811. Tom. 1, 1812. 57	*id.*	PARIS. — 3 août 1812. Tom. 3, 1812. 310
id.	NANCY. — 5 décembre 1811. *Journ.*, 2e. sem. 1812 140	*id.*	BRUXELLES. — 20 avril 1811. Tom. 2, 1813 589
id.	TURIN. — 1er. juin 1811. Tom. 2, 1812. 341	2186	COLMAR. — 11 juin 1809. *Journ.*, 1er. sem. 1810 222

Articles	CODE CIVIL.
2185	TURIN. — 2 mars 1811. Tom. 1, 1812. . . . . P. 57
2187	CASSATION. — 23 décembre 1806. Coll. an 1807 143
2188	CASSATION. — 23 décembre 1806. Coll. an 1807 143
2189	CASSATION. — 10 juin 1812. Tom. 3, 1812 273
2190	CASSATION. — 8 mars 1809. Journ., 1er. sem. 1809 449
2191	PARIS. — 19 août 1807. Journ., 2e. sem. 1807 454
id.	CASSATION. — 4 mai 1808. Journ., 2e. sem. 1808 97
2192	ROUEN. — 15 juillet 1807. Journ., 1er. sem. 1808 44
2193	CASSATION. — 27 novembre 1811. Journ., 2e. sem. 1812 65
id.	PARIS. — 5 mai 1812. Journ., 2e. sem. 1812 214
2194	CASSATION. — 27 novembre 1811. Journ., 2e. sem. 1812 65
id.	PARIS. — 5 mai 1812. Journ., 2e. sem. 1812 214
id.	TURIN. — 10 janvier 1812. Tom. 1, 1813. 199
2195	CASSATION. — 16 fructidor an 13. Coll. an 14-1806 85
id.	PARIS. — 5 mai 1812. Journ., 2e. sem. 1812 214
2196	CASSATION. — 9 nivose an 14. Coll. an 14-1806 467
2197	CASSATION. — 9 nivose an 14. Coll. an 14-1806 467
id.	PARIS. — 31 janvier 1807. Journ., 1er. sem. 1807 168
id.	PARIS. (tribunal civil) — 6 juin 1810. Journ., 2e. sem. 1810 174
id.	PARIS. — 14 juillet 1810. Coll. an 1810. 487
id.	BRUXELLES. — 15 janvier 1812. Tom. 3, 1812 397
2198	CASSATION. — 9 nivose an 14. Coll. an 14-1806 467
id.	PARIS. — 31 janvier 1807. Journ., 1er. sem. 1807 168
id.	PARIS. — 22 janvier 1810. Journ., 1er. sem. 1810 570

Articles	CODE CIVIL.
2198	BRUXELLES. — 15 janvier 1812. Tom. 3, 1812. . . . . P. 397
2204	CASSATION. — 14 mai 1806. Journ., 2e. sem. 1806 385
id.	NISMES. — 21 janvier 1807. Journ., 2e. sem. 1807. 539
id.	CASSATION. — 8 février 1813. Tom. 2, 1813. 399
2205	COLMAR. — 17 frimaire an 13. Journ., 2e. sem. an 13. 10
id.	PARIS. — 25 janvier 1808. Journ., 1er. sem. 1808. 217
id.	BRUXELLES. — 5 mars 1810. Journ., 2e. sem. 1811. 175
id.	GRENOBLE. — 22 juillet 1811. Tom. 1er., 1812. 222
id.	BESANÇON. — 21 juin 1810. Tom. 1er., 1812. 389
id.	PARIS. — 2 mars 1812. Tom. 1er., 1812. 578
id.	GÊNES. — 28 juillet 1812. Tom. 3, 1813. 197
2206	CASSATION. — 13 avril 1812. Tom. 3, 1812 12
id.	GÊNES. — 28 juillet 1812. Tom. 3, 1813. 197
id.	TURIN. — 14 août 1811. Tom. 3, 1813. 363
id.	BORDEAUX. — 20 janvier 1812. Tom. 3, 1813. 363
2207	GÊNES. — 28 juillet 1812. Tom. 3, 1813. 197
2209	CASSATION. — 7 octobre 1807. Journ., 1er. sem. 1808. 129
2210	CASSATION. — 7 octobre 1807. Journ., 1er. sem. 1808. 129
2213	CASSATION. — 12 novembre 1806. Coll. an 1807. 247
id.	NISMES. — 5 août 1812. Tom. 1er., 1813. 424
id.	BRUXELLES. — 30 janvier 1813. Tom. 3, 1813. 265
2214	COLMAR. — 12 mai 1809. Journ., 2e. sem. 1809. 574
2215	CASSATION. — 29 octobre 1806. Journ., 1er. sem. 1807. 33
id.	CASSATION. — 12 novembre 1806. Coll. an 1807. 247

Articles	CODE CIVIL.	Articles	CODE CIVIL.
2215	CASSATION. — 7 août 1811. *Journ.*, 2e. sem. 1811. . . . . P. 497	2275	PARIS. — 18 février 1811. *Journ.*, 1er. sem. 1811. . . . . P. 424
id.	GÈNES. — 28 juillet 1812. Tom. 3, 1813. 197	2277	CASSATION. — 19 avril 1809. *Journ.*, 2e. sem. 1809. 145
2216	PARIS. — 24 floréal an 13. *Journ.*, 1er. sem. 1806 75	id.	PARIS. — 20 mars 1809. *Journ.*, 2e. sem. 1809. 441
2221	PARIS. — 21 juin 1809. *Journ.*, 2e. sem. 1809. 372	id.	PARIS. — 18 février 1811. *Journ.*, 1er. sem. 1811. 424
2224	CASSATION. — 5 juin 1810. *Journ.*, 2e. sem. 1810. 294	id.	BRUXELLES. — 26 mars 1813. Tom. 3, 1813. 561
id.	CASSATION. — 8 décembre 1812. Tom. 2, 1813. 241	2279	COLMAR. — 27 mai 1809. *Coll.* an 1810. 381
2245	POITIERS. — 29 juillet 1808. *Coll.* an 1809. 303	2281	CASSATION. — 7 septembre 1808. *Coll.* an 1809. 274
id.	CASSATION. — 24 avril 1812. Tom. 1er., 1813. 161	id.	CASSATION. — 1er. août 1810. *Journ.*, 1er. sem. 1811 97
2246	BRUXELLES. — 5 mars 1807. *Journ.*, 2e. sem. 1807. 252	id.	PARIS. — 1er. décembre 1810. *Journ.*, 1er. sem. 1811. 285
2262	PARIS. — 18 mars 1812. *Journ.*, 2e. sem. 1812. 312	id.	CASSATION. — 21 décembre 1812. Tom. 2, 1813. 377
id.	CASSATION. — 19 janvier 1813. Tom. 2, 1813. 33	id.	CASSATION. — 15 mars 1813. Tom. 2, 1813. 406
2272	CASSATION. — 29 octobre 1810. *Journ.*, 1er. sem. 1811. 225	id.	BRUXELLES. — 10 décembre 1812. Tom. 3, 1813. 203
id.	PARIS. — 20 avril 1812. *Journ.*, 2e. sem. 1812. 191	id.	CASSATION. — 29 juin 1813. Tom. 3, 1813. 529
2273	PARIS. — 15 frimaire an 14. *Journ.*, 1er. sem. 1806. 374	id.	TRÈVES. — 17 juin 1812. Tom. 3, 1813. 586
2274	CASSATION. — 29 octobre 1810. *Journ.*, 1er. sem. 1811. 225	2187	ROUEN. — 15 juillet 1807. *Journ.*, 1er. sem. 1808. 44
2275	CASSATION. — 29 octobre 1810. *Journ.*, 1er. sem. 1811. 225		

CODE DE PROCEDURE CIVILE.

Articles		Articles	
3	CASSATION. — 10 janvier 1810. *Journ.*, 1er sem. 1810. 273	25	CASSATION. — 12 avril 1813. Tom. 2, 1813. 577
7	CASSATION. — 10 janvier 1809. *Journ.*, 2e. sem. 1809. 33	35	CASSATION. — 19 avril 1810. *Journ.*, 2e. sem. 1810. 566
19	CASSATION. — 20 janvier 1808. *Journ.*, 2e. sem. 1809 343	44	CASSATION. — 21 avril 1812. Tom. 3, 1812. 22
20	CASSATION. — 20 janvier 1808. *Journ.*, 2e. sem. 1809 343	47	CASSATION. — 15 février 1811. Tom. 1er., 1812. 363
23	CASSATION. — 12 avril 1813. Tom. 2, 1813. 577	48	CASSATION. — 22 février 1809. *Journ.*, 2e. sem. 1809. 38

Articles	CODE DE PROCÉDURE CIVILE.	Articles	CODE DE PROCÉDURE CIVILE.
48	Cassation. — 22 juillet 1809. *Coll.* an 1810. . . . . P. 307	61	Bruxelles. — 22 août 1807. *Journ.*, 2e. sem. 1808. . . . . P. 250
49	Bruxelles. — 5 décembre 1807. *Coll.* an 1809. 415	id.	Cassation. — 20 juin 1808. *Journ.*, 2e. sem. 1808. 355
id.	Trèves. — 16 juillet 1810. *Journ.*, 2e. sem. 1811. 43	id.	Cassation. — 21 novembre 1808. *Journ.*, 1er. sem. 1809. 69
52	Bruxelles. — 3 février 1812. Tom. 1er., 1813. 232	id.	Cassation. — 4 septembre 1809. *Journ.*, 2e. sem. 1809. 453
56	Paris. — 10 août 1809. *Coll.* an 1810. 168	id.	Bruxelles. — 9 juin 1809. *Journ.*, 2e. sem. 1809. 473
57	Paris. — 4 juillet 1809. *Journ.*, 2e. sem. 1809. 521	id.	Turin. — 9 août 1809. *Journ.*, 2e. sem. 1809. 473
id.	Cassation. — 24 avril 1812. Tom. 1er., 1813. 161	id.	Pau. — 22 juillet 1809. *Journ.*, 1er. sem. 1810. 126
59	Cassation. — 10 décembre 1806. *Journ.*, 1er. sem. 1807. 244	id.	Paris. — 22 décembre 1809. *Journ.*, 1er. sem. 1810. 395
id.	Cassation. — 11 mai 1807. *Journ.*, 2e. sem. 1807. 305	id.	Cassation. — 8 juin 1809. *Journ.*, 1er. sem. 1810. 486
id.	Cassation. — 5 juillet 1808. *Journ.*, 1er. sem. 1809. 17	id.	Cassation. — 22 janvier, et 15 février 1810. *Journ.*, 2e. sem. 1810. . . . 7
id.	Paris. — 25 février 1809. *Journ.*, 1er. sem. 1809. 358	id.	Paris. — 10 mai 1810. *Journ.*, 1er. sem. 1811. 10
id.	Cassation. — 2 février 1808. *Journ.*, 1er. sem. 1809. 520	id.	Paris. — 4 février 1811. *Journ.*, 1er. sem. 1811. 342
id.	Paris. — 24 novembre 1809. *Coll.* an 1809. 224	id.	Cassation. — 21 et 23 janvier 1810. *Coll.* an 1811. 49
id.	Paris. — 17 août 1809. *Coll.* an 1810. 105	id.	Bruxelles. — 11 avril 1811. *Coll.* an 1811. 210
id.	Cassation. — 16 mars 1809. *Coll.* an 1810. 408	id.	Cassation. — 23 novembre 1810. *Coll.* an 1811. 339
id.	Cassation. — 14 mars 1810. *Journ.*, 1er. sem. 1811. 90	id.	Paris. — 5 février 1810. *Coll.* an 1811. 444
id.	Cassation. — 29 octobre 1810. *Journ.*, 1er. sem. 1811. 209	id.	Grenoble. — 14 août 1811. Tom. 1er., 1812. 173
id.	Paris. — 20 mai 1811. *Journ.*, 2e. sem. 1811. 170	id.	Cassation. — 4 décembre 1811. Tom. 1er., 1812. 323
id.	Paris. — 8 mai 1811. *Journ.*, 2e. sem. 1811. 182	id.	Cassation. — 4 novembre 1811. Tom. 1er., 1812. 427
id.	Cassation. — 14 mars 1810. *Coll.* an 1811. 119	id.	Turin. — 11 mai 1811. Tom. 1er., 1812. 470
id.	Cassation. — 19 mars 1812. Tom. 1er., 1813. 22	id.	Cassation. — 24 décembre 1811. *Journ.*, 2e. sem. 1812. 14
id.	Paris. — 26 juin 1813. Tom. 3, 1813. 263	id.	Nancy. — 16 août 1811. *Journ.*, 2e. sem. 1812. 150
61	Bruxelles. — 14 juillet 1807. *Journ.*, 1er. sem. 1808. 283	id.	Cassation. — 7 janvier 1812. *Journ.*, 2e. sem. 1812. 271
id.	Liége. — 15 juin 1807. *Journ.*, 1er. sem. 1808. 476	id.	Trèves. — 11 mars 1812. Tom. 1er., 1813. 45

Articles	CODE DE PROCÉDURE CIVILE.
61	Bruxelles. — 3 février 1813. Tom. 1er., 1813. . . . . P. 232
id.	Nismes. — 5 août 1812. Tom. 2, 1813. 160
id.	Paris. — 20 janvier 1813. Tom. 2, 1813. 262
id.	Cassation. — 4 mai 1812. Tom. 3, 1812. 97
62	Cassation. — 12 mai 1813. Tom. 3, 1813. 393
63	Paris. — 4 août 1808. Journ., 2e. sem. 1808. 206
id.	Cassation. — 28 novembre 1809. Journ., 1er. sem. 1810. 145
64	Cassation. — 10 décembre 1806. Journ., 1er. sem. 1807. 241
65	Nismes. — 5 août 1812. Tom. 2, 1813. 160
66	Liége. — 10 juillet 1811. Tom. 1er., 1812. 219
68	Bruxelles. — 19 février 1806. Journ., 1er. sem. 1807. 496
id.	Paris. — 19 août 1807. Journ., 2e. sem. 1807. 454
id.	Cassation. — 20 juin 1808. Journ., 2e. sem. 1808. 355
id.	Nismes. — 5 avril 1808. Coll. an 1809. 276
id.	Pau. — 26 juillet 1809. Journ., 1er. sem. 1810. 477
id.	Cassation. — 20 mars 1810. Journ., 1er. sem. 1810. 561
id.	Cassation. — 15 février 1810. Journ., 2e. sem. 1810. 7
id.	Bruxelles. — 28 juin 1810. Journ., 2e. sem. 1810. 525
id.	Rouen. — 1er. août 1810. Journ., 1er. sem. 1811. 126
id.	Cassation. — 23 janvier 1810. Coll. an 1811. 49
id.	Cassation. — 3 septembre 1811. Tom. 1er., 1812. 20
id.	Cassation. — 29 mai 1811. Tom. 1er., 1812. 130
id.	Cassation. — 4 novembre 1811. Tom. 1er., 1812 427
id.	Paris. — 31 mars 1813. Tom. 2, 1813. 270

Articles	CODE DE PROCÉDURE CIVILE.
68	Cassation. — 25 mars 1812. Tom. 3, 1812. . . . . P. 36
id.	Cassation. — 5 août 1812. Tom. 1er., 1813. 557
id.	Nancy. — 22 juin 1813. Tom. 3, 1813. 230
id.	Caen. — 12 décembre 1812. Tom. 3, 1813. 283
69	Paris. — 19 août 1807. Journ., 2e. sem. 1807. 454
id.	Cassation. — 21 novembre 1808. Journ., 1er. sem. 1809. 69
id.	Paris. — 28 août 1810. Journ., 2e. sem. 1810. 519
id.	Liége. — 2 juillet 1810. Tom. 1er., 1812. 221
id.	Paris. — 3 février 1812. Journ., 2e. sem. 1812. 41
id.	Bruxelles. — 9 avril 1812. Tom. 3, 1812. 418
id.	Cassation. — 10 juin 1812. Tom. 3, 1812. 275
70	Paris. — 19 août 1807. Journ., 2e. sem. 1807. 454
id.	Pau. — 26 juillet 1809. Journ., 1er. sem. 1810. 477
id.	Bruxelles. — 28 juin 1810. Journ., 2e. sem. 1810. 525
id.	Cassation. — 29 mai 1811. Tom. 1er., 1812. 130
id.	Paris. — 31 mars 1813. Tom. 2, 1813. 270
71	Colmar. — 25 avril 1807. Coll. an 1807. 351
id.	Rouen. — 1er. août 1810. Journ., 1er. sem. 1811 126
id.	Rouen. — 8 juillet 1811. Tom. 1er., 1812. 72
72	Rome. — 2 mai 1811. Journ., 2e. sem. 1811. 125
75	Turin. — 9 janvier 1811. Journ., 2e. sem. 1811. 62
id.	Pau. — 2 octobre 1810. Journ., 2e. sem. 1811. 489
77	Turin. — 9 janvier 1811. Journ., 2e. sem. 1811. 62
83	Cassation. — 30 octobre 1811. Journ., 2e. sem. 1812. 23

Articles	CODE DE PROCÉDURE CIVILE.	Articles	CODE DE PROCÉDURE CIVILE.
83	Bruxelles. — 23 janvier 1812. *Journ.*, 2e. sem. 1812 . . . . P. 537	142	Cassation. — 24 avril 1812. Tom. 1er., 1813. . . . . P. 161
id.	Nismes. — 26 février 1812. Tom. 1er., 1813. 114	143	Cassation. — 24 avril 1812. Tom. 1er.. 1813. 161
id.	Rennes. — 15 avril 1811. Tom. 2, 1813. 502	144	Colmar. — 27 novembre 1810. *Journ.*, 2e. sem. 1811 174
87	Cassation. — 13 décembre 1808. *Journ.*, 1er. sem. 1809. 246	id.	Cassation. — 24 avril 1812. Tom. 1er., 1813. 161
111	Trèves. — 26 février 1810. *Journ.*, 1er. sem. 1810. 271	145	Cassation. — 24 avril 1812. Tom. 1er., 1813. 161
113	Paris. — 28 janvier 1809. *Journ.*, 2e. sem. 1809. 249	147	Bruxelles. — 29 juillet 1809. *Coll.* an 1810. 14
id.	Cassation. — 17 juillet 1811. Tom. 1er., 1812 21	id.	Bruxelles. — 13 août 1811. *Journ.*, 2e. sem. 1812. 351
118	Cassation. — 12 avril 1810. *Journ.*, 2e. sem. 1810. 3	153	Paris. — 19 août 1807. *Journ.*, 2e. sem. 1807. 454
122	Cassation. — 1er. avril 1812. *Journ.*, 2e. sem. 1812. 455	id.	Turin. — 1er. juin 1811. *Journ.*, 2e. sem. 1812. 341
123	Cassation. — 1er. avril 1812. *Journ.*, 2e. sem. 1812 435	id.	Riom. — 21 juillet 1812. Tom. 3, 1812. 485
125	Rouen. — 7 décembre 1812. Tom. 2, 1813. 273	154	Turin. — 9 janvier 1811. *Journ.*, 2e. sem. 1811 62
126	Cassation. — 12 août 1807. *Journ.*, 2e. sem. 1807. 561	155	Pau. — 2 octobre 1810. *Journ.*, 2e. sem. 1811. 489
id.	Paris. — 26 août 1809. *Journ.*, 1er. sem. 1810. 166	156	Nismes. — 12 décembre 1808. *Journ.*, 2e. sem. 1809 382
id.	Cassation. — 14 novembre 1809. *Journ.*, 1er. sem. 1810. 179	id.	Cassation. — 13 septembre 1809. *Journ.*, 1er. sem. 1810. 97
id.	Paris. — 23 janvier 1810. *Journ.*, 2e. sem. 1810. 263	id.	Lyon. — 4 septembre 1810. *Journ.*, 1er. sem. 1811. 259
id.	Paris. — 5 décembre 1810. *Journ.*, 1er. sem. 1811. 405	id.	Pau. — 2 octobre 1810. *Journ.*, 2e. sem. 1811. 489
130	Cassation. — 18 mai 1808. *Journ.*, 2e. sem. 1808. 17	id.	Nismes. — 5 juillet 1809. *Journ.*, 2e. sem. 1812. 64
id.	Cassation. — 13 novembre 1809. *Coll.* an 1810 81	id.	Paris. — 16 mars 1812. *Journ.*, 2e. sem. 1812. 321
131	Cassation. — 18 mai 1808. *Journ.*, 2e. sem. 1808 17	id.	Paris. — 7 juillet 1812. Tom. 3, 1812. 454
133	Rome. — 22 janvier 1811. *Journ.*, 1er. sem. 1811. 476	id.	Nancy. — 23 juillet 1813. Tom 3, 1813. 347
id.	Cassation. — 30 avril 1811. *Journ.*, 2e. sem. 1811 81	157	Bruxelles. — 30 avril 1807. *Journ.*, 2e. sem. 1807. 462
135	Paris. — 9 janvier 1808. *Journ.*, 1er. sem. 1808. 74	id.	Nismes. — 12 décembre 1808. *Journ.*, 2e. sem. 1809. 382
id.	Paris. — 23 décembre 1808. *Journ.*, 1er. sem. 1809. 117	id.	Paris. — 27 septembre 1809. *Journ.*, 1er. sem. 1810. 376
141	Cassation. — 11 juin 1811. *Journ.*, 2e. sem. 1811. 435	id.	Bruxelles. — 21 mai 1810. *Journ.*, 2e. sem. 1810. 62

Articles	CODE DE PROCÉDURE CIVILE.
157	BRUXELLES. — 21 mai 1810. *Journ.*, 1er. sem. 1811. . . . . P. 222
id.	CASSATION. — 5 février 1811. *Journ.*, 2e. sem. 1811. 37
id.	CASSATION. — 4 mai 1812. Tom. 3, 1812. 97
id.	CASSATION. — 6 juillet 1812. Tom. 3, 1812. 301
id.	RIOM. — 25 août 1812. Tom. 3, 1812. 474
id.	NANCY. — 23 juillet 1812. Tom. 1er., 1813. 62
id.	BRUXELLES. — 11 mai 1812. Tom. 1er., 1813. 430
id.	PARIS. — 11 février 1813. Tom. 2, 1813. 267
158	NISMES. — 12 décembre 1808. *Journ.*, 2e. sem. 1809. 382
id.	PARIS. — 27 septembre 1809. *Journ.*, 1er. sem. 1810. 376
id.	TRÈVES. — 10 août 1810. *Journ.*, 2e. sem. 1811. 140
id.	AGEN. — 6 février 1810. *Coll.* an 1811. 376
id.	CASSATION. — 11 mars 1812. Tom. 3, 1812 33
id.	CASSATION. — 4 mai 1812. Tom. 3, 1812. 97
159	TRÈVES. — 10 août 1810. *Journ.*, 2e. sem. 1811. 140
id.	AGEN. — 6 février 1810. *Coll.* an 1811. 376
id.	CASSATION. — 30 juin 1812. Tom. 3, 1812. 277
id.	DOUAI. — 11 janvier 1813. Tom. 1er., 1813. 393
160	BRUXELLES. — 22 août 1807. *Journ.*, 2e. sem. 1808. 250
id.	TURIN. — 9 janvier 1811. *Journ.*, 2e. sem. 1811 62
id.	RENNES. — 5 juillet 1811. Tom. 3, 1813. 552
161	BOURGES. — 14 mars 1809. *Journ.*, 1er. sem. 1809. 361
id.	BRUXELLES. — 7 janvier 1808. *Journ.*, 1er. sem. 1809. 559
id.	BRUXELLES. — 5 février 1811. Tom. 1er., 1812. 158

Articles	CODE DE PROCÉDURE CIVILE.
161	RENNES. — 5 juillet 1811. Tom. 3, 1813. . . . . P. 552
162	NISMES. — 13 juin 1810. *Journ.*, 1er. sem. 1811. 253
id.	TRÈVES. — 10 août 1810. *Journ.*, 2e. sem. 1811. 140
id.	CASSATION. — 18 avril 1811. *Journ.*, 2e. sem. 1811. 163
id.	CASSATION. — 30 juin 1812. Tom. 3, 1812. 277
163	CASSATION. — 12 avril 1808. *Journ.*, 2e. sem. 1808. 200
165	CASSATION. — 9 janvier 1812. *Journ.*, 2e. sem. 1812. 261
168	BRUXELLES. — 21 juillet 1812. Tom. 1er., 1813. 73
id.	CASSATION. — 7 juin 1810. *Journ.*, 2e. sem. 1810. 305
id.	CASSATION. — 5 juillet 1809. *Journ.*, 2e. sem. 1809. 449
169	CASSATION. — 5 juillet 1809. *Journ.*, 2e. sem. 1809. 449
id.	CASSATION. — 7 juin 1810. *Journ.*, 2e. sem. 1810. 305
id.	CASSATION. — 25 février 1812. *Journ.*, 2e. sem. 1812. 264
170	CASSATION. — 7 juin 1810. *Journ.*, 2e. sem. 1810. 305
id.	CASSATION. — 20 mars 1811. *Journ.*, 2e. sem. 1811. 147
id.	CASSATION. — 25 février 1812. *Journ.*, 2e. sem. 1812. 264
171	CASSATION. — 7 juin 1810. *Journ.*, 2e. sem. 1810. 305
id.	NISMES. — 17 janvier 1812. Tom. 1er., 1813. 236
172	PARIS. — 25 mai 1808. *Journ.*, 2e. sem. 1808. 231
id.	CASSATION. — 5 juillet 1809. *Journ.*, 2e. sem. 1809. 449
id.	CASSATION. — 22 juin 1812. Tom. 3, 1812. 297
173	CASSATION. — 26 juillet 1808. *Journ.*, 2e. sem. 1808. 518
id.	PARIS. — 17 janvier 1809. *Journ.*, 1er. sem. 1809 311
id.	CASSATION. — 10 janvier 1810. *Journ.*, 1er. sem. 1810. 257

Articles	CODE DE PROCÉDURE CIVILE.	Articles	CODE DE PROCÉDURE CIVILE.
173	CASSATION. — 30 janvier 1810. *Journ.*, 1er. sem. 1810 . . . . P. 389	257	TURIN. — 4 décembre 1809. *Coll.* an 1811. . . . . P. 132
id.	CASSATION. — 24 décembre 1812. *Journ.*, 2e. sem. 1812 14	*id.*	CASSATION. — 21 avril 1812. *Journ.*, 2e. sem. 1812 447
id.	CASSATION. — 4 avril 1810. *Journ.*, 2e. sem. 1810 83	*id.*	BRUXELLES. — 6 février 1812. Tom. 3, 1812 344
181	TRÈVES. — 16 juillet 1810. *Journ.*, 2e. sem. 1811 43	*id.*	NANCY. — . . . . . Tom. 1, 1813. 508
id.	ROUEN. — 8 juillet 1811. Tom. 1, 1812. 72	258	NANCY. — . . . . . Tom. 1, 1813. 508
182	AMIENS. — 25 mai 1813. Tom. 3, 1813. 75	259	COLMAR. — 16 novembre 1810. *Journ.*, 1er. sem. 1811 367
196	PARIS. — 11 août 1809. *Journ.*, 1er. sem. 1810 57	*id.*	TURIN. — 4 décembre 1809. *Coll.* an 1811 132
192	TURIN. — 25 juin 1810. *Journ.*, 2e. sem. 1810 571	*id.*	CASSATION. — 21 avril 1812. *Journ.*, 2e. sem. 1812 447
195	LIÉGE. — 27 mars 1811. *Journ.*, 2e. sem. 1812 547	*id.*	BRUXELLES. — 31 décembre 1811. Tom. 3, 1812 348
212	PARIS. — 10 février 1809. *Journ.*, 2e. sem. 1809 487	*id.*	BRUXELLES — 18 décembre 1811. Tom. 1, 1813 287
214	AMIENS. — 27 mars 1813. Tom. 2, 1813 394	260	BRUXELLES. — 5 juillet 1809. *Coll.* an 1810 481
217	PARIS. — 4 août 1809. *Journ.*, 1er. sem. 1810 342	261	CASSATION. — 27 décembre 1808. *Journ.*, 1er. sem. 1809 292
219	PARIS. — 4 août 1809. *Journ.*, 1er. sem. 1810 342	*id.*	ROUEN. — 17 mars 1810. *Journ.*, 2e. sem. 1810 173
220	PARIS. — 4 août 1809. *Journ.*, 1er. sem. 1810 342	*id.*	PARIS. — 18 mai 1810. *Journ.*, 2e. sem. 1810 250
224	PARIS. — 4 août 1809. *Journ.*, 1er. sem. 1810 342	*id.*	CASSATION. — 22 novembre 1810. *Journ.*, 1er. sem. 1811 261
229	PARIS. — 4 août 1809. *Journ.*, 1er. sem. 1810 342	*id.*	TURIN. — 24 août 1810. Tom. 1, 1812. 275
id.	CASSATION. — 18 février 1813. Tom. 3, 1813 326	*id.*	TURIN. — 5 décembre 1810. Tom. 1, 1812 286
230	PARIS. — 4 août 1809. *Journ.*, 1er. sem. 1810 342	*id.*	CASSATION. — 17 décembre 1811. *Journ.*, 2e. sem. 1812 10
250	CASSATION. — 13 août 1807. *Journ.*, 1er. sem. 1808 455	*id.*	CASSATION. — 24 décembre 1811. Tom. 2, 1812 14
id.	CASSATION. — 15 février 1810. *Journ.*, 1er. sem. 1810 513	*id.*	NANCY. — 10 janvier 1812. Tom. 2, 1812 483
251	PARIS. — 29 avril 1809. *Journ.*, 1er. sem. 1810 31	*id.*	CASSATION. — 4 janvier 1813. Tom. 3, 1813. 133
252	NISMES. — 14 mars 1812. Tom. 1, 1813. 49	*id.*	RENNES. — 24 août 1811. Tom. 3, 1813. 357
255	BRUXELLES. — 5 juillet 1809. *Coll.* an 1810 481	262	CASSATION — 12 juillet 1810. *Journ.*, 2e. sem. 1810 436
257	COLMAR. — 16 novembre 1810. *Journ.*, 1er. sem. 1811 367		

Articles	CODE DE PROCEDURE CIVILE.	Articles	CODE DE PROCÉDURE CIVILE.
262	NANCY. — 15 avril 1813. Tom. 3, 1813. . . . P. 341	289	ORLÉANS. — 4 avril 1810. *Journ.*, 1er. sem. 1810. . . . P. 524
id.	CASSATION. —12 juillet 1810. *Journ.*, 2e. sem. 1810.. . . 436	292	CASSATION. —17 décembre 1811. *Journ.*, 2e. sem. 1812. . . 10
269	CASSATION. — 4 janvier 1813. Tom. 3, 1813. . . . 133	293	CASSATION. — 17 décembre 1812. *Journ.*, 2e. sem. 1812. . . 10
270	ORLÉANS. — 4 avril 1810. *Journ.*, 1er. sem. 1810. . . . 524	296	BORDEAUX. — 15 mars 1809. *Journ.*, 1er. sem. 1810. . . . 204
id.	TRÈVES. —20 mars 1811. Tom. 1er., 1812. . . . 168	301	TRÈVES. — 4 décembre 1811. Tom. 3, 1812. . . . 569
271	NANCY. — 15 avril 1813. Tom. 3, 1813. . . . 341	303	CASSATION. — 25 octobre 1808. *Journ.*, 1er. sem. 1809 . . . 132
273	CASSATION. — 4 janvier 1813. Tom. 3, 1813. . . . 133	id.	BORDEAUX. — 15 mars 1809. *Journ.*, 1er. sem. 1810. . . . 204
id.	NANCY. — 15 avril 1813. Tom. 3, 1813. . . . 341	id.	PARIS. — 11 février 1811. *Journ.*, 1er. sem. 1811. . . . 521
278	ORLÉANS.—4 avril 1810. *Journ.*, 1er. sem. 1810. . . . 524	id.	CASSATION. —2 septembre 1811. Tom. 1, 1812. . . . 10
id.	COLMAR. — 16 novembre 1810. *Journ.*, 1er. sem. 1811. . . . 367	305	BRUXELLES. — 6 août 1808. *Journ.*, 2e. sem. 1809. . . . 510
279	PARIS. — 31 janvier 1811. *Journ.*, 1er. sem. 1811. . . . 313	id.	PARIS. — 11 février 1811. *Journ.*, 1er. sem. 1811. . . . 521
id.	COLMAR. — 16 novembre 1810. *Journ.*, 1er. sem. 1811. . . . 367	313	CASSATION. — 8 juillet 1812. Tom. 1, 1813. . . . 11
id.	TURIN. — 12 janvier 1811. Tom. 1er., 1812. . . . 281	316	CASSATION. —2 septembre 1811. Tom. 1, 1812. . . . 10
280	PARIS. — 31 janvier 1810. *Journ.*, 1er. sem. 1811. . . . 313	318	CASSATION. —2 septembre 1811. Tom. 1, 1812. . . . 10
id.	COLMAR. — 16 novembre 1810. *Journ.*, 1er. sem. 1811. . . . 367	319	PARIS. —2 décembre 1809. *Coll.* an 1810. . . . 284
id.	TURIN. — 12 janvier 1811. Tom. 1er., 1812. . . . 281	id.	CASSATION. — 2 avril 1811. *Journ.*, 2e. sem. 1811. . . . 196
282	TRÈVES. — 20 mars 1811. Tom. 1er., 1812. . . . 168	324	BRUXELLES. — 11 février 1809. *Journ.*, 2e. sem. 1809. . . . 460
283	BRUXELLES. — 15 mai 1807. *Coll.* an 1807. . . . 476	id.	ROUEN.— 11 avril 1809. *Journ.*, 2e. sem. 1809. . . . 460
id.	CASSATION. — 4 janvier 1808. *Journ.*, 1er. sem. 1808. . . . 529	id.	PARIS. — 18 mars 1812. *Journ.*, 2e. sem. 1812. . . . 312
id.	PARIS. — 10 mars 1809. *Journ.*, 2e. sem. 1809. . . . 572	325	TURIN.— 1er. mai 1810. *Journ.*, 2e. sem. 1810. . . . 509
id.	CASSATION. — 23 novembre 1812. Tom. 2, 1813. . . . 54	id.	BRUXELLES. — 23 février 1809. *Coll.* an 1810. . . . 318
284	PARIS. — 31 janvier 1811. *Journ.*, 1er. sem. 1811. . . . 313	id.	BRUXELLES. — 22 juillet 1809. *Coll.* an 1810. . . . 319
id.	TRÈVES.—20 mars 1811. Tom. 1, 1812. . . . 168	329	BRUXELLES. — 23 février 1809. *Coll.* an 1810. . . . 318
286	ORLÉANS. — 4 avril 1810. *Journ.*, 1er. sem. 1810. . . . 524	330	CASSATION. — 19 février 1812. Tom. 2, 1812 . . . 379
287	TRÈVES. — 20 mars 1811. Tom. 1er., 1812 . . . 168		

Articles	CODE DE PROCÉDURE CIVILE.
331	BRUXELLES. — 11 février 1809. *Journ.*, 2e. sem. 1809 .... P. 460
334	FLORENCE. — 19 mars 1810. *Journ.*, 2e. sem. 1811, ... 560
337	BRUXELLES. — 18 janvier 1808. *Coll.* an 1809. 381
340	CASSATION. — 18 août 1808. *Journ.*, 1er. sem. 1809 65
342	AIX. — 31 mai 1808. *Journ.*, 1er. sem. 1809. 527
id.	BRUXELLES. — 8 août 1809. *Coll.* an 1811. 46
343	AIX. — 31 mai 1808. *Journ.*, 1er. sem. 1809. 527
id.	BRUXELLES. — 8 août 1809. *Coll.* an 1811. 46
345	TURIN. — 25 juin 1813. *Journ.*, 2e. sem. 1810. 571
id.	CASSATION. — 10 décembre 1812. Tom. 2, 1813. 593
352	PARIS. — 13 mars 1810. *Journ.*, 1er. sem. 1810. 494
id.	ROUEN. — 1er. mars 1811. *Journ.*, 1er. sem. 1811. 556
358	CASSATION. — 6 avril 1809. *Journ.*, 2e. sem. 1809 52
363	CASSATION. — 8 septembre 1807. *Coll.* an 1808. 205
id.	CASSATION. — 7 juin 1810. *Journ.*, 2e. sem. 1810. 305
364	NISMES. — 17 janvier 1812. Tom. 1er., 1813. 236
373	CASSATION. — 24 mars 1807. *Coll.* an 1807. 433
378	CASSATION. — 20 janvier 1808. *Journ.*, 2e. sem. 1809 343
id.	CASSATION. — 23 août 1810. *Journ.*, 1er. sem. 1811. 197
id.	CASSATION. — 18 mars 1813. Tom. 2, 1813. 120
382	CASSATION. — 20 janvier 1808. *Journ.*, 2e. sem. 1809 343
id.	CASSATION. — 8 février 1811. *Coll.* an 1811. 385
id.	CASSATION. — 21 avril 1812. Tom. 3, 1812. 22
393	CASSATION. — 13 novembre 1809. *Coll.* an 1810. 81

Articles	CODE DE PROCÉDURE CIVILE.
397	CASSATION. — 5 janvier 1808. *Journ.*, 1er. sem. 1808. .... P. 289
id.	PARIS — 21 novembre 1809. *Journ.*, 1er. sem. 1810. 234
id.	CASSATION. — 12 juillet 1810. *Journ.*, 2e. sem. 1810 504
id.	PARIS. — 1er. juillet 1812. Tom. 3, 1812. 328
id.	LIÉGE. — 27 décembre 1811. Tom. 1er., 1813. 547
id.	ROUEN. — 6 mai 1813. Tom. 3, 1813. 236
id.	CASSATION. — 8 juin 1813. Tom. 3, 1813. 491
id.	TRÈVES. — 17 juin 1812. Tom. 3, 1813. 586
id.	BRUXELLES. — 26 novembre 1812. Tom. 3, 1813 586
399	CASSATION. — 5 janvier 1808. *Journ.*, 1er. sem. 1808. 289
id.	TRÈVES. — 17 juin 1812. Tom. 3, 1813. 586
402	PARIS. — 8 août 1809. *Journ.*, 2e. sem. 1809. 245
id.	PARIS. — 25 mars 1813. Tom. 3, 1813. 539
id.	CASSATION. — 12 mai 1813. Tom. 3, 1813. 393
403	CASSATION. — 16 janvier 1811. *Journ.*, 2e. sem. 1811 3
id.	TURIN. — 4 décembre 1809. *Coll.* an 1811. 132
id.	FLORENCE. — 18 février 1811. Tom. 1er., 1813. 472
404	PARIS. — 25 mai 1808. *Journ.*, 1er. sem. 1808. 231
id.	CASSATION. — 27 juin 1810. *Journ.*, 2e. sem. 1810. 468
406	BRUXELLES. — 9 mai 1810. *Journ.*, 2e. sem. 1810. 463
id.	BRUXELLES. — 23 août 1810. *Journ.*, 2e. sem. 1811 31
407	CASSATION. — 27 juin 1810. *Journ.*, 2e. sem. 1810. 468
id.	BRUXELLES. — 3 février 1812. Tom. 1er., 1813. 232
410	CASSATION. — 18 avril 1810. *Journ.*, 2e. sem. 1810. 135

Articles	CODE DE PROCÉDURE CIVILE.	Articles	CODE DE PROCÉDURE CIVILE.
413	Paris. — 10 juin 1812. Tom. 3, 1812. P. 48	435	Nancy. — 23 juillet 1813. Tom. 3, 1813. . . . . P. 347
415	Cassation. — 10 décembre 1806. Journ., 1er. sem. 1807 244	436	Turin. — 25 septembre 1811. Journ., 2e. sem. 1812. 491
id.	Agen. — 6 février 1810. Coll. an 1811. . . . . : 376	439	Bruxelles. — 3 mars 1810. Journ., 2e. sem. 1811. 109
420	Paris. — 6 janvier 1809. Journ., 1er. sem. 1809. 358	id.	Paris. — 6 février 1813. Tom. 3, 1813. 308
id.	Cassation. — 17 mars 1812. Journ., 2e. sem. 1812. 439	442	Paris. — 21 août 1810. Coll. an 1811. 224
id.	Liége. — 23 juin 1809. Journ., 1er. sem. 1810. 495	id.	Paris. — 18 décembre 1812. Tom. 1er., 1813. 499
id.	Cassation. — 29 janvier 1811. Journ, 1er. sem. 1811 422	443	Bruxelles. — 3 juin 1807. Journ., 2e. sem. 1807. 382
id.	Cassation. — 12 février 1811. Journ., 2e. sem. 1811 385	id.	Liége. — 22 décembre 1808. Journ., 1er. sem. 1809. 479
id.	Cassation. — 4 décembre 1811. Tom. 1er., 1812 564	id.	Turin. — 6 juillet 1808. Journ., 2e. sem. 1809 524
id.	Nismes. — 25 février 1812. Tom. 1er., 1813. 357	id.	Turin. — 19 mars 1808. Coll. an 1809. 385
id.	Turin. — 22 mai 1811. Tom. 1er., 1813. 357	id.	Bruxelles. — 8 juillet 1808. Coll. an 1809. 448
421	Rouen. — 1er. mars 1811. Journ., 1er. sem. 1811 556	id.	Cassation. — 23 janvier 1810. Journ., 1er. sem. 1810 401
422	Bruxelles. — 9 mai 1810. Journ., 2e. sem. 1810. 463	id.	Bordeaux. — 10 mars 1809. Coll. an 1810. 218
424	Cassation. — 22 juillet 1809. Coll. an 1810. 307	id.	Paris. — 21 novembre 1809. Journ., 2e. sem. 1810. 57
id.	Cassation. — 28 mai 1811. Tom. 1er., 1812. 551	id.	Pau. — 20 mars 1810. Journ., 2e. sem. 1810. 92
id.	Cassation. — 25 février 1812. Journ., 2e. sem. 1812 264	id.	Bruxelles. — 29 juillet 1809. Coll. an 1810. 14
425	Cassation. — 28 mai 1811. Tom. 1er., 1812. 351	id.	Cassation. — 2 juillet 1811. Journ., 2e. sem. 1811 433
id.	Cassation. — 25 février 1812. Journ., 2e. sem. 1812. 264	id.	Paris. — 21 août 1810. Coll. an 1811. 224
id.	Nismes. — 17 janvier 1812. Tom. 1er., 1813. 236	id.	Cassation. — 24 octobre 1811. Tom. 1er., 1812 190
id.	Nismes. — 25 octobre 1811. Tom. 1er., 1813. 355	id.	Turin. — 13 février 1812. Journ., 2e. sem. 1812 89
426	Cassation. — 28 mai 1811. Tom. 1er., 1812. 351	id.	Cassation. — 4 mars 1812. Journ., 2e. sem. 1812 173
427	Orléans. — 10 février 1809. Journ., 2e. sem. 1809. 106	id.	Cassation. — 25 février 1812. Journ., 2e. sem. 1812 264
428	Cassation. — 19 février 1812. Journ., 2e. sem. 1812 379	id.	Paris. — 25 avril 1812. Journ., 2e. sem. 1812 415
434	Cassation. — 7 février 1811. Journ., 2e. sem. 1811 225	id.	Riom. — 25 août 1812. Tom. 3, 1812. 474

Articles	CODE DE PROCÉDURE CIVILE.	Articles	CODE DE PROCÉDURE CIVILE.
443	NANCY. — 20 novembre 1812. Tom. 1er., 1813. . . . . P. 362	452	TRÈVES. — 1er. août 1810. Tom. 1, 1812. . . . . P. 42
id.	BRUXELLES. — 11 mai 1812. Tom. 1er., 1813 430	id.	CASSATION. — 28 août 1809. Journ., 1er. sem. 1810 9
id.	TURIN. — 1er. avril 1812. Tom. 1er., 1813 510	id.	ANGERS. — 5 mai 1808. Journ., 2e. sem. 1809. 302
444	TURIN. — 23 février 1812. Journ., 2e. sem. 1812 89	id.	CASSATION. — 27 juin 1810. Coll. an 1811. 199
id.	CASSATION. — 4 mars 1812. Journ., 2e. sem. 1812 173	id.	CASSATION. — 1er. mai 1811. Tom. 1er., 1812. 319
id.	CASSATION. — 25 février 1812. Journ., 2e. sem. 1812 264	453	PARIS. — 20 janvier 1810. Journ., 1er sem. 1810. 501
id.	NANCY. — 20 novembre 1812. Tom. 1er., 1813 362	id.	CASSATION. — 5 février 1810. Journ., 2e. sem. 1810. 17
445	NANCY. — 20 novembre 1812. Tom. 1er., 1813. 362	id.	CASSATION. — 25 février 1812. Journ., 2e. sem. 1812 264
446	NANCY. — 20 novembre 1812. Tom. 1er., 1813 362	id.	RIOM. — 25 août 1812. Tom. 3, 1812. 476
447	BRUXELLES. — 30 août 1810. Journ., 2e. sem. 1811 223	id.	CASSATION. — 9 juillet 1812. Tom. 3, 1812. 516
448	CASSATION. — 28 janvier 1809. Journ., 1er. sem. 1809 317	id.	CASSATION. — 1er. juillet 1812. Tom. 3, 1812. 193
id.	ANGERS. — 21 janvier 1809. Coll. an 1809 346	454	BRUXELLES. — 27 juin 1807. Journ., 2e. sem. 1808. 315
449	CASSATION. — 11 octobre 1809. Journ., 2e. sem. 1810 33	id.	TRÈVES. — 14 mars 1808. Coll. an 1808. 486
450	CASSATION. — 1er. juin 1809. Coll. an 1809 417	id.	BRUXELLES. — 10 juin 1808. Journ., 1er. sem. 1810. 382
id.	PARIS. — 6 février 1813. Tom. 1, 1813. 358	id.	CASSATION. — 24 octobre 1811. Tom. 1er., 1812. 190
451	ANGERS. — 5 mai 1808. Journ., 2e. sem. 1809. 302	id.	CASSATION. — 25 février 1812. Journ., 2e. sem. 1812 264
id.	CASSATION. — 21 mars 1809. Journ., 2e. sem. 1809 323	id.	CASSATION. — 10 février 1812. Journ., 2e. sem. 1812 303
id.	CASSATION. — 1er. juin 1809. Coll. an 1809 417	id.	CASSATION. — 22 juin. 1812. Tom. 3, 1812. 297
id.	COLMAR. — 5 mai 1809. Coll. an 1809. 474	id.	CASSATION. — 6 juillet 1812. Tom. 3, 1813. 318
id.	GRENOBLE. — 22 juillet 1809. Coll. an 1810. 148	455	COLMAR. — 31 décembre 1808. Journ., 2e. sem. 1809. 142
id.	MONTPELLIER. — 19 décembre 1810. Journ., 2e. sem. 1811 415	id.	CASSATION. — 11 octobre 1809. Journ., 2e. sem. 1810 33
id.	CASSATION. — 27 juin 1810. Coll. an 1811. 199	id.	PARIS. — 16 novembre 1810. Journ., 1er. sem. 1811 298
id.	CASSATION. — 1er. mai 1811. Tom. 1er., 1812. 319	id.	CASSATION. — 19 novembre 1811. Tom. 1er., 1812. 336
id.	BRUXELLES. — 12 septembre 1812. Tom. 2, 1813 521	id.	BRUXELLES. — 13 mars 1810. Tom. 1er., 1812. 393

Articles	CODE DE PROCÉDURE CIVILE.	Articles	CODE DE PROCÉDURE CIVILE.
456	TURIN. — 25 septembre 1811. *Journ.*, 2e. sem. 1812. . . . . P. 491	456	PARIS. — 13 janvier 1812. Tom. 1, 1812. . . . . P. 440
id.	PARIS. — 2 février 1808. *Journ.*, 1er. sem. 1808. . . . . P. 473	*id.*	LYON. — 27 novembre 1811. *Journ.*, 2e. sem. 1812. 151
id.	LIÉGE. — 15 juin 1807. *Journ.*, 1er. sem. 1808. 476	*id.*	METZ. — 26 juillet 1811. *Journ.*, Tom. 2, 1812. 248
id.	PARIS. — 30 juin 1808. *Journ.*, 2e. sem. 1808. 330	*id.*	CASSATION. — 7 janvier 1812. *Journ.*, 2e. sem. 1812. 271
id.	BRUXELLES. — 26 décembre 1807. *Coll.* an 1808. 436	*id.*	BRUXELLES. — 9 avril 1812. Tom. 3, 1812. 418
id.	BRUXELLES. — 20 janvier 1808. *Coll.* an 1808. 438	*id.*	TRÈVES. — 11 mars 1812. Tom. 1er., 1813. 45
id.	PARIS. — 21 décembre 1808. *Journ.*, 1er. sem. 1809. 183	*id.*	TURIN. — 1er. avril 1812. Tom. 1, 1813. 510
id.	PARIS. — 2 janvier 1809. *Journ.*, 1er. sem. 1809. 214	*id.*	CASSATION. — 5 avril 1813. Tom. 2, 1813. 568
id.	PARIS. — 5 janvier 1809. *Journ.*, 1er. sem. 1809. 214	*id.*	CASSATION. — 14 juin 1813. Tom. 3, 1813. 297
id.	BOURGES. — 24 août 1808. *Journ.*, 1er. sem. 1809. 214	457	BRUXELLES. — 9 décembre 1807. *Journ.*, 1er. sem. 1809. 221
id.	TURIN. — 6 juillet 1808. *Journ.*, 2e. sem. 1809. 524	*id.*	CASSATION. — 7 août 1811. *Journ.*, 2e. sem. 1811. 497
id.	CASSATION. — 4 septembre 1809. *Journ.*, 2e. sem. 1809. 453	*id.*	TURIN. — 4 décembre 1809. *Coll.* an 1811. 132
id.	BRUXELLES. — 9 juin 1809. *Journ.*, 2e. sem. 1809. 473	*id.*	TRÈVES. — 6 mai 1812. Tom. 1, 1813. 474
id.	BRUXELLES. — 29 septembre 1808. *Journ.*, 2e. sem. 1809. 473	459	PARIS. — 6 février 1813. Tom. 3, 1813. 308
id.	PAU. — 16 août 1809. *Journ.*, 1er. sem. 1810. 63	460	CASSATION. — 3 juillet 1810. *Journ.*, 1er. sem. 1811. 116
id.	PAU. — 22 juillet 1809. *Journ.*, 1er. sem. 1810. 126	*id.*	PARIS. — 6 février 1813. Tom. 3, 1813. 308
id.	CASSATION. — 4 décembre 1809. *Journ.*, 1er. sem. 1810. 177	462	ROUEN. — 9 décembre 1807. *Journ.*, 1er. sem. 1808. 175
id.	TRÈVES. — 26 février 1810. *Journ.*, 1er. sem. 1810. 271	*id.*	CASSATION. — 4 décembre 1809. *Journ.*, 1er. sem. 1810. 177
id.	PAU. — 20 mars 1810. *Journ.*, 2e. sem. 1810. 92	464	CASSATION. — 3 février 1809. *Journ.*, 1er. sem. 1809. 347
id.	TURIN. — 9 février 1810. *Journ.*, 2e. sem. 1810. 478	*id.*	CASSATION. — 5 juillet 1809. *Journ.*, 2e. sem. 1809. 449
id.	BRUXELLES. — 21 août 1810. *Journ.*, 1er. sem. 1811. 558	*id.*	CASSATION. — 23 janvier 1810. *Journ.*, 1er. sem. 1810. 369
id.	CASSATION. — 5 janvier 1811. *Journ.*, 1er. sem. 1811. 561	*id.*	CASSATION. — 11 décembre 1809. *Journ.*, 2e. sem. 1810. 97
id.	CASSATION. — 4 décembre 1811. Tom. 1, 1812. 323	*id.*	CASSATION. — 6 juin 1810. *Journ.*, 2e. sem. 1810. 337
id.	CASSATION. — 21 août 1811. Tom. 1, 1812. 366	*id.*	CASSATION. — 22 juillet 1809. *Coll.* an 1810. 307

Articles	CODE DE PROCEDURE CIVILE.	Articles	CODE DE PROCEDURE CIVILE.
464	CASSATION. — 12 décembre 1810. *Journ.*, 1er. sem. 1811. . . . . P. 278	474	PARIS. — 20 mars 1809. *Journ.*, 1er. sem. 1809. . . . . P. 535
id.	CASSATION. — 9 décembre 1811. Tom. 1, 1812. . . . 182	id.	PARIS. — 16 décembre 1809. *Journ.*, 1er. sem. 1810. . . . 519
466	CASSATION. — 3 février 1809. *Journ.*, 1er. sem. 1809 . . . 347	id.	CASSATION. — 3 juillet 1810. *Journ.*, 1er. sem. 1811. . . . 116
id.	ROUEN. — 29 novembre 1808. *Journ.*, 1er. sem. 1809. . . . 351	id.	CASSATION. — 14 mars 1810. *Coll.* an 1811. . . . 317
id.	CASSATION. — 14 mars 1810. *Coll.* an 1811. . . . 317	id.	COLMAR. — 11 mai 1811. *Journ.*, 2e. sem. 1812. . . . 54
468	CASSATION. — 13 avril 1810. *Journ.*, 2e. sem. 1810. . . . 3	475	BRUXELLES. — 9 avril 1808. *Journ.*, 2e. sem. 1808. . . . 476
469	ROUEN. — 6 mai 1813. Tom. 3, 1813. . . . 236	id.	BRUXELLES. — 9 avril 1808. *Coll.* an 1809. . . . 394
470	LIÉGE. — 15 juin 1807. *Journ.*, 1er. sem. 1808. . . . 476	477	PARIS. — 7 janvier 1812. Tom. 1er., 1812. . . . 449
id.	PARIS. — 21 décembre 1808. *Journ.*, 1er. sem. 1809 . . . 183	478	CASSATION. — 3 juillet 1810. *Journ.*, 1er. sem. 1811. . . . 116
id.	CASSATION. — 13 septembre 1809. *Journ.*, 1er. sem. 1810. . . . 97	479	CASSATION. — 25 août 1808. *Coll.* an 1809. . . . 399
471	ROUEN. — 5 janvier 1807. *Journ.*, 1er., sem. 1807. . . . 140	id.	PARIS. — 26 janvier 1810. *Coll.* an 1811. . . . 124
id.	BRUXELLES. — 9 décembre 1806. *Journ.*, 1er. sem. 1807 . . . 142	480	PARIS. — 3 mai 1810. *Journ.*, 2e. sem. 1810. . . . 199
472	CASSATION. — 5 juillet 1809. *Journ.*, 2e. sem. 1809. . . . 449	id.	BRUXELLES. — 23 janvier 1812. *Journ.*, Tom. 2, 1812 . . . 539
id.	TRÈVES. — 16 décembre 1811. Tom. 3, 1812. . . . 351	482	PARIS. — 3 mars 1810. *Journ.*, 1er. sem. 1810. . . . 503
id.	CASSATION. — 8 juillet 1812. Tom. 1er., 1813. . . . 11	490	BRUXELLES. — 23 janvier 1812. *Journ.*, Tom. 2, 1812 . . . 537
id.	TRÈVES. — 30 décembre 1812. Tom. 1er., 1813. . . . 476	491	BRUXELLES. — 23 janvier 1812. *Journ.*, Tom. 2, 1812 . . . 537
id.	CASSATION. — 2 avril 1812. Tom. 1er., 1813. . . . 539	492	PARIS. — 3 mars 1810. *Journ.*, 1er. sem. 1810. . . . 503
473	PARIS. — 10 août 1808. *Journ.*, 2e. sem. 1808. . . . 472	id.	BRUXELLES. — 23 janvier 1812. *Journ.*, 2e. sem. 1812 . . . 537
id.	CASSATION. — 3 octobre 1808. *Journ.*, 2e. sem. 1808 . . . 548	494	PARIS. — 23 décembre 1808. *Journ.*, 1er. sem. 1809. . . . 141
id.	CASSATION. — 11 janvier 1809. *Coll.* an 1809. . . . 132	495	CASSATION. — 30 août 1809. *Journ.*, 2e. sem. 1809. . . . 465
id.	GRENOBLE. — 22 juillet 1809. *Coll.* an 1810. . . . 148	496	TOULOUSE. — 29 novembre 1808. *Journ.*, 1er. sem. 1810 . . . 431
id.	CASSATION. — 23 janvier 1811. *Journ.*, 1er. sem. 1811 . . . 419	id.	BRUXELLES. — 23 janvier 1812. *Journ.*, Tom. 2, 1812 . . . 537
id.	CASSATION. — 9 octobre 1811. Tom. 1er., 1812. . . . 182	498	BRUXELLES. — 23 janvier 1812. *Journ.*, Tom. 2, 1812 . . . 537
id.	TRÈVES — 30 décembre 1812. Tom. 1er., 1813. . . . 476	499	CASSATION. — 30 août 1809. *Journ.*, 2e. sem. 1809. . . . 465

Articles	CODE DE PROCÉDURE CIVILE.	Articles	CODE DE PROCÉDURE CIVILE.
505	CASSATION. — 7 juin 1810. *Journ.*, 2e. sem. 1810. . . . . P. 305	556	CASSATION. — 12 mai 1813. Tom. 3, 1813 . . . . P. 393
509	CASSATION. — 7 juin 1810. *Journ.*, 2e. sem. 1810. 305	557	PARIS. — 23 décembre 1808. *Journ.*, 1er. sem. 1809 117
id.	CASSATION. — 29 juillet 1812. Tom. 1er., 1813. 19	id.	PARIS. — 8 mai 1809. *Journ.*, 2e. sem. 1809 202
510	CASSATION. — 7 juin 1810. *Journ.*, 2e. sem. 1810. 305	id.	BRUXELLES. 20 décembre 1810. Tom. 1er., 1812 160
id.	CASSATION. — 29 juillet 1812. Tom. 1er., 1813. 19	id.	CASSATION. — 11 juin 1811. Tom. 1er., 1812 252
511	CASSATION. — 7 juin 1810. *Journ.*, 2e. sem. 1810. 305	558	PARIS. — 23 décembre 1808. *Journ.*, 1er. sem. 1809 117
514	CASSATION. — 7 juin 1810. *Journ.*, 2e. sem. 1810. 305	id.	PARIS. — 8 mai 1809. *Journ.*, 2e. sem. 1809 202
id.	PARIS. — 18 mars 1813. Tom. 2, 1813. 547	559	PARIS. — 8 mai 1809. *Journ.*, 2e. sem. 1809 202
515	CASSATION. — 7 juin 1810. *Journ.*, 2e. sem. 1810. 305	567	PARIS. — 21 juillet 1810. *Journ.*, 2e. sem. 1810. 414
527	PARIS. — 17 août 1809. *Coll.* an 1810. 105	id.	PARIS. — 19 décembre 1809. *Coll.* an 1810. 435
541	CASSATION. — 10 septembre 1812. Tom. 2, 1813 411	570	PARIS. — 22 mars 1811. *Journ.*, 2e. sem. 1811 25
543	CASSATION. — 2 mai 1810. *Journ.*, 2e. sem. 1810. 149	573	PARIS. — 22 mars 1811. *Journ.*, 2e. sem. 1811 25
546	CASSATION. — 27 août 1812. Tom. 1er., 1813. 251	id.	PARIS. — 16 mai 1810. Tom. 1er., 1812. 114
551	TURIN. — 2 avril 1812. Tom. 2, 1813. 240	574	PARIS. — 22 mars 1811. *Journ.*, 2e. sem. 1811 25
553	BRUXELLES. — 12 août 1811. Tom. 1er., 1812 209	id.	PARIS. — 16 mai 1810. Tom. 1er., 1812. 114
554	PARIS. — 8 mai 1811. *Journ.*, 2e. sem. 1811. 182	577	PARIS. — 22 mars 1811. *Journ.*, 2e. sem. 1811 25
556	BRUXELLES. — 13 juin 1807. *Journ.*, 1er. sem. 1808. 573	id.	PARIS. — 16 mai 1810. Tom. 1er., 1812. 114
id.	LYON. — 4 septembre 1810. *Journ.*, 1er. sem. 1811. 303	583	ROUEN. — 10 août 1810. *Journ.*, 1er. sem. 1811 141
id.	PARIS. — 25 janvier 1810. *Journ.*, 1er. sem. 1810. 493	584	PARIS. — 2 janvier 1809. *Journ.*, 1er. sem. 1809 214
id.	TURIN. — 9 février 1810. *Journ.*, 2e. sem. 1810. 478	id.	CASSATION. — 20 mars 1810. *Journ.*, 1er. sem. 1810 561
id.	BESANÇON. — 18 mars 1808. *Coll.* an 1811. 112	id.	ROUEN. — 18 août 1810. *Journ.*, 1er. sem. 1811 141
id.	CASSATION. — 6 janvier 1812. Tom. 1er., 1812 545	id.	COLMAR. — 4 juillet 1810. *Journ.*, 1er. sem. 1811 255
id.	ROUEN. — 1er. juin 1812. Tom. 3, 1812. 390	id.	CASSATION. — 16 juillet 1811. *Journ.*, 2e. sem. 1811 453
id.	NANCY. — 22 juin 1813. Tom. 3, 1813. 230		

Articles	CODE DE PROCÉDURE CIVILE.
584	CASSATION. — 23 janvier 1810. *Coll.* an 1811 . . . . P. 49
id.	CASSATION. — 21 août 1811. Tom. 1er., 1812. 360
id.	TURIN. — 11 mai 1811. Tom. 1er., 1812. 470
id.	METZ. — 26 juillet 1811. *Journ.*, 2e. sem. 1812. 248
id.	CASSATION. — 3 juin 1812. Tom. 3, 1812. 303
id.	ROUEN. — 25 juin 1812. Tom. 2, 1813. 342
id.	PARIS. — 10 avril 1813. Tom. 3, 1813. 181
id.	CASSATION. — 14 juin 1813. Tom. 3, 1813. 297
643	CASSATION. — 13 septembre 1809. *Journ.*, 1er. sem. 1810. 97
659	PARIS — 27 juin 1811. *Journ.*, 2e. sem. 1811. 459
660	PARIS. — 27 juin 1811. *Journ.*, 2e. sem. 1811. 459
664	PARIS. — 17 juin 1813. Tom. 3, 1813. 473
667	CASSATION. — 2 mai 1810. *Journ.*, 1er. sem. 1811. 102
669	AMIENS. — 22 mai 1809. *Journ.*, 1er. sem. 1810. 159
id.	CASSATION. — 2 mai 1810. *Journ.*, 1er. sem. 1811. 102
id.	ROUEN. — 22 septembre 1810. *Journ.*, 1er. sem. 1811 287
id.	NANCY. — 23 juillet 1812. Tom. 1er., 1813. 62
673	CASSATION. — 16 décembre 1807. *Journ.*, 1er. sem. 1808 168
id.	COLMAR. — 12 mai 1809. *Journ.*, 2e. sem. 1809. 574
673	CASSATION. — 5 février 1811. *Journ.*, 1er. sem. 1811. 353
id.	BESANÇON. — 18 mars 1808. *Coll.* an 1811. 112
id.	METZ. — 2 septembre 1812. Tom. 1er., 1813. 195
id.	ROUEN. — 25 juin 1812. Tom. 2, 1813. 342
id.	CASSATION. — 14 juin 1813. Tom. 3, 1813. 297

Articles	CODE DE PROCÉDURE CIVILE.
675	NISMES. — 22 juin 1808. *Coll.* an 1809. . . . . P. 119
id.	ROUEN. — 9 mai 1808. *Journ.*, 2e. sem. 1808. 63
id.	AGEN. — 12 mars 1810. *Journ.*, 2e. sem. 1810. 444
id.	PARIS. — 17 novembre 1810. *Journ.*, 1er. sem. 1811. 348
id.	BRUXELLES. — 14 juillet 1810. *Journ.*, 1er. sem. 1811 351
id.	BESANÇON. — 18 mars 1808. *Coll.* an 1811. 112
id.	METZ — 2 septembre 1812. Tom. 1er., 1813. 195
id.	CASSATION. — 5 août 1812. Tom. 2, 1813. 171
id.	CASSATION. — 10 décembre 1812. Tom. 1er., 1813. 330
id.	PARIS. — 20 janvier 1813. Tom. 2, 1813. 262
id.	CASSATION. — 14 juin 1813. Tom. 3, 1813. 297
id.	BORDEAUX. — 20 janvier 1812. Tom. 3, 1813. 363
676	CASSATION. — 10 décembre 1812. Tom. 1er., 1813. 330
677	NISMES. — 22 juin 1808. *Coll.* an 1809. 119
680	NISMES. — 22 juin 1808. *Coll.* an 1809. 119
681	NISMES. — 22 juin 1808. *Coll.* an 1809. 119
id.	PARIS. — 10 mai 1810. *Journ.*, 1er. sem. 1811. 10
id.	PARIS. — 17 novembre 1810. *Journ.*, 1er. sem. 1811 348
id.	BRUXELLES. — 14 juillet 1810. *Journ.*, 1er. sem. 1811 351
id.	PAU. — 19 janvier 1811. *Journ.*, 2e. sem. 1811. 301
id.	PARIS. — 21 août 1810. *Coll.* an 1811. 476
id.	PARIS. — 27 août 1811. Tom. 1er., 1812. 270
id.	CASSATION. — 17 juin 1812. Tom. 3, 1812. 86
id.	CASSATION. — 10 décembre 1812. Tom. 1er., 1813 330

Articles	CODE DE PROCÉDURE CIVILE.	Articles	CODE DE PROCÉDURE CIVILE.
681	Cassation. — 5 août 1812. Tom. 2, 1813 . . . . P. 171	717	Nismes. — 5 avril 1808. *Coll.* an 1809. . . . . P. 276
682	Nismes. — 22 juin 1808. *Coll.* an 1809. 119	id.	Turin. — 17 mars 1810. *Coll.* an 1811. 361
id.	Turin. — 17 mars 1810. *Coll.* an 1811. 361	id.	Cassation. — 5 août 1812. Tom. 2, 1813. 171
684	Cassation. — 19 novembre 1812. Tom. 2, 1813 246	718	Bruxelles. — 18 janvier 1808. *Coll.* an 1809 381
694	Colmar. — 14 juin 1811. *Journ.*, 2e. sem. 1811. 479	id.	Turin. — 9 février 1810. *Journ.*, 2e. sem. 1810. 478
695	Cassation. — 27 novembre 1811. *Journ.*, 2e. sem. 1812 65	721	Cassation. — 12 mai 1813. Tom. 3, 1813. 393
id.	Amiens. — 7 janvier 1813. Tom. 1er., 1813. 463	722	Turin. — 17 mars 1810. *Coll.* an 1811. 361
697	Nismes. — 23 novembre 1809. *Coll.* an 1811. 117	723	Paris. — 27 septembre 1809. *Journ.*, 1er. sem. 1810 376
id.	Besançon. — 23 novembre 1809. *Coll.* an 1811. 112	724	Turin. — 17 mars 1810. *Coll.* an 1811. 561
702	Nismes. — 5 mars 1808. *Coll.* an 1809. 276	725	Cassation. — 12 mai 1813. Tom. 3, 1813. 293
id.	Cassation. — 18 mars 1812. Tom. 3, 1812. 15	726	Paris. — 29 mai 1809. *Journ.*, 2e. sem. 1809. 101
704	Amiens. — 23 mai 1812. Tom. 3, 1812. 266	id.	Trèves. — 25 novembre 1812. Tom. 2, 1813. 443
707	Cassation. — 3 octobre 1810. *Journ.*, 2e. sem. 1810 529	727	Amiens. — 17 décembre 1812. Tom. 1er., 1813 145
id.	Cassation. — 3 septembre 1810. *Journ.*, 1er. sem. 1811 6	730	Amiens. — 17 décembre. 1812. Tom. 1er. 1813. 148
709	Cassation. — 3 septembre 1810. *Journ.*, 1er. sem. 1811 6	731	Poitiers. — 18 janvier 1810. *Journ.*, 2e. sem. 1810. 236
id.	Paris. — 7 janvier 1812. Tom. 1er., 1812. 446	732	Paris. — 9 février 1811. *Journ.*, 1er. sem. 1811. 252
710	Paris. — 2 mars 1809. *Journ.*, 1er. sem. 1809. 327	id.	Turin. — 17 mars 1810. *Coll.* an 1811. 361
id.	Douai. — 16 août 1810. *Journ.*, 1er. sem. 1811. 155	733	Paris. — 23 novembre 1808. *Journ.*, 2e. sem. 1808. 370
711	Liége. — 5 janvier 1809. *Journ.*, 2e. sem. 1809. 560	id.	Nismes. — 22 juin 1808. *Coll.* an 1809. 119
id.	Cassation. — 28 novembre 1809. *Journ.*, 1er. sem. 1810 145	id.	Paris. — 6 octobre 1808. *Coll.* an 1809. 193
id.	Amiens. — 23 mai 1812. Tom. 3, 1812. 266	id.	Bruxelles. — 10 mai 1810. *Coll.* an 1811. 439
714	Nismes. — 23 novembre 1809. *Coll.* an 1811. 117	id.	Cassation. — 5 août 1812. Tom. 2, 1813 171
715	Bruxelles. — 14 juillet 1810. *Journ.*, 1er. sem. 1811. 551	id.	Douai. — 13 octobre 1812. Tom. 3, 1812. 550
717	Rouen. — 9 mai 1808. *Journ.*, 2e. sem. 1808. 63	id.	Metz. — 2 septembre 1812. Tom. 1er., 1813. 195

Articles	CODE DE PROCÉDURE CIVILE.	Articles	CODE DE PROCÉDURE CIVILE.
734	Cassation. — 8 août 1809. *Journ.*, 2e sem. 1809 . . . . P. 513	749	Paris. — 12 décembre 1812. Tom. 1er., 1813. . . . . P. 502
id.	Angers. — 20 janvier 1809. *Coll.* an 1809 281	750	Paris. — 17 décembre 1812. Tom. 1er., 1813. 341
id.	Bruxelles. — 18 janvier 1808. *Coll.* an 1809. 381	id.	Paris. — 12 décembre 1812. Tom. 1er., 1813. 502
id.	Cassation. — 7 août 1811. *Journ.*, 2e. sem. 1811. 497	753	Riom. — 8 juin 1811. Tom. 1er., 1812. 67
id.	Bruxelles. — 10 mai 1810. *Coll.* an 1811. 439	757	Besançon. — 22 novembre 1809. *Journ.*, 1er. sem. 1810 305
733	Turin. — 19 avril 1811. Tom. 1er., 1812 466	id.	Paris. — 30 août 1808. *Coll.* an 1810. 137
id.	Trèves — 25 novembre 1812. Tom. 2, 1813 443	id.	Rouen. — 28 juin 1810. *Coll.* an 1811. 227
735	Cassation. — 5 novembre 1806. *Journ.*, 1er. sem. 1807 137	id.	Paris. — 15 janvier 1813. Tom. 1er., 1813. 522
id.	Paris. — 11 juillet 1812. Tom. 3, 1812. 122	760	Paris — 9 mars 1812. Tom. 3, 1812. 215
id.	Amiens. — 23 mai 1812. Tom. 3, 1812. 266	id.	Paris. — 23 novembre 1812. Tom. 1er., 1813. 100
id.	Cassation. — 5 août 1812. Tom. 2, 1813. 171	762	Cassation. — 19 décembre 1811. Tom. 1er., 1812 336
736	Trèves. — 11 mars 1812. Tom. 1er., 1813 45	763	Bruxelles. — 9 janvier 1808. *Coll.* an 1809. 408
737	Paris. — 27 juillet 1809. *Journ.*, 1er. sem. 1810. 151	id.	Amiens. — 22 mai 1809. *Journ.*, 1er. sem. 1810. 159
id.	Bruxelles. — 14 juillet 1810. *Journ.*, 1er. sem. 1811. 351	id.	Paris. — 10 mars 1810. *Journ.*, 1er. sem. 1810. 279
738	Bruxelles. — 14 juillet 1810. *Journ.*, 1er. sem. 1811 351	id.	Cassation. — 2 mai 1810. *Journ.*, 1er. sem. 1811. 102
744	Paris. — 27 juillet 1809. *Journ.*, 1er. sem. 1810 151	id.	Cassation. — 2 juillet 1811. *Journ.*, 2e. sem. 1811. 433
id.	Paris. — 1er. mai 1810. *Journ.*, 2e. sem. 1810. 11	id.	Bruxelles. — 11 avril 1810. *Coll.* an 1811. 210
745	Turin. — 19 avril 1811. Tom. 1er., 1812. 466	id.	Cassation. — 19 novembre 1811. Tom. 1, 1812. 336
746	Nismes. — 30 décembre 1808. *Coll.* an 1809 556	id.	Bruxelles. — 3 décembre 1812. Tom. 3, 1813. 157
id.	Bruxelles. — 26 juin 1811. *Journ.*, 2e. sem. 1811. 527	id.	Trèves. — 11 mars 1812. Tom. 1er., 1813 45
747	Paris. — 20 septembre 1809. *Journ.*, 2e. sem. 1810. 38	id.	Nancy. — 23 juillet 1812. Tom. 1er., 1813 62
id.	Paris. — 21 août 1810. *Coll.* an 1811. 476	764	Amiens. — 22 mai 1809. *Journ.*, 1er. sem. 1810. 159
749	Cassation. — 13 juin 1809. *Journ.*, 2e. sem. 1809. 293	id.	Cassation. — 2 mai 1810. *Journ.*, 1er. sem. 1811. 102
id.	Paris. — 17 décembre 1812. Tom. 1er., 1813. 341	id.	Paris. — 4 août 1810. *Coll.* an 1811. 193

Articles	CODE DE PROCÉDURE CIVILE.	Articles	CODE DE PROCÉDURE CIVILE.
764	PARIS. — 9 mars 1812. Tom. 3 , 1812. . . . P. 215	781	CASSATION. — 23 juillet 1813. Tom. 3 , 1813. . . . P. 506
id.	PARIS. — 23 novembre 1812. Tom. 1er., 1813. . . . 100	786	BRUXELLES. — 27 juin 1807. Journ., 2e. sem. 1808. . . . 315
767	BRUXELLES. — 14 décembre 1808. Journ., 2e. sem. 1809 . . . 378	id.	BRUXELLES. — 20 décembre 1810. Journ., 2e. sem. 1811 . . . 304
id.	CASSATION. — 22 novembre 1809. Journ., 2e. sem. 1810 . . . 305	id.	NANCY. — 22 juin 1813. Tom. 3 , 1813. . . . 230
id.	ROUEN. — 28 juin 1810. Coll. an 1811. . . . 227	787	CASSATION. — 5 août 1812. Tom. 2 , 1813 . . . 171
768	PARIS. — 23 novembre 1812. Tom. 1er., 1813. . . . 100	789	PARIS. — 14 décembre 1807. Journ., 1er. sem. 1808. . . . 60
770	CASSATION. — 22 novembre 1809. Journ., 1er. sem. 1810. . . . 305	id.	PARIS. — 23 janvier 1808. Journ., 1er. sem. 1808 . . . 159
id.	ROUEN. — 28 juin 1810. Coll. an 1811 . . . 227	790	PARIS. — 14 décembre 1807. Journ., 1er. sem. 1808 . . . 60
771	BRUXELLES. — 14 juillet 1810. Journ., 1er. sem. 1811 . . . 351	794	BRUXELLES. — 27 juin 1807. Journ., 2e. sem. 1808 . . . 315
775	PARIS. — 16 juillet 1813. Tom. 3 , 1813. . . . 466	id.	COLMAR. — 20 août 1808. Journ., 1er. sem. 1809 . . . 45
777	PARIS. — 12 décembre 1812. Tom. 1er., 1813. . . . 502	id.	PARIS. — 22 juin 1809. Journ., 2e. sem. 1809 . . . 391
778	PARIS. — 1er. juin 1809. Journ., 2e. sem. 1809 . . . 38	id.	CASSATION. — 5 novembre 1811. Tom. 1er., 1812 . . . 235
id.	CASSATION. — 2 mai 1810. Journ, 1er. sem. 1811. . . . 102	800	PARIS. — 18 avril 1807. Journ., 1er. sem. 1807. . . . 503
780	PARIS. — 7 avril 1807. Journ., 1er. sem. 1807 . . . 458	id.	PARIS. — 8 mai 1807. Journ., 1er. sem. 1807. . . . 512
id.	COLMAR. — 20 août 1808. Journ., 1er. sem. 1809 . . . 45	id.	BRUXELLES. — 7 avril 1810. Journ., 2e. sem. 1810. . . . 220
id.	PARIS. — 25 janvier 1808. Journ., 1er. sem. 1808 . . . 298	806	LIÉGE. — 13 janvier 1809. Journ., 1er. sem. 1810. . . . 384
id.	BRUXELLES. — 13 juin 1807. Journ., 1er. sem. 1807. . . . 573	808	PARIS. — 7 juin 1809. Journ., 2e. sem. 1809. . . . 54
id.	BRUXELLES. — 24 octobre 1808. Coll. an 1809 . . . 390	809	PARIS. — 9 janvier 1808. Journ., 1er. sem. 1808. . . . 74
id.	CASSATION. — 15 février 1809. Journ., 1er. sem. 1810. . . . 113	id.	BRUXELLES. — 7 août 1807. Journ., 2e. sem. 1808. . . . 188
id.	CASSATION. — 26 novembre 1810. Journ., 1er. sem. 1811 . . . 179	id.	PARIS. — 18 septembre 1812. Tom. 3 , 1812 . . . 522
id.	NANCY. — 23 juillet 1813. Tom. 3 , 1813 . . . 347	811	CASSATION. — 13 octobre 1807. Journ, 1er. sem. 1808 . . . 74
781	PARIS. — 22 juin 1809. Journ., 2e. sem. 1809 . . . 391	id.	PARIS. — 27 juin 1810. Journ., 2e. sem. 1810. . . . 359
id.	PARIS. — 4 janvier 1810. Journ., 1er. sem. 1810 . . . 445	832	PARIS. — 19 août 1807. Journ., 2e. sem. 1807. . . . 454
id.	NANCY. — 22 juin 1813. Tom. 3 , 1813. . . . 230	id.?	PARIS. — 2 avril 1808. Journ., 2e. sem. 1808. . . . 44

Articles	CODE DE PROCÉDURE CIVILE.	Articles	CODE DE PROCÉDURE CIVILE.
832	CASSATION. — 4 janvier 1809. *Journ.*, 1er. sem. 1809 . . . . P. 309	883	METZ. — 6 février 1812. *Journ.*, 2e. sem. 1812 . . . . P. 156
id.	PARIS. — 19 mai 1809. *Journ.*, 2e. sem. 1809 90	id.	LIÉGE. — 30 avril 1811. *Journ.*, 2e. sem. 1812. 478
id.	RIOM. — 10 décembre 1808. *Journ.*, 2e sem. 1809. 512	885	PARIS. — 28 juillet 1809. *Coll.* an 1810. 262
id.	TURIN. — 2 mars 1811. Tom. 1er., 1812. 57	889	TURIN. — 29 juillet 1809. *Coll.* an 1810. 349
id.	TURIN. — 1er. juin 1811. *Journ.*, 2e. sem. 1812 341	890	BRUXELLES. — 15 décembre 1812. Tom. 2, 1813 386
id.	PARIS. — 3 août 1812. Tom. 3, 1812. 310	898	BRUXELLES. — 19 novembre 1810. *Coll.* an 1811. 447
833	CASSATION. — 8 mars 1809. *Journ.*, 1er. sem. 1809. 449	900	BRUXELLES. — 7 février 1810. *Journ.*, 2e. sem. 1810 109
id.	PARIS. — 19 mai 1809. *Journ.*, 2e. sem. 1809 90	925	TURIN. — 21 décembre 1812. Tom. 3, 1813. 596
834	NISMES. — 11 juin 1807. *Journ.*, 1er. sem. 1809. 237	909	BRUXELLES. — 18 mai 1807. *Journ.*, 1er. sem. 1808. 332
id.	PARIS. — 22 décembre 1809. *Journ.*, 1er. sem. 1810 333	id.	NISMES. — 27 décembre 1810. *Journ.*, 1er. sem. 1811. 429
id.	TURIN. — 23 novembre 1810. Tom. 1er., 1812. 64	id.	BRUXELLES. — 18 décembre 1811. *Journ.*, 2e. sem. 1812 487
id.	PARIS. — 3 avril 1812. *Journ.*, 2e. sem. 1812. 402	id.	BRUXELLES — 21 juillet 1812. Tom. 1er., 1813. 73
id.	CASSATION. — 26 janvier 1813. Tom. 3, 1813 161	937	BRUXELLES. — 18 mai 1807. *Journ.*, 1er. sem. 1808. 332
id.	CASSATION. — 29 juin 1813. Tom. 3, 1813. 529	942	AMIENS. — 25 février 1809. *Journ.*, 1er. sem. 1810. 94
838	ROUEN. — 15 juillet 1807. *Journ.*, 1er. sem. 1808. 44	943	GÊNES. — 1er. octobre 1811. Tom. 3, 1812. 137
846	PARIS. — 4 juillet 1809. *Journ.*, 2e. sem. 1809. 326	954	TRÈVES. — 11 février 1811. Tom. 3, 1812. 170
875	PARIS. — 23 juillet 1809. *Journ.*, 2e. sem. 1809. 456	955	TRÈVES. — 11 février 1811. Tom. 3, 1812. 170
878	LIÉGE. — 13 janvier 1809. *Journ.*, 1er. sem. 1810. 384	958	CASSATION. — 7 février 1809. *Journ.*, 1er. sem. 1809. 533
id.	TURIN. — 12 février 1811. *Journ.*, 2e. sem. 1811. 493	959	CASSATION. — 7 février 1809. *Journ.*, 1er. sem. 1809 533
879	CASSATION. — 28 décembre 1807. *Journ.*, 1er. sem. 1808 241	965	CASSATION. — 3 octobre 1810. *Journ.*, 2e. sem. 1810. 529
id.	CASSATION. — 8 mai 1810. *Journ.*, 1er. sem. 1810. 193	976	PARIS. — 17 août 1810. *Coll.* an 1811. 201
881	CASSATION. — 28 décembre 1807. *Journ.*, 1er. sem. 1808 240	988	AMIENS. — 25 février 1809. *Journ.*, 1er. sem. 1810. 94
id.	CASSATION — 13 décembre 1808. *Journ.*, 1er. sem. 1809 246	992	PARIS. — 28 janvier 1812. Tom. 1er., 1812. 586
id.	CASSATION. — 10 mai 1809. *Journ.*, 2e. sem. 1809 305	1002	CASSATION. — 7 février 1809. *Journ.*, 1er. sem. 1809. 533

Articles	CODE DE PROCÉDURE CIVILE.	Articles	CODE DE PROCÉDURE CIVILE.
1003	CASSATION. — 22 juillet 1809. *Coll.* an 1810. . . . . P. 307	1028	CASSATION. — 22 juillet 1809. *Coll.* an 1810. . . . . P. 307
id.	CASSATION. — 15 janvier 1812. Tom. 1er., 1813. 401	id.	CASSATION. — 17 octobre 1810. *Journ.*, 1er. sem. 1811 369
1004	NISMES. — 26 février 1812. Tom. 1er., 1813. 114	id.	CASSATION. — 18 décembre 1810. *Journ.*, 1er. sem. 1811. 403
1007	ROUEN. — 21 décembre 1808. *Journ.*, 1er. sem. 1809. 205	id.	CASSATION. — 5 décembre 1810. *Journ.*, 1er. sem. 1811 481
1008	CASSATION. — 22 juillet 1809. *Coll.* an 1810. 307	id.	CASSATION. — 5 novembre 1811. Tom. 1er., 1812. 235
1009	CASSATION. — 17 octobre 1810. *Journ.*, 1er. sem. 1811. 369	id.	CASSATION. — 15 janvier 1812. Tom. 1er., 1812 555
1012	CASSATION. — 22 juillet 1809. *Coll.* an 1810. 307	id.	CASSATION. — 1er. juin 1812. Tom. 3, 1812. 187
id.	CASSATION. — 2 septembre 1812. Tom. 1er., 1812. 10	id.	PARIS. — 9 novembre 1812. Tom. 1er., 1813. 98
id.	CASSATION. — 15 janvier 1812. Tom. 1er., 1812. 555	id.	CASSATION. — 30 décembre 1812. Tom. 3, 1813. 439
1016	CASSATION. — 15 janvier 1812. Tom. 1er., 1812 555	1029 et 1030	PARIS. — 4 août 1809. *Journ.*, 1er. sem. 1810. 342
1017	PARIS. — 8 avril 1809. *Journ.*, 2e. sem. 1809. 153	1030	CASSATION. — 4 décembre 1809. *Journ.*, 1er. sem. 1810 177
id.	PARIS. — 14 février 1809. *Journ.*, 2e. sem. 1809. 345	id.	PARIS. — 3 mars 1810. *Journ.*, 1er. sem. 1810. 503
id.	CASSATION. — 5 décembre 1810. *Journ.*, 1er. sem. 1811 481	id.	CASSATION. — 6 juin 1810. *Journ.*, 2e. sem. 1810. 337
1018	ROUEN. — 21 décembre 1808. *Journ.*, 1er. sem. 1809. 205	id.	CASSATION. — 26 novembre 1810. *Journ.*, 1er. sem. 1811. 179
id.	CASSATION. — 5 décembre 1810. *Journ.*, 1er. sem. 1811 481	id.	COLMAR. — 4 juillet 1810. *Journ.*, 1er. sem. 1811. 255
1019	PARIS. — 2 janvier 1813. Tom. 1er., 1813. 496	id.	PARIS. — 17 juin 1811. Tom. 1er., 1812. 369
1020	PARIS. — 11 juillet 1809. *Journ.*, 2e. sem. 1809. 420	id.	CASSATION. — 6 janvier 1812. Tom. 1er., 1812. 545
1022	CASSATION. — 5 décembre 1810. *Journ.*, 1er. sem. 1811 433	id.	TURIN. — 1er. juin 1811. *Journ.*, 2e. sem. 1812. 341
1027	CASSATION. — 17 octobre 1810. *Journ.*, 1er. sem. 1811 369	1031	COLMAR. — 20 août 1808. *Journ.*, 1er. sem. 1809. 45
1028	ROUEN. — 27 mai 1807. *Journ.*, 1er. sem. 1808. 13	id.	PARIS. — 22 juin 1809. *Journ.*, 2e. sem. 1809. 391
id.	PARIS. — 13 décembre 1808. *Journ.*, 1er. sem. 1809. 104	id.	PARIS. — 17 juin 1811. Tom. 1er., 1812. 369
id.	CASSATION. — 4 mai 1809. *Journ.*, 2e. sem. 1809. 408	1032	BRUXELLES. — 11 mars 1812. Tom. 3, 1812. 415
id.	PARIS. — 11 juillet 1809. *Journ.*, 2e. sem. 1809. 420	id.	CASSATION. — 10 novembre 1812. Tom. 2, 1813. 180
id.	PARIS. — 23 juillet 1810. *Journ.*, 2e. sem. 1810. 506	1033	BRUXELLES. — 3 juin 1807. *Journ.*, 2e. sem. 1807. 382

Articles	CODE DE PROCÉDURE CIVILE.	Articles	CODE DE PROCÉDURE CIVILE.
1033	Paris. — 29 septembre 1808. *Journ.*, 2e. sem. 1808. . . . . P. 522	1037	Cassation. — 28 novembre 1809. *Journ.*, 1er. sem. 1810. . . . . P. 145
id.	Cassation. — 8 août 1809. *Journ.*, 2e. sem. 1809. 513	id.	Cassation. — 6 juillet 1812. Tom. 3, 1812. 301
id.	Nismes. — 5 avril 1808. *Coll.* an 1809. 276	1038	Toulouse. — 29 novembre 1808. *Journ.*, 1er. sem. 1810. 431
id.	Paris. — 19 octobre 1809. *Journ.*, 1er. sem. 1810. 348	id.	Cassation. — 24 avril 1812. Tom. 1er., 1813 161
id.	Pau. — 20 mars 1810. *Journ.*, 2e. sem. 1810. 92	1040	Cassation. — 3 juin 1812. Tom. 1er., 1813. 76
id.	Agen. — 6 février 1810. *Coll.* an 1810. 376	1041	Rouen. — 5 janvier 1807. *Journ.*, 1er. sem. 1807. 140
id.	Bruxelles. — 12 juillet 1809. *Coll.* an 1810. 444	id.	Bruxelles. — 9 décembre 1807. *Journ.*, 1er. sem. 1807. 142
id.	Cassation. — 22 novembre 1810. *Journ.*, 1er. sem. 1811 261	id.	Cassation. — 12 août 1807. *Journ.*, 2e. sem. 1807. 561
id.	Cassation. — 5 février 1811. *Journ.*, 2e. sem. 1811. 37	id.	Cassation. — 2 novembre 1807. *Journ.*, 1er. sem. 1808. 37
id.	Paris. — 27 août 1811. Tom. 1er., 1812. 270	id.	Bruxelles. — 3 août 1807. *Journ.*, 1er. sem. 1808. 559
id.	Turin. — 13 février 1812. *Journ.*, 2e. sem. 1812. 89	id.	Cassation. — 25 octobre 1808. *Journ.*, 1er. sem. 1809 132
id.	Nancy. — 20 novembre 1812. Tom. 1er., 1813. 362	id.	Cassation. — 11 octobre 1809. *Journ.*, 2e. sem. 1810. 33
id.	Cassation. — 16 mars 1813. Tom. 2, 1813. 324	id.	Paris. — 21 juillet 1810. *Journ.*, 2e. sem. 1810. 414
1035	Bordeaux — 15 mars 1809. *Journ.*, 1er. sem. 1810. 204	id.	Paris. — 30 novembre 1809. *Coll.* an 1810 355
1036	Rouen. — 25 mars 1807. *Journ.*, 2e. sem. 1807. 59	id.	Cassation. — 4 mars 1812. *Journ.*, 2e. sem. 1812 173
1307	Paris. — 4 août 1808. *Journ.*, 2e. sem. 1808. 206	id.	Cassation. — 20 octobre 1812. Tom. 2, 1813. 152

CODE DE COMMERCE.

Articles		Articles	
4	Bruxelles. — 4 et 27 février 1809. *Coll.* an 1810. 165	7	Cassation. — 19 décembre 1810. *Journ.*, 1er. sem. 1811 308
id.	Nismes. — 17 juin 1809. *Coll.* an 1810. 430	id.	Paris. — 21 novembre 1812. Tom. 2, 1813. 68
5	Bruxelles. — 4 et 27 février 1809. *Coll.* an 1810. 165	18	Rouen. — 6 avril 1811. *Journ.*, 2e. sem. 1811 349
id.	Nismes. — 17 juin 1809. *Coll.* an 1810. 430	26	Cassation. — 14 février 1810. *Journ.*, 1er., sem. 1810. 529

Articles	CODE DE COMMERCE.	Articles	CODE DE COMMERCE.
39	Rouen. — 6 avril 1811. *Journ.*, 2e. sem. 1811. . . . . P. 349	106	Liége et Bruxelles. — 4 avril 1808 et 11 janvier 1809. *Journ.*, 2e. sem. 1810. . . . . P. 45
41	Bruxelles. — 9 janvier 1812. Tom. 1er., 1813. 389	108	Paris. — 30 septembre 1812. Tom. 1er., 1807. 416
42	Rouen. — 6 avril 1811. *Journ.*, 2e. sem. 1811. 349	109	Cassation. — 19 juin 1810. *Journ.*, 2e. sem. 1810. 279
43	Rouen. — 6 avril 1811. *Journ.*, 2e. sem. 1811. 349	id.	Trèves. — 30 mai 1810. *Journ.*, 1er. sem. 1811. 224
49	Cassation. — 19 juin 1810. *Journ.*, 2e. sem. 1810. 279	id.	Paris. — 11 juillet 1812. Tom. 1er., 1813. 333
51	Colmar. — 24 août 1808. *Coll.* an 1810. 303	110	Cassation. — 28 février 1810. *Journ.*, 2e. sem. 1810. 225
id.	Trèves. — 5 février 1810. *Journ.*, 1er. sem. 1811 46	id.	Bruxelles. — 9 août 1810. *Journ.*, 2e. sem. 1811. 383
id.	Bruxelles. — 27 décembre 1810. Tom. 1er., 1812. 311	id.	Turin. — 13 mars 1811. *Journ.*, 2e. sem. 1811. 461
id.	Bruxelles. — 21 juillet 1812. Tom. 1er., 1813. 73	id.	Cassation. — 24 juin 1812. Tom. 3, 1812. 84
id.	Limoges. — 28 avril 1813. Tom. 3, 1813. 192	111	Cassation. — 25 juin 1812. Tom. 3, 1813. 178
52	Limoges. — 28 avril 1813. Tom. 3, 1813. 192	112	Paris. — 5 août 1809. *Journ.*, 1er. sem. 1810 427
55	Montpellier. — 8 juillet 1813. Tom. 3, 1813. 41	id.	Bruxelles. — 28 juin 1810. *Journ.*, 2e. sem. 1810. 525
61	Rennes. — 4 juillet 1811. Tom. 2, 1813. 365	id.	Colmar. — 21 janvier 1812. Tom. 2, 1813 553
62	Limoges. — 28 avril 1813. Tom. 3, 1813. 192	115	Paris. — 13 juin 1811. *Journ.*, 2e. sem. 1811. 282
63	Limoges. — 28 avril 1813. Tom. 3, 1813. 192	id.	Cassation. — 27 avril 1812. Tom. 3, 1813. 173
85	Cassation. — 15 mars 1810. *Coll.* an 1811. 280	id.	Cassation. — 25 juin 1812. Tom. 3, 1813. 178
96	Paris. — 15 février 1810. *Journ.*, 1er. sem. 1810 405	id.	Paris. — 29 juin 1812. Tom. 3, 1812. 231
97	Pau. — 25 février 1813. Tom. 2, 1813. 351	116	Cassation. — 24 février 1812. *Journ.*, 2e. sem. 1812. 556
99	Pau. — 25 février 1813. Tom. 2, 1813. 351	id.	Rouen. — 31 mars 1813. Tom. 3, 1813. 150
100	Turin. — 22 mai 1811. Tom. 1er., 1813. 357	117	Paris. — 25 janvier 1810. *Journ.*, 1er. sem. 1810. 474
101	Pau. — 25 février 1813. Tom. 2, 1813. 351	id.	Cassation. — 21 juin 1810. *Journ.*, 2e. sem. 1810. 309
103	Paris. — 31 août 1808. *Journ.*, 1er. sem. 1809. 26	id.	Paris. — 12 mars 1812. *Journ.*, 2e. sem. 1812. 315
id.	Paris. — 15 février 1810. *Journ.*, 1er. février 1810. 405	id.	Cassation. — 27 avril 1812. Tom 3, 1813 173
		id.	Cassation. — 25 juin 1812. Tom. 3, 1813 178

Articles	CODE DE COMMERCE.	Articles	CODE DE COMMERCE.
118	BRUXELLES. — 28 mars 1811. *Journ.*, 2e. sem. 1812. . . . . P. 243	137	AMIENS. — 29 juin 1813. Tom. 3, 1813. . . . . P. 350
120	BRUXELLES. — 28 mars 1811. *Journ.*, 2e. sem. 1812 243	id.	PARIS. — 20 mars 1813. Tom. 2, 1813. 379
122	TURIN. — 14 mai 1810. *Journ.*, 1er. sem. 1811 139	140	MONTPELLIER. — 20 août 1810. *Journ.*, 2e., sem. 1811 446
123	ROUEN. — 31 mars 1813. Tom. 3, 1813. 150	id.	CASSATION. — 27 juin 1810. *Coll.* an 1811. 199
136	ROUEN. — 28 mars 1809. *Journ.*, 2e. sem. 1812 271	id.	PARIS. — 31 janvier 1812. *Journ.*, 2e. sem. 1812. 45
id.	BRUXELLES. — 9 août 1810. *Journ.*, 2e. sem. 1811 383	id.	BRUXELLES. — 28 mars 1811. *Journ.*, 2e. sem. 1812. 243
id.	CASSATION. — 27 janvier 1811. *Journ.*, 2e. sem. 1812 295	141	COLMAR. — 22 novembre 1811. Tom. 1er., 1812. 391
id.	CASSATION. — 24 juin 1812. Tom. 3, ... 84	142	BRUXELLES. — 17 mars 1812. Tom. 3, 1812. 406
137	CASSATION. — 27 janvier 1812. *Journ.*, 2e. sem. 1812 295	157	CASSATION. — 22 juin 1812. Tom. 3, 1812. 183
id.	CASSATION. — 24 juin 1812. Tom. 3, 1812. 84	id.	BRUXELLES. — 12 septembre 1812. Tom. 2, 1813 521
id.	CASSATION. — 18 novembre 1812. Tom. 2, 1813 139	161	PARIS. — 25 janvier 1810. *Journ.*, 1er. sem. 1810. 474
id.	NANCY. — 22 juin 1813. Tom. 3, 1813. 230	162	PARIS. — 25 janvier 1810, *Journ.*, 1er. sem. 1810. 474
id.	AMIENS. — 29 juin 1813. Tom. 3, 1813. 350	id.	CASSATION. — 21 juin 1810. *Journ.*, 2e. sem. 1810. 309
id.	ROUEN. — 28 mars 1809. *Journ.*, 2e. sem. 1809 271	id.	ROUEN. — 31 mars 1813. Tom. 3, 1813. 150
id.	LIÉGE. — 13 décembre 1810. *Journ.*, 2e. sem. 1811. 381	163	CASSATION. — 16 mai 1810. *Journ.*, 2e. sem. 1810. 180
id.	BRUXELLES. — 9 août 1810. *Journ.*, 2e. sem. 1811. 383	id.	BRUXELLES. — 28 mars 1811. *Journ.*, 2e. sem. 1812. 243
138	ROUEN. — 28 mars 1809. *Journ.*, 2e. sem. 1809 271	164	CASSATION. — 27 juin 1810. *Coll.* an 1811. 199
id.	BRUXELLES. — 9 août 1810. *Journ.*, 2e. sem 1811. 383	165	CASSATION. — 22 juin 1812. Tom. 3, 1812. 183
id.	CASSATION. — 27 janvier 1812. *Journ.*, 2e. sem. 1812 295	id.	CASSATION. — 10 novembre 1812. Tom. 2, 1813. 189
id.	CASSATION. — 24 juin 1812. Tom. 3, 1812 84	166	CASSATION. — 21 juin 1810. *Journ.*, 2e. sem. 1810. 309
id.	CASSATION. — 18 novembre 1812. Tom. 2, 1813. 139	id.	TRÈVES. — 27 juillet 1810. *Journ.*, 1er. sem. 1811. 541
id.	CASSATION. — 10 septembre 1812. Tom. 2, 1813 411	167	CASSATION. — 22 juin 1812. Tom. 3, 1812. 183
id.	CASSATION. — 29 mars 1813. Tom. 2, 1813 566	id.	CASSATION. — 10 novembre 1812. Tom. 2, 1813 189
id.	NANCY. — 22 juin 1813. Tom. 3, 1813. 230	168	CASSATION. — 22 juin 1812. Tom. 3, 1812 183

Articles	CODE DE COMMERCE.	Articles	CODE DE COMMERCE.
169	CASSATION. — 22 juin 1812. Tom. 3, 1812 . . . . P. 183	442	BRUXELLES. — 7 février 1810. *Journ.*, 2ᵉ. sem. 1810. . . . . P. 109
170	CASSATION. — 24 février 1812. *Journ.*, 2ᵉ. sem. 1812 356	id.	PARIS. — 27 février 1813. Tom. 2, 1813. 58
id.	ROUEN. — 31 mars 1813. Tom. 3, 1813. 150	444	CASSATION. — 5 août 1812. Tom. 1ᵉʳ., 1813. 241
183	GÊNES. — 17 août 1811. *Journ.*, 2ᵉ. sem. 1812. 571	445	CASSATION. — 5 août 1812. Tom. 1ᵉʳ., 1813. 241
187	ROUEN. — 28 mars 1809. *Journ.*, 2ᵉ. sem. 1809 271	448	CASSATION. — 16 mai 1810. *Journ.*, 2ᵉ. sem. 1810. 180
id.	CASSATION. — 27 juin 1810. *Coll.* an 1811. 199	id.	BRUXELLES. — 28 mars 1811. *Journ.*, 2ᵉ. sem. 1812. 243
id.	BRUXELLES. — 28 mars 1811. *Journ.*, 2ᵉ. sem. 1812. 243	id.	CASSATION. — 19 mars 1812. *Journ.*, 2ᵉ. sem. 1812. 497
id.	CASSATION. — 27 janvier 1812. *Journ.*, 2ᵉ. sem. 1812 295	id.	BRUXELLES. — 5 décembre 1811. *Journ.*, 2ᵉ. sem. 1812. 540
id.	CASSATION. — 22 juin 1812. Tom. 3, 1812 183	449	PARIS. — 27 septembre 1809. *Journ.*, 1ᵉʳ. sem. 1810. 230
id.	BRUXELLES. — 17 mars 1812. Tom. 3, 1812 406	id.	CASSATION. — 5 août 1812. Tom. 1ᵉʳ., 1813. 241
188	CASSATION. — 6 août 1811. *Journ.*, 2ᵉ. sem. 1811. 513	451	CASSATION. — 5 août 1812. Tom. 1ᵉʳ., 1813. 241
id.	BRUXELLES. — 18 juillet 1810. *Coll.* an 1811. 322	454	PARIS. — 27 septembre 1809. *Journ.*, 1ᵉʳ. sem. 1810. 230
313	BRUXELLES. — 13 décembre 1808. *Journ.*, 2ᵉ. sem. 1809 540	455	PARIS. — 27 septembre 1809. *Journ.*, 1ᵉʳ. sem. 1810 230
id.	CASSATION. — 27 février 1810. *Journ.*, 2ᵉ. sem. 1810. 113	457	CASSATION. — 9 janvier 1812. *Journ.*, 2ᵉ. sem. 1812 261
401	BRUXELLES. — 17 juin 1809. *Journ.*, 1ᵉʳ. sem. 1810 190	486	CASSATION. — 5 août 1812. Tom. 1ᵉʳ., 1813. 241
404	BRUXELLES. — 17 juin 1809. *Journ.*, 1ᵉʳ. sem. 1810. 190	488	CASSATION. — 9 mars 1811. *Journ.*, 2ᵉ. sem. 1811. 65
437	PARIS. — 27 septembre 1809. *Journ.*, 1ᵉʳ. sem. 1810. 230	489	CASSATION. — 9 mars 1811. *Journ.*, 2ᵉ. sem. 1811. 65
id.	CASSATION. — 30 avril 1810. *Journ.*, 2ᵉ. sem. 1810. 177	494	BRUXELLES. — 3 décembre 1812. Tom. 2, 1813. 368
id.	PARIS. — 9 janvier 1813. Tom. 1ᵉʳ., 1813. 261	id.	LIMOGES. — 28 avril 1813. Tom. 3, 1813. 192
441	PARIS. — 27 septembre 1809. *Journ.*, 1ᵉʳ. sem. 1810. 230	495	PARIS. — 23 janvier 1813. Tom. 2, 1813. 297
id.	PARIS. — 8 août 1809. *Journ.*, 1ᵉʳ. sem. 1810. 313	514	NISMES. — 17 janvier 1812. Tom. 1ᵉʳ., 1813. 236
id.	CASSATION. — 30 avril 1810. *Journ.*, 2ᵉ. sem. 1810. 177	515	NISMES. — 17 janvier 1812. Tom. 1ᵉʳ., 1813. 236
id.	BRUXELLES. — 24 mars 1810. *Journ.*, 2ᵉ. sem. 1812. 231	519	PARIS. — 25 juin 1812. Tom. 3, 1812. 231
id.	RENNES. — 6 février 1811. Tom. 3, 1812. 355	521	PARIS. — 31 août 1811. *Journ.*, 2ᵉ. sem. 1811. 504

Articles	CODE DE COMMERCE.
521	COLMAR. — 17 mars 1813. Tom. 2, 1813. . . . . P. 586
523	CASSATION. — 9 mars 1811. *Journ.*, 2e. sem. 1811. 65
id.	PARIS. — 15 avril 1811. *Journ.*, 2e. sem. 1811. 90
id.	PARIS. — 31 août 1811. *Journ.*, 2e. sem. 1811. 504
id.	CASSATION. — 17 juin 1812. Tom. 3, 1812. 205
id.	COLMAR. — 17 mars 1813. Tom. 2, 1813. 586
id.	ROUEN. — 14 avril 1813. Tom. 3, 1813. 147
524	CASSATION. — 9 mars 1811. *Journ.*, 2e. sem. 1811. 65
id.	CASSATION. — 17 juin 1812. Tom. 3, 1812 205
id.	COLMAR. — 17 mars 1813. Tom. 2, 1813. 586
526	CASSATION. — 9 mars 1811. *Journ.*, 2e. sem. 1811. 65
id.	CASSATION. — 17 juin 1812. Tom. 3, 1812. 205
id.	COLMAR. — 17 mars 1813. Tom. 2, 1813. 586
528	DOUAI. — 13 octobre 1812. Tom. 3, 1812. 550
id.	BRUXELLES. — 3 décembre 1812. Tom. 2, 1813. 368
529	PARIS. — 29 avril 1812. *Journ.*, 2e. sem. 1812. 203
532	PARIS. — 21 août 1810. *Coll.* an 1811. 476
533	PARIS. — 25 avril 1811. *Journ.*, 2e. sem. 1811. 76
id.	RENNES. — 15 juin 1811. Tom. 3, 1813. 448
id.	PARIS. — 8 mai 1811. *Journ.*, 2e. sem. 1811. 182
534	BRUXELLES. — 20 mai 1812. Tom. 1er., 1813. 225
535	PARIS. — 8 mai 1811. *Journ.*, 2e. sem. 1811. 182
536	PARIS. — 8 mai 1811. *Journ.*, 2e. sem. 1811. 182
539	PARIS. — 26 novembre 1812. Tom. 1er., 1813. 102

Articles	CODE DE COMMERCE.
540	PARIS, — 26 novembre 1812. Tom. 1er., 1813. . . . . P. 102
541	PARIS. — 26 novembre 1812. Tom. 1er., 1813. 102
542	PARIS. — 26 novembre 1812. Tom. 1er., 1813. 102
545	PARIS. — 15 juin 1812. Tom. 3, 1812. 50
546	PARIS. — 15 juin 1812. Tom. 3, 1812. 50
564	CASSATION. — 3 octobre 1810. *Journ.*, 2e. sem. 1810. 529
id.	DOUAI. — 13 octobre 1812. Tom. 3, 1812. 550
569	BRUXELLES. — 7 février 1810. *Journ.*, 2e. sem. 1810 109
570	BRUXELLES — 7 février 1810. *Journ.*, 2e. sem. 1810. 109
575	TURIN. — 21 décembre 1812. Tom. 3, 1813. 596
576	COLMAR. — 26 avril 1809. *Coll.* an 1810. 395
id.	CASSATION. — 14 novembre 1810. *Journ.*, 1er. sem. 1811 149
577	BRUXELLES — 25 avril 1810. *Journ.*, 2e. sem. 1810. 398
578	DIJON. — 11 août 1809. *Coll.* an 1811, ... 76
581	CASSATION. — 11 novembre 1812. Tom. 2, 1813. 29
583	CASSATION. — 18 novembre 1812. Tom. 2, 1813. 139
id.	AMIENS. — 29 juin 1813. Tom. 3, 1813. 350
id.	CASSATION. — 5 février 1812. *Journ.*, 2e. sem. 1812. 269
584	CASSATION. — 5 février 1812. *Journ.*, 2e. sem. 1812 269
588	CASSATION. — 9 mars 1811. *Journ.*, 2e. sem. 1811. 65
593	CASSATION. — 5 mars 1812. Tom. 3, 1813. 13
595	CASSATION. — 9 mars 1811. *Journ.*, 2e. sem. 1811. 65
627	ROUEN. — 1er. mars 1811. *Journ.*, 1er. sem. 1811. 556
631	PARIS. — 22 décembre 1809. *Journ.*, 1er. sem. 1810 452

Articles	CODE DE COMMERCE.	Articles	CODE DE COMMERCE.
631	Colmar. — 24 août 1808. *Coll.* an 1810. . . . . P. 3o3	637	Turin. — 13 mars 1811. *Journ.*, 2e. sem. 1811. . . . . P. 461
id.	Paris. — 19 mars 1811. *Journ.*, 2e. sem. 1811. 57	id.	Cassation. — 6 août 1811. *Journ.*, 2e. sem. 1811. . . . . 5i3
632	Colmar. — 24 août 1808. *Coll.* an 1810. . . . . 3o3	id.	Bruxelles. — 17 mars 1812. Tom. 3, 1812. 406
id.	Paris. — 18 mai 1811. *Journ.*, 1er. sem. 1811. . . . . 5a3	id.	Bruxelles — 3o avril 1812. Tom. 3, 1812. 496
id.	Paris. — 19 mars 1811. *Journ.*, 2e. sem. 1811. 57	id.	Rouen. — 3 mars 1812. Tom. 1er., 1813. 478
id.	Cassation. — 9 janvier 1810. *Coll.* an 1811. 24	638	Angers. — 1er. août 1811. *Journ.*, 2e. sem. 1811. 91
id.	Rennes. — 6 février 1811. Tom. 3, 1811. 382	639	Colmar. — 23 février 1810. *Journ.*, 2e. sem. 1810. . . . . 3o
id.	Bruxelles. — 3o avril 1812. Tom. 3, 1812. 496	id.	Nismes. — 25 octobre 1811. Tom. 1er., 1813. 355
id.	Cassation. — 5 mars 1812. Tom. 3, 1813. 13	id.	Paris. — 2 janvier 1813. Tom. 1er., 1813. 496
id.	Bruxelles. — 28 novembre 1812. Tom. 3, 1813. 434	642	Paris. — 8 avril 1809. *Journ.*, 2e. sem. 1809. 153
634	Paris. — 25 juillet 1811. *Journ.*, 2e. sem. 1811. 534	643	Paris. — 18 mai 1809. *Journ.*, 1er. sem. 1810. 62
635	Nismes. — 17 janvier 1812. Tom. 1er., 1813. 236	id.	Colmar. — 31 décembre 1808. *Journ.*, 2e. sem. 1809. 142
636	Paris. — 5 août 1809. *Journ.*, 1er. sem. 1810. 427	id.	Turin. — 25 septembre 1811. *Journ.*, 2e. sem. 1812. 491
id.	Turin. — 13 mars 1811. *Journ.*, 2e. sem. 1811. 461	id.	Douai. — 11 janvier 1813. Tom. 1er., 1813. 393
id.	Cassation. — 6 août 1811. *Journ.*, 2e. sem. 1811. . . . . 5i3	id.	Nancy. — 23 juillet 1813. Tom. 3, 1813. 347
id.	Bruxelles. — 17 mars 1812. Tom. 3, 1812. 406	645	Rouen. — 4 juillet 1808. *Coll.* an 1809. 271
id.	Colmar. — 21 janvier 1812. Tom. 2, 1813. 553	id.	Paris. — 7 janvier 1812. Tom. 1er., 1812. 449
id.	Trèves. — 4 juillet 1812. Tom. 2, 1813. 557	646	Nismes. — 25 octobre 1811. Tom. 1er., 1813. 355
637	Bruxelles. — 31 mai 1809. *Coll.* an 1809. 255	647	Bruxelles. — 3 mars 1810. *Journ.*, 2e. sem. 1811. 109
id.	Bruxelles. — 27 juin 1809. *Journ.*, 1er. sem. 1810. 111	id.	Paris. — 6 février 1813. Tom. 3, 1813. . . . . 3o8
id.	Paris. — 5 août 1809. *Journ.*, 1er. sem. 1810. 427	648	Cassation. — 9 février 1813. Tom. 2, 1813. 219
id.	Cassation. — 5 mars 1811. *Journ.*, 2e. sem. 1811. 325	id.	Paris. — 6 février 1813. Tom. 3, 1813. . . . . 3o8

CODE PENAL.

Articles	
2	CASSATION. — 6 février 1812. *Journ.*, 2e. sem. 1812. . . . . P. 369
id.	CASSATION. — 9 janvier 1812. *Journ.*, 2e. sem. 1812. 445
4	CASSATION. — 28 mars 1812. Tom. 3, 1812. 431
7	CASSATION. — 4 avril 1811. Tom. 1er., 1812. 343
40	CASSATION. — 27 décembre 1811. *Journ.*, 2e. sem. 1812. 86
59	CASSATION. — 6 février 1812. *Journ.*, 2e. sem. 1812. 369
id.	CASSATION. — 24 avril 1812. Tom. 1er., 1813. 545
id.	CASSATION. — 3 décembre 1812. Tom. 2, 1813. 545
id.	CASSATION. — 26 décembre 1812. Tom. 2, 1813. 599
60	CASSATION. — 6 février 1812. *Journ.*, 2e. sem. 1812. 369
id.	CASSATION. — 24 avril 1812. Tom. 1er., 1813. 545
id.	CASSATION. — 3 septembre 1812. Tom. 2, 1813. 575
id.	CASSATION. — 2 juillet 1813. Tom. 3, 1813. 241
62	CASSATION. — 26 décembre 1812. Tom. 2, 1813. 599
id.	CASSATION. — 12 septembre 1812. Tom. 3, 1813. 288
63	CASSATION. — 26 décembre 1812. Tom. 2, 1813. 599
65	CASSATION. — 7 février 1812. Tom. 3, 1812. 518
66	CASSATION. — 10 octobre 1811. Tom. 1er, 1812. 316
id.	CASSATION. — 24 avril 1812. Tom. 1er., 1813. 545
73	CASSATION. — 27 juin 1811. *Journ.*, 2e. sem. 1811. 420
id.	CASSATION. — 25 octobre 1811. Tom. 1er., 1812. 419
101	CASSATION. — 20 août 1812. Tom. 3, 1813. 525
145	CASSATION. — 13 février 1812. Tom. 3, 1812. 212

Articles	
145	CASSATION. — 24 avril 1812. Tom. 1er., 1813. . . . . P. 545
146	CASSATION. — 13 février 1812. Tom. 3, 1812. 212
147	CASSATION. — 8 février 1812. Tom. 3, 1812. 91
id.	CASSATION. — 13 février 1812. Tom. 3, 1812. 212
id.	CASSATION. — 25 juin 1812. Tom. 1er., 1813. 587
id.	CASSATION. — 22 novembre 1812. Tom. 2, 1813. 600
id.	CASSATION. — 21 avril 1812. Tom. 2, 1813. 602
id.	CASSATION. — 1er. mai 1812. Tom. 2, 1813. 603
id.	CASSATION. — 7 novembre 1812. Tom. 3, 1813. 494
id.	CASSATION. — 10 septembre 1812. Tom. 3, 1813. 537
148	CASSATION. — 8 février 1812. Tom. 3, 1812. 91
id.	CASSATION. — 13 février 1812. Tom. 3, 1812. 212
150	CASSATION. — 8 février 1812. Tom. 3, 1812. 91
id.	CASSATION. — 1er. mai 1812. Tom. 2, 1813. 603
id.	CASSATION. — 10 septembre 1812. Tom. 3, 1813. 537
151	CASSATION. — 8 février 1812. Tom. 3, 1812. 91
154	CASSATION. — 27 juin 1811. *Journ.*, 2e. sem. 1811. 420
id.	CASSATION. — 25 octobre 1811. Tom. 1er., 1812. 419
161	CASSATION. — 13 février 1812. Tom. 3, 1812. 212
162	CASSATION. — 13 février 1812. Tom. 3, 1812. 212
164	CASSATION. — 8 février 1812. Tom. 3, 1812. 91
165	CASSATION. — 8 février 1812. Tom. 3, 1812. 91

Articles	CODE PÉNAL.
174.	CASSATION. — 4 juin 1812. Tom. 1er., 1813. . . . . P. 596
209	CASSATION. — 7 juin 1811. Tom. 1er., 1812. 417
id.	CASSATION. — 16 avril 1812. Tom. 1er., 1813. 603
id.	CASSATION. — 12 février 1813. Tom. 3, 1813. 53
210	CASSATION. — 9 avril 1812. Tom. 1er., 1813. 490
id.	CASSATION. — 12 février 1813. Tom. 3, 1813. 53
id.	CASSATION. — 20 août 1812. Tom. 3, 1813. 525
211	CASSATION. — 9 avril 1812. Tom. 1er., 1813. 490
id.	CASSATION. — 16 avril 1812. Tom. 1er., 1813. 603
id.	CASSATION. — 12 février 1813. Tom. 3, 1813. 53
id.	CASSATION. — 20 août 1812. Tom. 3, 1813. 525
214	CASSATION. — 16 avril 1812. Tom. 1er., 1813. 603
222	CASSATION. — 27 juin 1811. Tom. 1er., 1812. 481
id.	CASSATION. — 30 juillet 1812. Tom. 1er., 1813. 599
224	CASSATION. — 27 juin 1811. Tom. 1er., 1812. 481
id.	CASSATION. — 13 mars 1812. Tom. 3, 1812. 590
id.	CASSATION. — 30 juillet 1812. Tom. 1er., 1813. 599
230	CASSATION. — 21 novembre 1811. Tom. 1er., 1812. 515
231	CASSATION. — 21 novembre 1811. Tom. 1er., 1812. 515
236	CASSATION. — 29 novembre 1811. Journ., 2e. sem. 1812. 359
254	CASSATION. — 29 octobre 1812. Tom. 2e., 1813. 21
267	CASSATION. — 18 avril 1812. Tom. 1er., 1813. 581
270	CASSATION. — 18 avril 1812. Tom. 1er., 1813. 581
280	CASSATION. — 18 avril 1812. Tom. 1er., 1813. 581

Articles	CODE PÉNAL.
295	CASSATION. — 14 février 1812. Tom. 3, 1812. . . . . P. 95
299	CASSATION. — 10 juin 1813. Tom. 3, 1813. 413
302	CASSATION. — 3 décembre 1812. Tom. 2, 1813. 545
304	CASSATION. — 14 février 1812. Tom. 3, 1812. 95
id.	CASSATION. — 27 février 1813. Tom. 3, 1813. 457
309	CASSATION. — 9 juillet 1812. Tom. 1er., 1813. 561
319	CASSATION. — 20 juin 1812. Tom. 1er., 1813. 585
id.	CASSATION. — 21 janvier 1813. Tom. 1er., 1813. 602
320	CASSATION. — 20 juin 1812. Tom. 1er., 1813. 585
321	CASSATION. — 27 février 1813. Tom. 3, 1813. 457
id.	CASSATION. — 7 février 1812. Tom. 3, 1812. 518
326	CASSATION. — 7 février 1812. Tom. 3, 1812. 518
331	CASSATION. — 19 décembre 1811. Journ., 2e. sem. 1812. 93
333	CASSATION. — 19 décembre 1811. Journ., 2e. sem. 1812. 03
340	CASSATION. — 5 septembre 1812. Tom. 3, 1813. 86
352	CASSATION. — 30 octobre 1812. Tom. 2, 1813. 91
367	CASSATION. — 2 juillet 1812. Tom. 1er., 1813. 559
369	CASSATION. — 17 juin 1811. Tom. 1er., 1812. 481
370	CASSATION. — 27 juin 1811. Tom. 1er., 1812. 481
371	CASSATION. — 2 juillet 1812. Tom. 1er., 1813. 559
372	CASSATION. — 27 juin 1811. Tom. 1er., 1812. 381
id.	CASSATION. — 28 février 1812. Journ., 2e. sem. 1812. 255
373	CASSATION. — 15 novembre 1811. Journ., 2e. sem. 1812. 506
375	CASSATION. — 27 juin 1811. Tom. 1er., 1812. 481
id.	CASSATION. — 13 décembre 1811. Journ., 2e. sem. 1812. 444

Articles	CODE PÉNAL.
375	CASSATION. — 2 juillet 1812. Tom. 1er., 1813. 559
376	CASSATION. — 13 décembre 1811. *Journ.*, 2e. sem. 1812 444
id.	CASSATION. — 2 juillet 1812. Tom. 1er., 1813. 559
379	CASSATION. — 29 octobre 1812. Tom. 2, 1813. 21
380	CASSATION. — 29 octobre 1812. Tom. 2, 1813. 21
id.	CASSATION. — 24 avril 1812. Tom. 1er., 1813. 545
id.	CASSATION. — 10 juin 1803. Tom. 3, 1813. 413
381	CASSATION. — 18 décembre 1812. Tom. 3, 1813. 558
id.	CASSATION. — 8 mai 1812. Tom. 3, 1813. 608
384	CASSATION. — 17 octobre 1811. Tom. 3, 1812. 305
id.	CASSATION. — 15 janvier 1813. Tom. 1er., 1813. 601
id.	CASSATION. — 18 décembre 1812. Tom. 3, 1813. 558
id.	CASSATION. — 8 mai 1812. Tom. 3, 1813. 608
386	CASSATION. — 27 juin 1811. *Journ.*, 2e. sem. 1811 420
id.	CASSATION. — 22 novembre 1811. *Journ.*, 2e. sem. 1811 301
id.	CASSATION. — 9 janvier 1812. *Journ.*, 2e. sem. 1812 445
id.	CASSATION. — 4 avril 1811. Tom. 1er., 1812. 343
id.	CASSATION. — 8 août 1811. Tom. 1er., 1812. 353
id.	CASSATION. — 25 octobre 1811. Tom. 1er., 1812. 419
id.	CASSATION. — 23 avril 1812. Tom. 1er., 1813. 544
id.	CASSATION. — 18 juin 1812. Tom. 1er., 1813. 607
id.	CASSATION. — 26 décembre 1812. Tom. 2, 1813. 599
id.	CASSATION. — 23 juillet 1813. Tom. 3, 1813. 506
388	CASSATION. — 10 juillet 1812. Tom. 1er., 1813. 562

Articles	CODE PÉNAL.
388	CASSATION. — 13 août 1812. Tom. 1er., 1813. 575
id.	CASSATION. — 2 janvier 1813. Tom. 1er., 1813. 577
390	CASSATION. — 18 juin 1812. Tom. 1er., 1813. 607
400	CASSATION. — 6 février 1812. *Journ.*, 2e. sem. 1812. 369
401	CASSATION. — 10 juillet 1812. Tom. 1er., 1813. 562
id.	CASSATION. — 13 août 1812. Tom. 1er., 1813. 575
id.	CASSATION. — 18 juin 1812. Tom. 1er., 1813. 607
405	CASSATION. — 4 janvier 1812. *Journ.*, 2e. sem. 1813. 383
id.	CASSATION. — 7 février 1812. Tom. 3, 1812. 446
id.	CASSATION. — 24 avril 1812. Tom. 1er., 1813 545
406	CASSATION. — 22 janvier 1813. Tom. 3, 1813. 535
408	CASSATION. — 22 novembre 1811. *Journ.*, 2e. sem. 1812 301
id.	CASSATION. — 23 avril 1812. Tom. 1er., 1813. 544
id.	CASSATION. — 4 juin 1812. Tom. 1er., 1813. 596
id.	CASSATION. — 22 janvier 1813. Tom. 3, 1813. 535
410	CASSATION. — 2 avril 1812. Tom. 1er., 1813. 590
425	CASSATION. — 3 juillet 1812. Tom. 3, 1812. 5
439	CASSATION. — 14 août 1812. Tom. 3, 1813. 84
445	CASSATION. — 16 août 1811. Tom. 1er., 1812. 242
id.	CASSATION. — 30 octobre 1812. Tom. 3, 1813. 367
471	CASSATION. — 17 mars 1811. *Journ.*, 2e. sem. 1811. 33
id.	CASSATION. — 13 décembre 1811. *Journ.*, 2e. sem. 1812 444
id.	CASSATION. — 20 juin 1812. Tom. 1er., 1813. 585
474	CASSATION. — 13 décembre 1811. *Journ.*, 2e. sem. 1812 414

Articles	CODE PÉNAL.	Articles	CODE PÉNAL.
475	CASSATION. — 27 juin 1811. *Journ.*, 2e. sem. 1811. . . . . P. 420	484	CASSATION. — 7 juin 1811. Tom. 1er., 1812. . . . . P. 417
id.	CASSATION. — 25 octobre 1811. Tom. 1er., 1812. 419	*id.*	CASSATION. — 30 octobre 1812. Tom. 3, 1813. 367

CODE D'INSTRUCTION CRIMINELLE.

Articles		Articles	
1	CASSATION. — 27 juin 1811. *Journ.*, 2e. sem. 1811. . . . . P. 533	128	CASSATION. — 25 octobre 1811. Tom. 2, 1812. . . . . P. 30
id.	CASSATION. — 17 octobre 1811. Tom. 2, 1812. 74	130	CASSATION. — 21 novembre 1811. Tom. 1er., 1812. 515
2	CASSATION. — 27 juin 1811. *Journ.*, 2e. sem. 1811. 533	132	CASSATION. — 25 octobre 1811. *Journ.*, 2e. sem. 1812. 30
3	CASSATION. — 27 juin 1811. *Journ.*, 2e. sem. 1811. 533	133	CASSATION. — 25 octobre 1812. *Journ.*, 2e. sem. 1812. 30
id.	CASSATION. — 17 octobre 1811. *Journ.*, Tom. 2, 1812. 74	135	CASSATION. — 13 septembre 1811. Tom. 1er., 1812. 492
id.	CASSATION. — 18 mars 1813. Tom. 2, 1813. 120	*id.*	CASSATION. — 21 novembre 1811. Tom. 1er., 1812. 515
id.	CASSATION. — 18 novembre 1812. Tom. 3, 1813. 137	*id.*	CASSATION. — 25 octobre 1811. *Journ.*, Tom. 2, 1812. 30
4	CASSATION. — 23 janvier 1813. Tom. 3, 1813. 582	*id.*	CASSATION. — 17 octobre 1811. *Journ.*, Tom. 2, 1812. 74
20	CASSATION. — 27 juin 1811. Tom. 1er., 1812. 358	137	CASSATION. — 16 août 1811. Tom. 1er., 1812. 242
29	CASSATION. — 21 janvier 1812. Tom. 1er., 1813. 602	*id.*	CASSATION. — 27 juin 1811. Tom. 1er., 1812. 358
47	CASSATION. — 21 janvier 1813. Tom. 1er., 1813. 602	*id.*	CASSATION. — 13 mars 1812. Tom. 3, 1812. 590
55	CASSATION. — 30 octobre 1812. Tom. 2, 1813. 546	*id.*	CASSATION. — 2 avril 1812. Tom. 1er., 1813. 576
75	CASSATION. — 20 février 1812. Tom. 3, 1812. 104	144	CASSATION. — 30 juillet 1812. Tom. 1er., 1813. 599
79	CASSATION. — 20 février 1812. Tom. 3, 1812. 104	155	CASSATION. — 23 juillet 1813. Tom. 3, 1813. 522
108	CASSATION. — 2 avril 1812. Tom. 1er., 1813. 539	161	CASSATION. — 27 juin 1811. *Journ.*, 2e. sem. 1811. 533
114	CASSATION. — 24 août 1811. Tom. 3, 1812. 286	162	CASSATION. — 27 juin 1812. Tom. 3, 1813. 48
124	CASSATION. — 24 août 1811. Tom. 3, 1812. 286	172	CASSATION. — 5 septembre 1811. Tom. 1er., 1812. 324
128	CASSATION. — 21 novembre 1811. Tom. 1er., 1812. 515	*id.*	CASSATION. — 10 avril 1812. Tom. 1er., 1813. 583

Articles	CODE D'INSTRUCT. CRIMINELLE.	Articles	CODE D'INSTRUCT. CRIMINELLE.
176	Cassation. — 27 juin 1812. Tom. 3, 1813. . . . . P. 48	226	Cassation. — 18 avril 1812. Tom. 1er., 1813. . . . . P. 581
179	Cassation. — 27 août 1811. Tom. 1er., 1812. 242	229	Cassation. — 25 octobre 1811. *Journ.*, 2e. sem. 1812. 30
id.	Cassation. — 18 juin 1811. Tom. 1er., 1812. 358	230	Cassation. — 25 octobre 1811. *Journ.*, 2e. sem. 1812. 30
id.	Cassation. — 2 avril 1812. Tom. 1er., 1813. 576	231	Cassation. — 4 avril 1811. Tom. 1er., 1812. 343
182	Cassation. — 21 novembre 1811. Tom. 1er., 1812. 515	id.	Cassation. — 8 août 1811. Tom. 1er., 1812. 253
id.	Cassation. — 27 juin 1811. *Journ.*, 2e. sem. 1811. 533	id.	Cassation. — 7 juin 1811. Tom. 1er., 1812. 417
187	Cassation. — 22 novembre 1811. *Journ.* 2e. sem. 1812. 27	id.	Cassation. — 25 octobre 1811. Tom. 1er., 1812. 419
189	Cassation. — 27 juin 1811. *Journ.*, 2e. sem. 1811. 533	id.	Cassation. — 13 février 1812. Tom. 3, 1812. 212
189	Cassation. — 23 juillet 1813. Tom. 3, 1813. 522	id.	Cassation. — 30 juillet 1812. Tom. 1er., 1813. 574
190	Cassation. — 22 août 1811. Tom. 1er., 1812. 95	id.	Cassation. — 30 juillet 1812. Tom. 1er., 1813. 578
191	Cassation. — 21 novembre 1811. Tom. 1er., 1812. 515	id.	Cassation. — 7 novembre 1812. Tom. 3, 1813. 494
192	Cassation. — 16 août 1811. Tom. 1er., 1812. 243	id.	Cassation. — 20 août 1812. Tom. 3, 1813. 525
194	Cassation. — 27 juin 1812. Tom. 3, 1813. 48	235	Cassation. — 16 janvier 1813. Tom 1er., 1813. 540
196	Cassation. — 5 septembre 1812. Tom. 3, 1813. 294	239	Cassation. — 16 janvier 1813. Tom. 1er., 1813. 540
203	Cassation. — 20 mars 1812. Tom. 3, 1812. 592	241	Cassation. — 9 mai 1811. *Journ.*, 2e. sem. 1811. 337
205	Cassation. — 20 février 1812. Tom. 3, 1812. 99	248	Cassation. — 16 janvier 1813. Tom. 1er., 1813. 540
208	Cassation. — 22 août 1811. Tom. 1er., 1812. 95	257	Cassation. — 30 octobre 1812. Tom. 2, 1813. 546
id.	Cassation. — 22 novembre 1812. Tom. 2e., 1812. 27	269	Cassation. — 20 février 1812. Tom. 3, 1812. 104
210	Cassation. — 22 août 1811. Tom. 1er., 1812. 95	271	Cassation. — 9 janvier 1812. *Journ.*, 2e. sem. 1812. 445
211	Cassation. — 23 juillet 1813. Tom. 3, 1813. 522	298	Cassation. — 10 juillet 1812. Tom. 1er., 1813. 562
214	Cassation. — 28 novembre 1811. *Journ.*, 2e. sem. 1812. 39	299	Cassation. — 16 janvier 1813. Tom. 1er., 1813. 540
216	Cassation. — 2 avril 1812. Tom. 1er., 1813. 539	id.	Cassation. — 10 juillet 1812. Tom. 1er., 1813. 562
217	Cassation. — 16 janvier 1813. Tom. 1er., 1813. 540	id.	Cassation. — 12 septembre 1812. Tom. 3, 1813. 288
221	Cassation. — 9 janvier 1812. *Journ.*, 2e. sem. 1812. 445	315	Cassation. — 18 avril 1812. Tom. 1er., 1813. 579

Articles	CODE D'INSTRUCT. CRIMINELLE.	Articles	CODE D'INSTRUCT. CRIMINELLE.
316	CASSATION. — 18 avril 1812. Tom. 1er., 1813. . . . P. 579	352	CASSATION. — 30 mai 1812. Tom. 1er., 1813. . . . P. 551
317	CASSATION. — 3 janvier 1812. *Journ.*, Tom. 2, 1812 . . . 171	id.	CASSATION. — 4 juin 1812. Tom. 1er., 1813. . . . 597
id.	CASSATION. — 16 janvier 1812. Tom. 3, 1812. . . . 103	id.	CASSATION. — 22 janvier 1813. Tom. 3, 1813 . . . 606
id.	CASSATION. — 20 février 1812. Tom. 3, 1812. . . . 104	356	CASSATION. — 14 novembre 1811. Tom. 1er., 1812 . . . 558
id.	CASSATION. — 18 avril 1812. Tom. 1er., 1813. . . . 579	357	CASSATION. — 30 mai 1812. Tom. 1er., 1813. . . . 551
id.	CASSATION. — 23 juillet 1813. Tom. 3, 1813. . . . 524	358	CASSATION. — 18 avril 1812. Tom. 1er., 1813. . . . 581
332	CASSATION. — 21 février 1812. *Journ.*, 2e. sem. 1812. . . . 501	359	CASSATION. — 15 novembre 1811. *Journ.*, 2e. sem. 1812 . . . 506
id.	CASSATION. — 4 juin 1812. Tom. 1er., 1813. . . . 595	360	CASSATION. — 12 octobre 1811. Tom. 2, 1812. . . . 80
337	CASSATION. — 9 mai 1811. *Journ.*, 2e. sem. 1811. . . . 337	id.	CASSATION. — 29 octobre 1812. Tom. 2, 1813. . . . 481
id.	CASSATION. — 17 août 1811. Tom. 1er., 1812. . . . 346	id.	CASSATION. — 12 février 1813. Tom. 3, 1813. . . . 53
id.	CASSATION. — 18 avril 1812. Tom. 1er., 1813. . . . 581	362	CASSATION. — 18 avril 1812. Tom. 1er., 1813. . . . 581
id.	CASSATION. — 29 octobre 1812. Tom. 2, 1813. . . . 481	363	CASSATION. — 14 novembre 1811. Tom. 1er., 1812. . . . 558
338	CASSATION. — 29 octobre 1812. Tom. 2, 1813. . . . 481	364	CASSATION. — 14 novembre 1811. Tom. 1er., 1812. . . . 558
339	CASSATION. — 29 octobre 1812. Tom. 2, 1813. . . . 481	id.	CASSATION. — 13 mars 1812. Tom. 3, 1812. . . . 364
id.	CASSATION. — 27 février 1813. Tom. 3, 1813. . . . 457	id.	CASSATION. — 30 mai 1812. Tom. 1er., 1813. . . . 551
340	CASSATION. — 4 avril 1811. Tom. 1er., 1812. . . . 343	id.	CASSATION. — 18 avril 1812. Tom. 1er., 1813. . . . 581
345	CASSATION. — 9 mai 1811. *Journ.*, 2e. sem. 1811. . . . 337	id.	CASSATION. — 21 janvier 1813. Tom. 1er., 1813. . . . 602
id.	CASSATION. — 17 août 1811. Tom. 1er., 1812. . . . 346	id.	CASSATION. — 3 septembre 1812. Tom. 2, 1813. . . . 575
346	CASSATION. — 4 avril 1811. Tom. 1er., 1812. . . . 343	id.	CASSATION. — 2 juillet 1813. Tom. 3, 1813. . . . 241
347	CASSATION. — 27 juin 1811. Tom. 1er., 1812. . . . 481	365	CASSATION. — 14 novembre 1811. Tom. 1er., 1812. . . . 558
350	CASSATION. — 6 février 1812. *Journ.*, 2e. sem. 1812. . . . 369	id.	CASSATION. — 30 mai 1812. Tom. 1er., 1813. . . . 551
id.	CASSATION. — 22 janvier 1813. Tom. 3, 1813. . . . 606	id.	CASSATION. — 18 avril 1812. Tom. 1er., 1813. . . . 581
351	CASSATION. — 30 mai 1812. Tom. 1er., 1813. . . . 551	id.	CASSATION. — 2 juillet 1813. Tom. 3, 1813. . . . 241
352	CASSATION. — 29 novembre 1812. *Journ.*, 2e. sem. 1812 . . . 503	368	CASSATION. — 27 juin 1812. Tom. 3, 1813. . . . 48

Articles	CODE D'INSTRUCT. CRIMINELLE.
372	CASSATION. — 3 janvier 1812. Tom. 2e., 1812. . . . . P. 171
id.	CASSATION. — 18 avril 1812. Tom. 1er., 1813. 579
373	CASSATION. — 2 avril 1812. Tom. 1er., 1813. 539
384	CASSATION. — 9 août 1811. Tom. 1er., 1812. 259
393	CASSATION. — 2 novembre 1811. Journ., 2e. sem. 1812. 20
406	CASSATION. — 2 avril 1812. Tom. 1er., 1813. 539
407	CASSATION. — 12 octobre 1811. Journ., 2e. sem. 1812. 80
408	CASSATION. — 16 août 1811. Tom. 1er., 1812. 242
id.	CASSATION. — 2 novembre 1811. Tom. 1er., 1812. 549
id.	CASSATION. — 12 octobre 1811. Tom. 2, 1812. 33
id.	CASSATION. — 17 octobre 1811. Tom. 2, 1812. 74
id.	CASSATION. — 12 octobre 1812. Tom. 2, 1812. 80
id.	CASSATION. — 4 octobre 1811. Tom. 2, 1812. 392
id.	CASSATION. — 30 mai 1812. Tom. 1er., 1813. 551
id.	CASSATION. — 23 juillet 1812. Tom. 1er., 1813. 552
id.	CASSATION. — 30 juillet 1812. Tom. 1er., 1813. 574
id.	CASSATION. — 30 juillet 1812. Tom. 1er., 1813. 578
id.	CASSATION. — 10 avril 1812. Tom. 1er., 1813. 583
id.	CASSATION. — 14 août 1812. Tom. 1er., 1813. 584
id.	CASSATION. — 16 avril 1812. Tom. 1er., 1813. 603
id.	CASSATION. — 22 octobre 1812. Tom. 2, 1813. 187
id.	CASSATION. — 27 juin 1812. Tom. 3, 1813. 48
id.	CASSATION. — 10 février 1813. Tom. 3, 1813. 53
id.	CASSATION. — 2 juillet 1813. Tom. 3, 1813. 241

Articles	CODE D'INSTRUCT. CRIMINELLE.
408	CASSATION. — 5 septembre 1812. Tom. 3, 1813. . . . . P. 294
409	CASSATION. — 12 octobre 1811. Journ., 2e. sem. 1812. 80
id.	CASSATION. — 10 octobre 1811. Tom. 1er., 1812. 316
410	CASSATION. — 6 février 1812. Tom. 2, 1812. 369
id.	CASSATION. — 8 février 1812. Tom. 3, 1812. 91
id.	CASSATION. — 13 août 1812. Tom. 1er., 1813. 575
id.	CASSATION. — 25 juin 1812. Tom. 1er., 1813. 587
id.	CASSATION. — 2 janvier 1813. Tom. 1er., 1813. 577
id.	CASSATION. — 4 juin 1812. Tom. 1er., 1813. 597
id.	CASSATION. — 15 janvier 1813. Tom. 1er., 1813. 601
id.	CASSATION. — 5 septembre 1812. Tom. 3, 1813. 86
id.	CASSATION. — 30 octobre 1812. Tom. 3, 1813. 367
id.	CASSATION. — 22 avril 1813. Tom. 3, 1813. 461
412	CASSATION. — 17 octobre 1811. Journ., 2e. sem. 1812. 74
413	CASSATION. — 21 mars 1811. Journ., 2e. sem. 1811. 97
id.	CASSATION. — 16 août 1811. Tom. 1er., 1812. 242
id.	CASSATION. — 4 octobre 1811. Tom. 2, 1812. 392
id.	CASSATION. — 2 avril 1812. Tom. 1er., 1813. 539
id.	CASSATION. — 10 avril 1812. Tom. 1er., 1813. 583
id.	CASSATION. — 22 octobre 1812. Tom. 2, 1813. 187
id.	CASSATION. — 27 juin 1812. Tom. 3, 1813. 48
416	CASSATION. — 7 juin 1811. Tom. 1er., 1812. 417
id.	CASSATION. — 25 octobre 1811. Tom. 2, 1812. 30
id.	CASSATION. — 12 octobre 1811. Tom. 2, 1812. 33

Articles	CODE D'INSTRUCT. CRIMINELLE.	Articles	CODE D'INSTRUCT. CRIMINELLE.
416	Cassation. — 28 février 1812. Tom. 2, 1812. . . . . P. 255	476	Cassation. — 16 janvier 1812. Tom. 1er., 1813. . . . . .P. 540
id.	Cassation. — 2 juillet 1813. Tom. 3, 1813. 241	527	Cassation. — 6 septembre 1811. Tom. 2, 1812. 282
id.	Cassation. — 7 novembre 1812. Tom. 3, 1813. 494	id.	Cassation. — 26 mars 1812. Tom. 3, 1812. 281
id.	Cassation. — 20 août 1812. Tom. 3, 1813. 525	id.	Cassation. — 29 mai 1813. Tom. 3, 1813. 574
418	Cassation. — 14 novembre 1811. *Journ.*, 1er. sem. 1812. 267	541	Cassation. — 8 février 1811. *Coll.* an 1811. 385
id.	Cassation. — 18 octobre 1811. Tom. 1er., 1812. 411	542	Cassation. — 8 février 1811. *Coll.* an 1811. 385
426	Cassation — 12 février 1813. Tom. 3, 1813. 53	543	Cassation. — 8 février 1811. *Coll.* an 1811. 385
429	Cassation. — 28 novembre 1811. Tom. 2, 1812. 39	551	Cassation. — 8 février 1811. *Coll.* an 1811. 385
id.	Cassation. — 9 janvier 1812. Tom. 2, 1812. 445	553	Cassation. — 10 octobre 1811. Tom. 1er., 1812. 355
id.	Cassation. — 7 janvier 1813. Tom. 1er., 1813. 571	id.	Cassation. — 18 janvier 1812. Tom. 3, 1812. 209
id.	Cassation. — 3 septembre 1812. Tom. 2, 1813. 575	id.	Cassation. — 30 juillet 1812. Tom. 1er., 1813. 574
431	Cassation. — 28 novembre 1811. *Journ.*, 2e. sem. 1812. 39	id.	Cassation. — 30 juillet 1812. Tom. 1er., 1813. 578
452	Cassation. — 28 novembre 1811. *Journ.*, 2e. sem. 1812. 39	id.	Cassation, — 21 mai 1812. Tom. 1er., 1813. 598
id.	Cassation. — 16 avril 1812. Tom. 1er., 1813. 603	554	Cassation. — 18 octobre 1811. Tom. 1er., 1812. 511
441	Cassation. — 16 août 1811. Tom. 1er., 1812. 242	id.	Cassation. — 9 avril 1812. Tom. 1er., 1813. 490
id.	Cassation. — 12 février 1813. Tom. 3, 1813. 53	id.	Cassation. — 16 avril 1812. Tom. 1er., 1813. 603
id.	Cassation. — 30 avril 1812. Tom. 1er., 1813. 529	id.	Cassation. — 12 février 1813. Tom. 3, 1813. 53
id.	Cassation. — 12 juin 1812. Tom. 1er., 1813. 606	id.	Cassation. — 20 août 1812. Tom. 3, 1813. 525
442	Cassation. — 17 mars 1811. *Journ.*, 2e. sem. 1811. 33	555	Cassation. — 14 août 1812. Tom. 1er., 1813. 584
id.	Cassation. — 16 août 1811. Tom. 1er., 1812. . . . . . 7 242	id.	Cassation. — 4 juin 1813. Tom. 3, 1813. 464
id.	Cassation. — 2 avril 1812. Tom. 1er., 1813. 576	583	Cassation. — 27 juin 1811. Tom. 1er., 1812. 481
id.	Cassation. — 12 février 1813. Tom. 3, 1813. 53	585	Cassation. — 15 novembre 1811. *Journ.*, 2e. sem. 1812 506
id.	Cassation. — 27 juin 1812. Tom. 3, 1813. 287	589	Cassation. — 15 novembre 1811. *Journ.*, 2e. sem. 1812. 506
476	Cassation. — 17 juin 1813. Tom. 3, 1813. 255	id.	Cassation. — 30 juillet 1812. Tom. 1er., 1813. 574

Articles	CODE D'INSTRUCT. CRIMINELLE.	Articles	CODE D'INSTRUCT. CRIMINELLE.
589	Cassation. — 30 juillet 1812. Tom. 1er., 1813. . . . . P. 578	637	Cassation. — 5 septembre 1812. Tom., 3, 1813. . . . . P. 86
597	Cassation. — 30 avril 1812. Tom. 1er., 1813. 529	id.	Cassation. — 22 avril 1813. Tom. 3, 1813. 462
635	Cassation. — 18 juin 1813. Tom. 3, 1813. 255	638	Cassation. — 30 octobre 1812. Tom. 3, 1813. 367
637	Cassation. — 30 juillet 1812. Tom. 1er., 1813. 571	641	Cassation. — 17 juin 1813. Tom. 3, 1813. 255
id.	Cassation. — 7 janvier 1813. Tom. 1er., 1813. 571	643	Cassation. — 30 octobre 1812. Tom. 3, 1813. 367

FIN DE LA TABLE DES ARTICLES DES CINQ CODES.

TABLE DES NOMS DES PARTIES

Entre lesquelles ont été rendus les Arrêts rapportés dans le Journal du Palais, à compter du 1ᵉʳ Germinal an 9 (1801) jusqu'au 1ᵉʳ. Janvier 1814.

AARON-ISAAC. (enfans) Tom. 3, 1812. *Pag.* 170
Abadie. (d') — Leclerc. Tom. 1, 1813. 85
Abbema et Dewit—Selves. *Journ.* an 14. 122
Abel — Coron — Maillard. *Journ.*, 2ᵉ. sem. 1810. 321
Abel—Hamelin. *Journ.*, 1ᵉʳ. sem. 1809. 11
Abel —Schwartz. Tom. 1, 1813. 209
Abbena et comp. — Sobre. *Journ.*, 1ᵉʳ. sem. 1810. 91
Ablon. — Lavincé, Rocher. *Journ.*, 1ᵉʳ. sem. 1811. 10
Abran—Jarnan. *Journ.*, 1ᵉʳ. sem. 1807. . 310
Accolas — Simonin. *Journ.*, 1ᵉʳ. sem. an 13. 316
Achard—Haindel. Tom. 1, 1812. 130
Acquart — Tecker-Gayen. *Journ.*, 1ᵉʳ. sem. 1811. 113
Adam—Canelle. *Journ.*, 2ᵉ. sem. an 11. 442
Adam (les frères) — héritiers Laborde. *Journ.*, 2ᵉ. sém. an 11. 415
Adam—Frappier. *Journ.*, 1ᵉʳ. sem. an 12. 549
Adam—Leblanc. *Journ.*, 2ᵉ. sem. an 12. 291
Adam—Maheu. *Journ.*, 2ᵉ. sem. an 12. 423
Adam — M. de Poix. *Collect.* an 13. 435
Adam — Barbazan et Comp. *Journ.*, 1ᵉʳ. sem. 1810. 29
Adam—Lefebvre. *Journ.*, 1ᵉʳ. sem. 1810. 111
Adam—Richomme—Desgouts. *Journ.*, 2ᵉ. sem. 1810. 11
Adam — Boyer - Fonfrède. *Journ.*, 1ᵉʳ. sem. 1806. 380
Adam—Saint-Martin — Aubert Lepage. *Journ.*, 2ᵉ. sem. 1806. 246
Adam. (héritiers et légataires) Tom. 2, 1813. 604
Administrateurs de la Toutine du pacte social. Tom. 1, 1812. 385
Administrateurs d'usines—Hibert. Tom. 2, 1813. 18
Administration des domaines et de l'enregistrement. *Voy.* Régie des domaines, etc.
Administration des douanes. *Voy.* Régie des douanes.

Administration forestière. *Collect.* 1808. P. 230
— — *Collect.* 1811. 286
— — Tom. 1, 1812. 411
— — Tom. 1, 1812. 553
— — Brivardi. *Journ.*, 1ᵉʳ. sem. 1810. 33
— — Cadet. *Collect.* 1811. 462
— — Case-Baillet. Tom. 3, 1813. 501
— — Certrières. *Collect.* 1809. 152
— — Cozzani. Tom. 3, 1812. 79
— — Duthu. *Journ.*, 2ᵉ. sem. 1809. 263
— — Fresnois. Tom. 2, 1812. 107
— — Gasparini. Tom. 3, 1812. 79
— — Goyard et consorts. Tom. 1, 1812. 255
— — Henricy. *Journ.*, 2ᵉ. sem. 1810. 481
— — Hermant. *Journ.*, 1ᵉʳ. sem. an 13. 257
— — Heuseler. *Journ.*, 2ᵉ. sem. 1811. 277
— — Journault. *Collect.* 1811. 453
— — Knauff et consorts. *Journ.*, 2ᵉ. sem. 1805. 497
— — Sammesch. *Journ.*, 2ᵉ. sem. 1809. 337
— — Peignet. Tom. 1, 1812. 522
— — Petit, Pichon. *Journ.*, 2ᵉ. sem. 1809. 497
— — Reculard. *Collect.* 1811. 435
— — Roumignier. *Collect.* an 13. 165
— — Valette. *Journ.*, 1ᵉʳ. sem. 1810. 260
— — Vieux dit Rollet —Hugonier. *Journ.*, 2ᵉ. sem. 1809. 497
Administration de la loterie — Picard. *Collect.* an 13. 217
Administration de la marine—Bertrand et Feydeau. *Journ.*, 1ᵉʳ. sem. 1809. 161
Administration des messageries—Vital-Saugeon, Monnier, Boulade. *Journ.*, 1ᵉʳ. sem. 1809. 26
Adrienne Bathilde—Rossignol. *Journ.*, 2ᵉ. sem. 1809. 167
Aertric—Labic. *Journ.*, 1ᵉʳ. sem. an 12. 348
Aërts—La dame Ramaex. *Collect.* an 13. 65
Affre—Grimal, Celles. *Journ.*, 1ᵉʳ. sem. 1808. 279
Agazzini. (les héritiers) Tom. 3, 1812. 137
Agent du trésor public—Cauchois. *Journ.* 1ᵉʳ. sem. 1810. 513

—— Danhieux. Tom. 3, 1812. Pag. 418
—— Bakary—Dalmbert. Tom. 1, 1813. 62
—— Marin. Tom. 2, 1813. 534
Aghemo, Osella — Degioanni. Tom. 3, 1813. 274
Agiroux—D.lle. Balland. *Journ.*, 1er. sem. an 13. 249
Agliano—Saint-Vitale. *Collect.* 1811. 249
Agobert (créanciers) — Rouër de Villeroy. *Journ.*, 2e. sem. an 13. 552
Agrain (d') — Peyronnel. *Journ.*, 1er. sem. 1808. 286
Ahn—Prieur. *Journ.*, 1er. sem. 1809. 479
Aigreville. (d') *Voy.* Haudoire.
Aillard Leger — Lemeilleur. *Journ.*, 1er. sem. 1810. 449
Aimar de Gonneville— héritiers Rioult. *Collect.* 1811. 414
Ainnet—Lambert. *Journ.*, 1er. sem. an 12. 94
Airvault—Administration forestière. *Collect.*, an 1807. 269
Akerman — Philippart. *Journ.*, 2e. sem. an 11. 70
Alaine—Robert. *Journ.*, 1er. sem. 1808. 97
Alaine—Robert-Riquet. *Journ.*, 2e. sem. 1806. 292
Alauzun—Dubois. *Collect.* an 1808. 300
Alavi, Cezarini et autres. Tom. 3, 1813. 537
Alazar—Metayer. *Journ.*, 2e. sem. an 11. 140
Albaret—Moré. *Collect.* an 14 (1806). 76
Albaret—Cayrol. *Journ.*, 1er. sem. 1808. 353
Albert—Bastian. *Journ.*, 2e. sem. 1808. 455
Albert—Brice-Durys. *Journ*, 1er. sem. 1810. 283
Albert de Luynes — de Chaulnes. Tom. 1, 1812. 144
Albert—Perissel. *Journ.*, 2e. sem. an 11. 503
Albertini—Donati. *Journ.*, 1er. sem. an 13. 449
Albertini. (légataires) *Collect.* an 1807. 150
Albite—Lemarchand. *Journ.*, 1er. sem. an 12. 446
Albrecht, Delbruck—Féronec. *Journ.*, 2e. sem. 1807 529
Albrechts—Verelin, Choalens. *Journ.*, 2e. sem. 1807. 17
Alcan — héritiers Wasberg. *Collect.* 1811. 217
Alègre—Lesné. *Journ.*, 1er. sem. 1808. 207
Alexandre—Béche. *Journ.*. 2e. sem. 1809. 271
Alexandre—Demiddeleer. *Journ.*, 1er. sem. 1807. 110
Alexandre et Neveu. *Journ.*, 2e. sem. 1811. 349
Aligre (d') — Boudet. *Journ.*, 1er. sem. 1809. 135
Aligre (d')—Foucaud, Rabec. Tom. 2. 1813. 561
Alix—Lacan. *Journ.*, 2e. sem. 1806. 513

Alix—Lacan. *Journ.*, 2e. sem. 1808. Pag. 124
Alix, Aubry—Lacan. *Journ.*, 1er. sem. 1809. 17
Alix—Hereau. *Collect.* 1810. 81
Alixand—Régie de l'enregistrement. *Journ.*, 2e. sem. 1808. 375
Allais, Chauvin—Parent et autres. *Journ.*, 1er. sem. 1809. 347
Allais—Pelletier. *Collect.* 1811. 54
Allais—Boursier. Tom. 2, 1812. 193
Altara—Garda. Tom. 3, 1812. 513
Allard—Cassani. Tom. 2, 1813. 369
Allard—Ministère public. *Collect.* an 1809. 344
Allard—Sauveterre. *Journ.*, 2e. sem. 1806. 151
Allard la Resnière. *Collect.* an 1809. 353
Allemandi—Fassione. Tom. 1, 1812. 57
Allet—Marlet. *Collect.* 1810. 242
Allomello. Tom. 1, 1813. 129
Allut—Tripier. *Collect.* 1810. 438
Almaric—Mondel. *Journ.*, 1er. sem. 1811. 504
Alquier—Grenier. *Journ.*, 1er. sem. an 13. 451
Alquier—Izard. *Journ*, 2e. sem. 1810. 542
Alquier—Izard. Tom. 3, 1813. 20
Amar — Demoiselle Pison. *Journ.* an 14. 204
Amaury—Gouyou-Marée. *Collect.* an 11. 521
Ambert — Chanu, Plastrier. *Journ.*, 2e. sem. 1812. 515
Amblos—Janssens. *Journ.*, 2e. sem. 1811. 267
Amelin, Vaurobais — Durieux. Tom. 1, 1812. 381
Ameline—Dujardin. *Collect.* an 1809. 235
Ameline — héritiers Lehereau. Tom. 1, 1812. 421
Amerlinck—Notaires de Bruges. *Journ.*, 2e. sem. 1811. 527
Amet—Les mariés Fromental. *Journ.*, 2e. sem. an 11. 454
Ameth — Campenner, *Journ.*, 2e. sem. an 11. 481
Ameye—Knyf. *Collect.* an 1807. 53
Amilly—Delamartelière. *Journ.*, 2e. sem. 1809. 267
Amirauti—Ardizzoni. Tom. 2, 1813. 467
Amlingue—Gibory. *Journ.*, 2e. sem. 1809. 121
Amory—Havard. *Collect.* 1811. 124
Ampère. (les époux) *Journ.*, 1er. sem. 1809. 171
Amyet—Banque territoriale. Tom. 3, 1812. 307
André—Désisnard. *Journ.*, 2e. sem. 1813. 3
André—Teyssier Tom. 3, 1813. 386
Andres—Campel. *Collect.* an 12. 116
Andrey—Lambert. *Journ.*, 2e. sem. an 11. 273
Andrieu — Dustan-Darsse. *Journ*, 1er. sem. 1807. 113
Andrieu—Duston. *Journ.*, 1er. sem. 1807. 161
Andrieux—Héritiers Mosnier. *Journ.*, 2e. sem. an 12. 529
Andrieux — Ministère public. *Journ.*, 2e. sem. 1811. 357

A'est *Journ.*, 2e. sem. 1812. Pag. 324
Anfrye. *Journ.*, 2e. sem. 1808. 94
Ange-Marie — Héritiers Guzanno. *Journ.*, 2e. sem. 1809. 156
Angelo-Poulos—Ferton. *Journ.*, 2e. sem. 1811. 411
Angibeau. (enfans héritiers) Tom. 3, 1812. 235
Angouillant—Laurent. *Collect.* 1810. 224
Anjubault—Héritiers Tessier. *Journ.*, 2e. sem. 1812. 71
Amieau—Gibon. *Journ.*, 1er. sem. 1809. 353
Anneau. (héritiers) Gibon. *Journ.*, 1er. sem. 1808. 311
Anneix — Régie de l'enregistrement. Tom. 1, 1812. 550
Annet-Couche—Martin. *Journ.*, 1er. sem. 1811. 205
Annisson—Carbillet. *Journ.*, 1er. sem. an 12. 134
Anquetil—René Deslandes. *Collect.* an 12. 465
Anquetil Sagniel. *Collect.* an 1809. 110
Anselmetti. (héritiers) *Journ.*, 2e. sem. 1808. 507
Antelin—Labrot. *Journ.*, 1er. sem. 1810. 349
Anthenac—P'tit. *Journ.*, 1er. sem. 1807. 518
Anthenius—Bracke. *Collect.* an 1808. 119
Anthèse—Ulsasse. *Journ.*, 1er. sem. an 12. 417
Antoine — Buisseret (hérit.). Tom. 1, 1812. 430.
Antonion—Aubanel. *Collect.* an 1807. 230
Aptel—Cuminal. *Collect.* 1810. 47
Aquilano—Intriso. Tom. 1, 1813. 606
Arant. *Journ.*, 2e. sem. 1812. 39
Arbel — M. de Rohan. *Journ.*, 1er. sem. an 12. 357
Arbel—Pertrand. *Journ.*, 1er. sem. an 13. 278
Arbel—Pertrand. *Journ.*, 1er. sem. 1807. 117
Arbey — Régie de l'enregistrement. *Collect.* an 1808. 288
Arbois (commune d') *Journ.*, 1er. sem. 1809. 88
Arbousset—Bertrand. Tom. 3, 1813. 153
Archinard — Régie de l'enregistrement. *Journ.*, 1er. sem. 1807. 97
Ardant—Héritiers Plessier. *Collect.* an 1808. 125
Ardenne—Calmet. *Journ.*, 1er. sem. an 12. 433
Ardenne—Calmet. *Journ.*, 1er. sem. an 12. 545
Ardenne—Labic. *Journ.*, 1er. sem. an 12. 348
Ardent — Desprez, Rathelot. Tom. 3, 1813. 507
Ardizzoni—Veuve Amiranti. Tom. 2, 1813. 467.
Arduin. *Journ.*, 1er. sem. 1808. 505
Arent—Ministère public. Tom. 1, 1812. 492
Argond—Gizon *Journ.*, 2e. sem. an 9. n°. 33. 7
Arleux (commune d')—Berghes. Tom. 1, 1813. 175
Armand—Beille. *Journ.*, 1er. sem. an 13. 104
Armand de Joyeuse. (succession) *Journ.*, 1er.

sem. an 13. Pag. 33
Armand—Gras. *Journ.*, 2e. sem. an 11. 521
Armet de Lisle—Chaudenier. Tom. 1, 1812. 34
Armitage—Louyet. *Journ.*, 2e. sem. 1810. 407
Arnaud-la-Tournerie. (succession) *Collect.* an 13. 123
Arnaudi — Régie de l'enregistrement. Tom. 1, 1812. 134
Arnichaud. *Journ.*, 2e. sem. 1808. 150
Arnoud—Gidde. *Journ.*, 1er. sem. 1806. 326
Arnoud—Lafite. *Journ.*, 1er. sem. an 13. 115
Arnoud—Lebigre. *Journ.*, 2e. sem. 1806. 266
Arnould — Huet-Laboullaye. Tom. 1, 1812. 385
Arnsperger—Wecber. *Collect.* an 1809. 159
Aron Hirtz. *Journ.*, 2e. sem. 1810. 30
Arras (d') — Paris. *Journ.*, 2e. sem. 1807. 342
Arrhighi — Talhouet. *Journ.*, 1er. sem. an 11. 65
Arson — Mandonnet. *Journ.*, 2e. sem. 1806. 203
Artignières—Robès. Tom. 1, 1812. 425
Ascri—Planade. *Collect.* an 1809. 369
Aspense. (François d') *Journ.*, 2e. sem. an 12. 97
Asselin—Malatra. Tom. 1, 1813. 241
Asseré—Desportes. *Journ.*, 1er. sem. 1807. 293
Assier—Neustadt. *Collect.* an 1808. 477
Assire—Jumelle. *Journ.*, 2e. sem. 1806. 533
Astruc—Leduc, Deseaves. *Collect.* 1811. 357
Astruc—Frères Costes. Tom. 1, 1813. 355
Astruc—Deselves. *Journ.*, 2e. sem. 1812. 41
Aubagès—Bégué. *Journ.*, 2e. sem. 1807. 131
Aubanel—Antonioz. *Collect.* an 1807. 205
Aubary—Charbaut. *Collect.* 181.. 177
Aubé—Clisorius. *Journ.*, 2e. sem. an 10. 193
Aubergi—Rebecqui. *Collect.* 1811. 458
Aubert—Hesnaut. *Journ.*, 1er. sem. 1811. 497
Aubert — Dame Lelievre. Tom. 3, 1812. 310
Aubert Dubois — Mallet-Duval. *Journ.*, 1er. sem. au 12. 189
Aubert-Dubourg — Vigier. *Journ.*, 1er. sem. 1806. 425
Aubert-Dubourg—Vigier. *Journ.*, 1er. sem. 1807. 369
Aubert, Fremont—Dubourg. *Journ.*, 1er. sem. 1810. 385
Aubert—Guilbert. *Journ.*, 2e. sem. 1809. 14
Aubert—Jean. *Journ.*, 2e. sem. an 10. 17
Aubert et Hocquart—d'Ormesson. *Journ.*, 1er. sem. 1809. 23
Aubert-Lepage—Adam. *Journ.*, 2e. sem. 1806. 246
Aublin—Brion. *Journ.*, 2e. sem. 1811. 255
Aubry. — *Journ.*, 2e. sem. 1809. 185
Aubry, Leprieur—Haman. Tom. 3, 1813. 115

Audebert-Malley — Moreau. *Journ.*, 2e. sem. 1806. Pag. 266

Audenet—James Swan. Tom. 3, 1812. 42

Audenet et Slingerland—Swan. *Journ.*, 1er. sem. 1809. 497

Audemart—Gourdon, Boissier. *Journ.*, 2e. sem. 1807. 296

Audibert. (les mariés) *Journ.*, 1er. sem. an 11. 420

Audifret—Clayeux. *Journ.*, 2e. sem. an 11. 28

Audiffredi — De Lombriasque. *Journ.*, 2e. sem. 1812. 89

Audiscret—Fould. *Journ.*, 1er. sem. an 11. 567

Audonnet — Decoust. *Journ.*, 1er. sem. 1809. 228

Audran — Barthelemi *Journ.*, 2e. sem. an 10. 529

Audry. (succession) *Journ.*, 1er. sem. 1811. 170

Anfray—Gougy et autres. *Journ.*, 1er. sem. an 13. 539

Auffcheneider — La Régie de l'enregistrement. *Journ.*, 1er. sem. an 12. 547

Auger—Billet, Schmitt. *Journ.*, 2e. sem. 1807. 506

Auger—Pontrève. *Journ*, 2e. sem. 1809. 153

Augier—Bouvier. *Journ.*, 1er. sem. 1807. 409

Auguste — Voyneau. *Journ.*, 1er. sem. 1809. 273

Aulet—Duval de Bonneval. Tom. 3, 1812. 460

Aulnette—Guibert. *Journ*, 2e. sem. an 11. 209

Aumont (d') — La Régie de l'enregistrement. *Journ.*, 2e. sem. an 12. 322

Aumont—Ménage. *Journ.*, 1er. sem. 1806. 495

Aupepin — Berthenon. *Journ.*, 2e. sem. an 13. 104

Aurat. (époux) *Journ.*, 1er. sem. 1809. 397

Aurial et autres — Régie des domaines. *Collect.* an 12. 285

Auscher—Roth. Tom. 1, 1813. 239

Ausselin—Guérin. *Journ*, 1er. sem. 1808. 424

Authier—Ranconnet-Noyau. *Journ.*, 1er. sem. an 11. 487

Autran—Mazza. *Journ.*, 1er. sem. 1809. 65

Auxilly—Colomb. *Journ.*, 2e. sem. an 10. 385

Aventurier (corsaire l') — Sivory et consorts. *Journ.*, 1er. sem. 1809. 513

Averzenne, Ragon—Chezjean. *Journ.*, 2e. sem. 1812. 106

Aviat — Les héritiers de Crillon. *Journ.*, 1er. sem. an 12. 264

Avit—Chabanon-Bernard. *Collect.* 1810. 237

Avocats et avoués de Civray—Régie de l'enregistrement. *Journ.* an 14. 97

Avoués de Confolens—Régie de l'enregistrement. *Journ.*, 2e. sem. 1809. 389

Avranche (d') — Varré. Tom. 3, 1813. 529

Avrange-d'Hangeranville — Balagny. Tom. 2, 1813. Pag. 577

Aygobère—Mauléon. *Collect.* an 13. 273

Azemar—Michellié. *Collect.* an 1809. 61

Az mond—Dufaut. *Collect.* an 1807. 193

Babaut—Veillard. *Journ.*, 1er. sem. 1810. 202

Babinet — De Lambrunière. *Journ.*, 1er. sem. 1809. 305

Baboie. *Journ.*, 1er. sem. 1806. 245

Baboin—Jamet. *Journ.*, 1er. sem. 1811. 419

Baboulène—Lebon. Tom. 2, 1813. 560

Bacherie—Bourdillon. Tom. 3, 1812. 555

Bachelet—Couturier. *Collect.* 1810. 371

Bachelier—Demauroy. *Journ.*, 2e. sem. an 12. 94

Bachelier—D'Houdetot. *Journ.*, 1er. sem. 1809. 324

Bachelier — Régie de l'enregistrement. *Collect.* an 14. 58

Bachi—Berutti. *Journ.*, 2e. sem. 1811. 391

Bachot—Royer. 1er. sem. 1810. 423

Backer—Demoiselle Schillemaus. *Journ.* an 14. 177

Bacon — La Régie de l'enregistrement. *Collect.* an 11. 418

Bacry—Roux et comp. *Collect.* 1810. 119

Bacs-de-Bael—Vanmoorsel. *Collect.* 1810. 19

Badaraque—Langier. *Collect.* 1811. 5

Badaraque—Langier. *Journ.*, 1er. sem. 1808. 71

Baden—Sarys. *Journ.*, 2e. sem. 1807. 252

Baert, Dubouchage et autres. *Journ.*, 2e. sem. 1810. 361

Bagnac. (Lévis de) Tom. 1, 1812. 24

Bagneux (de) — Bejarry. *Journ.*, 2e. sem. 1810. 533

Bagnolo, Vitta—Bayetta. Tom. 1, 1812. 466

Baguenault—Schlosser. Tom. 3, 1812. 366

Baignol— syndic Chapetias. Tom. 3, 1813. 192

Baille-Hache—Orieulx et Calon. *Journ.*, 2e. sem. an 9, n°. 23. 1

Baillet—Ministère public. Tom. 2, 1813. 545

Baillet—Raguenet. *Journ.*, 2e. sem. an 12. 301

Bailleux—Delaverne. Tom. 1, 1812. 265

Baillif — Ministère public. *Journ.*, 2e. sem. an 10. 337

Baillon—Clavé. *Collect.* an 12. 279

Baillon—Paupelin. *Journ.*, 1er. sem. 1806. 391

Bailly Leduc—Riviere. *Journ.*, 1er. sem. 1811. 200

Bailly—Ministère public. *Journ.*, 1er. sem. an 13. 117

Bailly—Saint-Hubert. *Collect.* an 12. 80

Baision—Degrais et consorts. *Journ.*, 2e. sem. an 10. 363

Baisle. (héritiers) *Journ.*, 1er. sem. an 11. 75

Baisnée — Septenville. *Journ.*, 2e. sem. 1806. 534

Baivel—Lomer. *Journ.*, 2e. sem. 1810. Pag. 33

Bajordan — Gachedat. *Journ.*, 2e. sem. 1806. 67

Balagny— d'Avrange. Tom. 2, 1813. 577

Balaincourt (de) — d'Orsai. Tom. 3, 1813. 168

Balainvilliers—Bousquet. *Collect.* an 11. 136

Balainvilliers—Bousquel. *Journ.*, 2e. sem. an 10. 525

Balbi—Saïffert. *Journ.*, 1er. sem. 1810. 41

Balde—Clause. *Journ.*, 1er. sem. an 12. 104

Baldeyron—Villa. *Journ.*, 1er. sem. 1811. 273

Balestrier — Cayre, Marrin, Gachan. Tom. 3, 1813. 41

Balincourt. *Voy.* Testu.

Balincourt — Grimod-d'Orsay. Tom. 2, 1813. 328

Balland—Lieffroy. *Journ.*, 2e. sem. an 11. 465

Balland — veuve et héritiers Agiroux. *Journ.*, 1er. sem. an 13. 249

Ballerin—Clément. *Collect.* an 13. 142

Balleux—Brichoux-Chamoutet. Tom. 2, 1813. 495

Balmain—Nitot. *Collect.* 1810. 148

Balloy et Blot—Gillet. Tom. 1, 1812. 451

Balonchard — Ministère public. Tom. 1, 1812. 417

Bancel—Faix. *Journ.*, 2e. sem. an 11. 510

Banque territoriale — Amyet. Tom. 3, 1812. 307

—— Selves. *Journ.* an 14. 122

—— Planche. Tom. 1, 1812. 312

Bapst—Pontet. *Collect.* an 1809. 57

Bar—Couteau. *Collect.* an 1808. 277

Barabaud — Masnyon. *Journ.*, 2e. sem. 1810. 230

Barabbé—Maire. *Journ.*, 2e. sem. 1807. 56

Barabé, Delavigne—Delessart. *Journ.*, 1er. sem. 1808. 123

Baraillier—Saint-Pierre. *Journ.*, 2e. sem. an 11. 136

Barbançon—Bazille. *Journ.*, 2e. sem. 1808. 193

Barbaut — Heyères. *Journ.*, 2e. sem. an 9, no. 7. 4

Barbazan et comp. — Adam. *Journ.*, 1er. sem. 1810. 29

Barbazan—Hupais. *Journ.*, 2e. sem. 1808. 440

Barbazan — de Brioude. Tom. 3, 1813. 260

Barbe—Mozier. *Collect.* an 13. 189

Barbenès — Sachermann. *Collect.* an 14. 481

Barberini—Toreani. *Journ.*, 2e. sem. 1810. 305

Barberis—Ruggieri. *Collect.* an 1809. 167

Barberes — Coeffier. *Journ.*, 2e. sem. an 9, no. 1. 1

Barbery. *Voy.* Bechon.

Barbey du Longbois—Syresme. *Collect.* an 1807. 136

Barbey—Leger. *Journ.*, 1er. sem. 1811. P. 126

Barbiaux—Clenis-Smitd. *Journ.*, 2e. sem. 1807. 110

Barbier. *Journ.*, 1er. sem. an 12. 520

Barbier de Villeneuve. (héritiers) *Journ.*, 2e. sem. an 12. 183

Barbier—Dubois. *Journ.*, 2e. sem. 1809. 513

Barbier—Joubert. *Journ.*, 2e. sem. an 11. 350

Barbier — la commune de Brimeux. *Journ.*, 1er. sem. an 13. 21

Barbier (Jacq.) — Ministère public. Tom. 3, 1813. 574

Barbier—Jeanne Roquette. Tom. 3, 1812. 62

Barbier—Russeau. *Journ.*, 1er. sem. 1811. 328

Barbot—Laubé. *Journ.*, 2e. sem. 1807. 267

Barchi—Ministère public. Tom. 1, 1812. 355

Bardenave—Etchevers. *Journ.*, 2e. sem. 1806. 465

Bardenet. (héritiers) *Journ.*, 2e. sem. 1810. 517

Bardet et Prier — leurs créanciers. *Journ.*, 1er. sem. 1810. 124

Bardine, Fabre. Tom. 1, 1812. 83

Bardon—Monnier. *Collect.* an 1808. 321

Birdou — de Sarcé. *Collect.* an 11. 161

Bardou—Mallé. *Journ.*, 1er. sem. 1806. 354

Bardonnez—Veiler. *Journ.*, 2e. sem. 1806. 350

Barel, Godfurneau — Cornet de Grez. *Collect.* an 1809. 247

Barenne—Pujo-Batsere. *Journ.*, 1er. sem. 1810. 126

Barennes—Delporte. *Collect.* 1811. 31

Barety—Jouve. *Journ.*, 2e. sem. an 12. 33

Baridou — Delaville. *Journ.*, 1er. sem. 1810. 539

Barillor—Girardot. *Collect.* an 12. 294

Barjeton—Rauquet. *Journ.*, 2e. sem. 1812. 344

Barlet. *Collect.* 1810. 47

Barlow—Cargil—Church. *Journ.*, 2e. sem. 1811. 564

Barnier Saint-Sauveur — Laborie. *Collect.* an 1807. 207

Barois — Penchein—Leriche. *Journ.*, 1er. sem. an 13. 491

Baron et Audibert—Coulon Vaudevelde. *Journ.*, 1er. sem. 1809. 535

Baron—Leblond. *Journ.*, 1er. sem. an 11. 525

Baron—Régie de l'enregistrement. *Collect.* 1811. 252

Baron—Trouillebert. *Journ.*, 1er. sem. an 12. 317

Baroni—Sorri. Tom. 1, 1813. 585

Baroud—Pyron et consorts. *Journ.*, 1er. sem. an 12. 349

Barra—Maugiard. Tom. 1, 1812. 61

Barrat—Ducrusel. *Journ.*, 1er. sem. an 13. 527

Barraud — Ministère public. *Journ.*, 2e. sem.

an 12.   Pag. 337

Barrau — l'hospice de Dôle. Tom. 1, 1812. 246

Barré—Dumouln. *Journ.*, 1er. sem an 11. 100

Barré — demoiselles Gardien. *Journ.*, 2e. sem. 1811. 497

Barré—Langlois. *Journ.*, 2e. sem. an 10. 279

Barreau—Renault. *Journ.*, 2e. sem. 1810. 177

Barrière—Sauveur. *Journ.*, 1er. sem. 1810. 364

Barrié et comp. — Booysens. *Journ.*, 2e. sem. 1806. 289

Barrière, Courmier—Gauthier. Tom. 3, 1813. 297

Barrington — Perdonet. *Journ.*, 2e. sem. an 13. 358

Barroin—Laguesse. *Journ.*, 2e. sem. 1811. 312

Barrois—Joubert. *Journ.*, 2e. sem. 1807. 360

Barrol (de) —Régie des domaines. *Collect.* 1811. 325

Barroud — Boitouzet. *Journ.*, 1er. sem. 1806. 225

Bart et comp.—Lenoble. *Journ.*, 2e. sem. an 11. 241

Barth—Fratzen. *Journ.*, 2e. sem. 1811. 13

Barthelais. (héritiers) Tom. 2, 1813. 177

Barthelemy — Audran. *Journ.*, 2e. sem. an 10. 529

Barthélemy, Dabadie—Deflers. Tom. 1, 1811. 261

Barthelemy, Rohan—Dupuy. *Journ.*, 1er. sem. 1808. 458

Barthelemy—Rohan-Guémenée. *Journ.*, 2e. sem. 1806. 167

Barthelemy (héritiers) — Pellegrin. *Collect.* an 1807. 139

Barthelon et comp. — Vincendon. *Collect.* 1811. 109

Barthez—Marlet. *Collect.* 1810. 243

Barthoneuf—Rofsinot. *Collect.* 1810. 257

Bartoni—Régie des douanes. Tom. 3, 1812. 437

Bas (héritiers) *Collect.* 1810. 41

Bascon — héritiers Moulins. *Journ.*, 2e. sem. an 13. 555

Basdebal—Masset. 1er. sem. 1810. 190

Basmarin, Danger — Giard. *Journ.*, 1er. sem. 1808. 553

Basset—Doisneau. *Journ.*, 1er. sem. 1810. 62

Basset—Micquet — Cordier. *Journ.*, 2e. sem. 1810. 316

Bassinet—Joubert. *Journ.*, 2e. s m. an 11. 350

Bassinet — Petit d'Ussonville. *Journ.* 1er. sem. an 11. 108

Bastaresche — Le commissaire de la marine. *Journ.*, 1er. sem. an 13. 417

Basterreche—Boisviolette. Tom. 3. 1813. 443

Bastian — Albert. *Journ.*, 2e. sem. 1808. 455

Bastian—Caproni. *Journ.*, 2e. sem. an 9. nv. 6. 8.

Bastiany—Leroy. *Journ.*, 1er. sem. 1809. 299

Bastier — Sarran. *Collect.*, an 13.   Pag. 1

Bastion — Potain, Finkin. *Journ.*, 2e. sem. 1808. 248

Bataille — Régie de l'enregistrement. *Journ.*, 1er. sem. 1811. 6

Bataille — Sauvage. *Journ.*, 2e sem. 1811. 417

Batailler — Roger. *Journ.*, 2e. sem. an 12. 545

Batavlia — Patris. *Journ.*, 2e. sem. an 10. 548

Batestin — Chanteclaire. *Journ.*, 1er. sem. an 12. 23

Baton — Gatelot. *Journ.*, 1er. sem. 1810. 376

Bastere—Pujo-Barenne. *Journ.*, 1er. sem. 1810. 126

Batié — Gallé. *Journ.*, 2e sem. an 12. 153

Batterman — Beelen. *Collect.*, an 1809. 36

Batteta — Muggia. *Journ.*, 2e. sem. 1811. 117

Baty — Julliat. *Journ.*, 2e. sem. 1808. 330

Baud — Vandat. *Journ.*, 1er. sem. 1811. 462

Baude (héritiers) — Blet. *Journ.*, 2e. sem. 1809, 25

Baudin — Deschamps-Tallard. *Collect.*, 1810. 112

Baudinet-Courcelles — ses créanciers. *Collect.*, 1811. 154

Baudon — Giroux. *Collect.*, an 14, 1806 199

Baudoin-Tallemare — Thanchevant. Tom. 2, 1812. 353

Baudoin — Dumas. *Journ.*, 2e. sem. 1811. 405

Baudonin—Régie de l'enregistrement. Tom. 3, 1812. 516

Baudouin — Marion-Huot. *Collect.*, 1811. 289

Baudouin - Gouzeville. (héritiers et légataires) *Journ.*, 2e. sem. 1811. 455

Baudouin—Brunet. *Journ.*, 2e. sem. 1811. 97

Baudouin—Huet-Girard. *Journ.*, 1er. sem. 1810. 156

Baudouin — Clément. *Collect.*, an 12. 49

Baudrier — Testu. *Journ.*, 2e. sem. an 11. 533

Baudrier — Montulé. *Journ.*, 2e. sem. an 10. 150

Baudry et Boullogne — Olivier. *Collect.*, an 12. 406

Baudry—Robin-la-Cataudière. *Journ.*, 1er. sem. an 12. 449

Baudry-de-Roisin — Devreëde. *Journ.*, 2e sem. 1810. 369

Bauer—Schneider. *Journ.*, 1er. sem. 1810. 389

Baussemont — Truche. *Journ.*, 1er sem. an 11. 38

Baugé — Gentil. Tom. 1er., 1813. 557

Baulny — Gastebois. *Collect.*, an 1808. 171

Baur — Kuntz. *Collect.*, an 1807. 285

Baurlier — Vée. Tom. 2, 1813. 258

Bauvais—Brière. *Journ.*, 2e. sem. 1807. 182

Bauveau — Bussant-Vocance. *Journ.*, 2e. sem. an 11. 228

Bauwens — Desmet. Tom. 2, 1812. 243

Bauwens—Questroi. *Collect.*, 1810. 296

Bavoue—Gaudin. *Journ.*, 2e sem. an 13. Pag. 392

Bayard—Beaufort. *Journ.*, 1er. sem. an 13. 342

Bayetta — Bagnolo et Vitta. Tom. 1, 1812. 466

Bayeux—Vincent—Testulat. *Journ.*, 2e. sem. an 11. 407

Bayl—Jaillac. *Collect.* an 14 (1806). 9

Bayle—Becquet. *Journ.*, 1er. sem. an 10. 341

Bazavin—Hudelot. *Collect.* an 1807. 261

Bizet—Poigné. *Journ.*, 1er. sem. 1808. 433

Bazières—Pichat de Saint-Auban. *Journ.*, 2e. sem. 1810. 421

Bazile—Bouillard. *Journ.*, 2e. sem. an 11. 72

Bazile—Dugard. *Journ.*, 2e. sem. 1808. 140

Bazille—Barbançon. *Journ.*, 2e. sem. 1808. 193

Bazille—Sarran. *Journ.*, 2e. sem. 1810. 385

Bazin—Coste. *Journ.*, 1er. sem. 1806. 411

Bazin—Barrault—Jeannin. *Journ.*, 2e. sem. an 9, no. 14. 1

Bazin — de Brevanne. *Journ*, 1er. sem. 1806. 411

Bazin—Hallout. *Journ.*, 2e. sem. 1817. 51

Bazin—Hayes. *Journ.*, 2e. sem. 1807. 51

Bazin—Régie de l'enregistrement. *Collect.* an 13. 209

Bazin—Vitry. *Journ.*, 1er. sem. 1806. 411

Bazot—M. . . *Journ.*, 2e. sem. 1811. 90

Béard — demoiselle Martin. *Journ.*, 2e. sem. 1811. 28

Beardi — Cornegliano. *Journ*, 1er. sem. 1807. 462

Béarn—Brassac. *Journ.*, 2e. sem. 1807. 490

Beau—Parizot. *Journ.*, 1er. sem. 1811. 403

Beauchamp—Delatour. Tom. 2, 1815. 598

Beauchef—Duparc. Tom. 1, 1813. 442

Beauchef Servigny—Leprevost. Tom. 1, 1812. 289

—— Tom. 2, 1812. 285

——Tom. 2, 1813. 294

Beaudeux—Vincent. Tom. 3, 1812. 261

Beaufort—Bailly. *Collect.* an 12. 80

Beaufort—Bayard—Douville. *Journ.*, 1er. sem. an 13. 342

Beaufort, Carré — Garnier. *Journ.*, 1er. sem. 1808. 347

Beaufremond—Sainson-Taxis. *Journ.*, 1er. sem. 1809. 321

Beaufremont—Sainson-Taxis. *Journ.*, 2e. sem. an 13. 257

Beaugrand—Paulmier. *Collect.* an 13. 359

Beaugrand — Sommariva, Carstensohn. *Journ.*, 2e. sem. 1808. 44

Beaugrand — Carstensohn—Sommariva. *Journ.*, 1er. sem. 1809. 309

Beaumarié—Gombault. *Journ.*, 2e. sem. 1809. 1.6

Beaumarié—Gombault. *Journ.*, 2e. sem. 1810. 180

Beaumès — Ministère public. *Journ.*, 1er. sem. 1809. Pag. 271

Beaumès—Ministère public. *Collect.* an 1809. 44

Beaumier — Thomas. *Journ.* 1er. sem. 1808. 388

Beaumont — la dame Moideseule. *Journ.*, 2e. sem. an 13. 71

Beaumont—Schmitz. *Journ.*, 2e. sem. 1812. 168

Beaumont Dixie — Lecouri. *Journ.*, 1er. sem. 1810. 113

Beauquaire (Angélique) — héritiers Beauquaire. *Journ.*, 2e. sem. 1809. 335

Beauregard—Vinatier. Tom. 3, 1812. 81

Beauregard—Devieux. *Journ.*, 1er. sem. an 12. 100

Beaurepaire—Coutelle-la-Tremblaie. *Journ.*, 1er. sem. an 11. 358

Beaurepaire — Gaillard. *Journ.*, 2e. sem. an 13. 509

Beaurepaire — Papon. *Journ.*, 2e. sem. 1807. 335

Beaurepaire (héritiers)—Saint-Amand. *Journ.*, 2e. sem. an 13. 533

Beausset—Delarochefoucault. *Journ.*, 2e. sem. an 12. 45

Beausset—Paulet. *Journ.*, 2e. sem. 1806. 507

Beauthier. *Collect.*, 1811. 447

Beauvais—Priveras. *Collect.*, an 12. 71

Beauvais—Vigneras. *Collect.*, an 1809. 286

Beauvarlet — Dautrel-Villebrun. Tom. 3, 1812. 266

Beauvoir (de)—De Laubrussel. Tom. 3, 1812. 357

Beauvoisin—Jouenne, et autres. *Journ.*, 1er. sem. 1811. 90

Becaune—Desmaries. *Collect.*, 1810. 206

Béche—Alexandre. *Journ.*, 2e. sem. 1809. 271

Bechet. *Journ.*, 1er. sem. an 12. 117

Bechon—Barbery-Dupin. *Journ.*, 1er. sem. an 13. 23

Beckard—Domidian. *Journ.*, 2e. sem. 1811. 273

Becker-Volmer—Durein. Tom. 2, 1813. 37

Beckman — héritiers Vandermeeren. *Journ.*, 2e. sem. an 9, no. 31. 7

Becœur—Ferrand. *Journ.*, 1er. sem. 1809. 483

Becq (de) De Berly. *Journ.*, 2e. sem. an 13. 529

Beelen (de)—Balteman. *Collect.*, an 1809. 36

Beerens—Vanwammel. *Journ.*, 1er. sem. 1809. 559

Beerem, Broeck—Mac, Evoy. *Journ.*, 2e. sem. 1808. 19

Bégason—Lorrain. Tom. 3, 1813. 347

Begin—Lejeune. *Journ.*, 2e. sem. 1810. 415

Begoden—Middegals. Tom. 2, 1813. 514

Begon—Jourdau. *Collect.*, an 1807. 311

Begon—Mejean. *Journ*, 2e. sem. an 9, no. 28. 8

Bégouin—Gelfrier. Tom. 3, 1812.   Pag. 385
Bégué—Aubagès. *Journ.*, 2e. sem. 1807.   131
Beguey—Berdalle *Journ.*, 2e. sem. 1807.   452
Béguin, Torcau-Reuiière—Gasté. Tom. 1er., 1813.   382
Behagle—Tesnières et consorts. *Journ.*, 1er. sem. 1811.   469
Behagues—Pirane-y. *Collect.*, 1810.   157
Behauer—veuve Buffon. *Journ.*, 1er. sem. an 12.   5
Beille—Armand. *Journ.*, 1er. sem. an 13.   104
Bejarry—De Bagneux. *Journ.*, 2e. sem. 1810.   533
Belamy—Ministère public. *Collect.*, an 14.   231
Belhomme, Mille et compagnie — Ivanich. *Collect.*, 1811.   86
Belin—Guillaume. *Journ.*, 1er. sem. 1810.   316
Belin, Desmarets—Lemuey. *Journ.*, 1er. sem. 1806.   97
Beliss ns—Saint-Jory. *Collect.*, an 1807.   353
Belnin—Evrard. *Collect.*, an 12.   77
Beloncle—Martin. *Journ.*, 2e. sem. 1807.   477
Beloncle—Martin. *Journ.*, 1er. sem. 1811.   508
Belot—Subert. *Journ.*, 2e. sem. an 13.   65
Belot—Salomon. *Journ.*, 1er. sem. 1806.   533
Belot—Rossigneux. *Journ.*, 2e. sem. an 10.   453
Beltrami, (frères et sœurs). *Collect.*, an 1808.   65
Belvaux—Paret. *Collect.*, an 1809.   3-4
Belz—Porta et Biandra. *Journ.*, 1er. sem. 1809.   373
Bellan—Gouraincourt. *Journ.*, 2e. sem. 1800.   469
Bellanger. *Collect.*, an 1808.   308
Bellanger—Guyot. *Journ.*, 2e. sem. 1810.   235
Bellanger, et consorts—Emerie. *Journ.*, 2e. sem. an 11.   523
Bellanger—Lallemand. Tom. 1er., 1813.   364
Bellanger—Lecomte. *Journ.*, 2e. sem. an 10.   321
Bellant—Rivière. *Journ.*, 2e. sem. 1807.   59
Bellecombe—Sarrazin. *Collect.*, an 1807.   51
Bellefroid—Tornaco. *Collect.*, an 1807.   307
Belle-Ile—Rohaut-Desvieux. *Journ.* 2e. sem. an 11.   65
Bellemard, Delamotte—Ocquaiville. *Journ.*, 2e. sem. 1800.   289
Bellemore. *Journ.*, 2e. sem. an 12.   317
Belleney—Verger. *Journ.*, 1er. sem. an 10.   263
Bellenger—Giambonne, Delondre. *Journ.*, 2e. sem. 1807.   403
Beller—Mahon. *Journ.*, 2e. sem. an 9, n°. 22.   1
Bellet et Marsais. Tom. 2, 1813.   598
Belleville—Savey. *Journ.*, 1er. sem. an 15.   273
Bellezza—Pistone. Tom. 1er., 1812.   28?
Belli—Mocafi. *Journ.*, 1er. sem. 1807.   396

Belliard. *Journ.*, 1er. sem. 1807.   Pag. 366
Belliardi—Bocchio. *Journ.*, 2e. sem. 1809.   207
Bellier, Coche—Mallet. Tom. 3, 1812.   199
Bellon, commissaire de la comp.c. de l'arsenal de Marseille. *Collect.*, 1810.   434
Bellou. *Journ.*, 2e. sem. 1806.   420
Bellon, Depont—Commard. *Journ.*, 2e. sem. an 13.   219
Bellone—Pastoris. *Collect.*, an 1809.   527
Bellone—Pastoris. *Collect.*, 1810.   454
Bellony—Debruelle. *Journ.*, 2e. sem. 1810.   9
Bellot—Serreau. *Journ.*, 1er. sem. 1810.   75
Bellussière (de)—De Peysac. Tom. 2e., 1812.   433
Bellussière (de) De Peysac. *Collect.*, an 14, 1806.   437
Bellynck—Rappellet. Tom. 2, 1812.   137
Bémy—Favereau. *Journ.*, 1er. sem. 1807.   257
Benard—Billet. *Journ.*, 1er. sem. 1810.   161
Benard, Boutfol—Renard. Tom 1er., 1813.   91
Bené, Pouchet—Maugendre. *Journ.*, 1er. sem. 1809.   183
Benek, Lepinay—De Nayrac. *Collect.*, 1811.   37
Béniquet—Ministère public. *Journ.*, 1er. sem. au 13.   151
Benjamin—Boutiny. *Journ.*, 2e. sem. an 12.   167
Benjamin—Fraisneau. *Journ.*, 2e. sem. 1807.   39
Benoist et consorts. *Journ.*, 2e. sem. an 13.   418
Benoist—Judas. Tom. 2, 1813.   262
Benoits—Robiés. Tom. 1er. 1813.   374
Benoit—Chevalereau *Journ.*, 1er. sem. 1806.   330
Benoit—Godier-Fayolle. Tom. 3, 1813.   585
Benoit—Ministère public. Tom. 1er., 1812.   417
Benon, (les mariés). *Collect.*, an 14, (1806).   110
Benon. *Collect.*, an 1807.   413
Bensa—Déede. *Journ.*, 1er. sem. 1810.   179
Bequel—Bayle. *Journ.*, 1er. sem. an 10.   341
Berail (les enfans). *Journ.*, 2e. sem. an 13.   171
Bérenger. *Collect.*, an 1807.   282
Berard—héritiers Rey. Tom. 3, 1813.   404
Berard—héritiers Rey. Tom. 1er., 1812.   461
Berard—Verdier. *Journ.*, 1er. sem. 1807.   32
Beraud—Devaux. Tom. 3, 1812.   18
Beraud—Fassy. *Journ.*, 1er. sem. an 10.   285
Beraud—la fille Millon. *Collect.*, an 12.   95
Béraudière (la)—Guillot. *Journ.*, 2e. sem. 1808.   345
Berbignier—Gilles. Tom. 3, 1813.   340
Berckmans—Vandertracht. *Collect.*, 1811.   439
Berdalle—Beguey. *Journ.*, 2e. sem. 1807.   452
Berdolle—Pulignieu. *Journ.*, 1er. sem. an 11.   145

Berembroëck — Mac-Evoi. *Collect.*, an 1808. Pag. 96

Berg et consorts—Dewit. *Journ.*, 1er. sem. an 13. 153

Berembroc. (les mariés) *Journ.*, 1er. sem. an 12. 345

Berenger. *Journ.*, 1er. sem. an 12. 252

Berenger—Leyx. *Journ.*, 1er. sem. an 13. 8

Berenguier, (les mariés). *Journ.*, 1er. sem. an 13. 149

Bercur de Malans—Rigonaux. *Journ.*, 2e sem. 1811. 545

Bergayck—Dormer. Tom. 1er., 1812. 164

Berge—Bossan *Journ.*, 2e. sem. 1809. 408

Berger—Duteil. *Journ.*, 1er. sem. 1809. 404

Berger—Coulon. *Journ.*, 2e. sem. an 10. 573

Bergera—héritiers Carena. *Collect.*, 1811 164

Bergeran. *Journ.*, 2e. sem. 1812. 238

Bergerat—Yver. *Journ.*, 1er. sem. 1811. 296

Bergeret, Chedeville—Roger. *Journ.*, 1er. sem. 1809. 533

Bergeret—Delaval. *Journ.*, 1er. sem. 1810. 487

Bergeret. *Journ.*, an 14. 268

Bergeret—Duclos, Grenet et Rouzet. *Journ.*, 2e. sem. an 13. 488

Bergeret—Ministère public. *Journ.*, 1er. sem. an 13. 177

Bergeret—Norinval—Cousin—Méricourt. *Journ.* 2e. sem. an 10. 184

Berges—Ollié. *Journ.*, 1er. sem. 1810. 225

Berghes (de)—Arleux. (commune d') Tom. 1er., 1813. 173

Berghes (de) — De Roode. *Journ.*, 2e. sem. 1810. 52

Bergouzi—héritiers Maguanini. *Journ.*, 2e. sem. an 13. 156

Bergougnoun (héritiers). *Journ.*, 1er. sem. 1809. 412

Berjaud—Rigaud. *Journ.*, 2e. sem. 1811. 481

Berillon—Burat—Soufflot. *Journ.*, 2e. sem. an 10. 247

Berkeurode — Prevost. *Journ.*, 2e. sem. 1812. 415

Berkman—Debacker. *Journ.*, 1er. sem. 1811. 43

Berlan—Pignatelli. *Journ.*, 1er. sem. an 11. 134

Berlier—Saint-Laurent. *Collect.*, an 1809. 42

Berlot. *Journ.*, 1er. sem. 1808. 569

Berly (de) De Becq. *Journ.*, 2e. sem. an 13. 529

Bernard. *Journ.*, 2e. sem. 1808. 305

Bernard—Chabanon. *Collect.*, 1810. 237

Bernard—Chauvet. Tom. 2, 1813. 300

Bernard—De Chavane. Tom. 3, 1812. 266

Bernard—Faugueux. Tom. 1er., 1813. 397

Bernard—Lacombe. *Journ.*, 2e. sem. 1807. 539

Bernard—Mooz. *Journ*, 2e. sem. 1810. P. 407.

Bernard—Moraugiés. *Journ.*, 1er. sem. an 13. 574

Bernard—Piel. *Journ.*, 1er. sem. an 12. 269

Bernard—Roux. *Journ.*, 2e. sem. an 12. 551

Bernard—Trobriaud. *Journ.*, 1er. sem. 1810. 465

Bernard—Viellard—Letellier. Tom. 1er., 1812. 128

Bernard, d'Aigouy—Salesses. *Journ.*, 2e. sem. an 12. 337

Bernard Balainvilliers. *Journ.*, 1er. sem. an 12. 377

Bernardin de Saint-Pierre—Didot. *Journ.*, 2e. sem. an 11. 392

Bernardin de Saint-Pierre—Stapleaux. *Collect.*, 1810. 155

Bernier — Demorge. *Journ.*, 2e. sem. an 11. 364

Bernier—Vaudemont. *Journ.*, 1er. sem. 1806. 250

Bernoville—Bouteille. *Journ.*, 1er. sem. 1810. 97

Berrevoëdt—Costrique. *Journ.*, 2e. sem. 1809. 473

Berrino. *Journ.*, 2e. sem. 1812. 491

Berry (Marie)—héritiers Verchères. Tom. 1er. 1812. 225

Berry—Verchere. *Journ.*, 2e. sem. 1807. 441

Bertail—Courbon—Vinoy. *Journ.*, 1er. sem. 1810. 565

Bertaume—Montgirault. *Journ.*, 2e. sem. an 11. 55

Bertaut—Sicard. Tom. 3, 1813. 241

Bertheau—Challiot. Tom. 3, 1813. 138

Berthelin. *Journ.*, 1er. sem. 1808. 89

Berthelin — Provence. *Journ.*, 2e. sem. 1806. 301

Berthelot. (voyez *Ganivet*).

Berthelot—les mariés Vincent. *Journ.*, 2e. sem. 1811. 3

Berthelot—Vincent. *Journ.*, 1er. sem. 1807. 201

Berthenon—Aupepin. *Journ.*, 2e. sem. an 13. 104

Berthier—Villemenant. *Journ.*, 2e. sem. 1808. 497

Berthier —Devillemenant. *Journ.*, 1er. sem. 1807 154

Berthier—Verdun—Charpentier. *Journ.*, 1er. sem. an 13. 119

Berthier-Warnier—Masse. *Journ.*, 1er. sem. 1811. 129

Berthinot—les héritiers Dommangeville. *Journ.*, 2e. sem. 1811. 167

Berthol—Vacher-Lacour. *Journ.*, 1er. sem. 1810. 561

Berthot — Vacher-Lacour. *Journ.*, 1er. sem. 1807. 376

Bertin — Pasquin et Jeanson. *Collect.*, 1811. 119

Bertinato—Zerboi. *Journ.*, 1er. sem. 1811. 2-8

Bertini—Picard. Tom. 1er., 1813. 357

Bertinot—Harlet, Serilly. *Journ.*, 2e. sem. 1807. 246

Berton. Tom. 1er., 1813. 562

Berton—Droissart. *Collect.*, 1811. 182

Bertone—Roulet et Clarey. *Journ.*, 2e. sem. 1810. 447

Bertrand. *Journ.*, 1er. sem. an 10. 461

Bertrand—Arbousset. Tom. 3, 1813. 153

Bertrand (héritiers). Tom. 2, 1813. 491

Bertrand—Chamery, de la Cour. *Journ.*, 2e. sem. 1808. 23

Bertrand—Cheyron. *Collect.*, an 14, (1806) 3

Bertrand et Feydeau—Administration de la marine. *Journ.*, 1er. sem. 1809. 161

Bertrand—Delatione. *Journ.*, 1er. sem. an 11. 22

Bertrand—Gauthier. *Journ.*, 2e. sem. 1809. 209

Bertrand—Gautier—Henry. *Journ.*, 1er. sem. 1810. 295

Bertrand—Gras. *Journ.*, 1er. sem. an 11. 364

Bertrand—Ministère public. *Journ.*, 1er. sem. an 13. 163

Bertrand—Souskiski. *Journ.*, 2e. sem. an 9, no. 8. 5

Bertrand — Tayole. *Journ.*, 1er. sem. an 13. 77

Bertrandet—Lassaulx. *Journ.*, 2e. sem. an 11. 573

Berty Fabry—héritiers Pellagrue. *Journ.*, 1er. sem. 1810. 481

Berule (héritiers). *Journ.*, 1er. sem. an 11.. 92 et 385

Bérulle (de) — Cornisset. *Collect.*, an 1808. 174

Berutti—Bachi. *Journ.*, 2e. sem. 1811. 391

Beschais. *Journ.*, 2e. sem. 1808. 406

Besenval—Maisonville (Poulain de), Bureau. *Journ.*, 2e. sem. 1809. 326

Beslay—Brison. *Journ.*, 1er. sem. 1811. 481

Besnard—Dupré de Saint-Maur. *Journ.*, 1er. sem. 1808. 97 et 360

Besnard — Des Aulnois. *Journ.*, 2e. sem. an 13. 298

Besnard—Mamoir. Tom. 1er., 1813. 407

Besnard—Mauger—Leduc. *Journ.*, 1er. sem. 1810. 181

Besnier—(créanciers) Léorier. *Collect.*, an 1807. 143

Besonguet—Hugues. *Journ.*, 1er. sem. an 12. 393 et *Collect.*, an 13. 314

Besselièvre—Régie de l'enregistrement. *Journ.*, 2e. sem. an 13. Pag. 181

Bessin (Amand). *Journ.*, 2e. sem. an 13. 474

Besson—Possel et compe. *Journ.*, 1er. sem. 1811. 422

Bessy—le préfet des Alpes. *Journ.*, 1er. sem. 1811. 305

Bestaven—Daisson. *Journ.*, 1er. sem. an 12. 71

Betaucourt—Rabel. *Collect.*, 1811. 469

Betford—Dubail. *Journ.*, 2e. sem. an 10. 353

Bethune (de)—Hameragen—Latour. *Collect.*, an 1809. 428

Bettens—Noterman. *Collect.*, an 1807. 109

Beugon—Thomas. *Collect.*, an 13. 470

Beuquez—Foutan. Tom. 2, 1813. 568

Beurry. *Journ.*, 2e. sem. 1811. 223

Bevers—Neve—Goormachtig. Tom. 3, 1812. 406

Beynat—Tardieu. *Collect.*, an 12. 104

Beys—Neel. Tom. 3, 1813. 268

Bezelon—Favre. *Journ.*, 2e. sem. 1812. 332

Bezenval (de)—Lebas de Courmont. *Journ.*, 2e. sem. an 10. 377

Beziers—Roger. *Journ.*, 2e. sem. an 10. 209

Bezin—Dupony. *Journ.*, 2e. sem. 1806. 394

Bianco—Marchette. Tom. 3, 1813. 561

Bianquin—(héritiers). *Collect.*, an 1808. 102

Biard—Herte. *Journ.*, 1er. sem. an 11. 561

Biarote—Despêchers. Tom. 1er., 1813. 554

Bichecourt—Tillette d'Eaucourt. Tom. 3, 1813. 496

Bidaud—Simonin. *Journ.*, 2e. sem. 1810. 519

Bidé de Granville—(héritiers). Tom. 2, 1813. 73

Bidermann—Lainé. Tom. 1er. 1813. 98

Bidermann — Michaux - Larosière. Tom. 1er., 1813. 496

Biel-Charreton — Sauveplane. Tom. 2, 1813. 241

Biers—Hubert. *Collect.* an 14 (1806) 467

Biers—Stubert — Dewinck. *Journ.*, 2e. sem. an 13. 566

Bihel—Henry et Bodin. Tom. 2, 1813. 189

Bigault-d'Avocourt — Régie de l'enregistrement. Tom. 2, 1813. 13

Bigey—Clerc. *Journ.*, 1er. sem. 1810. 285

Bigle—Charier. *Journ.*, 1er. sem. 1809. 327

Bignan—Labouglie. *Journ.*, 2e. sem. 1808. 75

Bijotat—Terrieu. *Journ.*, 2e. sem. 1810. 257

Biliaut—Fredfond. *Journ.*, 1er. sem. an 10. 175

Billardon—Ponelle. *Journ.*, 2e. sem. 1810. 105

Billardon—ses créanciers. *Journ.*, 2e. sem. 1810. 108

Billebaut—Rossel. *Journ.*, 2e. sem. an 12. 138

Billet.—Benard. *Journ.*, 1er. sem. 1810.   161
Billet—Ministère public. Tom. 2, 1813.   575
Billet—héritiers Titon. *Journ.*, 2e. sem. 1811.   427
Billoire—Leroy. *Journ.*, 2e. sem. 1808.   129
  et tome 3 1812.   289
Bilout—Nicolle *Journ.*, 1er. sem. 1811.   168
Binant—Meurisse. *Journ.*, 1er. sem. an 12.   111
Binet—Desbordeaux. *Journ.*, 1er. sem. 1809.   385
Binger—Peisser. *Journ.*, 1er. sem. an 11.   379
Biourge. *Journ.*, 2e. sem. 1807.   141
Biourge—Delrue. *Journ.*, 1er. sem. 1810.   3
Biré. *Collect.* an 12.   417
Bisson—Leypold et autres. *Journ.*, 2e. sem. 1810.   366
Bitard Lacombe — Lambert. *Journ.*, 1er. sem. an 12.   385
Bitharux — Montlaur. *Journ.*, 1er. sem. 1808.   424
Blanc. Tom. 1, 1813.   182
Blanc—Rouvière. *Journ.*, 1er. sem. 1806.   504
Blanc—Pila *Journ.*, 1er. sem. an 11.   529
Blanc—Vésian—Bouchet. Tom. 3, 1812.   470
Blanc—Jourdan. *Collect.* an 12.   83
Blanc-Mavit—Sabatier. *Journ.*, 2e. sem. 1807.   371
Blancard. *Journ.*, 2e. sem. an 10.   412
Blancard—Crouet. *Journ.*, 1er. sem. an 11.   268
Blancard — Garnaud. *Journ.*, 1er. sem. an 10.   451
Blancé, Psalmon — Lanchère. Tom. 1, 1813.   455
Blanchard—Bourdonnaye. Tom. 2, 1813.   174
Blanchard—Labauche. Tom. 2, 1813.   246
Blanchard (veuve) — de Grandelle. *Journ.*, an 14.   150
Blanche—Régie de l'enregistrement. *Journ.*, 2e. sem. 1806.   273
Blancherot-Decouilly. *Journ.*, 2e. sem. 1806.   487
Blanchet. *Collect.* an 13.   225
Blanchet—Malapret. *Collect.* an 1809.   430
Blanchet—Poulard, Moreau. Tom. 2, 1813.   234
Blandans. (commune de) *Journ.*, 2e. sem. an 10.   226.
Blanque, Meillan—Cormier. *Journ.*, 2e. sem., 1812.   407
Blanque—Paleugat. *Collect.* 1810.   305
Blanquet—L'Echalat. *Journ.*, 2e. sem. an 10.   490
Blanqui d'Aiglun—Caissoti. Tom. 3, 1812.   105
Blauwart — Hayhin. *Journ.*, 1er. sem. 1810.   453
Blaquière — Limoux — Fabre. *Journ.*, 2e. sem. 1806.   385
Blaquière-Troncq. *Journ.*, 1er. sem. an 12.   145
  et 1er. sem. 1807.   501

Blary—Vic. *Journ.*, 1er. sem. 1811.   Pag. 454
  et *Collect.* 1811,   70
Blass. *Collect.* an 1807.   434
Blatin—Lecocq—Colin. *Journ.*, 2e. sem. an 13.   312
Blau—Jousselin. *Journ.*, 2e. sem 1806.   17
Blavoyer—Courtat. *Journ.*, 2e. sem. 1812.   408
Blavoyer. (les maries) *Journ.*, 1er. sem. an 12.   215
Blavoyer—Lorue. *Journ.*, 1er. sem. an 12.   508
Blay, Glauden.—Jubier. Tom. 3, 1813.   3
Blayac — la dame Royère. Tom. 3, 1812.   576
Blaye—Brandin. *Journ.*, 2e. sem. 1806.   23
Blaye—Parquet — Champion. *Journ.*, 2e. sem. 1809.   68
Blet—Guérin. *Journ.*, 2e. sem. an 11.   439
  et *Collect.* an 13.   342
Blet. — héritiers Baude. *Journ.*, 2e. sem. 1809.   25
Blin—Lecerf. *Journ.*, 1er. sem. an 13.   262
Blin de Bourdon—héritiers Sélincourt. Tom. 3, 1813.   229
Bloche—Mautor. *Journ.*, 1er. sem. 1809.   113
Blommaert, Malfeson—Faille. *Collect.* an 1809.   438
Blondeau—Caroly. *Journ.*, 2e. sem. an 12.   175
Blondeau—Couppé. Tom. 3, 1813.   157
Blondeau—Lecluse. *Journ.*, 2e. sem. 1807.   568
Blondeau — Leviaut. *Journ.*, 1er. sem. 1806.   489
Blondeau—Touchard. *Journ.*, 2e. sem. an 12.   429
Blondel— *Collect.* an 13.   118
Blondel—Fontaine. *Journ.*, 2e. sém. 1811.   124
Blondel. (héritiers) *Journ.*, 1er. sem. an 11.   424
Blondel—hospice de Troyes. *Journ.*, 1er. sem. 1810.   501
Blondelet, Malpas. Tom. 1, 1813.   592
Blondet—Martin. 1er. sem. an 11.   193
Bloquel — Losseraud. *Journ.*, 1er. sem. 1811.   284
Bloquerie. *Journ.*, 2e. sem., 1807.   75
Bosseville. (commune de) — Montrolier. *Coll.* an 1809.   32
Blotteau—Garreau. Tom. 1, 1813.   35
Blutel—Dupont Delabre. *Journ.*, 1er. sem. an 10.   445
Bobé—Truché. *Journ.*, 2e. sem. 1809.   512
Boccage—Bourdon. *Journ.*, 2e. sem. an 11.   91
Boccalin—Darracq *Journ.*, 2e. sem. 1809.   449
Bocchi—Feretti. *Journ.*, 2e. sem. 1811.   334
Bocchin—Balliardi. *Journ.*, 2e. sem. 1805.   207
Bodin, Boutoux—Pinot. Tom. 1, 1813.   289
  et Tom. 3, 1813.   9
Bodin et comp.—Julian. *Journ.*, 2e. sem. an 13.   246

Bodin et Henry—Bihel. Tom. 2, 1813.   189

Bodin—Hagerman-Oneto. *Journ.*, 2e. sem. 1810.   145

Bœuf, Martin—Cathas. *Collect.* an 1807.   450

Bogard—Plenner. *Journ.*, 2e. sem. an 11.   467

Bogent—Ministère public. *Journ.*, 2e. sem. an 9, n°. 24.   3

Boglio—Massaris. Tom. 1, 1812.   275

Bohet—Thomas. *Journ.*, 1er. sem. 1806.   401

Boileau—Raboulin. Tom. 1, 1812.   270

Boileau, Collignon—Fremion. *Collect.* an 1809.   404

Boileux—Grusson. *Journ.*, 1er. sem. 1811.   155

Boiley. *Collect.* 1810.   314

Boinon. (enfans et héritiers) Tom. 3, 1812.   25

Boireau—Coudol. *Journ.*, 2e. sem. an 11.   525

Boirot - Duval — dame Deschamps. Tom. 2, 1813   9

Bois, Canot—Chapron. *Journ.*, 1er. sem. an 12.   101

Bois-Renaud—Ripoul. *Journ.*, 1er. sem. an 12.   330

Boiseau. *Journ.*, 1er. sem. an 10.   119

Boisguérard — Ducroy. *Collect.* an 14 (1806).   159

Boislevin — héritiers Lancry. Tom. 1, 1812.   524

Boisnard — Ministère public. *Journ.*, 2e. sem. an 11.   385

Boisneuf—Dallarde. *Journ.*, 2e. sem. 1807.   348

Boisroussel. *Voy.* Costard.

Boisse. *Journ.*, 2e. sem. 1808.   504

Boissel—Menier. *Journ.*, 2e. sem. an 10.   327

Boisseuil — la dame de Chalandraye. *Collect.* an 13.   321

Boisseuilh—Chalendray. *Journ.*, an 14.   9

Boisseraud — Fages et Courcelles. *Journ.*, 1er. sem. an 12.   168

Boissi—Choiseul. *Journ.*, 2e. sem. 1806.   569

Boissi—Etampes. *Journ.*, 2e. sem. 1806.   569

Boissier — Content, Morel. *Journ.*, 2e. sem. 1812.   151

Boissier—Daumas. *Journ.*, 2e. sem. 1806.   27

Boissière. *Journ.*, 2e. sem. 1811.   57

Boissire-le-Bertrand — Duclos. Tom. 1, 1813   32

Boisson de Quency — veuve Morin. Tom. 1, 1812.   265

Boisson—Ministère public. *Journ.*, 1er. sem. an 13.   312

Boistel—Marest. Tom. 1, 1813.   145

Boisviolette—Basterreche. Tom. 3, 1813.   448

Boitouzet—Lamalle—Barroud. *Journ.*, 1er. sem. 1806.   225

Bokary — l'agent du trésor public — Dalmbert. Tom. 1, 813.   61

Bolster—Priuli. *Collect.* an 1807.   256

Bollo. *Collect.* an 1807.   90

Bollo. *Journ.*, 1er. sem. 1807.   448 et 1er. sem. 1808.   342

Bolleret—Bondier, d'Apremont, Godeau. *Journ.*, 1er. sem. 1809.   522

Bolleret—Nanteau. *Journ.*, 1er. sem. 1809.   412

Bollet—Chevillard, Colin. *Journ.*, 1er. sem. 1807.   566

Bombard. (héritiers) Tom. 2, 1813.   488

Bombart — Ligné — Dardel. *Journ.*, 1er. sem. an 13.   513

Bompart—Brunel. *Journ.*, 2e. sem. an 10.   289

Bompart—Cotin. *Journ.*, 1er. sem. an 11.   440

Bon—Goujoux. *Journ.*, 1er. sem. an 12.   259

Bon—Rouzo, Rosetti. *Journ.*, 1er. sem. 1811.   139

Bonafé. (les mariés) *Journ.*, 2e. sem. an 11.   430

Bonal—Cayla-Ferrières. *Journ.*, 2e. sem. an 13.   278

Bonal—Gardarenc Boisse. *Journ.*, 2e. sem. an 13.   225

Bonansea—Fasoletto. Tom. 1, 1812.   280

Bonardel—Favier. *Journ.*, 2e. sem. 1811.   325

Bonchellini. Tom. 1, 1813.   545

Bonelli. (héritiers) *Journ.*, 2e. sem. 1810.   557

Bonenfant—Galan. *Journ.*, 1er. sem. 1808.   100

Bonetot—Boucher. *Journ.*, 1er. sem. an 12.   285

Bonfaute. (les mariés) *Journ.*, 2e. sem. 1811.   493 et *Collect.* 1811.   132

Bonfils—Privat d'Andure. Tom. 1, 1812.   408

Boniface—Maupeou. *Collect.* an 1807.   382

Bonis—Dejean, Gardy. *Journ.*, 2e. sem. 1810.   269

Bonjean. *Collect.* an 1809.   366

Bonnafoux—Laget. *Journ.*, 2e. sem. an 12.   302

Bonnans, Balaille—Rougé. Tom. 3, 1812.   191

Bonnard—Lefébre. Tom. 3, 1812.   496

Bonnay (héritiers) — Duhan. *Journ.*, 2e. sem. 1812.   119

Bonneau de Saint-Mesme. *Journ.*, 1er. sem. 1808.   182

Bonnecarrère — Boyd. *Journ.*, 2e. sem. an 12.   293

Bonnecarrère—Régie de l'enregistrement. *Journ.*, 2e. sem. 1812.   364

Bonnefonds — Vaissy. *Journ.*, 1er. sem. an 13.   516

Bonnemort—Lafon. *Journ.*, 1er. sem. 1806.   37

Bonnet. *Journ.*, 1er. sem. 1806.   136 et 2e. sem. 1806.   433

Bonnet—Gaudry. *Journ.*, 2e. sem. an 9, n°. 25.   9

Bonnet—Levacher. *Journ.*, 2e. sem. an 12.   17

Bonnet—Piéper. *Journ.*, 2e. sem. an 9, n°. 9.   1

Bonnet—Régie des droits réunis. Tom. 2, 1813.   297

Bonnet—Lebegue. Tom. 2, 1813. Pag. 417
Bonnet—Tantillon. *Collect.* an 1807. 188
Bonnet-Imbert.—Gor. *Collect.* an 13. 427
Bonneville (de) — Régie de l'enregistrement. *Journ.*, 1er. sem. an 11. 454
Bonneville—Gerboux. Tom. 3, 1813. 338
Bonnier—Tupigny. *Journ.*, 2e. sem. 1811. 296
Bonnot—Daillant. *Journ.*, 1er. sem. 1806. 28
Bontems — Chauvand. *Journ*, 1er. sem. an 12. 423
Bontoux, Bodin—Pinot. Tom. 1, 1813. 289
et tom. 3, 1813. 9
Bontoux—Calamel. *Collect.* an 1809. 119
Bontoux. — Jaubert de Beaujeu. Tom. 1, 1812. 271
Bonvoisin—Jaulgey. *Journ.* an 14. 310
Booysens—Barrié et comp. *Journ.*, 2e. sem. 1806. 289
Borchgrave — Vanstraten. *Journ.*, 1er. sem. an 11. 513
Bordage—Pasquier. *Collect.* an 1811. 295
Bordago—Francesetti—Settimc. *Journ.*, 2e. sem. 1811. 311
Bordeaux — Mignon. *Journ.*, 2e. sem. an 12. 156
Bordenave — Gaillard *Journ.*, 2e. sem. 1808. 573
Borderioux—Furtin. *Journ.*, 1er. sem. an 12. 481
Bordier — Levassor. *Journ.*, 1er. sem. an 11. 205
Bordier—Turgot. *Journ.*, 1er. sem. 1811. 105
Borel—Duchesne. Tom. 1, 1812. 504
Borelly. *Collect.* an 1808. 53
Borelli—Costa. *Journ.*, 2e. sem. 1810. 561
Bormans — Loos - Corswarem. *Journ.*, 2e. sem. 1812. 173
Bormans—Touzard, Olivier. Tom. 1, 1812. 86
Bornet—Angouillant. *Collect.* an 1810. 224
Boroger — la commune de Marimont. *Journ.*, 1er. sem. an 12. 262
Borremant. *Journ.*, 1er. sem. 1808. 332
Bortaire—Ministère public. Tom. 3, 1815. 606
Bory—Lombard. *Journ.*, 2e. sem. 1810. 101
Bosch — héritiers Vanderbussche. *Journ.*, 2e. sem. 1809. 65
Boschi—Ministère public. Tom. 2, 1813. 600
Bosio — Régie de l'enregistrem. *Journ.*, 1er. sem. 1806. 273
Bosman—Plett. *Journ.*, 2e. sem. 1810. 300
Bosmans—Deboys. Tom. 1, 1812. 311
Bossan—Barge. *Journ.*, 2e. sem. 1809. 408
Bossange—Moutardier. *Journ.*, 2e. sem. an 10. 472
Bossange—Moutardier et consorts. *Journ.*, 1er. sem. an 11. 283
et 2e. sem. an 11. 218

Bosset — les frères Michel. *Journ.*, 2e. sem. an 11. Pag. 262
Bosquet—Lombart. *Journ.*, 2e. sem. 1808. 188
Bosquier—Huray. *Journ.*, 2e. sem. 1808. 54
Bosroger (la dame de) —général Dumuy. *Journ.*, 2e. sem. an 13. 374
Bossuat—Brion. *Journ.*, 2e. sem. 1810. 203
Botot. *Journ.*, 1er. 1807. 407
Botot—Travault. *Journ.*, 1er. sem. 1807. 349
Bottard—Petit. *Journ.*, 2e. sem. 1812. 181
Bovaro—Sartoris. *Journ.*, 2e. sem. 1811. 271
Bovier—Declerc. *Collect.* an 1807. 346
Bovy—Riga. *Collect.* an 1807. 280
Bovy—Vandenborne. *Collect.*, an 1807. 67
Boy — le conservateur des hypothèques. *Journ.*, 2e. sem. an 10. 538
Boyard—Dupucée. *Journ.*, 2e. sem. an 12. 440
Boyd—Bonne-Carrère. *Journ.*, 2e. sem. an 12. 293
Boyer. (Jean-Jacques) *Journ.*, 1er. sem. an 13. 141
Boyer, Guillot — Chaussinand. *Journ.* an 14. 129
Boyer— Ragan—Dumollet. Tom. 3, 1812. 524
Boyer—Réginel. Tom. 1, 1813. 309
Boyer—Sevenne. *Journ.*, 1er. sem. 1811. 429
Boyer-Fonfrède—Adam. *Journ.*, 1er. sem. 1806. 380
Boyve, Coulon—Maistre. *Journ.*, 2e. sem. 1812. 420
Bozelly — héritiers Godon. *Journ.*, 2e. sem. an 12. 282
Bouault—Davian. *Journ.*, 1er. sem. an 12. 61
Boubernat. *Journ.*, 2e. sem. 1812. 64
Boubert — héritiers Desfontaines. *Journ.*, 1er. sem. an 11. 113
Boucaut. (enfans) *Journ.*, 1er. sem. 1811. 376
Bouchard—Lebarrier. *Collect.*, an 1807. 247
Bouchard — Marcescheau. *Journ.*, 1er. sem. 1810. 234
Boucher (héritiers). *Journ.*, 1er. sem. an 11. 475
Bouché (enfans héritiers) *Journ.*, 2e. sem. an 13. 545
Boucher—Bonelot et compe. *Journ.*, 1er. sem. an 12. 285
Boucher—Castellane. *Journ.*, 2e. sem. 1812. 125
Boucher — Estiennat. *Journ.*, 2e. sem. 1807. 214
Boucher—Goy. *Journ.*, 2e. sem. an 13. 389
Boucher—Laugier. *Journ.*, 2e. sem. 1809. 521
Boucher — Leger, Guillain. Tom. 1er. 1813. 463
Bouchereau—Leguen. *Journ.*, 2e. sem. 1810. 97
Boucherot—Cabarrus. *Journ.*, 2e. sem. 1812. 315

Boucherot, Ducayla—Lerebours. Tom. 1er., 1813. Pag. 421

Bouchet—Blanc—Vésian. Tom. 3, 1812. 476

Bouchet—Dautil. *Journ.*, 1er. sem. 1811. 102

Bouchet et compe. *Journ.*, 1er. sem. an 12. 412

Bouchet — Leclerc. *Journ.*, 1er. sem. an 12. 237

Bouchet—Perrot. *Collect.*, an 13. 223

Bouchillon (les mariés) *Journ.*, 1er. sem. an 13. 204

Bouchot. *Journ.*, 1er. sem. an 12. 440

Bouchot—Lagarde. *Journ.*, 2e. sem. an 12. 305

Boudard—Selves. Tom. 2, 1813. 126 et 547

Boudereau — Bouillard. *Journ.*, 2e. sem. an 11. 72

Boudet. *Journ.*, 1er. sem. an 10. 532

et 2e. sem. an 10. 296

Boudet—Aligre (d'). *Journ.*, 1er. sem. 1809. 135

Boudet—Régie de l'enregistrement. Tom. 1er., 1812. 463

Boudet—Lesguillez. *Journ.*, 1er. sem. 1807. 216

Boudier--Dapremont--Godeau--Bolleret. *Journ.*, 1er. sem. 1809. 522

Boudon—Valady. *Journ.*, 2e. sem. an 12. 319

Boudrol — douthaye. *Journ.*, 1er. sem. 1810. 241

Boudrol, Brossard—Chalougé. *Journ.*, 2e. sem. 1810. 7

et *Collect.*, 1811. 52

Boufflers—Defargues—Perrin. *Journ.*, 1er. sem. 1809. 520

et *Journ.*, 2e. sem. 1810. 263

Bougarel—Duchollet. Tom. 1er., 1813. 11

Bougault—Gauthier. *Journ.*, 2e. sem. 1809. 297

Bouglé — Tourton et Ravel. *Journ.*, 2e. sem. 1807. 11

Bouhebert—Guyot. *Journ.*, 2e. sem. an 10. 241

Bouhier—Garreau. *Journ.*, 1er. sem. 1807. 236

Bouic—Legret-Desmarets. *Journ.*, 2e. sem. an 11. 476

Bouilhac (les mariés). *Journ.*, 1er. sem. an 12. 479

Bouillard—Bazile. *Journ.*, 2e. sem. an 11. 72

Bouillerot—Houdard, Montigny. Tom. 1er. 1813. 346

Bouillerot—Quentin et autres. *Journ.*, 2e. sem. an 12. 276

Bouilli—Rabasso. Tom. 2, 1813. 52

Bouillon-Lagrange—Lafond. *Journ.*, 2e. sem. an 12. 30

Boujot—Lerat. *Journ.*, 2e. sem. 1809. 343

Boula de Nanteuil. *Journ.*, 2e. sem an 13. P. 251

Boula — Midi. Tom. 1er. 1813. 216

Boulainvilliers — Montz et Mortenard. *Journ.*, 1er. sem. 1809. 289

et 2e. sem. 1809. 487

Boulanger — *Journ.* 1er. sem. an 10. 569

Boulanger — Hannoye. Tom. 1er. 1812. 161

Boulanger — Lenormand. *Journ.*, 1er. sem. an 12. 446

Boulard, Gravet — Rapoux. *Collect.* an 1809. 66

Boulay — Ministère public. *Journ.*, 1er. sem. an 13. 565

Boulanger —Dussard. *Journ.*, 2e. sem. 1812. 228

Boulanger — Caudron. Tom. 1er. 1813. 187

Bouleech. — *Journ.*, 2e. sem. an 10. 503

Boullanger — Cottin. *Journ.*, 1er. sem. 1809. 393

Boullenger — Leclerc. Tom. 3, 1812. 562

et 2e. sem. 1813. 276

Boulmont. — Voy. Gueroult.

Bouguerel. — Tom. 3. 1813. 283

Bouquerot — Dessous-Lalande. *Journ.*, 2e. sem. 1810. 149

Bouquillard — Dolfus-Taunevol. *Journ.*, 1er. sem. an 10. 390

Bourbon-Busset — Leblanc. *Journ.*, 2e. sem. an 12. 170

Bourbonne Renaud — Richardot. *Journ.*, 2e. sem. 1806. 49

Bourcard —Irissan, Delchet. *Journ.*, 2e. sem. 1808. 539

Bourdage — Giraud, Bouteille. *Journ.*, an 14. 201

Bourdais. —Contades. *Journ.*, 2e. sem. an 12. 421

Bourdelon — veuve Bourdelon. *Journ.*, 2e. sem. 1810. 93

Bourdescau — demoiselle Gourmand. *Journ.*, 2e. sem. an 13. 43

et 2e. sem. 1808. 321

Bourdier — Régie de l'enregistrement. *Journ.*, 2e. sem. 1809. 356

Bourdillon — Bachelerie. Tom. 3, 1812. 555

Bourdon *Journ.*, 2e. sem. an 13. 3

Bourdon — Thorel, *Journ.* 2e. sem. 1810. 253

Bourdon — Boccage. *Journ.*, 2e. sem. an 11. 91

Bourdon — Houdin. *Journ.*, 1er. sem. 1806. 142

Bourdon — Legris-Meunier. *Collect.* an 13. 39

Bourdon-Neuville —Sacchi. *Journ.*, 1er. sem. 1807. 91

Bourdon Neuville — Gardeur. *Collect.* an 11. Pag. 292

Bourdon Neuville—Lepecheux. *Collect.* an 1809. 511

Bourdon-Neuville — Haller. *Collect.* 1811. 72

Bourdon-Neuville — Happey, Mosel. *Journ.*, an 14. 195

Bourdon-Neuville — Delone. *Journ.*, 2e. sem. an 13. 522

Bourdon-Neuville — Dumoulin. Tom. 3. 1812. 125

Bourdonnaye — Blanchard. Tom. 2. 1813. 174

Bouret de Vezelay—Guémenée *Collect.* an 1809. 141

Bouret de Vezelai — La Barbe. 1er. sem. an 11. 198

Bouret — Leulier. *Journ.*, 2e. sem. an 10. 270

Bouret—Schaks. *Journ.*, 1er. sem. 1807. 228

Bourg — Michez. *Journ.*, 2e. sem. 1811. 31

Bourgaut — Hospices de Nantes. Tom. 3. 1812. 382

Bourgeat — Ministère public. *Journ.* 2e. sem. 1812. 391

Bourges — Poirson. *Journ.*, 1er. sem. 1809. 168

Bourgeois — Bourgeois *Journ.*, 1er. sem. an 11. 295

Bourgeois — Douillon. Tom. 3, 1812. 109

Bourgeois — Fallois. *Collect.* 1810. 355

Bourgeois — Faucher et Jouise. *Journ.*, 2e. sem. 1810. 173

Bourgeois. — la dame Chaillot. *Journ.*, 2e. sem. an 13. 124

Bourgeois. — Lanfrey. *Journ.*, 2e. sem. an 9. n°. 5. 7

Bourgeois — Levassor Connay. Tom. 3. 1812. 316

Bourgeois. (Marie-Aimée) *Collect.* an 12. 372

Bourget — Montain. Tom. 2, 1813. 33

Bourget — de Pauw. *Journ.*, 1er. sem. 1809. 358

Bourgmalon — Menier. *Journ.* 2e. sem. an 10. 327

Bourgneuf — *Collect.*, an 11. 217

Bourgoin — Bureau. *Journ.*, 1er. sem. 1811. 473

Bourgoing — héritiers Gatrès. *Journ.*, 1er. sem. 1811. 342

Bourgoing — Bureau de Puzy. *Journ.*, 2e. sem. an 9, n°. 29. 9

Bourgonin — femme Manché. *Journ.*, an 14. 29

Bourguignole — Gouy. *Journ.* 2e. sem. an 12. 142

Bourguignon — Delchef. *Journ.*, 2e. sem. 1811. 391

Bourguignon — Dumonchet. *Journ.*, 2e. sem. 1812. Pag. 207

Bourguignon — Nicolet. *Journ.*, 2e. sem. an 12. 13

Bourlon — Hubert. *Journ.*, 2e. sem. 1810. 167

Bourlon — Jacobé. *Journ.*, 2e. sem. an 10. 438

Bourlon — Moulin. *Collect.* an 14. — 1806. 97

Bournat — Oreille. *Journ.*, 1er. sem. 1811. 471

Bournezeau — Rubatel. *Journ.*, 1er. sem. 1807. 225

Bourrichon — Les héritiers Thevenon. *Collect.* an 12. 320

Bourdon — Brodel. 1er. sem. an 11. 167

Bourrienne—Geyler. *Collect.* an 14.—1806. 528

Bourrely — Dalbertas. Tom. 3, 1813. 375

Bourret — Doutre. *Journ.*, 2e. sem. 1811. 446

Bourras — Gallier. *Collect.* an 14.—1806. 519

Boursaut — Maugès. *Journ.*, 2e. sem. an 11. 97

Bourse — Lesage. *Journ.*, 1er. sem. an 12. 438

Boursier — Allais. *Journ.*, 2e. sem. 1812. 193

Boursier — Follin. *Journ.*, 2e. sem. an 12. 58

Boursier, Cuel — Scheidaeur. *Journ.*, 1er. sem. 1809. 249

Boursier, Defernex — Lebrun. *Journ.*, 2e. sem. 1809. 529

Boursier — Michel. Tom. 2, 1813. 90

Boursier — Penavert. *Journ.*, 2e. sem. 1810. 38

Boursin — Nicaise. *Journ.*, 1er. sem. 1809. 39

Bourste — Loyauté. *Collect.*, an 11. 412

Boury — Ottovaer. *Journ.*, 1er. sem. 1811. 504

Bouscaillon—Leigne, Blancher. *Journ.*, 2e. sem. 1811. 470

Bouscaillon — Leygne. Tom. 3, 1813. 363

Bousch — Krelzinger. *Collect.* an 1809. 366

Boussarogne — Saint-Aignans. *Collect.* an 1808. 106

Boussod — demoiselle Combet. Tom. 1er. 1812. 222

Bousquet — Balainvilliers. *Journ.*, 2e. sem. an 10. 525
et *Collect.* an 11. 136

Bousquet — Perrin. *Journ.*, 1er. sem. an 13. 425

Bousquet—Reilhac. *Journ.*, 1er. sem. an 12. 337

Bout et compagnie—Tinseau. *Collect.*, an 1808. 244

Boutaret—Delort. *Journ.*, 2e. sem. 1807. 572

Boutechoux-Chavane—Bernard. Tom. 3, 1812. 266

Bouteille—Bourdage. *Journ.*, an 14. 201

Bouteille—Bernonville. *Journ.*, 1er. sem. 1810. 97

Bouteiller—Gosset. *Collect.*, an 12. 222

Bouten — Vanlérius. *Journ.* , 2e. sem. 1810. Pag. 113
Boutfol, Benard—Renard. Tom. 1er. 1813. 91
Bouthet—Gilbert. *Journ.*, 2e. sem. 1810. 318
Boutier (héritiers)—Manoury. *Collect.* , an 1808. 75
Boutières. *Journ.* , 1er. sem. an 10. 461
Boutigny—Leclerc. *Journ.* , 1er. sem. 1807. 188
Boutin—Parent et consorts—Allais—Chauvin. *Journ.* , 1er. sem. 1809. 347
Boutin—Valerius. *Journ.* , 2e. sem. 1809. 540
Boutiny—Benjamin. *Journ.* , 2e. sem. an 12. 167
Boutros—Lebrie. *Journ.* , 2e. sem. 1812. 386
Bouttier—Letens. *Journ.* , 1er. sem. 1807. 304
Bouverel. *Collect.* , 1811. 24
Bouveret—Régie des douanes. *Collect.* , an 1808. 161
Bouvet—Nicolas—Chaillet. *Journ.* , 1er. sem. an 13. 164
Bouvet—De Rennes. Tom. 2 , 1813. 221
Bouvier—Augier. *Journ.* , 2e. sem. 1807. 409
Bouvier—Guy. Tom. 1er. , 1813. 169
Bouvier—Régie de l'enregistrement. *Collect.* , an 13. 10
Bouville (héritiers), 2e. sem. an 13. 27
Bouville (de)—De Richelieu. *Journ.* , 1er. sem. 1809. 117
et Tom. 1er. , 1812. 327
Bouvrot *Journ.* , 1er. sem. an 12. 87
Bouyer-Blaisy—Cherbonneau. *Journ.* , 1er. sem. an 10. 541
Brabandère—Laviolette. Tom. 3 , 1813. 559
Brabandere--Vauderhagen. *Journ.* , 2e. sem. 1810. 336
Bracci. *Journ.* , 2e. sem. 1812. 444
Brachel — Mathevol. *Journ.* , 2e. sem. an 9 , no. 15. 1
Braeke—Anthenius. *Collect.* , an 1808. 119
Braët—Gilliot, Vermasch. *Collect.* , an 1807. 47
Brahier , Touin—Viel. Tom. 1er. , 1813. 399
Brammerts—Dahmen. *Journ.* , 1er. sem. 1807. 123
Brammerz—Dahmen. *Journ.* , 2e. sem. 1807. 161
Brancas (de) *Collect.* , 1810. 193
Brancas—De Sinetty. *Journ.* , 2e. sem. an 11. 295
et Tom. 3 , 1812. 441
Brancas—Genet. *Journ.* , 2e. sem. 1806. 75
Brancas—Paley. Tom. 1er. , 1813. 341
Bran —Villars (héritiers). *Journ.* , 2e. sem. an 10. 161
Branchstaher—Harchbourg. *Journ.* , 2e. sem. an 11. 22
Brandi—Celani. *Collect.* , an 1809. 76

Brandin—Blaye. *Journ.* , 2e. sem. 1806. P. 23
Brandts — Carthaels. *Journ.* , 2e. sem. 1807. 382
Brandon — Fernand-Nunès. *Journ.* , 2e. sem. an 11. 417
Brandy — Larivière. *Journ.* , 2e. sem. an 11. 537
Branlard—Loyseau. *Journ.* , 1er. sem. 1806. 369
Branlot—Lerebours. *Journ.* , 1er. sem. 1811. 417
Braquemont—Doucet. *Journ.* , 2e. sem. an 12. 575
Brasier—Richon. *Journ.* , 2e. sem. an 13. 433
Brasier—Roux. *Journ.* , 2e. sem. 1809. 485
Brassac—Béarn. *Journ.* , 2e. sem. 1807. 490
Brassy—Destin. *Journ.* , 1er. sem. an 13. 260
Braun—héritiers Lenaerts. Tom. 3 , 1813. 315
Brauzon , Dubois — Labarthe. *Collect.* an 1811. 98
Bray—Vanlerberg. *Journ.* , 1er. sem. 1811. 28
Braylens—Duval. *Journ.* , 2e. sem. 1806. 369
Bréant. *Journ.* , 2e. sem. 1807. 468
Bréaut-Laneuville—Meignen. *Journ.* , 1er. sem. 1810. 422
Bréchard—Pérault. *Collect.* , an 13. 35
et 1er. sem. 1808. 321
Brechet—Veny de Mariol. *Collect.* 1810. 65
Bredin. *Journ.* , 1er. sem. an 13. 228
Bredin—Guillardet. *Collect.* 1810. 161
Brejan—Christi. *Journ.* , 2e. sem. an 10. 369
Brel — Moustellou. *Journ.* , 2e. sem. an 9 , no. 24. 8
Brellinger—Thenerkauff. *Journ.* , 2e. sem. 1811. 43
Bremare—Langlois. *Collect.* an 11. 226
Bremsinger—Lex. Tom. 1 , 1812. 121
Brenu—Delescailles. *Collect.* an 12. 326
Bresse—Champenois. Tom. 3 , 1813- 226
Bresser—Grebel. *Collect.* an 1809. 502
Bresson—Normand. *Collect.* an 1810. 306
Bresson—Régie des domaines. *Journ.* , 1er. sem. an 12. 487
Bressort.—Faber , Razurel. Tom. 3 , 1812. 458
Breton—Dumirailh. *Collect.* an 11. 415
Breton , Jouenne — Courant. *Journ.* , 2e. sem. 1809. 22
Breton — Metenier , Munsier. Tom. 2 , 1813. 177
Breton frères. Tom. 3 , 1812. 167
Breton—Thieriot. *Journ.* , 2e. sem. 1807. 29
Breuda. *Journ.* , 1er. sem. 1811. 476
Breuillard. *Collect.* an 1808. 116.
Breuillard — Fraumont. *Journ.* , 2e. sem. 1811. 436
et Tome 2 1813. 253
Breuiller—Graillot. *Journ.* , 2e. sem. an 11. 331
Breuilpont—Maisonfort. *Journ.* , 2e. sem. 1808. 33

Brenvard—Descamps. *Collect.* an 13. Pag. 311

Brice Duzy — héritiers Albert. *Journ.*, 1er. sem. 1810. 283

Brice — Plaidieux — Hermel. *Journ.*, 1er. sem. 1809. 187

Brichot—Francois. *Journ.*, 1er. sem. 1810. 455
et Tom. 1, 1812. 135

Brichoux—Balleux. Tom. 2, 1813. 496

Bridet—Duguey. *Journ.*, 1er. sem. an 10. 397

Briens-Lacatherie — Lechapon. *Collect.* 1810. 105

Brière—Bauvais. *Journ.*, 2e. sem. 1807. 181

Brière—Jujardi. Tom. 1, 1812. 108

Brière—Mahieu. *Journ.*, 1er. sem. 1807. 24

Brigaud — hospice de Paray. *Journ.*, 1er. sem. an 10. 86

Brigueil—Constantin — Mourier. *Collect.* 1811. 348

Brincourt — veuve Brincourt. Tom. 3, 1812. 521

Brinquant—Doyen et comp. Tom. 1, 1813. 337

Brion—Aublin. *Journ.*, 2e. sem. 1812. 255

Brion—Bossuat. *Journ.*, 2e. sem. 1810. 203

Brion et consorts—Fillemin. *Journ.*, 1er. sem. 1809. 294

Briot—Magrath. Tom. 2, 1813. 310

Brioude. *Collect.* an 1808. 349

Brioude (de) — Barbazan. Tom. 3, 1813. 260

Brisard—Lecomte. *Journ.*, 2e. sem. 1807. 513

Brison—Beslay. *Journ.*, 1er. sem. 1811. 481

Brison—Watier et Catry. Tom. 3, 1812. 397

Brissac — Chailly, Prudhomme. Tom. 1, 1813. 260

Brissac—d'Aligre. *Journ.*, 2e. sem. 1808. 401

Brissac—Roland. *Journ.*, 2e. sem. 1811. 533

Brisseau—Camille. *Journ.*, 1er. sem. 1810. 493

Briset— ses frère et sœur. *Journ.*, 1er sem. 1811. 317

Brisson—Rioust. *Journ.* 1er. sem. an 11. 188
et 545

Brissot. (frères et sœur) *Journ.*, 2e. sem. an 12. 445

Brissy. (héritiers et légataires) Tom. 1, 1812. 230

Britges—Chaulnes. *Collect.* an 1807. 463

Britin—Lafond Ladébat. *Journ.*, 1er. sem. an 12. 425
et 2e. sem. an 13. 417

Brivardi — Administration forestière. *Journ.*, 1er. sem. 1810. 33

Broc — Hattier — Clerc. *Journ.*, 2e. sem. an 13. 10

Brocard—Marchand—Peterlon. *Journ.*, 2e. sem. an 10. 7
et *Journ.*, 2e. sem. an 13. 321
et *Journ.*, 2e. sem. 1806. 550
et *Journ.*, 1er. sem. 1809. 369

Brocas—Régie de l'enregistrement. *Journ.*, 1er. sem. an 11. Pag. 463

Brochaud—Duricher. *Collect.* an 1809. 150

Brochard — Duréclus. *Journ.*, 2e. sem. 1808. 267

Brochaud — Duricher. *Journ.*, 2e. sem. 1809. 161

Brodol—Sutaine-Bouron. *Journ.*, 1er. sem. an 11. 167

Broens. *Journ.*, 2e. sem. 1806. 232

Broëta—Hegas. *Collect.* an 1809. 154

Broglia—Flandin. *Collect.* 1807. 241

Brognat—Fuzier. *Journ.*, 1er. sem. 1810. 463

Brognier. *Journ.*, 2e. sem. an 9, n°. 19. 1

Broisin—Rey. *Journ.*, 2e. sem. 1808. 481

Brondetta. Tom. 1er., 1813. 559

Broniez—Muret. *Collect.* an 14 — 1806. 259

Bronne—Ministère public. *Journ.*, 2e. sem. an 12. 223

Bronville—Olivier et consorts. *Journ.*, 1er. sem. an 11. 308

Brouzino. (héritiers) *Journ.*, 2e. sem. 1811. 537

Broquel—Ministère public. Tom. 3, 1812. 364

Bros—Peytavin. *Journ.*, 1er. sem. 1807. 26

Brosne—Lecherme. *Journ.*, 2e. sem. an 12. 28

Brossard—Chalouge. *Journ.*, 2e. sem. 1810. 7
et *Collect.* 1811. 49

Brossard—(héritiers Thorie). *Journ.*, 2e. sem. 1807. 118

Brossard—Pouthaye. *Journ.*, 1er. sem. 1810. 241

Brossay—Lassay-Lassaveur. Tom. 3, 1812. 12

Brossia—De Poligny. Tom. 1er., 1812. 367

Brossier—Colin. *Journ.*, 2e. sem. an 12. 492

Brossier—Agent du trésor public. *Journ.*, 2e. sem. 1806. 133

Brostrom — Eberstein. *Collect.* an 14 — 1806. 374

Broteuil—la dame Peuvret. *Journ.*, 1er. sem. an 13. 140

Brou et Ory — Schultz. *Journ.*, 1er. sem. an 13. 7

Brou—Suret. *Journ.*, 1er. sem. 1806. 186

Brouchoven—Dewischer. *Journ.*, 1er. sem. an 11. 177

Brouchaven—Desmith. *Collect.* an 1808. 159

Brouckoven—Dawisscher—Celles. *Journ.*, 1er. sem. an 13. 401

Broulet—Vernaul-Broulet. *Collect.* an 11. 238

Broussy. (enfans) *Journ.*, 1er. sem. an 12. 156

Brual—Mathieu Engel. Tom. 3, 1813. 436

Brucelle—Caquet. *Journ.*, 1er. sem. 1810. 270

Bruch. Tom. 1er., 1813. 474

Brulée—Duthrône. *Journ.*, 2e. sem. an 12. 558

Braley—Pelletier. *Journ.*, 1er. sem. 1806. P. 113
Brullon—Loisillon. *Collect.* an 11. 436
Brun—héritiers Julien. Tom. 3, 1813. 5
Brun, Lambert — Rampal. *Collect.* an 1809. 489
Bruna—Matteoda. *Journ.*, 2e. sem. 18.. 220
Bruneau—Mouton. *Journ.*, 2e. sem. 1806. 3
Brunel. (héritiers) *Journ.*, sem. an 14. 81
  et *Journ.*, 2e. sem. an 10. 72
  et *Journ.*, 2e. sem. an 12. 89
Brunei — Bompart. *Journ.*, 2e. sem. an 10. 289
Brunel—Parage. Tom. 2, 1813. 357
Prunet—Baudouin. *Journ.*, 2e. sem. 1811. 97
Brunet (héritiers)—Joséphine. *Collect.* an 1809. 303
Brunet—Régie de l'enregistrement. *Journ.*, 1er. sem. 1807. 89
Brunot—Rollin, Wallard. *Collect.* an 1809. 378
Brus—Olvar. *Journ.*, 2e. sem. an 11. 252
Bruyas. (héritiers) *Collect.* an 1809. 357
Bruyère — Thomassin. *Journ.*, 2e. sem. 1812. 156
Bruyès—Trubert. *Journ.*, 2e. sem. 1810. 156
Bruynincky—Vanceulen. *Journ.*, 2e. sem. an 10. 319
Buantou — Ministère public. *Journ.*, 2e. sem. 1809. 49
Budeau—Delaville Hélis. *Journ.*, 1er. sem. 1810. 554
Buchey — Duranton. *Journ.*, 1er. sem. 1807. 392
Buchey—Mollet. *Journ.*, 1er. sem. 1807. 390
Bucheze. *Journ.*, 1er. sem. an 15. 477
Bucklaw—Régie des droits réunis. *Journ.*, 2e. sem. 1809. 309
Buffant — Beauveau. *Journ.*, 2e. sem. an 11. 228
Buffon—Behmer. *Journ.*, 1er. sem. an 12. 5
Buffon—Cepoy. *Journ.*, 2e. sem. an 10. 129
Buisseret—la fille Anthoine. Tom. 1er., 1812. 430
Buissere—Maistriaux. *Journ.*, 1er. sem. 1809. 382
Buisson, Dausse—Lagorin. Tom. 1er., 1813. 327
Buisson, Laporte—Dentu. Tome 3, 1812. 5
Buisson. (héritiers) Tom. 1er., 1812. 173
Buisson—les enfans Rolly. *Journ.*, 1er. sem. an 13. 193
Buisson—Mallet. *Journ.*, 2e. sem. 1807. 314
Bullens—Strickwant. *Journ.*, 1er. sem. 1811. 351
Bunel—Caghem. *Journ.*, 2e. sem. 1812. 537
Bunel—Garry et compe. *Journ.*, 2e. sem. 1806. 252

Buniia. *Journ.*, 1er. sem. 1806. p. 177
Buniva. (les mariés) *Journ.*, 1er. sem. an 13. 556
Bunont—Lalande—Sabattier. *Collect.* 1810. 11
Bural—Soufflot—Berillon. *Journ.*, 2e. sem. an 10. 247
Burdin—Deflavigny, *Journ.*, 2e. sem. 1812. 44
Bureau—Bourgoin. *Journ.*, 1er. sem. 1811. 473
Bureau de bienfaisance d'Aurillac — Capelle. *Journ.*, sem. an 14. 145
Bureau de Puzy—Bourgoing. *Journ.*, 2e. sem. an 9, n°. 29. 9
Bureau, Poulain de Maisonville — Besanval. *Journ.*, 2e. sem. 1809. 326
Bürgantz-e—Schwed. *Journ.*, 1er. sem. 1811. 493
Burges — Régie des domaines. *Journ.*, 2e. sem. 1811. 223
Burgraff—Selves. *Journ.*, 2e. sem. 1808. 231
Burkel—Merckel. Tom. 3, 1812. 569
Burley—Guillon. *Journ.*, 2e. sem. 1807. 387
Burot—Lorot-Pelet. *Collect.* 1810. 412
Burtin—Havar. *Journ.*, 2e. sem. 1809. 560
Burton—Mézerai. *Journ.*, 1er. sem. 1807. 159
Busby—Fremont. Tom. 3, 1812. 187
  et Tom. 2, 1813. 489
Buscaglione—Formica. *Journ.*, 2e. sem. 1809. 283
  et Tom. 1er., 1813. 563
Busch . . . . Tom. 3, 1812. 449
Busqueta—Styles. *Journ.*, 2e. sem. 1810. 373
  et *Journ.*, 1er. sem. 1811. 487 et 220
Busselin. (les héritiers) *Collect.*, an 12. 130
Busseuil—le bureau du Domaine. *Journ.*, 1er. sem. an 10. 260
Busseuil—Malassis. *Journ.*, 1er. sem. an 13. 209
Butler—Gouges. *Journ.*, 1er. sem. 1806. 155
Butler — Dejassand. *Journ.*, 2e. sem. an 11. 284
Butte (enfans héritiers) Tom. 3, 1813. 476
Buvet. (héritiers de Marie) *Journ.*, 1er. sem. 1811. 17
Buvry— Laudasse de Francampe. Tom. 2, 1813. 275
Buzoni—Pizani—Spinola. *Collect.*, 1809. 558
  et *Journ.*, 2e. sem. 1810. 65
Byl—Eeman. *Journ.*, 1er. sem. 1808. 444
Byrnes, Cachard — Holmes. *Journ.* 1er. sem. 1810. 301
Cabanne (de — de Maillau. *Journ.*, 2e. sem. 1809. 318
Cabanon—Carayon. *Journ.*, 2e. sem. 1811. 230
  et tom. 1er. 1813. 76
Cabarrus — Devin de Foutenay. *Journ.*, sem. an 14. 58

Cabarrus—Guérard. *Jour.*, 2e. sem. 1808. P. 177
Cabarrus—Boucherot. *Journ.*, 2e. sem. 1812. 315
Cabiro—Caussade. Tom. 1er. 1812. 413
Cabourdin. *Collect.* an 1809. 21
Cadeau-d'Assy—Longe-Pierre. *Journ.*, 2e. sem. an 12. 55
Cadeau d'Assy (la dame). *Collect.* an 12. 377
Cadet, Desponien—Administration forestière. *Collect.* 1811. 462
Cadras—Raymond. Tom. 3, 1812. 155
Caffin—Grandin. Tom. 3, 1812. 325
Caffin—Daguet. *Journ.*, 2e. sem. 1808. 390
Caghem—Bunel. *Journ.*, 2e. sem. 1812. 537
Cagna—Piacenza. *Journ.*, 1er. sem. an 13. 363 et *Collect.* 1808. 297
Cagnard—Vincent. *Journ.*, 1er. sem. 1807. 401
Cagnard—Harvy. *Journ.*, 2e. sem. an 12. 225
Cahen—Michel-Aaron. *Journ.*, 2e. sem. 1809. 171
Cahen (Abraham)—Ostermann. Tom. 2, 1813. 608
Caillat—Duru. *Journ.*, 2e. sem. 1812. 212
Caillat—Conasse. Tom. 1er. 1813. 27
Caill.r—Vacher-Lacour. *Journ.*, 1er. sem. 1810. 561
Caillette—Cappy. *Journ.*, 2e. sem. an 11. 56
Caillot—Dragon. *Journ.*, 1er. sem. an 13. 393
Caissoti—Blanqui d'Aiglun. Tom. 3, 1812. 105
Calais (Succession) *Collect.* an 11. 44
Calamel—Bontoux. *Collect.* an 1809. 119
Calendra—Secoudino. *Collect.* 1812. 336
Callemar—Monier. Tom. 2, 1813. 427
Callieu—Detouter. *Journ.*, 1er. sem. 1807. 206
Callet—Daillv. *Journ.*, 2e. sem. 1812. 312
Callewaert—Vandenameele. Tom. 1er. 1813. 430
Calliano et compagnie. *Collect.* 1810. 315
Calliano—Saltzmann. *Journ.*, 1er. sem. 1811. 149
Calmer. *Collect.* an 14, 1806. 348
Calmer—Malpeyre. *Journ.*, 1er. sem. 1810. 452
Calmet—Ardenne. *Journ.*, 1er. sem. an 12. 433 et 545
Calon—Baille-Hache-Orieulx. *Journ.*, 2e. sem. an 9, n°. 23. 1
Calus—Carrier-Bejard. *Collect.* 1810. 293
Calvière—Lacondamine. *Journ.*, 1er. sem. 1809. 54
Calvisson—Coustard de Villers. Tom. 1, 1812. 101
Camahors—Lamaison. *Journ.*, 2e. sem. an 11. 344
Cambier—Dielenan. *Journ.*, 1er. sem. 1808. 168

Camberlya—Reyman. 2e. sem. 1809. Pag. 20
Cambon et Masencal. *Collect.* an 14, 1806. 335
Camboulas—Kerkado. *Journ.*, 2e. sem. 1807. 133
Camille—Brisseau. *Journ.*, 1er. sem. 1810. 493
Caminet—Pardon. *Journ.*, 2e. sem. 1812. 435
Camosso—Renaldi. *Journ.*, 2e. sem. an 12. 481
Campana—Tubo. *Journ.*, 1er. sem. 1811. 523
Campel—Abraham-Andrés. *Collect.* an 12. 116
Campel—Delcourt. *Collect.* an 1809. 447
Campenas—Lombard. *Journ.*, 2e. sem. 1806. 216
Campewaer—Ameth. *Journ.*, 2e. sem. an 11. 481
Campion—Morel. *Journ.*, 2e. sem. 1807. 145
Campmas—Ministère public. *Journ.*, 2e. sem. an 13. 49
Camuzat, Giroust—Leclerc. *Journ.*, 1er. sem. 1808. 506
Camy.—Régie de l'enregistrement. *Journ.*, 1er. sem. 1811. 248
Canclaux (de)—Pinon. Tom. 3, 1813. 369
Candras, Vermot—Pinard, Marion. *Journ.*, 2e. sem. 1812. 113
Candy. *Journ.*, 2e. sem. 1812. 57
Canelle—Adam. *Journ.*, 2e. sem. an 11. 442
Canelli. (les héritiers) Tom. 1er. 1813. 510
Canier—Hielsm-Trom. *Collect.* an 14—1806. 181
Canivet—Pepin. *Journ.*, 1er. sem. 1811. 214
Canivet—Troussel. *Journ.*, 2e. sem. an 13. 302
Canosio—Operti. *Journ.*, 1er. sem. 1807. 165
Canot—Vall.er. *Journ.*, 2e. sem. 1812. 261
Cante—Emelin. *Journ.*, sem. an 14. 193
Cante—Constias. *Journ.*, 2e. sem. an 11. 225
Canton (héritiers). *Journ.*, 2e. sem. an 12. 308
Canton—Darigand. *Journ.*, 2e. sem. an 12. 469
Capdevielle—Cayrey. *Journ.*, 2e. sem. 1811. 489
Capdeville—Triboulon. *Journ.*, 1er. sem. 1809. 561
Capdeville—Nourry. *Collect.* an 1808. 20
Capdeville—Vidal. *Journ.*, 2e. sem. 1811. 155
Capdeville. *Journ.*, 2e. sem. 1812. 264
Capelin—Perret. *Collect.* 1810. 307
Capelle.—Bureau de bienfaisance d'Aurillac. *Journ.*, sem. an 14. 145
Capet—Marguier. (créanciers) Tom. 3, 1813. 62
Capitaine—Gaignat. Tom. 1er., 1813. 195
Capon—Mottard. *Journ.*, 2e. sem. 1808. 97
Capouillet et Mathieu ... *Journ.*, 2e. sem. 1809. 400
Cappé—Côme. *Collect.* an 12. 97

Cippy—Caillette. *Journ.*, 2e. sem. an 11. p. 56
Caproni—Bastian. *Journ.*, 2e. sem. an 9, n.° 6. 8
Caqué—Grimond. *Journ.*, 1er. sem. an 11. 542
Cagueray — Lamarre. *Journ.*, 1er. sem. an 11. 3,6
Caquet — Brucelle. *Journ.*, 1er. sem. 1810. 270
Caraguero. — Ministère public. Tom. 3, 1813. 558
Caraman — Hugues Delagarde. *Collect.* 1810. 470
Caraman — Doyen, Pyrault. *Collect.* 1811. 130
Carayon—Cabanon. *Journ.*, 2e. sem. 1811. 230
    et Tom. 1, 1812. 76
Carbillet — Annisson. *Journ.*, 1er. sem. an 12. 134
Carbonel — Morel. *Journ.*, 2e. sem. 1808. 536
Carboué—Duchâtel. *Journ.*, 2e. sem. an 10. 481
    et 2e. sem. an 12. 497
Carcatrison — Niquille. *Journ.*, 2e. sem. an 13. 214
Cardé — Maria. Tom. 2, 1813. 144
Cardin — Chabot *Journ.*, 2e. sem. an 11. 389
Cardinet — Mazard. 1er. sem. an 11. 225
Cardon, Delepine et Godet — Marc. *Journ.*, 1er. sem. 1807. 244
    et *Collect.* 1808. 28
Cardon — Pithréau, Millet. *Journ.*, 1er. sem. 1808. 257
Cardon —Godet et compagnie. *Journ.*, 1er. sem. 1810. 529
    et 2e. sem. 1811. 358
Cardon — Sauvage. *Journ.*, 2e. sem. 1811. 417
Cardon — Champeaux-Grammont. *Journ.*, 2e. sem. 1811. 241
    et Tom. 3, 1813. 432
Cardon — Desbrières. Tom. 1er., 1813. 487
Carena — Bergera. *Collect.* 1811. 164
Cargille — Barlow. *Journ.*, 2e. sem. 1811. 564
Carlavan — Guignan. *Collect.* an 1808. 368
Carlier — Hebert. Tom. 1er., 1812. 530
Carmagnola — Operti. *Journ.*, 1er. sem. 1811. 465
Caroillon-Destillières—Ouvrard-Seguin. *Journ.*, 2e. sem. 1809. 549
    et 1er. sem. 1810. 503
Caroillon-Destillères —Lemoine. Tom. 3, 1812. 319
Caroillon—créanciers Garchy. Tom. 1er., 1813. 100
Carol — Tourton et Ravel. *Collect.* an 11. 65
Caroly—Blondeau. *Journ.*, 1er. sem. an 12. 175
Caroly — Yernaux. *Collect.* an 1807. 297
Caron—Tellier, Lambert. *Journ.*, 2e. sem. 1809. 20
Caron — Pascal. *Journ.*, 2e. sem. an 12. 353
Carondelet *Journ.*, 2e. sem. an 12. 8

Carondelet. Voy. Ghislain.
Carpentier—Foulé. *Journ.*, 1er. sem. an 11. p. 45
Carpentier—Parsy, *Journ.*, 2e. sem. an 10. 147
Carpentier — Vibert. *Collect.* an 1807. 273
Carpentier — Vergels. *Journ.*, 1er. sem. 1810. 495
Carpentier (Herbet) — Morand. *Collect.* 1811. 33
Carquille — Lefèvre. *Journ.*, 1er. sem. 1809. 7
Carrare-Duvelux — Sabaton. *Journ.*, 2e. sem. 1811. 279
    et Tom. 3, 1813. 178
Carré — les dames Dauché et Devaudeuil. *Collect.* an 12. 334
Carré — la régie de l'Enregistrement. *Journ.*, 2e. sem. an 12. 437
Carré — Jolly. *Journ.*, 1er. sem. 1808. 172
Carré, Beaufort — Garnier. *Journ.*, 1er. sem. 1808. 347
Carré — Marlier et consorts. *Journ.*, 2e. sem. 1811. 163
Carreau — Géraut. Tom. 3, 1813. 504
Carrey — Exmelin. 1er. sem. an 11. 103
Carrié — Passerieu. *Journ.*, 1er. sem. 1807. 20
Carrier-Bejard — Calus. *Collect.* 1810. 293
Carrier-Daubrel. *Journ.*, 2e. sem. an 9, n°. 22. 2
Carrion-Nisas — Spinola. *Collect.* an 11. 405
Carstensohn—Beaugrand, Sommariva. *Journ.*, 2e. sem. 1808. 44
Carteron — Massenet. *Journ.*, 2e. sem. an 10. 252
    et 2e. sem. an 11. 245
Carteron—Gargoteux. Tom. 3, 1812. 53
Cartier—Fileron — Matheron. *Collect.* an 1809. 283
Cartier—Meuret. *Collect.* 1811. 49
Cartier—Laugier. *Journ.*, sem. an 14. 288
Carton—Roche. *Journ.*, 2e. sem. 1812. 127
Carton—Nuytten—Parmentier. *Journ.*, 1er. sem. 1811. 568
    et Tom. 3, 1813. 215
Cartouzières — Glouteau. *Journ.*, 2e. sem. 1811. 81
Casale. *Journ.*, 1er. sem. 1810. 177
Casauran—Chatouru. *Journ.*, 2e. sem. an 10. 263
Case-Baillet—Administration forestière. Tom. 3, 1813. 501
Caslesart—Wastiau. Tom. 2, 1813. 519
Caseneuve—la Régie de l'enregistrement. *Journ.*, 2e. sem. an 12. 289
Caseneuve — Delacroisette. *Journ.*, 1er. sem. an 13. 102
Cassal—Favereau—Laudreville. *Journ.*, 2e. sem. an 13. 273
Cassani—Tarris—Allard. Tom. 2, 1813. 369
Cassaux. *Journ.*, 2e. sem. an 9, n°. 19. 8

Cassel—Suligenstatt. *Collect.* an 1807. Pag. 33
Cassel — Ministère public. Tom. 3, 1813. 84
Cassenac et consorts — Renaud. Tom. 2, 1813. 250
Castagny—Leprestre Chateaugiron. *Journ.*, 2e. sem. an 12. 261
Castaing — Genestre. *Journ.*, 2e. sem. an 12. 321
Castan—Cavelier. Tom. 1, 1812. 330
Castel—Nivel. *Journ.*, 1er. sem. an 11. 305
Castel — Destillicres. *Journ.*, 1er. sem. an 12. 499
Castellain—Puissant. Tom. 3, 1812. 344
Castellane—Mèal-Noël. *Journ.*, 1er. sem. an 10. 141
Castellane—Jacob. *Journ.*, 2e. sem. an 11. 40
Castellane—Robin. Tom. 1, 1812. 360
Castellane (de) — Boucher. *Journ.*, 2e. sem. 1812. 125
Castellini — Ministère public. Tom. 2, 1813. 602
Castelnau—Lecomte. *Collect.* 1810. 258
Catalogne — Merillon. *Journ.*, 1er. sem. 1807. 481
Cateau—Domy. *Collect.* an 18 8. 43o
Catherinot—Germain. *Journ.*, 1er. sem. an 12. 513
Cathuc—Régie de l'enregistrement. *Journ.*, 1er. sem. an 13. 472
Cathus—Martin, Bœuf. *Collect.* an 1807. 450
Catoir—Thielemans. *Collect.* 1810. 75
Catoire—Fahrlender. *Journ.*, 1er. sem. 1808. 409
Catry, Watier—Brison. Tom. 3, 1812. 397
Castaneo—Faro père et fils. *Collect.* 1811. 561
Cattoir—Stevens. *Journ.*, 1er. sem. 1810. 32
Caublot — Rousselot. *Journ.*, 1er. sem. an 12. 55
Cauchi—Delcourt. Tom. 5, 1812. 163
Cauchois—l'Agent du trésor public. *Journ.*, 1er. sem. 1810. 513
Cauchois—Johanne. Tom. 3, 1813. 393
Cauda — Gardini. *Journ.*, 2e. sem. 1806. 145
Caudron—Boulenger. Tom. 1, 1813. 287
Cauler—Hotto. *Journ.*, 1er. sem. an 10. 178
Caulet de Chatelle. (héritiers) *Journ.*, 2e. sem. an 12. 113
Caumard—Latour. *Journ.*, 2e. sem. 1807. 424
Caumont — la commune de Vaugines. Tom. 1, 1813. 361
Cauredon—Roux. *Journ.*, 2e. sem. an 11. 233
Cauroy—Régie des domaines. *Journ.*, 1er. sem. 1811. 372
Caussade—Cabiro. Tom. 1, 1812. 413
Causse—Corbière. *Journ.*, 2e. sem., 1809. 97
Causson — Jougla. *Collect.* an 1809. 214
Cauville—Dubost. Tom. 1, 1813. 89

Cauvort—Legrand. *Journ.*, 2e. sem. 1810. p. 497
Cavelan — . . . *Collect.* 1810. 417
Cavalier. (les héritiers) *Collect.* an 1809. 149
Cavalier—André. Tom. 3, 1813. 386
Cavaller—Marquier. Tom. 1, 1812. 20
Cavaller — Marquer. *Journ.*, 2e. sem. 1811. 561
Cavelier—Castan. Tom. 1, 1812. 330
Cavenailles—Volf. *Journ.*, 2e. sem. an 12. 563
Cavoret—Furnion. *Collect.* 1810. 299
Cayla—Steusel. *Journ.*, 2e. sem. 1811. 147
Cayla-Ferrières—Bonal. *Journ.*, 2e. sem. an 13. 278
Caylas, Leverre—Vidal, Mas. *Journ.*, 2e. sem. 1812. 10
Coyre—Régie de l'enregistrement. *Journ.*, 1er. sem. 1809. 341
Cayrey — Capdevielle. *Journ.*, 2e. sem. 1811. 489
Cayrol—Albaret. *Journ.*, 1er. sem. 1808. 353
Cezal—Régie des domaines. Tom. 3, 1812. 33
Cazenave — Laplene. *Journ.*, 1er. sem. 1811. 179
Cazenave—Lassus. Tom. 2, 1813. 408
Cazier — des Perrières. *Journ.*, 2e. sem. 1808. 39
Cedé—Lemaitre. *Journ.*, 1er. sem. an 13. 26
Celani—Brandi. *Collect.* an 1809. 76
Celani — Menichel'i. *Journ.*, 2e. sem. 1811. 444
Celles, Grimal—Affre. *Journ.*, 1er. sem. 1808. 279
Cellier—Potel. *Journ.*, 2e. sem. an 12. 253
Cellier — Lebrumant. *Journ.*, 1er. sem. an 12. 261
Cellier—Secretand. *Collect.* an 12. 74
Cendrier—Levaillant. Tom. 2, 1813. 68
Cepoy—Buffon. *Journ.*, 2e. sem. an 10. 129
Ceppo—Farinelli. *Collect.* 1810. 404
Cerf-Jacob—Jœcher. *Journ.*, 2e. sem. 1807. 111
Cerf-Liebmanne—veuve Reineck. *Collect.* 1811. 469
Cerfber — Martinet, Expert. *Collect.* an 1808. 471
Cerf-Berr—Carol et Sabatier. *Collect.* an 11. 65
Cerise—Villot. *Journ.*, 2e. sem. 1810. 401
Certrière—Administration forestière. *Collect.* an 1809. 152
Cezan. *Journ.*, 2e. sem. an 12. 321
Cezarini—Alavi et autres. Tom. 3, 1813. 537
Cezeau — la Régie de l'enregistrement. *Journ.*, 2e. sem. an 11. 147
Chabanel — Jalaquier. *Journ.*, 2e. sem. an 10. 39
Chabannais — Lafite. *Journ.*, 1er. sem. an 13. 115

Chabannes (de)—Tiollières. *Collect.* 1810. p. 85

Chabannes (de) — de Hampesch. *Journ.*, 1er. sem. 1806. 235

Chabanon—Bernard—Avit. *Collect.* 1810. 237

Chabaut, Drouot—Champflour. *Journ.*, 1er. sem. 1809. 145

Chaberstock—Dollfus. Tom. 3, 1812. 173

Chabert—François-Jean. *Journ.*, 2e. sem. 1809. 145

Chabert—Chégarty. *Journ.*, 2e. sem. an 12. 136

Chabert—Pommier. *Journ.*, 2e. sem. an 10. 58

Chabloz—Oriet. *Journ.*, 1er. sem. 1807. 446
et *Collect.* 1807. 82

Chabon—Vincendon. Tom. 3, 1813. 522

Chabot. (héritiers) *Collect.* an 1808. 137

Chabot—Cardin—Gouesnon. *Journ.*, 2e. sem. an 11. 389

Chaboud — Johannot. *Journ.*, 1er. sem. 1811. 93
et *Collect.* 1811. 233

Chabrié—Dufau. *Journ.*, 2e. sem. 1806. 219

Chabroud — veuve Dubourg. Tom. 3, 1813. 555

Chady—Degosse. *Journ.*, 1er. sem. 1811. 529

Chaigne—Thouzeau. Tom. 1, 1813. 165

Chaillet—Nicolas — Bouvet. *Journ.*, 1er. sem. an 13. 164
et 1er. sem. 1806. 561

Chaillet—Deloince. *Journ.*, 1er. sem. 1807. 212

Chaillo—Duruci. *Journ.*, 2e. sem. an 13. 177.

Chaillot, Clerc. *Collect.* an 1809. 208

Chaillot (la dame) — veuve Bourgeois. *Journ.*, 2e. sem. an 13. 124

Chaimbault. (les mariés) *Journ.*, 2e. sem. 1811. 153

Chalambert—héritiers Luciot. *Journ.*, 1er. sem. an 13. 233

Chalard—Garivier. *Journ.*, 2e. sem. an 12. 238

Chalendray—Boisseuil. *Collect.* an 13. 321
et *Journ.*, sem. an 14. 9

Chalet—Parizot. *Collect.* an 14—1806. 332

Chollant (de) — de Villette. Tom. 1, 1813. 567

Challaye — la Régie des domaines. *Collect.* an 11. 427

Challeye. *Collect.* an 14—1806. 154

Challey—Régie des domaines. *Journ.*, 1er. sem. an 12. 576

Chalogne — Ministère public. *Journ.*, 2e. sem. 1811. 357

Chalonnat—les héritiers Cros. *Journ.*, 1er. sem. an 13. 124

Chalonge (de) — Boudrot, Brossard. *Journ.*, 2e. sem. 1810. 7
et *Collect.* 1811. 49

Chalus—Mazuel. *Journ.*, 1er. sem. an 10. 253

Chalvet—Mathieu. *Journ.*, 2e. sem. 1807. 65

Chambre d'assurance maritime — Ellery. *Journ.*,

2e. sem. 1806. Pag. 209

Chamey—Delamarlière. *Journ.*, 2e. sem. 1809. 137

Chamontel—Balleux. Tom. 2, 1813. 496

Champagnac. *Collect.* 1810. 101

Champagny — Selys. *Journ.*, 1er. sem. an 13. 321

Champeaux. *Journ.*, 2e. sem. 1807. 435

Champeaux—Fleurot. *Collect.* an 1809. 418

Champeaux-Grammont — Cardon. *Journ.*, 2e. sem. 1811. 241
et Tom. 2, 1813. 432

Champenois—Bresse. Tom. 3, 1813. 226

Champeron—Rouzet—Falmont. *Journ.*, 1er. sem. 1808. 193

Champflour — Chabaut, Drouot et consorts. *Journ.*, 1er. sem. 1809. 145

Champflour et Chardon—Simiane. Tom. 3, 1812. 195

Champignelles. (Luzignan de) *Journ.*, 2e. sem. an 13. 381
et *Collect.* an 13. 385

Champigny — Delespinasse. *Journ.*, 1er. sem. 1808. 44

Champion—Girault—Clouet. *Collect.* 1810. 215

Champion—Parquet, Blaye. *Journ.*, 2e. sem. 1809. 68

Champion—Vinatier. Tom. 3, 1812. 81

Champion—Talveau. *Journ.*, 2e. sem. an 12. 295

Champon—veuve Lammens. *Journ.*, 2e. sem. 1811. 508

Champy — les communes du Ban-de-la-Roche. *Journ.*, 2e. sem. 1811. 165

Chanaud—Puy. *Journ.*, 1er. sem. 1809. 438

Chandelier—Holleman. Tom. 1er., 1812. 124

Chanet—Fera-Saint-Phale. *Journ.*, 2e. sem. an 12. 378

Changea—Teyssier-de-Farges *Journ.*, 1er. sem. 1806. 164

Channes — la commune de Vesannes. *Collect.* an 13. 276

Chanteclaire-Daubusson. *Journ.*, 1er. sem. an 12. 23

Chantemesle—Choulx-de-Bussy. *Collect.* an 14.—1806. 272

Chantereine—(voyez *Pellerin*).

Chantoiseau. (héritiers) *Journ.*, 2e. sem. an 10. 371

Chantreau—Durand. *Journ.*, 2e. sem. 1809. 113

Chanu — Tourton et Ravel. *Journ.*, 1er. sem. 1810. 305

Chanu, Plastrier — Ambert, *Journ.*, 2e. sem. 1812. 515

Chapain. (héritiers) *Collect.* an 11. 198

Chapains—Rondeau. *Journ.*, 2e. sem. 1810. 536

Chapel—Stevenotte. *Journ.*, 1er. sem. 1811. p. 33
Chaplet (héritiers)—Rosalie. *Journ.*, 2e. sem. 1809. 56
Chapelle. (les mariés) *Collect.* an 12. 437
Chapellier—Lemaire. *Collect.* 1811. 108
Chapelias—Baignot. Tom. 3, 1813. 192
Chappel—Monestier. *Journ.*, 1er. sem. 1807. 273
Chappey—Maillard. *Journ.*, 2e. sem. an 13. 573
et *Journ.*, 1er. sem. 1808. 241
Chapron — Perthuis. *Journ.* 2e. sem. an 11. 247
Chapron—Bois et Canot. *Journ.*, 1er. sem. an 12. 101
Chapsal—Debaise. Tom. 1er. 1812. 193
Chapsal — Petel. *Journ*, 2e. sem. an 9, n°. 2. 6
Chapt de Rastignac—Hautefort. *Journ.*, 2e. sem. 1812. 393
Chapuis—Rondeau. *Journ.*, 1er. sem. 1810. 45
Chapus—Rouher. Tom. 1er., 1812. 67
Chapuy—Villeneuve. *Journ.*, 1er. sem. an 12. 457
Charasse—Goutardier. *Journ.*, 1er. sem. 1806. 410
Charbaut—Aubary. *Collect.* 1811. 177
Charbonier—Ismard. Tom. 1er. 1813. 236
Charbonnel. *Collect.* 1810. 353
Charvot Corléas—Lafare. Tom. 2, 1813. 420
Chardanne. (les mariés) *Journ.*, 2e. sem. 1810. 152
Chardin — Mouglas. *Journ.*, 2e. sem. an 12. 286
Chardin — Lejolliot. *Journ.*, 2e. sem. an 10. 295
Chardon—Vaurobais. *Journ.*, 1er. sem. an 12. 515
Charier—Bigle. *Journ.*, 1er. sem. 1809. 327
Charles—Quesney. *Journ.*, 1er. sem. 1808. 281
Charles—Ministère public. *Journ.*, 1er. sem. 1809. 24
Charles—Prevost. Tom. 1er., 1812. 444
Charles — Duhault. *Journ.*, 1er. sem. an 12. 165
Charlier—héritiers Couel. Tom. 3, 1813. 97
Charlier—la dame de Reuzer. *Journ.*, 2e. sem. an 13. 525
Charmoluc—Hatté. *Journ.*, 1er. sem. 1806. 31
Charonceuil — Petit. *Journ.*, 1er. sem. 1810. 321
Charpentier, Olivier—Destou. *Journ.*, 2e. sem. 1808. 347
Charpentier—Verdun—Berthier. *Journ.*, 1er. sem. an 13. 119
Charpentier—Larcher., *Collect.* an 13. 219
Charpentier—Signol—Ledoux. *Journ.*, 2e. sem.

an 10. p. 417
Charpion—Catherine Karm. Tom. 1er., 1812. 538
Charpy—De la Porterie. *Journ.*, 2e. sem. 1807. 21
Charret—Tourangin. Tom. 2, 1813. 120
Charret—Vincent. *Journ.*, 1er. sem. 1811. 303
Charton—Kretz. *Journ.*, 1er. sem. an 12. 333
Chassaignac — Gouyon-Bayot. Tom. 2, 1813. 209
Chassaigne—Viteux. *Journ.*, 2e. sem. an 13. 135
Chassaing—Coopman. *Journ.*, 2e. sem. 1812. 120
Chassaing. (héritiers) *Journ.*, 2e. sem. an 11. 102
Chassoux. (héritiers) *Journ.*, 1er. sem. 1811. 14
Chastel. (héritiers) *Journ.*, 1er. sem. 1809. 53
Chastel de Boinville—Berthinot. *Journ.*, 2e. sem. 1811. 167
Chateau-Chalon. (succession) *Journ.*, 1er. sem. an 12. 33
Chataignier—Gros. *Collect.* an 13. 345
Châtaud—Gor. *Collect.* an 13. 427
Chateaubourg—Chaulet. *Journ.*, 1er. sem. 1811. 353
Chateigneir—Chepsy. *Journ.*, 1er. sem. 1806. 571
Chatelain—Millier. *Journ.*, 2e. sem. 1808. 262
Chatelain—Houdaille. *Journ.*, 1er. sem. 1810. 358
Chatouru—Casauran. *Journ.*, 2e. sem. an 10. 263
Chaudenier—Armet de Lisle. Tom. 1er., 1812. 31
Chaudron—Dumoulin. *Collect.* an 11. 155
Chaudurié—Régie de l'enregistrement. *Journ.*, 1er. sem. 1809. 200
Chauffer-Toulaville—Collette. Tom. 1er., 1812. 545
Chaulet—Chateaubourg. *Journ.*, 1er. sem. 1811. 353
Chaulnes (de)—De Luynes, d'Albert. Tom. 1er., 1812. 144
Chaulnes—Britges. *Collect.* an 1807. 463
Chaumeil — Eyrand, Eujolvi. Tom. 3, 1812. 469
Chaumel—Lamouroux. *Journ.*, 1er. sem. 1806. 9
Chaumont—(voyez *Raveneau*).
Chaunac — Poot et femme. *Journ.*, 2e. sem. 1811. 279
Chaurand—Bontems. *Journ.*, 1er. sem. an 12. 423
Chaussanct—Lardillet. *Journ.*, 2e. sem. 1807. 308
Chaussinand — Guillot, Boyer. *Journ.*, sem. an 14. 129

Chantard—Gay. *Collect.* an 12. Pag. 212

Chauveau—Damerval. Tom. 3, 1812. 522

Chauveau, Guyot—Testu. Tom. 3, 1812. 136

Chauvelin — Vandenyvert. *Journ.*, 1er. sem. 1808. 485

Chauvet — Bernard. Tom. 2, 1813. 300

Chauvet—Olivier. *Journ.*, 1er. sem. an 12. 273
et *Collect.* 1811. 189

Chauvet—Cyr de Lautage. *Journ.*, 2e. sem. an 10. 334

Chauvière—Guyonnet. Tom. 1, 1812. 332

Chauvin, Allais — Boutin, Parent et autres. *Journ.*, 1er. sem. 1809. 347

Chauvin—Gibert. *Journ.*, 2e. sem. an 10. 519

Chavassieu—Selves, Romet. *Journ*, sem. an 14. 180

Chaverot. (les enfans) — *Journ.*, 2e. sem. 1806. 431

Chavet—Dussuc. *Journ.*, 1er. sem. an 11. 231

Chayes—Pelletier. *Journ*, 2e. sem. an 12. 361

Chazeral — Mirlavaud. *Journ.*, 2e. sem. 1810. 419

Chedeville—Roger—Bergeret. *Journ.*, 1er. sem. 1809. 533

Chédron—Maranvillé. *Collect.* an 1809. 286

Cheffontaines, Chevetel — Denays, Lebreton. Tom. 3, 1813. 357

Chegaray—Mazères. Tom. 1, 1813. 139

Chégaray — Sallenave. *Journ.*, 1er. sem. 1809. 197

Cheissac — héritiers Desverneys. *Collect.* an 13. 178

Chemin — Deshaye — Lesage. *Journ.*, 1er. sem. an 13. 41

Cheminal — Ministère public. *Journ.*, 2e. sem. an 11. 148

Cheminal. *Journ.*, 2e. sem. an 11. 254

Chenaille, Gonelle — Vancelle. Tom. 1, 1812. 82

Chenevières — Lacaze. *Journ.*, 1er. sem. an 11. 534

Chenié—Legon. *Journ.*, 2e. sem. 1806. 390

Chenis—Derossi. Tom. 3, 1812. 144

Chenot—Haize. *Journ.*, 1er. sem. 1807. 458

Chenu Caminet—Pardon. Tom. 3, 1812. 89

Chepsy—Chateigneir. *Jour.*, 1er. sem. 1806. 571

Cherboneau—Laugerat. *Journ.*, 1er. sem. an 10. 541

Cheron—Dufour—Flot. *Journ.*, 1er. sem. an 13. 122

Chéron — Administration des hospices de Paris. *Collect.* an 1809. 28

Chertems — Regnard — Perelle. Tom. 3, 1812. 215

Cherville—Motte. *Journ.*, 1er. sem. an 12. 58

Chesneau.—Administration des douanes. *Collect.* an 13. 225

Chesnaud—Beausire—Daubrée. *Journ.*, 1er. sem. 1809. Pag. 505

Chesnel — Régie de l'enregistrement. Tom. 1, 1812. 497

Chesnel. *Journ.*, 2e. sem. 1807. 33

Chesnon—Laurier. *Journ.*, 1er. sem. an 12. 185

Chevalereau — Benoît. *Journ.*, 1er. sem. 1806. 330

Chevalier — Régie de l'enregistrement. *Collect.* an 13. 242

Chevalier—Demoiselle Quinrot. *Journ.*, 1er. sem. an 13. 554

Chevalier. *Journ.* sem. an 14. 147

Chevalier — Crespin. *Journ.*, 1er. sem. 1811. 299

Chevalier—Sarrande. Tom. 3, 1813. 516

Chevassus—Ministère public. *Journ.*, 2e. sem. 1811. 257

Chevé—Demoiselle Guillon. *Journ.*, sem. an 14. 241

Chevigny—Jobelin. *Journ.*, 1er. sem. 1806. 374

Chevillard—Bollet. *Journ.*, 1er. sem. 1807. 566

Chevillon—Clément. *Journ.*, 2e. sem. 1808. 216

Chevillon—Labarre. *Journ.*, 2e. sem. an 11. 366

Chevillotte — Martin. *Journ.*, 2e. sem. 1809. 391

Cheviron—de Vitry. *Journ.*, 1er. sem. an 12. 20
et *Collect.* an 12. 26

Chevrier — Rougris. *Journ.*, 1er. sem. an 11. 457

Cheyran—Bertrand. *Collect.* an 14—1806. 3

Chezjean—Aversenne, Ragon. *Journ.*, 2e. sem. 1812. 106

Chiactonne — Thibault — Giovanetti. Tom. 2, 1813. 193

Chiappe. *Journ.*, 1er. sem. 1811. 561

Chibon—Duparc. *Journ.*, 2e. sem. an 12. 365

Chicoisne—Lecomte. Tom. 1, 1813. 109

Chiguin. *Journ.*, 1er. sem. 1808. 246

Chinon de Brulon. (héritiers) *Collect.*, 1808. 205

Chiorando — Gaudry. *Journ.*, 1er. sem. 1811. 161

Chiousse. *Journ.*, 2e. sem. 1807. 330

Chiron de Caly—Régie de l'enregistrem. Tom. 3, 1812. 273

Chirois—Robert de Saint-Victor. *Journ.*, sem. an 14. 22

Chocat—Petit-du-Mollet. *Collect.* an 13. 368

Choin— Perrette—Humbert. *Journ.*, 1er. sem. an 13. 423

Choiseul—Boissi. *Journ.*, 2e. sem. 1806. 569

Choiseul-Stainvi le—Sevestre. *Journ.*, 1er. sem. an 13. 521
et *Journ.*, 2e. sem. an 13. 228

Choisy—Thiesfry. Tom. 1, 1813. 232

Chol—Prévôt—Pigalle. *Journ.*, 2e. sem. 1811. 518

Cholet—Schroder. *Journ.*, 2e. sem. an 11. P. 555
Cholet—Terelle. *Journ.*, 2e. sem. 1812.   383
Cholois—Saone-de la-Garlie. *Collect.* an 1811.   159
Chomot—Trablaine. Tom. 1, 1812.   387
Chopin, Didier. *Collect.* an 1807.   46
Choppart—Chretin. Tom. 1, 1812.   435
Choron—Ministère public. Tom. 3, 1812.   108
Choseul—Oudet. *Journ.*, 1er. sem. an 11.   563
Chovin—Tantignan, Tom. 3, 1812.   193
Choulx-de-Bussy — Chantemesle. *Collect.* an 14 —1806.   272
Choumouroux —Maton. *Journ.*, 2e. sem. 1806.   455
Chrétien—Régie de l'enregistrement. *Journ.*, 2e. sem. 1811.   293
Chretien—Divry. *Journ.*, 2e. sem. 1812.   400
Chretin—demoiselle Choppart. Tom. 1, 1812.   433
Christi—Brejan. *Journ.*, 2e. sem. an 10.   369
Christiaens—Vandelvelde. Tom. 3, 1813.   434
Christian Saint-Armand—Faudoas. *Journ.*, 1er. sem. 1810.   65
et 2e. sem. 1810.   330
Christich—Mutti—Magro. *Journ.*, 2e. sem. 1811.   259.
Christmann—Rosa. *Collect.*, 1810.   126
Christophe — Héritiers Richardier. *Collect.* an 1808.   352
Christophe—Lamberty. *Journ.*, 2e. sem. an 11.   564
Christophe (frères) — Golliet. Tom. 1, 1812.   32
Chulliot—Bertheau. Tom. 3, 1813.   138
Church—Cargill. *Journ.*, 2e. sem. 1811.   564
Cigna-Santi (héritiers) — Novo. Tom. 3, 1813.   321
Cinget—Dubout. *Journ.*, 2e. sem. an 12.   401
Cinot et Charlemagne—Baudry. *Collect.* an 12.   406
Ciplet—demoiselle Quertemont. *Journ.*, 2e. sem. 1811.   284
Cirette—la dame Leduc. *Journ.*, 2e. sem. 1811.   177
Civatte. (les mariés) *Journ.*, 1er. sem. 1811.   397
et Tom. 1er., 1812.   486
Claes—Puttemaux. *Journ.*, 1er. sem. 1810. 382
Clara—Pagès. Tom. 2, 1813.   152
Claretta, Girod et Bernard—Hermel. *Collect.* an 1808.   219
Claro, Laurent—Paulée. *Journ.*, 2e. sem. 1808.   212
et 2e. sem. 1810.   161
Claro—Villegarde. *Journ.*, 2e. sem. 1807.   6
Classens—Cogels. *Journ.*, sem. an 14.   221
Claude—Tassin. *Journ.*, 2e. sem. 1809.   280
Claudel — Ministère public. *Journ.*, 2e. sem. 1809.   150

Clause—Balde. *Journ.*, 1er. sem. an 12. P. 104
Clausse, *Collect.* an 1809.   200
Clausse—Diiou. *Journ.*, 2e. sem. an 11.   62
Clausuis. *Collect.* an 1807.   303
Clavé—Baillon. *Collect.* an 12.   279
Clavelin—Detoy. *Journ.*, 1er. sem. 1808.   559
Clavette. (héritiers) Tom. 3, 1813.   454
Clavet—Raffeneau Delille. *Journ.*, 2e. sem. an 12.   373
Clavié—Darré. Tom. 1er., 1813.   603
Clavières—Lafont. *Collect.* an 1810.   360
Clayeux—Audifret. *Journ.*, 2e. sem. an 11.   28
Cleffe, Fayard—Couche. Tom. 1er., 1813.   522
Clemendot — Giguet — Michaud. *Journ.*, 1er. sem. 1808.   71
Clément (héritiers) — Chevillon. *Journ.*, 2e. sem. 1808.   216
Clément—veuve et héritiers Mouget. *Collect.* an 1811.   464
Clément—Lignereux et autres. *Collect.* an 1811.   424
Clément—Théaulon—Doisy. *Journ.*, 1er. sem. an 10.   54
Clément—Bandoin. *Collect.* an 12.   49
Clément—Bailerin. *Collect.* an 13.   142
Clément de Ris — Ministère public. *Journ.*, 2e. sem. an 9, n°. 35.   12
Clenis—Semitd—Barbiaux. *Journ.*, 2e. sem. 1807.   110
Clerc—(*Voyez Thiebaut*).
Clerc — Bigey — Richardot. *Journ.*, 1er. sem. 1810.   285
Clerc—Chaillot. *Collect.* an 1809.   208
Clermont d'Amboise—Testu Balincourt. *Journ.*, 2e. sem. 1809.   3
Clermont-Tonnerre, (héritiers) *Collect.* an 12.   485
et *Journ.*, 2e. sem. an 13.   56
Clisorius—Aubé. *Journ.*, 2e. sem. an 10.   193
Cloeps, Tom. 2, 1813.   559
Clouet — Blancart. *Journ.*, 1er. sem. an 11.   268
Clouet—Grimaud. *Journ.*, 2e. sem. an 13.   92
Clouet—Jesson père et fils. Tom. 3, 1812.   122
Coblentz—Ministère public. *Journ.*, 1er. sem. 1809.   350
Coche—Bellier—Mallet. Tom. 3, 1812.   199
Cochet. (veuve et héritiers) Tom. 3, 1812.   377
Coeffier—Barberot. *Journ.*, 2e. sem. an 9, n°. 1.   1
Coëffier — Robert. Tom. 2, 1813.   394
C.ëz-Bakri — Dunand et compagnie. *Journ.*, 1er. sem. an 12.   163
Coffinet — Vels. *Journ.*, 1er. sem. an 11. 449
Coffy — Lambert. *Collect.* an 12.   41
Cofmarie— Régie des douanes. *Journ.*, 2e. sem.

an 11. Pag. 388

ogels — Classens. Journ., sem. an 14. 221

C h-n—Salvador. Journ., 1er. sem. 1806. 342

Coiffard, père et fils. Journ., 2e. sem. an 13. 456

C ignet—Tourraix. Journ., 1er. sem. 1810. 44

Coissot — Forgerou. Journ., 1er. sem. an 10. 1

Colas — Montmorency Robecq. Tom. 1, 1812. 242

Colibrant. Journ., 2e. sem. 1808. 353

Colignon — Williams. Collect. an 13. 353

Colin—Féron. Journ., 2e. sem. 1812. 171

Colin — Janicaud et consorts. Journ., 2e. sem. an 12. 361

Colin—Lallemand. Journ., 2e. sem. an 12. 492

Colin — Pelletier. Journ., 2e. sem. 1806. 81

Colin, (les mariés) Tom. 1, 1813. 362

Colin — Boilet· Journ., 1er. sem. 1807. 566

Colin Belleroche — Lecoq. Journ., 2e. sem. an 13. 312

Colinet-Delrieu—Roure. Journ., 2e. sem. 1811. 484

Collandes—de Nicolaï. Journ., 1er. sem. an 12. 301

Collet — Collinet. Tom. 3, 1813. 301

Collet-Jacquot — Poincelet. Journ., 2e. sem. an 10. 13

Collet-Duhamel—Le Camus. Journ., 1er. sem. an 13. 433

Collet-St.-James—Sevin. Collect. an 1810. 446

Collette — Chaufier-Toulaville. Tom. 1, 1812. 545

Colli — Mellat. Journ., 1er. sem. 1807. 289

Collignan—Wirtz. Journ., 2e. sem. an 12. 273

Collignon, Thisse, Boileau — Frémion. Collect. an 1809. 404

Collin — Guerry. Journ., 2e. sem. 1811. 109

Collin—Ministère public. Journ., 2e. sem. 1811. 420

Collin, (les héritiers d'Honoré) Collect. an 12. 461

Collineau — Loiserolle. Journ., 1er. sem. an 12. 137

Collinet — Collet. Tom. 3, 1813. 301

Collyns — Roclants. Journ., 1er. sem. 1809. 42

Collyns — Vaudereshueren. Journ., 1er. sem. 1811. 37

Colnaye. Journ., 1er. sem. 1806. 45

Colomb — Auxilly. Journ., 2e. sem. an 10. 285

Colombet — Marchand. Collect. an 1811. 112

Colombier — Régie de l'enregistrement. Journ., 2e. sem. 1812. 280

Combé.—Werbrouck. Journ., 1er. sem. 1807. 529

Combet — Boussod. Tom. 1, 1812. 222

Combres — Moncère. Journ., 1er. sem. 1806. 81

Côme — Cappé. Collect. an 12. Pag. 97

Comédiens français. (les) Journ., 2e. sem. an 11. 527

Commaest — de Gheat. Journ. 1er. sem. 1806. 24

Commard.—Bellon-Depont. Journ., 2e. sem. an 13. 219

Commarmond — Dumas. Tom. 2, 1813. 415

Commissaire de la marine—Bastaresche. Journ., 1er. sem. an 13. 417

Commission des hospices de Mondovi et Dogliotti —Gervasio et Rolfi. Journ., 2e. sem. 1809. 524

Commission des hospices de Paris — Chéron. Collect., an 1809. 28

Commune d'Ansonis—Portalis. Journ., 2e. sem. an 13. 84
et Collect. 1811. 190

——de Beaumont— Saulx-Tavannes. Tom. 3, 1813. 409

——de Brimeux—Barbier. Journ., 1er. sem. an 13. 21

——de Champigny.—Testu-Balincourt. Collect., an 13. 139

——de Courtison. Journ., 1er. sem. an 13. 305

——de Frasne. Journ, 1er. sem. an 13. 332

——de Germinon—Garnier. Journ., 1er. sem. an 13. 30

——de Massat. Journ., 1er. sem. an 13. 305

——de Menou — la dame Damas. Journ., sem. an 14. 3

——de Monbrillon — Sauvagney. Collect., an 1809. 108

——de Montigny—Vaillant. Tom. 1, 1812. 97

——de Ranville—le préfet du départ. du Calvados. Collect., an 12. 250

——de Saint-Aignan — Lafresnaye. Collect. an 1810. 5

——Saint-Martin-de-Laplace—Dupuy. Collect., an 1809. 174

——de Saint-Martin-de-Boubaux. Journ., 1er. sem. an 13. 305

——de Saint Ouen —Dugrès. Journ., 1er. sem. 1810. 257

——de Saint-Privat—Fulcrand. Tom. 3, 1812. 275

——de Sainte-Catherine. Collect. an 1811. 264

——de Therx—Goër. Collect. an 12. 257

——de Villotte—le préfet de la Côte-d'Or. Coll., an 13. 145

——d'Orange — Mauris de Ste.-Cécile Journ., 1er. sem. an 13. 111

——du Ban-de-la-Roche—la comm. de Champy. Journ., 2e. sem. 1811. 165

Compagnie de l'arsenal de Marseille — Bellon. Collect. an 1810. 414

Compagnon—Lancelet. *Journ.*, 1er. sem. an 11. Pag. 444
Compère—Gibon. *Journ.* 2e. sem. 1809. 537
Compère—Lucas. *Journ.*, 2e. sem. 1811. 17
Compaguy—Cretté. Tom. 3, 1812 46
Comptu et comp.—Dittemer et compag. *Collect.* an 1810. 121
Condet- Régie de l'enregistrement. Tom. 1, 1812. 140
Condurorgues. Tom. 1, 1812. 363
Conel (héritiers) —Charber. Tom. 3, 1813. 97
Conige—Rieux-Peyroux. *Journ.*, 2o. sem. an 13. 421
Connan (héritiers) —Simonet. *Journ.*, 2e. sem. 1808. 548
Connay, Levassor—Bourgeois. Tom. 3, 1812. 316
Connette.—Guiliory. *Journ.*, 2e. sem. 1811. 309
Conore—Ministère public. *Journ.*, 1er. sem. an 10. 371
Conquet—Corbin. *Journ.*, 2e. sem. 1806. 310
Constantin—Brigueil. *Collect.* 1811. 543
Constant—Ministère public. Tom. 2, 1813. 544
Constiat—Cant. *Journ.*. 2e sem. an 11. 225
Contades—Bourdais. *Journ.*, 2e. sem. an 12. 421
Contan — Dudilier, Garde. *Journ.*, 1er. sem. 1808. 109
Contant—Polié. *Journ.*, 2e. sem. an 13. 408
Contant—Dejouy. *Journ.*, 1er. sem. 1810. 57
Contant—Hemart. Tom. 1, 1812. 436
Conte—Noguès. *Journ.*, 2e. sem. an 11. 355
Content, Morel — Boissier. *Journ.*, 2e. sem. 1812. 151
Coopman, Nadau—Vochez. *Journ.*, 1er. sem. 1808. 233
Coopman.—Chassaing. *Journ.*, 2e. sem. 1812. 129
Copeaux—la dame Sirey. *Journ.*, 1er. sem. an 13. 289
Coppel.—Régie de l'enregistrement. *Journ.*, 1er. sem. 1808. 375
Coppens et compagnie — Néef et compagnie. *Collect.* an 11. 335
Coppens. *Collect.* an 11. 210
Coppens. (les frères) *Journ.*, 1er. sem. 1806. 465
Coquard. (héritiers) *Journ.*, 1er. sem. an 12. 490
Coquelain — Ministère public. Tom. 1, 1812. 324
Coquelin—Hubert. *Journ.*, 2e. sem. 1809. 548
Coquempot—Administration forestière. *Journ.*, 1er. sem. 1811. 435
Coquerel—Dieu et Joly. *Journ.*, 2e. sem. an 12. 257
Corbeau—Crottel. *Journ.*, 2e. sem. an 11. 223
Corbessier — Vanderhoëven. *Journ.*, 2e. sem. 1810. 343

Corbesier—Demol. *Collect.*, an 1807. P. 22
Corbie — Olivier et consorts. *Journ.*, 1er. sem. an 11. 308
Corbière—Causse. *Journ.*, 2e. sem. 1809. 17
Corbin. (les mariés) *Journ.*, 1er. sem. an 10. 381
Corbin—Conquet. *Journ.*, 2e. sem. 1806. 310
Corbin—Fortin. Tom. 3, 1813. 313
Corbin—Hurard. *Journ.*, 1er. sem. an 11. 432 et 1er. sem. an 12. 194
Corbin, Talvot — Ministère public. *Collect.* an 1811. 223
Cordai—Vanvawteling. *Collect.* an 1807. 377
Cordero—Ferrero. *Journ.*, 1er. sem. 1811. 443
Cordey et compagnie—Tixier. *Collect.* an 1811. 84
Cordey. (les mariés de) *Collect.* an 1808. 308
Cordier — Basset — Micquet. *Journ.*, 2e. sem. 1810. 316
Cordier—Péan de Saint-Gilles. *Journ.*, 1er. sem. an 12. 441
Cordonnier — Couet. 1er. sem. an 11. 123
Cordouan.—Daudifret. *Journ.*, 2e. sem. 1807. 169
Coreller—Bernard-Trobriaud. *Journ.*, 1er. sem. 1810. 465
Cormier—la Direction Tassin. *Journ.*, 2e. sem. 1811. 182
Cormier—Blanque, Meillan. *Journ.*, 2e. sem. 1812. 497
Cornebise—Hamel. *Journ.*, 2e. sem. an 9, no. 9. 7
Corneliano—Saint-Martin—Béardi. *Journ.*, 1er. sem. 1807. 462
Cornet-de-Grez—Godfurneau et Barel. *Collect.*, an 1809. 247
Cornette—Ducluzeau. *Journ.*, 1er. sem. 1810. 23
Corneil Heyendrikx — Doleu. *Journ.*, 2e. sem. 1810. 31
Cornisset (frères)—de Bérulle. *Collect.*, an 18 8. 174
Cornu—Plissard—Duval. *Journ.*, 1er. sem. 18.. 209
Cornu — Lasne-Desvareilles. *Journ.*, 2e. sem. 1811. 369
Corny—Poirier. *Journ.*, 1er. sem. 1810. 40
Coron—Abel—Maillard. *Journ.*, 2e. sem. 1810. 321
Corot—Juin. *Journ.*, 2e. sem. 1811. 275
Corte. *Journ.*, 2e. sem. 1808. 421
Corthaels—Brandt. *Journ.*, 2e. sem. 1807. 312
Corvisard—Longpré—Dhéliaud. *Collect.*, an 12. 390
Cossée—Martens. *Journ.*, 2e. sem. 1808. 237

Cossin (Félix). *Journ.*, 1er. sem. an 13. P. 465
Cosson—la dame Goupil. *Journ.*, 1er. sem. an 13. 419
Costa—Borelli. *Journ.*, 2e. sem. 1810. 571
Costa—Miroglio Costa. *Collect.* an 1810. 399
Costard—Crottat. *Journ.*, 1er. sem. an 13. 12
Coste—Champeron—Marty. *Journ.*, 2e. sem. 1810. 337
Coste (frères)—Astruc. Tom. 1er., 1813. 355
Coste—Ducurtil. *Journ.*, 1er. sem. an 10. 9
Coste—Escaravage. Tom. 2, 1813. 97
Costé de Triquerville — Gueroult. *Collect.* an 12. 421
Costrique—Berrevoëdt. *Journ.*, 2e. sem. 1809. 473
Cotella. (enfans) *Journ.*, 1er. sem. 1811. 376
Cotin—Bompart. *Journ.*, 1er. sem. an 11. 440
Cottard—les héritiers Dupré. *Journ.*, 2e. sem. 1811. 150
Cottin — Boullanger. *Journ.*, 1er. sem. 1809. 393
Cotin—Jullienne. Tom. 1er., 1812. 446
Cottin—S lis. *Journ.*, 1er. sem. an 10. 431
et *Journ.*, 1er. sem. an 13. 321
Cotton. (les époux) *Journ.*, 1er. sem. 1809. 246
Couasse—Caillat. Tom 1er., 1813. 27
Couche—Fayard, Cleff. Tom. 1er., 1813. 522
Couchot—Lapourielle. *Journ.*, 1er. sem. 1808. 161
Coucy de Longprey—Ferriere-Sauvebœuf. *Journ.*, 2e. sem. an 10. 119
Couderc—Ministère public. *Journ.*, 2e. sem. an 13. 132
Couders—la Régie des domaines. *Journ.*, 2e. sem. an 11. 110
Couders—Rousseau. *Collect.* an 12. 369
Coudert—Crépy. Tom. 2, 1813. 606
Coudol—Boireau. *Journ.*, 2e. sem. an 11. 525
Coudré—Soyer. *Journ.*, 1er. sem. 1806. 154
Couet de la Tourmeliere. (héritiers) Tom. 3, 1812. 29
Couet—Cordonnier. *Journ.*, 1er. sem. an 11. 123
Couillé—Rolland. *Collect.* an 14 — 1806. 12
Cougnet—Reyrolles. (de) *Journ.*, 1er. sem. 1807. 337
Coulel—Elisabeth Martel. *Journ.*, 2e. sem. 1811. 556
Coulet—Nogarède. *Collect.* an 1808. 284
Coulom—Sommabère. *Collect.* an 1811. 376
Coulomb — Martel. *Journ.*, 1er. sem. an 13. 155
Coulon—Berger. *Journ.*, 2e. sem. an 10. 573
Coulon, Boyre—Maistre. *Journ.*, 2e. sem. 1812. 420

Coulon—Gurgay. *Journ.*, 1er. sem. 1810. P. 497
Coulon—Lefevre. *Journ.*, 2e. sem. an 10. 561
Coulon—Vandevelde—Baron et Audibert. *Journ.* 1er. sem. 1809. 555
Coullerel—Maguet. *Journ.*, 2e. sem. an 10. 353
Coune—Lahaye. *Journ.*, 2e. sem. 1807. 81
Coupé, Huon—Ministère public. Tom. 3, 1813. 464
Coupelle—Pichonneau. *Collect.* an 1807. 116
Couppé—Blondeau. Tom. 3, 1813. 157
Coural—Régie de l'enregistrement. *Collect.* an 14 — 1806. 492
Courant—Jouenne, Breton. *Journ.*, 2e. sem. 1809. 22
Courard—Olivier. *Journ.*, 1er. sem. 1809. 251
Courbon—Bertail. *Journ.*, 1er. sem. 1810. 565
Courcelles. (Baudinet) *Collect.* an 1811. 154
Courmier, Barrère—Gauthier. Tom. 3, 1813. 297
Courouble — Agnès, sa fille. Tom. 2, 1813. 386
Courrault —Lavalette—Laborde. *Journ.*, 1er. sem. 1809. 406
et *Journ.*, 1er. sem. 1811. 405
Courtat, Blavager—Robin. *Journ.*, 2e. sem. 1812. 408
Courtin d'Ussy — Lamegie — Plinval. *Journ.*, 1er. sem. 1810. 195
Courtin—Revelard, Wattiaux. Tom. 3, 1812. 373
Courtois—Duval. *Journ.*, 1er. sem. an 10. 413
Courtois—Gaillard, Linfernat. *Collect.* an 1809. 455
Courtois—De Linay. *Collect.* an 14 — 1806. 282
Courvoisie—Fargeon. *Collect.* an 12. 253
Cousin de Méricourt—(veuve et héritiers). *Journ.*, 1er. sem. an 13. 281
et 2e. sem. an 13. 193
Cousin de Méricourt — Bergerel — Norinval. *Journ.*, 2e. sem. an 10. 184
Cousin—Messing. *Journ.*, 1er. sem. 1810. 151
Coustard de Villers—Calvisson. Tom. 1er., 1812. 101
Coustellier—Fabre. *Journ.*, sem. an 14. 56
Couteau—Bar. *Collect.* an 1808. 277
Coutelle-la-Tremblaye — Beaurepaire. *Journ.*, 1er. sem. an 11. 358
Coutier—les enfans Tournay. *Journ.*, 2e. sem. an 13. 37
Coutte—Marec. *Journ.*, 2e. sem. 1810. 138
Couturier—Bachelet. *Collect.* an 1810. 371
Couturier—Pailiel et l'Abbé. *Journ.*, 2e. sem. 1811. 385
Couturier—Sauvagny. *Journ.*, 2e. sem. 1806. 504

Couzi-Fageolles—Fontanier. Tom. 1er., 1812. P. 356

Cozzani — Administration forestière. Tom. 3, 1812. 79

Crabé — Lambrechts. *Journ.*, 2e. sem. 1811. 304

Crahai—Famin—Paulée. *Journ.*, 1er. sem. an 10. 17

Craipain—Goguet. *Journ.*, 2e. sem. 1806. 161

Cramaille—Redon. *Collect.*, an 1808. 63

Cramer—Verner. *Journ.*, 2e. sem. 1808. 214

Cramoisy—Desjardins. *Collect.*, an 12. 121

Crampagua—Vanboterdam. *Collect.* an 1810. 143

Crapey—les héritiers Oudart. *Collect.* an 12. 275

Crapols (héritiers)—Segaud. *Journ.*, 2e. sem. an 9, n°. 21. 7

Crattel—Corbeau. *Journ.*, 2e. sem. an 11. 223

Cremier, Raffy—Michel. Tom. 1er. 1813. 321

Crémieux. *Journ.*, 2e. sem. 1810. 426

Cremieux—Michel jeune. *Journ.*, 1er. sem. 1810. 471

Crémieux. *Journ.*, 2e. sem. 1812. 439

Crépain—Fillon. Tom. 1er. 1813. 5

Crépeaux — Leduc. *Journ.*, 1er. sem. an 13. 524

Crepin—Lecomte. *Journ.*, 1er. sem. an 12. 17

Crepy—Coudert. Tom. 2, 1813. 606

Crepy—Lesterpt. *Journ.*, 2e. sem. an 12. 43

Crepy (demoiselle)—Philippe J. Crepy. Tom. 3, 1812. 348

Créqui-Canaples—Desraches. *Journ.*, 2e. sem. an 12. 398

Créquy (de)—le maréchal de Muy. *Journ.*, 2e. sem. an 11. 149

Crespin—Leforestier. *Collect.*, an 1809. 85

Crespin—Chevalier, Leveillé. *Journ.*, 1er. sem. 1811. 299

Cretin—Saint-Oyant. Tom. 1, 1812. 389

Cretté—de Compigny. Tom. 3, 1812. 46

Cretté (Pierre)—Cretté (héritiers de Pierre-François. *Journ.*, 1er. sem. 1809. 73

Cretté—Favit. *Collect.* an 1810. 344

Crignan-Bonvallet—Lhuillier. Tom. 2, 1813. 94

Crivelly. *Journ.*, 2e. sem. 1807. 129

Croisier—Girard. *Journ.*, 2e. sem. 1810. 388

Crolbois—Nassau-Saarrbruck. *Journ.*, 2e. sem. 1809. 458

Cros (héritiers)—Chalonnat. *Journ.*, 1er. sem. an 13. 124

Crosa—Danesy. *Journ.*, 1er. sem. 1809. 545

Croéser—Commune de Wissendale. *Journ.*, 1er. sem. an 12. 369

Crottat — Costard-de-Boisroussel. *Journ.*, 1er. sem. an 13. 12

Crotteux. Tom. 2, 1813. 589

Crouzat—Rigaud. Tom. 2, 1813. 332

Crouzeille—Piggeat. *Collect.*, an 1807. Pag. 334

Cravara—Del Vecchio. Tom. 3, 1813. 197

Crunet — Lecœur-Lachenaye, *Journ.* 2e. sem. 1811. 225

Cruppevolle — Quevremont - Lamotte. Tom. 3, 1812. 75

Crussol d'Uzès—Duclusel. *Collect.* an 1811. 309

Crussol (héritiers) — Montgaillard. *Journ.*, 2e. sem. an 10. 285

Crust — Vanderheyden. *Journ.*, 1er. sem. 1811. 167

Cubry. (commune de) *Collect.* an 11. 250

Cuchel—Happey. Tom. 5, 1812. 221

Cudorge. (héritiers) *Journ.*, 2e. sem. 1811. 230

Cuel, Bourlier — Scheidaeur. *Journ.*, 1er. sem. 1809. 249

Cuges. (commune de)—Petit. *Journ.*, 1er. sem. 1806. 277

Cuisenier—Marguet. *Journ.*, 1er. sem. an 10. 365

Culhat—Margaron et compagnie. *Journ.* 2e. sem. an 13. 317

Cuminal—Aptel. *Collect.* an 1810. 47

Cunéo-Dornano—Olivetti. *Journ.*, 2e. sem. an 10. 97

Curlier—Morand. *Journ.*, 1er. sem. 1806. 54

Curie—Lamiral. *Journ.*, 1er. sem. an 10. 105

Curières—Ducruejouls. *Journ.*, 2. sem. an 12. 417

Curten — Valentin et compagnie. *Journ.*, 1er. sem. 1806. 152

Curtil.—Daumas. *Journ.*, 1er. sem. 1806. 17

Cusset—Morgues. *Journ.*, 2e. sem. 1808. 388

Custine.—Deludre, Garand. *Journ.*, 2e. sem. 1807. 278

Cuvelier—Régie des domaines. Tom. 2, 1813. 377

Cuvier—Delaune, Martin. *Journ.*, 1er. sem. 1808. 301

Cuviliers—Dupont. *Journ.* 2e. sem. 1811. 79

Cyr de Lautage—Chauvet. *Journ.*, 2e. sem. an 10. 334

Cyrènes, Giraud—Robert. Tom. 1, 1812. 114

Dabadie, Barthélemy—Deflers. Tom. 3, 1813. 261

Dabernad—Trebos. *Journ.*, 2e. sem. 1807. 353

Dabos—Dufour de Villeneuve. *Journ.*, 1er. sem. 1811. 554

Dabos—Dureville—Doucet. *Collect.* an 1810. 36

Dacier—Lousteau. *Journ.*, 2e. sem. 1806. 326

Dacheux. *Collect.* an 1808. 184

Dachey—Vauldri—Laborde. *Journ.*, 2e. sem. an 12. 513

Daco—Ministère public. *Collect.* an 1809. 302

Dacosta—Delamarre-Gravier. *Journ.*, 1er. sem. an 10. 324

Dacosta—la dame de Lubersac. *Journ*, 1er. sem. 1811.   Pag. 70

Dacquin—Fournier *Juin*, 2e. sem. 1808.   49

Dadeku..—Limminguees. *Journ.*, 1er. sem. an 13.   33

Dadonville — Daussy. *Journ.*, 1er. sem. an 11.   129

et sem. an 14.   279

Dafry—Gigot-Garville. *Journ.*, 1er. sem. an 11.   3

Daffry—Prinet. *Collect.* an 14 — 1806.   292

Dagassan. (enfans) *Journ.*, 2e. sem. 1810. 206

Dageon—Jour. *Journ.*, 1er. sem. 1811.   23

Dagoreau—Wittus—Gorgen. *Journ.*, 1er. sem. 1811.   46

Daguet—Caffin. *Journ.*, 2e. sem. 1808.   390

Daguillard—héritiers Debon. *Journ.*, 1er. sem. 1808.   177

Daguillard—Manant. *Journ.*, 1er. sem. 1809.   129

Daguillard—Monnier. *Journ.*, 1er. sem. 1810.   353

Dahmen—Bramererts. *Journ.*, 1er. sem. 1807.   125

et 2e. sem. 1809.   161

Daidé—Pratz. *Journ.*, 1er. sem. 1807.   550

Daigrefeuille—Fielfe. Tom. 1, 1813.   379

Daigremont — Gauthier Lacreuze. *Journ.*, 2e. sem. 1812.   188

Daigremont — Guilbert. *Journ.*, 2e. sem. 1810.   225

Daillant—Bonnot. *Journ.*, 1er. sem. 1806. 28

Daillemer. (les mariés) *Journ.* 1er. sem. an 10.   533

Dailly—Callet. *Journ.*, 2e. sem. 1812.   312

Dainval—Dupuy. *Journ.*, 2e. sem. 1808.   449

Daisson—Bestavens. *Journ.*, 1er. sem. an 12.   71

Da'au—Robin. *Journ*, 2e. sem. an 10.   465

Dalbey — Quenin-Raynaud. *Journ.*, 2e. sem. 1810.   135

Dalbertas—Bourrely. Tom. 3, 1813.   375

Dalbiat. *Collect.* an 1808.   215

Daligre—de Brissac. *Journ.*, 2e. sem. 1807. 69

et 2e. sem. 1808.   401

Daligre—Delécluze, Salm, *Journ.* 2e. sem. 1808.   278

Dallac—*Journ.*, 2e. sem. an 13.   33

Dallard—de Gras. *Journ.*, 2e. sem. 1807.   449

Dallarde–Boisneuf. *Journ.*, 2e. sem. 1807.   348

Dalmbert—Bokary—Trésor public. Tom. 1er., 1813.   62

Dalvimart—Véry. *Journ.*, 2e. sem. 1807. 292

Damas—commune de Menou. *Journ.*, sem. an 14. 3

Damas—de Sainte-Maure. *Journ.*, 2e. sem. an 12.   515

Dambremé—Heudelet. *Journ.*, 2e. sem. an 12.   488

Daubry—Legret. Tom. 1er., 1812.   P. 564

Damerval Couuveau. Tom. 3, 1812.   522

Damenville — Gaudelel, Dubernard. *Journ*, 1er. sem. 1810.   247

Damour—Petie. *Journ.*, 2e. sem. 1812. 327

Dancette — Massadier. *Journ.*, 2e. sem. 1809.   321

Dandeleux—Régie de l'enregistrement. *Journ.*, 2e. sem. 1810.   551

Dandin—Guitre. *Journ.*, 1er. sem. an 11. 481

Dandlaw—Meunier. *Collect.*, an 14 — 1806.   349

et *Journ.*, 2e. sem. 1808.   273

Dandois—Ministère public. Tom. 1er., 1813.   56

Dandurain—Marimpoey. *Journ.*, 2e. sem. 1810.   417

Danesi—Maccioni. Tom. 3, 1812.   518

Danesy—Crosa. *Journ.*, 1er. sem. 1809. 545

Danet—Després. *Journ.*, 1er. sem. 1807. 69

Danet—Recamier. *Journ.*, 1er. sem. 1807. 69

Danger, Basmarin—Giard. *Journ.*, 1er. sem. 1808.   553

Dangereux—Delorme. *Collect.* an 14 — 1806.   225

et *Journ.*, 1er. sem. 1807.   353

Dangers—Delabarre, Fahus. *Collect.*, an 1809.   502

Dangest-Willemain—Thuart. Tom. 1er., 1812.   29

Danhieux—Agent du trésor public. Tom. 3, 1812.   418

Daniel—Provost. *Journ.*, 2e. sem. 1809. 209

Danneville. (les mariés) *Journ.*, 2e. sem. an 10.   105 et 217

et *Journ.*, 1er. sem. an 11.   241

Danoot—Vaulemout. *Journ.*, 2e. sem. 1807.   525

Danoot—Palmaert et Oldenberg. *Journ.*, 2e. sem. 1809.   378

et 1er. sem. 1810.   484

Dantignac—Tardif. Tom. 3, 1812.   81

Dapassano — Vallino. *Journ.*, 2e. sem. 1811.   186

Dapassano—Garessio. *Journ.*, 2e. sem. 1810.   478

Darbault. *Journ.*, 1er. sem. an 10.   61

Darberg—Devinck. *Collect.* an 1809.   141

et *Journ.*, 1er. sem. 1811.   390

Darbins—Villeneuve. *Collect.*, an 1808. 507

Darbod (succession) *Journ.*, 1er. sem. an 11.   516

Dardaine—Dupin. *Journ.*, 1er. sem. 1811. 217

Dardel — Bombart. *Journ.*, 1er. sem. an 13.   513

Dardelut—Ministère public. Tom. 3, 1813. 494

Dardenne—Lemaire. *Collect.*, an 12. 443

Darecourt—Hertzocq. *Journ.*, 1er. sem. 1809. P. 27

Dargent—la dame Vaslin et consorts. *Collect.* an 1811. 404

Dargenteau (héritiers)—Namur—Delzée. Tom. 1er., 1813. 81

Darigand—héritiers Canton. *Journ.*, 2e. sem. an 12. 469

Daril—Groenendaels. *Journ.*, 2e. sem. 1812. 547

Darlenoy—(voyez *Lefebvre.*)

Darmenon—Melleville. *Journ.*, 1er. sem. an 13. 216

Darmentier—Fauché. *Journ.*, 2e. sem. an 12. 42

Darmont—Pouquet. *Journ.*, 2e sem. 1808. 461

Darnaud—Leroquais. *Collect.* an 1810. 487

Darnay—Thomas. *Journ.*, 1er. sem. an 11. 41

Darquiau— (voyez *Dupin*).

Darracq—Boccatin. *Journ.*, 2e. sem. 1809. 449

Darramon—Larrose. *Journ.*, 2e. sem. 1806. 429

Darras—Sergoens. *Collect.* an 1810. 205

Darré, Clavie. Tom 1er., 1813. 603

Darrigrand—Canton. *Journ.*, 2e. sem. an 12. 308

Darry—Facquet. *Journ.*, 1er. sem. 1809. 193

Darthel—Forestier. *Journ.*, 2e. sem. 1809. 420

Dasnières. *Journ.*, 1er. sem. 1808 81

Dassin—Hervier. *Journ.*, 1er. sem. 1807. 55

Dasso—Revello, Puccio. *Journ.*, 2e. sem. 1812. 557

Dassonville—Lanneau. *Journ.*, 2e. sem. 1806. 507

Daubisse—Simon. Tom. 3, 1812. 277

Daubrée—Chesneau Beausire. *Journ.*, 1er. sem. 1809. 505

Daubrel—Carrier. *Journ.*, 2e. sem. an 9, n°. 22. 2

D'Aubremé. *Collect.* an 1807. 131

Daubremé—Vestraëten. *Journ.*, 1er. sem. 1808. 401

Daubusson—Chanteclaire. *Journ.*, 2e. sem. an 12. 23

Dauché—Carré. *Collect.* an 12. 334

Daudifret—Cordouan. *Journ.*, 2e. sem. 1807. 169

Daudrez—Gasselin et autres. *Journ.*, 2e. sem. an 13. 342

Daumas—Boissier. *Journ.*, 2e. sem. 1806. 27

Daumas—Curtil. *Journ.*, 1er. sem. 1805. 17

Daumont—Desarcis. *Journ.*, 1er. sem. 1806. 535

Daurian—héritiers Gombault. *Journ.*, 2e. sem. 1809. 561
et *Collect.* an 1811. 406

Dausse, Buisson—Lagorio. Tom. 1er., 1813. 337

Dausy—Dadouville. *Journ.*, 1er. sem. an 12. P. 129
et *Journ.*, sem. an 14. 279

Dauther—Deprats. *Collect.* an 1807. 199

Dautil—héritiers Bouchet. *Journ.*, 1er. sem. 1811. 102

Dautrel-Villebrun—Beauvarlet. Tom. 3, 1812. 266

Dauvergne. *Journ.*, 2e. sem. an 11. 145

Davan—Régie de l'enregistrement. *Collect.* an 12. 5

Daveluy. *Journ.*, 1er. sem. 1808. 497

Daveluy—ses créanciers. *Collect.* an 1811. 317

Daviat—héritiers Vivien. Tom. 2, 1813. 198

Daviau—Bonault. *Journ.*, 1er. sem. an 12. 61

Davico—Maschiesti. *Collect.* an 1809. 385

David. *Journ.*, 2e. sem. 1811. 428

David. Tom. 3, 1813. 463

David—Guignard. *Journ.*, 2e. sem. an 10. 256

David (héritiers)—Roussilhe. *Journ.*, 1er. sem. 1808. 289

Davier—Dacosta. *Journ.*, 1er. sem. an 10. 324

Davonneau. (héritiers et légataires) *Collect.* an 1811. 174

Davoust—Lemaire—Paul. Tom. 1er., 1812. 440

Davrilly—Spiest. *Collect.* an 11. 365
et *Collect.* an 13. 13
et *Journ.*, sem. an 14. 113

Dawisscher-Celles — Brouckoven. *Journ.*, 1er. sem. an 13. 401

Daywaille — Demet. *Journ.*, 1er. sem. an 11. 410

Déal — des Gouffes. — *Journ.*, 1er. sem. 1808. 417

Debacker — Berkman. *Journ.*, 1er. sem. 1811. 43

Debadier—héritiers Nicat. *Collect.* an 1811. 485

Debaes—Vanpouck. Tom. 2, 1813. 368

Debaise—Chapsal. Tom. 1, 1812. 193

Debar—Dechizelles. *Journ.*, 1er. sem. an 1807. 321

Debay. *Collect.* an 1809. 23

De Baulieu — Favier, Sayon. *Journ.*, 2e. sem. 1808. 228

Debent — Marchadier. *Journ.*, 2e. sem. 1808. 197

Debersée — les entrepreneurs des messageries. *Journ.*, 1er. sem. 1810. 405

Debéthune—Ravillois. *Journ.*, 2e. sem. an 12. 84

Debéthune —de Latour. *Journ.*, 1er. sem. 1808. 333

Debio—Schamp. *Journ.*, 2e. sem. 1808. 476
et *Collect.* an 1809. 394

Deboileau — Dequeux. *Journ.*, 2e. sem. 1806. 353

De Boissy de Choiseul, d'Estampes. *Journ.*, 2e. sem. 1807. Pag. 152
et *Collect.* an 1807. 357
Debon (héritiers) — Daguilard. *Journ.*, 1er. sem. 1808. 177
Debonnaire. *Collect.* an 1810. 315
Debonnaire — Rossel. *Journ.*, 2e. sem. an 12. 138

Debouis. *Voy.* Delahaye.
Debouis — Lemperrière. *Journ*, 1er. sem. 1809. 113
Debonquères — Liébart. Tom. 1, 1812. 160
Deboys — Bosmans. Tom. 1, 1812. 311
Debraye et comp. — Grosdavilliers. *Journ.*, 2e. sem. 1811. 279
Debray, Vallresnes — Martin Puech. *Journ.*, 1er. sem. 1810. 474
Tom. 2, 1812. 356
et Tom. 3, 1813. 150
De Brevanne — Bazire. *Journ.*, 1er. sem. 1806. 411
Debrevie — M. de Levis. *Journ.*, 1er. sem. an 12. 538
De Brézé. *Journ.*, 1er. sem. 1811. 401
Debric. (veuve et héritiers) *Collect.* an 12. 191
De Brissac — d'Aligre. *Journ.*, 2e. sem. 1807. 69
Debrouwer — Rippe. *Journ.*, 2e. sem. 1806. 555
Debruelle — Bellony. *Journ.*, 2e. sem. 1810. 9
Debry — Mortelmans. *Collect.* an 1810. 110
De Bucy — Delacroix. *Journ.*, 2e. sem. 1811. 106
Debure — Mejat. *Journ.*, 1er. sem. an 11. 183
Debuschère. Tom. 2, 1813. 510
Debussay. — Leduc. *Collect.* an 14 — 1806. 89
Debussay — Ferré. 177
Decaix — Mayeux. Tom. 3, 1812. 183
Decamp (Honoré) — Sophie Decamp. *Journ.*, 2e. sem. 1811. 465
Decaux — Duclaux. Tom. 1, 1812. 586
De Céintré — Jacques, Marie Margariteau, *Coll.* an 1807. 422
Decerf — Mohimont. *Journ.*, 1er. sem. 1810. 360
Décès-Caupene — Squiroly. Tom. 1, 1812. 183
De Chabrillant — Lacoste. *Journ.*, 2e. sem. 1807. 534
De Chamery — Bertrand, de Lacour. *Journ.*, 2e. sem. 1808. 23
De Chaulnes. (succession de M.) *Journ.*, 2e. sem. 1811. 296
Dechizelles — Debar. *Journ.*, 1er. sem. 1807. 321
De Choiseuil — de Boissy. *Journ.*, 2e. sem. 1807. 152
et *Collect.* an 1807. 357
Deck — Stahlhoffer. *Journ.*, 2e. sem. 1812. 427
Declercq — Hachterman. *Collect.* an 1808. 291

Declercq. (héritiers et légataires) Tom. 1, 1812. Pag. 49
Declerq — Germanès. *Collect.* an 1807. 158
Declerx — Merode-Westerloo. Tom. 3, 1813. 554
Decoen. *Journ.*, 2e. sem. 1808. 423
Decoinces — Lauson. *Journ.*, 1er. sem. an 1810. 524
Decombefort — Delaherche *Journ.*, 1er. sem. 1809. 353
Decoste — Chardin. *Journ.*, 2e. sem. an 12. 286
Decoster — Fasciaux. *Journ.*, 2e. sem. 1810. 83
Decouilly — Blancherot. *Journ.*, 2e. sem. 1806. 487
Decourbe, Briol — Magrath. Tom. 2, 1813. 310
Decoust — Audonnet. *Journ*, 1er. sem. 1809. 228
De Crillon — Aviat. *Journ.*, 1er. sem. an 12. 264
Deculand — Mercier. *Journ.*, 1er. sem. 1806. 461
Deède — Bensa. *Journ.*, 1er. sem. 1810. 179
Defalque — Leverd. *Journ.*, 1er. sem. 1808. 283
De Felix. (héritiers de J. B.) *Journ.*, 2e. sem. an 13. 374
Defer de Larouerre. *Journ.*, 2e. sem. an 12. 244
Definod — Peysson. *Journ*, 2e. sem. an 9, n°. 22. 5
De fitz-Lacoste. (les mariés) *Journ.*, sem. an 14. 33
Deflandre, Picard — Doria. Tom. 3, 1813. 75
Deflavigny — Burdin. *Journ.*, 2e. sem. 1812. 44
Deffers — Barthélemy, Dabadie. Tom. 1, 1813. 261
Deflorenne — Régie de l'enregistrement. *Journ.*, 2e. sem. 1809. 465
Defrance et comp. — Godard et comp. *Journ.*, 2e. sem. an 9, n°. 34. 6
Defrance — Thomas. *Journ.*, 2e. sem. 1806. 285
Defrance — Wittersheims. *Journ.*, 2e. sem. 1806. 280
et 2e. sem. 1810. 345
D. Franqueville — de Talru. *Journ.*, 2e. sem. 1806. 497
Défusciaux — Depatoul. *Journ.*, 2e. sem. 1812. 545
Defussy — Hebert — Thomas. Tom. 1, 1812. 530
Degères — Puységur. *Journ.*, 2e. sem. 1807. 417
De Gestas — Fontan. *Journ.*, 1er. sem. 1811. 313
Degeyr — Schmitz. *Journ.*, 1er. sem. 1806. 321
De Ghent — Commaest. *Journ.*, 1er. sem. 1806. 24
Degioanni — Ofella, Aghemo. Tom. 3, 1813. 274
Degliens — Limbergh. *Journ.*, 2e. sem. 1809. 460
Deglimes — le comte de Gavres. *Collect.* an 1811. 432
Degas — Vandervael. Tom. 3, 1813. 265
Degosse — Virginie. *Journ.*, 2^e. sem. 1808. 424
Degrady. *Collect.* an 14 — 1806. 233

De Gras—veuve Dallard. *Journ.*, 2e. sem. 1807. P. 449

De Graves. *Journ.*, 1er. sem. 1808. 449

De Grimaldy — Petan. *Journ.*, 2e. sem. 1807. 497

Degrez—Selis. *Journ.*, 1er. sem. 1807. 253

Degrez—Derheymakers. *Journ.*, 1er. sem. 1807. 253

Degumin—Eglof. *Collect.* an 11. 297

Dehaen—Vanderborgt. *Journ.*, 1er. sem. 1808. 573

Dehaynin—Olivier et consorts. *Journ.*, 1er. sem. 1810. 228

Dehesse—Saint-Valentin. *Journ.*, 2e. sem. an 11. 537

et 2e. sem. an 12. 100

Dejasand — la dame Butler. *Journ.*, 2e. sem. an 11. 284

Dejean—Bonis. *Journ.*, 2e. sem. 1810. 269

Dejoly—héritiers Picquais. *Journ.*, 1er. sem. 1806. 522

Dejouy—Coutant. *Journ.*, 1er. sem. 1810. 57

Dejunie—Dumejean. *Journ.*, 1er. sem. an 11. 492

Dekuyper—Vandenbranwende. *Journ.*, 1er. sem. 1810. 415

Delaage—Graillot. *Journ.*, 2e. sem. an 11. 331

Delaas — de Mathan. *Journ.*, 1er. sem. 1809. 556

Delabarre—Royer. *Journ.*, 1er. sem. 1806. 180

Delabarre—Pelcot. *Journ.*, 1er. sem. 1808. 175

De la Beuglie — Chegaray et comp. *Journ.*, 1er. sem. 1808. 416

Delaborde, Desenizis, Courault — Delavalette. *Journ.*, 1er. sem. 1809. 406

Delachaussée — Lafeuilland. *Journ.*, 1er. sem. 1808. 38

Delachaux. *Voy.* Vassadel.

Delacour—Bertrand, Chamery. *Journ.*, 2e. sem. 1808. 23

Delacroisette — Caseneuve. *Journ.*, 1er. sem. an 13. 102

Delacroix — héritiers de Bucy. *Journ.*, 2e. sem. 1811. 106

Delafaitte — Dubois. *Journ.*, 1er. sem. 1807. 286

Delaflèche — Valadon. *Journ.*, 2e. sem. 1810. 70

Delafont — Ministère public. *Journ.*, 2e. sem. 1809. 519

Delafontaine—Raffeneau. *Journ.*, 2e. sem. an 12. 373

Delafosse, Leroux — Lécluse. *Journ.*, 2e. sem. 1812. 402

Delagarde—Penot. *Collect.* an 13. 303

Delagarde (Hugues) — Caraman. *Collect.* an 1810. 470

Delagé—Guibert. *Journ.*, 1er. sem. 1809. 121

Delagrange — Poinsot. *Journ.*, 1er. sem. 1811. 269

Delahaye de Bouis—Talmis. *Collect.* an 13. 59

Delahaye—d'Hautefort. *Journ.*, 2e. sem. an 12. 50 et 565

Delahaye, Dounnoy—Mouge. *Journ.*, 2e. sem. 1809. 67

Delahaye — ses créanciers. *Journ.*, 1er. sem. 1810. 289

Delahaye de Plouers—Lombriasco. Tom. 1, 1813. 213

Delaherche — Decombefort. *Journ.*, 1er. sem. 1808. 358

Delair—Fardeau. *Journ.*, 1er. sem. an 11. 570

Delair—Miette. Tom. 2, 1813. 593

Delaire (héritiers)—la dame de Simiane. Tom. 3, 1812. 195

Delamarche — d'Ailly. *Journ.*, 2e. sem. 1808. 311

Delamarlière—Chamey.-Lafontaine. *Journ.*, 2e. sem. 1809. 137

Delamarre—Delamarre. *Journ.*, 2e. sem. an 9, n°. 17. 1

Delamarre—Dacosta. *Journ.*, 1er. sem. an 10. 324

Delamarre—Maurigal. *Journ.*, 2e. sem. an 10. 508

Delamarre, Lebourgeois—Mariette. *Journ.*, 2e. sem. 1808. 561

Delamarre — Dhornai. *Journ.*, 2e. sem. 1808. 355

Delamarre — Lefévre. *Journ.*, 2e. sem. 1808. 247

Delamarre—Lefranc. *Journ.*, 2e. sem. 1810. 57

Delamartelière — Amilly et comp. *Journ.*, 2e. sem. 1809. 267

Delambre—d'Héricy. Tom. 1er., 1813. 413

Delamme—Frœaux. *Journ.*, 1er. sem. 1811. 541

Delance, Belin—Lapeyrière. *Journ.*, 1er. sem. 1809. 9

Delannoy—Levavasseur. *Journ.*, 1er. sem. 1806. 470

Delannoy—Robert. Tom. 2, 1813. 394

Delanoue—Paugo, veuve et fils. *Journ.*, 2e. sem. 1811. 473

Delapaix—Romance et autres. *Journ.*, 1er. sem. 1810. 570

Delapersonne, Daniaux et Demontfort—Robin, Manlaville et autres. *Journ.*, 1er. sem. 1809. 202

Delapierre. Tom. 1, 1813. 581

Delaplace—Régie de l'enregistrement. Tom. 1, 1812. 496

Delaporte—Chavigny. 1er. sem. an 11. 187

Delaporte (héritiers)—A. Delaporte. *Journ.*, 1er. sem. 1810.   P. 100

Delaporte—Mayeux. Tom. 3, 1812.   183

Delaporte—Fournier. Tom. 3, 1813.   398

De la Porterie—Charpy. *Journ.*, 2e. sem. 1807.   21

De Lapp—Pfiffer. *Journ.*, 1er. sem. 1808. 465

De l'Arbre—Vallet. *Collect.* an 1807.   293

Delard—Pause. *Journ.*, 1er. sem. an 11. 209

Delard—Régie des domaines. Tom. 2, 1813. 564

Delard—Lespinasse. Tom. 3, 1813.   133

Delarivière—Feyon. *Collect.* an 11.   445

Delarochefoucault—Beausset. *Journ.*, 2e. sem. an 12.   45

Delarochefoucault —Goesson. *Journ.*, 1er. sem. 1811.   359

Delarue. (les mariés) *Journ.*, 1er. sem. 1810.   252

Delarue—Petou, Soymier. Tom. 2e., 1813. 139 et tom. 3, 1813.   355

De la Salle—Lefèvre. *Collect.* an 12.   85

Delatinne—Bertrand. 1er. sem. an 11.   22

Delatouche—la commune de Veluire. *Collect.* an 1809.   103

Delatour—Macmahon. *Journ.*, 1er. sem. an 12.   563

Collect., an 12.   27 et 1er. sem. 1806.   310

Delatour— Esteron—Havier. *Journ.*, 1er. sem. an 13.   60

De la Tour—de Béthune. *Journ.*, 1er. sem. 1809.   303

Delatour—de Lamoignon. *Journ.*, 2e. sem. 1809.   9

Delatour—Beauchamp. Tom. 2, 1813.   398

Delatour—Sarrazin de Maraize. *Journ.* sem. an 14.   93

Delatte. *Journ.*, 2e. sem. 1810.   281

Delaulle—Roussel. Tom. 1, 1813.   369

Delaunnai—Duhamel. *Journ.*, 1er. sem. an 11.   398

Delaunay—Garnier—Belbarbe. *Collect.* an 1811.   247

Delaunay—Lemaire — Maupertuis. *Journ.*, 2e. sem. an 11,   203

Delaunay—Labarre. *Journ.*, 2e. sem. an 11. 356

Delaunay—Lepaisant. Tom. 3, 1813.   357

Delaune, Martin—Cuvier *Journ.*, 1er. sem. 1808.   301

Delaunoi—Luthon. *Journ.*, 2e. sem. an 10. 343

Delaunoy—Jullien. *Journ.*, 1er. sem. 1806. 311

Delavacquerie — Picard. *Journ.*, 2e. sem. an 12.   3 et 2e. sem. an 13.   266

Delaval—héritiers Bergeret *Journ.*, 1er. sem. 1810.   487

Delava —Deulin—Vallery. *Journ.*, 1er. sem. 1811.   298

Delaval—Lemoine. *Journ.*, 2e. sem. 1811. P. 571

Delavalette—Courault, Delaborde et Deschizis. *Journ.*, 1er. s. m. 1809.   406

Delaverne—Bailleux. Tom. 1, 1812.   260

De la Vieuville—Arrhichi. 1er. sem. an 11. 65

D lavigne. (enfans) *Journ.*, 2e. sem. an 11.   505

Delavigre, Barabé—Delessart. *Journ.*, 1er. sem. 1808.   123

Delavigne—Vavasseur *Journ.*, 1er. sem. 1809.   205

Delaville—Baridon. *Journ.*, 1er. sem. 1810. 539

Delaville-Helis—Budan. *Journ.*, 1er. sem. 1810.   554

Delay, Perraud. — Point. Tom. 1er., 1813. 281

Delbart—Dupont. *Journ.*, 1er. sem. 1806. 456

Delbauf—Duquesnoy. *Collect.* an 1810.   169

Delebecque—Deslouvère. *Collect.* an 1811. 393

Delbono—Dodino. *Collect.* an 1811.   293

Delchet—Bourguignon. *Journ.*, 2e. sem. 1811.   391

Delches, Jrisson—Bourcard. *Journ.*, 2e. sem. 1808.   539

Delcour—Labriffe. *Journ.*, 2e. sem. an 12. 251

Delcourt—Campel. *Collect.* an 1809.   448

Delcourt—Cauchi. Tom. 3, 1812.   163

Delcroix—Ghislain-Carondet. *Journ.*, 2e. sem. an 13.   1

Deleclus. — Salm, d'Aligre. *Journ.*, 2e. sem. 1808.   278

Deletis—Dubois. *Journ.*, 2e. sem. 1810. 468

Delépine, Godet et Cardon — Marc. *Collect.* an 1808.   28

Delépine—Cardon. *Journ.*, 1er. sem. 1807. 244

Delétang (Antoinette)—Tissidre. Tom. 3, 1812.   369

Deleuze—Genton. Tom. 1, 1813.   114

De Lévis (maréchal) — Debrevie. *Journ.*, 1er. sem. an 12.   538

Delhon, Dupont—Molles. *Journ.*, 2e. sem. 1808.   485

Deliard—héritiers de Brie. *Collect.* an 12.   191

Delisl.—Pied. *Journ.*, 2e. sem. 1808.   357

Delivet—*Journ.*, 2e. sem. an 10.   254

Delivet—Lnel. *Journ.*, 1er. sem. an 10. 525

Delleiderier—Satis. Tom. 2, 1813.   4.

Delmarles—Hun... *Journ.*, 1er. sem. 1811.   61

Delmas—Stevens. *Collect.* an 12.   201

Delmas — Raynaud. *Journ.*, 1er. sem. an 12.   355

Delmasse—Récol. *Collect.* an 1809.   439

Delomre—Chaillet. *Journ.*, e. sem. 1807. 222

Delon—Grandin. *Journ.*, 1er. sem. 1810. 491

Delon—Vaytre et compagnie. *Journ.*, 1er. sem. an 11.   527

Delon—Pouyet. *Collect.* an 1809.   467

Deloncelles—Guillemette. *Journ.*, 2e. sem. 1808. P. 3 et *Collect.* 1808. 338

Deloncin — Termonia. *Journ.*, 2e. sem. 1811. 381

Delondre—Bellenger. *Journ.*, 2e. sem. 1807. 403

Delonne—Bourlon-Neuville. *Journ.*, 2e. sem. an 13. 522

Deloose—Hamelinck. *Collect.* an 1811. 303

Delopper—Donant. *Journ.*, 2e. sem. 1810. 403

Delorme—Dangereux. *Collect.* an 14—1806. 225

Delorme—héritiers Fauvel. *Journ.*, 2e. sem. 1811. 440

Delorme. *Journ.*, 2e. sem. 1812. 150

Delorme—Dangereux. *Journ.* 1er. sem. 1807. 353

Delort—Boutarel. *Journ.*, 2e. sem. 1807. 572

Deloyne-Mazere—Pelerin. *Journ.*, 1er. sem. an 12. 552

Delporte—Barennes. *Collect.* an 1811. 31

Delporte—Lebas. *Journ.*, 2e. sem. 1809. 313

Delpy—Rouffier. *Collect.* an 1810. 184

Delpy—Tournet. *Collect.* an 1811. 213

Delrut—Biourge. *Journ.*, 1er. sem. 1810. 3

Delsant—Huet—Perducet—Piat. *Journ.*, 1er. sem. an 12. 168

Delsart—la Régie de l'enregistrement. *Journ.*, 2e. sem. an 12. 390

Delescailles.—Brenu. *Collect.* an 12. 326

Delespinasse—Champigny. *Journ.*, 1er. sem. 1808. 44

Delespinay—Duvigier. *Journ.*, 2e. sem. an 13. 268

De Lespine—Labrocq et Baret *Journ.*, 2e. sem. 1811. 135

Delesrat—la dame R**. *Journ.*, 2e. sem. 1811. 91

Delessart—Mulot *Journ.*, 2e. sem. an 11. 570

Delestra. (les enfans) *Collect.* an 12. 319

Delu—Hebert. *Collect.* an 12. 262

Delunel—Jarry de Mancy. Tom. 1er., 1812. 257

Delucchi, Fossati—Palleri. *Journ.*, 2e. sem. 1812. 571

Deludre—Custine. *Journ.*, 2e. sem. 1807. 278

De Ludres.—d'Hofilise. *Journ.*, 2e. sem. an 13. 289

De Luzac—Girardin. *Journ.*, 2e. sem. 1806. 520

Delvaille (Jacob)—Vaugon. *Journ.*, 2e. sem. an 12. 453

Delvaux—héritiers Paul. Tom. 1, 1812. 473

Del Vecchio—Cravara. Tom. 3, 1813. 197

Delvigne—*Journ.*, 2e. sem. 1807. 497

Delzeuze—Futcrand Delzeuze. Tom. 3, 1812. 257

Demaisoncelle — Sapinault. *Journ.*, 2e. sem. 1806. 305

Demahy—veuve Dupuget. *Journ.*, 2e. sem. 1811. P. 388

Demahy—Dupuget. *Journ.*, 2e. sem. an 13. 118

Demahy—Vanderbergh. Tom. 3, 1813. 491

Demange.—Evrard. *Journ.*, 2e. sem. an 13. 472

Demauperché—Duplessis. *Journ.*, 2e. sem. 1810. 91

Demauroy—Bachelier. *Journ.*, 2e. sem. an 12. 94

Demazery—d'Hautefort. *Journ.*, 1er. sem. 1811. 152

Demeaux—Ménager, Marchais. *Journ.*, 1er. sem. 1808. 470

Demelin. (les héritiers et légataires.) *Collect.* an 12. 337

Demelin. *Journ.*, 2e. sem. an 12. 549

Demet—Liber. *Journ.*, 1er. sem. an 11. 410

Demidelier—Simon. *Collect.*, an 1808. 255

Demiddelier—Alexandre. *Journ.*, 1er. sem. 1807. 110

Demiddeler—Simon—Derenez. *Journ.*, 2e. sem. 1809. 124

Demissy—héritiers Lenormand. *Collect.* an 1809. 547

Demol—Corbesier. *Collect.* an 1807. 22

Demonchet. *Journ.*, 2e. sem. 1808. 161

Demonge—Desandrouin. Tom. 2, 1813. 81

De Montesquiou — Protat. *Collect.* an 12. 53

Demontfort, Daniaux et Delapersonne—Robin, de Manlaville, Tavernier-d'Eppe et Delapersonne. *Journ.*, 1er. sem. 1809. 202

Demontis—Houdaigné. Tom. 1, 1812. 176

De Montmorency—Gensac. *Journ.*, 2e. sem. 1807. 360

Demontsey—Ladvocat. *Journ.*, 2e. sem. 1808. 81

Demoor (héritiers) — Maes. *Collect.* an 1808. 311

Demoor, Wanwerde—Lefebvre. *Journ.*, 1er. sem. 1808. 185

Demoor—Maes. *Journ.*, 2e. sem. 1808. 14

Demoor (héritiers) — Maes. *Journ.*, 2e. sem. 1808. 500

De Mora—Ehreinheim. *Collect.* an 13. 137

Demorge—Bernier. *Journ.*, 2e. sem. an 11. 364

Demulder—Volquaert. Tom. 1, 1813. 205

Demuylder—Mengers. *Journ.*, 1er. sem. 1808. 521

Denat—Megte. *Journ.*, 2e. sem. 1810. 116

Denaurit—Dufort. *Journ.*, 1er. sem. 1807. 61

De Navailles—Lombard. *Journ.*, 1er. sem. 1807. 193

De Navailles—Seytre. *Journ.*, 1er. sem. 1807. 209

Denay—Lebreton— Chevetel — Chessoutaines. Tom. 3, 1813. 357

Denef.—Vanhavre. *Journ.*, 2e. sem. 1809 P. 334
Denet—Commune de Warhem. *Journ.*, 2e. sem. an 10. 108
Denevers—Issaly. Tom. 3, 1812. 474
Denis—Hermans. Tom. 3, 1813. 142
Deniset—Poulain. *Journ.*, 2e. sem. 1811. 453
Deniset—Receveur. *Journ.*, 2e. sem. an 13. 365
Denisot—veuve Dupuget. *Journ.*, 1er. sem. 1811. 388
Denizet—Poulain. *Journ.*, 1er. sem. 1809. 214
De Nouailles—Poix. *Journ.*, 2e. sem. 1808. 200
Denoker—Judoque—Wiemersch. Tom. 1, 1812. 215
Denonvilliers—Dumas. *Journ.*, 1er. sem. 1806. 230
Denosjean—Detté. *Collect.* an 14—1806. 165
Denokère. *Journ.*, 2e. sem. 1807. 42
Dentu—Malte-Brun et autres. Tom. 3, 1812. 5
Deona—la Régie de l'enregistrement. *Journ.*, 1er. sem. an 10. 159
Deona—Régie de l'enregistrement. *Collect.* an 1807. 63
Depsep—Schordeyens. *Journ.*, 1er. sem. 1810. 575
Depsepe, Leverrier — Dubois. Tom. 1, 1813. 219
De Page. *Journ.*, 1er. sem. 1808. 225
De Pape—Mauris—Mus. *Journ.* sem. an 14. 137
Depatoul—Defusciaux. *Journ.*, 2e. sem. 1812. 545
Des Perrières—Cazier. *Journ.*, 2e. sem. 1808. 39
Depestre et Proust—Tardif. *Collect.* an 1811. 15
Depeauw — Jacobs. *Journ.*, 2e. sem. 1810. 494
Dépinay-Saint-Luc—Dépinay-Saint-Luc et Lefèvre. *Journ.*, 1er. sem. 1809. 331
Dépinois. *Journ.*, 2e. sem. 1810 475
Deplas (héritiers) — Mutel. *Journ.*, 2e. sem. 1812. 529
Depoup.—Poat. *Journ.*, 2e. sem. 1806. 100
De Poix — Menou et autres. *Collect.* an 13. 435
De Poix. (créanciers de M.) *Journ.*, 2e. sem. an 13. 506
Deprats — Dauthier. *Collect.* an 1807. 199
Depresle—Fayon. *Journ.*, 2e. sem. an 12. 53
De Prinsac—Morin. *Journ.*, 1er. sem. 1807. 343
De Puységur—Gères. *Journ.*, 2e. sem. 1807. 417
Dequchen—Roard. *Journ.*, 2e. sem an 12. 133
Dequen—Vandhoren. 2e. sem. 1812. 17
Dequeux—Deboileau. *Journ.*, 2e. sem. 1806. 353
Dequeux—Serrigny. Tom. 1, 1812. 456

Derenck—Demiddeler—Simon. *Journ.*, 2e. sem. 1809. P. 124
D'Ercolani—Di Pietro. Tom. 1, 1812. 454
Dereu—Dergek. *Journ.*, 2e. sem. 1807. 94
Derheymakers—De Grez. *Journ.*, 1er. sem. 1807. 253
Derieux—Thobois. *Journ.*, 2e. sem. an 12. 312
Deriot—Jeannin. *Journ.*, 1er. sem. 1809. 261
Derivery—Pregermain. *Collect.* an 11. 58
Derlacades—Duperthuis. *Journ.*, 2e. sem. 1811. 287
De Rohan—Arbel. *Journ*, 1er. sem. an 12. 357
De Rohan. *Journ.*, 2e. sem. an 12. 6.
Deroisin—Redoan, Devroede. *Collect.* an 1809. 137
Derons—Vanhemelryk. Tom. 3, 1813. 586
Derossi—Chenis. Tom. 3, 1812. 144
Derouvers—Duchilleau-Sibille. *Journ.*, 2e. sem. 1810. 199
Deroyère—Dufraisse. Tom. 2, 1813. 24
Dervieux—Prat *Journ.*, 1er. sem. 1808. 55
Dervieux—Turninger—Seits. Tom. 2, 1813. 255
Deryck—Dereu. *Journ.*, 2e. sem. 1807. 94
De Sainte-Maure.—Damas. *Journ.*, 2e. sem. an 12. 515.
De Salse—Maigret. *Journ.*, 2e. sem. 1807. 155
Desandrouin—Demonge. Tom. 2, 1813. 81
Desarcis — Daumont. *Journ.*, 1er. sem. 1806. 535
Des Aulnois — héritiers Besnard. *Journ.*, 2e. sem. an 13. 298
Descalles—Devenois. *Journ.*, 1er. sem. 1809. 401
Desbordeaux—Binet. *Journ.*, 2e. sem. 1809. 385
Desbordes—Pineau. *Journ.*, 2e. sem. an 11. 449
Descalles *Journ.*, 1er. sem. 1811. 49
Descamps—Lechon et consorts. *Journ.*, 1er. sem. an 11. 353
Descamps—Breuvard. *Collect.* an 13. 311
Desaugré—Grimberg. *Journ.*, 2e. sem. an 10. 53
Desaulnais—Robillard. *Journ.*, 2e. sem. 1810. 513
Descarreaux—Régie de l'enregistrement. *Journ.*, 2e. sem. 1809. 433
Descazeaux—Juteau. Tom. 2, 1813. 49
Desbrières—Cardon. Tom. 1, 1813. 487
Deschamps—Aufray. *Journ.*, 1er. sem. an 13. 539
Deschamps—Morin. *Journ.*, 1er. sem. 1807. 105

Deschamps—Baudin-Tallard. *Collect.* an 1810. P. 112
Deschamps—Boirot-Duval. Tom. 2, 1813. 9
Deschutter—Vanbogaët. *Collect.* an 1811. 30
Desclaux—Ministère public. *Journ.*, 2e. sem. 1812. 359
Descombes—Gazanchon. *Journ.*, 1er. sem. 1806. 49
Descornais—Saint-Aubin. *Journ.*, 2e. sem. an 13. 385
D'Esebeck—Weingartner. Tom. 3, 1812. 511
Deselves—Jouffroy *Journ.*, 1er. sem. 1810. 15
Deselves—Leduc—Astruc. *Collect.* an 1811. 357
Deselves—Astruc. *Journ.*, 2e. sem. 1812. 41
Désenfans—Sibille et Derome. *Collect.* an 14—1806. 331
Desetables—Liebbe. *Journ.*, 2e. sem. 1810. 121
Desfontaines—Boubert. *Journ.*, 1er. sem. an 11. 113
Desforges—Spirmont. *Journ.*, 2e. sem. an 11. 3
Deseures—Gallet. *Journ.*, 1er. sem. 1807. 184
Deslour—Fauchier. *Journ.*, 1er. sem. 1806. 233
Desgoretn—Renard. *Journ.*, 1er. sem. 1810. 151
Desgosse—Chady. *Journ.*, 1er. sem. 1811. 529
Des Gouffes—Déal. *Journ.*, 1er. sem. 1808. 417
Desgouts—Adam. *Journ.*, 2e. sem. 1810. 11
Desgouttes. *Journ.*, 1er. sem. 1807. 17
Desgrais et consorts—Baision. *Journ.*, 2e. sem. an 10. 363
Desgrigny—Audebert—Malley. *Journ.*, 2e. sem. 1806. 266
Desguerrois, Valton—Lignereux. *Collect.* an 1811. 424
Deshaye—Chemin. *Journ.*, 1er. sem. an 13. 41
Deshayes—Durieux. *Journ.*, 1er. sem. an 10. 413
Deshaies. (veuve et héritiers) *Journ.*, 2e. sem. an 12. 332
Deshortes—Germain Leger. *Journ.*, 1er. sem. an 11. 417
Deshommais—Robillard. Tom. 2, 1813. 399
Désisnard—ve. André. *Journ.*, 2e. sem. 1810. 3
Desix—Lecomte, Petithau. Tom. 1er, 1812. 219
Desjardins—Cramoisy. *Collect.* an 12. 121
Desjardins—Robquin. *Journ.*, 1er. sem. 1808. 102
Deslandes—Anquetil. *Collect.* an 12. 465
Desliards—Sergent. Tom. 3, 1813. 473
Desloovère—Delebecque *Collect.* an 1811. 393
Deslord—Petit—Brœil. *Collect.* an 1807. 314
Deslovère—Vaudewacle. *Collect.* an 1810. 3.9
Desmaisières—Despiennes. Tom. 1er., 1812. 396
Desmarets—Simon. *Journ.*, 1er. sem. an 12. 193

Desmaries—Becanne. *Collect.* an 1810. P. 206
Desmarres—Viogné. *Journ.*, 2e. sem. an 13. 202
Desmée. *Journ.*, 2e. sem. 1807. 209
Desmet—Vanovervelt. *Collect.* an 1809. 107
Desmet—l'hospice d'Audenarde. *Journ.*, 2e. sem. 1811. 129
Desmet—Bauwens. *Journ.*, 2e. sem. 1812. 243
Desmeth—Brouchaven. *Collect.* an 1808. 159
Desminières—Godu. *Journ.*, 2e. sem. an 13. 350
Desmorandais. *Journ.*, 2e. sem. 1808. 327
Desnos—Dulard. *Journ.*, 2e. sem. 1808. 184
Desmorandais—Tuffin de la Rouerie. *Journ.*, 2e. sem. 1809. 417
Desmousseaux—Murray. *Journ.*, 1er. sem. an 12. 331
Desneux. *Journ.*, 2e. sem. 1807. 179
Desneux—Franquin. *Collect.* an 1808. 248
Desnol—Dulard. *Journ.*, 1er. sem. 1809. 152
Desnouhes—Ottin. Tom. 5, 1813. 58
Deforgues. (frères) *Journ.*, 2e. sem. 1806. 120
Desormeaux. *Journ.* 1er. sem. an 10. 145
Desouhes—Régie de l'enregistrement. *Journ.*, 1er. sem. 1808. 17
Desouter—Callen. *Journ.*, 1er. sem. 1807. 206
Despagnac—Régie de l'enregistrement. *Journ.*, 2e. sem. 1810. 68
D'Espagnac—(les créanciers). *Journ.*, 1er. sem. 1811. 40
Desparbes-Lussan—commune d'Hesdin et autres. *Journ.*, 2e. sem. an 9, no. 26. 5
Desparbés—Geffrier. *Journ.*, 1er. sem. 1806. 368
Despeaux—Fromingué. *Journ.*, 2e. sem. 1810. 444
Despêchers—Biarote. Tom. 1, 1813. 554
Despiennes—Desmaisières. Tom. 1, 1812. 396
Despilly—Mariette. *Collect.* an 1810. 365
D'Espinasse—Lenoir de Mirebeau. *Journ.*, 1er. sem. 1811. 502
Despinay—commune de Lyon. *Journ.*, 2e. sem. an 11. 196
Desplasses—Régie des domaines. Tom. 1, 1812. 262
Desports—Hugues. *Journ*, 1er. sem. 1806. 209
Desportes—Asséré. *Journ.*, 1er. sem. 1807. 293
Despré—Martin. *Journ.*, 1er. sem. an 10. 517
Desprez. (héritiers) *Journ.*, 1er. sem. an 13. 67
Després—Danet. *Journ.*, 1er. sem. 1807. 69
Desprez—les maries Mossis. *Collect.* an 1811. 386
Desprez—Ardent—Rathelot. Tom. 3, 1813. 507
Despuget. *Journ.*, 2e. sem. 1806. 561

Desquervois—Meritan. *Journ.*, 2e. sem. an 11.
P. 550
Desraches—Créqui Canaples. *Journ.*, 2e. sem.
an 12. 398
Desrioux—Régie des domaines. *Journ.*, 2e. sem.
1811. 294
Desroches—Plairé. *Journ.*, 1er. sem. 1807. 325
Desrousseaux—Helsen. *Journ.*, 1er. sem. 1807.
305
Desruelles—Administration des douanes. *Journ.*,
2e. sem. an 12. 435
Desson—Pallier. *Journ.*, 2e. sem. 1806. 545
Dessous-Lalande—Bouquerot. *Journ.*, 2e. sem.
1810. 149
Destaing—la dame Nazo. *Journ*, 1er. sem. an
13. 535
Destanque—les dames Perpin et Faugas. *Journ.*,
1er. sem. 1811. 337
D'Esternoz—dame Armand de Joyeuse. *Journ.*,
1er. sem. an 13. 33
Destillières—Castet. *Journ.*, 1er. sem. an 12.
499
Destillières—Séguin. Tom. 1, 1813. 76
Destillieres—(voyez *Caroillon*).
Destin—Brassy. *Journ.*, 1er. sem. an 13. 260
Deston—Charpentier, Olivier. *Journ.*, 2e. sem.
1808. 347
Destourmel. (succession) *Journ.*, 2e. sem. an
11. 472
Destrez. (frères) *Journ.*, 2e. sem. 1806. 177
De Sulis—Régie de l'enregistrement. *Collect.* an
1807. 204
Desvé—Paris. *Journ.*, 1er. sem. an 12. 221
Detoy—Clavelin. *Journ.*, 1er. sem. 1808. 529
Desvoyers—Spirmet. *Journ.*, 1er. sem. an 11.
539
Desvareilles—Cornu. *Journ.*, 2e. sem. 1811. 369
Desverneys—héritiers Vernier. *Collect.* an 13.
178
Desvignes—François. *Journ.*, 1er. sem. an 13.
19
D'Etampes—de Bacissy. *Journ.*, 2e. sem. 1807.
152
Detailleur—Neucourt. *Collect.* an 11. 338
Detchigoyen—Kerkado. *Journ.*, 2e. sem. 1807.
133
Detestra. (les enfans) *Collect.* an 12. 102
Detienne—héritiers Falla. Tom. 3, 1812. 502
Dethiennes—Vanhavre. *Journ.*, 1er. sem. 1811.
558
Detheminel — Philippeaux. *Journ.*, 1er. sem.
1807. 485
Detté—Denosjean. *Collect.* an 14—1806. 165
Deumier, Lefèvre—Hospice de Tours. *Journ.*,
2e. sem. 1812. 361
Devaisnes—Girardot. *Collect.*, an 12. 294
Devalois—la Régie de l'enregistrement *Journ.*,
1er. sem. 1811. 433

Devarda. (les mariés) *Journ.*, 2e. sem. an 10.
P. 172
Devarin. *Journ.*, 1er. sem. 1808. 526
Devarsy-Poujol Davelny. *Collect.* an 1811. 357
Devaudemont—Dauoot. *Journ.*, 2e. sem. 1807.
525
Devaudeuil—Carré. *Collect.* an 12. 534
Devaux—Helin—Dinet. *Collect.* an 1811. 270
Devaux—Beraud. Tom. 3, 1812. 18
Devenois—Descalles. *Journ.*, 1er. sem. 1809.
401
Devernet—Grangeret. Tom. 1, 1813. 352
Devers — Valadoux. *Journ.*, 1er. sem. 1811.
229
De Vichy (créanciers) — la dame Langlard.
Journ., 2e. sem. an 13. 497
Devieux—Beauregard. *Journ.*, 1er. sem. an
12. 100
De Villemenant—Berthier. *Journ.*, 1er. sem.
1807. 154
Devillers—Limmingnes. *Journ.*, 1er. sem. an
13. 353
Devinck—d'Arberg. *Journ.*, 1er. sem. 1811.
390
Devigny—Lacaille—Lefrançois. Tom. 3, 1813.
429
Devin de Fontenay—dame de Cabarrus. *Journ.*,
sem. an 14. 58
Devinck—Darberg. *Collect.* an 1809. 141
Devinck. *Journ.*, 2e. sem. 1812. 203
Devismel—Lefrançois. Tom. 3, 1813. 331
Devitry—Cheviron. *Collect.* an 12. 26
Devitry—de la Bartiole et autres. *Journ.*, 2e.
sem. 1810. 410
Devis—Goffeau. *Collect.* an 1809. 381
Devolder—Nuevens. *Collect.* an 1810. 47
Devos—Bauwens—Faveers. *Journ.*, 2e. sem.
1810. 220
Devos—Merex. Tom. 3, 1813. 203
Devoto — Giambruni. *Journ.*, 2e. sem. 1808.
276
De Vouassous—Suleau. *Journ.*, 1er. sem. 1808. 8
Devouges—Dufay. *Journ.*, 2e. sem. an 12. 489
Devries—Hoogen. *Journ.*, 1er. sem. 1808. 559
Devroëde—Joly. (héritiers) *Collect.* an 1809.
417
Devroede, Rodoan—Deraisin. *Collect.* an 1809.
137
Devroëde—Baudry de Roisin. *Journ.*, 2e. sem.
1810. 369
Devy—Nogués. *Journ.*, 2e. sem. an 11. 358
De Margemant — Roussel. *Journ.*, 1er. sem.
1807. 8
Dewegher—Mathie-Bourgogne. *Journ.*, 1er. sem.
1807. 556
Dewilde. *Journ.*, 2e. sem. 1806. 423

Dewinck—Biers—Stuber. *Journ.*, 2e. sem. an 13. P. 566

Dewinck—ses créanciers. Tom. 3, 1812. 50

Dewischer—Brouchoven. 1er. sem. an 11. 177

Dewit—Berg et consorts. *Journ.*, 1er. sem. an 13. 153

Dewite—Vandyck. *Collect.* an 1809. 415

Dewolf—Simons. *Journ.*, 2e. sem. 1809. 510

Deydier—Pascal-Maroyer. *Collect.* an 12. 454

Deyner—Piette. *Journ.*, 2e. sem. 1808. 165

Deyllens—Tessier. *Journ.*, 1er. sem. 1807. 465

Deyrieu—Morel. *Journ.*, 2e. sem. an 12. 423

Dezaugré. (les époux) *Journ.*, 1er. sem. 1809. 333

D'Hailly — de la Marche. *Journ.*, 2e. sem. 1808. 311

D'Hanins—Vanolmen. *Collect.* an 1807. 5

D'Haucourt—Leroi. *Journ.*, 2e. sem. an 13. 310

D'Hautefort—Delahaye. *Journ.*, 2e. sem. an 12. 565

D'Hautpoul—Gardouch. *Collect.* an 1810. 267

Dhéliaud—Corvisard. *Collect.* an 12. 390

D'Horicy. (les mariés) *Journ.*, 2e. sem. an 13. 236

D'Hervault-Pleumartin. *Journ.* 2e. sem. an 12. 318

Dhornoi—Delamarre. *Journ.*, 2e. sem. 1808, 355

D'Hornoy—Savalette. *Collect.* an 11. 352

Didier, Chopin. *Collect.* an 1807. 46

Didot—Bernardin de Saint-Pierre. *Journ.*, 2e. sem. an 11. 393

Diedman — Cambier. *Journ.* 1er. sem. 1808. 168

Diego—Dithmer—Langlois. *Journ.*, 2e. sem. 1806. 476

Diemer—Rumpler. *Journ.*, 1er. sem. an 12. 553

Diétrich—Valaert. *Journ.*, 2e. sem. an 12. 124

Diery-Gautier (frères et sœurs)—Tourres. *Journ.*, 1er. sem. 1806. 97

Diétrich—Valée et Stocklin. *Journ.*, 2e. sem. 1811. 174

Dieu et Joly—Coquerel. *Journ.*, 2e. sem. an 12. 257

Dieul—Fouquey. *Journ.*, 2e. sem. an 9, nº. 22. 11

Diffis—Ministère public. Tom. 2, 1813. 481

Digard—Nicole. *Journ.*, 1e. sem. an 12. 471

Digaud. (héritiers) *Journ.*, 1er. sem. 1811. 564

Dijon—Dubouret. *Journ.*, 1er. sem. 1810. 545

Dinet—Helin—Devaux. *Collect.* an 1811. 270

Piot—Régie de l'enregistrement. *Journ.*, 1er. sem. 1809. 529

Di Pietro—d'Ercolani. Tom. 1, 1812. 454

Dittmer-Tavernier. *Journ.*, 2e. sem. 1811. P. 46

Dittemer et comp. — Compte et comp. *Collect.* an 1810. 121

Divier, Pelletier—Pallès. *Collect.* an 1811. 154

Divry—Chrétien. *Journ.*, 2e. sem. 1812. 400

Donzan—Margueré. *Collect.*, an 12. 16

Dobelin—Garnot. *Journ.*, 2e. sem. an 11. 459

Dodino—Delbono. *Collect.* an 1811. 293

Dodon. (les époux) *Journ.*, 2e. sem. 1809. 456

Dogliotti, la commission des hospices Mondovi—Rolli, Gervasio. *Journ.*, 2e. sem. 1809. 524

Doisneau—Basset. *Journ.*, 1er. sem. 1810. 62

Doisy—Théolon-Clément. *Journ.*, 1er. sem., an 10. 54

Dol—Duquesnoy. *Journ.*, 2e. sem. 1812. 447

Dolabarat—Hirigoyen. *Collect.*, an 12. 36

Doleu—Cornil Heyendrikx. *Journ.*, 2e. sem. 1810. 31

Dolhabarats—Hyrigayen. *Journ.*, 2e. sem. 1808. 364

Dolle—Dulac. *Journ.*, 1er. sem. 1808. 3

Dollfus—Habertock. Tom. 3, 1812. 173

Domalin—Hapelkamp. *Journ.*, 1er. sem. 1810. 271

Domb'ans (commune de) *Journ.*, 2e. sem. an 10. 226

Domidian—Beckard-Haymann. *Journ.*, 2e. sem. 1811. 273

Domler, Ortkiol—Schueller. *Journ.*, 2e. sem. 1808. 518

Domy—Cateau. *Collect.* an 1808. 43?

Dommange. *Journ.*, 2e. sem. 1807. 103

Dommangeville—Berthinot. *Journ.*, 2e. sem. 1811. 167

Dommoy, Delahaye—Mouge. *Journ.*, 2e. sem. 1809. 67

Douant — Deloppez. *Journ.*, 2e. sem. 1810. 463

Donati—Albertini. *Journ.*, 1er. sem. an 13. 449

Donault—Doumerc. *Journ.*, 1er. sem. an 11. 273

Donetteau—Letissier—Roberjeot. *Journ.*, sem. an 14. 17

Donis— la Régie de l'enregistrement. *Journ.*, 1er. sem. 1806. 207

Donker—Régie des domaines. Tom. 2, 1813. 451

Dons — sa fille. Tom. 1, 1812. 300

Dorbec—Hamelin. *Journ.*, 2e. sem. 1808. 533

Dorcy—Levi. *Collect.* an 1807. 351

Dorcy—Paisan-Delafosse. *Journ.*, 2e. sem. an 12. 382

Doria—Deflandre, Picard. Tom. 3, 1813. 75

Doria—Pastorelli. Tom. 2, 1813. 147

Dorlé—Lefèvre et comp. *Collect.* an 1811. 437

Dormer—Bergayck , Goubaut. Tom. 1 , 1812. P. 164

Dormer—Spéri. Tom. 3 , 1813. 230

D'Ormesson—Feuillette. *Journ.*, 1er. sem. an 12. 391

D'Ormesson (la dame) —Pasquier. *Journ.*, 2e. sem. an 12. 391

D'Ormesson—Wiguen. *Journ.*, 1er. sem. 1807. 405

D'Ormesson—Séjourné. *Journ.*, 1er. sem. 1807. 405

Dormoy — Talbert. *Journ.*, 1er. sem. 1809. 148

Dormoy—Talbert. *Collect.* an 1809. 77

Dorneau—Thomas. *Journ.*, 2e. sem. an 11. 172

Dorneau—Thomas. *Journ.*, 2e. sem. an 12. 25

Dosnon. *Journ.*, 2e. sem. 1812. 501

Dosmond—Leroyer. *Journ.*, 2e. sem. an 13. 446

Dosmond—Leroyer. *Journ.*, 1er. sem. 1806. 443

Dossmann—Zahn. Tom. 3 , 1812. 303

D'Otreppe—Fallon. *Journ.*, 2e. sem. 1810. 575

Double et Marra. *Journ.*, 1er. sem. 1807. 261

Doubleistein.—Paschal. *Journ.*, 2e. sem. 1812. 231

Doucel—Leblond. *Journ.*, 2e. sem. 1810. 27

Doucet—Braquemont. *Journ.*, 2e. sem. an 12. 575

Doucet—Dureville-Dabos. *Collect.* an 1810. 36

Doucet—Potel-Bodin. 1er. sem. an 11. 208

Douessey — la commune de Nehou. *Journ.*, 1er. sem. an 10. 221

Douhaut (la dame de) *Journ.*, 2e. sem. an 11. 128

Douhault—Luzignau. *Journ.*, 2e. sem. an 11. 216

Douhaut. (la dame de) *Journ.*, 2e. sem. an 13. 381

Douhault. (madame de) *Collect.* an 13. 385

Douhault. *Journ.*, 2e. sem. 1807. 481

Douillon—Bourgeois de Mercey. *Journ.*, tom. 3 , 1812. 109

Doumerc—Douault. *Journ.*, 1er. sem. an 11. 273

Doumere—Martin Puech. *Journ.*, 1er. sem. 1810. 474

Dourdon—Ministère public. *Journ.*, sem. an 14. 91

Doutre —Bourrel —Jammet *Journ.*, 2e. sem. 1811. 446

D'Outrebeau—Lingois. *Journ.*, 2e. sem. an 13. 465

D'Outreligne—Jacquard. *Journ.*, 1er. sem. 1810. 557

Douville—Beaufort. *Journ.*, 1er. sem. an 13. P. 342

Douville — Tardif. *Journ.*, 1er. sem. 1809. 426

Doyen—Durieux. *Journ.*, 1er. sem. an 12. 478

Doyen, Pyrault—de Caraman. *Collect.* an 1811. 130

Doyen et comp.—Fonteuillat—Brinquant. Tom. 1 , 1813. 337

Dragon—Caillot—Levesy. *Journ.*, 1er. sem. an 13. 343

Drapeau—Famin. *Journ.*, 2e. sem. 1811. 238

Dreux. (les mariés) *Collect.* an 1810. 378

Driancourt. *Journ.*, 1er. sem. an 12. 543

Driancourt—Lefebre et Crapey. *Collect.* an 12. 275

Drion. *Journ.*, 2e. sem. 1810. 62

Drion. (frères) *Journ.*, 2e. sem. 1811. 401

Drion.— (les héritiers) *Collect.* an 1809 201

Drion-Zoude — héritiers Pasquet. *Journ.*, sem. an 14. 142

Driois — Michalon. *Journ.*, 1er. sem. an 13. 475

Driou—Clausse. *Journ.*, 2e. sem. an 11. 62

Drives.—Lassere. *Journ.*, 1er. sem. an 12. 541

Droissart—Berton. *Collect.* an 1811. 182

Droogmans—Vanderstraeten. *Journ.*, 1er. sem. an 12. 340

Drouillard—Lamillère. *Journ.*, 1er. sem. an 12. 445

Drouin—Pezier. *Collect.* en 1810. 68

Drouot , Chabaut et consorts — Champflour. *Journ.*, 1er. sem. 1809. 145

Dwelles — héritiers Roman. Tom. 3 , 1812. 506

Dyrion—Ritter. *Collect.* an 1808. 186

D'Yvraude—Tubeuf. *Journ.*, 1er. sem. an 10. 493

Dubai'—Betford. *Journ.*, 2e. sem. an 10. 353

Dubarry—Lonjon. *Journ.*, 1er. sem. an 10. 189

Dubeau — les mariés Veron. Tom. 1 , 1812. 374

Dubedon. *Journ.*, 1er. sem. 1810. 477

Dubernad—Damonville. *Journ.*, 1er. sem. 1810. 247

Dubernard. Tom. 1 , 1813. 574

Dubernet, Tombarelle—Ministère public. *Journ.* 2e. sem. an 1812. 282

Dubeux—Poya. *Journ.*, 2e. sem. an 11. 497

Dubois—Sergeant. *Collect.* an 14—1806. 28

Dubois—Alauzun. *Collect.* an 1808. 300

Dubois—Fautone. *Collect.* an 1810. 22

Dubois— la Régie des douanes. *Journ.*, 1er. sem. an 11. 257

Dubois—Girard. *Journ.*, 2e. sem. an 13. 189

Dubois—Grégoire (de). *Journ.*, 1er. sem. 1807. Pag. 345

Dubois—Delafaitte. *Journ.*, 1er. sem. 1807. 286

Dubois (héritiers) — Lemur. *Journ.*, 2e. sem. 1808. 359

Dubois—Goeminne. *Journ.*, 1er. sem. 1809. 541

Dubois (les époux). *Journ.*, 1er. sem. 1809. 94

Dubois—Barbier. *Journ.*, 2e. sem. 1810. 513

Dubois et Gobert—Gay. *Journ.*, 2e. sem. 1809. 410

Dubois—Flament. *Journ.*, 2e. sem. 1809. 493

Dubois. *Journ.*, 2e. sem. 1807. 518

Dubois—Sirot. *Journ.*, 2e. sem. 1809. 572

Dubois—Delelis. *Journ.*, 2e. sem. 1810. 468

Dubois (héritiers). *Journ.*, 2e. sem. 1810. 273

Dubois de Haves—Grignart. Tom. 1, 1812. 323

Dubois—Depsepe, le Verriez. Tom. 1, 1813. 219

Dubois-Jubainville—Royer. Tom. 2, 1812. 411

Dubos-Villeneuve. *Journ.*, 1er. sem. an 13. 453

Duboschet (les mariés). *Collect.* an 14. 1806. 302

Dubosc-Delessart—Delavigne. *Journ.*, 1er. sem. 1808. 123

Dubosc—Lillers. *Journ.*, 2e. sem. 1812. 214

Dubost—Lafrasse. *Journ.*, 1er. sem. an 12. 404

Dubost—Vogtlin—Thaler. *Collect.* an 1810. 381

Dubost—Canville. Tom. 1, 1813. 89

Dubouchage—Baert et autres. *Journ.*, 2e. sem. 1810. 364

Dubourg—Aubert, Fremoul. *Journ.*, 1er. sem. 1810. 385

Dubourg—Sajean. *Journ.*, 2e. sem. 1811. 49

Dubourg—Chabraud. Tom. 3, 1813. 555

Dubous—Cinget. *Journ.*, 2e. sem. an 12. 401

Dubousquet—Bonal. *Journ.*, 2e. sem. an 13. 225

Dubouzex—Dijon. *Journ.*, 1er. sem. 1810. 545

Dubrana—Laporte. *Collect.* an 1807. 179

Dubrana—Pouydebat. *Journ.*, 2e. sem. 1808. 289

Dubrana—Planté. *Journ.*, 1er. sem. 1809. 97

Dubroc-Lalande. *Journ.*, 2e. sem. 1810. 92

Dubranquet—Pepin, Durœulx. *Journ.*, 2e. sem. 1812. 240

Dubuat—Lenormand - Grandcour. *Journ.*, 1er. sem. 1810. 212

Dubuc—Lemoine. Tom. 1, 1812. 124

Dubuis. *Journ.*, 1er. sem. 1807. 129

Dubus. *Journ.*, 1er. sem. 1808. 141

Duc—Régie de l'enregistrement. *Journ.*, 2e. sem. an 13. 403

Ducancel—Joseph. *Journ.*, 2e. sem. an 11. 174

Ducayla—Thomas. *Journ.*, 2e. sem. 1807. P. 180

Ducayla, Boucherat—Lerebours. *Journ.*, Tom. 1, 1813. 420

Ducayla. Tom. 3, 1813. 128

Duchalard—Girard. *Journ.*, 1er. sem. an 12. 279

Duchambge (les mariés). *Collect.* an 12. 232

Duchampsneuf—Ministère public. *Coll.* an 1810. 399

Duchateau—Goffin. Tom. 1, 1813. 547

Duchâtel—Carboné. *Journ.*, 2e. sem. an 10. 481

Duchâtel—Carboné. *Journ.*, 2e. sem. an 12. 497

Duchatenet—Héritiers Letellier. *Journ.*, 2e. sem. an 12. 557

et *Journ.*, sem. an 14. 138

Duchatenet. *Collect.* an 13. 74

Duchatenet—Papillon de la Ferté. *Coll.* an 1810. 195

Duchauffour—Jacquart. *Journ.*, 2e. sem. 1806. 424

Duchauffour—Vafflard. Tom. 3, 1813. 181

Duchaume—Rodier. *Journ.*, 2e. sem. 1809. 90

Duchêne—Duteil. Tom. 2, 1813. 365

Ducherve—Morel. *Journ.*, 2e. sem. an 13. 209.

Duchesne.—Leuba. *Journ.*, 1er. sem. 1811. 233

Duchesne—Borel. Tom. 1, 1812. 504

Ducheylard—Labrousse. *Journ.*, 1er. sem. an 13. 129

Duchilleau—Sibille — de Rouvers. *Journ.*, 2e. sem. 1810. 199

Duchollet.—Bougarel. Tom. 1er. 1813. 11

Duclaux—héritiers Decaux. Tom. 1, 1812. 586

Duclieu. — Le Prieur. *Journ.*, 2e. sem. an 12. 65

Duclos-Grenet, Rouzet—Bergeret. *Journ.*, 2e. sem. an 13. 488

Duclos—la commune de Boissire - le - Bertrand. Tom. 1er. 1813. 32

Ducluseau — Margueré. *Journ.*, 2e. sem. an 11. 291

Ducluseau—Cornette. *Journ.*, 1er. sem. 1810. 23

Duclusel—M. de Crussol-d'Uzès. *Coll.* an 1811. 369

Ducluzel—Uzès. *Journ.*, 1e. sem. 1808. 443

Ducluzel—Lebigre. *Journ.*, 1er. sem. 1809. 30

Ducoster—Haller. *Journ.*, 2e. sem. 1810. 439

Ducoudraye—Ternier. *Journ.*, 1er. sem. 1810. 135

Ducray—Macaire. *Journ.*, 2e. sem. an 11. 477

Ducreux de Trezette—héritiers Paule. *Journ.*, 1er. sem. 1806. 33

Ducrey—Repingon. *Journ.*, 2e. sem. an 11. 470

Ducros—Vauguerin. *Journ.*, 1er. sem. 1808. 129

Ducroy-Boisgnerard. *Collect.* an 14 1806. P. 159
Ducruejouls—Curières. *Journ.*, 2e. sem. an 12. 417
Duclusel—Barrat. *Journ.*, 1er. sem. an 13. 527
Ducurtil—Coste. *Journ.*, 1er. sem. an 10, 9
Dudilier, Garde—Contan. *Journ.*, 1er. sem. 1808. 109
Dufau—Chabrié. *Journ.*, 2e. sem. 1806. 219
Dufaud—Azimand. *Collect.* an 1807. 193
Dufort—Denaurit. *Journ.*, 1er. sem. 1807. 61
Dufay de Provenchère—demoiselle Motte. *Journ.* sem. an 14. 150
Dufay—Devouges. *Journ.*, 2e. sem. an 11. 489
Dufayet-Latour—Ferrières. 1er. sem. an 11. 81
Duflos—Lebon. *Journ.*, 1er. sem. an 11. 478
Duflot—Mandet. *Collect.* an 1808. 361
Dufort. (les mariés) *Collect.* an 12. 374
Dufort. *Journ.*, 2e. sem. 1808. 458
Dufougerais. *Voy.* Ladouepe,
Dufour de Villeneuve—Dabos. *Journ.*, 1er. sem. 1811. 554
Dufour—Flet—Cheron. *Journ.*, 1er. sem. an 13. 122
Dufour—Payan. *Journ.*, 1er. sem. an 13. 45
Dufour (héritiers) — Dumerl. *Collect.* an 13. 457
Dufraisse—Deroyère—Teytut. Tom. 2, 1813. 24
Dufrancastel. Tom. 3, 1813. 263
Dufresne. *Journ.*, 2e. sem. an 9, n°. 22. 5
Dufresne. *Voy.* Fauconneau.
Dufresne—Jeannin. *Journ.*, 1er. sem. 1807. 365
Dufresne. (veuve et héritiers) *Collect.* an 1811. 159
Duffau—Réau. *Journ.*, 2e. sem., 1811. 476
Dugard—Bazile. *Journ.*, 2e. sem. 1808. 140
Dugrès—commune de Saint-Ouen. *Journ.*, 1er. sem. 1810. 257
Dugretz et consorts—Commune de Saint-Ouen. *Journ.*, 1er. sem. 1809. 311
Dugy—Fichon. *Collect.* an 1810. 200
Dugay—Potier. *Journ.*, 2e. sem. an 10. 497
Duguey—Bridet. *Journ.*, 1er. sem. an 10. 397
Duhameau—Levasseur. *Journ.*, 1er. sem. an 13. 529
Duhamel—préfet de Paris. *Journ.*, 2e. sem. an 9, n°. 4. 1
Duhamel—le préfet de la Seine. *Journ.*, 2e. sem. an 10. 293
Duhamel—Delaunai. *Journ.*, 1er. sem. an 11. 398
Duhamel—ministère public. Tom. 1, 1812. 324
Duban—héritiers Bounay. *Journ.*, 2e. sem. 1812. 119
Duhault—Charlet. *Journ.*, 1er. sem. an 12. 185
Duhem—Vandeville. *Collect.* an 1809. 268
Dujardin de Rusé. *Jour.*, 1er. sem. 1807. 181

Dujardin—Ameline. *Collect.* an 1809. P. 235
Dulac—Dolle. *Journ.*, 1er. sem. 1808. 3
Dulard—Desnos. *Journ.*, 2e. sem. 1808. 184
Dulard—Desnos. *Journ.*, 2e. sem. 1809. 152
Dulary—Parent—Mérigot. 1er. sem. an 11. 171
Dulau—Dumenil. *Journ.*, 1er. sem. an 10. 455
Dulery-Peyramon—Larue. Tom. 2, 1813. 29
Dulesiays de Kanguerel—commune de Heins-Hostan. *Collect.* an 1809. 433
Duliège—Grimaud. *Journ.*, 1er. sem. an 1806. 449
Duligondès—Patuleau. *Journ.*, 2e. sem. an 13. 337
Dulon—*Collect.* an 1810. 239
Duluc—Renout. *Journ.*, 1er. sem. an 10. 557
Duludre—Omahony. *Journ.*, 1er. sem. 1807. 440
Dumard, Lafeuillade, Boutemard, Pommereau et autres—Foudry, Fournier. *Collect.* an 1808. 252
Dumarzet. *Journ.*, 2e. sem. an 11. 502
Dumas. (héritiers) *Journ.*, 1er. sem. an 11. 457
Dumas-Laroque—Lagoublaie. *Journ.*, 1er. sem. an 13. 481
Dumas—Denonvilliers. *Journ.*, 1er. sem. 1806. 230
Dumas—Cleiss. *Journ.*, 1er. sem. 1806. 230
Dumas—Vente. *Journ.*, 1er. sem. 1810. 151
Dumas—Almaric. *Journ.*, 1er. sem. 1811. 504
Dumas—Baudoin. *Journ.*, 2e. sem. 1811. 405
Dumas—Commarmond. Tom. 2, 1813. 415
Dumé—Leperche. *Journ.*, 1er. sem. 1811. 136
Dumejean—Dejunie. *Journ.*, 1er. sem. an 11. 492
Dumerel—héritiers Monnier — Dufour. *Collect.* an 13. 157
Duménil—Dulaud. *Journ.*, 1er. sem. an 10. 455
Dumenil — Gilbert—Leroy. *Journ.*, 1er. sem. an 13. 52
Dumesnil—Jouenne. *Journ.* 1er. sem. 1811. 90
Dumesnil—Dubuisson—Grainville. *Journ.*, 2e. sem. 1808. 519
Dumesnil—Molin, Jeannet. Tom. 1er. 1813. 499
Dumesnil—Fizz. Tom. 2, 1813. 384
Dumet — Régie de l'enregistrement. Tom. 3, 1812. 429
Dumirailh—Breton. *Collect.* an 11. 415
Dumolard—Marais. *Journ.*, 2e. sem. an 11. 494
Dumolard—Livet. *Journ.*, 1er. sem. an 13. 65
Dumollet—Ragan—Boyer. Tom. 3, 1812. 524
Dumanchet — Bourguignon. *Journ.*, 2e. sem. 1812. 207
Dumont—Gallemand. *Journ.*, 1er. sem. an 12. 321
Dumont—Lemaitre. *Journ.*, 1er. sem. 1806.

Dumont—Largilleris. Tom. 1, 1813. Pag. 148
Dumontier—Rouviére. Journ., 2e. sem. an 12. 382
Dumortier-Derasse — Rullens. Tom. 3, 1812. 404
Dumoulin.—Barré. 1er. sem. an 11. 100
Dumoulin—Chaudron. Collect. an 11. 155
Dumoulin—demoiselle Groult. Journ., sem. an 14. 245
Dumoulin—Régie de l'enregistrement. Journ., 2e. sem. 1809. 295
Dumoulin—Bourdon-Neuville. Tom. 3, 1812. 125
Dumoulin—Lefebvre. Tom. 2, 1813. 579
Dumoulin, Passet—Taulier. Tom. 3, 1813. 16
Dumoutet—Fadatte—Hocquet. Journ., 2e. sem. 1809. 182
Dumoutois—Poulard. Journ., 2e. sem. 1811. 387
Du Muy—la dame de Bosroger. Journ., 2e. sem. an 13. 374
Dunal. Journ., 2e. sem. 1810. 7
Dunal—la Régie de l'enregistrement. Journ., 1er. sem. 1811. 548
Dunand et compagnie—Coëz-Bakri. Journ., 1er. sem. an 12. 163
Dunand—Michenon. Journ., 1er. sem. an 13. 199
Dunefour—Robit. Journ., 2e. sem. 1808. 351
Dunois—héritiers Remy. Journ., 2e. sem. an 12. 535
Duntfeld—les frères Labat. Journ., sem. an 14. 42
Dupan—Richard. Journ., 2e. sem. an 9, n°. 29. 1
Dupont—Delabre—Gaillard—Blutel. Journ., 1er. sem. an 10. 445
Dupan—Lichard. Collect. an 11. 277
Duparc—Chibon. Journ., 2e. sem. an 12. 365
Duparc—Tolosé. Journ., 1er. sem. 1810. 395
Duperchet—héritiers Popot. Tom. 3, 1812. 15
Duperray—Gilet. Journ., 2e. sem. an 10. 211
Duperrier et consorts—Hardouin, Soudé. Collect. an 1809. 262
Duperron—Lavit—Leleu. Tom. 2, 1813. 217
Duperthuis—Derlacades. Journ., 2e. sem. 1811. 287
Duperthuis—héritiers Popot. Tom. 3, 1812. 15
Dupeysset—François Etienne. Collect. an 12. 203
Dupin—Teyssoneau. Journ., 1er. sem. 1810. 204
Dupin—Dardaine. Journ., 1er. sem. 1811. 217
Dupin—les héritiers Bechon-Darquiau. Journ., 1er. sem. an 13. 23
Du Plaguic—Huc. Journ., 1er. sem. 1809. 449
Duplessis—Guary et Compagnie. Journ., 2e. sem. an 13. 60

Duplessis—Demauperché. Journ., 2e. sem. 1810. Pag. 91
Dupoil—Normier. Journ., 2e. sem. 1806. 417
Dupont—Grenon. Journ., 2e. sem. an 11. 517
Dupont et compagnie.—Mariette. Journ., 2e. sem. an 13. 8
Dupont—Delbart. Journ., 1er. sem. 18 6. 456
Dupont—Fontaine. Journ., 1er. sem. 1806. 456
Dupont, Delhon—Molles. Journ., 2e. sem. 1808. 483
Dupont, Lefrançois et Lepelletier. Collect. an 1809. 225
Dupont—Huet. Collect. an 1810. 208
Dupont—M**. Journ., 2e. sem. 1810. 285
Dupont et compagnie— Journ., 2e. sem. 1810. 88
Dupont—Cuviliers. Journ., 2e. sem. 1811. 79
Dupont-de-Labre—Martin, Joby. Journ., 2e. sem. 1812. 295
Dupony—Bezin. Journ., 2e. sem. 1806. 394
Duport (succesion). Collect. an 1810. 497
Duprat. Tom. 3, 1813. 386
Duprat—Geoffray. Journ., 1er. sem. 1807. 137
Dupré-de-Saint-Maur—Besnard. Journ., 1er. sem. 1808. 360
Dupré-de-Saint-Maur—Besnard. Journ., 1er. sem. 1811. 97
Dupré—Héritiers Cottard. 2e. sem. 1811. 150
Dupré—Kilcher. Tom. 3, 1813. 45
Dupré (héritiers)—Miguat. Tom. 1, 1813. 245
Dupré—Lefranc. Journ., 2e. sem 1810. 57
Duprez—Thomas. Tom. 1, 1813. 549
Duprat—Scribe et compagnie. Journ., 1er. sem. 1810. 427
Dupucé—Les enfans et légataires de Lair Duvancelle. Collect. an 12. 348
Dupucé—Lair Duvancelle. Journ., 2e. sem. an 12. 440 et..... 496
Dupuis—Demoiselle Languedoc. Journ., 2e. sem. 1811. 566
Dupuis—Dutrousset d'Héricourt. Tom. 2, 1813. 156
Dupuy — Commune Saint-Martin-Delaplace. Collect. an 1809. 174
Dupuget—Demahy et femme. Journ., 2e. sem. an 13. 118
Dupuget—Héritiers Pigeollot. Journ., 2e. sem. 1811. 388
Dupuy, Veilhers. Collect. an 1811. 137
Dupuy—Mauperché. Journ., 2e. sem. 1806. 76
Dupuy—Barthelemy, Rohan. Journ., 1er. sem. 1808. 458
Dupuy—Dainval. Journ., 2e. sem. 1808. 449

Duquesnoy (créanciers). *Journ.*, 2e. sem. 1808. P. 84

Duquesnoy—Trésor public.—Roger. *Collect.* an 1809. 494

Duquesnoy—Delbaux. *Collect.* an 1810. 169

Duquesnoy—Roger. *Journ.*, 2e sem. 1811. 161

Duquesnoy.—Dal. *Journ.*, 2e. sem. 1812. 447

Durand—Lainé. *Journ.*, 1er. sem. an 10. 482

Durand—la Régie des domaines. 1er. sem. an 11. 158

Durand—Leremois. *Journ.*, 1er. sem. an 12. 465

Durand—Lainé. *Journ.*, 1er. sem. an 12. 235

Durand—Fessart. *Journ.*, 1er. sem. 1806. 198

Durand (les héritiers). *Journ.*, 2e. sem. 1806. 471

Durand—Vincent. *Journ.*, 1er. sem. 1807. 383

Durand. *Journ.*, 2e. sem. 1808. 513

Durand—Chantreau. *Journ.*, 2e. sem. 1809. 113

Durand—Marguerit. *Journ.*, 2e. sem. 1809. 460

Durand (héritiers). *Collect.* an 1810. 90

Durand—Longayron. *Journ.*, 1er. sem. 1810. 445

Durand—Guilbert. *Journ.*, 1er. sem. 1811. 75

Durand de V....—Havart de St....Tom. 3, 1812. 118

Durande—Isoardi. Tom. 2, 1813. 240

Durandeau — Régie de l'enregistrement. *Journ.*, 1er. sem. 1807. 469

Duranton—Buchey. *Journ.*, 1er. sem. 1807. 390

Durat—Sugnot. *Journ.*, 1er. sem. an 12. 517

Durazzi—Galloni. *Journ.*, 1er. sem. an 11. 289

Durback, Godard et compagnie — Mathieu. *Journ.*, 1er. sem. 1809. 475

Dureclus — Brochard. *Journ.*, 2e. sem. 1808. 267

Durein—Becker-Volmer. Tom. 2, 1815. 37

Duret, Roustaing—Grébauval. *Journ.*, 2e. sem. 1812. 3 8

Dureville—Doucel. *Collect.* an 1810. 36

Durfort (la dame de)—Honnet. *Collect.* an 1811. 140

Durfort (la veuve)—Gossionne. *Journ.*, 2e. sem. an 13. 139

Duricher—Brochard. *Collect.* an 1809. 150

Duricher—Brochaud. *Journ.*, 2e. sem. 1809. 161

Durieud—Deshayec. *Journ.*, 1er. sem. an 10. 413

Durieux—Morel. *Journ.*, 2e. sem. an 11. 77

Durieux—Doyen. *Journ.*, 1er. sem. an 12. 478

Durieux—Amelin, Vanrobais. Tom. 1, 1812. 381

Durieux—Wiart. Tom. 3, 1813. 161

Durlemont—Ministère public. *Journ.*, 1er. sem. an 12. P. 497

Durœulx, Pepin — Dubronguet. *Journ.*, 2e. sem. 1812. 240

Durouze—Lamothe. *Journ.*, 2e. sem. 1810. 125

Duroux—Pernot, Leverat. Tom. 1, 1813. 102

Durozey—Thibout. *Collect.* an 12. 68

Duru—Caillat. *Journ.*, 2e. sem. 1812. 212

Duruei—Chaillo. *Journ.*, 2e. sem. an 13. 177

Dury — Régie des droits réunis. *Journ.*, 2e sem. 1812. 455

Dusaillant — Duval. *Journ.*, 2e. sem. an 12. 398

Dusault—Lepêcheux. *Journ.*, 1er. sem. an 12. 241

Dusautoir—Rémond. 2e. sem. 1812. 14

Dusautoir—Rémond. Tom. 2, 1813. 88

Dusouleur—Guyot—Bellanger. *Journ.*, 2e. sem. 1810. 235

Dusuquet—Murat. *Journ.*, 2e. sem. an 12. 125

Dussard—Boulenger. *Journ.*, 2e. sem. 1812. 228

Dussuc—Chavet. *Journ.*, 1er. sem. an 11. 231

Dusson—Darsse—Andrieu. *Journ.*, 1er. sem. 1807. 113

Duston—Andrieu. *Journ.*, 1er. sem. 1807. 161

Duté—Lhermite. Tom. 3, 1812. 454

Duteil—Berger. *Journ.*, 1er. sem. 1809. 404

Duteil—Duchêne. Tom. 2, 1813. 365

Dutertre—Ficheny. *Journ.*, 1er. sem 1807. 561

Duthrône — Brulée. *Journ.*, 2e. sem. an 12. 538

Duthu—Administration forestière. *Journ.*, 2e. sem. 1809. 263

Dutil — la Régie de l'enregistrement. *Journ.*, 1er. sem. an 11. 433

Dutreid—Pradier—Rauciat. *Journ.*, 2e. sem. an 13. 185

Dutrios—la dame Julien. Tom. 3, 1812. 38

Dutrong—Pepin. Tom. 1, 1812. 478

Dutrousset d'Héricourt—Dupuis. Tom. 2, 1813. 156

Duvadon—Grusse—Parvy. *Journ.*, 2e. sem. 1810. 471

Duval—Courtois. *Journ.*, 1er. sem. an 10. 417

Duval—Créqui-Canaples. *Journ.*, 2e. sem. an 12. 398

Duval — Rochet et Guérin. *Collect.* an 14—1806. 178

Duval—Braylens. *Journ.*, 2e. sem. 1806. 369

Duval (père)—Duval fils. (héritiers) *Journ.*, 1er. sem. 1809. 33-

Duval de Bonneval—Georget. *Journ.*, 2e. sem. 1809. 209

Duval — Cornu et Plissard. *Journ.*, 1er. sem. 1810. 209

Duval—Veron. *Journ.*, 2e. sem. 1810. 255

Duval de Brunville—Lemarchand. *Journ.*, 2e. sem. 1810.   Pag. 129
Duval—Saint-Martin. *Journ.*, 1er. sem. 1811.   550
Duval de Brunville—Gamicourt. Tom. 2, 1812.   109
Duval — Régie des domaines. Tom. 1. 1812.   132
Duval de Bonneval—Aulet. Tom. 3, 1812.   460
Duval-Boirot—Dame Deschamps. Tom. 2, 1813.   9
Duvallet—La dame Liedet. *Journ.*, 2e. sem. 1811.   55
Duvancelle (les enfans et légataires). *Collect.* an 12.   348
Duvancelle—Dupucé. *Journ.*, 2e. sem. an 12.   440
Duvelux. (Voy. *Carrare.*)
Duvernai (héritiers). *Collect.* an 11.   424
Duverger—Wiart. *Journ.*, sem. an 14.   49
Duverger—Régie de l'enregistrement. *Journ.*, 2e. sem. 1811.   532
Duvergier—de Lespinay. *Collect.* an 12.   31
Duvergier—Gagnon. *Journ.*, 1er. sem. 1811.   325
Duvernois—Goguel. *Collect.* an 1811.   277
Duvigier—Delespinay. *Journ.*, 2e. sem. an 13.   268
Duviquet—Forestier. *Journ.*, 2e. sem. an 10.   506
Duvoir—Feliker. *Journ.*, 1er. sem. 1810.   172
Duweltz — Gosseau. *Journ.*, 1er. sem. 1807.   43
Deulin-Vallery—Delaval. *Journ.*, 1er. sem. 1811.   298
Deurweorder—Ministère public. Tom. 3, 1812.   91
Ebert—Les mariés Linck. *Journ.*, 2e. sem. 1811.   479
Eberstein—Brostrom. *Collect.*, an 14 — 1806.   374
Ebbenie. *Collect.* an 14—1806.   330
Ebrau—Lefebvre. Tom. 3, 1812.   394
Eeman—Byl. *Journ.*, 1er. sem. 1808.   444
Ecoutin—Leblanc-Duplessis. *Journ.*, 2e. sem. an 12.   113
Echapasse. *Journ.*, 2e. sem. an 10.   205
Ecluse (de l')—Morel. *Journ.*, 2e. sem. 1808.   569
Eglof—Degumin. *Collect.* an 11.   297
Ehrard—Héritiers Laroche. Tom. 1, 1812.   512
Ehreinheim—M. de Moia. *Collect.* an 13.   137
Ellena—Servesti. *Collect.* an 1810.   419
Ellery—Chambre d'assurance maritime. *Journ.*, 2e. sem. 1806.   209
Elleviou—Houbé. *Journ.*, 1er. sem. 1811.   375
Elsberg—la Régie de l'enregistrement. *Journ.*, 1er. sem. 1810.   82

Embriaco—Martini. Tom. 3, 1813. Pag. 584
Emelin—Cante. *Journ.*, sem. an 14.   193
Emeric — Rousseau. *Journ.*, 1er. sem. 1806.   154
Emeric—Martin et Regis. *Journ.*, 1er. sem. 1808.   373
Emeric—Pacotte. *Journ.*, 1er. sem. an 12. 238
Emeril-Bellanger et consorts. *Journ.*, 2e. sem. an 11.   523
Emphytéotes des seigneurs de Ruthie — le seigneur de Ruthie. *Journ.*, 2e. sem. 1809.   369
Employés des droits réunis. *Journ.*, 2e. sem. 1809.   565
Enfantin—Lecarpentier. *Journ.*, 1er. sem. an 10.   471
Engel—La dame Schmit. Tom. 3, 1812.   97
Engel (Mathieu) — Bruat. Tom. 3, 1813.   436
Enfantin—Lecarpentier. *Journ.*, 2e. sem. an 12.   84
Enjalvin—Glouteau et Perel. *Journ.*, 2e. sem. 1811.   81
Enregistrement — Mercier. *Collect.*, an 1807.   473
Entrepreneurs des messageries—Régie de l'enregistrement. *Journ.*, 1er. sem. 1809.   69
Entrepreneurs des messageries—Debersée. *Journ.* 1er. sem. 1810.   405
Epaudry—Pinel. *Journ.*, 1er. sem. 1811.   271
Epoux Guernon (les). *Journ.*, 2e. sem. 1809.   302
Erard (demoiselles) — Sieber. *Journ.*, 1er. sem. 1811.   321
Erckmann (héritiers). *Collect.* an 14—1806.   433
Ernesto Spampani — Ministère public. *Journ.*, 1er. sem. 1811.   197
Ernest—Vanderheyden. *Journ.*, 2e. sem. 1809.   489
Escaravage—Coste. Tom. 1, 1813.   97
Escarguel—Rivals. *Journ.*, 2e. sem. 1811. 415
Eschbacher—Rhin. *Journ.*, 2e. sem. 1812. 379
Espagnac (d') — Régie de l'enregistrement. *Collect.*, au 1811.   267
Espinat, Plane—Goigoux. Tom. 3, 1812. 485
Estellé—Lemercier. *Journ.*, 1er. sem. 1808.   298
Estellé—Mahieu. *Collect.*, an 1811.   367
Esteron—Huvier. *Journ.*, 1er. sem. an 13. 60
Estiennot — Mauduit — Boucher. *Journ.*, 2e. sem. 1807.   214
et   214
Estinel—Testor. *Journ.*, 2e. sem. an 9, n°. 19.   7
Estoupe—Régie de l'enregistrement. Tom. 1, 1812,   563
Estampes—de Boissy. *Collect.*, an 1807. 357

Estampes—Boissi. *Journ.*, 2e. sem. 1816. P. 569
Etehegayen—Kercado. *Journ.*, 2e. sem. 1808. 529
Etchevers—Bordenave. *Journ.*, 2e. sem. 1806. 465
Eteléim. Tom. 2, 1813. 180
Etienne, Royer. *Collect.*, an 1811. 275
Etienne—Dupeysset et consorts. *Collect.* an 12. 203
Etienne—François. *Journ.*, 2e. sem. an 12. 553
Ettinger—Schoellkopff. *Journ.*, 1er. sem. an 13. 534
Eudes fils et neveu—Mariette. *Journ.*, 1er. sem. an 13. 404
Everard—Wacquant. *Journ.*, 2e. sem. 1812. 554
Evrard—Sicard. *Journ.*, 2e. sem. an 12. 476
Evrard—Reinin. *Collect.*, an 12. 77
Evrard—Demange. *Journ.*, 2e. sem. an 13. 470
Exmelin—Carrey. 1er. sem. an 11. 103
Expert—La régie de l'enregistrement. *Journ.*, 1er. sem. an 13. 85
Expert, Martinet—Cerfber. *Collect.* an 1808. 471
Eymard—Vigneau. *Journ.*, 1er. sem. 1807. 385
Eyrand, Enjolvi — Chaumeil. Tom. 3, 1812. 469
F. . . . —Ses créanciers. Tom. 3, 1813. 596
F. . . . —A. . . . sa femme. Tom. 3, 1812. 470
Faber—Testard et Bressort. Tom. 3, 1812. 458
Fabre—Sarus. *Journ.*, 2e. sem. an 11. 207
Fabre—Coustellier. *Journ.*, sem. an 14. 56
Fabre—Blaquière—Limoux. *Journ.*, 2e. sem. 1806. 385
Fabre—Veyrans (les enfans). *Collect.* an 1808. 362
Fabre—Velvert. Tom. 1, 1812. 588
Fabre, Bardine. Tom. 1, 1812. 83
Fabrique de la paroisse du Dôme. Tom. 1, 1812. 221
Fabriques de Marchenoir et d'Oucquet—Petigny (de). *Journ.*, 2e. sem. 1809. 441
Fabus—Dangers. *Collect.* an 1809. 502
Facquet—Darry. *Journ.*, 1er. sem. 1809. 193
Factet—Laribe—Hugot. *Journ.*, 2e. sem. 1811. 170
Fadatte—Dumoutet—Hocquet. *Journ.*, 2e. sem. 1809. 182
Faduille—Pujol. *Journ.*, 1er. sem. 1810. 431
Fage et Courcelles—Boisserand. *Journ.*, 1er. sem. an 12. 168
Fages—Mignot. Tom. 1, 1812. 321
Fagès—Roger. *Journ.*, 1er. sem. an 10. 45
Faguy. (Voy. *Sommeiller.*)

Fahrlender—Catavie. *Journ.*, 1er. sem. 1808. P. 109
Faix—La dame Bancel. *Journ.*, 2e. sem. an 11. 510
Fajon, Sarrus—Rolland. *Journ.*, 1er. sem. 1808. 33
Falla—Detienne. Tom. 3, 1812. 502
Fallois—Bourgeois-Lanchère. *Collect.*, an 1810. 355
Fallon—d'Otreppe. *Journ.*, 2e. sem. 1810. 575
Famin—Paulée—Saum. *Journ.*, 2e. sem. an 13. 129
Famin—Paulée—Crahai. *Journ.*, 1er. sem. an 10. 17
Famin-Drapeau *Journ.*, 1er. sem. 1811. 258
Fanget—Hirn. *Collect.*, an 1810. 287
Fantone—Dubois. *Collect.* an 1810. 22
Fardeau—de Clair. *Journ.*, 1er. sem. an 11. 570
Fardel. *Journ.*, 1er. sem. an 12. 324
Fardet—Greilh. *Journ.*, 1er. sem. an 13. 522
Fargeon—Courvoisie. *Collect.* an 11. 253
Fargeot (les mariés). *Journ.*, sem. an 14. 257
Fargues (de) — Perrin—Boufflers (de). *Journ.*, 1er. sem. 1809. 520
Fargues—de Boufflers. *Journ.*, 2e. sem. 1810. 263
Farjon — Larivière. *Journ.*, 1er. sem. an 12. 150
Faribault — Bolhomme et compagnie. *Collect.* an 1811. 86
Farinelli—Ceppo. *Collect.* an 1810. 404
Farne—Jabouille. *Journ.*, 1er. sem. 1807. 433
Faro père et fils—Cattaneo. *Collect.* an 1811. 361
Farsier—Flossac et consorts. *Journ.*, 1er. sem. an 11. 516
Fasciaux—Decoster. *Journ.*, 2e. sem. 1810. 83
Fasoletto—Bonansea. Tom. 1, 1812. 280
Fassione—Allemandi. Tom. 1, 1812. 57
Fassy—Beraud. *Journ.*, 1er. sem. an 10. 285
Fauché—Darmentier. *Journ.*, 2e. sem. an 12. 42
Faucher et Jouise—Bourgeois. *Journ.*, 2e. sem. 1810. 173
Fauchier—Desfour. *Journ.*, 1er. sem. 1806. 233
Fauconneau—Régie des domaines. Tom. 2, 1813. 453
Fauconnier—Vansrasen. *Journ.*, 1er. sem. an 13. 254
Faudoas—Christian Saint-Amand. *Journ.*, 2e. sem. an 12. 483
Faudoas—Christian Saint-Armand. *Journ.*, 1er. sem. 1810. 65
Faudoas—Christian Saint-Armand. *Journ.*, 2e. sem. 1810. 330
Faugeas.—(héritiers) *Journ.*, 1er. sem. 1811. 3
Faul. 2e. sem. 1807. 545
Faultrier. *Journ.*, 2e. sem. 1808. 102
Faugueux—Bernard. Tom. 1, 1813. 397

Faure—Piedfort. *Journ.*, 1er. sem. an 12. 200
Faure — Savouroux. *Journ.*, 2e. sem. 1808. P. 113
Fauthier—Savournin. Tom. 1, 1812.   190
Fautrel—Marian. *Journ.*, 2e. sem. 1806. 443
Fautrier—Nephys. *Journ.*, 2e. sem. 1809.   177
Fautsch—Levy. Tom. 3, 1813.   436
Fauvel (héritiers)—Delorme. *Journ.*, 2e. sem. 1811.   440
Fauvel—Riobé. Tom. 3, 1813.   539
Favaux—Tiranty. *Collect.* an 1807.   214
Faveers—Devos Bauwens. *Journ.*, 2e. sem. 1810.   220
Favereau—Cassal. *Journ.*, 2e. sem. an 13.   273
Favereau—Bémy. *Journ.*, 1er. sem. 1807. 257
Faverge—Méseric. *Journ.*, 2e. sem. 1809. 396
Favier, Fayon—Beaulieu. *Journ.*, 2e. sem. 1808.   228
Favier—Bonardel. *Journ.*, 2e. sem. 1811. 325
Favier—Villevieille. Tom. 3, 1813.   359
Favre—Bezelon. *Journ.*, 2e. sem. 1812. 332
Favresse — Régie de l'enregistrement. *Journ.*, 2e. sem. an 13.   283
Fayard d'Heudicourt—Halate. *Journ.*, 2e. sem. an 12.   508
Fayard, Cleff—Couche. Tom. 1, 1813. 522
Fayole—Gui—Poutiant. *Journ.*, 2e. sem. 1810.   209
Fayolle—Godier—Benoît. Tom. 3, 1813. 585
Fayon, Favier—Beaulieu. *Journ.*, 2e. sem. 1808.   228
Fayon—Depresle *Journ.*, 2e. sem. an 12. 53
Feber—Schwob. *Journ.*, 1er. sem. 1810. 335
Feibelmann—Ministère public. *Collect.* an 1811.   441
Feliker—Duvois. *Journ.*, 1er. sem. 1810. 172
Fenoyl—Hugot. *Journ.*, 1er. sem. 1811. 348
Fera-Saint-Phale—Chanet. *Journ.*, 2e. sem. an 12.   378
Ferdinand—Lemercier. *Journ.*, 2e. sem. an 11.   427
Ferino—la dame Ferino. *Journ.*, 2e. sem. 1811.   10
Ferione—Ministère public. *Journ.*, 2e. sem. 1810.   142
Fernagu—Laillel—Sellier. Tom. 3, 1812. 446
Fernaud Nunès—Braudon. *Journ.*, 2e. sem. an 11.   417
Feron, Colin. *Journ.*, 2e. sem. 1812.   171
Feronec, Crayen—Albrecht. *Journ.*, 2e. sem. 1809.   529
Feroux et consorts—Vassieux. *Journ.*, 1er. sem. an 13.   225
Fery—héritiers de Marraize. *Journ.*, 2e. sem. 1811.   549
Fery—veuve Sarrazin. Tom. 2, 1813.   463
Ferrand—Lapotherie. *Collect.* an 12.   19

Ferrand —Hivernan. *Journ.*, 2e. sem. an 10. P. 407
Ferrand—Becœur. *Journ.*, 1er. sem. 1809. 483
Ferrand — Ministère public. *Journ.*, 2e. sem. 1809.   52
Ferrandi—Ventre. *Journ.*, 1er. sem. 1808. 369
Ferrando — Rinando. *Journ.*, 1er. sem. 1807.   318
Ferrard—Montigny. Tom. 3, 1813.   520
Ferré—D. bussay. *Journ.*, 1er. sem. 1807. 177
Ferrero—Cordero. *Journ.*, 1er. sem. 1811. 443
Ferretti—Bocchi. *Journ.*, 2e. sem. 1811. 334
Ferrier—Rives. *Journ.*, 2e. sem. an 11. 307
Ferriere—Coucy de Longprey. *Journ.*, 2e. sem. an 10.   119
Ferrières—Dusayet.Latour. 1er. sem. an 11. 81
Ferry—Lacombe. *Journ.*, 2e. sem. 1806. 539
Ferry—Lameth —Rambour. *Journ.*, 1er. sem. 1810.   262
Ferton—Augelo-Poulos. *Journ.*, 2e. sem. 1811.   411
Fessart—Durand. *Journ.*, 1er. sem. 1806. 198
Feuillens (de) — Remigny. *Journ.*, 1er. sem. 1809.   134
Feuillette—d'Ormesson, *Journ.*, 1er. sem. an 12.   391
Feuser—Maas. *Journ.*, 1er. sem. 1811.   369
Feuwick—Jonas-Jones. *Journ.*, 2e. sem. 1810.   149
Feuwick—Jones. *Collect.* an 1811.   352
Février—héritiers Teixandier. *Collect.* an 1807.   393
Feyon—Delarivière. *Collect.*, an 11.   445
Finve, Virkai. *Collect.* an 1807.   344
Licatier—Tessot—l'Huilier. *Journ.*, 1er. sem. an 12.   152
Picheux — Dutertre. *Journ.*, 1er. sem. 1807.   561
Fichon — Dugy et consorts. *Collect.* an 1810.   200
Fidière—M. De Montalivet. *Journ.*, 2e. sem. 1810.   174
Fidières—Leroquais. *Collect.* an 1810.   487
Fieffe—Daigrefeuille. Tom. 1, 1813.   379
Fieges. Tom. 1, 1813..   576
Filhol—(les héritiers). *Collect.* an 1810.   56
Fillemin—Brion (de) et consorts. *Journ.*, 1er. sem. 1809.   294
Filieul-Beaugé—la dame Gentil. *Journ.*, 2e. sem. 1811.   554
Fillon—Crepain. Tom. 1, 1813.   5
Finance—Ministère public. *Journ.*, 2e. sem. 1812.   501
Finant—Mascavel *Collect.* an 14 — 1806. 525
Finch—Kurtz et fils. Tom. 1, 1812.   165
Finkin — Bastion, Potain. *Journ.*, 1er. sem. 1808.   248

Fioranvanti—Ministère public. Tom. 3, 1813. P. 457

Fissier—Marchais. *Journ.*, 1er. sem. 1810. 230

Fissous—Soubeiran. *Journ.*, 1er. sem. 1806. 121

Fitz—Domesnil. Tom. 2, 1813. 384

Flahaut. *Journ.*, 2e. sem. an 12. 573

Flament—Dubois. *Journ.*, 2e. sem. 1809. 493

Flament—Volf. *Journ.*, 2e. sem. an 12. 563

Flandin—Broglia ; Porta. *Collect.* an 1807. 241

Fléas—Ministère public. *Journ.*, 1er. sem. 1810. 486

Flechtein—la Régie des domaines. *Journ.*, 2e. sem. an 11. 110

Fleuret—Pelletier. *Journ.*, 1er. sem. an 12. 428

Fleuriau—Lortie. *Journ.*, 2e. sem. 1810. 236

Fleurot—Beaufort. *Journ.*, 1er. sem. an 13. 342

Fleurot—Champeaux. *Collect.* an 1809. 418

Fleury—Giraud. *Collect.* an 1810. 401

Fleury Letocaert—Virnot. Tom. 3, 1812. 550

Fleury—Reinach. Tom. 3, 1812. 565

Fleury—Godard—Froudeville. Tom. 3, 1813. 379

Florenville—Luzier. *Collect.* an 1811. 476

Floret—Elisabeth Marge. *Collect.* an 12. 286

Fleuriot—Tarin. *Journ.*, 1er. sem. 1807. 471

Florat—Huart-le-Tertre. *Journ.*, 2e. sem. 1807. 122

Floriot—Rochette. *Journ.*, 1er. sem. 1808. 60

Flossac—Farsier *Journ.*, 1er. sem. an 11. 516

Flot—Dufour—Cheron. *Journ.*, 1er. sem. an 13. 122

Fogliacco—Manna. *Journ.*, 2e. sem. 1810. 509

Foisy—Goislard-Villebrème. Tom. 3, 1812. 330

Folignier. *Journ.*, 2e. sem. 1808. 494

Folignier (demoiselle). *Journ.*, 1er. sem. 1809. 465

Folignier (fille)—Folignier (mère). *Journ.*, 2e. sem. 1809. 323

Folleville—Musnier. Tome 2, 1813. 5

Folliex—Tabuis. *Journ.*, 2e. sem. 1809. 133

Follin—Boursier. *Journ.*, 2e. sem. an 12. 58

Follin—Morfeuillet. Tom. 3, 1813. 49

Follope—Lesseulin *Journ.*, 1er. sem. 1809. 214

Folmer—Recusson. Tom. 3, 1813. 308

Fontaine de Biré—Zuercher. *Collect.* an 12. 417

Fontaine—Dupont. *Journ.*, 1er. sem. 1806. 456

Fontaine—Lainé. *Journ.*, 1er. sem. 1806. 456

Fontaine—Gittard. *Journ.*, 2e. sem. 1808. 206

Fontaine—Roy. *Collect.* an 1810. 329

Fontaine—Gittard. *Journ.*, 1er. sem. 1810. 145

Fontaine—Guidon. *Collect.* an 1811. 128

Fontaine—Blondel *Journ.*, 2e. sem. 1811. 124

Fontaine—Lerat. *Journ.*, 2e. sem. 1812. 532

Fontan—De Gestas. *Journ.*, 1er. sem. 1811. 313

Fontan—Beuquez. Tom. 2, 1813. 568

Fontanier—Couzi-Fageolles. Tom. 1er., 1812. P. 356

Fontanier—Lugan. Tome 1er., 1812. 235

Fontenay—dame de Cabarrus. *Journ.*, sem. an 14. 58

Fontenillat, Doyen et compagnie—Bringuant. Tome 1er., 1813. 337

Forcatères. (héritiers) Tome 2, 1813. 357

Forest—Ribié. *Journ.*, 1er. sem. 1806. 204

Forestier.—Tannay—Montufait. *Journ.*, 1er. sem. an 10. 34

Forestier—Duviquet. *Journ.*, 2e. sem. an 10. 506

Forestier—Darthel. *Journ.*, 2e. sem. 1809. 420

Forestier—Quesnay—Perez. Tom. 1er., 1812. 578

Forestier—Lecourt. Tom. 3, 1812. 390

Forgeonnet—Gervais. *Journ.*, 1er. sem. an 10. 515 et *Collect.* an 12. 33

Forgeron—Coissat. *Journ.*, 1er. sem. an 10. 1

Forlisesy—Klein. *Collect.* an 1807. 264

Forlisezy—Kaufmann. *Journ.*, 2e. sem. 1807. 248

Formé—héritiers Moreau. *Collect.* an 1811. 417

Formica—Buscaglione. *Journ.*, 2e. sem. 1809. 282 et Tom. 1er., an 1813. 563

Fortier—l'hospice de Chantilly. *Journ.*, 2e. sem. an 13. 369

Fortin—Péchard. *Journ.*, 1er. sem. an 10. 457

Fortin et Soret—Lelargeu. *Journ.*, 1er. sem. 1811. 65

Fortin—Lenglumé. *Journ.*, 2e. sem. 1807. 106

Fortin—Longuet, *Journ.*, 1er. sem. an 11. 497

Fortin—Serron—Longuet. *Journ.*, 2e. sem. an 11. 132

Fortin—Corbin. Tom. 3, 1813. 313

Fortissou (de)—Neuville (de). Tom. 3, 1813. 188

Fossard de Rosseville—de Gondreville. *Journ.*, 2e. sem. an 12. 570

Fossati, Delucchi—Polleri *Journ.*, 2e. sem. 1812. 571

Fossati—Ministère public. Tom. 3, 1813. 558

Fouache et consorts—Régie de l'enregistrement. *Journ.*, 1er. sem. an 13. 241

Fouard—Margier. *Journ.*, 2e. sem. 1812. 336

Foubert. (les mariés) *Journ.*, 2e. sem. 1810. 369 et *Journ.*, 1er. sem. 1811. 55

Foucaud—Mazelier. *Journ.*, 2e. sem. 1808. 419

Foucaud, Rabec—d'Aligre. Tom. 2, 1813. 561

Fouet et comp.—Gallois. *Journ.*, 1er. sem. 1811. 250

Fouet—héritiers Verger. *Journ.*, 2e. sem. an 11. 263

Fougères—Majeune. *Journ.*, 2e. sem. 1809. 445

Fougeron — Georgeon. *Journ.*, 1er. sem. 1803. P. 150

Fouilleul—Bastel. *Journ.*, 1er. sem. 18 8. 390

Fould—Auditeret. *Journ.*, 1er. sem. an 11. 567

Foulé—Carpentier. *Journ.*, 1er. sem. an 11. 45

Foullon—Mignac. *Collect.* an 1809. 193

Foulon — Lefebvre de la Maillardière. *Journ.*, 1er. sem. 1811. 442

Foulon-Descotiers (héritiers) — Couet. Tom. 3, 1812. 29

Foulon—Fournier. *Journ.*, 2e. sem. 18 8. 381

Foulques — Gallard. *Journ.*, 1er. sem. an 12. 436

Foulques-Lapillette — Milcent. *Journ.*, 1er. sem. an 12. 170

Fouquey—Dieul. *Journ.*, 2e. sem. an 9, n°. 22. 11

Fourmy—de Muller. *Journ.*, 2e sem. 1811. 433

Fournaux—Jabain. *Journ.*, 1er. sem. 1813. 153

Fournel. *Collect.* an 14—1805. 215

Fournel (héritiers) —Régie (domaines). Tom. 2, 1813. 564

Fournier. *Journ.*, 2e. sem. an 10. 46

Fournier—Séjan. *Journ.*, 1er. sem. an 12. 473

Fournier - la - Chapelle. *Journ.*, 2e. sem. 1807. 270

Fournier, Soudry — Dumard Lafeuillade, Boutemard Pommereau et autres. *Collect.* an 1808. 232

Fournier—d'Acquin. *Journ.*, 2e. sem. 1808. 49

Fournier—Foulon. *Journ.*, 2e. sem. 1808. 381

Fournier — Rochette et Lescure. Tom. 2, 1813. 208

Fournier—Josselin—Delaporte. Tom. 3, 1813. 398

Fourrier—Pion. *Journ.*, 2e. sem. an 11. 513

Fouschard.—Joulet. *Journ.*, 2e sem. an 11. 234

Foxlowr —Thayer. *Jour.*, 2e. sem. 1808. 275

Frachon et compagnie—Peilleux. *Collect.* an 11. 442

Fradiel—Simonin. Tom. 2, 1813. 56

Fraipont—Remade. *Journ.*, 2e. sem. an 12. 557

Fraisse. *Collect.* an 1809. 24

Fraix, Mailler, Holmboë — Leaven - Worth. *Journ.*, 2e. sem. 1809. 101

Fraizier. *Collect.* an 1808. 485

Francamp. *Voy.* Landasse.

Francesetti — Bordano. *Journ.*, 2e. sem. 1811. 311

Francischi. *Journ.*, 2e. sem. 1811. 120

Franchoi—Martin. *Journ.*, 2e. sem. 1811. 73

Franck—Régie des droits réunis. Tom. 1, 1812. 206

Franck. Tom. 2, 1813. 59

Franck. *Journ.*, 2e. sem. 1808. 342

François—Étienne. *Journ.*, 2e. sem. an 12. 553

François—Desvignes. *Journ.*, 1er. sem. an 13. 19

François-Jean—Chabert. *Journ.*, 2e. sem. 1809. P. 145

François—les frères Lecompte. *Journ.*, 1er. sem. an 13. 369

François—Ministère public. *Journ.*, 1er. sem. an 13. 391

François—Brichot. *Journ.*, 1e. sem. 1810. 456

François (héritiers). *Journ.*, 2e. sem. 1811. 175

François—les mariés Brichot. Tom. 1, 1812. 135

Francq—Régie de l'enregistrement. *Journ.*, 1er. sem. 1808. 37

Franquain—Desneux. *Collect.* an 1808. 248

Frappier—Adam. *Journ.*, 1er. sem. an 12. 540

Frappier—Hullot. *Journ.*, 2e. sem. 1811. 103

Fras—Ministère public. Tom. 1, 1812. 338

Fratrem—Barth. *Journ.*, 2e. sem. 1811. 13

Fraumont—Breuillard. *Journ.*, 2e. sem. 1811. 436

Fraumont—Breuillard. Tom. 2, 1813. 253

Frécine—Pietières. *Journ.*, 1er. sem. 18 8. 305

Frédéric—Slagmalder. *Collect.*, an 1807. 476

Fredfond—Billaut. *Journ.*, 1er. sem. an 10. 175

Frédry. (commune de) *Collect.* an 11. 250

Fredy—Teissère. *Journ.*, 2e. sem. 1812. 216

Fregeville. (veuve et héritiers de) Tom. 3, 1813. 481

Frélon—Lemaigre Saint-Maurice. *Collect.*, an 13. 350

Fréman—Poitevin. Tom. 3, 1813. 184

Fremin—Laporte. *Journ.*, 1er. sem. 1807. 553

Frémion—Collignon, Thisse et Boileau. *Collect.* an 1809. 404

Fremont (de) — la dame Luce. *Journ.*, sem. an 14. 305

Fremont—Busby. Tom. 3, 1812. 187

Fremont—Busby. Tom. 2, 1813. 481

Fremont. *Voy.* Guyot. 2

Fremyn. *Collect.* an 1809. 230

Frerot—Laurot. Tom. 3, 1812. 238

Fresnois — Administration forestière. Tom. 3, 1812. 107

Frisberg—d'Ingelleim. *Journ.*, 1er. sem. 1809. 53

Frison—Roques. *Collect.* an 11. 234

Fritz—Régie de l'enregistrement. Tom. 2, 1813. 183

Frœau—Delamme. *Journ.* 1er sem. 1811. 541

Froidefond-Duchatenet. *Collect.* an 13. 74

Froissard (de) Henrion. *Journ.*, 1er. sem. 1809. 71

Froment—Gaussard. *Journ.*, sem. an 14. 185

Froment—Rollet. *Journ.*, 2e. sem. 1807. 357

Froment—Simonet. Tom. 1, 1812. 197

Fromental—Auet. *Journ.*, 2e. sem. an 11. 454

Fromingué—Despeaux. *Journ.*, 2e. sem. 1810. 444

Fromont. *Voy.* Juliot.

Fromont—Suzanne. Tom. 2, 1813. 58

Frossard—de Tonniges. *Collect.* 1811. P. 255

Frottier—Marlinge. Tom. 1, 1812. 142

Frondeville—Godard-Fleury. Tom. 2, 1813. 342

Frondeville. *Voy.* Lambert.

Fruhe—Gsell. *Collect.* 1810. 301

Fulcrand—Commune de Saint-Privat. Tom. 3, 1812. 275

Fumée—Gaugain. *Journ.*, 2e. sem. 1811. 305

Furniou—Cavoret. *Collect.* 1810. 299

Furst—Georgy. *Journ.*, 2e. sem. 1807. 542

Furtin—Borderioux. *Journ.*, 2e. sem. an 12. 481

Fusi—Perret. Tom. 1er. 1813. 333

Fusibay—Administration des messageries *Journ.*, 2e. sem. 1811. 117

Fuxier—Brognat. *Journ.*, 1er. sem. 1810. 463

Fust-Salomon.—Gilet. Tom. 2, 1813. 54

Gabarrus — Legendre. *Journ.*, 1er. sem. an 10. 551

Gaboreau — Ministère public. *Collect.* an 1809. 423

Gachecdat—Dojordan. *Journ.*, 2e. sem. 1806. 67

Gachon, Martin, Cayre — Balestrier. Tom. 5, 1813. 41

Gagnon — Duvergier. *Journ.*, 1er. sem. 1811. 325

Gagnon—Ministère public. Tom. 3, 1812. 99

Gaignat—Capitaine. Tom. 1, 1813. 195

Gaillard de Morlaas — Bordenave. *Journ.*, 2e. sem. 1808. 573

Gaillard, Linfernat—héritiers Courtois. *Collect.* an 1809. 455

Gaillard — Ministère public. *Collect.* an 13. 284

et *Journ.*, 2e. sem. an 13. 69

Gaillard — la demoiselle Beaurepaire. *Journ.*, 2e. sem. an 13. 509

Gaillard—Dupont-Delabre. *Journ.*, 1er. sem. an 10. 445

Gainot—Roques. *Collect.* an 11. 234

Gaillard—Gonetan. *Journ.*, 2e. sem. 1812. 62

Galan—Bonenfant. *Journ.*, 1er. sem. 1808. 100

Galard — Weimifrith. *Journ.*, 2e. sem. 1806. 523

Galibert—Jourdan. Tom. 3, 1812. 297

Gallard — Foulques. *Journ.*, 1er. sem. an 12. 436

Galli—Batté—Pepin. *Journ.*, 2e. sem. an 12. 153

Galleani—Angliano — Saint-Vitale. *Collect.* an 1811. 249

Gallemand—Dumont. *Journ.*, 1er. sem. an 12. 321

Gallés — de Michel. *Journ.*, 1er. sem. 1809. 512

Gallet de Montdragon. *Journ.*, 2e. sem. 1811. 329

Gallet—Grandchamp. *Journ.*, 1er. sem. 1807. P. 184

Gallet — Descures. *Journ.*, 1er. sem. 1807. 184

Gallet—Perrin. *Collect.* an 1809. 286

Galletti — Régie de l'enregistrement. Tom. 3, 1813. 165

Galli—Ministère public. *Journ.*, 1er. sem. 1809. 20

Galli, Reggio—Gros. Tom. 1, 1813. 157

Galliat—Hirtzmoïse. Tom. 1er, 1812. 250

Gallien. (succession de la dame) *Journ.*, sem. an 14. 145

Gallier—Bourras. *Collect.* an 14—1806. 519

Gallo—Leix. *Journ.*, 2e. sem. 1806. 439 et 511

Gallois—Fouet et comp. *Journ.*, 1er. sem. 1811. 250

Galloni — Durazzi. *Journ.*, 1er. sem. an 11. 289

Galy—Pradel—Pagès. Tom. 2, 1813. 132

Gambier—Wielant. Tom. 3, 1812. 570

Gamble—Laporte. *Journ.*, 1er. sem. 1810. 331

Gandolpho—Line. *Journ.*, 2e. sem. 1812. 95

Ganivet-Berthelot—Lambert. *Journ.*, 1er. sem. 1810. 396

Gannat—Ministère public. *Journ.* 2e. sem. an 9, n°. 8. 3

Gapharre—Mondran. Tom. 2, 1813. 287

Garand—Matton. *Journ.*, 2e. sem. an 11. 5

Garand—Duludre. *Journ.*, 2e. sem. 1807. 278

Garaud—Manton. *Journ.*, 2e. sem. an 10. 493

Garchy (créanciers) — Caroillon. Tom. 1, 1813. 100

Garda — Ponte de Lambriasque. Tom. 3, 1812. 538

Garda—Allara. Tom. 3, 1812. 513

Garda—les hospices de Verceil. *Journ.*, 2e. sem. 1811. 7

Garda—Reybaud. *Collect.* an 1810. 71

Garda—Piazza. Tom. 3, 1813. 445

Garda—Pélissier. *Journ.*, 2e. sem. 1809. 473

Garda — Mougenet. *Journ.*, 2e. sem. 1809. 81

Gardarenc-Boisse—Bonal. *Journ.*, 2e. sem. an 13. 225

Garde—Rebattu. *Collect.* an 1811. 495

Garde, Dudilier—Contan. *Journ.*, 1er. sem. 1808. 109

Garde—Rebattu. *Journ.*, 1er. sem. 1809. 214

Gardette—Mazat. *Journ.*, 1er. sem. 1808. 420

Gardien—Barré. *Journ.*, 2e. sem. 1811. 497

Gardini—Cauda. *Journ.*, 2e. sem. 1806. 145

Gardon, oncle et neveux. *Collect.* an 11. 316

Gardouch—d'Hautpoul. *Collect.* an 1810. 267

Gardy—Dejean. *Journ.*, 2e. sem. 1810. 269

Garessio — Bayeta et autres. Tom. 1, 1812. P. 466
Garessio — Dapassano. *Journ.*, 2e. sem. 1810. 478
Garessio — Voyez *Vallino.*
Gargoteux — Carteron. Tom. 3, 1812. 53
Garivier — Chalard. *Journ.*, 2e. sem. an 12. 238
Garnaud — Blancart. *Journ.*, 1er. sem. an 10. 451
Garnery — Herhan. *Journ.*, 1er. sem. 1810. 313
Garnier-Boissière — Régie des domaines. Tom. 2, 1813. 486
Garnier — Carré, Beaufort. *Journ.*, 1er. sem. 1808. 347
Garnier-Lafosse — Delaunay. *Collect.* an 1811. 247
Garnier — la commune de Germinon. *Journ.*, 1er. sem. an 13. 30
Garnier — Dubuisson — Larcher. *Journ.*, 1er. sem. 1808. 19
Garnot — Ledoyen. *Journ.*, 1er. sem. 1810. 535
Garnot — Dobelin. *Journ.*, 2e. sem. an 11. 459
Garossio — Verani. Tom. 1, 1813. 56
Garreau — Blotteau. Tom. 1, 1813. 35
Garreau — Bouhier. *Journ.*, 1er. sem. 1807. 236
Garrigues. (les enfans) *Journ.*, 2e. sem. an 9, no. 23. 8
Garroue — Greggio. *Journ.*, 2e. sem. 1809. 362
Garsement — Milon. *Journ.*, 1er. sem. an 10. 125
Garsement — héritiers Millon. *Journ.*, 2e. sem. an 9, no. 25. 1
Garvey et compe. — Bunel. *Journ.*, 2e. sem. 1806. 252
Gascard — Laisné — Leclerc. *Collect.* an 1811. 369
Gasparini — Administration forestière. Tom. 3, 1812. 79
Gasselin et compagnie — Daudrez. *Journ.*, 2e. sem. an 13. 342
Gasset — Ranchon. *Journ.*, 1er. sem 1807. 236
Gasqui — Sabathier. *Journ.*, 1er. sem. an 13. 246
Gasteboit — Baulny. *Collect.* an 1808. 171
Gasté — Béguin, Toreau — Reulière. Tom. 1, 1813. 382
Gastinel — Poulain. Tom. 2, 1813. 61
Gatelot — Baton. *Journ.*, 1er. sem. 1810. 376
Gatrès — Bourgoing. *Journ.*, 1er. sem. 1811. 342
Gaube — Sanceys. *Journ.*, 2e. sem. an 11. 17
Gaudelet — Damonville. *Journ.*, 1er. sem. 1810. 247
Gaudelet et compagnie — Picardos. *Journ.*, 1er. sem. 1810. 84

Gaudi — Ministère public. *Journ.*, 2e. sem. 1812. P. 36
Gaudin — Bavoue. *Journ.*, 2e. sem. an 13. 392
Gaudot — Lemayrat. *Journ.*, 2e. sem. an 11. 433
Gaudry — Bonnot. *Journ.*, 2e. sem. an 9, no. 25. 9
Gaudry — Chiorando. *Journ.*, 1er. sem. 1811. 161
Gaugain — Leboucher-Laroche. Tom. 3, 1812. 559
Gaugain — la dame Fumée. *Journ.*, 2e. sem. 1811. 305
Gaulier — Poussalin. 1er. sem. an 11. 119
Gaultier-des-Clefs. Tom. 2, 1813. 168
Gautier — le Gouvernement. *Journ.*, 1er. sem. 1806. 222
Gaussard — Froment. *Journ.*, sem. an 14. 185
Gausy. *Journ.*, 2e. sem. 1808. 332
Gautherie. — *Collect.* an 1809. 106
Gauthier — Vilton — Ponard. *Collect.* an 14 — 1806 340
Gauthier. *Collect.* an 14 — 1806. 480
Gauthier — Bougault. *Journ.*, 2e. sem. 1809. 297
Gauthier — Bertraud. *Journ.*, 2e. sem. 1809. 209
Gauthier — Lagardère. *Collect.* an 1810. 403
Gauthier — Lagarde — Tobler. *Collect.* an 1811. 193
Gauthier, Lacreuze — Duigremont. *Journ.*, 2e. sem. 1812. 188
Gauthier — Goislard. Tom. 3, 1812. 330
Gauthier — Bartère, Courmier. Tom. 3, 1813. 297
Gauthier — Bertraud — Henry. *Journ.*, 1er. sem. 1810. 295
Gautron — Macheux et consorts. *Journ.*, 2e. sem. 1810. 72
Gavard — Régie de l'enregistrement. *Journ.*, 2e. sem. 1812. 367
Gavres (le comte de) — Deglimes. *Collect.* an 1811. 432
Gay — Chautard. *Collect.* an 12. 212
Gay — Gajon, Martin. *Journ.*, 2e. sem. 1809. 19
Gay — Dubois et Gobert. *Journ.*, 2e. sem. 1809. 410
Gazanchon — Descombes. *Journ.*, 1er. sem. 1806. 49
Gazzone — demoiselle Plaisant. *Journ.*, 2e. sem. 1811. 253
Geenens — Speleers. *Journ.*, 1er. sem. 1811. 330
Geensen — Administration des douanes. *Journ.*, 2e. sem. an 12. 242
Géermch — Vanmalcotte. *Journ.*, 2e. sem. 1811. 412
Geetts — Régie des douanes *Journ.*, 2e. sem. an 10. 393
Geerts — Grisoy. *Journ.*, 1er. sem. an 12. 534

Geffrier—Desparbès—Roger. *Journ.*, 1er. sem. 1806.   P. 363

Geffrier—Bégouin. Tom. 3, 1812.   380

Gehier - Saint - Hilaire — Moneron. *Collect.* an 1810.   289

Geosler—Hénon. *Journ.*, 2e. sem. 1808.   134

Gendebien—L**. *Collect.* an 12.   501

Gendrey. (Commune de) *Journ.*, 2e. sem. an 10.   231

Genestre—Castaing. *Journ.*, 2e. sem. an 12.   321

Genet—Brancas. *Journ.*, 2e. sem. 1806.   75

Genin—Pierret — Ministère public. *Journ.*, 2e. sem. 1809.   453

Genotte—Rolland. *Collect.* an 1809.   392

Gensac—Montmorency. *Journ.*, 2e. sem. 1807.   390

Gense—Gonger. *Journ.*, 2e. sem. an 12.   188

Gentil—Régie des domaines. *Journ.*, 1er. sem. an 11.   326

Gentil — Filleul-Beaugé. *Journ.*, 2e. sem. 1811.   554

Gentil—Régie de l'enregistrement. *Collect.* an 1811.   27

Gentil—Baugé. Tom. 1, 1813.   557

Gentimres. (héritiers) *Collect.* an 12.   455

Genton—Delenze. Tom. 1, 1813.   114

Genty—Meunier. *Journ.*, 1er. sem. an 10.   509

Geoffroy—Duprat. *Journ.*, 1er. sem. 1807.   137

Geoffroy—Huart. *Journ.*, 2e. sem. 1810.   297

Geoffroy—la Régie de l'enregistrement. *Collect.* an 12.   128

Geoffroy—Testu. *Collect.* an 1810.   386

Geoffroy—Menessier. *Journ.*, 2e. sem. 1812.   191

Georgeon—Fougeron. *Journ.*, 1er. sem. 1808.   150

Georget—Duval de Bonneval. *Journ.*, 2e. sem. 1809.   209

Georgy—Furst. *Journ.*, 2e. sem. 1808.   542

Gept—de Latreille. *Collect.*, an 14—1806.   378

Géraerte — la Régie des Douanes. *Collect.* an 12.   358

Gérant—Carreau. Tom. 3, 1813.   504

Gérard—de Latour. *Journ.*, 1er. sem. 1807.   449

Gérard. Tom. 1, 1813.   607

Gérard de Furnal. (descendans de) Tom. 2, 1813.   81

Gerbé—Leuba. *Journ.*, 1er. sem. 1811.   233

Gerber—Ministère public. Tom. 2, 1813.   187

Gerbo—Ponte. *Collect.* an 1807.   99

Gerboux—Rousseau. *Journ.*, 2e. sem. 1811.   103

Gerbaux—Bonneville. Tom. 3, 1813.   338

Gericaut—Lebigot. *Journ.*, 1er. sem. an 11.   338

Gerion—Mortier. *Journ.*, 1er. sem. an 10.   440

Germain—Catherinot. *Journ.*, 1er. sem. an 12.   P. 513

Germain—Ouy. Tom. 3, 1812.   245

Germanès—Clerq. *Collect.* an 1807.   158

Germon, Bazière—Pichot. *Journ.*, 2e. sem. 1809.   358

Germont—Pichat de Saint-Auban. *Journ.*, 2e. sem. an 1810.   421

Gervais de Saint-Laurent—Merauld. *Journ.*, 2e. sem. 1808.   6

Gervais—Forgeonnet. *Journ.*, 1er. sem. an 10.   515 et *Collect.* an 12.   33

Gervasio, Rolfi—la commission des hospices de Mondovi, Dogliotti. *Journ.*, 2e. sem. 1809.   524

Gestas—Pellissier. *Journ.*, 2e. sem. an 13.   145

Gestas-Lesperoux. (veuve et enfans) *Collect.* an 13.   229

Gevaudan—Ministère public. *Journ.*, 2e. sem. an 10.   433

Geylen—Régie des douanes. *Collect.* an 1808.   439

Geyler—Bourrienne. *Collect.* an 14—1806.   528

Gilet—Fust Salomon. Tom. 2, 1813.   54

Gherardi—Régie des douanes. Tom. 1, 1812.   351

Ghilini—Ghilini-Sarzbuy. Tom. 2, 1813.   305

Ghidi (de)—Ministère public. *Collect.* an 1808.   254

Ghislain—Ministère public. *Collect.* an 13.   327

Ghislain-Carondelet—Delcroix. *Journ.*, 2e. sem. an 13.   1

Ghysels. (les mariés) *Journ.*, 1er. sem. 1811.   81

Giamotti—Nomis. *Journ.*, 1er. sem. an 1806.   445

Giambruni—Bellato. *Journ.*, 2e. sem. 1808.   276

Giard—Lego. 1er. sem. an 11.   8

Giard. *Journ.*, 1er. sem. an 12.   52

Giard—Basmorin, Danger. *Journ.*, 1er. sem. 1808.   553

Gibert—Chauvin. *Journ.*, 2e. sem. an 10.   519

Gibert—la régie de l'enregistrement. *Journ.*, 1er. sem. an 12.   503

Gibert—Guin. *Journ.*, 1er. sem. 1809.   237

Gibert — Mignot et consorts. *Journ.*, 2e. sem. 1811.   150

Gibiard—Lavoudès. *Collect.* an 1811.   496

Gibon—Anneau. *Journ.*, 1er. sem. 1808.   311 et *Journ.*, 1er. sem. 1809.   353

Gibon—Compère. *Journ.*, 2e. sem. 1809.   557

Gibory—Vallingue. *Journ.*, 2e. sem. 1809.   121

Gibory — Ministère public. *Journ.*, 1er. sem. 1811.   545

Gibout—Pecheux. *Journ.*, 1er. sem. an 10.   257

Gidde—Arnoux. *Journ.*, 1er. sem. 1806.   326

Gienauth—Graimberg. *Journ.*, 2e. sem. an 10. P. 330

Gigot-Garville—Prinet. *Journ.*, 1er. sem. an 11. 575

Gigot-Garville-Dafry-Primet. 1er. sem. an 11. 5

Giguet — Michaud — Clemendot. *Journ.*, 1er. sem. 1808. 71

Giguet—veuve Noël Giguet. Tom. 3, 1812. 241

Giardini—Meuta. *Collect.* an 1811. 393

Gibert—Goblet. 1er. sem. an 12. 12

Gilbert—la dame Dumesnil. *Journ.*, 1er. sem. an 13. 52

Gilbert—Bouthet. *Journ.*, 2e. sem. 1810. 318

Gilbert—Ministère public. *Journ.*, 2e. sem. 1811. 257

Gilbert—Merlin. Tom. 3, 1813. 294

Gilet—Duperray. *Journ.*, 2e. sem. an 10. 211

Gilet. *Journ.*, 1er. sem. an 11. 437

Gilissen—Wischère. *Journ.*, 1er. sem. 1806. 337

Gilles—Ministère public. Tom. 3, 1812. 212

Gilles—Berbignier. Tom. 1, 1813. 340

Gillet—Marguet. *Journ.*, 1er. sem. an 13. 537

Gillet—Ballay et Blot. Tom. 1, 1812. 451

Gilliots—Braët. *Collect.* an 1807. 47

Gillis—Glouteau. *Journ.*, 2e. sem. an 9, no. 23. 6

Gimming, (les frères) *Collect.* an 12. 151

Givanelli—Sacchère. Tom. 2, 1813. 503

Giolito—Grasso. Tom. 1, 1813. 199

Giorgetti. *Journ.*, 2e. sem. 1812. 506

Giovanetti—Chiactonne. Tom. 2, 1813. 193

Girarp — Duchalard. *Journ.*, 1er. sem. an 12. 279

Girard—Dubois. *Journ.*, 2e. sem. an 13. 189

Girard. (les frères) *Journ.*, 1er. sem. 1806. 3

Girard de Bury — Baudouin. *Journ.*, 1er. sem. 1810. 156

Girard—Simond. *Journ.*, 2e. sem. 1810. 81

Girard—Croisier. *Journ.*, 2e. sem. 1810. 388

Girard—Rouyer, Lantillon. *Collect.* an 1811. 76

Girard—Régie des domaines. Tom. 2, 1813. 406

Girard—Mainguet. Tom. 2, 1813. 270

Girardin—de Luzac. *Journ.*, 2e. sem. 1806. 520

Girardot et compagnie — Noé. *Journ.*, 1er. sem. an 10. 160

Girardot—Houdouard. *Journ.*, 1er. sem. an 11. 97

Girardot—Devaisnes. *Collect.* an 12. 294

Girardot. *Journ.*, 2e. sem. 1810. 397

Girardy — Legrand. *Journ.*, 1er. sem. an 13. 70

Giraud—Bourdage. *Journ.*, sem. an 14. 701

Giraud—Fleury. *Collect.* an 10. 401

Giraud — Ledieu et femme. Tom. 3, 1812 481

Giraud—Gramilon. *Journ.*, 1er. sem. 1807. 477

Girault—Prévôt. *Journ.*, 1er. sem. an 12. 243

Girault—Clouet — Champion. *Collect.* an 1810. P. 215

Girard, Claretta et Bernard — Hermel. *Collect.* an 1808, 219

Giroir—Raby. *Journ.*, 1er. sem. an 12. 212

Giroust—Maugis. *Journ.*, 2. sem. an 11. 97

Giroust—Maugis. *Journ.*, 2e. sem. an 10. 281

Giroust, Camuzat — Leclerc. *Journ.*, 1er. sem. 1808. 506

Giroust—Leclerc. *Journ.*, 2e. sem. an 10. 85

Giroux—Baudon. *Collect.* an 14—1806. 199

Giroux — Ministère public. *Journ.*, 2e. sem. 1811. 257

Gisbert (héritiers et légataires). Tom. 3, 1812. 583

Gittard—Fontaine. *Journ.*, 1er. sem. 1810. 145

Givelet—Morlet. *Journ.*, 2e. sem. 1810. 23

Gizon — Argoud. *Journ.*, 2e. sem. an 9, no. 33. 7

Glaisot—Lafosse. *Journ.* 2e. sem. 1806. 548 et *Journ.*, 2e. sem. 1807. 305

Glaizot — Paysan — Lafosse. *Journ.*, 1er. sem. 1806. 556

Glazon (M. L.) — Cornil B. . . . . Tom. 3, 1812. 5|6

Glatigny—Lecoq. *Collect.* an 1811. 12

Glauden, Blay—Jubier. Tom. 3, 1813. 31

Glouteau — Gillis. *Journ.* 2e. sem. an 9, no 33. 6

Glouteau—Cartouzières. *Journ.*, 2e. sem. 1811. 81

Glücq—Muller. *Journ.*, 2e. sem. 1811. 255

Guecco—Morelli. Tom. 1er., 1813. 251

Gobelet—Gilbert. *Journ.*, 1er. sem. an 13. 17

Gobert—Joslin. *Collect.* an 13. 215

Gobert—Leleu. *Journ.*, 2e. sem. an 10. 371

Gobiert—Régie de l'enregistrement. *Journ.*, 1er. sem. an 13. 241

Godard, Fleury — Frondeville. Tom. 2, 1813. 342

Godard et comp.—Defrance et comp. *Journ.*, 2e. sem. an 9, no. 34. 6

Godard (compagnie)—Mathieu. *Journ.* 1er. sem. 1809. 475 et *Collect.* an 1811. 397

Godard - Daucourt — Lacharme. *Journ.*, 1er. sem. an 12. 380

Godard — Lambert-Froudeville. Tom. 3, 1813. 379

Godeau—Grenet. *Journ.*, 1er. sem. 1810. 211

Godeau—Bolleret—Boudier-Dapremont. *Journ.*, 1er. sem. 1809. 522

Godeck—Primavesi. Tom. 3, 1813. 588

Godefroy—Trimoulet. *Collect.* an 1810. 199

Godefroy—Lemire. *Collect.* an 13. 195

Godet et compagnie—Cardon. *Journ.*, 1er. sem. 1811. 529

Godet et compagnie—Cardon. *Journ.*, 2e. sem. 1811. P. 358

Godet—Leforestier. *Journ.*, 1er. sem. an 10. 77

Godet—Rolland. *Collect.* an 13. 279

Godet—Cardon. *Journ.*, 1er. sem. 1807. 244

Godfurneau, Barel—Cornet-de-Grez. *Collect.* an 1809. 247

Godfurneaux—Stevens. *Collect.* an 1809. 408

Godier—Fayolle—Benoît. Tom. 3, 1813. 585

Godin. (héritiers) *Journ.*, 2e. sem. 1812. 465

Godon—Bozelly. *Journ.*, 2e. sem. an 12. 282

Godu—Desminières. *Journ.*, 2e. sem. an 13. 350

Gœkler—Staadt. *Journ.*, 2e. sem. an 9, n°. 2. 1

Goeminne — Dubois. *Journ.*, 1er. sem. 1809. 541

Goër—la commune de Theux. *Collect.* an 12. 257

Goes—Vandervelon. Tom. 3, 1812. 500

Goessens — demoiselle Vandenschrick. *Collect.* an 13. 372

Goesson—la dame de la Rochefoucault. *Journ.*, 1er. sem. 1811. 359

Goethaels—Vanloutte. Tom. 3, 1813. 207

Goëthals. (enfans) *Journ.*, 2e. sem. 1806. 190

Gœury—Thill. *Journ.*, 1er. sem. 1807. 101

Coffard—Ransonnet. *Collect.* an 14—1806. 62

Goffart — Dulary et autres. 1er. sem. an 11. 171

Goffeau—Devits. *Collect.* an 1809. 381

Goffereau—la dame Roffay. *Journ.*, 2e. sem. an 13. 502

Goffin—Duchateau. Tom. 1, 1813. 547

Goguel—Duvernois. *Collect.* an 1811. 277

Goguely—Lamiral. Tom. 1, 1812. 72

Goguet—Craipain. *Journ.*, 2e. sem. 1806. 161

Gohier—Lucas. *Collect.* an 13. 134

Goormathtig, Bevers—Nève. Tom. 3, 1812. 406

Goiffon — Sauguier. *Journ.*, 1er. sem. 1811. 209

Goigoux — Plane, Espinat. *Journ.*, Tom. 3, 1812. 485

Goimbault. (héritiers) Tom. 1, 1812. 203

Goislard—Foisy, Gauthier. Tom. 3, 1812. 330

Goll—Stupffel. Tom. 2, 1813. 586

Goll—Weydel. *Journ.*, 2e. sem. 1811. 542

Golliet—Christophe frères. Tom. 1, 1812. 32

Golyon—Puvis. *Journ.*, 2e. sem. an 9, n°. 10. 4

Gombault—dame Daurian. *Collect.* an 1811. 406

Gombault—Beaumarié. *Journ.*, 2e. sem. 1809. 106

et 2e. sem. 1810. 80

Gombaut—Claire—Rosalie. *Journ.*, 2e. sem. 1809. 273

Gombault—Daurian. *Journ.*, 2e. sem. 1809. P. 561

Gombault et compagnie. *Journ.*, 2e. sem. an 13. 233

Gombault — Rapin. *Journ.*, 1er. sem. 1810. 299

Gomicourt—Duval de Brunville. *Journ.*, 2e. sem. 1812. 109

Gonat—Jourdier. *Journ.*, 2e. sem. an 9, n°. 29. 1

Gonetan — Gaillard. *Journ.*, 2e. sem. 1812. 62

Gonéré. (héritiers) Tom. 2, 1813. 234

Gonelle, Chenaille—Vancelle. Tom. 1, 1812. 80

Gontard — Leriche. *Journ.*, 2e. sem. an 10. 166

Gonttard—Leriche. *Collect.* an 12. 145

et *Journ.*, 2e. sem. an 11. 118

Gouyon Bayot — Chassaignac. Tom. 2, 1813. 209

Gor—Bounel-Imbert—Châtaud. *Collect.* an 13. 427

Gor. *Journ.*, 1er. sem. 1807. 145

Gorgen—Wittus—Dagoreau. *Journ.*, 1er. sem. 1811. 46

Gorgeon—Robinet. Tom. 1, 1813. 519

Gorlay—Vivien-Goubert. *Journ.*, 2e. sem. 1811. 262

Gorlay—Vivien. *Journ.*, 1er. sem. 1809. 471

Gorlier—la dame Piel. *Journ.*, 2e. sem. an 13. 474

Gorsas. (les mariés) *Journ.*, 1er. sem. 1811. 413

Gossart—Prévot. *Journ.*, 1er. sem. an 12. 243

Gosseau—Duweltz. *Journ.*, 1er. sem. 1807. 43

Gosselin—Gillet—Ballay. Tom. 1, 1812. 451

Gosselin—la Régie de l'enregistrement. *Journ.*, 1er. sem. 1810. 329

Gosselin — Marguerite — Heleine. *Journ.*, 1er. sem. an 13. 385

Gosset—Bouteiller père et fils. *Collect.* an 12. 222

Gossionne—Durfort et autres. *Journ.*, 2e. sem. an 13. 139

Got—Persès. *Journ.*, 2e. sem. an 11. 451

Gotteville—Veis. *Journ.*, 1er. sem. 1810. 411

Gotthignies. (héritiers et légataires) *Journ.*, 1er. sem. an 13. 401

Gouadin—Larrié. *Collect.* an 1810. 3

Goubaut, Bergayck—Dormer. Tom. 1, 1812. 164

Goubron—Lenormand. *Journ.*, 2e. sem. an 13. 165

Gouesnon — Chabot. *Journ.*, 2e. sem. an 11. P. 389

Gouger—Gense. *Journ.*, 2e. sem. an 12. 188

Gouges—Butler. *Journ.*, 1er. sem. 1806. 155

Gouget. *Collect.* an 1807. 163

Gougenheim—Karcher. *Collect.* an 14—1806. 472

Goupy—Mulot—Aufray. *Journ.*, 1er. sem. an 13. 539

Gouillard—demoiselle Poulard. *Journ.*, 1er. sem. 1811. 204

Gouillart-Dumontois—Poulard. *Journ.*, 2e. sem. 1811. 38

Gouitlet — Quinche. *Journ.*, 2e. sem. an 11. 158

Goujon—Roullet. *Journ.*, 1er. sem. 1808. 159

Goujoux—Bon. *Journ.*, 1er. sem. an 12. 259

Goulet — Lasseray. *Journ.*, 2e. sem. an 12. 406

Goullet de Saint-Paul—Wendel. *Journ.*, 2e. sem. 1811. 344

Goutheville (Aimar de) *Collect.* an 1811. 414

Gounont—Roques. 1er. sem. an 11. 45

Goupil — dame Cosson. *Journ.*, 1er. sem. an 13. 419

Goupil—Letort. *Journ.*, 2e. sem. 1808. 151

Gauraincourt—Bellan. *Journ.*, 2e. sem. 1809. 469

Goureau—Olive. *Journ.*, 1er. sem. 1807. 570

Gourdon—Audemart. *Journ.*, 2e. sem. 1807. 296

Gourdon, Guillot—Saulon. *Collect.* an 1807. 380

Gourmand—héritiers Bourdeseau. *Journ.*, 2e. sem. an 13. 43

Gourmant—Bourdoiseau. *Journ.*, 2e. sem. 1808. 321

Goursan-Dumace—Larivière. *Journ.*, 2e. sem. an 11. 337

Goussoult—Lafosse. (héritiers) *Collect.* an 1809. 346

Gousse—Legrand. *Journ.*, 1er. sem. 1806. 137

Goutardier—Charasse. *Journ.*, 1er. sem. 1806. 410

Gouy—Triboulet. *Journ.*, 2e. sem. an 12. 380

Gouy—Bourguignole. *Journ.*, 2e. sem. an 12. 142

Gouyer—Lefebvre. *Journ.*, 2e. sem. 1812. 65

Goy—la dame Boucher. *Journ.*, 2e. sem. an 13. 389

Goyard — administration forestière. Tome 1, 1812. 255

Gozzani—Piossasco. Tom. 1, 1812. 13

Graffuche—Moniz—Impey. *Journ.*, 2e. sem. an 11. 349

Grailhe. (veuve et enfans) *Journ.*, 1er. sem. an 13. 264

et 2e. sem. an 13. 5

Graillot—Delaage—Breuiller. *Journ.*, 2e. sem. an 11. P. 331

Graimberg—Gienanth. *Journ.*, 2e. sem. au 10. 330

Graimberg—héritiers de Vassan. *Journ.*, 2e. sem. 1811. 250

Grainville—Dumesnil. *Journ.*, 2e. sem. 1808. 519

Gramidon—Giraud. *Journ.*, 1er. sem. 1807. 477

Gramont (madame de) — Marchais. Tom. 1, 1812. 376

Grammont, Brasier—Richon. *Journ.*, 2e. sem. an 13. 433

Grammont—Chegaray et compagnie — Beuglie. *Journ*, 1er. sem. 1808. 416

Grammont (de)—Lucet. *Journ.*, 2e. sem. 1809. 54

Grammont (la dame)—Martin et consorts. *Journ.*, 2e. sem. an 11. 472

Grammont—de Vandermarq. *Journ.*, 1er. sem. 1811. 183

Grammont (de)—D'Hautefort. Tom. 2, 1813. 73

Grand (les mariés) *Journ.*, 1er. sem. 1811. 118

Grand—Rey. *Collect.* an 1809. 19

Grand—Jomba. Tom. 1, 1812. 149

Grand—Grandmaison. *Journ.*, 2e. sem. 1810. 561

Grandchamp—Gallet. *Journ.*, 1er. sem. 1807. 184

Grandcour—Vivien. Tom. 3, 1813. 310

Grandelle (veuve) — veuve Blanchard. *Journ.* sem. an 14. 150

Grandidier—Leblatier. *Journ.*, 1er. sem. an 12. 558

Grandin—Guyot--Mouton. *Collect.* an 14—1806. 135

Grandin—Houveaux. *Collect.* an 14. — 1806. 135

Grandin—Pezé de Corval. *Journ.*, 2e. sem. 1808. 490

Grandin—Hamon. *Collect.* an 12. 111

Grandin—Delon. *Journ.*, 1er. sem. 1810. 494

Grandin et fils—F . . . Tom. 1, 1812. 205

Grandin—Caffin. Tom. 3, 1812. 325

Grangeret—Devernet. Tom. 1, 1813. 352

Grangier—Moinault. *Collect.* an 1808. 26

Grandmaison — Grand. *Journ.*, 2e. sem. 1810. 561

Granet—Rabasson. *Journ.*, 1er. sem. 1810. 164

Gras—Armand. *Journ.*, 2e. sem. an 11. 521

Gras—Bertaud. *Journ.*, 1er. sem. an 11. 354

Gras—Lambert. *Journ.*, 1er. sem. 1809. 81

Grassin—Polisse. *Journ.*, 2e. sem. an 12. 140

Gravet, Boulard—Rapoux. *Collect.* an 1809. 66

Gravier—Lussanlt. *Journ.*, 1er. sem. 1806. P. 302
Gravier—Morel—Durieux. *Journ.*, 2e. sem. an 11. 77
Grébauval, Duret, Roustaing. *Journ.*, 2e. sem. 1812. 308
Grehel—Bresser. *Collect.* an 1809. 502
Grelet—Robineau. *Journ.*, 2e. sem. 1807. 241
Grecy—Volmer. *Journ.*, 2e. sem. 1806. 57
Greff et Boyer—Martin. *Collect.* an 14—1806. 49
Greggio—Garronc. *Journ.*, 2e. sem. 1809. 362
Grégoire (de)—Dubois. *Journ.*, 1er. sem. 1807. 325
Gregoire—Henon. Tom. 3, 1812. 253
Greilh — les mariés Fardet. *Journ.*, 1er. sem. an 13. 522
Grelet—Robineau. *Journ.*, 2e. sem. 1806. 456
Grenard—Lamarre. *Journ.*, 1er. sem. 1809. 90
Grenaud—Morand. *Journ.*, 2e. sem. 1810. 545
Grenel—Godeau. *Journ.*, 1er. sem. 1810. 211
Grenier—Alquier. *Journ.*, 1er. sem. an 13. 451
Grenier—Tahon. Tom. 3, 1812. 248
Grenonville—Letellier. *Collect.* an 1810. 137
Grente, Lecal—Provenchère. Tom. 1, an 1812. 146
Grenu (les frères). *Collect.* an 12. 157
Grieu—la dame de Tremauville. *Journ.*, 2e. sem. 1811. 321
Grisse— Ralassey et consorts. *Journ.*, 2e. sem. 1811. 33
Gritten. *Journ.*, 1er. sem. 1807. 428
Griffon—Marotte *Collect.* an 14—1806. 37
et *Journ.*, 2e. sem. 1808. 335
Griffon—Marotte de Fallais. *Collect.* an 1808. 385
Grignart—Dubois de Haves. Tom. 1, 1812. 323
Grimaldy — Latreille. *Journ.*, 1er. sem. 1811. 263
Grimaldi Monaco. — Peteau. *Journ.*, 2e. sem. an 12. 248
Grimaud — Dulière. *Journ.*, 1er. sem. 1806. 449
Grimaud — la dame Clouët. *Journ.*, 2e. sem. an 13. 92
Grimault—héritiers Mignon. *Collect.* an 12. 198
et 314
Grimbergs — Desaugré. *Journ.*, 2e. sem. an 10. 53
Grimod de la Reynière—Haller. *Journ.*, 2e. sem. 1810. 506
Grimod d'Orsay — de Balincourt, Tom. 2, 1813 308
Grimol, Alles — Afire. *Journ.*, 1er. sem. 1808. 279
Grimond—Caqué. *Journ.*, 1er. sem. an 11. 542
Grimoult — la dame Tavernier. Tom. 3, 1812. 467

Grisi-Lapié — Maghino. *Journ.*, 1er. sem. 1810 P. 510
Grisoy—Geerts. *Journ.*, 1er. sem. an 12. 534
Grivel—Parmentier. *Collect.* an 1811. 109
Groenendaels — Daris. *Journ.*, 2e. sem. 1812. 547
Groetzinger—Reutz. Tom. 1er., 1813. 45
Gromant (héritiers) — Keller. *Journ.*, 1er. sem. 1810. 440
Grondana. *Journ.*, 2e. sem. 1812. 222
Gros—Chataignier. *Collect.* an 13. 345
Gros — Jarlan. *Journ.*, 2e. sem. an 11. 425
Gros. *Journ.*, 2e. sem. an 10. 351
Gros—Galli, Reggio. Tom. 1er., 1813. 157
Gros Davilliers. — Debray et comp. *Journ.* 2e. sem. 1811. 279
Gros-Lebailly — Régie des domaines. Tom. 1, 1812. 21
Gross—Voltz. Tom. 1er., 1813. 276
Grosso—Giolito. Tom. 1er., 1813. 199
Groult—Dumoulin. *Journ.* sem. an 14. 245
Gruel—Terrier. *Collect.* an 11. 439
Gruel—Hazard. *Journ.*, sem. an 14. et 2e. sem. 1806. 106 419
Gruel—Le Marois. *Journ.*, 2e. sem. an 11. 369
Gruel—Paquet. *Journ.*, 2e. sem. 1810. 247
Gruson—Boileux. *Journ.*, 1er. sem. 1811. 155
Grusse—Duvadon. *Journ.*, 2e. sem. 1810. 471
Gualy—Vareil. *Journ.*, 1er. sem. 1808. 295
Guary et compagnie — Duplessis. *Journ.*, 2e. sem. an 13. 60
Guebhard — Préverand — Humert. *Journ.*, 1er. sem. an 13. 238
Guéhéneux—Pombelle. *Collect.* an 1808. 147
Guémenée—Bouret de Vézelay. *Collect.* an 1809. 141
Guenebaut—Serignac. *Journ.*, 2e. sem. an 9, no. 17. 1
Guenet — Ponchon. *Journ.*, 2e. sem. an 12. 231
Guenon—Dupont. *Journ.*, 2e. sem. an 11. 317
Guenot—Peullier. *Collect.* an 1811. 26
Guerard—Houzard de la Poterie. *Journ.*, 2e. sem. an 11. 529
Guérard—Cabarrus. *Journ.*, 2e. sem. an 1808. 177
Guérard—Lanchon. *Journ.*, 2e. sem. 1810. 40
Guérin—Blet. *Journ.*, 2e. sem. an 11. 439
Guérin — Levassor—Bordier. 1er. sem. an 11. 205
Guérin—Blet. *Collect.* an 13. 342
Guérin. (héritiers) *Journ.*, sem. an 14. 38
Guérin—Ausselin. *Journ.*, 1er. sem. 1808. 424
Guérin—Youf. *Journ.*, 2e. sem. 1809. 305
Guérin—Saint-Julien. *Journ.*, 2e. sem. 1806. 38
Guérin—Michel. *Collect.* an 1810. 430

Guernault—Voisinet. *Journ.*, 2e. sem. an 10. P. 513

Gueroult de Boulmont—Costé. *Collect.* an 12. 421

Guerre — Marx - Elie. *Journ.*, 1er. sem. an 12. 303

Guerre—Houveaux. *Collect.* an 14—1806. 135

Guerrier—Labbey. Tom. 3, 1812. 463

Guerry—Collin. *Journ.*, 2e. sem. 1811. 109

Guevenheim (commune de). *Collect.* an 1809. 174

Guibert—Aulnette de Vontenet. *Journ.*, 2e. sem. an 11. 209

Guibert—Pradal. *Journ.*, 1er. sem. an 12. 567

Guibert—Delagé. *Journ.*, 1er. sem. 1809. 121

Guichard—Poirot et autres. *Collect.* an 1810. 487

Guichard—Joulin. *Collect.* an 1807. 222

Guiche-Auzy—Guignot. *Collect.* an 1810. 262

Guidaccioli—Pozzodiborgo. *Collect.* an 1811. 259

Guidon—Fontaine. *Collect.* an 1811. 128

Guignard—David. *Journ.*, 2e. sem. an 10. 266

Guignard—Guyard. *Journ.*, 2e. sem. 1812. 205

Guignon—Carlavan. *Collect.* an 1808. 368

Guignot—Guiche-Auzy. *Collect.* an 1810. 262

Guigo—Martin—Massa. *Journ.*, sem. an 14. 161

Guin—Gibert. *Journ.* 1er. sem. 1809. 237

Guisquet. *Collect.* an 1807. 289

Guitard—Huyard, Pante. *Journ.*, 2e. sem. 1812. 121

Guitre—Dandin. *Journ.*, 1er. sem. an 11. 481

Guittard—Roques. *Journ.*, 1er. sem. an 11. 45

Guiliory—Connette. *Journ.*, 2e. sem. 1811. 309

Guillain, Léger—Boucher. Tom. 1, 1813. 463

Guillandeau (héritiers) — Lefévre. *Journ.*, 1er. sem. 1808. 209

Guillard—Pascal. Tom. 1, 1813. 117

Guillardel—Bredin. *Collect.* an 1810. 161

Guillaume. (Louis-Auguste) *Collect.* an 13. 154

Guillaume—Belin. *Journ.*, 1er. sem. 1810. 316

Guillaume—Papillon. *Journ.*, 2e. sem. 1811. 353

Guillaumon. (les frères) *Journ.*, 1er. sem. an 13. 192

Guilbert—Robillard. *Journ.*, 2e. sem. 1808. 170

Guilbert—Aubert. *Journ.*, 2e. sem. 1809. 14

Guilbert—Daigremont. *Journ.*, 2e. sem. 1810. 225

Guilbert—Hesnaut. *Journ.*, 1er. sem. 1811. 497

Guilbert—Durand. *Journ.*, 1er. sem. 1811. 75

Guilbert—Hesnault. Tom. 1, 1813. 184

Guilhot—Régie de l'enregistrement. *Journ.*, 1er. sem. 1807. 33

Guille—Régie de l'enregistrement. *Collect.* en 1807. 75

Guillé—Leroquais. *Journ.*, 2e. sem. 1807. 168

Guillemard — Lamothe. *Journ.*, 1er. sem. 1810. 296

Guillemette—Deloncelles. *Journ.*, 2e. sem. 1808. 3

et *Collect.* 1808. 538

Guillemin-Roveyre. *Journ.*, 1er. sem. 1809. P. 501

Guillet—Mouduire —Talleyrand-Périgord. *Coll.* an 14—1806. 370

Guillet—Souti. Tom. 1, 1812. 457

Guillier — Lalage — Gaucher. *Collect.* an 14—1806. 267

Guilley—Jacquemain. *Collect.* an 12. 14

Guillocq — Lefebvre et compagnie. *Collect.* an 1811. 437

Guillon. (Adélaïde) Chevé. *Journ.*, sem. an 14. 241

Guillon—Burley. *Journ.*, 2e. sem. 1807. 387

Guillot, Boyer — Chaussinand. *Journ.*, sem. an 14. 129

Guillot, Gourdon — Saulon. *Collect.* an 1807. 380

Guillot—Béraudière. *Journ.*, 2e. sem. 1808. 345

Guillot—Lebouteiller, Lebourgeois et Laplace. *Collect.* an 1809. 410

Guillot, Tricaud—Talanée. Tom. 3, 1813. 89

Guittard—Marel et autres. *Journ.*, 2e. sem. 1811. 415

Gurgay—Coulon. *Journ.*, 1er. sem. 1810. 497

Guy—Bodier. *Journ.*, 1er. sem. an 12. 191

Guy—Pouliant—Fayole. *Journ.*, 2e. sem. 1810. 209

Guy—Bouvier. Tom. 1er. 1813. 169

Guyard—Guignard. *Journ.*, 2e. sem. 1812. 205

Guyenot—les veuve et héritiers Larue. *Collect.* an 12. 205

Guyennot—héritiers de Villeroy. *Collect.* an 13. 380

Guymanon—Lavaux. *Journ.*, 2e. sem. an 10. 458

Guyonnet. (les frères) *Journ.*, 2e. sem. an 11. 561

Guyonnet— Chauvière — Montansier. Tom. 1, 1812. 332

Guyot—Bellanger—Dufouleur. *Journ.*, 2e. sem. 1810. 235

Guyot—Boubert. *Journ.*, 2e. sem. an 10. 241

Guyot de Villers. (héritiers) *Journ.*, 2e. sem. 1810. 184

Guyot de Fremont—Gossionne. *Journ.*, 2e. sem. an 13. 139

Guyot-Hardoière—Menard. 1er. sem. an 11. 161

Guyot—Menard. *Journ.*, 2e. sem. an 11. 113

Guyot—Naudet. *Journ.*, 1er. sem. 1811. 566

Guyot, Chauveau—Testu. Tom. 3, 1812. 136

Guyot—Mouton — Grandin. *Collect.* an 14—1806. 135

Guyot—Régie des domaines. *Collect.* an 1809. 274

Guyotte — Menard. *Journ.*, 2e. sem. an 10. 143

Gusell—Frohe. *Collect.* an 1810. 302

Gyssendorffer. *Collect.* an 1807. 433

Cyzanno (héritiers) — Ange — Marie. *Journ.*, 2e. sem. 1809. P. 156

Habert—Benoît—Ters. *Journ.*, 2e. sem. an 11. 298

Hacô—Lefébvre. *Journ.*, 2e. sem. an 12. 342

Haësebeyt—la Régie de l'enregistrement. *Journ.*, 2e. sem. an 12. 371

Haësebeyt. Régie de l'enregistrement. *Collect.* an 1808. 288

Haelterman—famille Declercq. *Collect.* an 1810. 291

Hagerman — Bodin — Oneto. *Journ.*, 2e. sem. 1810. 145

Haillot. (les mariés) *Journ.*, 1er. sem. 1811. 413

Haincelin—Varras. *Journ.*, 2e. sem. 1810. 569

Haindel—Achard. Tom. 1, 1812. 130

Hainguerlot—Michel, frères. *Collect.* an 1810. 178

Hainguerlot—Michel. Tom. 1, 1813. 401

Haize—Chenot. *Journ.*, 1er. sem. 1807. 458

Halate—Fayard d'Heudicourt. *Journ.*, 2e. sem. an 12. 508

Halbout—Bazin. *Journ.*, 2e. sem. 1807. 51

Halinbourg—Woilferdin. *Journ.*, 2e. sem. 1811. 228

Halma—ses enfans. *Journ.*, 1er. sem. an 12. 527

Halot—Régie de l'enregistrement. *Journ.* 1er. sem. an 1809. 341

Hallate—héritiers d'Heudicourt. *Journ.*, sem. an 14. 225

Haller—Ducoster. *Journ.*, 2e. sem. 1810. 439

Haller—Grimod de la Reynière. *Journ.*, 2e. sem. an 1810. 566

Haller—Bourdon-Neuville. *Collect.* an 1811. 72

Halloswez—Rochet. *Journ.*, 2e. sem. an 12. 68

Hamelinck--Willems--Deloose. *Collect.* an 1811. 503

Hane — S'eenhuyse, Faille — Malfeson, Blommaert. *Collect.* an 1809. 428

Hanozet—Selogel. Tom. 1, 1813. 328

Hamel—Cornebise. *Journ.*, 2e. sem. an 9, n°. 9. 7

Hamelin. *Collect.* an 1808. 510

Hamelin—Abel. *Journ.*, 1er. sem. 1809. 11

Hamelin. (Adélaïde—Gabrielle-Charles) *Journ.*, 1er. sem. 1809. 441

Hamelin (héritiers)—Dorbec. *Journ.*, 2e. sem. 1808. 533

Hameling—Vyndevogel et Lamens. *Journ.*, 1er. sem. an 1809. 221

Hamelink—Vermeren. *Journ.*, 1er. sem. 1810. 78

Hamon.—Grandin. *Collect.* an 12. 111

Hamon—Leprieur, Aubry. Tom. 3, 1813. 115

Hammerschlag—Schuc. *Journ.*, 1er. sem. 1810. 237

Hanvel — Thérard — Ricard. *Journ.*, 1er. sem. 1809. P. 351

Hannaye—Boulanger. Tom. 1, 1813. 161

Hapelkamp—Domalin. *Journ.*, 1er. sem. 1810. 271

Happey, Morel — Bourdon-Neuville. *Journ.*, sem. an 14. 195

Happey et comp.—Bourdon-Neuville. *Collect.* an 11. 292

Happey—Levial—Cuchet. Tom. 3, 1812. 221

Harchbourg—Branchstaber. *Journ.*, 2e. sem. an 11. 22

Harcher —Joubin. *Collect.* an 1809. 281

Hardouin—Josse. Tom. 1, 1812. 369

Hardouin, Soudé—Duperrier et consorts. *Collect.* an 1809. 262

Hardy—Mignot. *Journ.*, 2e. sem. 1807. 321

Hardy. *Journ.*, 2e. sem. 1807. 113

Hariel. (veuve et mineurs) *Collect.* an 1808. 5

Harie. *Journ.*, 1er. sem. 1806. 113

Harlet—Bertinot, Sérilly. *Journ.*, 2e. sem. 1811. 246

Harvy—Cagnard. *Journ.*, 2e. sem. an 12. 226

Hasard—Ogden. *Journ.*, 1er. sem. 1810. 301

Hasen—Muller. Tom. 1, 1812. 168

Hasselgreen—Rougemont. Tom. 3, 1812. 231

Hasslauer—Textoris. *Journ.*, 2e. sem. an 9, n°. 11. 1

Hatté—Charmolue. *Journ.*, 1er. sem. 1806. 31

Hattier—Broc—Clerc. *Journ.*, 2e. sem. an 13. 10

Haudoire d'Aigreville. (veuve et enfans d') *Journ.*, sem. an 14. 300

Haussoulier — Lesens—de Lions. *Journ.*, 1er. sem. 1809. 225

Hautefort (d') Delahaye. *Journ.*, 2e. sem. an 12. 50

Hautefort (créanciers)—Rastignac. *Journ.*, 2e. sem. 1812. 393

Hautefort (d') Demazery. *Journ.*, 1er. sem. 1811. 152

Hautefort (dame) — de Grammont. Tom. 2, 1813. 73

Haussmann—Joseph Schmitt. Tom. 1, 1812. 36

Havar—Burtin. *Journ.*, 2e. sem. 1809. 560

Havard—Riquebourg. *Journ.*, 2e. sem. 1810. 553

Havard — Durand de V . . . Tom. 3, 1812. 118

Havard — Amory— Monnet. *Collect.* an 1811. 124

Havet—Thouet, Pinot. *Journ.*, 2e. sem. 1808. 223

Havier—Tallien. *Journ.*, 2e. sem. an 11. 168

Hayes—Bazin. *Journ.*, 2e. sem. 1807. 51

Hazard—Gruest. *Journ.*, 2e. sem. 1806. 449

Hayman (Isaac)—Domidian. *Journ.*, 2e. sem. 1811. P. 273
Hayn—Marx. *Collect.* an 1809. 285
Haynin—Blanwart. *Journ.*, 1er. sem. 1810. 433
Hazard—Zoé Gruest. *Journ.*, sem. an 14. 106
Hébert—Pestel. *Journ.*, 1er. sem. 1806. 109
Hebert—Delu. *Collect.* an 12. 262
Hebert—Carlier—Defussey. Tom. 1er., 1812. 530
Hébray—Prévateau. Tom. 1, 1813. 416
Hebbeling—Peyrol. *Collect.* an 1810. 254
Hecquet. (les mariés) *Journ.*, 2e. sem. 1810. 35
Hédon—Geisler. *Journ.*, 2e. sem. 1808. 134
Hédouin (héritiers)—Lechauve-Vigny. *Journ.*, 2e. sem. 1809. 94
Heeckstyl—Van-Owerwalle. *Journ.*, 1er. sem. 1809. 209
Heinrich—Isaac Hertz. Tom. 1, 1812. 40
Heins—Hostant (commune de) — Duleslays de Kanguerel. *Collect.* an 1809. 433
Helds—Schwing. *Journ.*, 1er. sem. 1809. 45
Heleine—Laporte—Gosselin. *Journ.*, 1er. sem. an 13. 385
Helin—Dinet—Devaux. *Collect.* an 1811. 270
Hellot—Ministère public. *Journ.*, 1er. sem. 1809. 102
Hélot. (les mariés) *Journ.*, 2e. sem. 1812. 397
Helman—Heymans. *Journ.*, 2e. sem. 1808. 250
Helsen—Desrousseaux. *Journ.*, 1er. sem. 1807. 305
Helsen—Huytens. *Journ.*, 1er. sem. 1807. 305
Hémard—Picaud. *Journ.*, 2e. sem. 1806. 163
Héomet—Mailler. *Collect.* an 12. 403
Hémart—Contant. Tom. 1, 1812. 436
Hemener—Hivier. *Journ.*, 2e. sem. 1809. 566
Hems—Kervin. *Collect.* an 1808. 457
Hendrikc-Loock—Sanson. *Collect.* an 12. 51
Hennecart—veuve et héritiers Lavoine. *Journ.*, 2e. sem. an 13. 405
Hennecaud. *Journ.*, 2e. sem. an 11. 311
Hennepin—Olivier. Tom. 3, 1813. 125
Hennequin—Raussin. *Journ.*, 2e. sem. an 10. 22
Hennequin—Ronesse. Tom. 1, 1813. 502
Honnelle—Morel. *Journ.*, 2e. sem. 1807. 520
Henon—Grégoire. Tom. 3, 1812. 253
Hénon—les héritiers Huré. *Collect.* an 12. 414
Henricy—Administration forestière. *Journ.*, 2e. sem. 1810. 481
Henrion—Froissard (de) *Journ.*, 1er. sem. 1809. 71
Henriot—Maillet. *Collect.* an 1808. 262
Henriot, Morel—Lorch. *Journ.*, 2e. sem. 1812. 200
Hérisson—Régie de l'enregistrement. *Collect.* an 1807. 237

Hérisson—Sarrans—Corbières. *Journ.*, 1er. sem. 1807. P. 65
et Tom. 1er. 1813. 597
Henry—Bertrand—Gautier. *Journ.*, 1er. sem. 1810. 295
Henry. (héritiers) *Journ.*, 2e. sem. an 11. 33
Henry — Perrot et consorts. *Collect.* an 1809. 449
Henry et Bodin—Bihel. Tom. 2, 1813. 189
Henry—Hubert. Tom. 3, 1812. 112
Herbinaux—Vincart. *Collect.* an 1810. 318
Herblin—Hue. Tom. 3, 1813. 318
Herbin—le Mont-de-piété. *Journ.*, 2e. sem. an 10. 383
Hereau—Alix. *Collect.* an 1810. 81
Héreau. (héritiers) *Journ.*, 2e. sem. 1810. 353
Hereau. *Journ.*, 2e. sem. 1810. 357
Herhan—Garnery. *Journ.*, 1er. sem. 1810. 313
Héricourt (d')—Dupuis. Tom. 2, 1813. 156
Héricy (d')—Delambre. Tom. 1, 1813. 413
Hermann-Anderbach — Tholman. *Journ.*, 1er. sem. an 12. 371
Hermann—Hermitte. (l') *Collect.* an 1808. 477
Hermans—Denis. Tom. 3, 1813. 142
Hermant — Administration forestière. *Journ.*, 1er. sem. an 13. 257
Hermel—Brice-Plaidieux. *Journ.*, 1er. sem. 1809. 187
Hermier—Lemounier. *Journ.*, 1er. sem. an 12. 205
Hermil — Girod, Claretta et Bernard. *Collect.* an 1808. 219
Hermitte (l') — Hermann. *Collect.* an 1808. 477
Heron de la Tuillerie—Rioust. Tom. 3, 1813. 449
Herpin—Plessis. *Collect.* an 12. 379
Herrenberger (héritiers)—Miot. *Collect.* an 1808. 112
Herte—Leger—Biard. *Journ.*, 1er. sem. an 11. 561
Hertz (Isaac)—Heinrich. Tom. 1, 1812. 40
Hertzocq—Darecourt. *Journ.*, 1er. sem. 1809. 37
Hervas (d')—Maystre. *Collect.* an 1809. 97
Hervas—Récamier. *Collect.* an 1810. 322
Hervet. Tom. 3, 1813. 13
Hervier—Dassin. *Journ.*, 1er. sem. 1807. 55
Hery—Potin. *Journ.*, 1er. sem. an 12. 372
Hesnault—Guilbert. Tom. 1, 1813. 184
Hesnaut — Guilbert. *Journ.*, 1er. sem. 1811. 497
Hesse—Administration forestière. *Journ.*, 2e. sem. an 12. 241

Heudelet—Dambremé. *Journ.*, 2e. sem. an 12. P.	488
Heudicourt (héritiers d')—demoiselle Hallate. *Journ.*, sem. an 14.	225
Heuseler — Administration forestière. *Journ.*, 2e. sem. 1811.	277
Heurtemalle—Riouffe. *Journ.*, 1er. sem. 1811.	141
Heuten — Schlickum. *Journ.*, 2e. sem. 1810.	45
Heyères—Barbaut. *Journ.*, 2e. sem. an 9, n°. 7.	4
Heyman — Ministère public. Tom. 3, 1813.	462
Heymann—Studer. *Journ.*, 1er. sem. 1811.	367
Heymans — Sévène. *Journ.*, 1er. sem. an 10.	347
Heymans—Sevene. *Collect.* an 12.	266
Heymans — Helman. *Journ.*, 2e. sem. 1808.	250
Heyns—Broëta. *Collect.* an 1809.	154
Hibert—Administrateurs d'usines. Tom. 2, 1813.	18
Hielsm—Tram —Canier. *Collect.* an 14—1806.	181
Hilken — Schœffer. *Journ.*, 1er. sem. an 13.	353
Hiribarren—sa fille. *Journ.*, 1er. sem 1810.	63
Hirigoyen—Dolabarat. *Collect.* an 12.	36
Hippolyte—Nonant de Raray. *Journ.*, 1er. sem. 1810.	390
Hirn—Ballet—Rieff. *Collect.* an 1810.	287
Hirtz—N**. *Journ.*, 2e. sem. 1810.	436
Hirtz—Hürth. Tom. 1, 1812.	38
Hirtz—Aron. *Journ.*, 2e. sem. 1810.	30
Hirtz Moyse—Keuller. *Journ.*, 2e. sem. 1810.	289
Hirtz Moïse—Galliat. Tom. 1, 1812.	250
Hivernand—Ferrand. *Journ.*, 2e. sem. an 10.	407
Hivier—Hemoner. *Journ.*, 2e. sem. 1809.	566
Hœnigst. *Journ.*, 2e. sem. 1806.	202
Hœquart—Perrinet. *Journ.*, 1er. sem. an 11.	301
Hocquart et Aubert—Ormesson. (d') *Journ.*, 1er. sem. 1809.	230
Hoess—Tauck. *Journ.*, 1er. sem. 1810.	447
Hofflise—De Ludres. *Journ.*, 2e. sem. an 13.	289
Hoffmann—ses enfans. Tom. 3, 1812.	542
Hohl—Lewy. *Journ.*, 1er. sem. 1806.	348
Holleman—Chaudelier. Tom. 1, 1812.	124
Hollender—Krumbrotz. *Collect.* an 12.	45
Holthuyten. Tom. 3, 1812.	431
Hoogen — Devries. *Journ.*, 1er. sem. 1808.	559
Honnet—la dame de Durfort. *Collect.* an 1811. P.	140
Hommet — Metais. *Journ.*, 1er. sem. an 12.	289
Hompesch (de) — Chabannes. (de) *Journ.*, 1er. sem. 1806.	235
Horeau et consorts—François Plet. *Journ.*, 2e. sem. 1811.	33
Horion—demoiselle Petit-Jean. *Journ.*, 1er. sem. an 13.	568
Hortala—Régie de l'enregistrement. Tom. 1, 1812.	134
Hospice d'Audenarde — Desmet. *Journ.*, 2e. sem. 1811.	129
Hospice de Chantilly—Fortier. *Journ.*, 2e. sem. an 13.	369
Hospice de Dôle — Barraut. Tom. 1, 1812.	246
Hospice de Louvain. Tom. 3, 1812.	415
Hospice de Troyes—Blondel. *Journ.*, 1er. sem. 1810.	501
Hospices civils de Paris—Pascal. *Journ.*, 1er. sem. 1809.	457
Hospices de Nantes—de Talhoët. Tom. 2, 1813.	115
Hospices de Nantes—Bourgant. Tom. 3, 1812.	382
Hospices de Tours—Deumier, Lefévre. *Journ.*, 2e. sem. 1812.	361
Hospices de Verceil—Garda. *Journ.*, 2e. sem. 1811.	7
Hossart. (succession de la veuve) *Journ.*, 1er. sem. an 13.	129
Hotto—Canler. *Journ.*, 1er. sem. an 10.	178
Houchin (héritiers)—la dame Sirey. *Journ.*, 2e. sem. an 10.	305
Houbé — Elléviou. *Journ.*, 1er. sem. 1811.	375
Houdaille—Chatelain. *Journ.*, 1er. sem. 1810.	358
Houdaigné—héritiers Demoutis. Tom. 1, 1812.	176
Houdard, Montigny—Bouillerot. Tom. 1, 1813.	346
Houdet. (Pierre) *Journ.*, 1er. sem. an 13.	236
Houdet—Rebin. *Journ.*, 1er. sem. an 12.	190
Houdetot (d')—Bachelier. *Journ.*, 1er. sem. 1809.	324
Houdin — Bourdon. *Journ.*, 1er. sem. 1806.	148
Houdouart—Girardot. 1er. sem. an 11.	97
Houel—Ministère public. *Journ.*, 1er. sem. an 13.	185
Houssaye—Lecouvreur. *Journ.*, 1er. sem. 180..	297
Houveaux—Grandin—Guerre. *Collect.* an 14—1806.	13

Houzard — Guerard. *Journ.*, 2e. sem. an 11. P. 529

Housset—Loisel, Lemarrois. *Collect.* an 1809. 244

Howin — Poëlman. *Journ.*, 2e. sem. 1812. 575

Hua—Vibert. *Journ.*, 2e. sem. 1810. 459

Hua—Voyenne. *Collect.* an 1810. 56

Huart—Geoffroy. *Journ.*, 2e. sem. 1810. 297

Huart le-Tertre—Fiorat. *Journ.*, 2e. sem. 1807. 122

Huart—Mercier. *Journ.*, 2e. sem. an 11. 327

Hubault — Subtil. *Journ.*, 1er. sem. an 10. 201

Hubens—Servais. Tom. 1, 1813. 436

Hubens. (héritier et légataire) Tom. 1, 1812. 46

Huber—père et fils. *Collect.* an 13. 292

Hubert—Burs. *Collect.* an 14 — 1806. 467

Hubert—Bourlon. *Journ.*, 2e. sem. 1810. 167

Hubert—Henry, Tom. 3, 1812. 112

Hubert—Pascal. *Journ.*, 2e. sem. 1812. 520

Hubert—Penavert. Tom. 3, 1812. 246

Hubert — Coquelin. *Journ.*, 2e. sem. 1809. 548

Hubert—Rollet. *Journ.*, 2e. sem. 1808. 522

Hubert de Matigny — Oudin de Richebourg. *Journ.*, 1er. sem. 1811. 507

Hubschmann. *Collect.* an 1811. 442

Hudelot—Bazovin. *Collect.* an 1807. 261

Hudin—Lance. *Journ.*, 1er. sem. 1807. 499

Hue — Du Plagnie. *Journ.*, 1er. sem. 1809. 449

Hue—Tronelle. Tom. 1, 1813. 584

Hue—Herblin. Tom. 3, 1813. 318

Huel. *Journ.*, 2e. sem. 1806. 422

Huet—Baudouin. *Journ.*, 1er. sem. 1810. 156

Huet—Dupont. *Collect.* an 1810. 208

Huet de la Croix— la Régie des domaines. *Journ.*, 1er. sem. 1810. 94

Huet-la-Boulaie — Delsant. *Journ.*, 1er. sem. an 12. 108

Huet—Plumier. *Journ.*, 1er. sem. 1811. 335

Huet des Moulins—Régie des Domaines. Tom. 1, 1812. 253

Huet-Laboullaye—Arnould. Tom. 1, 1812. 385

Hugel—Velten, Vandhommer. *Journ.*, 2e. sem. 1812. 303

Hugo—Ravel. *Journ.*, 1er. sem. 1809 527

Hugot—Factet. *Journ.*, 2e. sem. 1811. 170

Hugot—Fenoyl. *Journ.*, 1er. sem. 1811. 348

Huglin. Tom. 1, 1813. 577

Huguenet. *Collect.* an 1809. 25

Hugues—Desports. *Journ.*, 1er. sem. 1806. 209

Huguès—héritiers Besougnet. *Collect.* an 13. 314

Hugues—Besougnet. *Journ.*, 1er. sem. an 12. P. 393

Huguet—Saint-Pol. *Journ.*, 1er. sem. 1806. 157

Huguet—Saint-Pol. *Journ.*, 2e. sem. 1806. 33

Huguet—Sauvanet. *Journ.*, 1er. sem. 1806. 340

Huguet—Yatteux. *Journ.*, 2e. sem. 1806. 72

Huguet—Lavre. *Journ.*, 1er. sem. 1811. 527

Huguier—Thierry. *Journ.*, 2e. sem. an 11. 190

Huguet *Voy.* Delagarde.

Hoisman—Olivier. *Collect.* an 1807. 228

Hulot-de-Latour — Caumard. *Journ.*, 2e. sem. 1807. 424

Hulot—Lamaury. *Journ.*, 2e. sem. 1807. 366

Hulot—Ratgras. *Journ.*, 1er. sem. an 13. 406

Humann—Delmarles. *Journ.*, 1er. sem. 1811. 61

Humbert—Guebhard. *Journ.*, 1er. sem. an 13. 238

Humbert—Choin. *Journ.*, 1er. sem. an 13. 423

Hupail—Barbazan. *Journ.*, 2e. sem. 1808. 440

Hurard—Corbin. *Journ.*, 1er. sem. an 11. 442

Hurard—Corbin. *Journ.*, 1er. sem. an 12. 194

Huray—Bosquier. *Journ.*, 2e. sem. 1808. 54

Hurault—Régalle. *Journ.*, 2e. sem. 1808. 570

Huré—Hénou. *Collect.* an 12. 414

Huré—Langlois. *Journ.*, 2e. sem. an 11. 85

Huré—Tassin. Tom. 3, 1813. 236

Hureau (héritiers) *Journ.*, 2e. sem. an 11. 81

Hurel. (les mariés) *Journ.*, 2e. sem. 1810. 154

Huret.—Ministère public. *Journ.*, 1er. sem. an 13. 43

Huret. (les mariés) *Journ.*, 1er. sem. an 10, 30

Hurlin. (les époux) Tom. 2, 1813. 134

Hurlin. Tom. 3, 1813. 341

Hürtz—Hirtz. Tom. 1, 1812. 38

Huseman—Vonthyssen. *Collect.* an 13. 26

Huseman — Vonthyssen. *Journ.* 1er. sem. 1809. 49

Hutin—Marchais. *Journ.*, 1er. sem. an 13. 252

Huttebuys—Marcellis. *Journ.*, 1er. sem. 1811. 447

Hutsebault — Vandamme. *Collect.* an 14 — 1806. 535

Huvelin—Paravicin. *Collect.* an 14—1806. 516

Huvier—Esteron—Delatour. *Journ.*, 1er. sem. an 13. 60

Huyard, Pante—Guitard. *Journ.*, 2e. sem. 1812. 121

Huytens—Helsen. *Journ.*, 1er. sem. 1807. 305

Hylaire—Loisillon. *Collect.* an 11. 436

Hyrigoyen—Dolhabarat. *Journ.*, 2e. sem. 1806. 364

Imbert—Renard et consorts. *Journ.*, 1er. sem. an 11. 87

Impey—Grafluche et Moutz. *Journ.*, 2e. sem. an 11. 349

Imminck—Laforêt. *Journ.*, 1er. sem. 1806. P. 430

Ingelleim (d') — Fridberg. *Journ.*, 1er. sem. 1809. 33

Intéressés aux mines de Creuzot. (les) Tom. 1, 1812. 373

Intriso, Aquilano. Tom. 2, 1813. 606

Iriart. (les mariés) Tom. 2, 1813. 474

Irisson—Delchet — Bourcard. *Journ.*, 2e. sem. 1808. 539

Isnard—Charbonier. Tom. 1, 1813. 236

Isnard—la Régie de l'enregistrement. *Journ.*, 1er. sem. an 11. 360

Isnel—Delivet. *Journ.*, 2e. sem. an 10. 525

Isoardi—Durande. Tom. 2, 1813. 240

Isquierdo—Laclotte. *Journ.*, 2e. sem. 1811. 25

Issaly—Denevers. Tom. 3, 1812. 474

Ista—héritiers Flamelle. *Collect.* an 12. 170

Itier—Lagrange. *Journ.*, 1er. sem. 1808. 49

Ivanich—Belhomme et comp. *Collect.* an 1811. 86

Ivard—la dame Gentil et autres. *Collect.* an 1811. 27

Ivry (la commune d')—de Labroulière. *Journ.*, 1er sem. 1809. 213

Izard—Alquier. *Journ.*, 2e. sem. 1810. 542

Izard—Alquier. Tom. 3, 1813. 20

Jabin—Fournaux. Tom. 1, 1813. 153

Jabouille—Farne. *Journ.*, 1er. sem. 1807. 433

Jac—Paul—Masmejan. *Journ.*, 2e. sem. an 10. 163

Jacob—Castellane. *Journ.*, 2e. sem. an 11. 40

Jacob—Jallet. *Journ.*, 1er. sem. 1811. 340

Jacob—Salom—Trésor public. *Journ.*, 1er. sem. 1809. 421

Jacob et fils—Paux. Tom. 1, 1812. 382

Jacobé—Bourlon. *Journ.*, 2e. sem. an 10. 438

Jacobs — Depeauw. *Journ.*, 2e. sem. 1810. 494

Jacotin, Lefévre, Morin. *Journ.*, 2e. sem. 1812. 369

Jacquard—d'Outreligne. *Journ.*, 1er. sem. 1810. 557

Jacquart—Duchauffour. *Journ.*, 1er. sem. 1806. 424

Jacquemain—Guilliey. *Collect.* an 12. 14

Jacquemin. *Journ.*, 2e. sem. 1808. 433

Jacques, Marie—de Ceintré. *Collect.*, an 1807. 422

Jacques—Régie de l'enregistrement. *Journ.*, 2e. sem. 1811. 289

Jacquinot—Masset. *Collect.* an 1811. 283

Jacquot—Poincelet—Leroy. *Journ.*, 2e. sem. an 10. 13

Jadot—la Régie de l'enregistrement. *Journ.*, 2e. sem. an 9, n°. 3. 2

Jadras—Bellecote. *Journ.*, 2e. sem. 1807. 439

Jadras et consorts—Labarthe. *Collect.* an 1811. P. 98

Jaillac—Bayle. *Collect.* an 14—1806. 9

Jaillette—les mariés Parthon. *Collect.* an 12. 231

Jaillot—Lequint. *Collect.* an 12. 113

Jalaquier—Chabanel. *Journ.*, 2e. sem. an 10. 39

Jaluzot—Salms Kirsbourg. *Journ.*, 2e. sem. an 12. 393

Jallet. (enfans) *Journ.*, 1er. sem. 1811. 241

Jallet—Marie Jacob. *Journ.*, 1er. sem. 1811. 340

Jalloux—Rivière — Flachat. *Journ.*, 1er. sem. 1811. 200

Jamet—Baboin. *Journ.*, 1er. sem. an 1811. 419

Jamma—Joffre. Tom. 2, 1813. 480

Jammel — Doutre—Bourrel. *Journ.*, 2e. sem. 1811. 446

Jamyot (héritiers) — Poignaud. Tom. 3, 1813. 119

Janicaud—Colin et consorts. *Journ.*, 2e. sem. an 12. 361

Jans—Limborgh. *Collect.* an 1810. 366

Janssens. *Collect.* an 14 — 1806. 218

Janssens. *Collect.* 1810. 298

Jaril, Ouasse — Ministère public. *Journ.*, 2e. sem. an 9, n°. 24. 3

Jarlan—Gros. *Journ.*, 2e. sem. an 11. 425

Jarnac—Régie de l'enregistrement. *Journ.*, 2e. sem. 1812. 82

Jarnan—Abran. *Journ.*, 1er. sem. 1807. 310

Jarnan—Melquin. *Collect.* an 14—1806. 115

Jarry de Mancy—Delunel. Tom. 1, 1812. 257

Jarry de Manchy—Réaux. *Journ.*, 1er. sem. 1808. 74

Jatteux—Huguet. *Journ.*, 2e. sem. an 1806. 172

Jaubert—Ministère public. *Journ.*, 2e. sem. 1811. 503

Jaubert de Beaujeu — dame Bontoux. Tom. 1, 1812. 271

Jauffret—Martelly. *Journ.*, 2e. sem. an 1806. 481

Jauge—Marlet. *Collect.* an 1810. 242

Jaulain—Lardenois. *Journ.*, 2e. sem. an 11. 265

Jaulgey—Bonvoisin. *Journ.*, sem. an 14. 310

Jaurias—la Régie de l'enregistrement. *Journ.*, 1er. sem. 1811. 562

Jaussens — Ambros. *Journ.*, 2e. sem. 1811. 267

Jaussens—Struyens. Tom. 1, 1812. 161

Javon—Huguet-Delagarde. *Collect.* an 13. 303

Jean—Auber. *Journ.*, 2e. sem. an 10. 17

Jean (veuve)—Leblond. Tom. 2, 1813. 282

Jeanson—Sanuegou. *Collect.* an 13. 104

Jeanson, Pasquin — Bertin. *Collect.* an 1811. 119

Jean-Baptiste—Picot. (héritiers) *Journ.*, 2e. sem. 1809. P. 25-

Jean-Marie Verdat — Pierre-Joseph Verdat. *Journ.*, 2e. sem. 1809. 225

Jeanne—Clémentine et Marie Geneviève C. . . —R . . . L . . . *Journ.*, 1er. sem. 1809. 281

Jeannin — Dufresne. *Journ.*, 1er. sem. 1807. 365

Jeanne-Sophie—Sirot. *Journ.*, 1er. sem. 1810. 118

Jeannin—Bazin, veuve Barrault. *Journ.*, 2e. sem. an 9, n°. 14. 1

Jeannin — Dériot. *Journ.*, 1er. sem. 1809. 261

Jeannet, Molin — Dumesnil. Tom. 1, 1813. 499

Jeannet, Molin. Tom. 3, 1813. 137

Jehlé—Schmitt—Reil. Tom. 1, 1812. 476

Jehlé—Reil. Tom. 1, 1813. 306

Jens-Sorensen—Spohrer. *Collect.* an 12. 241

Jeoffosse — Malide. *Journ.*, 1er. sem. 1807. 140

Jèsson—Clouet. Tom. 3, 1812. 122

Jegu. *Journ.*, 1er. sem. 1808. 199

Jion, Davoust et consorts — Ministère public. *Collect.* an 1808. 223

Joanne—Lecœur. *Journ.*, 2e. sem. an 11. 257

Joanneau—Bouchet. *Journ.*, 1er. sem. an 12. 237

Joanon. *Collect.* an 1807. 168

Jœcher—Cerf—Jacob. *Journ.*, 2e. sem. 1807. 111

Jobelin — Chevigny. *Journ.*, 1er. sem. 1806. 374

Jobey, Martin—Dupont. *Journ.*, 2e. sem. 1812. 295

Jobbey—Olivier. Tom. 1, 1813. 478

Joffre—Jamina. Tom. 2, 1813. 480

Joffrenot—Marcellot. *Journ.*, 1er. sem. 1808. 145

Johanne—Cauchois. Tom. 3, 1813. 393

Johannot — Chaboud. *Journ.*, 1er. sem. 1811. 93

Johannot—Potard—Chaboud. *Collect.* an 1811. 233

Jolas—Paulmier. *Collect.* an 13. 350

Jolivet—(héritiers.) *Journ.*, 1er. sem. an 13. 388

Joly—Laroque—Brilly. *Journ.*, 1er. sem. 1807. 516

Joly — Ministère public. *Journ.*, 1er. sem. an 11. 321

Joly (héritiers)—Devroëde. *Collect.* an 1809. 417

Jolly—Carré. *Journ.*, 1er. sem. 1808. 172

Jomba—Grand. Tom. 1, 1812. 149

Jonas-Jones—Fenwick. *Journ.*, 2e. sem. 1810. P. 149

Jonas-Jones — Masson-Fenwick. *Journ.*, 1er. sem. 1810. 137

Jones—Masson et Fenwick. *Collect.* an 1811. 352

Jonnery—Sirot. *Journ.*, 1er. sem. 1809. 573

Jordin—Jouen. *Collect.* an 1809. 271

Joseph — Ducancel. *Journ.*, 2e. sem. an 11. 174

Joséphine—Brunet. (héritiers) *Collect.* an 1809. 303

Joslin—Gobert. *Collect.* an 13. 215

Josse—Hardouin. Tom. 1, 1812. 569

Josselin—Delaporte—Fournier. Tom. 3, 1813. 398

Josset — Toupelin. *Journ.*, 1er. sem. 1809. 177

Josset — Toupelin. *Journ.*, 1er. sem. 1811. 182

Joubert—Barrais. *Journ.*, 2e. sem. 1807. 360

Joubert—Kofoëd. *Journ.*, 2e. sem. an 13. 481

Joubin—Harcher. *Collect.* an 1809. 281

Joubert—héritiers Bassinet. *Journ.*, 2e. sem. an 11. 350

Jouen—Jardin. *Collect.* an 1809. 271

Jouenne—Dumesnil. *Journ.*, 1er. sem. 1811. 90

Jouenne, Breton—Courant. *Journ.*, 2e. sem. 1809. 22

Jouenne. (les mariés) *Journ.*, 1er. sem. 1811. 168

Jouffroy—Mouchet de l'Aubepine. *Journ.*, 1er. sem. 1810. 15

Jouffroy — Laubepin. *Journ.*, 2e. sem. 1810. 504

Jougla—Caussan. *Collect.* an 1809. 214

Jougla—Montagu. 2e. sem. 1812. 23

Jouin—Limoges, Mazeré. *Journ.*, 1er. sem. an 12. 97

Jouin—Limoges—Mazères. *Journ.*, 1er. sem. an 12. 422

Jouin—Moutier. Tom. 2, 1813. 213

Joulet — Fouschard. *Journ.*, 2e. sem. an 11. 234

Joulin—Guichard. *Collect.* an 1807. 222

Jour—Dageon—Lacour. *Journ.*, 1er. sem. 1811. 23

Jourdan—Began. *Collect.* an 1807. 311

Jourdan—Blanc. *Collect.* an 12. 83

Jourdan—La Lage—Gaucher. *Collect.* an 14—1806. 267

Jourdan—Galibert. Tom. 3, 1812. 297

Jourdain (Marie-Anne) — Ministère public. *Journ.*, 2e. sem. 1809. 241

Jourdeuil—Rossignol. Tom. 2, 1813. P. 382

Jourdier—Gonat. *Journ.*, 2e. sem. an 9, n°. 29. 1

Jourdier—la Régie de l'enregistrement. *Journ.*, 1er. sem. an 11. 520

Journault—Administration forestière. *Collect.* an 1811. 453

Jousbert du Landreau. (héritiers) *Journ.*, 2e. sem. 1811. 230

Jousse. *Collect.* an 1811. 46

Jousselin—Blau. *Journ.*, 2e. sem. 1806. 17

Jousselin—Randy. Tom. 2, 1813. 117

Jousselin—Régie de l'enregistrement. Tom. 2, 1813. 327

Jousseraud, Vernière—Verny. *Collect.* an 1809. 513

Joussineau—Pommeret. *Collect.* an 1808. 490

Jouvain—Pivin. *Journ.*, 1er. sem. an 10. 257

Jouve—Baréty. *Journ.*, 2e. sem. an 12. 33

Jouve—Léon. Tom. 2, 1813. 171

Jouvre—Labbaye. *Journ.*, 1er. sem. 1811. 116

Joyeuse—(voyez *Desternoz.*)

Joyminy—Lenud. *Collect.* an 1811. 56

Jubert-Bouville—la dame Pillon. *Journ.*, 2e. sem. an 13. 27

Jubier—Blay, Glauden. Tom. 3, 1813. 31

Judas—Benoist. Tom. 2, 1813. 262

Juery—Tassy. *Journ.*, 2e. sem. 1810. 241

Jugermann — Kupper. *Journ.*, 1er. sem. 1809. 107

Jugo. *Journ.*, 2e. sem. 1807. 436

Juifs de Bonne (communauté des) — créanciers de la communauté. *Journ.*, 2e. sem. 1809. 366

Juillet—Parisot. Tom. 1, 1813. 330

Juin—Corol. *Journ.*, 2e. sem. 1811. 275

Jujardi—Brière. Tom. 1, 1812. 108

Julian—Bodin et comp. *Journ.*, 2e. sem. an 13. 246

Juliard—Minot. *Journ.*, 1er. sem. 1810. 348

Julich—Schenckel. *Journ.*, 1er. sem. 1807. 221

Julien (héritiers) — Brun. Tom. 3, 1813. 5

Julien—Penu. *Journ*, 1er. sem. 1811. 239

Julien—Michel. *Journ.*, 2e. sem. an 11. 129

Julien—Dutrios. Tom. 3, 1812. 38

Jullien—Rollet. *Journ.*, 2e. sem. 1807. 454

Jullien—Delaunoy. *Journ.*, 1er. sem. 1806. 311

Jullienne — héritiers Sorbier. *Journ.*, 2e. sem. 1811. 449

Jullienne — dame Cottin. Tom. 1, 1812. 446

Juliot de Fromont — ses créanciers. *Journ.*, 2e. sem. an 13. 92

Julliot de Fromont — Baly. *Journ.*, 2e. sem. 1808. 350

Jumelin — Morel. *Journ.*, 2e. sem. 1807. 520

Jumelle—Assire. *Journ.*, 2e. sem. 1806. 532

Jumel . *Journ.*, 2e. sem. 1810. 431

Jumerey—Parricot. *Collect.* an 14—1806. P. 145

Junot — Rochegude. *Journ.*, 1er. sem. an 13. 456

Jussiaume. (frères et sœurs) *Journ.*, 1er. sem. 1806. 257

Juteau—Descareaux. Tom. 2, 1813. 49

Kammeyer. Tom. 2, 1813. 545

Kamperreers—Régie de l'enregistrement. *Journ.*, 2e. sem. 1807. 166

Karcher — Gaugenheim. *Collect.* an 14—1806. 472

Karm—Charpion. Tom. 1, 1812. 538

Katrer. *Journ.*, 1er. sem. an 10. 566

Katz — Dackweiller. *Journ.*, 1er. sem. an 12. 382

Kaufmann — Forlifezy. *Journ.*, 2e. sem. 1807. 228

Kaulen. *Journ.*, 2e. sem. 1812. 478

Keller — héritiers Gromant. *Journ.*, 1er. sem. 1810. 440

Kercado — Etchegoyen. *Journ.*, 2e. sem. 1808. 529

Kenor—Lange-Commène. Tom. 3, 1812. 203

Kerkado — Camboulas, Detchigoyen. *Journ.*, 2e. sem. 1807. 133

Kervin—Hems. *Collect.* an 1808. 457

Ketting—Ministère public. Tom. 3, 1813. 608

Keuffer—Hirtz Moyse. *Journ.*, 2e. sem. 1810. 289

Kieffer—Pflieger. *Journ.*, 2e. sem. 1809. 44

Kienner—Tessier. *Journ.*, 2e. sem. 1809. 574

Kilcher—Dupré. Tom. 3, 1813. 45

Klaust—Steenkist. Tom. 1, 1812. 151

Klein—Forlifezy. *Collect.* an 1807. 264

Klein — Dumas. de Maillé. *Journ.*, 1er. sem. 1806. 230

Klench — Régie des douanes. *Journ.*, 2e. sem. an 11. 279

Kleutgen—Marx. *Journ.*, 2e. sem. 1811. 523

Klinck — Kohlmaun. *Journ.*, 1er. sem. 1811. 224

Klinglin—Zwickert. *Journ.*, 2e. sem. 1811. 512

Klotz (Judas) — les mariés Weiss. *Collect.* an 1810. 441

Knauff et consorts — Administration forestière. *Journ.*, 2e. sem. 1809. 497

Knyf—Amoye, Vanasten. *Collect.* an 1807. 53

Koaltès—Coroller — Bernard. *Journ.*, 1er. sem. 1810. 465

Kohlmann — Klinck. *Journ.*, 2e. sem. 1811. 224

Kofoëd—Joubert. *Journ.*, 2e. sem. an 13. 481

Kolly. (les créanciers) Tom. 2, 1813. 561

Kops-Gaedschalck—Saint-Leu. *Journ.*, 1er. sem. 1807. 422

Krautz—Neulinger. Tom. 1, 1812. 391

Krelzinger—Bousch. *Collect.* an 1809. 366

Kruisbergen—Ministère public. Tom. 3, 1813. 506

Krombrotz—Hollender. *Collect.* an 12. P. 45
Kruss de Ribeauvillé. *Journ.*, 1er. sem. an 12. 363
Krutz—Charton. *Journ.*, 1er. sem. an 12. 333
Kuchue—Deiescailles. *Collect.* an 12. 3.6
Kuhn—Lamy. *Journ.*, 2e. sem. 1811. 435
Kuntz—Baur. *Collect.* an 1807. 285
Kuntzman — Simon. *Journ.*, 1er. sem. 1810. 222
Kupper—Jugermann. *Journ.*, 1er. sem. 1809. 107
Kurtz et fils — Finck. Tom. 1, 1812. 165
Kutsner. *Collect.* an 1808. 380
La Barbe—Bourel de Vezelai. 1er. sem. an 11. 198
Labarre—Delaunay. *Journ.*, 2e. sem. an 11. 366
Labarre—Louault. *Journ.*, 1er. sem. 1807. 284
Labarrière—Sabattier—Bunont. *Collect.* an 1810. 11
Labarrière. (la dame) *Journ.*, 1er. sem. an 10. 121
Labarthe—Jadras et consorts. *Collect.* an 1811. 98
La Bartiole—Devitry. *Journ.*, 2e. sem. 1810. 4.0
Labastiole—Marcillac. *Journ.*, 1er. sem. 1811. 289
Labat (frères)—Duntfeld. *Journ.*, sem. an 14. 42
Labathe. (les mariés) *Journ.*, 2e. sem. 1810. 348
Labattut—ÆErtric—Labic. *Journ.*, 1er. sem. an 12. 348
Labauche—Blanchard. Tom. 2, 1813. 246
Labaume-Montrevel--la Régie de l'enregistrement. *Journ.*, 2e. sem. an 12. 121
Labbaye — Jouvre. *Journ.*, 1er. sem. 1811. 116
Labbey—Guerrier—Renoud. Tom. 3, 1812. 463
Labeaume (de)—Thesan. (de) *Journ.*, 1er. sem. 1809. 3
Labic — Ardenne. *Journ.*, 1er. sem. an 12. 348
Laboirie—Maubec. *Journ.*, 1er. sem. an 10. 355
Laborde — les frères Adam. *Journ.*, 2e. sem. an 11. 4.5
Laborde—Micault Courbeton. *Journ.*, 2e. sem. an 12. 129
Laborde—Courrault. *Journ.*, 1er. sem. 1811. 405
Laborde (héritiers)—Robin. *Journ.*, 1er. sem. 1806. 433
Laborie—Barnier. *Collect.* an 1807. 207
Labouère—Pibaleau. *Journ.*, 2e. sem. 1808. 2.3

Labouglie—Louis Bignon. *Journ.*, 2e. sem. 1808 P. 7
Labouzelle—Leroy. *Journ.*, 1er. sem. an 12 218
Labriffe — Delcour. *Journ.*, 2e. sem. an 12 251
Laborcq—De Lespine. *Journ.*, 2e. sem. 18.1 135
Labrot—Antelin. *Journ.*, 1er. sem 1810. 3.9
Labrouch—Lartigue. *Journ.*, 1er. sem. 18.8. 513
Labronche. (les mariés) *Journ.*, 1er. sem. 18.6 28.
Labrousse—héritiers Ducheylard. *Journ.*, 1er. sem. an 13. 129
Labroust—D . . . . . *Journ.*, 2e. sem. an 13. 6
Labroutière (de) — Ivry. (la commune d') *Journ.*, 1er. sem. 1809. 213
Lacabane—Vaissié. *Journ.*, 1er. sem. an 11. 342
Lacaille—Devigny. Tom. 3, 1813. 429
Lacan—Alix, Aubry. *Journ.*, 1er. sem. 1809. 17
Lacan—Alix. *Journ.*, 2e. sem. 1806. 513 et 2e. sem. 1808. 127
La Carrière — Truel. *Journ.*, 2e. sem. 1807. 289
Lacatey — Leplieux. *Journ.*, 2e. sem. 1807. 149
Lacave—Vivenot. *Journ.*, 1er. sem. 1806. 241
Lacaze—Chenevières. *Journ.*, 1er. sem. an 11. 534
Lachaise. (de) veuve et héritiers. Tom. 1, 1812. 373
La chambre—Quinsac. (de) *Collect.*, an 1809. 188
Lachapelle—Régie de l'enregistrement. Tom. 1, 1812. 365
Lachapelle — Mozac. *Journ.*, 2e. sem. 1811. 230
Lacharme—Godard-Daucourt. *Journ.*, 1er. sem. an 12. 360
Lachassaigne—Pericaud. Tom. 1, 1813. 481
Lachenaye—(voyez *Lecœur.*)
Lachenaye—Mariette. *Journ.*, 2e. sem. 1806. 225
Lachenez—Mariette. *Journ.*, 1er. sem. an 13. 404
Laclotte—Isquierdo. *Journ.*, 2e. sem. an 1811. 25
Laclotte. (les époux) *Journ.*, 1er. sem. an 13. 493
Laco, Berterreche—Lemazurier. Tom. 3, 1813. 510
Lacombe—Bernard. *Journ.*, 2e. sem. 1807. 5.9
Lacombe—Ferry. *Journ.*, 2e. sem. 1806. 5.9

Lacorne—Baudry et Boulogne. *Collect.* an 12. P. 406

Lacoste — Chabrillant. *Journ.*, 2e. sem. 1807. 534

Lacoste. *Voy.* Defiz.

Lacoste—Rolfiac. *Journ.*, 1er. sem. 1807. 417

Lacondamine—Calvière. *Journ.*, 1er. sem. 1809. 54

Lacour—Jour. *Journ.*, 1er. sem. an 1811. 23

Lacouture—Lecamus. *Journ.*, 1er. sem. an 13. 433

Lacreuze, Gauthier — Daigremont. *Journ.*, 2e. sem. 1812. 188

Lacroix—Acre—Martin. *Journ.*, 1er. sem. 1811. 68

Ladeux—Paris. *Journ.*, 1er. sem. an 13. 385

Ladouepe - Dufougerais — Lépinay. *Collect.* an 1811. 37

Ladvocat—Demonizey. *Journ.*, 2e. sem. 1808. 81

Lafage—Sannegon. *Collect.* an 13. 104
et *Journ.*, 2e. sem. an 10. 273

Lafaille—Merlinot. *Journ.*, 2e. sem. an 10. 425

Lafare. *Journ.*, 2e. sem. an 12. 563

Lafare—Charcot—Corléas. Tom. 2, 1813. 420

Lafarge—héritiers Rougié. *Journ.*, 2e. sem. 1811. 52

Lafargue—Coutier—*Journ.*, 2e. sem. an 13. 37

Laferrière—de Lanoerie. *Collect.*, an 1807. 128

Lafeuilland — Delachaussée. *Journ.*, 1er. sem. 1808. 58

Lafite—Arnoud—Chabannais. *Journ.*, 1er. sem. an 13. 115

Lafitte—Lousteau. *Journ.*, 1er. sem. 1810. 105

Lafon—la Régie de l'enregistrement. *Journ.*, 2e. sem. 1812. 258

Lafon—Bonnemort. *Journ.*, 1er. sem. 1806. 37

Lafond—Possel et compagnie. *Journ.* 1er. sem. 1811. 460

Lafond—Zaman. Tom. 1, 1812. 307

Lafond —Bouillon-Lagrange. *Journ.*, 2e. sem. an 12. 30

Lafond-Ladebat.—Britin. *Journ.*, 1er. sem. an 12. 425
et *Journ.*, 2e. sem. an 13. 417

Lafont. Tom. 1, 1813. 246

Lafont—Clavières. *Collect.*, an 1810. 360

Lafont. (héritiers) *Collect.* an 1808 399

Lafontaine—Delamarlière. *Journ.*, 2e. sem. 1809. 137

Lafontaine — Wincelins. *Journ.*, 2e. sem. an 12. 452

Laforêt—Imminck. *Journ.* 1er. sem. 1806. 430

Lafosse (héritiers)—Goussault. *Collect.* an 1809. 346

Lafosse—Glaisot. *Journ.*, 2e. sem. 1806. 548

Lafosse—Glaison. *Journ.*, 2e. sem. 1807. 305

Lafrasse—Dubost *Journ.*, 1er. sem. an 12. P. 404

Lafresnaye—Commune de Saint-Aignan. *Collect.*, an 1810. 5

Lagache—héritiers Prevôt. Tom. 3, 1813. 561

Lagardère—Gauthier. *Collect.*, an 1810. 403

Lagal. (héritiers) *Journ.* 1er. sem. 1810. 49

Lagarde —Bouchot. *Journ.*, 2e. sem. an 12. 305

Lagarde —Tobler— Gauthier. *Collect.* an 1811. 193

Lagelée—Rouchi. *Journ.*, 1er. sem. 1811. 143

Laget — Bonnafoux. *Journ.*, 2e. sem. an 12. 302

Laget-Valdeson—Layre. *Journ.*, 1er. sem. 1811. 527

Lagorio — Dausse, Buisson. Tom. 1, 1813. 357

Lagnasco — Vitale Pallieres. *Journ.*, 2e. sem. 1810. 428

Laguesse — Barroin. *Journ.*, 2e. sem. 1811. 342

Lagorce. *Voyez* Mondot.

Lagoublaie—Dumas-Laroque. *Journ.*, 1er. sem. an 13. 481

Lagrange — Pigenat. *Journ.*, 2e. sem. an 13. 113

Lagrange—Regnault. *Collect.* an 13. 212

Lagrange—Itier. *Journ.*, 1er. sem. 1808. 49

Lahaye—Coune. *Journ.*, 2e. sem. 1807. 81

Lalande—Lardé. *Journ.*, 1er. sem. 1808. 201

Lalande—Sabattier. *Collect.* an 1810. 11

Laignadier—Ladevèze—Pescarole. Tom. 3, 1813. 173

Laillet, Fernagu—Sellier. Tom. 3, 1812. 446

Lainé. *Collect.* an 1809. 161

Lainé—Durand. *Journ.*, 1er. sem. an 12. 235

Lainé—Bidermann. Tom. 1, 1813. 98

Lainé. Tom. 1, 1813. 579

Lainé—Fontaine. *Journ.*, 1er. sem. 1806. 456

Lainé—Durand. *Journ.*, 1er. sem. an 10. 482

Lair. *Journ.*, 2e. sem. 1807. 369

Laisné — Gascard — Leclerc. *Collect.* an 1811. 369

Laisné—Véron. Tom. 2, 1813. 379

Lajoie — héritiers Ursin - Bougon. Tom. 2, 1813. 425

Lajonchère—Lerouge. *Journ.*, 1er. sem. an 11. 509

Lalande—Dubroc et comp. *Journ.*, 2e. sem. 1810. 92

Lalande—Tartigue. *Journ.*, 2e. sem. 1806. 68

Lalage — Gaucher — Jourdan. *Collect.* an 14—1806. 267

Laligand — Séguin. *Journ.*, 1er. sem. an 12. 225

Laloge — Gaucher — Guillier. *Collect.* an 14—1806. 267

Lallé. (enfans) *Journ.*, 1er. sem. an 10. 500

Lallemand—Bellanger. Tom. 1, 1813. P. 361
Lallemand—Landrin. Tom. 3, 1813. 104
Lallemand, Ponsin—Sery. Collect. an 1808. 92
Lallemand—Porlier. Journ., 2e. sem. an 12. 492
Lallemand, Colin, Porlier—Trésor public. Journ., 2e. sem. 1806. 133
Lallemont—Renoult. Collect. an 12. 366
Lamaillauderie—Vandrimey. Journ., 1er. sem. an 12. 91
Lamaison—Régie de l'enregistrement. Journ., 2e. sem. 1812. 277
Lamaison—Cassahort. Journ, 2e. sem. an 11. 344
Lamalle—Boitouzet. Journ, 1er. sem. 1806. 225
Lamarche—Laporte. Journ., 2e. sem. an 12. 302
Lamarlière. (les mariés) Journ., 2e. sem. an 12. 409
Lamarque—Isquierdo. Journ., 2e. sem. 1811. 25
Lamarre—Sergeant. Journ., 1er. sem. 1809. 561
Lamarre—Grenard. Journ., 1er. sem. 1809. 90
Lamarre—Caqueray. Journ., 1er. sem. an 11. 346
Lamassais—Merault de Villeron. Collect. an 1811. 207
Lamaury—Hulot. Journ., 2e. sem. 1807. 366
Lamberg—Mens. Tom. 1, 1812. 182
Lambert—Régie de l'enregittrement. Tom. 3, 1812. 36
Idem. 88
et 92
Lambert—Bitard-Lacombe. Journ., 1er. sem. an 12. 385
Lambert—Ainnet. Journ., 1er. sem. an 12. 94
Lambert et fils—Rasella. Journ., 1er. sem. an 12. 554
Lambert—de Linoy. Collect. an 14—1806. 282
Lambert—héritiers Andrey. Journ., 2e. sem. an 11. 273
Lambert—Sauvet. Journ., 1er. sem. 1809. 489
Lambert—Gras. Journ., 1er. sem. 1809. 81
Lambert—Maugin. Collect. an 1810. 218
Lambert-Frondeville—Godard. Tom. 3, 1813. 379
Lambert—Papin—Rochechouart. Collect. an 1811. 541
Lambert—Coffy. Collect. an 12. 41
Lambert Desbauries—Ganivet. Journ., 1er. sem. 1810. 396
Lambert—Régie de l'enregistrement. Journ., 2e. sem. 1810. 483

Lambert—Lépinay. Journ., 1er. sem. an 13. P. 561
Lambert, Brun—Rampal. Collect. an 1809. 489
Lambert. (les enfans) Collect. an 14—1806. 193
Lamberti—la commune de Maulivilliers. Journ., 1er. sem. an 12. 388
Lamberty—Christophe. Journ., 2e. sem. an 11. 564
Lambilly. (Rosile de) Journ., 2e. sem. an 11. 361
Lamboley—Villemain. Journ., 2e. sem. 1810. 17
Lambre (de)—Rohan-Guémenée. Journ., 2e. sem. an 13. 110
Lambrechts—Crabé. Journ., 2e. sem. 1811. 304
Lambrets—Stractmans. Journ., 1er. sem. 1811. 96
Lambrunière (de)—Rabinet. Journ., 1er. sem. 1809. 305
Lamegie—Plinval. Journ., 1er. sem. 1810. 195
Lameth—Rambour. Journ., 1er. sem. 1810. 262
Lami (héritiers)—Martel. Collect. an 1809. 210
Lamillère—Drouillard. Journ., 1er. sem. an 12. 445
Lamiral—Goguely. Tom. 1, 1812. 72
Lamiral—Curie. Journ., 1er. sem. an 10. 105
Lamirande. Journ., 2e. sem. 1808. 479
Lamiraux—Platelet. Journ., 1er. sem. 1808. 327
Lammens—Champon. Journ., 2e. sem. 1811. 508
Lammesch—Administration forestière. Journ., 2e. sem. 1809. 337
Lamoignon (de)—Delatour. Journ., 2e. sem. 1809. 9
Lamordieu—Vernay. Journ., 1er. sem. an 12. 529
Lamothe (François-Joseph)—Louis Lamothe. Journ., 2e. sem. 1809. 193
Lamothe—Duroure. Journ., 2e. sem. 1810. 195
Lamothe Disant—Lamothe Lupiac. Journ., 1er. sem. 1810. 310
Lamothe. Collect. an 1809. 88
Lamothe—Guillemard. 1er. sem. 1810. 296
Lamotte—Guiquier—Talmie. Collect. an 13. 59
Lamouroux—Chaumel. Journ., 1er. sem. 1806. 9
Lamy—Kuhn. Journ., 2e. sem. 1811. 435
Lance—Hudin. Journ., 1er. sem. 1807. 499
Lancel—Lanfrey—Rigout. Journ., 2e. sem. 1809. 1
Lancelet—Richepin et autres. Journ., 1er. sem. an 11. 444
Lanchère—Balmon, Blancé. Tom. 1, 1813. 455
Lanchère—Fallois. Collect. an 1810. 355
Lanchon—Guérard. Journ., 2e. sem. 1810. 40

Lancry. (héritiers) Tom. 1, 1812. P. 524
Lancry—Tirel. Journ., 2e. sem. an 10. 292
Landasse—Francamp—Buvry. Tom. 2, 1813. 273
Landrin—Lallemand. Tom. 3, 1813. 104
Landon—Vernon—Régie des domaines. Tom. 2, 1813. 529
La Neuville—Voyez *Bréant.*
Lanfrey—Leleu. Journ., 2e. sem. an 9, n°. 5. 7 et n°. 12. 1
Lanfrey—Saint Simon—Leleu. Journ., 2e. sem. an 10. 177
Lang—Lauwers. Collect. an 1809. 167
Lange. Journ., 2e. sem. 1809. 17
Lange-Commène—Kenor. Tom. 3, 1812. 203
Lange—Marcou. Journ., 1er. sem. an 12. 484
Lange et consorts—Noel. Journ., 1er. sem. an 10. 422
Lange—Noel. Journ., 1er. sem. an 11. 401
Langier—Robert frères. Tom. 3, 1812. 312
Langier—la dame Badaraque. Collect. an 11. 5
Langlard—créanciers de Vichy. Journ., 2e. sem. an 13. 497
Langlois—Renard et femme. Journ., 1er. sem. 1811. 536
Langlois—Mauriand. Journ., 1er. sem. 1811. 252
Langlois—Serry. 2e. sem. 1812. 30
Langlois—Hure. Journ., 2e. sem. an 11. 85
Langlois—Bremare. Collect. an 11. 226
Langlois—Roland-Barré. Journ., 2e. sem. an 10. 279
Langlois—Diégo—Dithmer. Journ., 2e. sem. 1806. 476
Langlumé—Fortin. Journ., 2e. sem. 1807. 106
Languedoc—Dupuis. Journ., 2e. sem. 1811. 566
Lanneau—Dassonville. Journ., 2e. sem. 1806. 567
Lannefrauque—Penicaud. Journ., 2e. sem. an 9, n°. 31. 5
Lannefrauque—Penicaud. 1er. sem. an 11. 54
Lannes—Bazin. Journ., 1er. sem. 1806. 411
Lanternier. Journ., 2e. sem. 1808. 410
Lantier. Collect. an 1808. 126
Lantillon, Rouyer—Girard. Collect. an 1811. 76
Lapareillé—Babutin. Collect. an 1808. 131
Lapatonnière—Stéphan—Pelz. Journ., 1er. sem. an 13. 445
Lopenn—Palengat. Collect., an 1810. 305
Laperière—Sudrie. Journ., 2e. sem. an 10. 15
Lapeyrière—Delance, Belin. Journ., 1er. sem. 1809. 9
Lapierre. Collect. an 1808. 174
Laplace—Lefébre. Collect. an 1810. 255

Laplanche—Martin. Journ., 2e. sem., an 9, n°. 3. P. 5
Laplane—Lecœur-Lachenaye. Journ., 2e. sem. 1811. 225
Laplante—Garat. Journ., 2e. sem. 1812. 176
Laplante—Ratelot. Journ., 2e. sem. an 12. 500
Laplante—Ragady. Collect., an 14—1806. 307
Laplene—Cazenave. Journ., 1er. sem. 1811. 179
Lapointe—De Rouville. Journ., 2e. sem. 1811. 296
Laponce—Leriche. Journ., 1er. sem. an 13. 491
Laporte—Trémoille. (de la) Collect. an 14—1806. 541
Laporte—Héleine-Marguerite. Journ., 1er. sem. an 13. 385
Laporte—Gamble. Journ., 1er. sem. 1810. 331
Laporte—Projet, Roger. Journ., 2e. sem. 1809. 534
Laporte—Dubrana. Collect. an 1807. 179
Laporte—Ministère public. Tom. 3, 1812. 99
Laporte—Lamarche. Journ., 2e. sem. an 12. 302
Laporte—Fremin. Journ., 1er. sem. 1807. 553
Lapotherie—Ferrand. Collect. an 12. 19
La Potonière—De la Roquette. Tom. 1, 1812. 438
Lapotonnière—Plommageat. 2e. sem. an 11. 181
Lapourièle. (les mariés) Journ., 1er. sem. 1806. 183
Lapourielle—Couchot. Journ., 1er. sem. 1808. 161
Lappel. Journ., 1er. sem. 1807. 526
Lapuente—Seguin. Tom. 2, 1813. 524
Larcher—Dubuisson, Garnier. Journ., 1er. sem. 1808. 19
Larcher—Charpentier. Collect. an 12. 219
Larcher-Saint-Lot—Ricordeau. Journ., 1er. sem. 1807. 534
Larchevêque—Remaud, Trabé. Journ., 2e. sem. 1812. 473
Lardé—Lalande. Journ., 1er. sem. 1808. 201
Lardenois—Jaulain. Journ., 2e. sem. an 11. 265
Lardillet—Chaussonet. Journ., 2e. sem. 1807. 308
Largentier—Rossignol. Journ., 2e. sem. an 9, n°. 30. 8
Largilleres—Dumont. Tom. 1, 1813. 148
Largueze—Suseau. Journ., 1er. sem. an 12. 240
Larihe—Pactet. Journ., 2e. sem. 1811. 17.
Larieux—Viale. Tom. 3, 1813. 195
Larivière—Brandy. Journ., 2e. sem. an 11. 337
Larivière (Martial)—Raynaud. Tom. 1, 1812. 7

Larivière (héritiers)—Lenoble. *Collect.* an 1808. P. 201
Larivière—Farjon. *Journ.*, 1er. sem. an 12. 150
Laroche—Leduc. *Journ.*, 1er. sem. an 13. 445
Laroche—Ehrard. Tom. 1, 1812. 512
Larocheloucault—Michel. *Collect.* an 1811. 444
Larochelle—Saint-Pierre. *Collect.* an 1811. 101
Laroque. *Journ.*, 1er. sem. an 13. 557
Laroque—Vassel. *Journ.*, 1er. sem. 1811. 26
Laroque—Montalembert. *Journ.*, 2e. sem. 1809. 77
Laroque—Brilly—Joly. *Journ.*, 1er. sem. 1807. 516
La Roquette—De la Potonière. Tom. 1, 1812. 438
Laroux--Tarriot--Pasquet. *Journ.*, 2e. sem. 1810. 279
Larrié—Gouadin. *Collect.* an 1810. 52
Larregoyen—Navailles. *Journ.*, 1er. sem. 1806. 529
Larosse—Barramon. *Journ.*, 2e. sem. 1806. 429
Larsonnier—Tharel. *Journ*, 1er. sem. 1811. 555
Lartigue—Labrouche. *Journ.*, 1er. sem. 1808. 513
Lartigue—Lalande. *Journ.*, 2e. sem. 1806. 68
Larue (veuve et héritiers)—Guyenot. *Collect*, an 12. 205
Larue (veuve et enfans) *Journ.*, 2e. sem. 1811. 422
Larue—Dulery-Peyramont. Tom. 2, 1813. 29
Les. Vessin.—commune de Nevamas et Ceyzeriat. *Collect.* an 1809. 174
Lasalle—des habitans de Blanzals. *Journ.*, 1er. sem. an 13. 376
Lasalle—Lefévre. *Journ.*, 2e. sem. an 11. 185
Lasalle—Lefevre. *Journ.*, 1er. sem. an 13. 544
Lasbouygues.—Palozot. Tom. 1, 1813. 449
Lasne-Desvareilles—Cornu. *Journ.*, 2e. sem. 1811. 369
Lasne—Vochez et compagnie. *Journ.*, 1er. sem. 1810. 519
Lasmer—Massey. *Journ.*, 2e. sem. an 11. 563
Lassarade—Durand et autres. Tom. 2, 1813. 351
Lassay-Lassaveur—Brossay et compagnie. Tom. 3, 1812. 12
Lassault—Gravier. *Journ.*, 1er. sem. 1806. 302
Lassaulx—Bertraudet. *Journ.*, 2e. sem. an 11. 573
Lassus-Camon—Saint-Arroman. *Collect.* an 1809. 132
Lassu—Cazenave. Tom. 2, 1813. 408
Lasseigne—Monteil—Maza. *Collect.* an 1808. 142
Lassère—Drives. *Journ.*, 1er. sem. an 12. 541
Lasserey—Goulet. *Journ.*, 2e. sem. an 12. 406

Latour (de)—Gérard. *Journ.*, 1er. sem. 1807. P. 449
Latour—Mac-Mahon.—Gérard. *Journ.*, 1er. sem. an 13. 497 et *Collect.* an 14—1806. 365
Latour—Hameragen, (d') de Béthune. *Collect.* an 1809. 428
Latournelle. (succession de madame de) Tome 1, 1812. 24
Latournerie—la dame Parroon. *Collect.* an 13. 125
Latreille—Grimaldy de Monaco. *Journ.*, 1er. sem. 1811. 263
Latreille (de)—Gept. *Collect.* an 14—1806. 578
Latrille-Dabère. (les mariés) *Journ.*, 2e. sem. 1810. 127
Laturbie. (les mariés) *Journ.*, 2e. sem. 1806. 529
Laubé—Perrot. *Journ.*, 1er. sem. 1810. 333
Laubé—Barbot. *Journ.*, 2e. sem. 1807. 267
Laubepin—Jouffroy. *Journ.*, 2e. sem. 1810. 504
Laubrussel (de)—de Beauvoir. Tom. 3, 1812. 357
Landois—Ministère public. Tom. 1, 1812. 256
Landreville—Cassal. *Journ.*, 2e. sem. an 13. 273
Laudrin—Tilsman. *Journ.*, 1er. sem. 1810. 337
Laugerat—Cherboneau. *Journ.*, 2e. sem. an 10. 541
Laugier—héritiers Merendol. Tom. 1, 1812. 499
Laugier—Boucher. *Journ.*, 2e. sem. 1809. 521
Laugier—Badaraque. *Journ.*, 2e. sem. 1808. 71
Laugier—Cartier. *Journ.*, sem. an 14. 283
Laulhé—Samonzet. *Journ.*, 1er. sem. 1806. 289
Launay—Olognier. Tom. 3, 1813. 552
Launay—Pescheur. Tom. 2, 1813. 219
Laune. (héritiers) *Journ.*, 1er. sem. an 12. 318
Laure de Saint-Cyr—Loza. *Journ.*, 2e. sem. 1811. 120
Laurent—Bornet—Angouillant. *Collect.* an 1810. 224
Laurent et consorts—Ministère public. *Collect.* an 1809. 5
Laurent.—*Journ.*, 2e. sem. 1812. 166
Laurent—Régie de l'enregistrement. *Journ.*, 1er. sem. 1809. 241
Laurent G... *Journ.*, 2e. sem. an 10. 65
Laurent—Mony d'Herbisse. *Journ.*, 1er. sem. 1807. 38
Laurier—Chesnon. *Journ.*, 1er. sem. an 12. 180
Lauris—Pommereuil. *Journ.*, 1er. sem. an 12. 31
Laurot—Frerot. Tom. 3, 1812. 258
Lauson—Deroinces. *Journ.*, 1er. sem. 1810. 524
Lauth, Rietling—Roas. *Journ.*, 2e. sem. 1812. 54

Lauwers—Lang. *Collect.* an 1809. P. 167
Lavalette—Courrault. *Journ.*, 1er. sem. 1811. 405
Lavallée—Martin. *Journ.*, 1er. sem. an 12. 524.
Lavaux — Guymanon. *Journ.*, 2e. sem. an 13. 428
Laveine—Ministère public. *Journ.*, 1er. sem. 1811. 193
Lavergne—Saubiac. *Journ.*, 2e. sem. 1808. 245
Lavergne—Rozières. *Journ.*. 2e. sem. au 11. 268
Laviefville (succession) *Collect.* au 11. 49
Lavigne (les mariés) *Collect.* au 11. 287
Lavincé—Rocher. *Journ.*, 1er. sem. 1811. 10
Laviolette—Brabandère. Tom. 3, 1813. 559
Lavit.—*Journ.*, 2e. sem. 1812. 196
Lavit—Leleu—Duperron. Tom. 2, 1813. 217
Lavit—Cretté. *Collect.* an 1810. 344
Lavit—Leleu. *Journ.*, 2e. sem. 1808. 125
Lavoine (veuve et héritiers)—femme Hennocart. *Journ.*, 2e. sem. an 13. 405
Lavoisier — Massieu. *Journ.*, 1er. sem. an 12. 125
Lavondès—Gibiard. *Collect.* an 1811. 406
Lavondès—Roustan. *Journ.*, 2e. sem. 1811. 193
Lavoudès (héritiers) *Journ.*, 2e. sem. an 11. 302
Layet. (enfans) *Journ.*, 1er. sem. an 12. 148
Layre—Huguet. *Journ.*, 1er. sem. 1811. 527
Lazzerini—Ministère public. Tom. 3, 1813. 524
Leaveu-Worth—Marlier, Fraix et Holmboë. *Journ.*, 2e. sem. 1809. 101
Leautey. Tom. 1, 1813. 596
et Tom. 3, 1813. 129
Leaweuvorth—Romey. *Collect.* an 1811. 40
Lebailly de Frenay—Lebouteiller. *Journ.*, 2e. sem. 1811. 516
Lebailly—Régie des domaines. Tom. 1, 1812. 21
Leballais—Nelle. *Journ.*, 1er. sem. 1810. 273
Lebandy—Lemaitre. Tom. 3, 1813. 401
Lebaron—Videl. *Journ.*, 1er. sem. an 13. 201
Lebarrier—Bouchard. *Collect.* an 1807. 247
Lebas de Courmont—Saux-Tavannes. *Journ.*, 2e. sem. an 10. 377
Lebas Delporte. *Journ.*, 2e. sem. 1809. 313
Lebatteur—Osmond. *Journ.*, 2e. sem. an 10. 33
Lebeau. *Journ.*, 2e. sem. 1808. 17
Lebegue—Bonnet. Tom. 2, 1813. 417
Lebel—Payart. *Journ.*, 2e. sem. 1810. 215
Lebigot—Vezard — Gericaut. *Journ.*, 1er. sem. an 11. 338
Lebigre—Ducluzel. *Journ.*, 1er. sem. 1809. 30
Lebigre—Arnaud. *Journ.*, 2e. sem. 1806. 266
Leblanc — Bourbon - Busset. *Journ.*, 2e. sem. an 12. 170
Leblanc—Adam. *Journ.*, 2e. sem. an 12. 291
Leblanc-Duplessis—Ecoutin. *Journ.*, 2e. sem. an 12. 113

Leblanc—Pillard. *Journ.*, 2e. sem. an 10. 49
et *Collect.* an 10. P. 432
Leblanc—Ministère public. *Journ.*, 2e. sem. an 10. 534
Leblanc—Rolland. *Journ.*, 2e. sem. an 9, n°. 27. 5
Leblatier—Grandidier. *Journ.*, 1er. sem. an 12. 568
Leblond—Doucet. *Journ.*, 2e. sem. 1810. 27
Leblond—Baron. *Journ.*, 1er. sem. an 11. 525
Leblond—veuve Jean et consorts. Tom. 2, 1813. 282
Lebon—Babonlène. Tom. 2, 1813. 560
Lebon—Duflos. *Journ.*, 1er. sem. an 11. 478
Lebon de la Boutraye—Quentin. *Journ.*, 2e. sem. an 12. 276
Lebon, Pepin—Pénavaire. Tom. 3, 1813. 93
Lebon—Quentin. *Journ.*, 2e. sem. an 11. 409
Lebossé—Ministère public. *Collect.* an 1810. 47
Lebouc, Balliere—Marnois. *Collect.* an 1811. 455
Lebouc—Mouville. *Journ.*, 1er. sem. an 11. 503
Le Bouchel—Stockem. Tom. 1, 1812. 52
Le Bouchet—Stockenc. Tom. 3, 1812. 189
Leboucher-Laroche—Gaugain. Tom. 3, 1812. 559
Leboucq—Mouville. *Journ.*, sem. an 14. 165
Leboullanger—Piquenot. *Collect.* an 11. 241
Lebourgeois, Lebouteiller et Laplace.—Guillot. *Collect.* an 1809. 410
Lebourgeois, Delamarre—Mariette. *Journ.*, 2e. sem. 1808. 561
Lebouteiller, Lebourgeois et Laplace—Guillot. *Collect.* an 1809. 410
Lebouteiller—Lebailly de Frenay. *Journ.*, 2e. sem. 1811. 516
Lebret—Mouy. *Journ.*, 1er. sem. an 10. 109
Lebreton—Thomas. *Journ.*, 1er. sem. 1809. 433
Lebreton, Denays—Chevetel-Cheffontaines. Tom. 3, 1813. 357
Lebrie—Boutros. *Journ.*, 2e. sem. 1812. 386
Le Brigant—Penhoëdic. Tom. 2, 1813. 168
Lebrumen—Secretand. *Collect.* an 12. 74
Lebrun—Boursier et Defernex. *Journ.*, 2e. sem. 1809. 529
Lebrun—Margadat. Tom. 1, 1813. 508
Le Brumant—Cellier. *Journ*, 1er. sem. an 12. 261
Le Caër—R . . . . Tom. 3, 1812. 385
Le Camus—Collet-Duhamel. *Journ.*, 1er. sem. an 13. 433
Lecardé—Laune. *Journ.*, 1er. sem. an 13. 550
Lecardé—Monnier. *Journ.*, 1er. sem. 1811. 181
Lecaron. (succession de veuve) *Collect.* an 11. 1

Lecarpentier—Enfantin. *Journ.*, 1er. sem. an 10. P. 471
et 2e. sem. an 12. 8
Lecarpentier—Pinel. *Journ.*, 1er. sem. 1806. 193
Lecat, Grente—Provenchère. Tom. 1, 1812. 146
Lecauchois—Sacquepée. *Journ.*, 2e sem. an 10. 257
Lecce—Pazzaglini. *Journ.*, 2e. sem. 1811. 125
Lecerf—Blin. *Journ.*, 1er. sem. an 13. 262
L'Echalat—Blanquet. *Journ.*, 2e. sem. an 10. 490
Lechapon—Briens—Lacalherie. *Collect.* an 1810. 105
Lechauve-Vigny—Hedouin. (héritiers) *Journ.*, 2e. sem. 1809. 94
Lecherme—Brosne. *Journ.*, 2e. sem. an 12. 28
Lechevalier—Morand. *Journ.*, 1er. sem. 1806. 3
Lechon et consorts—Descamps. *Journ.*, 1er. sem. an 11. 355
Leclerc—Reverdy. *Journ.*, 2e. sem. an 11. 163
Leclerc—Joanneau—Bouchet. *Journ.*, 1er. sem. an 12. 237
Leclerc—Piérard. *Journ.*, 2e. sem. 1811. 113
Leclerc—Giroust, Camuzat. *Journ.*, 1er. sem. 1808. 506
Leclerc. *Journ.*, 1er. sem. 1808. 484
Le Clercq—Soliveau. *Journ.*, 1er. sem. 1808. 476
Leclerc, Lorge—Messats. Tom. 2, 1813. 570
Leclerc—Abadie (d') Tom. 1, 1813. 85
Leclerc. (héritiers) *Journ.*, 2e. sem. 1812. 145
Leclerc—Dufort. *Collect.* an 12. 374
Leclerc—Giront. *Journ.*, 2e. sem. an 10. 85
Leclerc—Boutigny. *Journ.*, 1er. sem. 1807. 188
Leclerc—Bavier. *Collect.* an 1807. 346
Leclerc—Boullenger. Tom. 3, 1812. 562
Leclerc—Boullenger. Tom. 2, 1813. 276
Leclerc—Gascard—Laisné. *Collect.* an 1811. 369
L'Ecluse (héritiers)—Blondeau. *Journ.*, 2e. sem. 1807. 568
Lecluze (de)—Delafosse, Leroux. *Journ.*, 2e. sem. 1812. 402
Lecœur.—Joanne. *Journ.*, 2e. sem. an 11. 257
Lecœur—Rousseau. *Journ.*, 1er. sem. 1809. 445
Lecœur-Lachenaye—Crutet. *Journ.*, 2e. sem. 1811. 225
Lecompte—François. *Journ.*, 1er. sem. an 13. 369
Lecomte, Desix, Petithau. Tom. 1, 1812. 219
Lecog—Colin—Blatin. *Journ.*, 2e. sem. an 13. 312
Lecoq—la dame Glatigny. *Collect.* an 1811. 12
Lecomte—Sarus. (freres) *Journ.*, 2e. sem. an 13. 233
Lecourt—Doucet—Potel. 1er. sem. an 11. 220

Lecouteux—Nau. *Journ.*, 2e. sem. an 11. P. 198
Lecouteux-la-Norraie—Poncet. 1er. sem. an 11. 86
Lecomte—Crepin. *Journ.*, 1er. sem. an 12. 17
Lecomte—Bellanger. *Journ.*, 2e. sem. an 10. 321
Lecomte—Brisard. *Journ.*, 2e. sem. 1807. 513
Lecomte—Castelnau. *C l'ect.* an 1810. 258
Lecomte—Chicoisne. Tom. 1, 1813. 109
Lecou—Morey. Tom. 1, 1813. 31
Lecourt—Beaumont-Dixie. *Journ.*, 1er. sem. 1810. 113
Lecourt—Forestier. Tom. 3, 1812. 390
Lecouvreur. (femme Mesnager) *Journ.*, 1er. sem. 1806. 69
Lecouvreur—Houssaye. *Journ.*, 1er. sem. 1807. 297
Lecouvreur. *Journ.*, 2e. sem. 1807. 337
Le Dent—Pinet. Tom. 3, 1812. 153
Ledieu—Giraud. Tom. 3, 1812. 481
Ledoux—Signol—Charpentier. *Journ.* 2e. sem. an 10. 417
Ledoux (héritiers et créanciers) *Journ.*, 2e. sem. 1811. 518
Ledoyen—Garnot des Ravennes. *Journ.*, 1er. sem. 1810. 535
Leduc—Manger—Besnard. *Journ.*, 1er. sem. 1810. 181
Leduc—Worbe. *Collect.* an 1810. 276
Leduc—Worbe. *Journ.*, 1er. sem. 1811. 464
Le Duc—De Bussay. *Collect.* an 14—1806. 89
Leduc—Laroche. *Journ.*, 1er. sem. an 13. 443
Leduc—Crépeaux. *Journ.*, 1er. sem. an 13. 524
Leduc—Cirette. *Journ.*, 2e. sem. 1811. 177
Leduc—Deselves—Astruc. *Collect.* an 1811. 357
Leduc—Bailly et consorts. *Journ.*, 1er. sem. 1811. 200
Lefèbre—Bonnard. Tom. 3, 1812. 496
Lefèbvre—Ebran. Tom. 3, 1812. 394
Lefèbvre — Thérèse W.... Tom. 3, 1812. 410
Lefebvre de la Maillardiere—Foulon. *Journ.*, 1er. sem. 1811. 442
Lefebvre—Adam. *Journ.*, 1er. sem. 1810. 111
Lefevre—Adèle Lasalle. *Journ.*, 1er. sem. an 13. 344
Lefèvre, Deumier—Hospices de Tours.—*Journ.* 2e. sem. 1812. 36
Lefèvre, Jacotin, Morin. *Journ.* 2e. sem. 1812. 36
Lefebre—Vaulerbeg. *Coll.* an 1810. 255
Lefebvre—ses créanciers. *Journ.*, 2e. sem. 1811. 76
Lefèvre—Guillandeau. *Journ.*, 1er. sem. 1808. 209
Lefèbvre (héritiers) — Vanwerde, Demoor. *Journ.*, 1er. sem. 1808. 185

Lefebvre—Vallet. *Journ.*, 2e. sem. 1808. P. 472
Lefevre—Vandin. *Journ.*, 2e. sem. 1808. 416
Lefèvre—Delamarre. *Journ.*, 2e. sem. 1808. 247
Lefebvre—Marais. *Collect.* an 1807. 28
Lefebvre—commune de Vouziers. *Journ.*, 1er. sem. 1806. 41
Lefevre—héritiers Coulon. *Journ.*, 2e. sem. an 10. 561
Lefevre—Prieur. *Journ.*, 1er. sem. an 11. 329
Lefèvre—Régie de l'enregistrement. *Journ.*, 2e. sem. an 11. 424
Lefèvre—Monfrenelle. *Journ.*, 1er. sem. an 12. 284
Lefevre—Lasalle. *Journ.*, 2e. sem. an 11. 185
Lefèvre—Adèle de la Salle. *Collect.* an 12. 85
Lefebvre—les héritiers Oudart. *Collect.* an 13. 275
Lefebvre—héritiers Hacô. *Journ.*, 2e. sem. an 12. 342
Lefevre—Marcaud. *Journ.*, 2e. sem. 1809. 33
Lefevre—Carquille. *Journ.*, 1er. sem. 1809. 7
Lefevre—Roux. *Journ.*, 1er. sem. 1809. 257
Lefebvre—Dumoulin. Tom. 2, 1813. 579
Lefebvre—Gouyer. *Journ.*, 2e. sem. 1812. 65
Lefebvre-Dartenoy—Lefebvre. *Journ.*, 1er. sem. 1810. 342
Lefebvre—Guilloc—Dorlé. *Coll.* an 1811. 437
Lefevre et Dépinay Saint-Luc — Dépinay Saint-Luc. *Journ.*, 1er. sem. 1809. 331
Lefié—Lévèque. *Collect.* an 12. 247
Lefié—Levasseur. Tom. 3, 1812. 425
Lefin—les héritiers Xhronet. *Collect.* an 12. 251
Leflacher.— Régie de l'enregistrement. Tome 2, 1813. 447
Leforestier—Godet. *Journ.*, 1er. sem. an 10. 77
Leforestier—Crespin. *Collect.* an 1809. 85
Lefort. (les mariés) *Journ.*, 1er. sem. an 12. 380
Lefoulon—Monroé. *Journ.*, 2e. sem. an 12. 47
Lefranc—Lemoine. *Journ.*, 2e. sem. an 11. 247
Lefranc—Dupré. *Journ.*, 2e. sem. 1810. 57
Lefranc, Pussac—Planche. Tome 1, 1812. 312
Lefrançois—Leuba—veuve Perdreaux. *Journ.*, 2e. sem. 1811. 459
Lefrançois—Devismes. Tome 3, 1813. 331
Lefrançois, Dupont et le Pelletier. *Coll.* an 1809. 225
Lefrançois—Devigny. Tom. 3, 1813. 429
Lefoulon—Nourry. *Journ.*, 1er. sem. 1811. 110
Lefevre-Thomas. 1er. sem. an 11. 33
Lefur—Leguiader. *Journ.*, 2e. sem. 1810. 566
Legemble—Rimol. *Journ.*, 1er. sem. 1811. 287
Legendre—Math. et consorts. *Collect.* an 13. 257
Legendre—Mauger. *Journ.*, 2e. sem. an 11. 422
Legendre—Gabarrus. *Journ.*, 1er. sem. an 10. 551
Leger. (les héritiers) *Collect.* an 12. 135
Leger—Herte. *Journ.*, 1er. sem. an 11. 561

Leger (Germain) — Deshertes. *Journ.*, 1er. sem. an 11. P. 417
Leger—Barbey—Robert: *Journ.*, 1er. sem. 1811. 126
Leger, Guillain—Boucher. Tom. 1, 1813. 463
Leger Happart—Régie des domaines. Tom. 3, 1812. 386
Legge—Marie. *Journ.*, 2e. sem. 1809. 401
Léglise—Dambry. Tom. 1, 1812. 564
Lego—Giard. 1er. sem. an 11. 8
Legon—Chenié. *Journ.*, 2e. sem. 1806. 392
Legorgu. *Journ.*, 1er. sem. an 12. 120
Legoux—Lenfant. *Collect.* an 1807. 16
Legrand—Cauvert. *Journ.*, 2e. sem. 1810. 497
Legrand—Girardy. *Journ.*, 1er. sem. an 13. 70.
Legrand—Gousse. *Journ.*, 1er. sem. 1806. 137
Legrand—Musy. *Journ.*, 2e. sem. 1807. 89
Legrand—Moris. *Journ.*, 2e. sem. 1810. 540
Legret-Desmarais—Bouic. *Journ.*, 2e. sem. an 11. 476
Legret—Rodrigue. *Collect.* an 14—1806. 123
Legret—Zindel. *Collect.* an 14—1806. 123
Legrets—Nogaret. *Collect.* an 1810. 450
Legris—Bourdon. *Collect.* an 13. 259
Legros—héritiers Rosée. *Journ.*, 1er. sem. 1810. 369
Leguay—Raffy. *Collect.* an 1807. 402
Leguyader—Lefur. *Journ.*, 2e. sem. 1810. 566
Lehereau—Ameline. Tom. 1, 1812. 421
Lehoc—Varennes. Tom. 1, 1813. 270
Lehouc—Monaert. *Collect.* an 1810. 444
Leix—Gallo. *Journ.*, 2e. sem. 1806. 439 et 511
Lejeune—Levacher. *Journ.*, 1er. sem. 1811. 145
Lejeune—Beghin. *Journ.*, 2e. sem. 1810. 415
Lejolliot—Chardin. *Journ.*, 2e. sem. an 10. 295
Le juge de paix de Château-Renard. *Collect.* an 1807. 417
Le Laidier — Michel. *Journ.*, 1er. sem. 1811. 411
Lelargue—Fortin et Soret. *Journ.*, 1er. sem. 1811. 65
Lelennier — Lecardé. *Journ.*, 1er. sem. an 13. 550
Leleu—Lanfrey. *Journ.*, 2e. sem. an 9, no. 12. 1
et 2e. sem. an 9, no. 5. 7
Leleu—Lanfrey. *Journ.*, 2e. sem. an 10. 177
Leleu—Duperron—Lavit. Tom. 2, 1813. 217
Leleu—Gobert. *Journ.*, 2e. sem. an 10. 371
Leleu—Lavit. *Journ.*, 2e. sem. 1808. 125
Lelièvre—Aubert. Tom. 3, 1812. 310
Lelièvre de Rochefort, Martine. *Collect.* an 1811. 280
Lelièvre-Lagrange—Leseig. *Collect.* an 11. 291

Lelue—Mannier et comp. *Journ.*, 1er. sem. 1811. P. 270
Lemaigre de Saint-Maurice. *Collect.* an 13. 257
Lemaigre Saint-Maurice—Frelon. *Collect.* an 13. 350
Lemaigre de Saint-Maurice. *Collect.* an 13. 333
Lemaigre de Saint-Maurice. 2e. sem. an 13. 127
Lemaigre de Saint-Maurice, *Journ.*, 1er. sem. 1806. 553
Lemaire—Heudelet. *Journ.*, 2e. sem. an 12. 488
Lemaire—Delaunay. *Journ.*, 2e. sem. an 11. 203
Lemaire—Dardenne. *Collect.* an 12. 443
Lemaire—Paul—Davoust. Tom. 1, 1812. 440
Lemaitre—Dumont. *Journ.*, 1er. sem. 1806. 75
Lemaitre—Leroy. 1er. sem. an 11. 73
Lemaitre—Sezée. *Journ.*, 1er. sem. 1806. 417
Lemaitre—Cedé. *Journ.*, 1er. sem. an 13. 26
Lemaitre—Chapellier. *Collect.* an 1811. 108
Lemaitre—Lebandy. Tom. 3, 1813. 401
Lemarchand—Albite. *Journ.*, 1er. sem. an 12. 446
Lemarchand de Gomicourt—Duval. *Journ.*, 2e. sem. 1810. 129
Lemaréchal—Ridet. *Collect.* an 1809. 366
Lemarié—Montant. *Journ.*, 2e. sem. an 10. 445
Lemarié—Magnier *Journ.*, 2e. sem. 1808. 63
Lemarois—Vernet. *Journ.*, 2. sem. an 11. 369
Lemarquant—Régie de l'enregistremant. Tom. 1, 1812. 427
Lemarquis—Ministère public. *Journ.*, 2e. sem. an 12. 107
Lemarais, Loisel—Housset. *Collect.* an 1809. 244
Lemayrat—Gaudot. *Journ.*, 2e. sem. an 11. 433
Lemazurier—Simonet. Tom. 3, 1813. 510
Lemeilleur—AEillard—Leger. *Journ.*, 1er. sem. 1809. 58
Lemeilleur—Aillard-Leger. *Journ.*, 1er. sem. 1810. 449
Lemercier—Ferdinand. *Journ.*, 2e. sem. an 11. 427
Lemercier. 1er. sem. an 11. 139
Lemercier—Ligeret. *Journ.*, 1er. sem. 1808. 273
Lemercier—Estellé. *Journ.*, 1er. sem. 1808. 298
Lemerle—Sardoge. Tom. 3, 1812. 48
Lemire—Godefroy. *Collect.* an 13. 195
Lemire—Letellier. *Journ.*, 2e. sem. 1808. 545
Lemoine—Lefranc. *Journ.*, 1er. sem. an 11. 247
Lemoine—Delaval. *Journ.*, 2e. sem. 1811. 571
Lemoine—Caroillon-Destillères. Tom. 3, 1812. 319
Lemonou—dame Verger. *Journ.*, 2e. sem. 1811. 37
Lemonnier—Hermier. *Journ.*, 1er. sem. an 12. 205
Lempereur. *Journ.*, 1er. sem. 1808. 121
Lempereur—Lempereur-Larochelle. *Collect.* an 1811. 191

Lempereur—Lempereur-Saint-Pierre. *Collect.* an 1811. P. 191
Lemperrière—Debouis. *Journ.*, 1er. sem. 1809. 113
Lemoine—Dubuc. Tom. 1, 1812. 124
Lemuet. (enfans) *Journ.*, 1er. sem. an 11. 315
Lemuey—Belin—Desmarets. *Journ.*, 1er. sem. 1806. 97
Lemur—héritiers Dubois *Journ.*, 2e. sem. 1808. 359
Lennerts—héritiers Braun. Tom. 2, 1813. 315
Lenfant—Legoux. *Collect.* an 1807. 16
Lenfant—Petit. Tom. 1, 1813. 467
Lenoble—héritiers Larivière. *Collect.* an 1808. 201
Lenoble—Jean Bart et compagnie. *Journ.*, 2e. sem. an 11. 241
Lenoble—Quête. *Journ.*, 1er. sem. an 13. 97
Lenoble (veuve et héritiers) Tom. 1, 1812. 103
Lenoir de Mirebeau—d'Espinasse. *Journ.*, 1er. sem. 1811. 502
Lenoir et Andouillé—Roger et Vajon. *Journ.*, 1er. sem. 1809. 266
Lenoir—Ministère public. Tom. 1, 1812. 558
Lenormand. (veuve et héritiers) *Journ.*, 2e. sem. 1811. 486
Lenormand (héritiers)—Demissy. *Coll.* an 1809. 547
Lenormand.—héritiers Goubron. *Journ.*, 2e. sem. an 13. 165
Lenormand-Grandcour—Dubua. *Journ.*, 1er. sem. 1810. 212
Lenormand—Princesse de Poniatouska. Tom. 1, 1812. 371
Lenud—Joyminy de Rancher. *Collect.* an 1811. 56
Leon—Martin. *Journ.*, 1er. sem. an 12. 209
Leon—Jouve. Tom. 2, 1813. 171
Léorier—Besnier. *Collect.* an 1807. 143
Lepècheux—Dusault. *Journ.*, 1er. sem. an 12. 241
Lepierre—Santerre. Tom. 2, 1813. 502
Lépinay. (les mariés) *Journ.*, 1er. sem. an 13. 145
Lepecheux—Bourdon de Neuville. *Collect.* an 1809. 513
Le Pelletier, Lefrançois et Dupont. *Collect.* an 1809. 225
Lepelletier-Régie des domaines. Tom. 1, 1812.
Leperche—Dumé. *Journ.*, 1er. sem. 1811. 136
Le Perg.—Oket. *Journ.*, 1er. sem. an 1811. 59, 459
Leplaisant—Delaunay. Tom. 3, 1813. 367
Leplieux—Lacatey. *Journ.*, 2e. sem. 1807. 149
Lepoivre, femme Grenier—Tahon. Tom. 3, 1812. 248

Leprestre-Châteaugiron—Castagny. *Journ.*, 2e. sem. an 12. P. 261
Leprevot—la dame Poutrel. *Collect.* an 12. 289
Leprévost—Robillard. 1er. sem. an 11. 49
Leprévost—Beauchef de Servigny. Tom. 1, 1812. 289
et Tome 2 1813. 294
Le Prieur — Duclieu. *Journ.*, 2e. sem. an 12. 65
Leprieur, Aubry—Hamon. Tom. 3, 1813. 115
Leprince—Maret et Rœderer. *Journ.*, 2e. sem. an 10. 25
Leguin—Bouchereau. *Journ.*, 2e. sem. 1810. 97
Lequint—Jaillot. *Collect.* an 12. 113
Lerat—Manuel. *Journ.*, 2e. sem. an 12. 145
Lerat—Fontaine. *Journ.*, 2e. sem. 1812. 532
Lerebours—Branlot. *Journ.*, 1er. sem. 1811. 417
Lerebours—Ducayla, Boucherot. Tom. 1, 1813. 420
Leremois—Durand. *Journ.*, 1er. sem. an 12. 465
Lerible—Leroy. *Journ.*, 2e. sem. an 11. 153
Leriche—Laponce et consorts. *Journ.*, 1er. sem. an 13. 491
Leriche—Gontard. *Journ.*, 2e. sem. an 10. 166
Leriche—Gonttard. *Coll-ct.* an 12. 145
Leriche—Gonttard. *Journ.*, 2e. sem. an 11. 118
Leriche—Paillard. *Journ.*, 1er. sem. 1808. 337
Leroquais—Guillé. *Journ.*, 1er. sem. 1807 168
Leroquais—Darnaud—Fidières. *Collect.* an 1810. 487
Lerouge—Lajonchère. *Journ.*, 1er. sem. an 11. 509
Lerouck—Monaert. *Journ.*, 2e. sem. 1810. 349
Leroux—Serreau. *Journ.*, 1er. sem. an 12. 49
Leroux, Delafosse — Lecluse. *Journ.*, 2e. sem. 1812. 402
Le Roux—Quarré-Devillers. *Journ.*, 1er. sem. 1810. 17
Le Roux, Mayer et Barbier. *Collect.* an 14—1806. 263
Leroux de la Potonière—Quatrefages. Tom. 1, 1812. 438
Leroi—d'Haucourt. *Journ.*, 2e. sem. an 13. 310
Leroy—Vander-Motten. *Journ.*, 2e. sem. 1807. 3
Leroy—Jacquot. *Journ.*, 2e. sem. an 10. 13
Leroy—Sacquepée. *Journ.*, 2e. sem. an 10. 257
Leroy. *Journ.*, 1er. sem. an 10. 495
Leroy—Lemaître. *Journ.*, 1er. sem. an 11. 73
Leroy—Lerible. *Journ.*, 2e. sem. an 11. 153
Leroy—Liégaut. *Journ.*, 2e. sem. an 11. 408
Leroy—la dame Thouret. *Journ.*, 2e. sem. an 11. 461
Leroy de Saint-Charles. (succession) *Collect.* an 12. 22

Leroy—Labouzelle et autres. *Journ.*, 1er. sem. an 12. P. 218
Leroy—Bastiany. *Journ.*, 1er. sem. 1809. 299
Leroyer—demoiselle Dosmond. *Journ.*, 2e. sem. an 13. 446
Leroy—la dame Dumesnil. *Journ.*, 1er. sem. an 13. 52
Leroy. *Journ.*, 2e. sem. an 1812. 392
Leroy—Billois. *Journ.*, 2e. sem. 1808. 129
Leroy—Lubbert. *Collect.* an 1810. 168
Leroy—Billoir. Tom. 3, 1812. 289
Leroyer — Dosmond. *Journ.*, 1er. sem. 1809. 443
Lervoire—Pelletant. *Collect.* an 12. 254
Lesacher—Marcescheaux. *Journ.*, 1er. sem. 1811. 285
Lesage.—Bourse. *Journ.*, 1er. sem. an 12. 438
Lesage — les héritiers Puissant. *Collect.* an 12. 309
Lesage—Philippe. *Journ.*, 1er. sem. 1809. 453
Lesage—Deshaye. *Journ.*, 1er. sem. an 13. 41
Lescot—Montarnal. *Journ.*, 2e. sem. an 12. 111
Lescure. (héritiers) *Journ.*, 2e. sem. an 9, n°. 28. 10
Lescure. (héritiers) *Journ.*, 1er. sem. 1809. 389
Lescure, Rochette — Fournier. Tom. 2, 1813. 208
Leseig—Lelièvre-Lagrange. *Collect.* an 11. 291
Lesénéchal—héritiers Remy. *Journ.*, 2e. sem. an 12. 535
Lesens de Lions—Haussoulier. *Journ.*, 1er. sem. 1809. 225
Lesguillez—Boudet. *Journ.*, 1er. sem. 1807. 216
Lesné—Alégre. *Journ.*, 1er. sem. 1808. 217
Lesnier. *Journ.*, 1er. sem. 1808. 379
Lesperoux. *Voyez* Gestas.
Lespinasse—Rebuffat-Triquenaux. *Journ.*, 2e. sem. 1809. 245
Lespinasse—Delard. Tom. 3, 1813. 135
Lespinay. *Journ.*, 1er. sem. an 12. 504
Lespinay (de)—Duvergier. *Collect.* an 12. 31
Lesselin—Follope. *Journ.*, 1er. sem. 1809. 214
Lesterpe—Crépy. *Journ.*, 1er. sem. an 12. 413
Lestrade—Petincar. *Collect.* an 1807. 400
Lesug—la Régie des douanes. *Journ.*, 2e. sem. an 11. 483
Lépinay—Lambert. *Journ.*, 1er. sem. an 13. 561
Letellier—Grenonville. *Collect.* an 1810. 13-
Letellier—Lemire. *Journ.*, 2e. sem. 1808. 545
Letellier. (héritiers et légataire de demoiselle) *Journ.*, sem. an 14. 138
Letellier—Duchatenet. *Journ.*, 2e. sem. an 12. 537
Letellier. (demoiselle) *Collect.* an 13. 74

Letellier—Bernard — Viellard. Tom. 1, 1812. P. 128

Letens—Bouttier. *Journ.*, 1er. sem 1807. 304

Letissier—Donnetteau. *Journ.*, sem. an 14. 17

Letoraert (Fleuri) —Virnot. Tom. 3, 1812. 550

Letocard—ses créanciers. Tom. 3, 1812. 517

Letors—Soupant. *Journ.*, 2e. sem. 1809. 233

Letort—Mangou. *Journ.*, 1er. sem. 1806. 525.

Letort—Goupil, Monget. *Journ.*, 2e. sem. 1808. 151

Letoum—Olivier. *Journ.*, 1er. sem. an 13. 467

Lettré. *Journ.*, 2e. sem. 1812. 269

Lettré et comp.—C**. *Journ.*, 2e. sem. 1811. 60

Leuba—Richard, Texier. *Journ.*, sem. an 14. 273

Leuba—Gerbé — Duchesne. *Journ.*, 1er. sem. 1811. 233

Leuba—Lefrançois. *Journ.*, 2e. sem. 1811. 459

Leulier—Bouret. *Journ.*, 2e. sem. an 10. 272

Leulier.—Sombret. Tom. 1, 1813. 449

Leurqnin. *Journ.*, 2e. sem. an 13. 33

Levrat, Pernot—Duroux. Tom. 1, 1813. 102

Leverre, Caylus—Vidal, Mas. *Journ.*, 2e. sem. 10

Le Verriez, Depaepe—Dubois. Tom. 1, 1813. 1812. 219

Leurquin et consorts—Loyens. Tom. 1, 1812. 309

Levacher. *Journ.*, 2e. sem. 1808 201

Levacher—Bonnet. *Journ.*, 1er. sem. an 12. 17

Levacher—Marin Levacher. *Journ.*, 2e. sem. an 11. 380

Levacher—Lejeune. *Journ.*, 1er. sem. 1811. 145

Le Vaillant—Cendrier. Tom. 2, 1813. 68

Levaretto—Pernigotti. *Journ.*, 1er. sem. 1810. 193

Levassor—Bordier. *Journ.*, 1er. sem. an 11. 205

Levassor—Bourgeois—Connay, Tom. 3, 1812. 316

Levasseur—Duhameau. *Journ.*, 1er. sem. an 13. 529

Levasseur—Lefié. Tom. 3, 1812. 425

Levavasseur—Delaunay. *Journ.*, 1er. sem. 1806. 470

Leveillé—héritiers Tourton. *Collect.* an 1809. 262

Leveillé—Crespin. *Journ.*, 1er. sem. an 1811. 299

Leverd—Defalque. *Journ.*, 1er. sem. 1808. 283

Lévêque—Odelin. *Journ.*, 1er. sem. 1807. 325

Lévêque—Lesié. *Collect.* an 12. 247

Leveque et consorts—Lordereau. Tom. 1, 1812. 200

Levesque—B . . . . *Journ.*, 1er. sem. an 13. 5

Levesque. *Collect.* an 11. 185

Levesy—Dragon. *Journ.*, 1er. sem. an 13. 393

Levi—Dorcy. *Collect.* an 1807. 351

Leviaut—Blondeau. *Journ.*, 1er. sem. 1806. 489

Levilain. *Journ.*, 1er. sem. 1807. 13

Levitte—Moreau. *Journ.*, 2e. sem. 1810. P. 433

Levral—Cuchel—Happey. Tom. 3, 1812. 221

Lewi (Judas)—Ulrich. Tom. 2, 1813. 129

Lewy—Hohl. *Journ.*, 1er. sem. 1806. 348

Levy—Fautsch. Tom. 3, 1813. 436

Lex—veuve Bremsinger. Tom. 1er., 1812. 121

Leyens—Vandam. Tom. 1, 1813. 217

Leygne, Blancher — Bouscaillon. *Journ.*, 2e. sem. 1811. 470

Leygne.—Bouscaillon. Tom. 3, 1813. 363

Leypold—Bisson et autres. *Journ.*, 2e. sem. 1810. 366

Leyser—Vandinter. *Collect.* an 1807. 407

Leyx—Berenger. *Journ.*, 1er. sem. an 13. 8

Lhermite—créanciers Duté. Tom. 3, 1812. 454

Lhoste—Raynaud. *Journ.*, 2e. sem. an 1809. 219

L'Huilier—Regley. *Journ*, 1er. sem an 12. 152

L'Huillier—Crignan-Bonvallet. Tom. 2, 1813. 94

Liais—Mariette. *Journ.*, 2e. sem. 1806. 438

Liais—Mariette. *Journ.*, 1er. sem. 1808. 385

Liber—Demet. *Journ.*, 1er. sem. an 11. 410

Libert de Paradis—Ministère public. *Collect.* an 1809. 12

Liber.—Ista. *Collect.* an 12. 120

Libert—Maréchal. *Journ.*, 1er. sem. 1806. 385

Lichard—Dupan. *Collect.* an 11. 277

Liébaert—Ministère public. Tom. 1, 1812. 515

Liebaux et compagnie—Mejat. *Collect.* an 11. 245

Liehard—Debouquères. *Collect.* an 1812. 160

Liebbe—Desetables *Journ.*, 2e. sem. 1810. 121

Liedet—Duvallet. *Journ.*, 2e. sem. 1811. 55

Lieffroy—héritiers Ballant. *Journ.*, 2e. sem. an 11. 465

Liégaut—Leroy. *Journ.*, 2e. sem. an 11. 423

Liége—Régie de l'enregistrement. *Journ.*, 1er. sem. 1809. 343

Liers—Scheffer. *Collect.* an 1809. 239

Liévens—Merchx. *Journ.*, 1er. sem. an 12. 65

Liévin-Willems—Hamelinck. *Collect.* an 1811. 303

Ligeret — le Mercier. *Journ.*, 1er. sem. 1808. 293

Ligné—Bombart. *Journ.*, 1er. sem. an 13. 513

Lignereux—Desguerrois, Vaiton. *Collect.*, an 1811. 424

Lillers—Dulosc. *Journ.*, 2e. sem. 1812. 214

Limbergh—Degliens. *Journ.*, 2e. sem. 1809. 460

Limborg—Jans. *Collect.* an 1810. 366

Limerac—Régie de l'enregistrement. *Journ.*, 2e. sem. 1810. 198

Limminghe—héritiers de Gentinnes. *Collect.* an 12. 455

Limmingues—héritiers Dadekun. *Journ.*, 1er. sem. an 13.   P. 353

Limoges—Jouin. *Journ.*, 1er. sem. an 12.   97
Limoges—Jonin. *Journ.*, 1er. sem. an 12.   422.
Linck—Ebert. *Journ.*, 2e. sem. 1811.   479
Lindeman—Thugnet. Tom. 2, 1813.   555
Line—Rancez. *Journ.*, 2e. sem. 1812.   74
Line—Gandolpho. *Journ.*, 2e. sem. 1812.   95.
Linfernat, Gaillard—héritiers Courtois, *Collect.* an 1809.   455
Lingois—d'Outrebeau. *Journ.*, 2e. sem. an 13.   465
Liniard—Peruchet. *Journ.*, 2e. sem. 1806.   487
Linotte—Garnier. *Journ.*, 1er. sem. an 13.   30
Linoy (de)—Lambert—Courtois. *Collect.* an 14 —1806.   282
Linstruiseur—Marthe. *Journ.*, 2e. sem. 1806.   38
Lione (héritiers)—Renou. *Journ.*, 2e. sem. an 13.   513
Liot. *Journ.*, 2e. sem. 1808.   133
Lioud—Régie de l'enregistrement. *Journ.*, 1er. sem. 1809.   182
Liotier—Pellé. *Journ.*, 2e. sem. an 9, n°. 5.   3
Lippman — Ventusol. *Journ.*, 2e. sem. 1808.   315
Listénay (de)—Sainson de Taxis. *Journ.*, 2e. sem. an 11.   43
Livet — Dumolard. *Journ.*, 1er. sem. an 13.   65
Loiseau—Signol. *Collect.* an 13.   129
Loisel—Lemarrais—Housset. *Collect.* an 1809.   244
Loiserolles—Collineau. *Journ.*, 1er. sem. an 12.   137
Loisillon—Hylaire. *Collect.* an 11.   436
Lombard—De Navailles. *Journ.*, 1er. sem. 1807.   193
Lombard—Bosquet. *Journ.*, 2e. sem. 1808.   188
Lombard—veuve Bory. *Journ.*, 2e. sem. 1810.   101
Lombard—Campenas. *Journ.*, 2e. sem. 1806.   216
Lombardo—Régie des droits réunis. Tom. 3, 1813.   326
Lombriasque (de)—Audiffrede. *Journ.*, 2e. sem. 1812.   89
Lomer—Baivel. *Journ.*, 2e. sem. 1810.   33
Long-Perrier—Navarre. *Journ.*, 2e. sem. an 13.   396
Longayron—Durand. *Journ.*, 1er. sem. 1810.   445
Longe-Pierre—Cadeau d'Assy. *Journ.*, 2e. sem. an 12.   55

Longpré—Corvisard. *Collect.* an 12.   P. 390
Longuet—Pillatte et Vaillant. *Journ.*, 1er. sem. 1811.   55
Longuet — Fortin. *Journ.*, 1er. sem. an 11.   497
et 2e. sem. an 11.   132
Longuève—Fillemain et autres. *Collect.* an 13.   257
Lonjon — Dubarry. *Journ.*, 1er. sem. an 10.   189
Lonbard—Serilly. *Collect.* an 1809.   100
Loos. (Charles de) Tom. 3, 1813.   415
Loos—la Régie de l'enregistrement. *Journ.*, 2e. sem. an 11.   161
Lootens. *Journ.*, 2e. sem. 1812.   487
Lorch—Marcescheaux. *Journ.*, 1er. sem. 1811.   285
Lorch—Henriot, Morel. *Journ.*, 2e. sem. 1812.   200
Lordereau—Molin et Jeaunet. Tom. 1, 1812.   200
Lorent—Tricot. *Collect.* an 1810.   14
Lorey. (les enfans) *Collect.* an 13.   328
Lorge et Leclerc—Messats. Tom. 2, 1813.   590
Lorot-Petel—Burot—Perrin. *Collect.* an 1810.   412
Lorré—Piaune. *Collect.* an 1811.   224
Lorrain—Bégason. Tom. 3, 1813.   347
Lortie—Pouvreau. *Journ.*, 2e. sem. 1810.   236
Lorue—Blavoyer. *Journ.*, 1er. sem. an 12.   508
Losseraud — Bloquel. *Journ.*, 1er. sem. 1811.   282
Lotzbutk — Meyer. *Journ.*, 1er. sem. an 12.   408
Lowemberg. Tom. 3, 1812.   231
Louault—Labarre. *Journ.*, 1er. sem. 1807.   284
Louis—Labouglie. *Journ.*, 2e. sem. 1808.   75
Louis Lamothe François-Joseph—Lamothe. *Journ.*, 2e. sem. 1809.   193
Lourdet. (héritiers de) *Journ.*, 2e. sem. an 11.   372
Loury—De Richelieu. *Journ.*, 2e. sem. 1810.   441
Lousteau—Lafitte. *Journ.*, 1er. sem. 1810.   105
Lousteau—Dacier. *Journ.*, 2e. sem. 1806.   326
Louvet—Ministère public. *Journ.*, 2e. sem. an 9, n°. 20.   1
Louyet—Armitage. *Journ.*, 2e. sem. 1810.   407
Lovera. *Collect.* an 1809.   217
Loz (héritiers)—Corswaren—Bormans. *Journ.*, 2e. sem. 1812.   173
Loza—Laure de Saint-Cyr. *Journ.*, 2e. sem. 1811.   120
Loyauté—Bourste. *Collect.* an 11.   412
Lsyens—Leurquin et consorts. Tom. 1, 1812.   309

Loys — demoiselle Paradis. *Collect.* an 1811. P. 145
Loyseau—Tessier. Tom. 1, 1812. 334
Loyseau — Branlard. *Journ.*, 1er. sem. 1806. 369
Lubersac (la dame de)—Dacosta. *Journ.*, 1er. sem. 1811. 70
Lubersac—Vissec. *Journ.*, 1er. sem. 1810. 159
Lubbert—Leroy. *Collect.* an 1810. 168
Lubbert— Van Caneghem. *Journ.*, 2e. sem. 1808. 209.
Lubbert—Swan. *Journ.*, 1er sem. 1809. 141 et 571
Lucan—Perel—Perard. Tom. 3, 1813. 561
Lucas—les mariés Compère. *Journ.*, 2e. sem. 1811. 17
Lucas—Gohier. *Collect.* an 13. 134
Lucas—Renou. *Journ.*, 1er. sem. an 11. 427
Lucas—Duneau—Peigner. *Journ.*, 1er. sem. an 10. 184
Luce—Defremont. *Journ.*, sem. an 14. 305
Lucet—Grammont. (de) *Journ.*, 2e. sem. 1809. 54
Luciot. (veuve et héritiers) *Journ.*, 1er. sem. an 13. 233
Lucy (créanciers)—Thory. *Journ.*, 2e. sem. 1808. 551
Lugan—Fontanier. Tom. 1, 1812. 235
Luisard. *Journ.*, 2e. sem. 1812. 445
Lurchy—Régie de l'enregistrement. *Journ.*, 2e. sem. 1812. 494
Lussie—la Régie de l'enregistrement. *Journ.*, 2e. sem. an 12. 433
Luthon—Delaunoy. *Journ.*, 2e. sem. an 10. 343
Luynes, d'Albert—de Chaulnes Tom. 1, 1812. 144
Luzier—Florenville. *Collect.* an 1811. 476
Luzignan (la dame Douhault). *Journ.*, 2e. sem. an 11. 216
Luzignan de Champignelles. *Journ.*, 2e. sem. an 13. 381
Lybord—Reymont. *Journ.*, 1er. sem. 1806. 305
Lyon (commune de)—Despinay. *Journ.*, 2e. sem. an 11. 196
Lyon—Noiret. *Journ.*, 2e. sem. 1811. 62
M . . . . —Capouillet et Mathieu. *Journ.*, 2e. sem. 1809. 400
M . . . —la dame Busch. Tom. 3, 1812. 449
Maas—Feuser. *Journ.*, 1er. sem. 1811. 369
Mabile—Régie des domaines. *Journ.*, 2e. sem. 1810. 486
Macaire—Ducray. *Journ.*, 2e. sem. an 11. 477
Maccioni—Danesi. Tom. 3, 1812. 518
Mac-Evoi—Berembroëck. *Journ.*, 2e. sem 1808. 19
et *Collect.* an 1808. 96

Macé-Lavillion—Samson. Tom. 2, 1813. P. 226
Machard—Vouland. Tom. 2, 1813. 79
Machet-Velye—Vigier. *Collect.* an 13. 53 et 58
Macheux — Gautron. *Journ.*, 1er. sem. 1810. 72
Machouart. (Marie - Madeleine) *Journ.*, sem. an 14. 300
Macmahon—Delatour. *Journ.*, 1er. sem. 1806. 310
Mac-Mahon—Latour. *Collect.* an 14—1806. 385
Macmahon. *Journ.*, 1er. sem. an 12. 488
Macmahon—Latour. *Journ.*, 1er. sem. an 13. 497
Macmahon. (les mariés) *Journ.*, 1er. sem. an 12. 563
Mac-Mahon. *Journ.*, 2e. sem. an 12. 416
Macmahon—Delatour. *Collect.* an 12. 27
Macquet—Urguet-Devellerai. *Journ.*, 2e. sem. 1807. 360
Madieu—Pecoudon. *Collect.* an 11. 276
Maes (héritiers) — Demoor. *Journ.*, 1er. sem. 1808. 509
et *Collect.* an 1808. 311
Maes—Demoor. *Journ.*, 2e. sem. 1808. 14
Maès— Serrays et compagnie. Tom. 2, 1813. 566
Maes. (héritiers) Teman. Tom. 3, 1813. 63
Maghino—Grisi-Lapié. *Journ.*, 1er. sem. 1810. 510
Maglione, Musso — Régie de l'enregistrement. *Journ.*, 2e. sem. 1811. 530
Magliano—Stralla. *Journ.*, 2e. sem. 1812. 341
Magnanini—Bergonzi. *Journ.*, 2e. sem. an 13. 156
Magnier—Montbarbon. *Journ.*, 1er. sem. 1806. 545
Magnier de Gondreville—de Rosseville. *Journ.*, 2e. sem. an 12. 570
Magnier—Lemarié. *Journ.*, 2e. sem. 1808. 65
Magnocavalli—Tarchini. Tom. 2, 1813. 456
Magnolfi—Ministère public. Tom. 1, 1812. 353
Magnoncourt—Magny. *Journ.*, 2e. sem. 1808. 300
Magonet—le préfet de la Loire-Inférieure. Tom. 1, 1812. 400
Magrath—Decourbe, Briot. Tom. 2, 1813. 310
Magrin—Outhier. *Journ.*, 2e. sem. 1806. 332
Magro—Chistich—Mutti. *Journ.*, 2e. sem. 1811. 209
Maguet—Coulleret. *Journ.*, 2e. sem. an 10. 353
Maheu—Adam. *Journ.*, 2e. sem. an 12. 423
Mahier—Scepeaux. *Journ.*, 1er. sem. 1810. 129
Mahieu—Estelié. *Collect.* an 1811. 367

Mahieu—Pourbaix, *Journ.*, 2e. sem. an 10. P. 487

Mahieu—Brière. *Journ.*, 1er. sem. 1807.   24

Mahon—Beller. *Journ.*, 2e. sem. an 9, no. 22.   1

Mahul. *Journ.*, 2e. sem. 1806.   314

Maigre—Moreau. *Journ.*, 1er. sem. 1808. 91

Maigret—de Salse. *Journ.*, 2e. sem. 1807. 155

Mailhe—Ferrotte, Vimeux. *Collect.* an 1809.   15

Maillan (de) —de Cabanne. *Journ.*, 2e. sem. 1809.   348

Maillard—Chappey. *Journ.*, 1er. sem. 1808.   241

Maillard—Panneton. Tom. 3, 1812.   382

Maillard—Royer-Dubois. Tome 2, 1813.   411

Maillard—la dame Chappey. *Journ.*, 2e. sem. an 13.   573

Maillard. *Journ.*, 2e. sem. 1807.   177

Maille—Vinet. *Collect.* an 12.   44

Maillé (de) — Klein. *Journ.*, 1er. sem. 1806.   230

Mailler—Robin. *Journ.*, 1er. sem. 1811. 523

Mailler—Héomet. *Collect.* an 12.   403

Mailler. *Journ.*, 1er. sem. an 10.   93

Maillet—Henriot. *Collect.* an 1808.   262

Maillet—héritiers Sartin. *Journ.*, 2e. sem. an 13.   211

Maillot. (les mariés) *Journ.*, 2e. sem. 1808.   100

et *Jura.*, 2e. sem. 1810.   376

Mainguet—Girard. Tom 2, 1813.   250

Mainville—Terray. *Journ.*, 2e. sem. an 9, no. 8,   7

Maire—Marcot. Tom. 3, 1812.   491

Maire—Barabbé. *Journ.*, 2e. sem. 1807.   56

Maisonfort—Breuilpont. *Journ.*, 2e. sem. 1808.   33

Maisonneuve (de)—Lemazurier. Tom. 3, 1813.   510

Maistre—Coulon, Boyve. *Journ.*, 2e. sem. 1812.   420

Maistriaux—Buisserel. *Journ.*, 1er. sem. 1809.   382

Maitre. (enfans) *Collect.* an 1808.   279

Maitre—Jean—Sarrazin. *Journ.*, 1er. sem. 1806.   317

Majainville. (de) *Journ.*, 2e. sem. 1806.   193

Majeune—Fougères. *Journ*, 2e. sem. 1809. 445

Majeure. *Collect.* an 1810.   284

Majoret—veuve Martin. *Journ.*, 1er. sem. an 13.   545

Maklot—Régie de l'enregistrement. *Collect.* an 14—1806.   289

Malacorne—Rodoli. *Collect.* an 1809.   182

Malan — Martina-Corneillan. *Journ.*, 2e. sem. 1811.   171

Malapret, Blanchet. *Collect.* an 1809.   430

Malassagny—Régie de l'enragistrement. *Journ.*, 2e. sem. 1806.   P. 276

Malassis — Régie de l'enregistrement. Tom. 1, 1812.   560

Malassis—Busseuil. *Journ.*, 1er. sem. an 13.   209

Malatra—Asselin. Tom. 1, 1813.   241

Ma'en—Saint-Chamond. — Mondenard. *Journ.*, 2e. sem. 1806.   13

Malet. (héritiers) *Collect.* an 12.   19

Malfeson, Blommaert — Faille, Hane-Stennehuyse. *Collect.* an 1809.   438

Malgras—héritiers Pigeolleot. *Journ.*, 1er. sem. an 10.   131

Ma herbe—Gouy. *Journ.*, 2e. sem. an 12. 142

Malide—Jeeffosse. *Journ.*, 1er. sem. 1807. 140

Mallard—Monnet. *Journ.*, 2e. sem. 1810. 24

Maillet-Duval — Aubert - Dubois. *Journ.*, 1er. sem. an 12.   189

Mallet—Ranvier. Tom. 3, 1812.   484

Mallet—Bellier—Coche. Tom. 3, 1812.   199

Mallet—Buisson. *Journ.*, 2e. sem. 1807. 314

Malo — Régie de l'enregistrement. *Journ.*, 2e. sem. 1811.   278

Malpas, Blondelet. Tom. 1, 1813.   592

Malpeyre—Calmer. *Journ.*, 1er. sem. 1810. 452

Malte-Brun—Dentu. Tom. 3, 1812.   5

Malvagia. Tom. 1, 1813.   571

Malviclle—Régie de l'enregistrement. *Journ.*, 2e. sem. 1807.   273

Mammuccaro. Tom. 1, 1813.   594

Manant — Daguillard. *Journ.*, 1er. sem. 1809.   129

Manceau—Romagny. *Journ.*, 2e. sem. 1810. 492

Mauché—Bourgoin. *Journ.*, sem. an 14.   29

Mandonnet — Arson. *Journ.*, 2e. sem. 1806.   203

Maneglier. (héritiers) *Collect.* an 11.   421

Manessier. (héritiers) *Journ.*, 2e. sem. 1811.   374

Manget—Reidel—Vauverrin. *Journ.*, 1er. sem. an 10.   205

Mangiardi—Barra. Tom. 1, 1812.   61

Mangon—Letort. *Journ.*, 1er. sem. 1806. 515

Manissier—Régie des octrois. Tom. 1, 1812. 95

Manoury—Boutier. *Collect.* an 1808.   75

Manteau—Plou. *Collect.* an 14—1806.   256

Manton—Garaud. *Journ.*, 2e. sem. an 10. 493

Manuel—Lerat. *Journ.*, 2e. sem. an 12. 145

Manna—Fogliacco. *Journ.*, 2e. sem. 1810. 509

Mannati. (les mariés) *Journ.*, 2e. sem. 1810. 495

Mannier—Leluc. *Journ.*, 1er. sem. 1811.   270

Mannoir—Besnard. Tom. 1, 1813.   407

Mannoury-Lacour—Renault-des-Acres. Tom. 3, 1813.   278

Marage — Vallembois. *Journ.*, 2e. sem. 1811. P. 143
Marais—Lefebvre. *Collect.* an 1807. 28
Marais—Dumolard. *Journ.*, 2e. sem. an 11. 494
Marais, Teillard — Sauvegrain. *Journ.*, 1er. sem. 1809. 174
Marc—Cardon, Delepine et Godet. *Collect.* an 1808. 28
Marcand—Lefevre. *Journ.*, 2e. sem. 1809. 33
Marcé—Martinet. Tom. 1, 1813. 49
Marcé—Amaury. *Collect.* an 11. 321
Marcellis—Huttebuys. *Journ.*, 1er. sem. 1811. 447
Marcellot—Joffrenot. *Journ.*, 1er. sem. 1808. 145
Marcescheau—Bouchard. *Journ.*, 1er. sem. 1810. 234
Marcescheaux—Lesacher et Lorch. *Journ.*, 1er. sem. 1811. 285
Marchadier — Debent. *Journ.*, 2e. sem. 1808. 197
Marchais, Ménager — Demeaux. *Journ.*, 1er. sem. 1808. 470
Marchais—madame de Grammont. Tom. 1er. 1812. 376.
Marchais—Hutin. *Journ.*, 1er. sem. an 13. 252
Marchais—Fissier. *Journ.*, 1er. sem. 1810. 230
Marchand-Duvauval—demoiselle Maugis. *Journ.*, 2e. sem. an 12. 385
Marchand—Steffens. *Collect.* an 1808. 438
Marchand — Régie de l'enregistrement. *Journ.*, 2e. sem. 1808. 225
Marchand — Régie des douanes. Tom. 1, 1812. 344
Marchand-Peterlon—Brocard *Journ.*, 2e. sem. an 10. 7
Marchand-Péterlon—demoiselle Brocard. *Journ.*, 2e. sem. an 13. 321
Marchand—Colombet. *Collect.* an 1811. 112
Marchetti—Nasi. Tom. 3, 1813. 561
Marchot. *Collect.* an 11. 254
Marchot—Ratel. *Collect.* an 1811. 483
Marcillac—Labastiole. *Journ.*, 1er. sem. 1811. 289
Marcot—femme Maire. Tom. 5, 1812. 491
Marcou—Lange. *Journ.*, 1er. sem. an 12. 484
Marcq Foi—Lassarade. Tom. 2, 1813. 351
Marec—Coutte. *Journ.*, 2e. sem. 1810. 138
Maréchal—Libert. *Journ.*, 1er. sem. 1806. 385
Maréchal—Martin. *Journ.*, 1er. sem. 1807. 312
Maréchal—Raymond. *Journ.*, 2e. sem. an 12. 246
Marest—Boistel. Tom. 1, 1813. 145
Marel—Guttard. *Journ.*, 2e. sem. 1811. 415
Marengo. *Journ.*, 2e. sem. 1806. 126
Marentino—Mongenet. *Collect.* an 1808. 225

Maret et Rœderer—Leprince. *Journ.*, 2e. sem. an 10. P. 25
Maret. (les 1e. et héritiers) *Collect.* an 12. 425
Margadet—Lebrun. Tom. 1, 1813. 508
Margariteau—De Ceintré. *Collect.* an 1807. 422
Margariteau. (héritiers). *Journ.*, sem. an 14. 295
Margaron et compagnie—Parisel-Culhat. *Journ.*, 2e. sem. an 13. 317
Marge—le mineur Floret. *Collect.* an 12. 286
Margerin — Vigier. *Journ.*, 1er. sem. an 13. 161
et *Collect.* an 13. 53
Margier—Fouard. *Journ.*, 2e. sem. 1812. 336
Margueré—Ducluseau. *Journ.*, 2e. sem. an 11. 291
Margueré—héritiers Donzan. *Collect.*, an 12. 16
Marguerit—Durand. *Journ.*, 2e. sem. 1809. 460
Marguerite—Laporte—Gosselin. *Journ.*, 1er. sem. an 13. 385
Marguet—Cuisenier. *Journ.*, 1er. sem. an 10. 365
Marguet—Gillet. *Journ.*, 1er. sem. an 13. 53
Marguier (créanciers)—Capet. Tom. 3, 1813. 63
Maria—Cardé. Tom. 2, 1813. 144
Marie—Madeleine. *Collect.* an 1807. 460
Marie de Balle—Peysson—Robert. *Collect.* an 1807. 320
Marie de Balle. *Journ.*, 2e. sem. 1807. 125
Marie Broc—Maurette. *Journ.*, 2e. sem. 1809. 118
Marié—Roul. *Journ.*, 1er. sem. an 12. 250
Marie—Molinier. *Journ.*, 2e. sem. 1808. 468
Marie—Simon. *Journ.*, 2e. sem. 1810. 252
Mariette—Dupont et compagnie. *Journ.*, 2e. sem. an 13. 81
Mariette—Liais. *Journ.*, 2e. sem. 1806. 428
Mariette—Lachenaye. *Journ.*, 2e. sem. 1806. 225
Mariette—Despilly. *Collect.* an 1810. 365
Mariette—Liais. *Journ.*, 1er. sem. 1808. 385
Mariette—Delamarre, Lebourgeois. *Journ.*, 2e. sem. 1808. 561
Mariette—L'Achenez et consorts. *Journ.*, 1er. sem. an 13. 464
Marignan—Régie des droits réunis. Tom. 2, 1813. 595
Marimont (commune de)—Boroger. *Journ.*, 1er. sem. an 12. 262
Marimpœy—Dandurain. *Journ.*, 2e. sem. 1810. 417
Marin—Villeferres. *Collect.* an 1809. 550
Marin—Agent du trésor public. Tom. 2, 1813. 534
Marin *Journ.*, 1er. sem. an 12. 430

Marinette—Maynard. *Journ.*, 2e. sem. an 11. P. 49
Marinot—Petit. (frères) Tom. 1, 1812. 109
Marinpœy. *Journ.*, 2e. sem. an 9, n°. 21. 15
Marion—Fautrel. *Journ.*, 2e. sem. 1806. 443
Marion. *Journ.*, 1er. sem. an 12. 511
Marion—Préfontaine. *Journ.*, 1er. sem. 1810. 440
Marion, Pinard—Vermot, Candral. *Journ.*, 2e. sem. 1812. 113
Marion, Huot — Baudouin. *Collect.* an 1811. 289
Marlet—Berthez—Allet. *Collect.* an 1810. 242
Marlier, Fraix, Holmboë-Læven-Worth. *Journ.*, 2e. sem. 1809. 101
Marlier—Læweu—Worth. *Collect.* an 1811. 40
Marlier et consorts—Carré. *Journ.*, 2e. sem. 1811. 163
Marlinge—Frottier. Tom. 1, 1812. 142
Marnef—Vanasche. *Collect.* an 1808. 152
Marnois—Sollier—Lebouc. *Collect.* an 1811. 455
Marone—Monatery. Tom. 1, 1813. 583
Marotte. (les enfans) *Collect.* an 12. 214
Marotte—Griffon. *Collect.* an 14—1806. 37
Marotte, Defallais—Griffon. *Collect.* an 1808. 385
Marotte—Griffon. *Journ.*, 2e. sem. 1808. 385
Marotte. (frères et sœurs) *Journ.*, 1er. sem. an 12. 471
Marotte. (frères et sœurs) *Collect.* an 12. 115
Marquer—la dame Cavaller. *Journ.*, 2e. sem. 1811. 561
Marquet. *Collect.* an 1807. 272
Marquier—Cavaller. Tom. 1, 1812. 20
Marraize (héritiers de)—demoiselle Fery. *Journ.*, 2e. sem. 1811. 549
Marrens. *Collect.* an 1809. 127
Marsais et Bellet. Tom. 2, 1813. 598
Marsan. (héritiers de dame de) *Collect.* an 13. 91
Marseille. (commune de) *Journ.*, 2e. sem. an 9, n°. 27. 1
Marson—Papillon-la-Ferté. *Journ.*, 2e. sem. an 13. 147
Marteau—Ollery. 1er. sem. 1810. 9
Martel—Lami. (les héritiers) *Collect.* an 1809. 210
Martel—demoiselle Coulomb. *Journ.*, 1er. sem. an 13. 155
Martel—héritiers Coulet. *Journ.*, 2e. sem. 1811. 556
Martelly—Jauffret. *Journ.*, 2e. sem. 1806. 481
Martcas. *Journ.*, 2e. sem. 1807. 447
Martens—Cossée. *Journ.*, 2e. sem. 1808. 237
Marthe—Linstruiseur. *Journ.*, 2e. sem. 1806. 38

Martial Lariviere—Raynaud. Tom. 1, 1812. P. 7
Martin—Ministère public. Tom. 1, 1812. 346
Martin—Taillandier. *Journ.*, 1er. sem. 1808. 473
Martin — demoiselle Simonet. *Journ.*, sem. an 14. 236
Martin—Massa—Guigo. *Journ.*, sem. an 14. 161
Martin, Tholomel. *Journ.*, sem. an 14. 88
Martin—Ministère public. *Journ.*, 2e. sem. an 9. 6
Martin—Cathus. *Collect.* an 1807. 450
Martin—héritiers Laplanche. *Journ.*, 2e. sem. an 9, n°. 3. 5
Martin, Delaune—Cuvier. *Journ.*, 1er. sem. 1808. 301
Martin — Maréchal. *Journ.*, 1er. sem. 1807. 312
Martin et consorts—la dame Grammont. *Journ.*, 2e. sem. an 11. 472
Martin—Blondet. 1er. sem. an 11. 193
Martin—Despré. *Journ.*, 1er. sem. an 10. 517
Martin—Régie de l'enregistrement. *Journ.*, 2e. sem. 1806. 9
Martin—Greffe et Boyer. *Collect.* an 14—1806. 49
Martin — Chevillotte. *Journ.*, 2e. sem. 1809. 391
Martin. (Felix) *Journ.*, 1er. sem. 1811. 253
Martin—Annet—Couche. *Journ.*, 1er. sem. 1811. 205
Martin—Beloncle. *Journ.*, 2e. sem. 1807. 477 et 1er. sem. 1811. 308
Martin—Lacroix et Acre. *Journ.*, 1er. sem. 1811. 68
Martin, Gajou—Miron, Gay. *Journ.*, 2e. sem. 1809. 17
Martin et Regis—Emerie. *Journ.*, 1er. sem. 1808. 373
Martin—ses créanciers. *Journ.*, 1er. sem. 1810. 131
Martin—Léon. *Journ.*, 1er. sem. an 12. 209
Martin Rolando—(héritiers.) *Collect.* an 13. 68
Martin — Lavallée. *Journ.*, 1er. sem. an 12. 524
Martin, Gachon, Cayre—Balestrier. Tom. 3, 1813. 41
Martin—Franchoi. *Journ.*, 2e. sem. 1811. 73
Martin—veuve Béard. *Journ.*, 2e. sem. 1811. 28
Martin, Jobey—Dupont. *Journ.*, 2e. sem. 1812. 295
Martina—Malan. *Journ.*, 2e. sem. 1811. 171
Martine et compagnie—Daudrez. *Journ.*, 2e. sem. an 13. 342
Martine—Lelièvre de Rochefort. *Collect.* an 1811. 280
Martinet—M**. *Journ.*, 2e. sem. an 11. 121

Martinet—Ministère public. *Journ.*, 2e. sem. an 13. P. 17
Martinet—Grelet et consorts. *Collect.* an 13. 257
Martinet—Marcé. Tom. 1, 1813. 49
Martinet, Expert—Cerfber. *Collect.* an 1808. 461
Martini—Embriaco. Tom. 3, 1813. 584
Marty—Coste—Champeron. *Journ.*, 2e. sem. 1810. 337
Marty—Riolz. *Collect.* an 1811. 101
Marty—Meunier. *Journ.*, 2e. sem. 1812. 441
Marvallière. *Journ.*, 2e. sem. 1806. 70
Marx—Hayn. *Collect.* an 1809. 285
Marx Elie—Guerre. *Journ.*, 1er. sem. an 12. 105
Marx—Kleutgen. *Journ.*, 2e. sem. 1811. 523
Mas, Vidal—Leverre, Caylus. 2e. sem. an 1812. 10
Masayon—Barabaud. *Journ.*, 2e. sem. 1810. 230
Mascarel—Finant. *Collect.* an 14—1806. 525
Mascart—Ratel—Marchot. *Collect.* an 1811. 480
Masmejan—Jac—Paux. *Journ.*, 2e. sem. an 10. 113
Massa—Guigo—Martin. *Journ.*, sem. an 14. 16
Massadier—Dancette. *Journ.*, 2e. sem. 1809. 321
Massard—Régie de l'enregistrement. Tom. 1, 1812. 252
Massaris—Boglio. Tom. 1, 1812. 275
Massaro—Sacchero—Terzano. Tom. 2, 1813. 503
Masse—Sallabery. *Journ.*, 1er. sem. 1811. 155
Masse—Berthier-Warnier. *Journ.*, 1er. sem. 1811. 129
Masse—Ters. *Journ.*, 2e. sem. an 12. 375
Masse—Vancools. *Journ.*, 1er. sem. 1807. 74
Massé—Bardou. *Journ.*, 1er. sem. 1806. 354
Massé et Messier—Panier. *Collect.* an 14—1806. 507
Massenaert—Vancauwenberghe. *Collect.* an 1809. 444
Massenet—Carteron. *Journ.*, 2e. sem. an 10. 252
Massenet—Carteron. *Journ.*, 2e. sem. an 11. 245
Masset—Basdebal. *Journ.*, 1er. sem. 1810. 190
Masset—Jacquinot. *Collect.* 1811. 283
Massey—Lasnier. *Journ.*, 2e. sem. an 11. 503
Massias—Meynard. Tom. 1, 1812. 90
Massias. (héritiers) *Journ.*, 2e. sem. 1812. 530
Massieu—Lavoisier. *Journ.*, 1er. sem. an 12. 125
Massieu—Sienzic. Tom. 1, 1813. 142
Massin—Moreau. *Journ.*, 2e. an 9, n°. 22. 3
Masson—Jones. *Collect.* an 1811. 352

Masson—Jonas-Jones. *Journ.*, 1er. sem. 1810. P. 137
Masson de Saint-Amand — Beaurepaire. *Journ.*, 2e. sem. an 13. 533
Masson. *Journ.*, 2e. sem. 1806. 337
Masson. Tom. 3, 1813. 285
Massot. (héritiers) *Journ.*, 2e. sem. 1806. 181
Massy—Montmorency. *Journ.*, 1er. sem. 1810. 276
Mathan (de)—Delaas. *Journ.*, 1er. sem. 1809. 556
Matheron—Cartier — Fileron. *Collect.* an 1809. 283
Mathevot—Brachet. *Journ.*, 2e. sem. an 9, n°.15. 1
Mathie—Bourgogne — Dewegher. *Journ.*, 1er. sem. 1807. 556
Mathieu—Chalvet. *Journ.*, 2e. sem. 1807. 65
Mathieu (créanciers) — Warthemann. *Journ.*, 2e. sem. 1807. 566
Mathieu—Godard et compagnie. *Journ.*, 1er. sem. 1809. 475
Mathieu—Portel. *Journ.*, 2e. sem. an 11. 8
Mathieu—Porte. Tom. 1, 1812. 319
Maton—Choumouroux. *Journ.*, 2e. sem. 1806. 455
Matteado—Bruna. *Journ.*, 2e. sem. 1807. 220
Matton—Garand. *Journ.*, 2e. sem. an 11. 5
Maubec—Laboirie. *Journ.*, 1er. sem. an 10. 333
Maubert—Roussel. *Journ.*, 2e. sem. 1811. 208
Mauconduit. *Journ.*, 1er. sem. an 13. 455
Mauduie—Estiennot. *Journ.*, 2e. sem. 1807. 214
Mauger—Legendre. *Journ.*, 2e. sem. an 11. 422
Mauger—Leduc. *Journ.*, 1er. sem. 1810. 181
Mauget—Vauversin. *Journ.*, 1er. sem. an 10. 552
Maugin—Lambert. *Collect.* an 1810. 218
Maugis—Giroust. *Journ.*, 2e. sem. an 10. 281
Maugis—Vauval. *Journ.*, 2e. sem. an 11. 123
Maugis—Boursaut. *Journ.* 2e. sem. an 11. 97
Maugis—Marchand-Duvauval. *Journ.*, 2e. sem. an 12. 385
Maugis—Pietre. *Journ.*, 2e. sem. 1806. 234
Mauléon—Aygobère. *Collect.* an 13. 273
Maulivilliers (commune de) Lamberti. *Journ.*, 1er. sem. an 12. 388
Maupas, Durand—Sieveking. *Journ.*, 2e. sem. 1809. 507
Mauperché — Dupuy. *Journ.*, 2e. sem. 1806. 76
Maupeou—de Boniface. *Collect.* an 1807. 382
Maupeou—Querus. *Journ.*, 1er. sem. an 11. 60
Maupertuis—Delaunay. *Journ.*, 2e. sem. an 11. 203
Maurette—Marie Broc. *Journ.*, 2e. sem. 1809. 118

Mauriand—Langlois. *Journ.*, 1er. sem. 1811. P. 252
Maurice—Scourgeon. *Journ.*, 2e. sem. an 13. 469
Maurigal—Delamarre. *Journ.*, 2e. sem. an 10. 508
Mauris de Sainte-Cécile—la commune d'Orange. *Journ.*, 1er. sem. an 13. 111
Maut—Ministère public. Tom. 1, 1812. 343
Mautor—Bloche. *Journ.*, 1er. sem. 1809. 113
Mayeux—Delaporte — Decaix. Tom. 3, 1812. 183
Maymat. *Journ.*, 2e. sem. 1806. 129
Maynard—Marinette N . . . *Journ.*, 2e. sem. an 11. 49
Mayre—Monty. *Journ.*, 1er. sem. 1807. 248
Mayre—Monty. *Journ.*, 2e. sem. 1808. 86
Maystre—d'Hervas. *Collect.* an 1809. 97
Maytre et compagnie—Delon. *Journ.*, 1er. sem. an 11. 527
Maza — Lasseigue— Monteil. *Collect.* an 1808. 142
Mazard—Cardinet. *Journ.*, 1er. sem. an 11. 225
Mazat—Gardette. *Journ.*, 1er. sem. 1808. 420
Maaé (héritiers) —Reviglio. *Collect.* an 1810. 227
Mazelier (héritiers)—Foucaud. *Journ.*, 2e. sem. 1808. 419
Mazere—Jouin. *Journ.*, 1er. sem. an 12. 97 et 422
Mazères—Chegaray. Tom. 1, 1813. 139
Mazier—Barbe. *Collect.* an 13. 189
Mazoyer — Régie des droits réunis. *Collect.* an 1811. 339
Mazoyer—Deydier. *Collect.* an 12. 454
Mazuel—Chalus. *Journ.*, 1er. sem. an 10. 253
Mazza—Autran. *Journ.*, 1er. sem. 1809. 65
Meat—Noël—Castellane. *Journ.*, 1er. sem. an 12. 141
Meens. (les mariés) *Journ.*, 2e. sem. an 13. 460
Meignen—Bréant Laneuville. *Journ.*, 1er. sem. 1810. 422
Meillan, Blanque—Cormier. *Journ.*, 2e. sem. 1812. 497
Meitle—Gayde. *Journ.*, 1er. sem. an 12. 452
Meiresse — Thieulaine. *Collect.* an 14 — 1806. 450
Meister—Winter. *Journ.*, 2e. sem. an 11. 289
Mejat—Debure. *Journ.*, 1er. sem. an 11. 183
Mejat — Liebaux et compagnie. *Collect.* an 11. 245
Mejean—Begon. *Journ.*, 2e. sem. an 9, n°. 28. 8
Mellard—Ministère public. *Journ.*, 2e. sem. an 12. 398
Melleville—Darmenon. *Journ.*, 1er. sem. an 13. 216

Mellot—Colli. *Journ.*, 1er. sem. 1807. P. 289
Melquin—Jarnan. *Collect.* an 14—1806. 115
Ménage—Aumont. *Journ.*, 2e. sem. 1806. 495
Ménager, Marchais — Demeaux. *Journ.*, 1er. sem. 1808. 470
Ménager. *Journ.*, 3e. sem. an 12. 449
Ménard—Guyot-Hardoière. 1er. sem. an 11. 161
Ménard—Guyotte. *Journ.*, 2e. sem. an 10. 143
Ménard—Guyot. *Journ.*, 2e. sem. an 11. 113
Mendrile—Ministère public. *Collect.* an 1811. 483
Menessier—Geoffoy. *Journ.*, 2e. sem. 1812. 191
Mengers—de Muylder. *Journ.*, 1er. sem. 1808. 521
Menichelli—Celani. *Journ.*, 2e. sem. 1811. 444
Menier—Boissel. *Journ.*, 2e. sem. an 10. 327
Menissier — Monclos. *Journ.*, 1er. sem. an 11. 422
Mennet—Zimmer. *Collect.* an 12. 281
Menou—Noailles. *Journ.*, 2e. sem. 1808. 145
Mens—Puech. *Journ.*, 2e. sem. 1810. 74
Mens—Lamberg. Tom. 1, 1812. 182
Merandol. (héritiers et légataires) Tom. 3, 1812. 283
Merault de Villeron—Gervais. *Journ.*, 2e. sem. 1808. 6
Merault de Villeron —de Lamassais. *Collect.* an 1811. 207
Mercanti—Ranneci. Tom. 1, 1813. 472
Mercandini Ruffia. (héritiers) *Collect.* an 1811. 63
Merchx—Lievens. *Journ.*, 1er. sem. an 12. 65
Mercier—Régie de l'enregistrement. *Collect.* an 1807. 475
Mercier—Deculand. *Journ.*, 1er. sem. 1806. 461
Mercier—Huart. *Journ.*, 2e. sem. an 11. 327
Merckel—Burkel. Tom. 3, 1812. 569
Mercy d'Argenteau. (les héritiers de) *Journ.*, 2e. sem. an 13. 87
Merendol—Laugier. Tom. 1, 1812. 499
Merex—Tavernier. *Journ.*, 1er. sem. 1807. 142
Merex—Devos. Tom. 3, 1813. 203
Méricourt. *Voy.* Cousin.
Méricourt—Norainval. *Journ.*, 2e. sem. 1806. 378
Merigna—Perpigna. *Journ.*, 2e. sem. an 10. 359
Mérigot —Parent—Dufary. *Journ.*, 1er. sem. an 11. 171
Mérillon—Catalogne. *Journ.*, 1er. sem. 1807. 481
Méritan—Desquervois. *Journ.*, 2e. sem. an 11. 550
Merle—Navorguc. *Collect.* an 1810. 210
Merlier—Pignard. *Journ.*, 2e. sem. 1810. 49
Merlin. *Journ.*, 2e. sem. an 12. 88
Merlin-Hail—Potter. *Collect.* an 13. 167
Merlino—Ango-Soria. *Journ.*, 2e. sem. an 11. 401

Merlino.-Lafaille. *Journ.*, 2e. sem. an 10. P. 425
Merlot—Gentil. *Collect.* an 1810.   340
Merode-Westerloo — Declerx. Tom. 3, 1813.   554
Mésonge—Vathaire. *Journ.*, 1er. sem. 1806. 513
Méseric—Faverge. *Journ.*, 2e. sem. 1809.   396
Mesnier (héritiers) — Vincent. *Journ.*, 2e. sem. 1808.   369
Mesple—Samouzet. *Collect.* an 1811.   403
Melsal—Sturt. *Journ.*, 2e. sem. 1808.   87
Messats—Lorge et Leclerc. Tom. 2, 1813. 570
Messel—Perregaux—Poullon. Tom. 2, 1813.   521
Messet—Régie des domaines. *Journ.*, 1er. sem. 1810.   81
Messing—Cousin. *Journ.*, 1er. sem. 1810. 551
Mestre—Noailhes. Tom. 2, 1813.   401
Metais—Hommet. *Journ.*, 1er. sem. an 12. 289
Metayer—Alazar. *Journ.*, 2e. sem. an 11. 140
Metenier, Mussier—Breton. Tom. 2, 1813. 177
Metge—Denat—Papy. *Journ.*, 2e. sem. 1810.   116
Menou—Montmorin—De Poix. *Collect.* an 13.   435
Metra—Fournier. Tom. 3, 1813.   317
Meulan (héritiers)—Vauvineux. *Journ.*, 2e. sem. an 10.   273
Meulan—Potin Vauvineux. *Collect.* an 13. 104
Meulan d'Arbois. (héritiers) *Collect.* an 13. 31
Meulemberg. (héritiers et légataires) *Journ.*, sem. an 14.   289
Meulemberg. (héritiers) *Journ.*, 2e. sem. an 13.   426
Meulemeester—Tourton et Ravel. *Journ.*, 1er. sem. an 11.   17
Meunier—Genty. *Journ.*, 1er. sem. an 10. 509
Meunier—Dandlaw. *Collect.* an 14—1806. 349
 et 2e. sem. 1808.   273
Meunier—Bourdon. *Collect.* an 13.   239
Meunier—Marty. *Journ.*, 2e. sem. 1812. 441
Meuret—Cartier. *Collect.* an 1811.   49
Meurice. (succession) *Journ.*, 2e. sem. 1810.   551
Meurisse—Binant. *Journ.*, 1er. sem. an 12. 111
Meuta—Gilardini. *Collect.* an 1811.   393
Mevolhon—Vervin. *Collect.* an 13.   355
Meyer—Schoëning. *Journ.*, 1er. sem. 1807. 49
Meyer—Siess. *Journ.*, 2e. sem. 1809.   185
Meyer. *Journ.*, 2e. sem. 1806.   113
Meyer. (les mariés) Tom. 1, 1812.   116
Meyer—Zimmermann et consorts. *Journ.*, 1er. sem. 1809.   85
Meyer — Lotzbutk. *Journ.*, 1er. sem. an 12.   408
Meynard—Massias. Tom. 1, 1812.   90
Mezerai—Burton. *Journ.*, 1er. sem. 1807. 159
Miaithe—Ouvrard. *Journ.*, 2e. sem. 1812. 452

Micault-Courbeton—Laborde. *Journ.*, 2e. sem. an 12. P. 129
Michalon—Driois. *Journ.*, 1er. sem. an 13.   475
Michaud — Rougier. *Journ.*, 2e. sem. an 9, no. 25.   5
Michault—Mongé. *Journ.*, 1er. sem. 1808. 136
Michaux—Thiercelin. *Journ.*, 2e. sem. 1809.   481
Michaux—Larosière—Bidermann. Tom. 1, 1813.   496
Michel (de)—Gallés. *Journ.*, 1er. sem. 1809.   552
Michel. *Journ.*, 2e. sem. 1808.   310
Michel—Rigal. *Journ.*, 1er. sem. 1808. 545
Michel Jardin—Ministère public. *Journ.*, 2e. sem. 1809.   231
Michel (les frères)—Bosset. *Journ.*, 1er. sem. an 11.   262
Michel—Julien. *Journ.*, 2e. sem. an 11. 129
Michel (frères)—Selves et Romet. *Journ.*, sem. an 14.   180
Michel—Sevennes. *Collect.* an 1811.   243
Michel—Aaron—Cahen. *Journ.*, 2e. sem. 1809.   174
Michel—madame de la Rochefoucault. *Collect.* an 1811.   444
Michel—Boursier. Tom. 2, 1813.   90
Michel jeune—Cremieux. *Journ.*, 1er. sem. 1810.   471
Michel (frères)—Hainguerlot. *Collect.* an 1810.   178
et tome 1er. 1813.   401
Michel—Le Laidier. *Journ.*, 1er. sem. 1811.   411
Michel—Guerin. *Collect.* an 1810.   430
Michel—Rafly, Cremier. Tom. 1, 1813. 321
Micheli. *Journ.*, 1er. sem. an 12.   87
Michellié—Azemar. *Collect.* an 1809.   61
Michenon—Dunand. *Journ.*, 1er. sem. an 13.   199
Michez—demoiselle Bourg. *Journ.*, 2e. sem. 1811.   31
Micquet—Cordier—Basset. *Journ.*, 2e. sem. 1810.   316
Middegals—Begoden. Tom. 2, 1813.   514
Midi—Boula. Tom. 1, 1813.   216
Miette—Delair. Tom. 2, 1813.   593
Mignac—Foullon. *Collect.* an 1809.   193
Mignon—les héritiers Grimault. *Collect.* an 12.   314
Mignon—Bordeaux. *Journ.*, 2e. sem. an 12.   156
Mignon—héritiers Grimault. *Collect.* an 12. 198
Mignot—Hardy. *Journ.*, 2e. sem. 1807. 321
Mignot, Duchemin et Blanchet. *Collect.* an 1811.   385

Mignot—Fages—Renaud. Tom. 1, 1812. P. 327
Mignot et consorts—Gibert et consorts. *Journ.*, 2e. sem. 1811. 150
Mignot—Dupré. Tom. 1, 1813. 268
Milcent—Fouques-Lapillette. *Journ.*, 1er. sem. an 12. 170
Millauge—Marais. *Journ.*, 2e. sem. an 11. 494
Millard—Régie de l'enregistrement. *Journ.*, 1er. sem. 1811. 357
Mille—Laborde. *Journ.*, 1er. sem. 1811. 405
Miller—Nehon—Dupont. *Journ.*, 1er. sem. 1810. 380
Millet—Cardon. *Journ.*, 2e. sem. 1811. 241
Millet—Sagot. *Journ.*, 1er. sem. 1808. 535
Millet—Cardon, Pithreau. *Journ.*, 1er. sem. 1808. 257
Millier—Chatelain. *Journ.*, 2e. sem. 1808. 262
Millo—Peraldi. Tom. 3, 1812. 422
Millon (héritiers)—Garsement. *Journ.*, 2e. sem. an 9, n°. 25. 1
Millon—Beraud. *Collect.* an 12. 95
Milly—Thevenin. *Collect.* an 12. 118
Milon—Carcement. *Journ.*, 1er. sem. an 10. 125
Min. Tom. 3, 1812. 22
Minet—Mignon. *Journ.*, 2e. sem. an 12. 156
Mengin—Robert. *Collect.* an 1808. 208
Mini-1—Villette. *Journ.*, 2e. sem. 1809. 372
Ministère public.—Bertrand. *Journ.*, 1er. sem. an 11. 163
——Poulay. *Journ.*, 1er. sem. an 13. 565
——Resseler. *Journ.*, 1er. sem. an 13. 474
——François. *Journ.*, 1er. sem. an 13. 391
——Houel. *Journ.*, 1er. sem. an 13. 185
——Bergeret. *Journ.*, 1er. sem. an 13. 177
——Béniquet. *Journ.*, 1er. sem. an 13. 151
——Bailly. *Journ.*, 1er. sem. an 13. 117
——Huret. *Journ.*, 1er. sem. an 13. 43
——J'Haucourt. *Journ.*, 2e. sem. an 13. 310
——la dame Sicard. *Journ.*, 2e. sem. an 13. 305
——Couderc, fils. *Journ.*, 2e. sem. an 13. 132
——Gaillard. *Journ.*, 2e. sem. an 13. 69
——Campmas. *Journ.*, 2e. sem. an 13. 49
——Rouqueton. *Journ.*, 2e. sem. an 13. 17
——Martinet. *Journ.*, 2e. sem. an 13. 17
——Scholler. *Collect.* an 13. 193
——Noir Homme. *Collect.* an 13. 249
——Gaillard. *Collect.* an 13. 284
——Ghislain. *Collect.* an 13. 327
——Touzard. *Journ.*, sem. an 14. 259
——Belamy. *Journ.*, sem. an 14. 231
——Dourdon. *Journ.*, sem. an 14. 91
——Ghad. (de) *Collect.* an 1808. 254
——Gion, Davoust et consorts. *Collect.* an 1808. 223

——Riva. *Collect.* an 1808. P. 109
——Beaumés. *Journ.*, 1er. sem. 1809. 271
——Coblentz. *Journ.*, 1er. sem. 1809. 355
——Charles. *Journ.*, 1er. sem. 1809. 24
——Galli. *Journ.*, 1er. sem. 1809. 20
——Hellot *Journ.*, 1er. sem. 1809. 102
——Nogués et Soupenne. *Journ.*, 1er. sem. 1809. 317
Ministère public. *Journ.*, 2e. sem. 1809. 545
——Delafont. *Journ.*, 2e. sem. 1809. 519
——Genin—Pierret. *Journ.*, 2e. sem. 1809. 453
——Ferraud. *Journ.*, 2e. sem. 1809. 52
——Buanton. *Journ.*, 2e. sem. 1809. 49
Ministère public. *Journ.*, 2e. sem. 1809. 135
——Thomas Croce. *Journ.*, 2e. sem. 1809. 214
——Marie-Anne Jourdain. *Journ.*, 2e. sem. 1809. 241
——Michel Jardin. *Journ.*, 2e. sem. 1809. 231
——Claudel. *Journ.*, 2e. sem. 1809. 150
——Gaboreau. *Collect.* an 1809. 423
——Verdun. *Collect.* an 1809. 401
——Raveral. *Collect.* an 1809. 396
——Daco. *Collect.* an 1809. 372
——Allard. *Collect.* an 1809. 344
——Mollier. *Collect.* an 1809. 253
——Vincent. *Collect.* an 1809. 115
——Ministère public. *Collect.* an 1809. 63
——Beaumés. *Collect.* an 1809. 44
——Libert de Paradis. *Collect.* an 1809. 12
——Laurent et consorts. *Collect.* an 1809. 5
——Claro et consorts. *Collect.* an 1809. 5
——Pestrelle et consorts. *Collect.* an 1809. 5
——Fléas. *Journ.*, 1er. sem. 1810. 486
——femme Richard. *Journ.*, 1er. sem. 1810. 417
——Monroy. *Journ.*, 1er. sem. 1810. 31
——Ferione. *Journ.*, 2e. sem. 1810. 142
——Jaubert. *Journ.*, 2e. sem. 1811. 503
——la fille Collin. *Journ.*, 2e. sem. 1811. 420
——Andrieux. *Journ.*, 2e. sem. 1811. 357
——Chalogne. *Journ.*, 2e. sem. 1811. 357
——Robillard. *Journ.*, 2e. sem. 1811. 337
——Chevassus. *Journ.*, 2e. sem. 1811. 257
——Gilbert—Giroux. *Journ.*, 2e. sem. 1811. 257
——Pinard. *Journ.*, 2e. sem. 1811. 180
——Mendrite. *Collect.* an 1811. 483
——Vaillard. *Collect.* an 1811. 399
——Mignot. *Collect.* an 1811. 385
——Dachemin. *Collect.* an 1811. 385
——Blanchet. *Collect.* an 1811. 385
——Feibelmann. *Collect.* an 1811. 241
——Corblin, Talvot *Collect.* an 1811. 223
——N...., notaire. *Collect.* an 1811. 20

Ministère public. Magnosfi. Tom. 1, 1812. P. 353
——Barchi. Tom. 1, 1812. 355
——Liebaert. Tom. 1, 1812. 515
——Arent. Tom. 1, 1812. 492
——Vanderschalden. Tom. 1, 1812. 419
——Balonchard. Tom. 1, 1812. 417
——Louis Fras. Tom. 1, 1812. 358
——Martin. Tom. 1, 1812. 346
——Nones. Tom. 1, 1812. 343
——Duhamel. Tom. 1, 1812. 324
——Coquelain. Tom. 1, 1812. 324
——Stragin. Tom. 1, 1812. 316
——Laudois. Tom. 1, 1812. 256
——Taricchi. Tom. 1, 1812. 239
——Lenoir. Tom. 1, 1812. 558
——Desclaux. Journ., 2e. sem. 1812. 359
——Finance. Journ., 2e. sem. 1812. 301
——Tomberelle, Dubernet. Journ., 2e. sem. 1812. 282
——Gaudi. Journ., 2e. sem. 1812. 36
——Bourgeat. Journ., 2e. sem. 1812. 391
——Santy. Tom. 3, 1812. 592
——Broquet. Tom. 3, 1812. 364
——Nely. Tom. 3, 1812. 365
——Sauffroy. Tom. 3, 1812. 286
——Gilles. Tom. 3, 1812. 212
——Mortara. Tom. 3, 1812. 209
——Choron. Tom. 3, 1812. 108
——Victoire Petit. Tom. 3, 1812. 104
——Gagnon. Tom. 3, 1812. 99
——Laporte. Tom. 3, 1812. 99
——Deurweoider. Tom. 3, 1812. 91
——Pisani. Tom. 1, 1813. 529
——Touman—Hourcade. Tom. 1, 1813. 540
——Dandois. Tom. 1, 1813. 561
——Noguès. Tom. 1, 1813. 490
——Boschi. Tom. 2, 1813. 600
——Van Speybrouck. Tom. 2, 1813. 599
——Billet. Tom. 2, 1813. 573
——veuve Baillet. Tome 2, 1813. 545
——Constans. Tom. 2, 1813. 544
——Diffis Tom. 2, 1813. 481
——Gerber. Tom. 2, 1813. 187
——Vanesbeeck. Tom. 1, 1813. 21
——Soppe. Tom. 3, 1813. 582
——Jacq. Barbier. Tom. 3, 1813. 574
——Cezarini. Tom. 3, 1813. 577
——Spaguer. Tom. 3, 1813. 535
——Noguès. Tom. 3, 1813. 525
——Lazzerini. Tom. 3, 1813. 524
——Krinisbergen. Tom. 3, 1813. 506
——Ketting. Tom. 3, 1813. 608
——Bartaite. Tom. 3, 1813. 606
—Dardelut. Tom. 3, 1813. 494
——Coupé, Huën. Tom. 3, 1813. 464
——Heymau. Tom. 3, 1813. 462
——Fioravanti. Tom. 3, 1813. 457
——Oudry. Tom. 3, 1813. 413

Ministère public. Poudra. Tom. 3, 1813. P. 289
——Cassel. Tom. 3, 1813. 84
Minne—Régie de l'enregistrement. Coll. an 12. 220
Minot—Juliard. Journ., 1er. sem. 1810. 348
Mionis—Moreau. Tom. 2, 1813. 193
Miot—Herrenberger. (héritiers) Collect. an 1808. 112
Mirande—Rousset. Journ., 2e. sem. 1808. 437
Mirback—les mineurs Reitz. Journ., 1er. sem. an 13. 518
Mirlavaud—héritiers de Chazerat. Journ., 2e. sem. 1810. 449
Mirocourt—Régie des Domaines. Journ., 2e. sem. 1812. 135
Miron, Gay—Martin, Gajon. Journ., 2e. sem. 1809. 19
Mitanchet—Putot. Journ., 2e. sem. 1807. 465
Mittaut. Journ., 1er. sem. 1807. 545
Mo—Ponte-Lombriasco. Collect. an 1811. 499
Mocaffi—Belli. Journ. 1er. sem. 1807. 396
Mock—Schrick. Journ., 1er. sem. an 12. 81
Modesti—Tredicini. Tom. 1, 1812. 180
Mohimont—Decerf. Journ., 1er. sem. 1810. 360
Moidesenle—de Beaumont. Journ., 2e. sem. an 13. 71
Moinault—Grangier. Collect. an 1808. 26
Moinery—Humann. Journ., 1er. sem. 1811. 61
Moisson. Jou n., 1er. sem. 1806. 262
Moisy—Parat de Chalandrai. Journ., 1er. sem. 1811. 266
Molin, Jeannet — Lordereau. Tom. 1, 1812. 200
Molin, Jeannet. Tom. 3, 1813. 137
Molin, Jeannet—Damesnil. Tom. 1, 1813. 499
Molinelli — Séminaire de Tortone. Journ., 2e. sem. 1812. 5-8
Molinier—Marie. Journ., 2e. sem. 1808. 465
Molles—Dupont, Delhon. Journ., 2e. sem. 1808. 485
Mollea—Noli. Tom. 1, 1812. 64
Mollet—Buchey. Journ., 1er. sem. 1807. 360
Mollier—Ministère public. Collect. an 1809. 253
Monaco (le prince de) —Petau. Journ., 1er. sem. an 13. 519
Monaert—Lerouck. Journ., 2e. sem. 1810. 349
Monaert—Lehouc. Collect. an 1810. 414
Monatery—Marone. Tom. 1, 1813. 583
Monbel—Dumas—Almaric. Journ., 1er. sem. 1811. 504
Monceré—Combres. Journ., 1er. sem. 1806. 81
Monclos—Ramvoiset. Journ., 1er. sem. an 11. 422
Mondenard—Malen. Journ., 2e. sem. 1806. 13
Mondet—Duflot. Collect. an 1808. 361
Mondon—Sebille. Tom. 3, 1812. 293

Mondot-Lagorce—Ragoulleau. *Journ.*, 2e. sem. 1812. P. 463
— *Journ.*, 2e. sem. 1811. 65
— *Journ.*, 2e. sem. 1811. 504
— *Journ.*, 2e. sem. 1812. 80
— Tom. 1, 1812. 449
— Tom. 3, 1812. 205
— Tom. 3, 1813. 147
Moudran—héritiers Gapharte. Tom. 2, 1813. 287
Monestier—Chappel. *Journ.*; 1er. sem. 1807. 273
Monfrenelle—Lefévre. *Journ.*, 1er. sem. an 12. 284
Monge—Delahaye, Dommoy. *Journ.*, 2e. sem. 1809. 67
Mongé—Michault. *Journ.*, 1er. sem. 1808. 136
Mongenet—Garda. *Journ.*, 2e. sem. 1809. 81
Monget—Letort. *Journ*, 2e. sem. 1808. 151
Monget — la dame Clément. *Collect.* an 1811. 464
Mongirault—Bertaume. *Journ.*, 2e. sem. an 11. 55
Monglas—Decoste—Chardin. *Journ.*, 2e. sem. an 12. 286
Monier—Callemar. Tom. 2, 1813. 427
Monnet—Mallard. *Journ.*, 2e. sem. 1810. 24
Monnet-Havard. *Collect.* an 1811. 124
Monniers (héritiers)—Dumerel. *Collect.* an 13. 157
Monnier, Boulade—Administration des messageries—Vital-Saugeon. *Journ.*, 1er. sem. 1809. 26
Monnier—Dagnillard. *Journ.*, 1er. sem. 1810. 353
Monnier—Bardon. *Collect.* an 1808. 321
Monnier—Vignau de Villars. *Journ.*, 2e. sem. an 10. 398
Monnier—Lecardé. *Journ.*, 1er. sem. 1811. 181
Monroë—Lefoulon. *Journ.*, 2e. sem. an 12. 47
Monroy—Sapin. *Journ.*, 1er. sem. an 10. 273
Monroy — Ministère public. *Journ.*, 1er. sem. 1810. 31
Montaguac — l'Hôpital de Moissac. *Collect.* an 12. 131
Montagu—Jougla. *Journ.*, 2e. sem. 1812. 23
Montain—Bourget. Tom. 2, 1813. 33
Montalembert—Saint-Jean-Gresson. Tom. 2, 1813. 345
Montalembert. — Laroque. *Journ.*, 2e. sem. 1809. 77
Montalembert—Tesnières et consorts. *Journ.*, 1er. sem. 1811. 469
Montalivet (M. de)—Fidière. *Journ.*, 2e. sem. 1810. 174
Montansier—Gardeur. *Collect.* an 11. 292
Montansier—Guyonnet. Tom. 1, 1812. 332

Montant — Lemarié. *Journ.*, 2e. sem. an 10. P. 445
Moutarcher. (de) Tom. 3, 1813. 289
Montarcher. (les mariés) *Journ.*, 2e. sem. 1811. 376
Montarnal—Lescot. *Journ.*, 2e. sem. an 12. 111
Montavon—héritiers Poupel. *Journ.*, 1er. sem. an 13. 187
Montbarbon—Magnier. *Journ.*, 1er. sem. 1806. 545
Montclar. Tom. 1, 1813. 22
Mont-de-Piété (administration du) — Régie de l'enregistrement. *Journ.*, 1er. sem. an 10. 101
Mont-de-Piété—Herbin. *Journ.*; 2e. sem. an 10. 383
Montdragon. (héritiers) *Collect.* an 1810. 435
Montdragon. (veuve et fils) *Journ.*, 2e. sem. 1811. 329
Monteil. (héritiers) *Collect.* an 1811. 60
Montesquieu—Régie de l'enregistrement. *Journ.*, 2e. sem. 1812. 162
Montesquiou-Fezensac. *Journ.*, 2e. sem. an 9, n°. 26. 15
Montesson. (héritiers de) *Journ.*, 2e. sem. an 11. 430
Montgaillard—héritiers de Crussol. *Journ.*, 2e. sem. an 10. 285
Moutgenet—Marentino. *Collect.* an 1808. 225
Montguyon—Triboulet. *Journ.*, 2e. sem. an 12. 380
Montigny. (héritiers) *Journ.*, 2e. sem. an 11. 375
Montigny, Houdard—Bouillerot. Tom. 1, 1813. 346
Montigny—Ferrard. Tom. 1, 1813. 523
Montjoux. *Journ.*, 2e. sem. 1807. 97
Montlaur — Bitharux. *Journ.*, 1er. sem. 1808. 404
Montlovier — Saint-Geneys. *Journ.*, 2e. sem. 1807. 193
et *Journ.*, 2e. sem. 1806. 84
Montmorency. *Journ.*, 1er. sem. an 12. 491
Montmorency—Desternoz. *Journ.*, 1er. sem. an 13. 33
Montmorency— Massy. *Journ.*, 1er. sem. 1810. 267
Montmorency. (les mariés) *Journ.*, 2e. sem. 1810. 250
Montmorency—Colas. Tom. 1, 1812. 242
Montmorin—Noailles. *Journ.*, 2e. sem. 1808. 146
Montmorin—M. de Poix. *Collect.* an 13. 435
Montrolier (commune de) — Blosseville. *Collect.* an 1809. 32
Mont-Rouge—de Beaumont. *Journ.*, 2e. sem. an 13. 71
Montulé—Baudrier. *Journ.*, 2e. sem. an 10. 150

Monty—Mayre. *Journ.*, 1er. sem. 1807. P. 248 et 2e. sem. 1808. 86

Montz et Mortenard—Boulainvillier. *Journ.*, 2e. sem. 1809. 487

Montz — héritiers Panchaud, Tourton, Viat. *Collect.* an 1809. 478

Montz—Boulainvilliers. *Journ.*, 1er. sem. 1809. 289

Montz—Tourton et compagnie. *Journ.*, 1er. sem. 1810. 166

Montz—Tourton—Sellon. *Journ.*, 2e. sem. 1807. 195

Montz—Sellon—Tourton. *Collect.* an 1811. 227

Monville — Leboucq. *Journ.*, sem. an 14. 165

Monville — Samuel Lebouc. *Journ.*, 1er. sem. an 11. 563

Monville—le préfet de l'Yonne. *Journ.*, 2e. sem. an 11. 221

Mony d'Herbisse—Laurent. *Journ.*, 1er. sem. 1807. 38

Mony—Lebrel. *Journ.*, 1er. sem. an 10. 109

Moor—Bernard. *Journ.*, 2e. sem. 1810. 407

Moran—Prévôt. *Journ.*, 1er. sem. an 13. 81

Morand—Herbet Carpentier. *Coll.* an 1811. 33

Morand—Macé—Samson. Tom. 2, 1813. 226

Morand—Lechevalier. *Journ.*, 1er. sem. 1807. 3

Morand — Curclier — Normand. *Journ.*, 1er. sem. 1806. 54

Morand. (les frères) *Collect.* an 13. 256

Morand—Grenaud. *Journ.* 2e. sem. 1810. 545

Morangier—de Vinezac. Tom. 3, 1813. 271

Morangiés — Bernard. *Journ.*, 1er. sem. an 13 574

Morangiés (de)— Saint-Aignan. *Journ.*, 2e. sem. 1812. 308

Morano—Pecchio. *Journ.*, 2e. sem. 1811. 461

Moranvillé—Chédran. *Collect.* an 1809. 216

Moré—Albaret. *Collect.* an 14—1806. 76

Moreau—Massin. *Journ.*, 2e. sem. an 9, n°. 22. 3

Moreau—Perrier. *Journ.*, 1er. sem. 1806. 91

Moreau. *Journ.*, 1er. sem. 1806. 38

Moreau—Maigre. *Journ.*, 1er. sem. 1808. 91

Moreau—Mionis—Power. Tom. 2, 1813. 193

Moreau. *Journ.*, 2e. sem. 1808. 337

Moreau. (héritiers)·Formé. *Collect.* an 1811. 417

Moreau—Levite. *Journ.* 2e. sem. 1810. 433

Moreau—Lebigre. *Journ.*, 2e. sem. 1806. 266

Moreau (héritiers)—Vergnaud. *Journ.*, 1er. sem. 1808. 91

Morel—L'Ecluse. *Journ.* 2e. sem. 1808. P. 569

Morel. *Journ.*, 1er. sem. 1806. 474

Morel—Durieux—Gravier. *Journ.* 2e. sem. an 11. 77

Morel--Bourdon-Neuville. *Journ.*, sem. an 14. 195

Morel—Jumelin, Hennelle. *Journ.*, 2e. sem. 1809. 520

Morel. *Journ.*, 2e. sem. an 11. 193

Morel—Deyrieu. *Journ.*, 2e. sem. an 12. 423

Motel. *Coll.* an 1808. 257

Morel de Than—Carbonel. *Journ.*, 2e. sem. 1808. 536

Morel—Campion. *Journ.*, 2e. sem. 1807. 145

Morel—Ducherve. *Journ.*, 2e. sem. an 13. 209

Morel, Coutent—Boissier. *Journ.*, 2e. sem. 1812. 151

Morel, Henriot—Lorch. *Journ.*, 2e. sem. 1812. 200

Morelli—Gnecco. Tom. 1. 1813. 251

Moret—Vaury—Quesnel. *Journ.*, 2e. sem. 1810. 313

Morfeuillet—Follin. Tom. 3, 1813. 49

Morgues—Cusset. *Journ.*, 2e. sem. an 1808. 388

Morié-Dubuisson, Garnier — Larcher. *Journ.*, 1er. sem. 1808. 19

Morin. *Journ.*, 2e. sem. an 9, n°. 29. 1

Morin. *Journ.*, 2e. sem. 1808. 414

Morin—Plane. *Journ.*, 2e. sem. an 10. 403

Morin—de Prinsac. *Journ.*, 1er. sem. 1807. 343

Morin. *Collect.* an 1810. 10

Morin. Tom. 1, 1813. 571

Morin, Lefèvre, Jacotin. *Journ.*, 2e. sem. 1812. 359

Morin — Boisson de Quency. Tom. 1, 1812. 265

Morin — Deschamps. *Journ.*, 1er. sem. 1807. 105

Moris, Mus—Depape. *Journ.*, sem. an 14. 137

Morisson — Le conservateur des hypothèques. *Journ.*, 1er. sem. 1811. 513

Morizot. (héritiers et légataires) *Collect.* an 1811. 329

Morlet—Régie de l'enregistrement. Tom. 3, 1812. 353

Moroy—Lecou. Tom. 1, 1813. 31

Morris—Schrader. *Journ.*, 1er. sem. 1808. 416

Morris—Desprez. *Collect.* an 1811. 386

Morris—Legrand. *Journ.*, 2e. sem. 1810. 540

Mottara — Ministère public. Tom. 3, 1812. 209

Mottelmans—Debry. *Collect.* an 1810. 110

Mortier — Gérion. *Journ.*, 1er. sem. an 10. 440

Mortier—Van-Outryve. *Journ.*, 1er. sem. 1810. 27

Moser. (veuve et héritiers) Tom. 3, 1812. P. 177

Mosnier—Andrieux. *Journ.*, 2e. sem. an 12.   529

Mosselman—Redelborht. *Journ.*, 2e. sem 1812.   215

Mossi—la dame Rasetti. *Collect.* an 1811.   196

Mottard—Capon. *Journ.*, 2e. sem. 1808.   97

Motte—demoiselle Dufai de Provenchère. *Journ.*, sem. an 14.   153

Motte—Cherville. *Journ.*, 1er. sem. an 12.   58

Mouchel—Ollivier. *Collect.* an 1809.   436

Moucheron. *Journ.*, 2e. sem. 1810.   286

Mouchet—Jouffroy—de Selves. *Journ.*, 1er. sem. 1810.   15

Moulard—Powits. *Journ.*, 2e. sem. 1810.   525

Moulin—Bourlon. *Collect.* an 14—1806.   97

Moulinier — Saint-Sauveur — Thomas. *Journ.*, 2e. sem. an 11.   353

Moulins (héritiers) — femme Bascon. *Journ.*, 2e. sem. an 13.   555

Mounasse. (frères) *Journ.*, 2e. sem. an 13.   58

Mount—Florence—Skipwith. *Collect.* an 14—1806.   311

Mourellon—Vauchaussade. *Journ.*, 2e. sem. an 11.   262

Mourellot—Quartier. *Journ.*, 2e. sem. an 10.   510

Mourier—Brigueil. *Collect.* an 1811.   348

Moustellou—Brel. *Journ.*, 2e. sem. an 9, n°. 24.   8

Moustier—Rollaud. *Collect.* an 13.   284

Moutardier—Bossange et autres. *Journ.*, 2e. sem. an 10.   472

Moutardier—Bossange et consorts. *Journ.*, 1er. sem. an 11.   283

Moutardier—Bossange. *Journ.*, 2e. sem. an 11.   218

Moutier—Jouin. Tom. 2, 1813.   213

Mouton—Bruneau. *Journ.*, 2e. sem. 1806.   3

Moussart. *Journ.*, 1er. sem. 1808.   215

Moyse — Wessang. *Journ.*, 1er. sem. an 12.   461

Mozac—De la Chapelle. *Journ.*, 2e. sem. 1811.   230

Muggia—Batteta et Ray. *Journ.*, 2e. sem. 1811.   117

Muguet-Varange — Schlumberger. *Journ.*, 2e. sem. 1812.   45

Muiron—Gehier-Saint-Hilaire. *Collect.* an 1810.   289

Muler (de)—Pradel-Vielle. *Collect.* an 1810.   273

Muller—Hasen. Tom. 1, 1812.   168

Muller—Glück. *Journ.*, 1er. sem. 1811.   255

Muller (de)—Fourmy. *Journ.*, 2e. sem. 1811.   435

Muller—Poignand. *Journ.*, 2e. sem. an 10.   568

Mullot. *Journ.*, 1er. sem. an 13.   470

Mulot—Aufray. *Journ.*, 1er. sem. an 13.   539

Mulot — Delessard. *Journ.*, 2e. sem. an 11.   570

Murat — Dusuquet. *Journ.*, 2e. sem. an 12.   125

Murat-l—Trébose. *Collect.* an 13.   418

Muret—Broniez. *Collect.* an 14—1806.   259

Murray—Desmousseaux. *Journ.*, 1er. sem. an 12.   331

Mus, Moris— le Pape. *Journ.*, sem. an 14.   137

Muschietti—Davico. *Collect.* an 1809.   385

Musnier—Defolleville. Tom. 2, 1813.   5

Muston. (héritiers)—Malan. *Journ.*, 2e. sem. 1811.   171

Musy—Legrand. *Journ.*, 2e. sem. 1807.   89

Mutel—Deplas. *Journ.*, 2e. sem. 1812.   527

Mutelet—Lemaigre—Saint-Maurice. *Collect.* an 13.   333

Mutti—Magro. *Journ.*, 2e. sem. 1811.   209

Muy (de)—De Créquy. *Journ.*, 2e. sem. an 11.   149

Nadau, Coopmann—Vochez. *Journ.*, 1er. sem. 1808.   233

Nadaud—Poumeau. Tom. 1, 1813.   203

Nagels. (héritiers et légataires) Tom. 1, 1812.   161

Namur—Delzée—Dargenteau. Tom. 1, 1813.   81

Nandy—héritiers Jousselin. Tom. 2, 1813.   117

Nano—Régie des domaines. Tom. 1, 1812.   406

Nanteau — Bolleret. *Journ.*, 1er. sem. 1809.   412

Nanteuil—(voyez *Boula.*)

Nappe. *Journ.*, 2e. sem. 1812.   422

Narbonne—Rodier. *Journ.*, 2e. sem. an 12.   473

Nasi—Marchetti. Tom. 3, 1813.   561

Nassau—Saarrbruck—Crolbois. *Journ.* 2e. sem. 1809.   438

Natey—Pregermain. *Collect.* an 11.   58

Nathan Loël. *Collect.* an 1807.   97

Nathan—Lorich—Saint-Andéal. *Journ.*, 1er. sem. 1806.   106

Nathan—Moyse. *Journ.*, 2e. sem. 1811.   342

Nathan—Vanmeerlen. Tom. 1, 1813.   389

Nau—Lecouteux. *Journ.*, 2e. sem. an 11.   198

Naudet—Guyot. *Journ.*, 1er. sem. 1811.   566

Naum — Neckerauer. *Journ.*, 2e. sem. 1811.   140

Navailles—Larregoyen. *Journ.*, 1er. sem. 1806.   529

Navarre—Prevost de Longperrier. *Journ.*, 1er. sem. 1810.   373

Navarre de la Driquette. Tom. 1, 1813.   344

Navarre—Prévôt-Long-Perrier. *Journ.*, 2e. sem. an 13. 396

Navorque—Merle. *Collect.* an 1810. 210

Nayrac (de)—Lepinay. *Collect.* an 1811. 37

Nays. *Journ.*, 1er. sem. 1810. 118

Nazo — Destaing. *Journ.*, 1er. sem. an 13. 535

Neckerauer—Naum. *Journ.*, 2e. sem. 1811. 140

Néef et compe.—Coppens et compe. *Collect.* an 11. 325

Neel—Boys. Tom 3, 1813. 268

Neefs—Turk. *Journ.*, 2e. sem. 1812. 540

Negret—Senaux. *Journ*, 1er. sem. an 10. 301

Nehon—Miller—Dupont. *Journ.*, 1er. sem. 1810. 380

Nehou (commune de)—Douessey. *Journ.*, 1er. sem. an 10. 221

Nelle—Leballais. *Journ.*, 1er. sem. 1810. 273

Nely—Ministère public. Tom. 3, 1812. 305

Nephys—Fautrier. *Journ.*, 2e. sem. 1809. 177

Nervaux (de) — Roydet. Tom. 1, 1813. 558

Nesejean (héritiers)—Vandenspieghel. *Collect.* an 1807. 211

Nesmes. *Journ.*, 2e. sem. an 10. 83

Netter, (les mariés) Tom. 1, 1812. 590

Néve—Goormachtig et Bevers. Tom. 3, 1812. 406

Neucourt—Detailleur. *Collect.* an 11. 338

Neulinger—Kautz. Tome 1, 1812. 391

Neustadt, Assier. *Collect.* an 1808. 477

Neuville. (de) *Journ.*, 2e. sem. 1806. 409

Neuville (héritiers de)—Fortisson. (de) Tom. 3, 1813. 188

Neuville—(voyez *Bourdon.*)

Nicaise—Prat. *Journ.*, 2e. sem. an 12. 98

Nicaise — Boursin. *Journ.*, 1er. sem. 1809. 50

Nicaise. Tom. 1, 1812. 158

Nicat (héritiers)—Debadier. *Collect.* an 1811. 485

Nicolai (héritiers de)—De Collandes. *Journ.*, 1er. sem. an 12. 301

Nicolaï—Quartara. *Journ.*, 2e. sem. 1811. 147

Nicolas—Bouvet—Chaillet. *Journ.*, 1er. sem. an 13. 164

Nicolas—Chaillet. *Journ.*, 1er. sem. 1806. 561

Nicolas et consorts. *Collect.* an 1808. 489

Nicolet—Bourguignon. *Journ.*, 2e. sem. an 12. 13

Nicolle—Digard. *Journ.*, 2e. sem. an 12. 471

Nicole—Billout. *Journ.*, 1er. sem. 1811. 168

Nicot—Parant Tom. 3, 1813. 442

Nicoud. Tom. 3, 1813. 247

Nielis—Schepens. *Journ*, 2e. sem. an 12. 177

Niels-Moë—Spohrer et Sorensen. *Collect.* an 12 241

Nieuvinkel—Vanhegelsom. Tom. 1, 1812. 292

Nigra—Zoppi. *Journ.*, 2e. sem. 1811. 62

Nioche. (héritiers) *Journ*, 1er. sem. an 13 34

Niquille—Carcatrison. *Journ.*, 2e. sem. an 13. 214

Nitot—Balmain. *Collect.* an 1810. 1,8

Nivel—Castel. *Journ.*, 1er. sem. an 11. 305

Noailles—Mestre. Tom 2, 1813. 401

Noaille—Menou, Montmorin. *Journ.*, 2e. sem. 1808. 145

Noblat—Pomme. *Journ.*, 2e. sem. 1810. 542

Noé—Girardot et compagnie. *Journ.*, 1er. sem. an 10. 160

Noel—Meal—Castellane. *Journ.*, 1er. sem. an 10. 141

Noel—Lange et consorts. *Journ.*, 1er. sem. an 10. 422

Noël—Lange. *Journ.*, 1er. sem. an 11. 401

Noel—Pocquet. *Journ.*, 1er. sem. 1809. 462

Noël — Prats — Bès. *Journ.*, 1er. sem. 1810. 468

Nogarède—Coulet. *Collect.* an 1808. 284

Nogaret—Legrets. *Collect.* an 1810. 450

Nogent. (commune de) *Journ.*, 1er. sem. an 12. 561

Noguès et Soupenne—Ministère public. *Journ.*, 1er. sem. 1809. 317

Noguès—Ministère public. Tom. 1, 1813. 490

Noguès—Ministère public. Tom. 3, 1813. 525

Noir-Homme—Urlicis. *Journ.*, 1er. sem. an 12. 343

Noir-Homme. (les filles.) *Collect.* an 13. 249

Noizet. *Journ.*, 1er. sem. 1811. 222

Noizet—Lyon. *Journ.*, 2e. sem. 1811. 62

Noli—la dame Mollea. Tom. 1, 1812. 64

Nomis—Gianotti. *Journ.*, 1er. sem. 1806. 445

Nonant de Raray—Hippolyte. *Journ.*, 1er. sem. 1810. 340

Nones—Ministère public. Tom. 1, 1812. 343

Norainval—Méricourt. *Journ.*, 2e. sem. 1806. 378

Normand—Peros. *Journ.*, 2e. sem. an 9, n°. 36. 7

Normand — Curelier. *Journ.*, 1er. sem. 1806. 54

Normand—Régie des domaines. *Journ.*, 1er. sem. 1809. 287

Normand—Bresson. *Collect.* an 1810. 306

Normier—Dupoil. *Journ.*, 2e. sem. 1806. 417

Notaires de Riom — Régie de l'enregistrement. *Journ.*, 2e. sem. 1809. 88

Notaires de Bruges—Amerlinck. *Journ.*, 2e. sem. 1811. 527
Noterman—Bettens. *Collect.* an 1807. 109
Notramy. (veuve et héritiers) *Collect.* an 1811. 201
Nougues—Sarrailles et compagnie. *Journ.*, 2e. sem. 1811. 216
Nourry—Capdeville. *Collect.* an 1808. 20
Nourry — Lefoulon. *Journ.*, 1er. sem. 1811. 110
Novo—Signa—Santi. (héritiers) Tom. 3, 1813. 321
Noyée—Tetrel. *Journ.*, 2e. sem. 1806. 321
Nuévens—Devolder. *Collect.* an 1810. 47
Nugeyre — Richard. *Journ.*, 1er. sem. 1809. 385
Nuytten—Carton. *Journ.*, 1er. sem. 1811. 568
Oberne—Perseron. Tom. 1, 1813. 137
Obtemberg et Delmas—Stevens. *Collect.* an 12. 201
Ocquainville—Bellemare-Delamotte. *Journ.*, 2e. sem. 1809. 289
Odelin—Lévêque. *Journ.*, 1er. sem. 1807. 325
Odone. *Journ.*, 2e. sem. 1808. 465
OEillard-Leger—Lemeilleur. *Journ.*, 1er. sem. 1809. 58
et *Journ.*, 1er. sem. 1810. 449
Offerman—Collin. *Journ.*, 2e. sem. 1811. 109
Ogden—Hasard. *Journ.*, 1er sem. 1810. 301
Ogez — Régie de l'enregistrement. *Collect.* an 1807. 66
Ogiow. *Journ.*, 1er. sem. 1807. 512
Oglow. *Journ.*, 2e. sem. 1807. 225
Onégarty—Chabert. *Journ.*, 2e. sem. an 12. 136
Oket—Leperg. *Journ.*, 1er. sem. 1811. 59
Olaguier—Alain Launay. Tom. 3, 1813. 552
Olevano—Vaccari. *Journ.*, 2e. sem. 1812. 566
Olive—Goureau. *Journ.*, 1er. sem. 1807. 570
Olivetti—Cunéo-Dornano. *Journ.*, 2e. sem. an 10. 97
Olivier—Mineaux—Bronville. *Journ.*, 1er. sem. an 11. 308
Olivier. *Journ.*, 1er. sem. an 10. 200
Olivier—Perier. *Journ.*, 2e. sem. an 11. 527
Olivier — Chauvet. *Journ.*, 1er. sem. an 12. 273
Olivier et Lacorne — Baudry. *Collect.* an 12. 406
Olivier—Régie de l'enregistrement.. *Journ.*, 1er. sem. an 13. 241
Olivier—Letoum. *Journ.*, 1er. sem. an 13. 467
Olivier—Huisman. *Collect.* an 1807. 228
Olivier, Charpentier—Destou. *Journ.*, 2e. sem. 1808. 347
Olivier—Courard. *Journ.*, 1er. sem. 1809. 251
Olivier—Pascal. *Collect.* an 1809. 276

Olivier (héritiers) Blanwart. *Journ.*, 1er. sem. 1810. 433
Olivier — Dehayuin. *Journ.*, 1er. sem. 1810. 228
Olivier—Chauvet. *Collect.* an 1811. 189
Olivier, Touzard — Bormans. Tom. 1, 1812. 86
Olivier—Jobbey. Tom. 1, 1813. 478
Olivier—Hennepin. Tom. 3, 1813. 123
Ollery—Marteau. 1er. sem. 1810. 9
Ollié—Berges. *Journ.*, 1er. sem. 1810. 225
Ollixier (héritiers) —Mouchel. *Collect.* an 1809. 436
Olombel—la dame Ribes. Tom. 1, 1812. 556
Oivar—Brus. *Journ.*, 2e. sem. an 11. 252
Omahony—Duludre. *Journ.*, 1er. sem. 1807. 440
Oneto — Hagerman. *Journ.*, 2e. sem. 1810. 145
Onfroy—Rougemont. *Journ.*, 1er. sem. an 12. 11
Opdemberg—Dannoot. *Journ.*, 1er. sem. 1810. 484
Operti—Carmagnola. *Journ.*, 1er. sem. 1811. 465
Operti—Canosio. *Journ.*, 1er. sem. 1807. 165
Oreglia—Vegnaben. *Collect.* an 1807. 239
Oreille—héritiers Bournat. *Journ.*, 1er. sem. 1811. 491
Orieulx—Baille-Hache. *Journ.*, 2e. sem. an 9, n°. 23. 1
Origny (commune d')—Damas. *Journ.*, 2e. sem. an 12. 515
Orlandini—Rougemont. *Journ.*, 1er. sem. 1810. 13
Ormesson (d')—Aubert et Hocquart. *Journ.*, 1er. sem. 1809. 230
Ormesson (héritiers d')—Rouesse. Tom. 3, 1812. 225
Orsai (d')—Balaincourt. (de) Tom. 3, 1813. 168
Orset—Chabloz. *Journ.*, 1er. sem. 1807. 446
Orset—Chabloz. *Collect.* an 1807. 82
Orsini—Fabrice Orsini. Tom. 2, 1813. 315
Ortkiel, Domler—Schueller. *Journ.*, 2e. sem. 1808. 518
Ory et Brou—Schultz. *Journ.*, 1er. sem. an 13. 7
Osbert — Poissont. *Journ.*, 1er. sem. an 12. 38
Osella, Aghemo—Degioanni. Tom. 3, 1813. 274
Osmond—Lebatteur. *Journ.*, 2e. sem. an 10. 33
Ostermann—Abraham—Cahen. Tom. 2, 1813. 608
Ottin—Desnouhes. Tom. 3, 1813. 58

Ottovaer—Boury. *Journ.*, 1er. sem. 1811. 504

Onasse, Jaril—Ministère public. *Journ.*, 1er. sem. an 9, n°. 24. 3

Oudart (héritiers)—Lefebvre et Crapey. *Collect.* an 12. 275

Oudet — Choiseul. *Journ.*, 1er. sem. an 11. 563

Oudin—veuve Tremeau. *Journ.*, 1er. sem. an 13. 222

Oudin de Richebourg — Hubert de Matigny. *Journ.*, 1er. sem. 1811. 507

Oudry—Ministère public. Tom. 3, 1813. 415

Ouin (compagnie)—Ruault. (compagnie) *Journ.*, 1er. sem. an 10. 246

Oustry. *Collect.* an 14—1806. 224

Outhier—Magrin. *Journ.*, 2e. sem. 1806. 332

Ouvrard, Destillères—Seguin. *Journ.*, 2e. sem. 1809. 549

Ouvrard—Caroillon—Seguin. *Journ.*, 1er. sem. 1810. 503

Ouvrard—Miailhe. *Journ.*, 2e. sem. 1812. 452

Ouy—les mariés Germain. Tom. 3, 1812. 245

Pacotte—Emeric. *Journ.*, 1er. sem. an 12. 238

Page—Roger. *Journ.*, 2e. sem. an 12. 23

Pagès—Régie de l'enregistrement. *Journ.*, 2e. sem. 1808. 417

Pagès—Galy-Pradal. Tome 2, 1813. 132

Pagès—Clara. Tome 2, 1813. 152

Pagnières—Tester. *Journ.*, 2e. sem. an 12. 298

Palazot—Lasbouigues. Tom. 2, 1813. 449

Pailhon—Ville—Fumade. *Collect.* an 1807. 186

Paillé—Wattebled. Tom. 3, 1812. 133

Paillet — Labbé — Couturier. *Journ.*, 2e. sem. 1811. 385

Pailsart—Leriche. *Journ.*, 1er. sem. 1808. 337

Paisan Delafosse—Dorcy. *Journ.*, 2e. sem. an 12. 382

Palengat—Lapeinne—Blanque. *Collect.* an 1810. 305

Paley—Brancas. Tom. 1, 1813. 341

Pallès, Baudouin—Pelletier. *Coll.* an 1811. 154

Pallier—Desson. *Journ.*, 2e. sem. 1806. 545

Palmaert et Opdeuberg — Danoot. *Journ.*, 2e. sem. 1809. 378

Palmaert — Danoot et compagnie. *Journ.*, 1er. sem. 1810. 484

Palquier — Thibaut. *Journ.*, 1er. sem. 1811. 79

Panchaud, Tourton - Ravel, Viat — héritiers Montz. *Collect.* an 1809. 478

Pango, veuve et fils—créanciers Delanoue. *Journ.*, 2e. sem. 1811. 473

Panier—Massé et Mellier. *Collect.* an 14—1806. 507

Panneton—Maillard. Tom. 3, 1812. 382

Panse—Delard *Journ.*, 1er. sem. an 11. 209

Pante, Huyard—Guitard. *Journ.*, 2e. sem. 1812. 121

Papillon de la Ferté. *Journ.*, 2e. sem. an 13. 147

Papillon de Marson. *Journ.*, 2e. sem. an 13. 147

Papillon de la Ferté—Du Chatenet. *Coll.* an 1810. 195

Papillon—Vignon—Guillaume. *Journ.*, 2e. sem. 1811. 353

Papillon—Vignon. *Journ.*, 2e. sem. 1812. 145

Papin — Lambert — Rochechouart. *Collect.* an 1811. 341

Papon — Beaurepaire. *Journ.*, 2e. sem. 1807. 385

Papot—les héritiers Superville. *Collect.* an 12. 393

Papy—Denat—Metge. *Journ.*, 2e. sem. 1810. 116

Paques. (Théodore) *Journ.*, 1er. sem. 1811. 122

Paques. Tom. 1, 1813. 121

Paquet—Gruel. *Journ.*, 2e. sem. 1810. 247

Pasquet — Tarriot — Laroux. *Journ.*, 2e. sem. 1810. 279

Pasquier—Bordage. *Collect.* an 1811. 295

Pasquier—la dame Dormesson. *Journ.*, 2e. sem. an 12. 391

Pasquin et Jeanson—Bertin. *Collect.* an 1811. 119

Paradis—Perroux. *Journ.*, 2e. sem. 1810. 465

Paradis—Loys. *Collect.* an 1811. 145

Parage—Brunet et consorts. Tom. 2, 1813. 357

Parain—Poujaud. *Journ.*, 2e. sem. 1807. 310

et *Journ.*, 2e. sem. 1809. 202

Parain.—Renault. *Collect.* an 12. 317

Parant—Nicot. Tom. 3, 1813. 412

Parat de Chalandrai—Moisy. *Journ.*, 1er. sem 1811. 266

Paravicin.—Hurelin. *Collect.* an 14—1806. 516

Pardon—Caminet. *Journ.*, 2e. sem. 1812. 435

Pardon—Chenu-Caminet. Tom. 3, 1812. 89

Parent—Mérigot—Delary. *Journ.*, 1er. sem. an 11. 171

Parent-la-Garenne. *Journ.*, sem. an 14. 217

Parent, Boutin, Lonchamp, Desprez et Brunot—Chauvin, Allais. *Journ.*, 1er. sem. 1809. 347

Paret—Belvaux. *Collect.* an 1809. 374

Paris—Desvé. *Journ.*, 1er. sem. an 12. 221

Paris—Ladeux. *Journ.*, 1er. sem. an 13. 383

Paris—d'Arras. *Journ.*, 2e. sem. 1807. 342

Paris. *Journ.*, 1er. sem. 1809. 294

Pariset—Margaron et compagnie. *Journ.*, 2e. sem. an 13. 317

Parisot—Juillet. Tom. 1er, 1813. 330

Parizet—Poulain. *Journ.*, 2e. sem. 1810. 294

Parizot—Chalet. *Collect.* an 14—1806. 332

Parizot—Beau. *Journ.*, 2e. sem. 1811. 403

Parker—Swan—Schweizer. Tom. 3, 1812. 322

Parmentier—Carton—Nuytten. *Journ.*, 1er. sem. 1811. 568
Parmentier—Grivel. *Collect.* an 1811. 109
Parmentier—Carton. Tom. 3, 1813. 215
Parricot—Jumerey. *Collect.* an 14—1806. 145
Parroon—La Tournerie. *Collect.* an 13. 123
Parquet *alias* Blaye — Champion. *Journ.*, 2e. sém. 1809. 68
Parsy — Carpentier. *Journ.*, 2e. sem. an 10. 147
Parthon—les mineurs Jaillette. *Collect.* an 12. 231
Parvy — Grusse — Duvadon. *Journ.*, 2e. sem. 1810. 4?1
Pascal—Caron. *Journ.*, 2e sem. an 12. 353
Pascal—Deydier. *Collect.* an 12. 454
Pascal—hospices civils de Paris. *Journ.*, 1er. sem. 1809. 457
Pascal—Olivier. *Collect.* an 1809. 276
Pascal—Hubert. *Journ.*, 2e. sem. 1812. 520
Pascal—Guillard. *Journ.* Tom. 1, 1813. 117
Pascau. (les frères) *Journ.*, 2e. sem. an 12. 369
Pascau (les mariés) *Journ.*, 2e. sem. 1810. 193
Paschal—Doubleistein. *Journ.*, 2e. sem. 1812. 231
Pasqueci. *Journ.* Tom. 1, 1813. 598
Pasquet (héritiers—Drion-Zoude. *Journ.*, sem. an 14. 143
Pasquet. *Journ.*, 2e. sem. 1808. 566
Pass—Valravens. *Journ.* Tom. 3, 1812. 161
Passemard—Régie de l'enregistrement. *Journ.*, 1er. sem. 1809. 481
Passerieu—Carrié. *Journ.*, 1er. sem. 1807. 20
Passet, Dumoulin — Taulier. *Journ.* Tom. 3, 1813. 16
Pasteele—Caroline. *Collect.* an 1808. 441
Pastorelli—Doria. Tom. 2, 1813. 147
Pastoris—Bellone. *Collect.* an 1809. 527 et *Collect.* an 1810. 464
Paternoster — Vanmaldeghem. *Journ.* Tom. 1, 1813. 433
Patris—Batavlia. *Journ.*, 2e. sem. an 10. 548
Patureau. *Journ.*, 1er. sem. an 12. 198
Patureau—Duligondès. *Journ.*, 2e. sem. an 13. 337
Paugaerts—Rayé. *Journ.*, 1er. sem. an 12. 353
Paul—Masmejan—Jac. *Journ.*, 2e. sem. an 10. 113
Paul—Lemaire. Tom. 1, 1812. 440
Paul (héritiers) — héritiers Delvaux. Tom. 1, 1812. 473
Paulard—Blanchet. Tom. 2, 1813. 234
Paule (héritiers)—Ducreux-de-Trezette. *Journ.*, 1er. sem. 1806. 33
Paulée—Crahai-Famin. *Journ.*, 1er. sem. an 10. 17
Paulée—Saum. *Journ.*, 2e. sem. an 13. 129

Paulée—Claro et Laurent. *Journ*, 2e. sem. 1808. 212
Paulée—Claro. *Journ.*, 2e. sem. 1810. 161
Paulet—Beausset. *Journ.*, 2e. sem. 1806. 507
Paulinier — Castelnau — Lecomte. *Collect.* an 1810. 258
Paulmier — Jolas — Beaugrand. *Collect.* an 13. 359
Paupelin. *Journ.*, 1er. sem. an 12. 347
Paupelin—Baillon. *Journ.*, 1er. sem. 1806. 391
Pauquet—Picat. *Journ.*, 1er. sem. 1809. 79
Pauquet—les mariés Picat. *Journ.*, 2e. sem. 1811. 39
Pauquet—Parent. *Journ.*, 2e. sem. 1811. 39
Pause-Sauvanon—Pelletier Descairières. *Journ.*, 1er. sem. 1811. 521
Pautens—la Régie de l'enregistrement. *Journ.*, 1er. sem. an 13. 113
Pautras. *Journ.*, 2e. sem. an 9, n°. 22. 5
Pauw (de)—Bourget. *Journ.*, 1er. sem. 1809. 358
Pauwels— t'Kint. Tom. 1, 1813. 106
Pauwels. Tom. 3, 1813. 69
Paux—Jacob et fils. Tom. 1, 1812. 382
Pavie. *Journ.*, 2e. sem. an 12. 478
Payan—Dufour. *Journ.*, 1er. sem. an 13. 45
Payart—Lebel. *Journ.*, 2e. sem. 1810. 215
Payen—Sanzé. *Journ.*, 1er. sem. an 10. 420
Payen—M. de Poix. *Collect.* an 13. 435
Payen—Sanzé, Chevrier. Tom. 3, 1812. 328
Paysan — Lafosse — Glaizot. *Journ.*, 1er. sem. 1806. 556
Pazzaglini—Lecce. *Journ.*, 2e. sem. 1811. 125
Péade—Têtu. *Journ.*, 1er. sem. an 10. 389
Pean de Saint-Gilles—Cordier. *Journ.*, 1er. sem. an 12. 441
Pean de Saint Gilles — Saint-Maur. *Journ.*, 2e. sem. an 11. 343
Pecchio—Morano et compagnie. *Journ.*, 2e. sem. 1811. 461
Pechard—Fortin. *Journ.*, 1er. sem. an 10. 457
Pecheux—Gibot. *Journ.*, 1er. sem. an 10. 257
Pecoudon—Mailieu. *Collect.* an 11. 276
Peiffer—Binger. *Journ.*, 1er. sem. an 11. 379
Peiffer—de Lapp. *Journ.*, 1er. sem. 1808. 465
Peigner — Lucas-Duneau. *Journ.*, 1er. sem. an 10. 184
Peignet — Administration forestière. Tom. 1, 1812. 522
Peilleux—Frachon et comp. *Collect.* an 11. 442
Peirard—Régie de l'enregistrement. *Journ.*, 2e. sem. an 12. 389
Peisselier—Vert. *Journ.*, 1er. sem. 1809. 346
Pelcot—Labarre. *Journ.*, 1er. sem. 1807. 175
Pelerin—Deloyne-Mazere. *Journ.*, 1er. sem. an 12. 552
Pelgé—Teigny. *Journ.*, 2e. sem. an 12. 178

Pelissier—la dame Gestas. *Journ.*, 2e. sem. an 13. 145

Pellissier—Garda. *Journ.*, 2e. sem. an 1809. 473

Pellagruc—Berty-Fabry. *Journ.*, 1er. sem. 1812. 481

Pellé — Liotier. *Journ.*, 2e. sem. an 9, no. 5. 3

Pellegrin—Barthelemy. *Collect.* an 1807. 139

Pellegrini. *Journ.* Tom. 1, 1813. 19

Pelleri—Régie des domaines. Tom. 1er, 1812. 283

Pellerin-Chantereine—Vittoux. *Collect.* an 13. 245

Pelletant—Lervoire. *Collect.* an 12. 254

Pelletier—Colin et autres. *Journ.*, 2e. sem. an 12. 361

Pelletier—Bruley. *Journ.*, 1er. sem. 1806. 113

Pelletier—Colin. *Journ.*, 2e. sem. 1806. 81

Pelletier (créanciers)—Séguin. *Journ.*, 2e. sem. 1809. 293

Pelletier-Descarrières — Sauvanon. *Journ.*, 1er. sem. 1811. 521

Pelletier—Pallés, Baudouin. *Collect.* an 1811. 154

Pelletier—Allais. *Collect.* an 1811. 54

Pelletier—Fleuret. *Journ.*, 1er. sem. an 12. 428

Pelz—Lapatonnière. *Journ.*, 1er. sem. an 13. 445

Pénavaire—Pepin, Lebon. Tom. 3, 1813. 93

Penavert—Boursier. *Journ.*, 2e. sem. 1810. 38

Penavert—syndic Hubert. Tom. 3, 1812. 246

Penchein—Leriche et autres. *Journ.*, 1er. sem. an 13. 491

Penhoedic—Lebrigant. Tom. 2, 1813. 105

Penicaud—Lannefranque — Racle. *Journ.*, 2e. sem. an 9, no. 31. 5

Penicaud—Lannefranque. 1er. sem. an 11. 54

Penot—Huguet-Delagarde. *Collect.* an 13. 303

Penu—Julien. *Journ.*, 1er. sem. 1811. 239

Pepin—Canivet. *Journ.*, 1er. sem. 1811. 214

Pepin—héritiers Dutroug. Tom. 1, 1812. 478

Pepin—Gallé. *Journ.*, 2e. sem. an 12. 153

Pepin, Durœulx—Dubronquet. *Journ.*, 2e. sem. 1812. 240

Pepin.—Sainte-Marie. Tom. 1, 1813. 298

Pepin, Lebon—Pénavaire. Tom. 3, 1813. 93

Peraldi—Millo. Tom. 3, 1812. 422

Peranesy—Behagues. *Collect.* an 1810. 157

Perard—Peret—Lucan. Tom. 3, 1813. 561

Pérault—Bréchard. *Collect.* an 13. 35

Percharencier — Philibert —Deshenrys. *Journ.*, 1er. sem. 1809. 292

Perchette. *Journ.*, 2e. sem. 1807. 401

Perdonnet-Barrington. *Journ.*, 2e. sem. an 13. 358

Perdonnet—M** *Journ.*, 2e. sem. 1810. 299

Perdreaux—Lefrançois. *Journ.*, 2e. sem. 1811. 459

Perdriget. *Coll.* an 1808. 464

Perducet—Delsant. *Journ.*, 1er. sem. an 12. 108

Perducet—Régie des droits réunis. Tom. 2, 1813. 161

Perdrizet—Smith—Mosse. *Journ.*, 2e. sem. 1812. 535

Perelle—Chertenis —Regnard. Tom. 3, 1812. 215

Perez—Forestier. Tom. 1, 1812. 5-8

Pericaud—Lachassaigne. Tom. 1, 1813. 481

Pérignon—Régie de l'enregistrement. *Journ.*, 1er. sem. 1810. 451

Perier.—Olivier. *Journ.*, 2e. sem. an 11. 527

Perissel—Albert. *Journ.*, 2e. sem. an 12. 503

Pernet—Rozet. *Collect.*, an 14—1806. 118

Pernigotti—Levaretto. *Journ.*, 1er. sem. 1810. 143

Pernot, Leverat—Duroux. Tom. 1, 1813. 107

Peros—Normand. *Journ.*, 2e. sem. an 9, no. 36. 7

Perou—la dame Perou. Tom. 3, 1813. 466

Perpigna—Merigna. *Journ.*, 2e. sem. an 10. 359

Perpin—Faugas — Destanque. *Journ.*, 1er. sem. 1811. 337

Perrard—Perret. *Journ.*, 2e. sem. 1811. 202

Perraud, Delay—Point. Tom. 1, 1813. 281

Perrault — Bréchard. *Journ.*, 1er. sem. 1808. 321

Perregaux-Lafite—Messel. Tom. 2, 1813. 521

Perregaux—Varisco. Tom. 3, 1813. 36

Perret—Capelin. *Collect.* an 1810. 307

Perret—Perrard. *Journ.*, 2e. sem. 1811. 202

Perret—Fusi. Tom. 1, 1813. 333

Perret—Perard—Lucan. Tom. 3, 1813. 561

Perrette—Choin. *Journ.*, 1er. sem. an 13. 423

Perrier—Moreau. *Journ.*, 1er. sem. 1806. 91

Perrier—Mas—Rivière. *Journ.*, 1er. sem. 1811. 359

Perrier—Virnot. Tom. 1, 1813. 393

Perrin—demoiselle Bousquet. *Journ.*, 1er. sem. an 13. 425

Perrin—de Boufflers—de Fargues. *Journ.*, 1er. sem. 1809. 520

Perrin—Gallet. *Collect.* an 1809. 286

Perrin—Lorot—Petel. *Collect.* an 1810. 412

Perrinet—Hocquart. *Journ.*, 1er. sem. an 11. 301

Perrochain, Pelon — Régie de l'enregistrement. *Journ.*, 2e. sem. 1809. 468

Perron. (les enfans) *Journ.*, 2e. sem. an 13. 449

Perrot—Bouchet. *Collect.* an 13. 223

Perrot et consorts—Henry. *Collect.* an 1809. 449

Perrot—Laubé. *Journ.*, 1er. sem. 1810. 333

Perrot—Vivien-Goubert. *Journ.*, 2e. sem. 1811. 262

Perrotte, Vimeux — Mailhe. *Collect.* an 1829. 15

Peiroud — Direction Lefebvre. *Journ.*, 2e. sem. 1811. 76

Perroux — Paradis. *Journ.*, 2e. sem. 1810. 465

Persan (de) Roussel. *Collect.* an 14 — 1806. 495

Perseron — Oberne. Tom. 1, 1813. 137

Personne. *Collect.* an 1807. 447

Perthon — *Journ.*, 1er. sem. an 10. 357

Perthuis — Chapron. *Journ.*, 2e. sem. an 11. 247

Pertrand — Arbel. *Journ.*, 1er. sem. 1807. 117

Peruchet — Liniare. *Journ.*, 2e. sem. 1806. 487

Pescarole — Laignadier — Ladevèze. Tom. 3, 1813. 173

Pescheur — Launay. Tom. 2, 1813. 219

Pestel — Hébert. *Journ.*, 1er. sem. 1806. 109

Pestel (de) — Redecker. Tom. 1, 1813. 247

Pestre (de) — Queyrieux. *Journ.*, 2e. sem. 1806. 241

Pestrel et consorts — Ministère public. *Collect.*, an 1809. 5

Petau — le prince de Monaco. *Journ.*, 1er. sem. an 13. 519

Petau — Grimaldy. *Journ.*, 2e. sem. 1807. 497

Peteau — Grimaldi Monaco. *Journ.*, 2e. sem. an 12. 248

Petel — Rousseau. *Collect.* an 12. 369

Petel — Chapsal. 2e. sem. an 9, n°. 2. 6

Peterlon — demoiselle Brocard. *Journ.*, 2e. sem. an 13. 321

Peterlong — Brocard. *Journ.*, 2e. sem. 1806. 550 et 1er. sem. 1809. 369

Petigny (de) — Fabriques de Marchenoir et d'Oucques *Journ.*, 2e. sem. 1809. 441

Petinian — Lestrade. *Collect.* an 1807. 400

Petit — Lenfant. Tom. 1, 1813. 467

Petit. (héritiers) Tom. 3, 1812. 141

Petit (Victoire) — Ministère public. Tom. 3, 1812. 103

Petit (héritiers) — Voisin. *Journ.*, 2e. sem. 1812. 483

Petit — Damour. *Journ.*, 2e. sem. 1812. 327

Petit — Bottard. *Journ.*, 2e. sem. 1812. 181

Petit — Cuges. (commune de) *Journ.*, 1er. sem. 1806. 277

Petit — Reynier. *Journ.*, 2e. sem. 1810. 489

Petit — Marinot. Tom. 1, 1812. 109

Petit — Anthenac. *Journ.*, 1er. sem. 1807. 518

Petit — Charonceuil. *Journ.*, 1er. sem. 1810. 321

Petit — Brœil — Deslord. *Collect.* an 1807. 314

Petit d'Ossonville — Bassinet. *Journ.*, 1er. sem. an 11. 108

Petit-du-Mottel — Chocat. *Collect.* an 13. 368

Petit-jean. *Journ.*, 2e. sem. 1812. 20

Petit-Jean — demoiselle Horion. *Journ.*, 1er. sem. an 13. 568

Petit, Pchou — Administration forestière. *Journ.*, 2e. sem. 1809. 497

Petit Pierre — Marcq-Foi. Tom. 2, 1813. 331

Petit-Pierre — Puech. *Journ.*, 2e. sem. 1810. 74

Petit-Pierre — Puech — Mens. *Journ.*, 2e. sem. 1810. 74

Petou — Delarue. Tom. 2, 1813. 139

Petou, Soymier — Delarue. Tom. 3, 1813. 356

Petout. *Journ.*, 2e. sem. an 10. 410

Petri — Schott. *Journ.*, 1er. sem. 1806. 65

Peullier — Guenot. *Collect.* an 1811. 26

Peuvret — la dame de Breteuil. *Journ.*, 1er. sem. an 13. 140

Peyramont — (Voyez *Dulery.*)

Peyrol — Hebbeling. *Collect.* an 1810. 254

Peyronnel — d'Agrain. *Journ.*, 1er. sem. 1808. 286

Peyronnet — Vassadel. *Journ.*, 2e. sem. an 13. 97

Peysac (de) — Belussière. (de) *Collect.* an 14 — 1806. 437

Peysac — Bellussière. *Journ.*, 2e. sem. 18·2 433

Peysson — Definod. *Journ.*, 2e. sem. an 9, n°. 22. 5

Peysson — Marie de Balle. *Collect.* an 1807. 320

Peytavin — Bros. *Journ.*, 1er. sem. 1807. 26

Pezaux — Saint-Amand. *Journ.*, 2e. sem. an 12. 483

Pezé de Corval — Grandin. *Journ.*, 2e. sem. 1808. 490

Pezier — Drouin. *Collect.* an 1810. 68

Pfleger — Walter. Tom. 3, 1812. 487

Pflieger — Kieffer. *Journ.*, 2e. sem. 1809. 44

Philibert — Deshenrys — Percharencier. *Journ.*, 1er. sem. 1809. 292

Philibert. Tom. 1, 1813. 602

Philippart — Akerman. *Journ.*, 2e. sem. an 11. 70

Philippe — Lesage. *Journ.*, 1er. sem. 1809. 455

Philippeaux — De Themines. *Journ.*, 1er. sem. 1807. 485

Philipeaux — Thémines. *Journ.*, 2e. sem. 1807. 257

Philippon. (héritiers) *Collect.* an 1807. 331

Piacenza — Cagna. *Journ.*, 1er. sem. an 13. 363

Piacenza (enfans) — Cagna. *Collect.* an 1808. 297

Piane — Morin. *Journ.*, 2e. sem. an 10. 403

Pianne — Lorré. *Collect.* an 1811. 224

Piat — Delsant. *Journ.*, 1er. sem. an 12. 108

Piat — Suin. *Journ.*, 1er. sem. 1811. 73

Piat — Havard. *Collect.* an 1811. 124

Piazzi—Garda. Tom. 3, 1813. 445
Pibaleau — Labouëe. *Journ.*, 2e. sem. 1808. 243
Pical. (les héritiers) *Collect.* an 1811. 335
Picard—Delavacquerie. *Journ.*, 2e. sem. an 12. et 2e. sem. an 13. 266
Picard—Régie des douanes. *Journ.*, 2e. sem. 1812. 84
Picard—Administrateurs de la Loterie. *Collect.* an 13. 217
Picard—Hémard. *Journ.*, 1er. sem. 1806. 163
Picard et Hauzer — Vannier. Tom. 1, 1812. 336
Picard—Bertini. Tom. 1, 1813. 357
Picard, Deflandre—Doria. Tom. 3, 1813. 75
Picardos—Gaudelet et compagnie. *Journ.*, 1er. sem. 1810. 84
Picat—Pauquet. *Journ.*, 1er. sem. 1809. 79
Pica—Pauquet. *Journ.*, 2e. sem. 1811. 39
Picco. *Journ.*, 2e. sem. 1810. 14
Pichat—Germont. *Journ.*, 2e. sem., 1810. 421
Pichi-Romari. Tom. 3, 1813. 26
Pichonneau—Coupelle. *Collect.* an 1807. 116
Pichot—Germon, Bazère. *Journ.*, 2e. sem. 1809. 358
Picot (J.-B.)—J.F. Picot. *Journ.*, sem. an 14. 100
Picot. *Collect.* an 14—1806. 453
Picot. *Collect.* an 1808. 191
Picot (héritiers). — *Journ.*, 2e. sem. 1809. 257
Picquais (héritiers)—Dejoly. *Journ.*, 1er. sem. 1806. 522
Pie-Bonelli—Ministère public. *Journ.*, 2e. sem. 1811. 145
Pied—Delisle. *Journ.*, 2e. sem. 1808. 357
Piedfort—Faure. *Journ.*, 1er. sem. an 12. 200
Piel—Bernard. *Journ.*, 1er. sem. an 12. 269
Piel—Gorlier. *Journ.*, 2e. sem. an 13. 474
Pieper—Bonnet. *Journ.*, 2e. sem. an 9, n°. 9. 1
Pierard—Leclerc. *Journ.*, 2e. sem. 1811. 113
Pierlot—Scherb. *Collect.* an 1808. 164
Pierrecourt—Valton. *Journ.*, 1er. sem. 1810. 279
Pierrequin (la dame)—sa fille. *Journ.*, 2e. sem. an 13. 124
Pierret. (héritiers) *Journ.*, 2e. sem. 1806. 40
Pierret—Genin—Ministère public. *Journ.*, 2e. sem. 1809. 453
Pierrou—Devitry. *Journ.*, 2e. sem. 1810. 410
Pietre—Maugis. *Journ.*, 2e. sem. 1806. 234
Pigalle—Chol—Prévôt. *Journ.*, 2e. sem. 1811. 518
Piette—Deyner. *Journ.*, 2e. sem. 1808. 165
Pigeat—Crouzeilles. *Collect.* an 1807. 334

Pigeaux (héritiers)—Warnet. *Journ.*, 2e. sem 1812. 523
Pigeaux. (héritiers) Tom. 2, 1813. 373
Pigenat—heritiers Lagrange. *Journ.*, 2e. sem. an 13. 113
Pigeolleot (héritiers) — Malgras. *Journ.*, 1er sem. an 10. 131
Pigeollot—veuve Dupuget. *Journ.*, 2e. sem. 1811. 378
Pigeollot (héritiers)—Dupuget. *Journ.*, 2e. sem. an 13. 118
Pignard—Merlier. *Journ.*, 2e. sem. 1810. 49
Pignatelli—Berlan. *Journ.*, 1er. sem. an 11. 134
Pila—Blanc. *Journ.*, 1er. sem. an 11. 529
Pillaen—Vanswac. Tom. 3, 1812. 526
Pillard—Leblanc. *Journ.*, 2e. sem. an 10. 49
Pillard—Leblanc. *Collect.* an 1810. 432
Pillard—la Régie des domaines. *Journ.*, 2e. sem. an 11. 26
Pillatte—Vaillant—Longuet. *Journ.*, 1er. sem. 1811. 53
Pillé. (les frères) *Collect.* an 12. 317
Piller—Devigny. Tom. 3, 1813. 409
Pillette—Minier. *Journ.*, 2e. sem. 1809. 372
Pillon—Jubert de Bouville. *Journ.*, 2e. sem. an 13. 27
Pinard—Régie de l'enregistrement. *Journ.*, 1er. sem. 1807. 357
Pinard—Ministère public. *Journ.*, 2e. sem. 1811. 180
Pinard, Marion—Vermot, Candras. *Journ.*, 2e. sem. 1812. 113
Pineau — Desbordes. *Journ.*, 2e. sem. an 11. 449
Pinel—Epaudry. *Journ.*, 1er. sem. 1811. 271
Pinel—Lecarpentier. *Journ.*, 1er. sem. 1806. 193
Pinet—Régie des douanes. *Journ.*, 1er. sem. 1811. 165
Pinet — Bonnans et Bataille. Tom. 3, 1812. 191
Pinet—Le Dent. Tom. 3, 1812. 153
Pinon—Canclaux, (de) Tom. 3, 1813. 369
Pinot, Thouet—Havet. *Journ.*, 2e. sem. 1808. 225
Pinot—Bodin, Bontoux. Tom. 1, 1813. 289
Pinot—Bodin, Bontoux. Tom. 3, 1813. 9
Piolaine. *Journ.*, 1er. sem. an 12. 257
Pion. (epoux) *Collect.* an 1809. 145
Pion—Fourrier. *Journ.*, 2e. sem. an 11. 513
Piossasco—Gozzani. Tom. 1, 1812. 13
Piquenot—Leboulanger. *Collect.* an 11. 241
Pisani—Ministère public. Tom. 1, 1813. 529
Pison—Amar. *Journ.*, sem. an 14. 204
Pissier—Chevrat. *Journ.*, 2e. sem. an 11. 249
Pistone—Bellezza. Tom. 1, 1812. 281
Pithreau—Cardon, Millet. *Journ.*, 2e. sem. 1808. 257

Pivin—Jouvain. *Journ.*, 1er. sem. an 10. 257
Pizani—Buzoni. *Journ.*, 2e. sem. 1810. 65
Pizani, Busoni — Spinola. *Collect.* an 1809. 558
Plainville (de)—Rubelles. *Journ.*, 2e. sem. 1807. 374
Plairé — Desroches. *Journ.*, 1er. sem. 1807. 325
Plaisant—Gazzone. *Journ.*, 2e. sem. 1811. 253
Planche—Banque territoriale. Tom. 1, 1812. 312
Plancher—Pons de Ligant. Tom. 3, 1812. 440
Plane, Espinat—Goigoux. Tom. 3, 1812. 485
Plantade—Ascai. *Collect.* an 1809. 369
Planté—Dubrana. *Journ.*, 1er. sem. 1809. 97
Plastrier,Chanu—Ambert. *Journ.*,2e. sem. 1812. 515
Platelet—Lamiraux. *Journ.*, 1er. sem. 1808. 327
Platz—Weilbrenner. *Collect.* an 14—1806. 85
Pleuner—Bogard. *Journ.*, 2e. sem an 11. 467
Plessier (héritiers)—Ardant. *Collect.* an 1808. 125
Plessis—Herpin. *Collect.* an 12. 379
Plet—Horeau et consorts. *Journ.*, 2e. sem. 1811. 33
Plett—Bosman. *Journ.*, 2e. sem. 1810. 300
Pleumartin. (les mariés) *Journ.*, 2e. sem. an 13. 419
Pleumartin — Sallet. *Journ.*, 1er. sem. 1811. 261
Plinval — Lamegie — Courtin — d'Ussy. *Journ.*, 1er. sem. 1810. 195
Plommageat—Lapotonnière. *Journ.*, 2e. sem. an 11. 181
Plou—Manteau. *Collect.* an 14—1806. 256
Plouin—Verdin. *Journ.*, 1er. sem. an 13. 428
Plumier—Huet. *Journ.*, 1er. sem. 1811. 335
Pluvinet—la Régie des douanes. *Collect.* an 12. 255
Pluvinet—héritiers Vivien. Tom. 2, 1813. 198
Pobechemi—Ropenacx. *Journ.*, 1er. sem. an 12. 315
Pochet et consorts. *Journ.*, 1er. sem. 1811. 437
Pochettini—Rosso. *Collect.* an 1810. 349
Pocquet—Noel. *Journ.*, 1er. sem. 1809. 462
Poëlman—Howin. *Journ.*, 2e. sem. 1812. 575
Poignand — Muller. *Journ.*, 2e. sem. an 10. 568
Poignand—Jamyot. (héritiers) Tom. 3, 1813. 119
Poigné—Bayet. *Journ.*, 1er. sem. 1808. 433
Poincelet—Jacquot—Collet. *Journ.*, 2e. sem. an 10. 13
Poinsenet, Rochet—Secondé. *Journ.*, 1er. sem. 1808. 439

Poinsot—Delabrange. *Journ.*, 1er. sem. 1811. 269
Point—Delay, Peraud. Tom. 1, 1813. 281
Poirier—Corny. *Journ.*, 1er. sem. 1810. 40
Poirot—Darnaud. *Collect.* an 1810. 487
Poirson—Bourges. *Journ.*, 1er. sem. 1809. 168
Poirson. (les maries) *Journ.*, 1er. sem. 1811. 439
Poirson (les mariés) *Journ.*, 2e. sem. 1812. 103
Poissont—Osbert. *Journ.*, 1er. sem. an 12. 38
Poitevin—Fremau. Tom. 3, 1813. 184
Poix Menu, père et fils. *Journ.*, sem. an 14. 260
Polastre-Martin—Majoret. *Journ.*, 1er. sem. an 13. 545
Poligny—la dame Vauban. *Journ.*, 1er. sem. an 13. 328
Poligny (de)—De Brossia. Tom. 1, 1812. 367
Polisse—Grassin. *Journ.*, 2e. sem. an 12. 149
Polleri — Delucchi, Fossati. *Journ.*, 2e. sem. 1812. 571
Pollin—Rioult. Tom. 2, 1813. 581
Pombelle—Guéheneux. *Collect.* an 1808. 147
Pomelin—Prat. *Journ.*, 1er. sem. an 11. 485
Pomme—Noblat. *Journ.*, 1er. sem. 1810. 522
Pomme—Régie des droits réunis. Tom. 3, 1813. 604
Pommereuil—Lauris. *Journ.*, 1er. sem. an 12. 31
Pommeret—Joussineau. *Collect.* an 1808. 490
Pommier—Chabert. *Journ.*, 2e. sem. an 10. 58
Ponard—Gauthier. *Collect.* an 14—1806. 340
Poncet—Lecouteux-Lanorraie. 1er. sem. an 11. 86
Ponchon—Guenet. *Journ.*, 2e. sem. an 12. 231
Ponelle—Billardon. *Journ.*, 2e. sem. 1810. 105
Poniatouska—Lenormand. Tom. 1, 1812. 371
Pons de Bologne. *Journ.*, 1er. sem. an 13. 124
Pons de Ligant—Plancher. Tom. 3, 1812. 440
Ponsin, Lallemand—Sery. *Collect.* an 1808. 92
Pontaud—Polastre-Martin. *Journ.*, 1er. sem. an 13. 545
Pont-Chappelle—Régie des octrois. *Journ.*, 2e. sem. 1811. 213
Ponte—Gerbo. *Collect.* an 1807. 99
Ponte de Lambriasco—Delahaye. Tom. 1er. 1813. 213
Ponte-Lombriasco—Md. *Collect.* an 1811. 499
Ponte de Lombriasque— Garda. Tom. 3, 1812. 538
Pontet—Bapst. *Collect.* an 1809. 57
Pontevès—Schulter Tom. 2, 1813. 64
Ponthaye — Boudrot. *Journ.*, 1er. sem. 1810. 241

Pooton—Régie des domaines. *Journ.*, 1er. sem. 1811.   P. 449

Pontrel — les héritiers Leprevot. *Collect.* an 12.   289

Pontrève—Auger. *Journ.*, 1er. sem. 1809. 153

Pozzio. (veuve et mineurs) *Collect.* an 1811. 312

Poot Welvis-Depeep. *Journ.*, 1er. sem. 1806. 357
et *Journ.*, 2e. sem. 1806.   100

Poot et femme—Channac. *Journ.*, 2e. sem. 1811.   279

Poot—t'Kint. *Journ.*, 1er. sem. 1807.   411

Popot — Duperlhuis-Duperchet. Tom. 3, 1812.   15

Porentruy (communes du pays de) — Régie des domaines. *Collect.* an 1808.   410

Porlier—Colin. *Journ.*, 2e. sem. an 12.   492

Porrini—G . . . *Journ.*, 1er. sem. 1810.   569

Porta et Biandra—Belz. *Journ.*, 1er. sem. 1809.   373

Portal. Tom. 1, 1813.   424

Portalis — commune d'Ansouis. *Journ.*, 2e. sem. an 13.   84
et *Collect.* an 1811,   190

Porte—Mathieu. Tom. 1, 1812.   319

Portet—Mathieu. *Journ.*, 2e. sem. an 11.   8

Possel. *Collect.* an 1809.   222

Possel et compagnie—Besson. *Journ.*, 1er. sem. 1811.   422

Possel et compagnie. Lafond. *Journ.*, 1er. sem. 1811.   460

Pot — héritiers Vandersteene *Collect.* an 1807.   455

Potain — Finkin, Bassion. *Journ.*, 1er. sem. 1808.   248

Potard—Johannot. *Collect.* an 1811.   233

Potel—Cellier. *Journ.*, 2e. sem. an 12.   253

Potel Bodin—Lecourt-Doucet. 1er. sem. an 11.   220

Potié—Contant. *Journ.*, 2e. sem. an 13.   468

Potge—Régie de l'enregistrement. Tom. 2, 1813.   573

Potier—Dugay. *Journ.*, 2e. sem. an 10.   497

Potin-Vauvineux—héritiers Meulan. *Collect.* an 13.   104

Potin—Hery. *Journ.*, 1er. sem. an 12.   572

Potot et consorts — commune de Chaillery-lès-Emery. *Journ.*, 2e. sem. an 9, n°. 24.   6

Potter—Merlin-Hall. *Collect.* an 13.   167

Pouchet—Maugendre—Bené. *Journ.*, 1er. sem. 1809.   185

Poudra—ministère public. Tom. 3, 1813.   287

Poujadon-Latour—Sudrie. *Journ.*, 2e. sem. an 10.   15

Poujaud—Parain. *Journ.*, 2e. sem. 1807   310

Poujaud—Parrain. *Journ.*, 2e. sem. 1809. 202

Poujaud — Quatremère. *Journ.*, 1er. sem. 1810.   401

Poujol—Devarsy. *Collect.* an 1811   P. 37

Poulain—Denizet. *Journ.*, 1er. sem. 1809. 2·4
et 2e. sem. 1811.   413

Poulain de Maisonville, Bureaud — Besenval. *Journ.*, 2e. sem. 1809.   326

Poulain—Parizet. *Journ.*, 2e. sem. 1810.   294

Poulain—Gastinel. Tom. 2, 1813.   61

Poulard — Gouillard. *Journ.*, 1er. sem. 1811.   204

Poulard—Gouillard-Dumontois. *Journ.*, 2e. sem. 1811.   387

Poulet—Robert. *Collect.* an 1810.   340

Poullou—Messel. Tom. 2, 1813.   521

Poulthier—la commune de Belley. *Journ.*, 1er. sem. an 11.   406

Poumeau—Nadaud. Tom. 1er., 1813.   203

Poupaule. (héritiers) *Journ.*, 1er. sem. 1811.   26

Poupel—Montavon. *Journ.*, 1er. sem. au 13. 187

Pouquet—Darmont. *Journ.*, 2e. sem. 1808. 461

Pourbaix—Mahieu. *Journ.*, 2e. sem. an 10. 487

Pousin—Ministère public. Tom. 3, 1812. 103

Poussalin—Gaulier. 1er. sem. an 11.   119

Poussaux—la Régie de l'enregistrement. *Journ.*, 2e. sem. an 10.   565

Poussielgue—Stockens. *Journ.*, 2e. sem. 1807.   286

Pout. *Journ.*, 1er. sem. an 11.   342

Poutiant—Guy—Fayole. *Journ.*, 2e. sem. 1801.   209

Pouvreau—Lortie. *Journ.*, 2e. sem. 1810.   236

Pouydehat—Dubrana. *Journ.*, 2e. sem. 1808.   259

Pouyet—Delon. *Collect.* an 1809.   467

Pouyet (J.-J.)—Pouyet, veuve et fils. *Journ.*, 2e. sem. 1811.   301

Pouyet (veuve et fils)—J.-J. Pouyet. Tom. 3, 1812.   86

Pover—Thibault—Moreau. Tom. 2, 1813, 193

Poya—Dubeux. *Journ.*, 2e. sem. an 11.   407

Powits—Moulard. *Journ.*, 2e. sem. 1810.   525

Pozzodiborgo—Guidaccioli. *Collect.* au 1811. 259

Pracontal, Choiseul—Thiroux de Medavy. *Journ.*, 2e. sem. 1809.   289

Pradal—Guibert. *Journ.*, 1er. sem. an 12.   561

Pradelle, Poudrel et Fleury, Jubié — Roustan. *Journ.*, 1er. sem. 1809.   104

Pradelle—Roustan. *Journ.*, 2e. sem. 1807. 561

Pradel-Vielle—de Muler. *Collect.* an 1810. 273

Pradier—la dame Rochechouart. *Journ.*, 2e. sem. an 11.   568

Pradier—Dutreix. *Journ.*, 2e. sem. an 13. 185

Praet—Vandenesschen. *Journ.*, 2e. sem. 1807.   462

Prat—Pomelin. *Journ.*, 1er. sem. an 11.   485

Prat—Nicaise *Journ.*, 2e. sem. an 12.   98

Prat—Dervieux. *Journ.*, 1er. sem. 1808.   55

Pratz—Daidé. *Journ.*, 1er. sem. 1807. P. 550
Pratz—Bès—Noël. *Journ.*, 1er. sem. 1808. 468
Prébisson—Saulnier. *Journ.*, 1er. sem. an 10. 260
Préfet de Paris — Duhamel. *Journ.*, 2e. sem. an 9, n°. 4. 1
Préfet (le) du département de Calvados—la commune de Ranville. *Collect.* an 12. 250
Préfet (le) de l'Yonne—Monville. *Journ.*, 2e. sem. an 11. 221
Préfet (le) de la Loire-Inférieure—veuve Magonet. Tom. 1, 1812. 400
Préfet (le) de la Côte-d'Or.—commune de Villotte. *Collect.* an 13. 145
Préfet du Trasimène. Tom. 1, 1812. 43
Préfontaine—Marion. *Journ.*, 1er. sem. an 1810. 440
Prégermain-Derivery—Natey. *Collect.* an 11. 58
Présès—Got. *Journ.*, 2e. sem. an 11. 451
Préverand—Guebhard. *Journ.*, 1er. sem. an 13. 238
Prevost de Longperrier-Navare. *Journ.*, 1er. sem. 1810. 373
Prevost — Mineurs Samson. *Collect.* an 1809. 522
Prevost de Bord—Régie de l'enregistremt. *Journ.*, 2e. sem. 1810. 549
Prévost—Charles, Tom. 1, 1812. 444
Prevost—Beauchef. *Journ.*, 2e. sem. 1812. 285
Prevost — Berkeurode. *Journ.*, 2e. sem. 1812. 415
Prévôt—Girault. *Journ.*, 1er. sem. an 12. 243
Prévôt—succession Moran. *Journ.*, 1er. sem. an 13. 81
Prévost-Long-Perrier—Navarre. *Journ.*, 2e. sem. an 13. 396
Prévôt de Saint Cyr—Andraye. *Journ.*, 2e. sem. 1807. 324
Prévôt—Chol — Pigalle. *Journ.*, 2e. sem. 1811 518
Prévôt—héritiers Lagache. Tom. 3, 1813. 561
Prévoteau—Hébray. Tom. 1, 1813. 416
Prier Bardet—leurs créanciers. *Journ.*, 1er. sem. 1810. 124
Prieur—Lefevre. *Journ.*, 1er. sem. an 11. 329
Prieur—Abn. *Journ.*, 1er. sem. 1809. 479
Prieur-Chaufour — Raussin. *Journ.*, 2e. sem. an 10. 22
Primavesi—Godeck. Tom. 2, 1813. 588
Primet—Gigot-Garville. 1er. sem. an 11. 3
Prinet—d'Affry. *Collect.* an 14—1806. 292
Prinet-Gigot-Garville. *Journ.*, 1er. sem. an 11. 575.
Priour. Tom. 1, 1813. 124
Priour—Trégomain. Tom. 2, 1813. 289
Priusi—Bolster, Vandermotten. *Collect.* an 1807. 256

Privat—Teissier. *Journ.*, 1er. sem. 1807. P. 508
Privat-d'Anduze—Bonfils. Tom. 3, 1812. 408
Priveras—Beauvais. *Collect.* an 12 71
Projet, Roger—Laporte. *Journ.*, 2e. sem. 1809. 534
Proli-Fondbarré — Roelens. *Journ.*, 1er. sem. 1810. 318
Propre. Tom. 1. 1813. 590
Protat—M. de Montesquiou. *Collect.* an 12. 53
Provence — Berthelin. *Journ.*, 2e. sem. 1806. 301
Provenchère — Greute, Lecat. Tom. 1, 1812. 146
Provost—Daniel. *Journ.*, 2e. sem. 1809. 229
Provost—Simon. *Journ.*, 2e. sem. 1812. 584
Prudhomme, Chailly — Brissac. Tom. 1, 1813. 260
Psalmon, Blanié—Lanchère. Tom. 1, 1813. 455
Puech (Martin) Debray et compagnie. *Journ.*, 1er. sem. 1810. 474
Puech — Petit Pierre — Meus. *Journ.*, 2e. sem. 1810. 74
Puech—Debray — Valfresne. *Journ.*, 2e. sem. 1812. 356
Puech—Debray et compagnie. Tom. 3, 1813. 150
Puccio, Revello—Dasso. *Journ.*, 2e. sem. 1812. 557
Puibusque—Robin. Tom. 1, 1812. 360
Puissau (héritiers et légataires.) Tom. 2, 1813. 500
Puissant (les héritiers)—Lesage. *Collect.* an 12. 309
Puissant—Castellain. Tom. 3, 1812. 344
Pujo—Batsere. *Journ.*, 1er. sem. 1810. 126
Pujol—Faduille. *Journ.*, 1er. sem. 1810. 431
Puligneu—Berdoile. 1er. sem. an 11. 145
Putot—Mitanchet. *Journ.*, 2e. sem. 1807. 465
Puttemans—Claes. *Journ.*, 1er. sem. 1810. 382
Putzoui—Rota. *Journ.*, 2e. sem. 1811. 547
Puvis—Golyon. *Journ.*, 2e. sem. an 9, n°. 10. 4
Puy—Chanaud. *Journ.*, 1er. sem. 1809. 438
Pyrault, Doyen—de Caraman. *Collect.* an 1811. 130
Pyron et consorts — Baroud. *Journ.*, 1er. sem. an 10. 349
Quarré. (les mariés de) *Collect.* an 14-1806. 104
Quarré-Devillers — Leroux. *Journ.*, 1er. sem. 1810. 17
Quartara — Nicolaï. *Journ.*, 2e. sem. 1811. 147
Quartier—Mourellot. *Journ.*, 2e. sem. an 10. 510
Quatrefages de la Boquette—Leroux. Tom. 3, 1812. 438

Quatremère—Poujaud. *Journ.*, 1er. sem. 1810.
P. 401
Quéhillac—Amaury. *Collect.* an 11.   321
Queniz-Raynaud—Dalbey. *Journ.*, 2e. sem.
1810.   155
Quentin—Lebon. *Journ.*, 2e. sem. an 11. 409
Quentin—Lebon de Laboutraye. *Journ.*, 2e. sem.
an 12.   276
Quentin de Vamber—Thiéry. Tom. 2, 1813.
15
Quéré. Tom. 3, 1813.   255
Quertemont—Ciplet. *Journ.*, 2e. sem. 1811.
284
Querus—Maupeou. 1er. sem. an 11.   60
Quesnay. *Collect.* an 1807.   20
Quesnel—Moret—Vaury. *Journ.*, 2e. sem. 1810.
313
Quesney — Charles. *Journ.*, 1er. sem. 1808.
281
Quesney—Forestier. Tom. 1, 1812.   578
Quesnon—Régie de l'enregistrement. *Journ.*, 2e.
sem. 1807.   279
Questroi—Bauwens. *Collect.* an 1810.   296
Quête—Lanoble. *Journ.*, 1er. sem. an 13. 97
Queulz—Randon de Lucenay. *Journ.*, 2e. sem.
an 12.   567
Quevremont-Lamotte — Cruppevolle. Tom. 3,
1812.   75
Queyrieu —Pestre. (de) *Journ.*, 2e. sem. 1806.
241
Quielet—Poix-Menu. *Journ.*, sem. an 14. 260
Quinche — Gouillet. *Journ.*, 2e. sem. an 11.
158
Quinrot—Chevalier. *Journ.*, 1er. sem. an 13.
554
Quinsac (de)—Lachambre. *Collect.* an 1809.
188
Quintin. (héritiers) *Journ.*, 1er. sem. 1811.
171
Quinquerez. *Journ.*, 2e. sem. 1808.   412
Quirini *Journ.*, 2e. sem. 1812.   234
R . . . . —sa fille. Tom. 3, 1812.   333
Raban. (les maries) *Journ.*, 2e. sem. an 11.
597
Rabasso—Bouilli. Tom. 2, 1813.   52
Rabel—Betancourt. *Collect.* an 1811.   469
Rabotin—Lapareillé. *Collect.* an 1808.   131
Raboulin—Boileau. Tom. 1, 1812.   270
Rabourdin—Régie des domaines. *Journ.*, 1er.
sem. 1811.   424
Rabusson — Granet. *Journ.*, 1er. sem. 1810.
104
Raby—Giroir. *Journ.*, 1er. sem. an 12. 212
Racle—Penicaud—Lannefrauque. *Journ.*, 2e.
sem. an 9, n°. 31.   5
Radiot—Wilion. *Collect.* an 1810.   450
Radet—Stas. *Journ.*, 2e. sem. 1811.   88

Radiez — Semonville. *Journ.*, 2e. sem. 1812.
P. 248
Raffeneau Delille—Clavet. *Journ.*, 2e. sem. an
12.   363
Raffy—Leguay. *Collect.* an 1807.   402
Raffy, Cremier—Michel. Tom. 1, 1813. 321
Ragan—Boyer—Dumollet. Tom. 3, 1812. 524
Raggio. (enfans) Tom. 1, 1812.   555
Ragon, Aversenne—Chezjean. *Journ.*, 2e. sem.
18.2.   166
Ragoulleau—Mondot-Lagorse. *Journ.*, 2e. sem.
1811.   65
et *Journ.*, 2e. sem. 1811.   504
et Tom. 1, 1812.   449
et Tom. 3, 1812.   205
et *Journ.*, Tom. 2, 1812.   80
et *Journ.*, Tom. 2, 1812.   63
et Tom. 3, 1813.   147
Raguenet—héritiers Baillet. *Journ.*, 2e. sem.
an 12.   301
Raimbault—Régie de l'enregistrement. *Journ.*,
1er. sem. 1808.   359
Rolassey—Griffe. *Journ.*, 2e. sem. 1811. 33
Ramaux—Henri AErts. *Collect.* an 13.   65
Rambault—Régie de l'enregistrement. *Journ.*,
2e. sem 1811.   529
Rambour — Lameth. *Journ.*, 1er. sem. 1810.
262
Rame—Régie de l'enregistrement. *Journ.*, 2e.
sem. 1812.   273
Rampal — Lambert, Brun. *Collect.* an 1809.
489
Ramus—Régie de l'enregistrement. *Collect.* an
1811.   233
Ramvoiset—Monclos. *Journ.*, 1er. sem. an 11.
422
Ranc—Voillot-Bayet. *Journ.*, 2e. sem. 1810,
45
Rancé. (de) *Collect.* an 1809.   16
Rancez—Line. *Journ.*, 2e. sem. 1812.   74
Rancher (de)—Leruel. *Collect.* an 1811.   56
Ranchau—Gasset. *Journ.*, 1er. sem. 1807. 241
Ranciat—Dutreix. *Journ.*, 2e. sem. an 13. 18.
Ranconnet—Authier. *Journ.*, 1er. sem. an 11
487
Randon de Lucenay—Quentz. *Journ.*, 2e. sem.
an 12.   567
Ranguevaux (commune de)—Wendel. *Journ.*,
2e. sem. an 11.   321
Ranneci—Mercanti. Tom. 1, 1813.   422
Ransonnet—Gotfard. *Collect.* an 14—1806. 62
Ranville. (la commune de) *Journ.*, 1er. sem.
an 10.   237
Rapin — Gombault. *Journ.*, 1er. sem. 1810.
299
Rapaux—Gravet, Boulard. *Collect.* an 1809.
66

Rappelet — Bellynck. *Journ.*, 2e. sem. 1812. P. 137

Rappe — Debrouwer. *Journ.*, 2e. sem. 1806. 555

Rasella—veuve Lambert et fils. *Journ.*, 1er. sem. an 12. 554

Rasetti—Mossi. *Collect.* an 1811. 196

Raschært. Tom. 1, 1813. 599

Rastel (veuve)—Fouilleul. *Journ.*, 1er. sem. 1808. 390

Ratel—Mascart—Marchot. *Collect.* an 1811. 480

Ratelot—Laplante. *Journ.*, 2e. sem. an 12. 500

Ratgras—Hulot. *Journ.*, 1er. sem. an 13. 406

Rathelot—Ardent. Tom. 3, 1813. 507

Ratti—Sanino. *Journ.*, 2e. sem. 1808. 553

Raveral—Ministère public. *Collect.* an 1809. 396

Ravel—Hugo. *Journ.*, 1er. sem. 1809. 527

Ravel et Tourton—Vanoverstraeten. *Collect.* an 12. 154

Raveneau-Chaumont. (créanciers) *Journ.*, 2e. sem. 1811. 534

Ravette—Vion. *Journ.*, 1er. sem. an 13. 337

Ravillois—madame de Bethune. *Journ.*, 2e. sem. an 12. 84

Raudoulet—Leroy et autres. *Journ.*, 1er. sem. an 12. 218

Rauquet — Barjeton. *Journ.*, 2e. sem. 1810. 344

Raussin—Hennequin. *Journ.*, 2e. sem. an 10. 22

Rauvier—Mallet. Tom. 3, 1812. 484

Rayé — Paugœrts. *Journ.*, 1er. sem. an 12. 353

Rayet. (héritiers) *Collect.* an 14—1806. 424

Rayet. *Journ.*, 2e. sem. 1808. 65

Raymond—Maréchal. *Journ.*, 2e. sem. an 12. 246

Raymond—Cadras. Tom. 3, 1812. 155

Raynaud—Martial Larivière. Tom. 2, 1812. 7

Raynaud—Delmas. *Journ.*, 1er. sem. an 12. 355

Raynaud—l'Hoste. *Journ.*, 2e. sem. 1809. 219

Razuret et compagnie—Thibaut. *Journ.*, 1er. sem. 1806. 214

Racuret et Faber — Testard. Tom. 2, 1812. 438

Reau—Duflau. *Journ.*, 2e. sem. 1811. 476

Réaux—Manchy. *Journ.*, 1er. sem. 1808. 74

Rebattu—Garde. *Journ.*, 1er. sem. 1809. 214 et *Collect.* an 1811. 495

Rebecqui—Virgile. (de) *Journ.*, 1er. sem. 1809. 214 et *Journ.*, 1er. sem. 1809. 361

Rebecqui—Aubergi. *Collect.* an 1811. P. 458

Rébecqui—Virgile. (héritiers) 2e. sem. 1812. 5

Rebert — Weissholtz. *Journ.*, 2e. sem. 1809. 142

Rebin—Tringlet—Houdet. *Journ.*, 1er. sem. an 12. 190

Rebuffat—Lespinasse. *Journ.*, 2e. sem. 1809. 245

Recamier—Danet. *Journ.*, 1er. sem. 1807. 69

Recamier—Hervas. *Collect.* an 1810. 322

Receveur—la dame Deniset. *Journ.*, 2e. sem. an 13. 365

Récolet—Delmasse. *Collect.* an 1809. 439

Reculard — Administration forestière. *Collect.* an 1811. 435

Recusson—Folmer. Tom. 3, 1813. 308

Redecker (héritiers)—Pestel. Tom. 1, 1813. 247

Redelborgt—Mosselman. *Journ.*, 2e. sem. 1812. 225

Redon—Cramaille. *Collect.* an 1808. 63

Régalle—Hurault. *Journ.*, 2e. sem. 1808. 570

Regereau—Ministère public. *Collect.* an 1810. 385

Reggio, Galli—Gros. Tom. 1, 1813. 157

Régie des douanes—Scaratti. *Journ.*, 2e. sem. an 11. 545

—— de l'enregistrement. — Donis. *Journ.*, 1er. sem. 1806. 297

——Guilhot. *Journ.*, 1er. sem. 1807. 33

——Brunet. *Journ.*, 1er. sem. 1807. 89

——Renaud. *Journ.*, 1er. sem. 1807. 94

——Archinard. *Journ.*, 1er. sem. 1807. 97

——Malvielle. *Journ.*, 1er. sem. 1807. 273

——Pinard. *Journ.*, 1er. sem. 1807. 357

——Durandeau. *Journ.*, 1er. sem. 1807. 469

——Kampeneers. *Journ.*, 2e. sem. 1807. 166

——Quesnon. *Journ.*, 2e. sem. 1807. 276

——Smet. *Collect.* an 1807. 13

——Deona. *Collect.* an 1807. 63

——Ogez. *Collect.* an 1807. 66

——Bigot, Guille. *Collect.* an 1807. 75

——Valence. *Collect.* an 1807. 174

——De Sulis. *Collect.* an 1807. 204

——Hérisson. *Collect.* an 1807. 237

——Desouches. *Journ.*, 1er. sem. 1808. 17

——Francq. *Journ.*, 1er. sem. 1808. 37

——Rap. *Journ.*, 1er. sem. 1808. 308

——Raimbault. *Journ.*, 1er. sem. 1808. 359

——Cappel. *Journ.*, 1er. sem. 1808. 375

——Lebean. *Journ.*, 2e. sem. 1808. 17

——Marchand. *Journ.*, 2e. sem. 1808. 225

——Alixand. *Journ.*, 2e. sem. 1808. 375

——Pagès. *Journ.*, 2e. sem. 1808. 417

Régie des domaines—Bresson. *Journ.*, 1er. sem. an 12. 487

——Viard Vaumoine. *Journ.*, 2e. sem. an 13. P. 161
——Normand. *Journ.*, 1er. sem. 1809. 287
——Messet. *Journ.*, 1er. sem. 1810. 81
——Huet de la Croix. *Journ.*, 1er. sem. 1810. 94
——Sozzi. *Journ.*, 1er. sem. 1810. 547
——Mabille. *Journ.*, 2e. sem. 1810. 486
——Cauroy. *Journ.*, 1er. sem. 1811. 372
——Rabourdin. *Journ.*, 1er. sem. 1811. 424
——Pouton. *Journ.*, 1er. sem. 1811. 449
——De Burges. *Journ.*, 2e. sem. 1811. 223
——Desrioux. *Journ.*, 2e. sem. 1811. 294
——Mirocourt. *Journ.*, 2e. sem. 1812. 135
——Challaye. *Collect.* an 11. 427
——Auriol et autres habitans de Montipol. *Collect.* an 12. 283
——Porentruy. (communes du pays de) *Collect.* an 1808. 410
——Guyot. *Collect.* an 1809. 274
——Robion. *Collect.* an 1809. 440
——M. de Barrol. *Collect.* an 1811. 325
——Gros—Lebailly. Tom. 1, 1812. 21
——Duval. Tom. 1, 1812. 152
——Huet des Moulins. Tom. 1, 1812. 253
——héritiers Desplasses. Tom. 1, 1812. 262
——Pelleri. Tome 1, 1812. 283
——Nano. Tom. 1, 1812. 406
——Le Pelletier. Tom. 1, 1812. 459
——Cazal. Tom. 3, 1812. 33
——veuve Tassin. Tom. 3, 1812. 386
——Cuvelier. Tom. 2, 1813. 377
——Girard. Tom. 2, 1813. 406
——De Douker. Tom. 2, 1813. 451
——Fauconneau. Tom. 2, 1813. 453
——Garnier-Boissière. Tom. 2, 1813. 486
——Landon-Vernon. Tom. 2, 1813. 529
——Delard. Tom. 2, 1813. 564
Régie forestière—Theysson. Tom. 3, 1813. 46
Régie des douanes—Geerts. *Journ.*, 2e. sem. an 10. 393
——Laurent Lesug. *Journ.*, 2e. sem. an 11. 483
——les héritiers Valery. *Collect.* an 12. 208 et 237
——Pluvinet. *Collect.* an 12. 255
——Chesneau. *Collect.* an 13. 225
——Bouveret. *Collect.* an 1808. 161
——Ceyen. *Collect.* an 1808. 439
——*Collect.* an 1809. 125
——Ghérardi. Tom. 1, 1812. 351
——Pinet. *Journ.*, 1er. sem. 1811. 165
——Vanhove. Tom. 1, 1812. 509
——Marchand. Tom. 1, 1812. 344
——Picard *Journ.*, 2e. sem. 1812. 84
Régie des domaines—Watiaux. Tom. 3, 1812. 375

Régie des douanes—Bartoni. Tom. 3, 1812. P. 437
——Soler. *Collect.* an 12. 306
——Géraerte. *Collect.* an 12. 358
Régie des droits réunis—Buckaw. *Journ.*, 2e. sem. 1809. 309
——Rozella. *Collect.* an 1809. 108
——*Journ.*, 1er. sem. 1810. 56
——Mazoyer. *Collect.* an 1811. 339
——Zacharie. Tom. 2, 1812. 27
——*Journ.*, Tom. 2, 1812. 365
——Dury. *Journ.*, 2e. sem. 1812. 455
——Franck. Tom. 1, 1812. 206
——Vanhamme. Tom. 1, 1813. 539
——Perducet. Tom. 2, 1813. 161
——Bonnet. Tom. 2, 1813. 297
——Marignan. Tom. 2, 1813. 595
——Lombardo. Tom. 3, 1813. 326
——Pomme. Tom. 3, 1813. 604
Régie de l'enregistrement. *Journ.*, 2e. sem. an 9, n°. 16. 1
——Gibert. *Journ.*, 1er. sem. an 12. 503
——héritiers Moutrevel. *Journ.*, 2e. sem. an 12. 121
—— Bacon. *Collect.* an 11. 418
——Geoffroy. *Collect.* an 12. 128
——Minne. *Collect.* an 12. 220
——Thuret. *Journ.*, 1er. sem. an 13. 72
——Vains de la Saussaye. *Journ.*, 1er. sem. an 13. 75
——Expert. *Journ.*, 1er. sem. an 13. 85
——Pautens. *Journ.*, 1er. sem. an 13. 113
—— Fouache — Bellot— Gobiert. *Journ.*, 1er. sem. an 13. 241
——Seyeux. *Journ.*, 1er. sem. an 13. 304
——Cathuc. *Journ.*, 1er. sem. 13. 472
——Besselievre. *Journ.*, 2e. sem. an 12. 181
——Favresse. *Journ.*, 2e. sem. an 13. 283
——la dame Duc. *Journ.*, 2e. sem. an 13. 403
——Bouvier. *Collect.* an 13. 10
——Bazin. *Collect.* an 13. 209
——Chevalier. *Collect.* an 13. 242
——les avocats et avoués de Civray. *Journ.*, sem. an 14. 97
——Rohan-Guémenée. *Journ.* sem. an 14. 164
——Tronq. *Collect.* an 11. 193
——Bachelier. *Collect.* an 14—1806. 58
——Maklot. *Collect.* an 14—1806. 289
——Coural. *Collect.* an 14—1806. 492
——Martin. *Journ.*, 2e. sem. 1806. 9
——Blanche. *Journ.*, 2e. sem. 1806. 273
——Malassagny. *Journ.*, 2e. sem. 1806. 276
——Haësebeyt. *Collect.* an 1808. 288
——Arbey. *Collect.* an 1808. 288
——Entrepreneurs des Messageries. *Journ.*, 1er. sem. 1809. 69

——Journ., 1er. sem. 1809.   P.   132
——Liond. Journ., 1er. sem. 1809.   182
——Chaudurié. Journ., 1er. sem. 1809.   200
——Laurent. Journ., 1er. sem. 1809.   241
——Halot—Cayre. Journ., 1er. sem. 1809.   341
——Liége. Journ., 1er. sem. 1809.   343
——Passemard. Journ., 1er. sem. 1809.   481
——Diot. Journ., 1er. sem. 1809.   529
——Selves. Journ., 2e. sem. 1809.   38
——Notaires de Riom. Journ., 2e. sem. 1809.   88
——héritiers Teillard. Journ., 2e. sem. 1809.
                                                      129
——Vander—Bruggen. Journ., 2e. sem. 1809.
                                                      200
——Dumoulin. Journ., 2. sem. an 1809.   295
——Riquebourg. Journ., 2e. sem. 1809.   353
——Beurdier. Journ., 2e. sem. 1809.   356
——Avoués de Confolens. Journ., 2e. sem. 1809.
                                                      389
——Descarreaux. Journ., 2e. sem. 1809.   433
——Dellorenne. Journ., 2e. sem. 1809.   465
——Perrochain, Pelon. Journ., 2e. sem. 1809.
                                                      468
——Thysibaert. Collect. an 1809.   157
——Gosselen. Journ., 1er. sem. 1810.   329
et Journ., 1er. sem. 1810.   439
——Perignon. Journ., 1er. sem. 1810.   451
——Despagnac. Journ., 2e. sem. 1810.   68
——Limerac. Journ., 2e. sem. 1810.   198
——Lambert. Journ., 2e. sem. 1810.   483
——Millard. Journ., 1er. sem. 1811.   357
——Devalois. Journ., 1er. sem. 1811.   433
——Vanovervel. Journ., 2e. sem. 1811.   229
——Jacques. Journ., 2e. sem. 1811.   289
——Retyer. Journ., 2e. sem. 1811.   289
——Chrétien. Journ., 2e. sem. 1811.   293
——Rambault. Journ., 2e. sem. 1811.   529
——Maglione, Musso. Journ., 2e. sem. 1811.
                                                      530
——Duverger—Hacquart. Journ., 2e. sem. 1809.
                                                      532
——la dame Gentil. Collect. an 1811.   27
——Stapleton. Collect. 1811.   210
——demoiselle Saint-Blancard, Collect. an 1811.
                                                      303
——Ramus. Collect. an 1811.   233
——Earon. Collect. en 1811.   252
——veuve Target. Collect. an 1812.   252
——d'Espagnac. Collect. an 1811.   267
——Arnaudi—Hortala. Tom. 1, 1812.   134
——veuve Comlet. Tom. 2, 1812.   140
——Mascard. Tom. 1, 1812.   252
——Lachapelle. Tom. 1, 1812.   365
——Lemarquant. Tom 1, 1812.   427
——Boudet. Tome 1 1812.   493

——veuve Delaplace. Tom. 1, 1812.   P.   496
——Chesnel. Tom. 1, 1812.   497
——Santerre. Tom. 1, 1812.   518
——héritiers Anneix. Tom. 1, 1812.   550
——veuve Malassis. Tom. 1, 1812.   560
——Estoup. Tom. 1, 1812.   563
——Jarnac. Journ., Tom. 2, 1812.   82
——Montesquieu. Journ., Tom. 2, 1812.   162
——Rome. Journ., Tom. 2, 1812.   273
——Lamaison. Journ., Tom. 2, 1812.   27*
——Malo. Journ., Tom. 2, 1812.   278
——Colombier. Journ., Tom. 2, 1812.   285
——Bonnecarère. Journ., Tom. 2, 1812.   364
——Gavard. Journ., Tom. 2, 1812.   367
——Lurchy. Journ., Tom. 2, 1812.   494
——Lambert. Tom. 3, 1812.   36
et   88
et   92
——Chéron de Caly. Tom. 3, 1812.   273
——Morlet. Tom. 3, 1812.   353
——Dumet. Tom. 3, 1812.   429
——Baudouin. Tom. 3, 1812.   516
——Bigault-d'Avocourt. Tom. 1, 1813.   13
——Fritz. Tom. 2, 1813.   183
——veuve et héritiers Volant. Tom. 2, 1813.
                                                      321
——Jousselin. Tom. 2, 1813.   327
——Leflacher. Tom. 2, 1813.   417
——Poige. Tom. 2, 1813.   575
——Galleti. Tom 3, 1813.   165

Régie des Octrois.—Manissier. Tom. 1er., 1812.
                                                       95
——Pont-Chapelle. Journ., 2e. sem. 1811.   215
Reginel—Boyer. Tom. 1, 1813.   309
Regley—Ficatier. Journ., 1er. sem. an 12.   152
Regnard—Chartens—Perelle. Tom. 3, 1812.
                                                      215
Regnault—Lagrange. Collect. an 13.   212
Regnault de Saint-Germain. (veuve et héritiers)
    Tom. 1, 1812.   267
Regnier. Journ., 1er. sem. an 10.   568
Reidel—Mauget. Journ., 1er. sem. an 10.   205
Reil—Schmitte—Jelhé. Tom. 1, 1812.   476
Reil—Jehlé. Tom. 1, 1813.   306
Reilhac—Bousquet. Journ., 1er. sem. an 12.
                                                      337
Reinach—Fleury. Tom. 3, 1812.   565
Reindegrans—Scholten. Collect. an 1809.   390
Reineck—Cerf-Liebmanne. Collect. an 1811.
                                                      469
Reitz-Mirback. Journ., 1er. sem. an 13.   513
Remade—Fraipont. Journ., 2e. sem. an 12.   557
Remaub, Lrabé—Larchevêque. Journ., 2e. sem.
    1812.   473
Remigny—de Feuillens. Journ., 1er. sem. 1809.
                                                      134

Rénaud—Dusautoire. *Journ.*, 2e. sem. 1812. 14 et Tom. 2, 1812.　P. 85

Remy—Sénéchal. *Journ.*, 2e. sem. an 12. 535

Renaldi—Camosso. *Journ.*, 2e. sem. an 12. 481

Renard—Desgoret. *Journ.*, 1er. sem. 1810. 151

Renard — héritiers Langlois. *Journ.*, 1er. sem. 1811.　536

Renard—Imbert. *Journ.*, 2e. sem. an 11.　87

Renard—Boutfol Bearl. Tom. 3, 1813.　91

Renaud — Bourbonne. *Journ.*, 2e. sem. 1806.　49

Renaud—Mignot—Fages. Tom. 1, 1812.　321

Renaud—Cassenac et consorts. Tom. 2, 1813.　250

Renault. Parain. *Collect.* an 12.　307

Renault—Barreau. *Journ.*, 2e. sem. 1810.　177

Renault-des-Acres—Manoury—Lacour. Tom. 3, 1813.　278

Reneuf de la Condraye—Thouret. Tom. 1, 1812.　5

Rennel (de) —la dame de Bouvet. Tom. 2, 1813.　221

Renou—les enfans Lucas. *Journ.*, 2e. sem. an 11.　427

Renou—héritiers Lione. *Journ.*, 2e. sem. an 13.　513

Renoud—Labbey. Tom. 3, 1812.　463

Renoult—Tategrain et Lallemant. *Collect.* an 12.　365

Renout—Duluc. *Journ.*, 1er. sem. an 10. 557

Renout—Régie de l'enr. *Journ.*, 1er. s. 1807. 94

Renoz—Vanderheyden. Tom. 3, 1812.　150

Repetto. *Journ.*, 2e. sem. 1807.　49

Repingon—Ducrey. *Journ.*, 2e. sem. an 11. 270

Resseler — Ministère public. *Journ.*, 1er. sem. an 13.　474

Retard—Salmond. Tom. 1, 1812.　379

Retyer—Régie de l'enregistrement. *Journ.*, 2e. sem. 1811.　285

Rentz—Grœtzinger. Tom. 1, 1813　45

Reuzer (la dame de)—Charlier. *Journ.*, 2e. sem. an 13.　525

Revelard, Courtin, Wattiaux. Tom. 3, 1812.　373

Révélière. *Journ.*, 2e. sem. 1807.　427

Revello, Puccio — Dasse. *Journ.*, 2e. sem. 1812.　557

Reverdy—Leclerc. *Journ.*, 2e. sem. an 11.　163

Reviglio—héritiers Mazé. *Collect.* an 1810. 227

Revonnas et Ceyzeriat (communes de)—Vessin, Las. *Collect.* an 1809.　174

Rey—Broisin. *Journ.*, 2e. sem. 1808.　481

Rey—Grand. *Collect.* an 1809.　19

Rey. (Victor et François) *Collect.* an 1811. 299

Rey—Louise Berard. *Collect.* an 1812.　461

Rey—Berard. Tom. 3, 1813.　404

Reybaud.—Garda. *Collect.* an 1810.　71

Reyniau—Camberiya. *Journ.*, 2e. sem. 1809. 29

Reymond. *Journ.*, 2e. sem. 1809.　P. 5-9

Reymont—Lybord. *Journ.*, 1er. sem. 1806. 3o5

Reynier. (enfans de J.-Pierre) *Journ.*, sem. an 14　209

Reynier—Petit. *Journ.*, 2e. sem. 1810.　489

Reyus. *Collect.* an 1810.　165

Reyrolles (de)—Cougnet. *Journ.*, 1er. sem. 1809.　337

Rhin—Eschbacher. *Journ.*, 2e. sem. 1810. 379

Ribes—Ol..bel. Tom. 1, 1812.　556

Ribeyrols. *Journ.*, 2e. sem. an 13.　24

Ribé—Forest. *Journ.*, 1er. sem. 1806. 2o4

Ricard. *Journ.*, 2e. sem. an 10.　478

Ricard—Hauvel — Thérard. *Journ.*, 1er. sem. 1809.　351

Ricardeau — Larcher — Saint-Lot. *Journ.*, 1er. sem. 1807.　534

Richard—Dupan. *Journ.*, 2e. sem. an 9, n°. 29. 1

Richard. Texier—Leuba. *Journ.*, sem. an 14. 373

Richard. *Journ.*, 2e. sem. 1807.　103

Richard. *Journ.*, 2e. sem. 1808.　257

Richard—Nugeyre. *Journ.*, 1er. sem. 1809. 383

Richard — Ministère public. *Journ.*, 1er. sem. 1810.　417

Richard—la dame de Romé. *Journ.*, 2e. sem. 1811.　198

Richard. *Journ.*, 2e. sem. 1812.　5o9

Richardier (héritiers)—Christophe. *Collect.* an 1808.　352

Richardot—Bourbonne. *Journ.*, 2e. sem. 1806.　49

Richardot—Clerc. *Journ.*, 1er. sem. 1810. 285

Richart—Rieffel. *Journ.*, 1er. sem. 1811. 293

Richelieu (de)—de Bouville. *Journ.*, 1er. sem. 1809.　117

Richelieu (de) —Loury. *Journ.*, 2e. sem. 1810.　441

Richelieu—madame Imbert de Bouville. Tom. 1, 1812.　327

Richepin—Lancelet. *Journ.*, 1er. sem. an 11.　444

Richomme—Desgouts—Adam. *Journ.*, 2e. sem. 1810.　11

Richon—Grammont et Brasiér. *Journ.*, 2e. sem. an 13.　433

Ridet—Lemaréchal. *Collect.* an 1809.　366

Rieff—Hirn. *Collect.* an 1810.　287

Rieffel—Richart. *Journ.*, 1er. sem. 1811. 293

Rietling, Lauth—Roos. *Journ.*, 2e. sem. 1812.　54

Riga—Bovy. *Collect.* an 1807.　280

Rigal—Michel. *Journ.*, 1er. sem. 1808. 545

Rigaud—Berjaud. *Journ.*, 2e. sem. 1811. 481

Rigaud—Crouzat. Tom. 2, 1813.　532

Rigonaux. Bereur de Malaus. *Journ.*, 2e. sem. 1811.　545

Rigout-Lancel. — Lanfrey. *Journ.*, 2e. sem. an 9, n°. 18.　1

Rimol—Legemble. *Journ.*, 1er. sem. 1812. P. 287

Rissando — Ferrando. *Journ.*, 1er. sem. 1807. 318

Riobé—Fauvel. Tom. 3, 1813. 539

Rioldo. *Collect.* an 1808. 495

Riolot.—Salmon. *Journ.*, 1er. sem. an 11. 489

Riolz—Marty. *Collect.* an 1811. 101

Rioukallet—Maret. *Journ.*, 2e. sem. 1810. 138

Riouffe—Heurtemalle. *Journ.*, 1er. sem. 1811. 141

Rioult d'Avenay—Aimar de Gonneville. *Collect.* an 1811. 414

Rioult—Pollin. Tom. 2, 1813. 581

Rioust—Brisson. *Journ.*, 1er. sem. an 11. 188 et 545

Rioust Cheron de la Tuillerie. Tom. 3, 1813. 449

Rioux-Peyroux—Conige. *Journ.*, 1er. sem. an 13. 401

Répoul—Bois-Renaud. *Journ.*, 1e.. sem. an 12. 330

Ripoud—Ministère public. *Journ.*, 1er. sem. an 12. 83

Riquebourg—Régie de l'enregistrement. *Journ.*, 2e. sem. 1809. 353

Riquebourg — Havard. *Journ.*, 2e. sem. 1810. 553

Riquet—Alaine. *Journ.*, 2e. sem. an 1806. 292

Riquet—Yver. *Journ.*, 1er. sem. 1811 296

Ritter—Dyrion. *Collect.* an 1808. 186

Riva—Ministère public. *Collect.* an 1808 109

Rivals—Escarguel. *Journ.*, 2e. sem. 1811. 415

Rivier.—Vallon. *Journ.*, 2e. sem. an 12. 125

Rivière—Bellant. *Journ.*, 2e. sem. 1807. 59

Rivière. *Journ.*, 1er. sem. 1811, 177

Riviere—Flachat et autres. *Journ.*, 1er. sem. 1811. 200

Riviere—Boisson. *Journ.*, 1er. sem. 1811. 359

Rives—Ferrier. *Journ.*, 2e. sem. an 11. 307

Riviere—Ministère public. Tom. 3, 1813. 494

Robian—Régie des domaines *Collect.* an 1809. 440

Roberjeot et compagnie — Donetteau. *Journ.*, sem. an 14. 17

Robert—Volf. *Journ.*, 2e. sem. an 11. 305

Robert—Roux et Tillon. *Collect.* an 11. 425

Robert de Saint-Victor — Chirois. *Journ.*, sem. an 14. 32

Robert—Alaine. *Journ.*, 2e. sem. 1806. 292 et 1er. sem. 1808. 97

Robert—Roussel. *Journ.*, 1er. sem. 1807. 9

Robert—de Balle. *Collect.* an 1807. 320

Robert—Mengin. *Collect.* an 1808. 208

Robert—Poulet. *Collect.* an 1810. 340

Robert—Leger. *Journ.*, 1er. sem. 1811. 126

Robert—Cyrènes, Giraud. Tom. 1, 1812. 114

Robert—Laugier. Tom. 3, 1812. P. 312

Robert—Coeffier—Delannoy. Tom. 2, 1813. 394

Robès—Artiguières. Tom. 1, 1812. 425

Robiès—Benoist. Tom. 1, 1813. 374

Robillard—Leprévost..1er. sem. an 11. 49

Robillard—Guilbert. *Journ.*, 2e. sem. 1808. 170

Robillard—Desaulnais. *Journ.*, 2e. sem. 1810. 513

Robillard — Ministère public. *Journ.*, 2e. sem. 1811. 337

Robillard—Ministère public. Tom. 1, 1812. 195

Robillard—veuve Deshommais. Tom. 2, 1813. 399

Robin—Dalau. *Journ.*, 2e. sem. an 10. 465

Robin. (héritiers) *Journ.*, 1er. sem. an 12. 43

Robin la Cataudière—Baudry. *Journ.*, 1er. sem. an 12. 449

Robin. *Journ.*, 2e. sem. an 12. 351

Robin—fille et gendre. *Collect.* an 12. 109

Robin — héritiers Laborde. *Journ.*, 1er. sem. 1806. 433

Robin, de Manlaville, Tavernier-d'Eppe, et Delapersonne—Daniaux, Demontfort et Delapersonne. *Journ.*, 1er. sem. 1809. 202

Robin—Rozet. *Collect.* an 14—1806. 118

Robin—Mailler. *Journ.*, 1er. sem. 1811. 523

Robin—Castellaue—Puibusque. Tom. 1, 1812. 360

Robin—Courtat, Blavayer. *Journ.*, 2e. sem. 1812. 408

Robine—Solage. *Journ.*, 1er. sem. an 11. 370 et *Journ.*, 2e. sem. an 12. 81

Robineau—Grelet. *Journ.*, 2e. sem. 1806. 456 et *Journ.*, 2e. sem. 1807. 241

Robinet—Gorgeon. Tom. 1, 1813. 519

Robinot—Roblastre. Tom. 2, 1813. 337

Robit—Dunefour. *Journ.*, 2e. sem. 1808. 351

Roblastre—Robinot. Tom. 2, 1813. 337

Robquin—Desjardins. *Journ.*, 2e. sem. 1808. 102

Roche—Carton. *Journ.*, 2e. sem. 1812. 127

Rochechouart—Pradier. *Journ.*, 2e. sem. an 11. 568

Rochechouart—Lambert. *Collect.* an 1811. 241

Rochegude—le général Junot. *Journ.*, 1er. sem. an 13. 456

Rocher—Ahlon. *Journ.*, 1er. sem. 1811. 10

Rochet—Halloswez. *Journ.*, 2e. sem. an 12. 68

Rochet et Guérin—Duval. *Collect.* au 14—1806. 128

Rochet, Poinsenet—Secoudé. *Journ.*, 1er. sem. 1808. 439

Rochette—Floriot. *Journ.*, 1er. sem. an 1808. 60

Rochette et Lescure—Fournier. Tom. 2, 1813. 208

Rodberg—Thouet. *Journ.*, 1er. sem. an 12. 113
Rodier—Guy. *Journ.*, 1er. sem. an 12. 191
Rodier—Narbonne. *Journ.*, 2e. sem. an 12. 473
Rodier—Duchaume *Journ.*, 2e. sem. 1809. 90
Rodoan, Devroede — Deroisin. *Collect.* an 1809. 137
Rodali—Malacorne. *Collect.* an 1809. 182
Rodrigue—Legret. *Collect.* an 14—1806. 123
Roëlant. (héritiers) *Journ.*, 1er. sem. 1811. 37
Roelants—Collyns. *Journ.*, 1er. sem. 1809. 42
Roelens — Proli-Fondbarré. *Journ.*, 1er. sem. 1810. 318
Roffay—Goffereau. *Journ.*, 2e. sem. an 13. 502
Roffiac—Lacoste. *Journ.*, 1er. sem. 1807. 417
Rogady—Laplante. *Collect.* an 14—1806. 327
Roger—Fagés. *Journ.*, 1er. sem. an 10. 45
Roger — veuve Beziers. *Journ.*, 2e. sem. an 10. 209
Roger—Page. *Journ.*, 2e. sem. an 12. 23
Roger—Batailler. *Journ.*, 2e. sem. an 12. 545
Roger—Geffrier. *Journ.*, 1er. sem. 1806. 363
Roger et Pajon—Lenoir et Andouillé. *Journ.*, 1er. sem. 1809. 266
Roger—Chedeville—Bergeret. *Journ.*, 1er. sem. 1809. 533
Roger, Projet—Laporte. *Journ.*, 2e. sem. 1809. 534
Roger—Duquesnoy—Trésor public. *Collect.* an 1809. 494
Roger—Goesson. *Journ.*, 1er. sem. 1811. 359
Roger — Duquesnoy. *Journ.*, 2e. sem. 1811. 161
Roggieri—Barberei. *Collect.* an 1809. 167
Rohan (M. de)—Pertrand—Arbel. *Journ.*, 1er. sem. an 13. 278
Rohan, Barthelemy—Dupuy. *Journ.*, 1er. sem. 1808. 458
Rohan-Guémenée—Rochefort. *Collect.* an 13. 91
Rohan-Guémenée—la dame de Lambre. *Journ.*, 2e. sem. an 13. 110
Rohan-Guémenée — Régie de l'enregistrement. *Journ.*, sem. an 14. 164
Rohan-Guémenée—Barthelemy. *Journ.*, 2e. sem. 1806. 167
Rohan, Rochefort—Guémenée. *Collect.* an 13. 91
Rohard—Dequehen. *Journ.*, 2e. sem. an 12. 133
Rohaut — Belle-Ile. *Journ.*, 2e. sem. an 11. 65
Roillet — Causson, Jougla. *Collect.* an 1809. 214
Roisin. (de) *Journ.*, 1er. sem. 1807. 231
Roland—Langlois. *Journ.*, 2e. sem. an 10. 279
Rolandeau—Lefevre. *Collect.* an 12. 85 et 1er. sem. an 13. 344
Rolando—(Voyez *Martin*.)

Rolfi, Gervasio—la commission des hospices de Mondovi—Dogliotti. *Journ.*, 2e. sem. 1809. 524
Rolland—Leblan. *Journ.*, 2e. sem. an 9, no. 27. 5
Rolland—Godet. *Collect.* an 13. 279
Rolland—Moustier. *Collect.* an 13. 284
Rolland—Couillé. *Collect.* an 14—1806. 12
Rolland—Sarrus, Fajon. *Journ.*, 1er. sem. 1808. 33
Rolland—Genotte. *Collect.* an 1809. 392
Rolland—Brissac. *Journ.*, 2e. sem. 1811. 533
Rolland (héritiers)—demoiselle Labbey. Tom. 3, 1812. 463
Rollet—Froment. *Journ.*, 2e. sem. 1807. 357
Rollet—Jullien. *Journ.*, 2e. sem. 1807. 454
Rollet—Hubert. *Journ.*, 2e. sem. 1808. 522
Rollin, Wallard — Brunot. *Collect.* an 1809. 378
Rolsaert. (Ignace) *Journ.*, 2e. sem. an 11. 419
Roman—héritiers Dwelles. Tom. 3, 1812. 506
Romance—Befroy—Sutaine. *Journ.*, 1er. sem. 1810. 570
Romagny — Manceau. *Journ.*, 2e. sem. 1810. 493
Romani—Pichi. Tom. 3, 1813. 26
Romberg—Vanbeveve. *Journ.*, 1er. sem. 1807. 503
Romé (la dame de)—Richard. *Journ.*, 2e. sem. 1811. 198
Romet, Selves—Chavassieu. *Journ.*, sem. an 14. 180
Romey—Leawenvorth. *Collect.* an 1811. 40
Romieu. (héritiers) *Journ.*, sem. an 14. 65
Roncerez. (veuve et héritiers) Tom. 1, 1812. 535
Rondeau—Chapuis. *Journ.*, 1er. sem. 1810. 45
Rondeau — Chapuis. *Journ.*, 2e. sem. 1810. 536
Rondin—Zimmer. *Collect.* an 12. 281
Ronesse—Hennequin. Tom. 1, 1813. 502
Roode (de)—De Berghes. *Journ.*, 2e. sem. 1810. 52
Roos—Rietling, Lauth. *Journ.*, 2e. sem. 1812. 54
Ropenacx—Pobechemi. *Journ.*, 1er. sem. an 12. 315
Roquelaure—la dame Sirey. *Journ.*, 1er. sem. an 13. 289
Roques—Gounont. 1er. sem. an 11. 45
Roques—Frison—Gainot. *Collect.* an 11. 234
Roquette—enfans Barbier. Tom. 3, 1812. 62
Rosa—Christmann. *Collect.* an 1810. 126
Rosalie P**—P**, son père. *Journ.*, sem. an 14. 248
Rosalie **—héritiers Chapelet. *Journ.*, 2e. sem. 1809.

Rose—Theaux. *Journ.*, 2e. sem. 1811. 127
Rosée—Legros. *Journ.*, 1er. sem. 1810. 369
Roskam. Tom. 1, 1813. 601
Rossary—Terrasson—Daveze. *Journ.*, 1er. sem. 1806. 481
Rossel—Debonnaire. *Journ.*, 2e. sem. an 12. 138
Rossi. Tom. 3, 1813. 363
Rossigneux—Belot. *Journ.*, 2e. sem. an 10. 453
Rossignol—Largentier. *Journ.*, 2e. sem. an 9, n°. 30. 8
Rossignol—Adrienne—Bathilde. *Journ.*, 2e. sem. 1809. 167
Rossignol—Jourdeuil. Tom. 2, 1813. 382
Rossinat—Barthoneuf. *Collect.* an 1810. 257
Rosso—Pochettini. *Collect.* an 1810. 349
Rostagny—Selletti. *Journ.*, 2e. sem. an 11. 177
Rota—Pozzoni. *Journ.*, 2e. sem. 1811. 547
Roth—Auscher. Tom. 1, 1813. 239
Rouault (héritiers)—Souplet. *Journ.*, 2e. sem. 1807. 469
Rouchi—Lagelée. *Journ.*, 1er. sem. 1811. 143
Rouchon. *Collect.* an 11. 308
Rouellé. *Collect.* an 1809. 27
Rouër de Villeroy—créanciers Agobert. *Journ.*, 2e. sem. an 13. 552
Rouesse—héritiers d'Ormesson. Tom. 3, 1812. 225
Rouffier—Delpy. *Collect.* an 1810. 184
Rouganne—Thellier, Tranchant. *Journ.*, 2e. sem. 1812. 321
Rougé—Bonnans et Bataille. Tom. 3, 1812. 191
Rougemont—Oufroy. *Journ.*, 1er. sem. an 12. 11
Rougemont—Orlandini. *Journ.*, 1er. sem. 1810. 13
Rougemont—Hasselgreen. Tom. 3, 1812. 231
Rougié—Lafarge. *Journ.*, 2e. sem. 1811. 52
Rougier—Michaud. *Journ.*, 2e. sem. an 9, n°. 25. 5
Rougrave. (héritiers) *Collect.* an 14—1806. 435
Rougris—Chevrier. *Journ.*, 1er. sem. an 11. 457
Rouher—Chapus. Tom. 1, 1812. 67
Roul—Marié. *Journ.*, 1er. sem. an 12. 250
Roulet—Bertone. *Journ.*, 2e. sem. 1810. 447
Roullet—Goujon. *Journ.*, 1er. sem. 1808. 159
Roumiguier—Administration forestière. *Collect.* an 13. 165
Rouqueton—Ministère public. *Journ.*, 2e. sem. an 13. 17
Roure. *Coll.* an 14—1806. 321

Roure—Colinet-Delrieu. *Journ.*, 2e. sem. 1811. 484
Rousseau—Turmeau. *Journ.*, 1er. sem. an 10. 549
Rousseau—Petel et Couders. *Collect.* an 12. 369
Rousseau—Emeric. *Journ.*, 2e. sem. 1806. 154
Rousseau. *Collect.* an 14—1806. 223
Rousseau—Baguenault—Soret. *Journ.*, 1er. sem. 1807. 535
Rousseau—Lecœur. *Journ.*, 1er. sem. 1809. 443
Rousseau—Gerboux. *Journ.*, 2e. sem. 1811. 103
Roussel—Persan. (de) *Collect.* an 14—1806. 495
Roussel—Robert. *Journ.*, 1er. sem. 1807. 9
Roussel—de Wargemont. *Journ.*, 1er. sem. 1807. 8
Roussel—Maubert. *Journ.*, 2e. sem. 1811. 208
Roussel—Delaulle. Tom. 1, 1813. 369
Rousselet—Duparc. *Journ.*, 2e. sem. an 12. 365
Rousselot—Caublot. *Journ.*, 1er. sem. an 12. 55
Rousset—Mirande. *Journ.*, 2e. sem. 1808. 437
Roussilhe (héritiers)—David. *Journ.*, 1er. sem. 1808. 289
Roustan—Pradelle. *Journ.*, 2e. sem. 1807. 561
Roustan—Pradelle, Poudret et Fleury—Jubié. *Journ.*, 1er. sem. 1809. 104
Roustan—Lavondés. *Journ.*, 2e. sem. 1811. 193
Roustaing, Duret—Grébauval. *Journ.*, 2e. sem. 1812. 318
Rouviere—Dorcy. *Journ.*, 2e. sem. an 12. 382
Rouvière—Blanc. *Journ.*, 1er. sem. 1806. 504
Rouville—Lapointe. *Journ.*, 2e. sem. 1811. 296
Roux—Canredon. *Journ.*, 2e. sem. an 11. 233
Roux—Robert. *Collect.* an 11. 425
Roux—Bernard. *Journ.*, 2e. sem. an 12. 551
Roux, Fournel et compagnie. *Journ.*, 2e. sem. an 13. 251
Roux—Lefevre. *Journ.*, 1er. sem. 1809. 257
Roux—Brasier. *Journ.*, 2e. sem. 1809. 485
Roux et compagnie—Bacry. *Collect.* an 1810. 119
Rouy—Anne Buisson. *Journ.*, 1er. sem. an 13. 193
Rouyer, Lautillon—Girard. *Collect.* an 1811. 76
Rouzet, Duclos Grenet—Bergeret. *Journ.*, 2e. sem. an 13. 488
Rouzet—Folmant—Champeron. *Journ.*, 1er. sem. 1808. 193

Rouzo—Bon et Pogliani. *Journ.*, 1er. sem. 1811. 139

Roveyre—Guillemin. *Journ.*, 1er. sem. 1809. 561

Roy—Lontaine. *Collect.* an 1810. 329

Roydet—Nervaux. (de) Tom. 1, 1813. 588

Royer—de la Barre. *Journ.*, 1er. sem. 1806. 180

Royer (de)—Société charbonnière. *Collect.* an 1809. 441

Royer—Bachot. *Journ.*, 2e. sem. 1810. 423

Royer, Etienne. *Collect.* an 1811. 275

Royer—Varinot. Tom. 1, 1812. 481

Royer—Maillard—Dubois, Tom. 2, 1813. 411

Royère—Blayac. Tom. 3, 1812. 576

Royon. (les frères) *Journ.*, 1er. sem. an 11. 152

Royou—(Pierre et Laurent.) *Journ.*, 1er. sem. an 13. 49

Rozella — Régie des droits réunis. *Collect.* an 1809. 108

Rozet—Robin, Pernet. *Collect.* an 14—1806. 118

Rozières—héritiers Lavergne. *Journ.*, 2e. sem. an 11. 268

Ruault (compagnie)—compagnie Ouin. *Journ.*, 1er. sem. an 10. 246

Rubatel—Bournezeau. *Journ.*, 2e. sem. 1807. 225

Rubelles (de)—Plainville. *Journ.*, 2e. sem. 1807. 374

Ruffia— (*Voyez* Mercandini.)

Ruffier. *Journ.*, 1er. sem. 1807. 543

Rullens — Dumortier-Derasse. Tom. 3, 1812. 404

Rumpler — Diemer. *Journ.*, 1er. sem. an 12. 553

Runel. (Jean et François) *Journ.*, 2e. sem. 1811. 220

Russeau—Barbier. *Journ.*, 1er. sem. 1811. 328

Rusette—Torfls. *Journ.*, 1er. sem. an 13. 129

Ruthie (le seigneur de)—Emphytéotes et fivatiers des seigneurs de Ruthie. *Journ.*, 2e. sem. 1809. 369

Ryez—Ministère public. *Journ.*, 2e. sem. 1811. 85

S . . . —David. Tom. 3, 1813. 458

Sabathier—Sincède. *Journ.*, 2e. sem. 1807. 91

Sabathier-Gasqui. *Journ.*, 1er. sem. an 13. 246

Sabatier—Blanc-Mavet. *Journ.*, 2e. sem. 1807. 371

Sabaton — Carrare-Duvelux. *Journ.*, 2e. sem. 1811. 279

Sabaton—Carrare. Tom. 3, 1813. 178

Sabatoucci—Spadasora. Tom. 1, 1812. 453

Sabattier—Labarriere—Bunont. *Collect.* an 1810. 11

Sacchere—Gioanelli—Massaro. Tom. 2, 1813. 503

Sacchy—Bourdon de Neuville. *Journ.*, 1er. sem. 1807. 91

Sachermann—Barbenès. *Collect.* an 14—1806. 481

Sacquepée—Leroy—Lecauchois. *Journ.*, 2e. sem. an 10. 257

Sadorge—Lemerle. Tom. 3, 1812. 48

Saeys—Baden, Poupé. *Journ.*, 2e. sem. 1807. 252

Sagere. *Journ.*, 2e. sem. an 10. 61

Sagniel—Anquetil. *Collect.* an 1809. 110

Sagot—Millet. *Journ.*, 1er. sem. 1808. 535

Saiffer—Balbi. *Journ.*, 1er. sem. 1810. 41

Saillan—Vareilles. *Collect.* an 14—1806. 65

Sainson de Taxis—de Listenay. *Journ.*, 2e. sem. an 11. 43

Sainson - Taxis — de Beaufremont. *Journ.*, 2e. sem. an 13. 257
et *Journ.*, 1er. sem. 1809. 321

Saint-Aignan—Baussaroque. *Collect.* an 1808. 106

Saint - Aignan — Morangiés. *Journ.*, 2e. sem. 1812. 3.8

Saint Amand—Faudoas. *Journ.*, 2e. sem. an 12. 83

Saint-Amand — héritiers Beaurepaire. *Journ.*, 2e. sem. an 13. 533

Saint-Andéol—Nathan — Lorich. *Journ.*, 1er. sem. 1806. 106

Saint-Arroman — Lassus — Camon. *Collect.* an 1809. 132

Saint-Aubin—la dame Descornais. *Journ.*, 2e. sem. an 13. 385

Saint-Chamand—Malen. *Journ.*, 2e. sem. 1806. 13

Saint-Hubert—Bailly. *Collect.* an 12. 80

Saint-Geneys — Montlovier. *Journ.*, 2e. sem. 1806. 84

Saint-Geneys—héritiers Montlovier. *Journ.*, 2e. sem. 1807. 193

Saint-Jean-Gresson—de Montalembert. Tom. 2, 1813. 345

Saint-Jory (commune de) —Belissens - Valence. *Collect.* an 1807. 553

Saint-Julien — Guerin. *Journ.*, 2e. sem. 1809. 38

Saint-Lambert—la Régie des octrois. *Journ.*, 1er. sem. an 10. 383

Saint-Laurent—Berlier. *Collect.* an 1809. 42

Saint-Laurent—Villeron. Tom. 1, 1813. 177

Saint Leu—Kops-Goedschalek. *Journ.*, 1er. sem. 1807. 422

Saint-Martin—Adam. *Journ.*, 2e. sem. 1806. 246

Saint Martin — Corneliano. *Journ.*, 1er. sem. 1807. 462

Saint-Martin—Duval. *Journ.*, 1er. sem. 1811. 550

Saint-Maur—Pean de Saint-Gilles. *Journ.*, 2e. sem. an 11. 343

Saint-Maurice. *Voyez Lemaigre.*

Saint-Ouen (commune de) —Dugrelz et consorts. *Journ.*, 1er. sem. 1809. 311

Saint-Oyant—enfans Cretin. Tom. 1, 1812. 389

Saint-Pierre—Baraillier. *Journ.*, 2e. sem. an 11. 136

Saint-Pierre.—Larochelle. *Collect.* an 1811. 191

Saint-Pol—Huguet. *Journ.*, 1er. sem. 1806. 157 et 2e. sem. 1806. 33

Saint-Sauveur — Moulinier. *Journ.*, 2e. sem. an 11. 353

Saint-Simon—Lanfrey—Leleu. *Journ.*, 2e. sem. an 10. 177

Saint-Valentin—de Hesse. *Journ.*, 2e. sem. an 11. 537 et *Journ.*, 2e. sem. an 12. 100

Saint-Victor. *Voyez* Robert.

Saint-Vitale—Galléani-Agliano. *Coll.* an 1811. 219

Sainte-Marie—Pepin. Tom. 1, 1813. 298

Saisseval—Haller. *Journ.*, 2e. sem. 1810. 506

Sajean—Dubourg. *Journ.*, 2e. sem. 1811. 49

Salesses — Bernard d'Aigouy. *Journ.*, 2e. sem. an 12. 337

Salignou—Vollan. *Journ.*, 2e. sem. 1810. 309

Salis-Haldeinstein. Tom. 1, 1812. 403

Salis—Tournier — Delleiderier. Tom. 2, 1813. 42

Sallabery — Masse. *Journ.*, 1er. sem. 1811. 135

Sallenave — Chégaray. *Journ.*, 1er. sem. 1809. 197

Sallet—Pleumartin. *Journ.*, 1er. sem. 1811. 261

Salm-Kirbourg. *Collect.* an 14—1806. 346

Salm—Delécluse, d'Aligre. *Journ.*, 2e. sem. 1808. 278

Salmon—Riolot. *Journ.*, 1er. sem. an 11. 489

Salmon. (enfans et heritiers) Tom. 1, 1812. 211

Salmon—Retard. Tom. 1, 1812. 379

Salms-Kirsbourg. — Jalarot. *Journ.*, 2e. sem. an 12. 595

Salomon—Belot. *Journ.*, 1er. sem. 1806. 533

Saltzmann — Calliano. *Journ.*, 1er. sem. 1811. 149

Salva. (les frères) *Journ.*, 1er. sem. 1811. 225

Salvador—Cohen. *Journ.*, 1er. sem. 1806. 342

Salvatore Seraphini. Tom. 2, 1812. 95

Samouzet—Lauthé. *Journ.*, 1er. sem. 1806. 289

Samouzet—Mespie. *Collect.* an 1811. 493

Samson (mineurs)—Prévost. *Collect.* an 1809. 522

Samson—Sauzeau. Tom. 1, 1813. 414

Samson—Macé-Lavillon. Tom. 2, 1813. 216

Sancé— la Régie des droits réunis. *Journ.*, 1er. sem. an 11. 392

Sancède—Sabathier. *Journ.*, 2e. sem. 1807. 91

Sanceys—Gaube. *Journ.*, 2e. sem. an 11. 17

Sandevou. *Journ.*, 2e. sem. 1807. 37

Sanino—Ratti. *Journ.*, 2e. sem. 1808. 553

Sannegon—Jeanson. *Collect.* an 13. 104

Sannegon—Lafage. *Journ.*, 2e. sem. an 13. 273

Sansac, Valence. *Collect.* an 1809. 289

Sanson.—Hendrike-Loock. *Collect.* an 12. 51

Santerre — Régie de l'enregistrement. Tom. 1, 1812. 518

Santerre—la dame Lepierre. Tom. 2, 1813. 502

Santy—Ministère public. Tom. 3, 1812. 592

Sanzé—Payen. *Journ.*, 1er. sem. an 10. 420

Sunzé. *Collect.* an 1807. 276

Sauzé, Chevrier—Payen. Tom. 3, 1812. 328

Sapin—Monroy. *Journ.*, 1er. sem. an 10. 273

Sapinault—Demaisoncelle. *Journ.*, 2e. sem. 1806. 305

Sarazin—dame Fery. Tom. 2, 1813. 463

Sarcé (de)—Bardou. *Collect.* an 11. 161

Sarda — Seguy — Simorre. *Journ.*, 2e. sem. an 13. 241

Sarrailles—Nouguez. *Journ.*, 2e. sem. 1811. 216

Sarran—Bastier. *Collect.* an 13. 1

Sarran—Bazille. *Journ.*, 2e. sem. 1810. 385

Sarrans—d'Hérisson. *Journ.*, 1er. sem. 1807. 65

Sarraude—Chevallier. Tom. 3, 1813. 516

Sarrasin de Maraize—demoiselle Delatour. *Journ.*, sem. an 14. 93

Sarrazin — Maitre-Jean. *Journ.*, 1er. sem. 1806. 317

Sarrazin—Belleismbe. *Collect.* an 1807. 51

Sarrens, Wyndai. *Collect.* an 1807. 121

Sarrus, Fajon—Rolland. *Journ.*, 1er sem. 1808. 33

Sartin. *Journ.*, 1er. sem. an 13. 302

Sartin—Maillet. *Journ.*, 2e. sem. an 13. 211

Sartoris—Bovaro *Journ.*, 2e. sem. 1811. 271

Sarus—Fabre *Journ.*, 2e. sem. an 11. 207

Sarus frères —Lecomte. *Journ.*, 2e. sem. an 13. 233

Satory — Gin—Impey. *Journ.*, 2e. sem. an 11. 349

Saubiac—Lavergne. *Journ.*, 2e. sem. 1808. 245

Saucier—Testu. *Collect.* an 11. 430

Sauffroy—Ministère public. Tom. 3, 1812. 286

Saugnier—Goiffon. *Journ.*, 1er. sem. 1811. 259

Saulnier — Prébisson. *Journ.*, 1er. sem. an 10. 260

Saulon — Gourdon, Guillot. *Collect.* an 1807. 380

Saulx-Tavannes — Lebas de Courmont. *Journ.*, 2e. sem. an 10. 377

Saulx-Tavannes—commune de Beaumont. Tom. 3, 1813. 469

Saum—Paulée—Famin. *Journ.*, 2e. sem. an 13. 129

Sauss—Thiriet. *Journ.*, 2e. sem. 1812. 50

Sautet—Tournaire. *Collect.* an 1809. 217

Sauvage — Cardon, Bataille. *Journ.*, 2e. sem. 1811. 417

Sauvagney (de) — commune de Monbrillou. *Collect.* an 1809. 198

Sauvagny—Couturier. *Journ.*, 2e. sem. 1806. 504

Sauvanet—Huguet. *Journ.*, 1er. sem. 1806. 340

Sauvegrain—Marais, Teillard. *Journ.*, 1er. sem. 1809. 174

Sauveplane — Bied-Charreton. Tom. 2, 1813. 241

Sauveterre—Allard. *Journ.*, 2e. sem. 1806. 151

Sauveur—Barrère. *Journ.*, 1er. sem. 1810. 364

Sauvet—Lambert. *Journ.*, 1er. sem. 1809. 489

Sauz. *Collect.* an 14—1806. 209

Sauzeau—Samson. Tom. 1, 1813. 444

Savalette—d'Hornoy. *Collect.* an 11. 352

Savary—Desliards—Sergent. Tom. 3, 1813. 473

Savey—Belleville. *Journ.*, 1er. sem. an 13. 273

Savoisy. (Vaillant de) Tom. 1, 1812. 97

Savournin—Fauthier. Tom. 1, 1812. 190

Savouroux—Faure. *Journ.*, 2e. sem. 1808. 113

Sayde-Bellecote—Jauras. *Journ.*, 2e. sem. 1807. 439

Scaraty—la Régie des douanes. *Journ.*, 2e. sem. an 11. 545

Scawemburg. *Journ.*, 1er. sem. an 11. 110

Scepeaux — Mahier. *Journ.*, 1er. sem. 1810. 129

Scharke—Bouret. *Journ.*, 1er. sem. 1807. 228

Schalle—Wouters. *Collect.* an 1808. 58

Schamp (héritiers)—Vandenlacle. *Collect.* an 1805. 416

Schamp—Debio. *Journ.*, 2e. sem. 1808. 5-6 et *Collect.* an 1809. 304

Schamp—Vandendael. *Journ.*, 1er. sem. 1811. 257

Schamp—Lucie Vandendael. Tom. 3, 1812. 69

Schauenburg. *Journ.*, 2e. sem. 1810. 289

Scheidaeur—Cuel et Boursier. *Journ.*, 1er. sem. 1809. 249

Scheiter—Tiers. *Collect.* an 1809. 229

Scheltiens—Vanswae. *Journ.*, 1er. sem. 1811. 187

Schenck—Julich. *Journ.*, 1er. sem. 1807. 221

Schepens—la Régie de l'enregistrement. *Journ.*, 2e. sem. an 12. 177

Scheppman—Régie de l'enregistrement. Tom. 2, 1813. 185

Scherb—Pierlot. *Collect.* an 1808. 164

Scherb—d'Espagnac. *Journ.*, 1er. sem. 1811. 40

Schileman—Backer. *Journ.*, sem. an 14. 177

Schlickum—Heuten et compagnie. *Journ.*, 2e. sem. 1810. 45

Schlosser—Baguenault. Tom. 3, 1812. 346

Schlumberger—Varange. *Journ.*, 2e. sem. 1812. 45

Schmack et compagnie—Assureurs. *Journ.*, 1er. sem. 1806. 264

Schmit—Engel. Tom. 3, 1812. 97

Schmitt—Billet. *Journ.*, 2e. sem. 1807. 506

Schmitt — Theysson. *Journ.*, 2e. sem. 1808. 559

Schmitt—Wolft. *Collect.* an 1810. 303

Schmitt. *Journ.*, 2e. sem. 1811. 22

Schmitt—Jehlé—Reil. Tom. 1, 1812. 476

Schmitt—Wurtzweiller. Tom. 3, 1812. 351

Schmitte—Salomon Haussmann. Tom. 1, 1812. 36

Schmittger. *Journ.*, 1er. sem. an 12. 161

Schmitz—Degeyr. *Journ.*, 1er. sem. 1806. 301

Schmitz — Beaumont. *Journ.*, 2e. sem. 1812. 168

Schmitz. Tom. 3, 1813. 86

Schneider—Bauer. *Journ.*, 1er. sem. 1810. 389

Schott—Wolf, Petri. *Journ.*, 1er. sem. 1806. 65

Schœffel. *Collect.* an 1809. 502

Schœffer—Hilken. *Journ.*, 2e. sem. an 13. 353

Schoelikopff—Moyse Ettinger. *Journ.*, 1er. sem. an 13. 334

Schoëning—Mayer. *Journ.*, 1er. sem. 1807. 49

Schoiler—Ministère public. *Collect.* an 13. 193

Schols—Régie des douanes. *Journ.*, 2e. sem. an 12. 549

Scholten—Reindegrans. *Collect.* an 1809. 390

Schoonaerts. Tom. 1, 1813. 595

Schordeyens—Depaep. *Journ.*, 1er. sem. 1810. 575

Schorrenburg—Slander. Tom. 3, 1813. 586

Schrader—Morris. *Journ.*, 1er. sem. 1808. 416

Schrick—Mock. *Journ.*, 1er. sem. an 11. 81

Schroder — Cholet. *Journ.*, 2e. sem. an 11. 535

Schuc—Hammerschlag. *Journ.*, 1er. sem. 1810. 237

Schueller—Ortkiel, Domler. *Journ.*, 2e. sem. 1808. 518

Schuerman. *Journ.*, 2e. sem. 1809. 473

Schulter—De Pontevès. Tom. 2, 1813. 64

Schultz—Brou et Ory. *Journ.*, 1er. sem. an 13. 7

Schwartz—Abel. Tom. 1, 1813. 209

Schwed—Bürgautzle. *Journ.*, 1er. sem. 1811. 435

Schweizer—Swan—Parker. Tom. 3, 1812. 322

Schwing—Helds. *Journ.*, 1er. sem. 1809. 45

Schwob—Feber. *Journ.*, 1er. sem. 1810. 335

Scihellé—Wessang. *Journ.*, 1er. sem. an 12. 461

Sclogel—Hanozet. Tom. 1, 1813. 328

Scourgeon—Maurice. *Journ.*, 2ᵉ. sem. an 13. 469

Scribe et compagnie—Duprat. *Journ.*, 1ᵉʳ. sem. 1810. 427

Sebay. *Journ.*, 2ᵉ. sem. 1811. 560

Sebille—veuve et héritiers Mondon. Tom. 3, 1812. 293

Secondé—Poinsenet, Rochet. *Journ.*, 1ᵉʳ. sem. 1808. 439

Secondino—Calendra. *Collect.* an 1810. 336

Secourt. *Journ.*, 2ᵉ. sem. an 11. 440

Secretand—Collier. *Collect.* an 12. 74

Segaud—héritiers Crapols. *Journ.*, 2ᵉ. sem., an 9, nᵒ. 21. 7

Séguin—Laligand. *Journ.*, 1ᵉʳ. sem. an 12. 225

Seguin—Pelletier. (créanciers) *Journ.*, 2ᵉ. sem. 1809. 293

Seguin — Caroillon - Destillères et Ouvrard. *Journ.*, 2ᵉ. sem. 1809. 549

Seguin—Caroillon-Destillières. *Journ.*, 1ᵉʳ. sem. 1810. 503

Séguin—Destillières. Tom. 1, 1813. 76

Seguin — héritiers Lapuente. Tom. 2, 1813. 324

Seguy—Sarda—Simorre. *Journ.*, 2ᵉ. sem. an 13. 241

Seignerolle—Thorel et compagnie. *Journ.*, 2ᵉ. sem. an 11. 300

Seits—Dervieux—Turninger. Tom. 2, 1813. 255

Séjan—Fournier. *Journ.*, 1ᵉʳ. sem. an 12. 473

Séjourné—Dormesson. *Journ.*, 1ᵉʳ. sem. 1807. 405

Selincourt (héritiers de) — Blin de Bourdon. Tom. 3, 1813. 209

Selis—Cottin. *Journ.*, 1ᵉʳ. sem. an 10. 431

Selis—De Grez. *Journ.*, 1ᵉʳ. sem. 1807. 253

Selletti—Rostagny. *Journ.*, 2ᵉ. sem. an 11. 177

Sellier—Fernagu et Laillet. Tom. 3, 1812. 446

Sellon—Montz—Tourton. *Journ.*, 2ᵉ. sem. 1807. 195

et *Collect.* an 1811. 227

Sellon—Tourton et Ravel. *Collect.* an 1810. 129

Selves, Romet — Chavassieu. *Journ.*, sem. an 14. 180

Selves—Abhema, Dewit et autres. *Journ.*, sem. an 14. 122

Selves—Burgraff. *Journ.*, 2ᵉ. sem. 1808. 231

Selves—Régie de l'enregistrement. *Journ.*, 2ᵉ. sem. 1809. 35

Selves—Régie des domaines. *Journ.*, 2ᵉ. sem. 1810. 414

Selves—Boudard. Tom. 2, 1813. 126 et 547

Selys—Cottin—Champagny. *Journ.*, 1ᵉʳ. sem. an 13. 321

Séminaire de Tortone—Molinelli. *Journ.*, 2ᵉ. sem. 1812. 578

Semonville (de)—Radiez. *Journ.*, 2ᵉ. sem. 1812. 248

Senaux—Negret. *Journ.*, 1ᵉʳ. sem. an 10. 301

Septenville—Baisnée. *Journ.*, 2ᵉ. sem. 1806. 534

Sérac. *Journ.*, 1ᵉʳ. sem. 1808. 119

Serat—Boujot. *Journ.*, 2ᵉ. sem. 1809. 343

Sergeant—Dubois. *Collect.* an 14—1806. 28

Sergeant — Lamarre. *Journ.*, 1ᵉʳ. sem. 1808. 561

Sergent — Desliards — Savary. Tom. 3, 1813. 473

Sergoens—Darras. *Collect.* an 1810. 205

Serignac—Guenebaut—Delamarre. *Journ.*, 2ᵉ. sem. an 9, nᵒ. 17. 1

Serilly—Bertinot, Harlet. *Journ.*, 2ᵉ. sem. 1807. 246

Seron—Fortin. *Journ.*, 1ᵉʳ. sem. an 11. 497

Serpolier. (veuve et héritiers) Tom. 1, 1812. 274

Serreau — Leroux. *Journ.*, 1ᵉʳ. sem. an 12. 49

Serreau—Bellot. *Journ.*, 1ᵉʳ. sem. 1810. 75

Serres—Sudre. *Journ.*, 2ᵉ. sem. 1806. 257

Serrigny—Dequeux. Tom. 1, 1812. 456

Serron—Fortin. *Journ.*, 2ᵉ. sem. an 11. 132

Serruys et compagnie—Maës. Tom. 2, 1813. 566

Serry—Langlois. *Journ.*, 2ᵉ. sem. 1812. 30

Servais—Hubens. Tom. 1, 1813. 436

Servetti—Ellena. *Collect.* an 1810. 419

Servigny (de)—Leprevost. Tom. 1, 1812. 289

Sery — Lallemand, Ponsin. *Collect.* an 1808. 92

Settime—Bordano. *Journ.*, 2ᵉ. sem. 1811. 311

Seuil—Montdragon. *Journ.*, 2ᵉ. sem. 1811. 329

Sevil (héritiers)—Tabit. Tom. 1, 1813. 315

Sévène—Heymans. *Journ.*, 2ᵉ. sem. an 10. 347

et *Collect.* an 12. 266

Sevenne—Royer. *Journ.*, 1ᵉʳ. sem. 1811. 429

Sevennes—Michel. *Collect.* an 1811. 243

Sevestre—Choiseuil-Stainville. *Journ.*, 1ᵉʳ. sem. an 13. 521

et *Journ*, 2ᵉ. sem. an 13. 228

Sevin—Collet—Saint-James. *Collect.* an 1810. 446

Seyeux—Régie de l'enregistrement. *Journ.*, 1ᵉʳ. sem. an 13. 304

Seyler et Horix. *Collect.* an 14—1806. 338

Seytre—De Navailles. *Journ.*, 1ᵉʳ. sem. 1807. 209

Sezée—Lemaître. *Journ.*, 1ᵉʳ. sem. 1806. 417

Sibille et Derome—Désenfans. *Collect.* an 14—1806. 381

Sibille—Duchilleau—De Rouvers. *Journ.*, 2e. sem. 1810. 199

Sibille—Vanneste. *Collect.* an 1811. 322

Sibille—Vaneste père et fils. *Journ.*, 2e. sem. 1811. 513

Sibille—Vanier. Tom. 1, 1812. 336

Sicard—Ministère public. *Journ.*, 1er. sem. an 10. 477
et 2e. sem. an 13. 305

Sicard—Evrard. *Journ.*, 2e. sem. an 12. 476

Sicard. (les époux) *Journ.*, 2e. sem. 1809. 405

Sicard, Bertaut. Tom. 3, 1813. 241

Sieber—demoiselles Erard. *Journ.*, 1er. sem. 1811. 321

Sienzac—Massieu. Tom. 1, 1813. 142

Siess—Meyer. *Journ.*, 2e. sem. 1809. 185

Sieveking—Maupat, Durand. *Journ.*, 2e. sem. 1809. 507

Signol—Ledoux. *Journ.*, 2e. sem. an 10. 417

Signol—Loiseau. *Collect.* an 13. 129

Silvestre. *Collect.* an 14—1805. 270

Sillègue—B . . . *Journ.*, 2e. sem. 1810. 191

Simiane (de)—héritiers Delaire. Tom. 3, 1812. 195

Simon — Desmarets *Journ.*, 1er. sem. an 12. 193

Simond—Tors de la Sonde. *Journ.*, 1er. sem. an 12. 286
et *Journ.*, 2e. sem. an 12. 465

Simon—Demideleer. *Collect.* an 1808. 355

Simon—Demideleer—Dereuck. *Journ.*, 2e. sem. 1809. 124

Simon—Kuntzman. *Journ.*, 1er sem. 1810. 222

Simon—Messing—Cousin. *Journ.*, 1er. sem. 1810. 551

Simon—Marie. *Journ.*, 2e. sem. 1810. 232

Simon—Provost. *Journ.*, 2e. sem. 1812. 584

Simon—Daubisse. Tom. 3, 1812. 277

Simon. Tom. 1, 1813. 575

Simond—Girard. *Journ.*, 2e. sem. 1810. 81

Simonet—Martin. *Journ.* sem. an 14. 236

Simonet de Singly — Connan. *Journ.*, 2e. sem. 1808. 548

Simonet—Lemazurier—Laco. T. 3, 1813. 510

Simonin—Bidaud. *Journ.*, 2e. sem. 1810. 519

Simonin—Accolas. *Journ.*, 1er. sem. an 13. 516

Simonin—Fradiel. Tom. 2, 1813. 56

Simonnet—Froment. Tom. 1, 1812. 197

Simons—Tort de la Sonde. *Journ.*, 1er. sem. 1805. 497
et *Journ.*, 2e. sem. an 13. 86

Simons—Dewolf. *Journ.*, 2e. sem. 1809. 510

Simorre — Sarda — Seguy. *Journ.*, 2e. sem. an 13. 241

Sinetti—la dame de Brancas. Tom. 3, 1812. 441

Sinetty—Brancas. *Journ.*, 2e. sem. an 11. 295

Sinetty (de) — de Sinneville. *Collect.* an 1809. 255

Senneville (de)—Sinetty (de) *Collect.* an 1809. 255

Siraudin. (enfans héritiers) Tom. 1, 1812. 567

Sirey (la dame)—héritiers Houchin. *Journ.*, 2e. an sem. an 10. 305

Sirey—Copeaux — Roquelaure. *Journ.*, 1er. sem. an 13. 289

Sirot. *Journ.*, 2e. sem. 1807. 231

Sirot—Jonnery. *Journ.*, 1er. sem. 1809. 573

Sirot—Dubois. *Journ.*, 2e. sem. 1809. 572

Sirot — Jeanne-Sophie. *Journ.*, 1er. sem. 1810. 118

Sisterhem—Teissen. Tom. 3, 1812. 590

Sivory et consorts — l'Aventurier, corsaire. *Journ.*, 1er. sem. 1809. 513

Skipwith—Mount—Florence. *Collect.* an 14—1806. 311

Slagmulder—Fréderic. *Collect.* an 1807. 476

Slander—Schorrenburg. Tom. 3, 1813. 586

Smet — Régie de l'engistrement. *Collect.* an 13

Smith—Mosse—Perdrizet. *Journ.*, 2e. sem. 1812. 535

Sobre—Abbéna et compagnie. *Journ.*, 1er. sem. 1810. 91

Société Charbonnière — de Royer. *Collect.* an 1809. 441

Solage—Robine. *Journ.*, 1er. sem. an 11. 370
et *Journ.*, 2e. sem. an 12. 81

Soher—la Régie des douanes. *Collect.* an 12. 306

Soliveau—le Clercq. *Journ.*, 1er. sem. 1808. 476

Sollack. — Tom. 1, 1813. 578

Sollier—Marnois-Balliere. *Collect.* an 1811. 455

Solvyns—Vandenneste et Vandenzaude. *Collect.* an 1809. 364

Sombret—Leulier. Tom. 1, 1813. 449

Sommabére—Coulom. *Collect.* an 1811. 376

Sommariva—Beaugrand, Carstensohn. *Journ.*, 2e. sem. 1808. 44

Sommariva—Beaugrand, Carstensohn. *Journ.*, 1er. sem. 1809. 309

Sommeiller-Fagny—Tierry. Tom. 3, 1812. 301

Soppe—Ministère public. Tom. 3, 1813. 582

Sorbier—Jullienne. *Journ.*, 2e. sem. 1811. 449

Sorboloughi—Vaccari. *Journ.*, 2e. sem. 1811. 464

Sorensen — Spoheer et autres. *Collect.* an 12. 241

Soret—Rousseau-Baguenault. *Journ.*, 1er. sem. 1807. 535

Sora—Merlino. *Journ.*, 2e. sem. an 11. 401

Sorri—Baroni. Tom. 1, 1813. 585

Soubeiran—Fissour. *Journ.*, 1er. sem. 1806. 121
Soubise (succession). *Journ.*, sem. an 14. 164
Soudé-Hardouin—Duperrier et consorts. *Collect.* an 1809. 262
Soudry, Fournier—Dumard, Lafeuillade, Boutemard, Pommereau et autres. *Collect.* an 1808. 232
Sous-de-la-Garlie—Cholois. *Collect.* an 1811. 159
Soufflot—Burat. *Journ.*, 2e. sem. an 10. 247
Soukinski *Journ.*, 1er. sem. an 10. 461
Soulié. *Journ.*, 1er. sem. 1808. 455
Soulié—Toussaint. Tom. 2, 1813. 533
Soult—Tartois. *Journ.*, 2e. sem. 1810. 553
Soupant—Letors. *Journ.*, 2e. sem. 1809. 233
Souplet—Rouault. *Journ.*, 2e. sem. 1807. 469
Souskiski—Bertrand. *Journ.*, 2e. sem. an 9, n°. 8. 5
Soussaye—Valvin. *Journ.*, 2e. sem. 1809. 345
Souti—Guillet. Tom 1, 1812. 457
Soyer—Coudré *Journ.*, 1er. sem. 1806. 154
Soymier, Petou-Delarue. Tom. 2, 1813. 139 et Tom. 3, 1813. 350
Sozzi—la Régie des domaines. *Journ.*, 1er. sem. 1810 547
Spadafora—Sabatoucci. Tom. 1, 1812. 453
Spaguer—Ministère public. Tom. 3, 1813. 535
Speleers—Geenens. *Journ.*, 1er. sem. 1811. 330
Spéri—Dormes. Tom. 3, 1813. 230
Spiess—Davrilly. *Collect.* an 11. 365 et *Collect.* an 13. 13
Spiess—Davrilly, frères. *Journ.*, sem. an 14. 113
Spinola—Carrion-Nisas. *Collect.* an 11. 405
Spinola—Buzain, Pizoni. *Collect.* an 1809. 553
Spirmer—Desvoyers. *Journ.*, 2e. sem. an 11. 539
Spirmont—Desforges. *Journ.*, 2e. sem. an 11. 3
Spohrer—Jens-Sorensen. *Collect.* an 12. 241
Sporer—Trengia. *Journ.*, 2e. sem. 1812. 561
Squiroly—Décés-Caupene. Tom. 1, 1812. 185
Slaadt—Gœkler. *Journ.*, 2e. sem. an 9, n°. 2. 1
Stahlhoffer—Deck. *Journ.*, 2e. sem. 1812. 427
Stakebrand. Tom. 1, 1813. 587
Staplaton—Régie de l'enregistrement. *Collect.* an 1811. 210
Stapleaux—Bernardin de St.-Pierre. *Collect.* an 1810. 155
Starsse (héritiers). *Journ.*, 1er. sem. an 13. 285
Stas—Radet. *Journ.*, 2e. sem. 1811. 88
Staysens. *Journ.*, 1er. sem. 1808. 65
Steenkist—Klaust. Tom. 1, 1812. 151

Steffens—Marchand. *Collect.* an 1808. 438
Stéphan—Lapatonnière. *Journ.*, 1er. sem. an 13. 445
Sterckx—Vanmestraeten. *Journ.*, 1er. sem. 1810. 254
Sterne, Volet, Vigneran. Tom. 3, 1813. 53
Steusel—Fabre-Cayla. *Journ.*, 2e. sem. 1811. 147
Stevenotte—Chapel. *Journ.*, 1er. sem. 1811. 33
Stevens—Delmas et Obtemberg. *Collect.* an 12. 201
Stevens—Xenomont. *Journ.*, 1er. sem. 1808. 481
Stevens—Gadfurneaux. *Collect.* an 1809. 408
Stevens—Cattoir. *Journ.*, 1er. sem. 1810. 32
Stockem—le Bouchel. Tom. 1, 1812. 52
Stockenc—le Bouchet. Tom. 3, 1812. 189
Stocklin—veuve Diétrich. *Journ.*, 2e. sem. 1811. 174
Stractmans—Lambrets. *Journ.*, 1er. sem. 1811. 96
Stragin—Ministère public. Tom. 1, 1812. 316
Stralla—Magliano. *Journ.*, 2e. sem. 1812. 341
Strens—Vanvalxem. *Journ.*, 1er. sem. 1808. 2 8
Strickant—Bullens. *Journ.*, 1er. sem. 1811. 351
Strub—Wolff. *Collect.* an 1809. 474
Struvens—Jansseus. Tom. 1er., 1812. 161
Stubbe. Tom. 1er., 1813. 544
Stuber—Biers—Dewinck, *Journ.*, 2e. sem. an 13. 566
Stubert—de Warens. *Journ.*, 2e. sem. 1810. 474
Stuckens—Poussielgue. *Journ.*, 2e. sem. 1807. 286
Studer—Heymann. *Journ.*, 1er. sem. 1811. 367
Stupffel—Goll. Tom. 2, 1813. 586
Sturt—Messal. *Journ.*, 2e. sem. 1808. 87
Styles—Busqueta. *Journ.*, 2e. sem. 1810. 373 et 1er. sem. 1811. 220 et 487
Subert—Belot. *Journ.*, 2e. sem. an 13. 65
Subtil—Hubault. *Journ.*, 1er. sem. an 10. 201
Suchet—Vial. *Journ.*, 1er. sem. an 13. 215
Sudre—Serres. *Journ.*, 2e. sem. 1806. 257
Sudrie—Laperière et autres. *Journ.*, 2e. sem. an 10. 15
Sugnot—Durat. *Journ.*, 1er. sem. an 12. 517
Suin—Piat. *Journ.*, 1er. sem. 1811. 73
Suleau—de Vouassous. *Journ.*, 1er. sem. 1808. 8
Superville (héritiers)—demoiselle Papot. *Collect.* an 12. 393

Suret—Brou. *Journ.*, 1er. sem. 1806. P. 186
Surgères (héritiers) *Collect.* an 12. 24
Suseau — Larguèze. *Journ.*, 1er. sem. an 12. 240
Sutaine - Romance - Befroy. *Journ.*, 1er. sem. 1810. 570
Suzanne—Fromont. Tom. 2, 1813. 58
Suzar—Tranchard. *Collect.* an 1807. 8
Swan—Lubbert. *Journ.*, 1er. sem. 1809. 141 et 171
Swan (James) — ses créanciers. Tom. 3, 1812. 42
Swan, Schweizer — Parker. Tom. 3, 1812. 322
Swan — Audenet et Slingerland. *Journ.*, 1er. sem. 1809. 407
Syresmes—Barbey. *Collect.* an 1807. 136
Tabarh — ses créanciers. *Journ.*, 2e. sem. 1810. 529
Tabet—héritiers Sevel. Tom. 1, 1813. 315
Tabuis—Folllex. *Journ.*, 2e. sem. 1809. 133
Tachon—de Lespine. *Journ*, 2e. sem. 1811. 135
Tahon—Lepoivre, femme Grenier. Tom. 3, 1812. 248
Taisse. *Collect.* an 14—1806. 177
Talancé—Tricaud, Guillot. Tom. 3, 1813. 89
Talaru (de)—de Franqueville. *Journ.*, 2e. sem. 1806. 497
Talbert—Dormoy. *Collect.* an 1809. 77 et *Journ.*, 1er. sem. 1809. 148
Talbaans—Vanpeteghem. *Journ*, 1er. sem. 1808. 479
Talhoët (de)—hospices de Nantes. Tom. 2, 1813. 115
Talhouet—Arrighi. *Journ.*, 1er. sem. an 11. 65
Taillandier—Martin. *Journ.*, 1er. sem. 1808. 473
Tallard—Deschamps. *Collect.* an 1810. 112
Tallien—Havier. *Journ.*, 2e. sem. an 11. 168
Talleyrand-Périgord — Guillet-Moidière. *Coll.* an 14—1806. 370
Talmie—Delahaye de Bouis. *Collect.* an 13. 59
Talveau — Champion. *Journ.*, 2e. sem. an 12. 295
Tamnay—Forestier—Montufait. *Journ.*, 2e. sem. an 10. 34
Tannevot—Bouquillard. *Journ.*, 1er. sem. an 10. 390
Tantillon—Bonnet. *Collect.* an 1807. 188
Tarchini—Magnocavalli. Tom. 2, 1813. 456
Tardière—Delmas *Journ.*, 1er. sem. an 12. 355
Tardieu—Beynat. *Collect.* an 12. 104
Tardif—Douville. *Journ.*, 1er. sem. 1809. 426
Tardif—Proust et Depestre. *Collect.* an 1811. 15
Tardif—Dantignac. Tom. 3, 1812. 84

Target—Régie de l'enregistrement. *Collect.* an 1811. P. 252
Taricchi-Stroppo. (les mariés) *Journ.*, 1er. sem. 1811. 509
Taricchi—Ministère public. Tom. 1, 1812. 239
Tarin—Fleuriot. *Journ.*, 1er. sem. 1807. 471
Tartereau—*Journ.*, 1er. sem. 1806. 161
Tarriot—Pasquet. *Journ.*, 2e. sem. 1810. 279
Tarris—Casseni. Tom. 2, 1813. 369
Tartois—Soult. *Journ.*, 2e. sem. 1810. 553
Tachereau des Pictières — Frécine. *Journ.*, 1er. sem. 1808. 305
Tassin—Claude. *Journ.*, 2e. sem. 1809. 280
Tassin—Cormier. *Journ.*, 2e. sem. 1811. 182
Tassin—Régie des domaines. Tom. 3, 1812. 336
Tassin—Huré. Tom. 3, 1813. 236
Tassy—Juery. *Journ.*, 2e. sem. 1810. 241
Tategrain—Renoult. *Collect.* an 12. 366
Tauk—Hoess. *Journ.*, 1er. sem. an 1810. 447
Taulier—Passet, Dumoulin. Tom. 3, 1813. 16
Taupin—ses créanciers. Tom. 2, 1813. 47
Tautignan—Chauvin. Tom. 3, 1812. 193
Tauxier—Bouron-Brodel. *Journ.*, 1er. sem. an 11. 167
Tavernier—Merex *Journ.*, 1er. sem. 1807. 142
Tavernier—Dittmer. *Journ.*, 2e. sem. an 1811. 46
Tavernier—Grimoult. Tom. 3, 1812. 467
Taxis. *Voyez* Sainson.
Tayée—Delagarde—Caraman. *Collect.* an 1810. 470
Tayole—créanciers Bertrand. *Journ.*, 1er. sem. an 13. 77
Tecker-Gayen—Acquart. *Journ.*, 1er. sem. 1811. 113
Teigny—Pelgé. *Journ.*, 2e. sem. an 12. 178
Teigny—Touté. *Journ.*, 1er. sem. 1811. 390
Teillard (héritiers) — Régie de l'enregistrement. *Journ.*, 2e. sem. 1809. 129
Teissen—Sisterhem. Tom. 3, 1812. 590
Teisserre—Fredy. *Journ.*, 2e. sem. 1812. 216
Teissier — Deyllens. *Journ.*, 1er. sem. 1807. 465
Teissier. *Journ.*, 2e. sem. an 1808. 293
Teissier—Privat. *Journ.*, 1er. sem. 1809. 508
Teissier (héritiers) —Anjubault. *Journ.*, 2e. sem. 1812. 71
Tellier, Lambert—Caron. *Journ.*, 2e. sem. 1809. 20
Teman—Maës. (héritiers) Tom. 3, 1813. 63
Terelle—Cholet. *Journ.*, 2e. sem. 1812. 583
Termonia — Doloncin. *Journ.*, 2e. sem. 1811. 381
Ternier—Ducoudray. *Journ.*, 1er. sem. 1810. 135
Terrasson—Audran. *Journ.*, 2e. sem. an 10. 529

Terrasson-Daveze—Rossares. *Journ.*, 1er. sem. 1806. P. 481
Terray—Mainville. *Journ.*, 2e. sem. an 9, n°. 8. 7
Terray (héritiers) — G . . . *Journ.*, 2e. sem. an 9, n°. 26. 1
Terrier—Gruel. *Collect.* an 11. 439
Terrieu—Bijotat. *Journ.*, 2e. sem. 1801. 257
Ters—Habert et Benoit. *Journ.*, 2e. sem. an 11. 298
Ters—Masse. *Journ.*, 2e. sem. an 12. 325
Terson. *Journ.*, 2e. sem 1807. 547
et *Journ.*, 2e. sem. 1812. 271
Terzano—Massaro. Tom. 2, 1813. 503
Tesnières et consorts — Behagle. *Journ.*, 1er. sem. 1811. 469
Tessier — Rebly — Vassieux. *Journ.*, 1er. sem. an 13. 225
Tessier — Kienner. *Journ.*, 2e. sem. 1809. 574
Tessier—Loyseau. Tom. 1, 1812. 354
Tesson—Harvy-Cagnard. *Journ.*, 2e. sem. an 12. 220
Testard et Bressort — Razuret. Tom. 3, 1812. 458
Tester—Pagnières. *Journ.*, 2e. sem. an 12. 298
Testot — L'Huilier-Ficatier. *Journ.*, 1er. sem. en 12. 152
Testu—Saucier. *Collect.* an 11. 430
Testu—Baudrier. *Journ.*, 2e. sem. an 11. 533
Testu-Balincourt—ses créanciers. *Journ.*, 2e. sem. an 10. 414
Testu - Balincourt — commune de Champigny. *Collect.* an 13. 139
Testu-Balincourt—Clermont-d'Amboise. *Journ.*, 2e. sem. 1809 3
Testu—Geoffroy. *Collect.* an 1810. 386
Testu—Guyot—Chauveau. Tom. 3, 1812. 136
Testulat — Vincent. *Journ.*, 2e. sem. an 11. 407
Tète-Noir-Lafayette—Régie des domaines. *Journ.*, 1er. sem. an 12. 278
Tetrel—Noyée. *Journ.*, 2e. sem. 1806. 321
Tètu—Pèade. *Journ.*, 1er. sem. an 10. 389
Texandier — héritiers Février. *Collect.* an 1807. 393
Texier, Richard—Leuba. *Journ.*, sem. an 14. 273
Texier. (les mariés) Tom. 3, 1813. 419
Textor—Estinel. *Journ.*, 2e. sem. an 9, n°. 19. 7
Textoris—Hasflasslauer. *Journ.*, 2e. sem. an 9, n°. 11. 1
Teyssier de Farges—Changea. *Journ.*, 1er. sem. 1806. 164
Teyssier—André—Cavalier. Tom. 3, 1813. 386
Teyssoneau—Dupin. *Journ.*, 1er. sem. 1810. 204

Teytul—Dufraisse. Tom. 2, 1813. P. 24
Thaler—Dubost. *Collect.* an 1808. 381
Tarel—Larsonnier. *Journ.*, 1er. sem. 1811. 556
Thayer—Foxlow. *Journ.*, 2e. sem. 1808. 275
Théaulon—Doisy. *Journ.*, 1er. sem. an 10. 54
Théaux—héritiers Rose. *Journ.*, 2e. sem. 1811. 127
Thedeschi. (héritiers) Tom. 2, 1813. 456
Thellier, Tranchant — Rouganne. *Journ.*, 2e. sem. 1812. 321
Thémines—Philipeaux. *Journ.*, 2e. sem. 1807. 257
Thenorkauff—Brellinger. *Journ.*, 2e. sem. 1811. 43
Therard — Hanvel — Ricard. *Journ.*, 1er. sem. 1809. 351
Therby—Ministère public. *Journ.*, 2e. sem. an 12. 225
Thesan (de)—de Labeaume. *Journ.*, 1er. sem. 1809. 3
Thevenin et femme. *Journ.*, 1er. sem. au 11. 396
Thevenin—Milly. *Collect.* an 12. 118
Thevenon—les héritiers Bournichon. *Collect.* an 12. 320
Theysson—Schmitt. *Journ.*, 2e. sem. 1808. 559
Theysson—Régie forestière. Tom. 3, 1813. 46
Thibaut — Razuret et compagnie. *Journ.*, 1er. sem. 1806. 214
Thibaut—Palquier. *Journ.*, 1er. sem. 1811. 79
Thibault—Chiactonne. Tom. 2, 1813. 193
Thiberti. *Collect.* an 1807. 155
Thibout.—Durozey. *Collect.* an 12. 68
Thiebaut - Clerc—Broc. *Journ.*, 2e. sem. an 13. 10
Thieffries—Verrier. *Journ.*, 2e. sem. 1806. 565
Thieffry—Choisy. Tom. 1, 1813. 232
Thielmans—Catoir. *Collect.* an 1810. 75
Thiercelin—Michaux. *Journ.*, 2e. sem. 1809. 481
Thieriot—Breton. *Journ.*, 2e. sem. 1807. 29
Thiéry—Quentin de Vamber. Tom. 2, 1813. 15
Thierry—Huguier. *Journ.*, 2e. sem. an 11. 190
Thierry—Sommeiller Fagny. Tom. 3, 1812. 301
Thill—Gœury. *Journ.*, 1er. sem. 1807. 101
Thiriet—Sauss. *Journ.*, 2e. sem. 1812. 50
Thiroux de Medavy—Pracontal, Choiseul. *Journ.*, 2e. sem. 1809. 289
Thieulaine — Meiresse. *Collect.* an 14—1806. 450
Thirion—Baillet—Raguenet. *Journ.*, 2e. sem. an 12. 301
Thisse, Collignon, Boileau — Fremon. *Collect.* an 1809. 404
Thysibaërt—Régie de l'enregistrement. *Collect.* an 1809. 157
Thobois—Derieux. *Journ.*, 2e. sem. an 12. 312
Thoinard—Enfantin. *Journ.*, 2e. sem. an 12. 84

Tholman — Hermann - Auderbach. *Journ.*, 1er. sem. an 12. P. 371

Tholomel, Martin — Ministère public. *Journ.*, sem. an 14. 88

Thomas—Viquain et Lefevre, *Journ.*, 1er. sem. an 11. 33

Thomas — héritiers Darnay. *Journ.*, 1er. sem. an 11. 41

Thomas—Dorneau. *Journ.*, 2e. sem. an 11. 172 et 2e. sem. an 12. 25

Thomas—Moulinier. *Journ.*, 2e. sem. an 11. 353

Thomas—Beugon. *Collect.* an 13. 470

Thomas—Curtil. *Journ.*, 1er. sem. 1806. 17

Thomas—Bohet. *Journ.*, 1er. sem. 1806. 401

Thomas — Defrance. *Journ.*, 2e. sem. 1806. 280

Thomas—Ducayla. *Journ.*, 2e. sem. 1807. 180

Thomas—Beaumier. *Journ.*, 1er. sem. 1808. 388

Thomas — Lebreton. *Journ.*, 1er. sem. 1809. 433

Thomas Croce—Ministère public. *Journ.*, 2e. sem. 1809. 244

Thomas. *Journ.*, 1er. sem. 1811. 509

Thomas — Defussey — Hebert. Tom. 1, 1812. 530

Thomas—Duprez. Tom. 1, 1813. 549

Thomassin—Bruyère. *Journ.*, 2e. sem. 1812. 156

Thomesse-de-Belloy—Wagon. *Journ.*, 2e. sem. 1806. 413

Thorée—Brossard. *Journ.*, 2e. sem. 1807. 118

Thorel et compagnie—Seignerolle. *Journ.*, 2e. sem. an 11. 500

Thorel—Bourdon. *Journ.*, 2e. sem. 1810. 253

Thoris—héritiers Flamelle. *Collect.* an 12. 120

Thory—Lucy. *Journ.*, 2e. sem. 1808. 551

Thouet — Rodberg. *Journ.*, 1er. sem. an 12. 113

Thouet, Penot—Havet. *Journ.*, 2e. sem. 1808. 223

Thouret—Leroy. *Journ.*, 2e. sem. an 11. 461

Thouret—Reneuf de la Coudraye. Tom. 1, 1812. 5

Thouzeau—Chaigne. Tom. 1, 1813. 165

Thuart—Dangest-Willemain. Tom. 1, 1812. 29

Thugnet—Lindeman. Tom. 2, 1813. 555

Thumin. *Collect.* an 14—1806. 444

Thurat *Journ.*, 2e. sem. 1808. 310

Thuret—Régie de l'enregistrement. *Journ.*, 1er. sem. an 13. 72

Tillette d'Eaucourt—Bichecourt. Tom. 3, 1813. 496

Tillon—Robert. *Collect.* an 11. 425

Tilsman—Debroux—Laudrin. *Journ.*, 1er. sem. 1810. P. 337

Tinseau (héritiers)—Bout. (commune de) *Collect.* an 1808. 244

Tiollières—De Chabannes. *Collect.* an 1810. 85

Tiranty—Favaux. *Collect.* an 1807. 214

Tirel—Lancry. *Journ.*, 2e. sem. an 10. 292

Tison—Vincent. *Journ.*, 2e. sem. 1811. 3

Tissidre—Antoinette Deletang. Tom. 3, 1812. 369

Titon—Billet. *Journ.*, 2e. sem. 1811. 427

Tixier—Cordey et compagnie. *Collect.* an 1811. 84

T'Kint—Pauwels. Tom. 1, 1813. 106

T'Kint—Poot. *Journ.*, 1er. sem. 1807. 411

Tobler—Lagarde—Gauthier. *Collect.* an 1811. 193

Toinard-Jouy—Enfantin—Lecarpentier. *Journ.*, 1er. sem. an 10. 471

Tollay—Ministère public. *Journ.*, 2e. sem. an 10. 459

Tollard—Vilmorin. Tom. 3, 1812. 456

Tollemare, Baudoin—Tranchevant. *Journ.*, 2e. sem. 1812. 353

Tollier de la Marlière. (les mariés) *Journ.*, 1er. sem. an 11. 439

Tolmer—Grecy. *Journ.*, 2e. sem. 1806. 57

Toloz—Duparc. *Journ.*, 1er. sem. 1810. 395

Tombarelle, Dubernet—Ministère public. *Journ.*, 2e. sem. 1812. 282

Tonnard—commune de Treffort. *Journ.*, 2e. sem. an 10. 449

Tonniges—Frossard. *Collect.* an 1811. 255

Top—Régie de l'enregistrement. *Journ.*, 1er. sem. 1808. 308

Toreau-Realière, Béguin—Gasté. Tom. 1, 1813. 382

Torffs—la dame Rusette. *Journ.*, 1er. sem. an 13. 129

Tornaco—Bettefroid. *Collect.* an 1807. 307

Tornani—Barberini. *Journ.*, 2e. sem. 1810. 305

Tors de la Sonde—Simon. *Journ.*, 1er. sem. an 12. 286 et *Journ.*, 2e. sem. an 12. 465

Tort de la Sonde—Simons. *Journ.*, 2e. sem. an 13. 86 et *Journ.*, 1er. sem. 1806. 497

Touchard—Blondeau. *Journ.*, 2e. sem. an 12. 479

Touin, Brahier—Viel. Tom. 1, 1813. 399

Toumen—Hourcade—Ministère public. Tom. 1, 1813. 510

Toupelin. (les mariés) *Collect.* an 13. 207

Toupelin—Josset. *Journ.*, 1er. sem. 1809. 177 et 1er. sem. 1812. 184

Tourangin—Charret. Tom. 2, 1813. 120

Tournaire—Sautet. *Collect.* an 1809. 217

Tournay—Coutier. *Journ.*, 2e. sem. an 13. P. 37
Tournet—Delpy. *Collect.* an 1811. 213
Tournier—créanciers Salis. Tom. 2, 1813. 42
Tourraix — Coignet. *Journ.*, 1er. sem. 1810. 44
Tourres — Biery — Gautier. (frères et sœurs) *Journ.*, 1er. sem. 1806. 97
Tourtay—héritiers Meulan d'Arbois. *Collect.* an 13. 31
Tourton (héritiers)—Léveillé. *Collect.* an 1809. 163
Tourton et compagnie — Montz. *Journ.*, 1er. sem. 1810. 166
Tourton et Ravel—Meulemeester. *Journ.*, 1er. sem. an 11. 17
Tourton et Ravel—Carol et Sabatier. *Collect.* an 11. 65
Tourton et Ravel—Vanovestraeten. *Collect.* an 12. 154
Tourton et Ravel—Bouglé. *Journ.*, 2e. sem. 1807. 11
Tourton—Montz—Sellon. *Journ.*, 2e. sem. 1807. 195
Tourton et Ravel, Panchaut, Viat (héritiers) Montz. *Collect.* an 1809. 478
Tourton, Ravel—Chanu. *Journ.*, 1er. sem. 1810. 305
Tourton et Ravel—Sellon. *Collect.* an 1810. 129 et *Collect.* an 1811. 227
Toussaint—Saint-Pierre. *Journ.*, 2e. sem. an 11. 136
Toussaint—Soulié. Tom. 2, 1813. 553
Tousserat. (les mariés) Tom. 2, 1813. 267
Touté—Teigny. *Journ.*, 1er. sem. 1811. 393
Touzard—Ministère public. *Journ.*, sem. an 14. 259
Touzard, Olivier—Bormans. Tom. 1, 1812. 86
Trabé, Remaud—Larchevêque. *Journ.*, 2e. sem. 1812. 473
Trablaine—demoiselle Chomol. Tom. 1, 1812. 387
Tranchant, Thellier—Rouganne. *Journ.*, 2e. sem. 1812. 321
Tranchard—Suzos. *Collect.* an 1807. 8
Tranchevant—Tollemare, Baudoin. *Journ.*, 2e. sem. 1812. 353
Trapigny—Ministère public. Tom. 1, 1812. 349
Travault—Botot. *Journ.*, 1er. sem. 1807. 349
Travers. (les mariés) *Journ.*, 1er. sem. an 10. 536
Trebos—Dabernad. *Journ.*, 2e. sem. 1807. 353
Trebosch—Muratel. *Collect.* an 13. 418
Tredicini—Modesti. Tom. 1, 1812. 180
Treffort (commune de)—Tounard. *Journ.*, 2e. sem. an 10. 449
Tregomain—Priome. Tom. 2, 1813. 289

Tremeau — Oudin. *Journ.*, 1er. sem. an 13. P. 222
Tremauville—héritiers de Grieu. *Journ.*, 2e. sem. 1811. 321
Trémoille (de la)—Laporte. *Collect.* an 14—1806. 541
Trengia—Sporer. *Journ.*, 2e. sem. 1812. 561
Trésor public — Lallemand, Colin, Porlier—Brossier. *Journ.*, 2e. sem. 1806. 133
Trésor public—Jacob—Salom. *Journ.*, 1er. sem. 1809. 421
Trèves. *Journ.*, 1er. sem. 1810. 137
Tricaud, Guillot—Talanée. Tom. 3, 1813. 89
Triboulet—Gouy et autres. *Journ.*, 2e. sem. an 12. 380
Triboulon—Capdeville. *Journ.*, 1er. sem. 1809. 561
Tricot—Lorent. *Collect.* an 1810. 14
Tridon de Rey. (succession) *Journ.*, 1er. sem. an 13. 428
Trimoulet—Godefroy. *Collect.* an 1810. 199
Tripier — Allut et consorts. *Collect.* an 1810. 438
Triquenaux, Rebuffat—Lespinasse. *Journ.*, 2e. sem. 1809. 245
Triquerville—(*Voyez* Costé..)
Trobriaud—Coroller—Bernard. *Journ.*, 1er. sem. 1810. 465
Troette. *Journ.*, 1er. sem. 1806. 292
Troin—la Régie de l'enregistrement. *Collect.* an 1810. 176
Troncq—Blaquière. *Journ.*, 1er. sem. an 12. 145 et *Journ.*, 1er. sem. 1807. 501
Tronelle, Hue. Tom. 1, 1813. 584
Tronq—la Régie de l'enregistrement. *Collect.* an 11. 193
Trouillebert—Baron. *Journ.*, 1er. sem. an 10. 317
Trousset — Canivet. *Journ.*, 2e. sem. an 13. 302
Trubert—Bruyes. *Journ.*, 2e. sem. 1810. 156
Truche—Banfremont. 1er. sem. an 11. 38
Truché—Bobé. *Journ.*, 2e. sem. 1809. 512
Truel — La Carrière. *Journ.*, 2e. sem. 1807. 289
Tubeuf—d'Yvraude. *Journ.*, 1er. sem. an 10. 493
Tubo—Campana. *Journ.*, 1er. sem. 1811. 523
Tuffin de la Rouerie — Desmorandais. *Journ.*, 2e. sem. 1809. 417
Turgot—Bordier. *Journ.*, 1er. sem. 1811. 105
Turck—Neefs. *Journ.*, 2e. sem. 1812. 540
Turkeim (Maire de)—Zimmerback. *Collect.* an 1809. 361
Turlot—Bredin. *Collect.* an 1810. 161

Turmeau—Rousseau. *Journ.*, 1er. sem. an 10. P. 519

Turninger—Seits—Dervieux. Tom. 2, 1813. 255

Tuste—Vidal. *Journ.*, 1er. sem. an 12. 437

Tupigny—Bonnier. *Journ.*, 2e. sem. 1811. 296

Ulrich—Judas Lewi. Tom. 2, 1813. 129

Ulsasse — Anthèse. *Journ.*; 1er. sem. an 12. 417

Urguet-Develleray—Macquet. *Journ.*, 1er. sem. 1807. 360

Urlicis—Noir-Homme. *Journ.*, 1er. sem. an 12. 343

Ursin - Bougon (légataires.). Tome 2, 1813. 425

Urvoy — la Régie de l'enregistrement. *Journ.*, 2e. sem. an 10. 1

Uzès (héritiers) — Ducluzel. *Journ.*, 2e. sem. 1808. 443

Uzès (Crusol d') — Ducluzel. *Collect.* an 1811. 309

Vaccari — Sorbolonghi. *Journ.*, 2e. sem. 1811. 464

Vaccari — Olevano. *Journ.*, 2e. sem. 1812. 566

Vacher—Lavigne. *Collect.* an 13. 287

Vacher-Lacour—Berthot. *Journ.*, 1er. sem. 1807. 376

Vacher-Lacour—Berthol Cailler. *Journ.*, 1er. sem. 1810. 561

Vaedemont — Vanderschuren. *Collect.* an 1811. 488

Vafflard—Duchauffour. Tom. 3, 1813. 181

Vaillant — Longuet. *Journ.*, 1er. sem. 1811. 53

Vaillant — Commune de Montigny. Tom. 1, 1812. 97

Vaillard—Ministère public. *Collect.* an 1811. 399

Vins de la Saussaye—Régie de l'enregistrement. *Journ.*, 1er. sem. an 13. 75

Vaissié — Lacabane. *Journ.*, 1er. sem. an 11. 342

Vaissy—Bonnefonds. *Journ.*, 1er. sem. an 13. 516

Valaert — Diérich. *Journ.*, 2e. sem. an 12. 124

Valcourt—Graimberg-de-Vassan. *Journ.*, 2e. sem. 1811. 250

Valdazei—Vincent. *Collect.* an 13. 253

Valadon — Delaflèche. *Journ.*, 2e. sem. 1810. 70

Valadoux — Devers. *Journ.*, 1er. sem. 1811. 229

Valady — Boudon. *Journ.*, 2e. sem. an 12. 319

Valée— veuve Diétrich. *Journ.*, 2e. sem. 1811. P. 174

Valence—Régie de l'enregistrement. *Collect.* an 1807. 174

Valence — Commune de Saint-Jory. *Collect.* an 1807. 353

Valence—Sansac. *Collect.* an 1809. 289

Valentin et comp. — Curtel. *Journ.*, 1er. sem. 1806. 152

Valerius — Boutin. *Journ.*, 2e. sem. 1809. 540

Valery (héritiers)—Régie des domaines. *Collect.* an 12. 208

Valery — la Régie des domaines. *Collect.* an 12. 237

Valette. *Collect.* an 1808. 449

Vallembois — Marage. *Journ.*, 2e. sem. 1811. 143

Vallet—Varlet. *Journ.*, 1er. sem. 1807. 269

Vallet — de l'Arbre. *Collect.* au 1807. 293

Vallet—Lefebvre. *Journ.*, 2e. sem. 1808. 472

Valette — Administration forestière. *Journ.*, 1er. sem. 1810. 260

Vallier—Canot. *Journ.*, 2e. sem. 1812. 261

Vallino — Garessio. *Journ.*, 2e. sem. 1810. 478

Vallino — Dapassano. *Journ.*, 2e. sem. 1811. 186

Vallon—Riviere. *Journ.*, 2e. sem. an 12. 125

Valot—Régie de l'enregistrement. *Journ.*, 1er. sem. 1811. 6

Valperga. *Collect.* an 1809. 217

Valravens—Arnaud-Pass. Tom. 3, 1812. 161

Valton — Pierrecourt. *Journ.*, 1er. sem. 1810. 279

Valvin — Soussaye. *Journ.*, 2e. sem. 1809. 345

Van-Acker (héritiers). *Journ.*, 1er. sem. 1811. 520

Vanassche—Marnef. *Collect.* an 1808. 152

Vanasten (mineurs) — Knyf. *Collect.* an 1807. 53

Vanbelleghem—V. . . . *Journ.*, 2e. sem. 1810. 109

Vanberere—Romberg. *Journ.*, 1er. sem. 1807. 503

Vanbogaërt — Deschutter. *Collect.* an 1811. 30

Vanbomel—Vandinter. *Journ.*, 2e. sem. an 12. 161

Vanboterdaet — Crampagna. *Collect.* an 1810. 143

Van-Bouchaud — Vertomen. *Collect.* an 1808. 577

Van - Caneghem — Lubbert. *Journ.*, 2e. sem. 1808. 209

Vancanwenberghe — Malsenaert. *Collect.* an 1809. 444

Vancazeele—Vanthinen. *Collect.* an 14. - 1806. P. 70

Vancelle—Gonelle, Chenaille. Tom. 1, 1812. 80

Vanceulen—Bruynincky. *Journ.*, 2e. sem. an 10. 319

Vancools — Masse. *Journ.*, 1er. sem. 1807. 74

Vandame—Leyens. Tom. 1, 1813. 227

Vandamme — Hutsebault. *Collect.* an 14-1806. 538

Vandamme — Verstraeten. *Journ.*, 2e. sem. 1811. 383

Vandat—Baud. *Journ.*, 1er. sem. 1811. 462

Vandemacle — Deslovère. *Collect.* an 1810. 319

Vandenameele—Callewaert. Tom. 1er. 1813. 430

Vandenborne—Bovy. *Collect.* an 1807. 67

Vandenbrauwende—Dekuyper. *Journ.*, 1er. sem. 1810. 415

Vandenbroeck—Vaneerzel. Tom. 1, 1813. 73

Vandendacle — Schamp. *Collect.* au 1808. 416

Vandendael—Schamp. *Journ.*, 1er. sem. 1811. 257

Vandendal— héritiers Schamp. Tom. 3, 1812. 69

Vandenesschen—Praet. *Journ.*, 2e. sem. 1807. 462

Vandenneste et Vandenzande—Solvyns. *Collect.* an 1809. 364

Vandenschrik—Goessens. *Collect.* an 13. 372

Vandenspieghel — Nevejean. *Collect.* an 1807. 211

Vandenyvert (héritiers) — Chauvelin. *Journ.*, 1er. sem. 1808. 485

Vandenzande et Vandenneste—Solvyns. *Collect.* an 1809. 364

Vanderbergh — de Mahy. Tom. 3, 1813. 491

Vanderborgt—Dehaen. *Journ.*, 1er. sem. 1808. 573

Vanderbruggen — Régie de l'enregistrement. *Journ.*, 2e. sem. 1809. 200

Vander-Bussche (héritiers) — Bosch. *Journ.*, 2e. sem. 1809. 65

Vanderen. *Journ.*, 1er sem. 1808. 375

Vanderenne (les mariés). *Journ.*, 2e. sem. 1812. 351

Vanderhagen — Brabander. *Journ.*, 2e. sem. 1810. 336

Vanderheyden—Ernst. *Journ.*, 2e. sem. 1809. 489

Vanderheyden—Crust. *Journ.*, 1er. sem. 1811. 167

Vanderheyden—Renoz. Tom. 3, 1812. 150

Vanderhoëven — Corbesier. *Journ.*, 2e. sem. 1810. P. 343

Vanderhoeven. Tom. 2, 1813. 603

Vandermarq—de Grammont. *Journ.*, 1er. sem. 1811. 183

Vandermatten—Priusi. *Collect.* an 1807. 256

Vandermeeren (héritiers) Beckman. *Journ.*, 2e. sem. an 9, no. 32. 7

Vandermersch — sa fille. Tom. 1, 1812. 154

Vander-Motten — Leroy. *Journ.*, 2e. sem. 1807. 3

Vandernoot. *Journ.*, 2e. sem. an 9, nq. 19. 6

Vandernoot — Dewischer. *Journ.*, 1er. sem. an 11. 177

Vander-Sanden. Tom. 3, 1813. 48

Vanderschalden — Ministère public. Tom. 1, 1812. 419

Vanderschuren—Vaedemont. *Collect.* an 1811. 488

Vandereshuren — Collyns. *Journ.*, 1er. sem. 1811. 37

Vanderstraeten—Droogmans. *Journ.*, 1er. sem. an 12. 340

Vandersteene (héritiers) — Pot. *Collect.* an 1807. 455

Vandertrucht — Berckmans. *Collect.* an 1811. 430

Vandervael — Degoes. Tom. 3, 1813. 265

Vandervalon—Goes. Tom. 3, 1812. 500

Vandervelde—Christiaens. Tom. 3, 1813. 434

Vandevelde — Coulon — Baron et Audibert. *Journ.*, 1er. sem. 1809. 535

Vandeville—Duhem. *Collect.* an 1809. 268

Vandhommer, Velten — Hugel. *Journ.*, 2e. sem. 1812. 303

Vandhoren—Dequen. *Journ.*, 2e. sem. 1812. 17

Vandin—Lefevre. *Journ.*, 2e. sem. 1808. 416

Vandinter—Vanbomel. *Journ.*, 2e. sem. an 12. 161

Vandinter—Leyser. *Collect.* an 1807. 407

Vandoorslaer—héritiers Vanhoeck. *Journ.*, 2e. sem. 1810. 578

Vandyck—Dewite. *Collect.* an 1809. 415

Vandyck—ses créanciers. Tom. 1, 1812. 393

Vanesbeeck—Ministère public. Tom. 2, 1813. 21

Vaneerzel (héritiers) Vandenbrock. Tom. 1er., 1813. 73

Vaneste, père et fils—Sibille. *Journ.*, 2e. sem. 1811. 513

Vanfrasen—Fauconnier. *Journ.*, 1er. sem. an 13. 254

Vanhamme—Régie des droits réunis. Tom. 1er., 1813. 539

Vanhavre—Denefs. *Journ.*, 2e. sem. 1809. 334

Vanhavre—Dethiennes. *Journ.*, 1er. sem. 1811. 558

Vanhegelsom—Nieuvinkel. Tom. 1er., 1812. 292

Vanhemelryk—Derons. Tom. 3, 1813. P. 584

Vanhoech-Vandoorslaer. *Journ.*, 2e. sem. 1810. 378

Vanhollebeke — la Régie de l'enregistrement. *Journ.*, 1er. sem. an 11. 465

Vanhoutte—Goethaels. Tom. 3, 1813. 207

Vanhove—N . . . N . . . . *Journ.*, 2e. sem. 1809. 237

Vanhove—Régie des douanes. Tom. 1, 1812. 209

Vanlerberg—Lefebvre. *Collect.* an 1810 255

Vanlerberg—Bray. *Journ.*, 1er. sem. 1811. 28

Vanlérius — Bouten. *Journ.*, 2e. sem. 1810. 113

Vanmalcotte — héritiers Géerinch. *Journ.*, 2e. sem. 1811. 412

Vanmaldeghem—Paternoster. Tom. 1, 1813. 433

Vanmeerlen—Nathan. Tom. 1, 1813. 389

Vanmestraeten — Sterckx. *Journ.*, 1er. sem. 1810. 254

Vanmoorsel — Bacs de Bael. *Collect.* an 1810. 19

Vanneste—Sibille. *Collect.* an 1811. 322

Vannier — Picard et Hauzer. Tom. 1, 1812. 336

Vanolmen—d'Hassens. *Collect.* an 1807. 5

Vanoutryve—Mortier. *Journ.*, 1er. sem. an 1810. 27

Vanoverstraeten—Tourton et Ravel. *Collect.* an 12. 154

Vanovervelt—Desmet. *Collect.* an 1809. 107

Vanovervelt—Régie de l'enregistrement. *Journ.*, 2e. sem. 1811. 227

Van-Owerwalle—Hecckstyl. *Journ.*, 1er. sem. 1809. 209

Vanpeteghem — Talboons. *Journ.*, 1er. sem. 1808. 479

Vanpouck—Debaets. Tom. 2, 1813. 368

Vanrobais et compagnie — Durieux. Tom. 1, 1812. 381

Vanrossum. *Journ.*, 2e. sem. 1810. 398

Vansommern. *Journ.*, 1er. sem. 1812. 503

Van-Speybrouck — Ministère public. Tom. 2, 1813. 599

Vanstraten—Borchgrave. *Journ.*, 2e. sem. an 11. 513

Vanswae—Scheltiens. *Journ.*, 1er. sem. 1811. 187

Vanswae—Pillaen. Tom. 3, 1812. 526

Vanthinen—Vancazule. *Coll.* an 14—1806. 70

Vanvolxem. *Journ.*, 1er. sem. 1807. 255

Vanvawteling—Cordais. *Collect.* an 1807. 377

Vanwammel—Beerens. *Journ.*, 1er. sem. 1806. 559

Vanwerde, Demoos—Lefebvre. *Journ.*, 1er. sem. 1808. 185

Vanvolxem — Strent. *Journ.*, 1er. sem. 1808. 238

Vareilhes—Gualy. *Journ.*, 1er. sem. 1808. P. 295

Varcilles—Saillan. *Collect.* an 14 1806. 65

Varennes—Lehoc. Tom. 1, 1813. 270

Varinot—Royer frères. Tom. 1, 1812. 481

Varisco—Perregaux. Tom. 3, 1813. 36

Varlet et consorts.—Carré. *Journ.*, 2e. sem. 1811. 163

Varlet—Vallet. *Journ.*, 1er. sem. 1807. 269

Varras—Haincelin. *Journ.*, 2e. sem. 1810. 569

Varré — d'Avranche-d'Haugeranville. Tom. 3, 1813. 529

Vaslin et consorts — Dargent. *Collect.* an 1811. 401

Vassadel—Peyronnet. *Journ.*, 2e. sem. an 13. 97

Vassan—la dame de Valcourt. *Journ.*, 2e. sem. 1811. 250

Vassel—Laroque. *Journ.*, 1er. sem. 1811. 26

Vassieux—Feroux et consorts. *Journ.*, 1er. sem. an 13. 225

Vathaire—héritiers Luciot. *Journ.*, 1er. sem. an 13. 233

Vathaire — Mésenge. *Journ.*, 1er. sem. 1806. 513

Vauchaussade—Mourellon. *Journ.*, 2e. sem. an 11. 260

Vauban—Poligny. *Journ.*, 1er. sem. an 13. 328

Vaudemont — Bernier. *Journ.*, 1er. sem. 1806. 250

Vaudrimey—Lamaillanderie. *Journ.*, 1er. sem. an 12. 91

Vaugines (commune de) — Caumont. Tom. 1, 1803. 561

Vaugon—Jacob Delvaille. *Journ.*, 2e. sem. an 12. 458

Vauguerin—Ducros. *Journ.*, 1er. sem. 1808. 129

Vauldri-Laborde—héritiers Dachey. *Journ.*, 2e. sem. an 12. 513

Vaulerberghe—Vermeulen. Tom. 3, 1812. 533

Vaumoine. *Voyez* Viard.

Vaurobais—Chardon. *Journ.*, 1er. sem. an 12. 515

Vaury—Moret. *Journ.*, 2e. sem. 1810. 313

Vauval — demoiselle Maugis. *Journ.*, 2e. sem. an 11. 123

Vauverrin—Manget. *Journ.*, 1er. sem. an 10. 205

Vauversin — Manget. *Journ.*, 1er. sem. an 10. 551

Vauvineux — Sannegon—Meulan. *Journ.*, 2e. sem. an 10. 273

Vavasseur—Delavigne. *Journ.*, 1er. sem. 1809. 205

Vebel. *Journ.*, 1er. sem. 1808. 509

Vecquerai—Grisard. *Journ.*, 2e. sem. 1807. 186

Vée—Bautlier. Tom. 2, 1813. 258

Veilhers, Dupuy. *Collect.* an 1811. P. 137
Veillard—Babaut. *Journ.*, 1er. sem. 1810. 202
Vels—Gotteville. *Journ.*, 2e. sem. 1810. 421
Vels—Coffinet. *Journ.*, 1er. sem. an 11. 449
Velten, Vandhommer—Hugel. *Journ.*, 2e. sem. 1812. 303
Veluire (commune de) — Delatouche. *Collect.* an 1809. 103
Velvert—demoiselle Fabre. Tom. 1, 1812. 588
Vendennieuwenhuisen. *Collect.* an 1811. 264
Venderhaegen—Notaires de Bruges. *Journ.*, 2e. sem. 1811. 529
Vente—Dumas. *Journ.*, 1er. sem. 1810. 151
Ventre—Ferrandi. *Journ.*, 1er. sem. 1808. 339
Ventusol — Lippman. *Journ.*, 2e. sem. 1808. 315
Veny de Mariol — Brechet. *Collect.* an 1810. 65
Veraghen. (veuve et fils) Tome 2, 1813. 393
Verani—Garossio. Tome 1, 1813. 56
Verbeken — héritiers Vanhoeck. *Journ.*, 2e. sem. 1810. 378
Verchere—Berry. *Journ.*, 2e. sem. 1807. 441
Verchere—Marie Berry. Tom. 1, 1812. 225
Verdier—Berard. *Journ.*, 1er. sem. 1807. 32
Verdin—Plouin. *Journ.*, 1er. sem. an 13. 428
Verdun—de Beaumont. *Journ.*, 2e. sem. an 13. 71
Verdun—Berthier. *Journ.*, 1er. sem. an 13. 119
Verdun—Ministère public. *Collect.* an 1809. 401
Vergels—Carpentier. *Journ.*, 1er. sem. 1810. 495
Verger—Belleney. *Journ.*, 1er. sem. an 10. 263
Verger—Lemonou. *Journ.*, 2e. sem. an 1811. 37
Verger—héritiers Fouet. *Journ.*, 2e. sem. an 11. 263
Vergnaud—héritiers Moreau. *Journ.*, 1er. sem. 1808. 91
Vergneaud—Ducluseau. *Journ.*, 1er. sem. 1810. 23
Vermeiren — Verplancken. *Journ.*, 1er. sem. 1811. 385
Vermeren—Hamelink. *Journ.*, 1er. sem. 1810. 78
Vermeulen. *Collect.* an 1810. 75
Vermeulen—Vaulerberghe. Tom. 3, 1812. 533
Vermot, Candras — Pinard, Marion. *Journ.*, 2e. sem. 1812. 113
Vermusch—Braët. *Collect.* an 1807. 47
Vernant-Broulet—Broulet. *Collect.* an 11. 238
Verney — Lamordieu *Journ.*, 1er. sem. an 12. 529
Vernier—Desverneys. *Collect.* an 13. 178
Vernet — Le Marois. *Journ.*, 2e. sem. an 11. 369
Vernier—Virot. *Journ.*, 1er. sem. an 11. 280

Vernier—Cramer. *Journ.*, 2e. sem. 1808 P. 214
Vernière, Jusseraud—Verny. *Collect.* an 1809. 513
Veron. *Journ.*, 2e. sem. an 10. 141
Veron—Duval. *Journ.*, 2e. sem. 1810. 255
Veron—Faure. *Journ.*, 1er. sem. an 12. 200
Verron (les mariés) — Dubeau. Tom. 1, 1812. 374
Veron—Laisné. Tom. 2, 1813. 379
Verplancken.— Vermeiren. *Journ.*, 1er. sem. 1811. 385
Verrier — Thieffries. *Journ.*, 2e. sem. 1806. 565
Verstraeten — Vandamme. *Journ.*, 2e. sem. 1811. 383
Vert—Peisselier. *Journ.*, 1er. sem. 1809. 346
Vertomen — Van Bouchaud. *Collect.* an 1808. 377
Vervin—Mevolhon. *Collect.* an 13. 355
Véry—Dalvimart. *Journ.*, 2e. sem. 1807. 292
Vesian—Blanc—Bouchet. Tom. 3, 1812. 476
Vestraëten—Daubremé. *Journ.*, 1er. sem. 1808 401
Vevelin — Choalens — Albrechts. *Journ.*, 2e. sem. 1807. 17
Veyrans (enfans) Fabre. *Collect.* an 1808. 362
Vezard — Gericaut. *Journ.*, 1er. sem. an 11. 338
Viat (héritiers) Tourton, Panchaud — Montz. *Collect.* an 1809. 478
Vialle—Larrieux. Tom. 3, 1813. 195
Viard — Régie des domaines. *Journ.*, 2e. sem. an 13. 161
Vial—Sachet. *Journ.*, 1er. sem. an 13. 215
Vic—Blary. *Journ.*, 1er. sem. 1811. 454
Vibert.—Carpentier. *Collect.* an 1807. 273
Vibert—Hua. *Journ.*, 2e. sem. 1810. 459
Vic — héritiers Blary. *Collect.* an 1811. 70
Vidal—Villain-Quatorze. *Journ.*, 2e. sem. an 9, n°. 26. 15
Vidal—Tuste. *Journ.*, 1er. sem. an 12. 437
Vidal, Mas — Leverre, Caylus. 2e. sem. 1812. 10
Vidal—Capdeville. *Journ.*, 2e. sem. 1811. 155
Vidard. Tom. 1, 1813. 491
Videl—Lebaron. *Journ.*, 1er. sem. an 13. 201
Viel—Brahier, Touin. Tom. 1, 1813. 399
Vielant—Gambier. Tom. 3, 1812. 570
Viellard — Letellier-Bernard. Tom. 1, 1812. 128
Viemersch—héritiers Denoker. Tom. 1, 1812. 215
Viennot (héritiers)—Goguel. *Collect.* an 1811. 277
Vieux, dit Rollet, Vieux—Sautor, Hugonier.— Administration forestière. *Journ.*, 2e. sem. 1809. 497

Vigier — Margerin. *Journ.*, 1er. sem. an 13. p. 161
Vigier—Machet-Vélye. *Collect.* an 13. 53
Les mêmes. *Collect.* an 13. 58
Vigier — Aubert-Dubourg. *Journ.*, 1er. sem. 1806. 425
Vigier — Aubert-Dubourg. *Journ.*, 1er. sem. 1807. 369
Vignau de Villars—Monnier. *Journ.*, 2e. sem. an 10. 398
Vigneau — Eymard. *Journ.*, 1er. sem. 1807. 385
Vigneras—Beauvais. *Collect.* an 1809. 286
Vigneron, Sterne, Volet. Tom. 3, 1813. 53
Vignon—Guillaume-Papillon. *Journ.*, 2e. sem. 1811. 353
Vignon—Papillon. *Journ.*, 2e. sem. 1812. 140
Vildon (de) *Journ.*, sem. an 14. 78
Villa — Baldeyron. *Journ.*, 1er. sem. 1811. 273
Villain-Quatorze—Vidal. *Journ.*, 2e. sem. an 9. n°. 26. 15
Villavicensio (créanciers). Tom. 3, 1812. 289
Ville-Andraye—St-Cyr. *Journ.*, 2e. sem. 1807. 324
Ville-Fumade — Pailhon. *Collect.* an 1807. 186
Villegarde—Claro. *Journ.*, 2e. sem. 1807. 6
Villemain — Lamboley-Sage. *Journ.*, 2e. sem. 1810. 17
Villemenant—Berthier. *Journ.*, 2e. sem. 1808. 499
Villems—Hamelinck. *Collect.* an 1811. 303
Villeneuve — Chapuy. *Journ.*, 1er. sem. an 12. 457
Villeneuve—Dubor. *Journ.*, 1er. sem. an 13. 453
Villeneuve—Darbins. *Collect.* an 1808. 507
Villeron (Mérault de). *Collect.* an 1811. 207
Villeron—Saint-Laurent. Tom. 1, 1813. 177
Villeroy—Guyennot. *Collect.* an 13. 380
Villeroy (de) — créanciers Agobert, *Journ.*, 2e. sem. an 13. 552
Villers (Coustard de) — Leroy. Tom. 1, 1812. 101
Villeserres—Marin. *Collect.* an 1809. 550
Villette (de)—Challant (de). Tom. 1, 1813. 567
Villevieille—Favier. Tom. 3, 1813. 359
Villot—Cerise. *Journ.*, 2e. sem. 1810. 401
Vilmorin—Tollard. Tom. 3, 1812. 436
Vimeux, Perrotte—Mailhe. *Collect.* an 1809. 15
Vinatier—Champion. Tom. 3, 1812. 81
Vincart—Herbinaux. *Collect.* an 1810. 318

Vincendon — Barthelon et comp. *Collect.* an 1811. p. 199
Vincendon—Chabon. Tom. 3, 1813. 522
Vincent — Testulat-Bayeux. *Journ.*, 2e. sem. an 11. 407
Vincent—Valdazeï. *Collect.* an 13. 253
Vincent—Berthelot. *Journ.*, 1er. sem. 1807. 201
Vincent — Durand. *Journ.*, 1er. sem. 1807. 383
Vincent—Cagnard. *Journ.*, 1er. sem. 1807. 401
Vincent—Mesnier. *Journ.*, 2e. sem. 1808. 369
Vincent—Ministère public. *Collect.* an 1809. 115
Vincent. *Journ.*, 1er. sem. 1810. 515
Vincent—Charrel et autres. *Journ.*, 1er. sem. 1811. 303
Vincent — Berthelot et Tison. *Journ.*, 2e. sem. 1811. 3
Vincent—Beaudeux. Tom. 3, 1812. 261
Vinet—Maille. *Collect.* an 12. 44
Vinezac—Morargier. Tom. 3, 1813. 271
Viunifrith — Galand. *Journ.*, 2e. sem. 1806. 523
Vinoy — Courbon-Bertail. *Journ.*, 1er. sem. 1810. 565
Vinson. *Journ.*, 1er. sem. 1808. 204
Viogné — héritiers des Marres. *Journ.*, 2e. sem. an 13. 202
Vion—Ravette. *Journ.*, 1er. sem. an 13. 337
Viquain—Thomas. *Journ.*, 1er. sem. an 11. 33
Virgile (héritiers)—Rebecqui, *Journ.*, 2e. sem. 5
Virgile (de) — Rebecqui. *Journ.*, 1er. sem. 1809. 214
Virgile (de) — Rebecqui. *Journ.*, 1er. sem. 1809. 361
Virginie—Degasse. *Journ.*, 2e. sem. 1808. 424
Virnot—Fleury-Letocaert. Tom. 5, 1812. 550
Virnot—Perrier. Tom. 1, 1813. 393
Virot—Vernier. *Journ.*, 1er. sem. an 11. 280
Vissec — Lubersac. *Journ.*, 1er. sem. 1810. 159
Vital-Saugeon—Administration des messageries. — Monnier, Boulade. *Journ.*, 1er. sem. 1809. 26
Vitalis. *Journ.*, 2e. sem. 1812. 33
Vitale-Pallières— Laguasco. *Journ.*, 2e. sem. 1810. 428
Viteux — Chassaigne. *Journ.*, 2e. sem. an 13. 135
Vitry — Cheviron. *Journ.*, 1er. sem. an 12. 20
Vitry—Bazin. *Journ.*, 1er. sem. 1806. 411
Vithon—Gauthier. *Collect.* an 14-1806. 340

Vitoux — Pellerin de Chantereine. *Collect.* an 13. p. 245

Vivenot—Lacave. *Journ.*, 1er. sem. 1806. 241

Vivians — le Ministère public. *Collect.* an 11. 231

Vivien — Gorlay. *Journ.*, 1er. sem. 1809. 471

Vivien-Goubert — Gorlay-Perrot. *Journ.*, 2e. sem. 1811. 262

Vivien—Grandcour. Tom. 3, 1813. 310

Vivien (héritiers) — Daviat-Pluvinet. Tom. 2, 1813. 198

Vocance — Bauveau. *Journ.*, 2e. sem. an 11. 228

Vocher—Coopmann, Nadau. *Journ.*, 1er. sem. 1808. 233

Vochez—Lasne. *Journ.*, 1er. sem. 1810. 519

Vogel—Weiler. *Journ.*, 2e. sem. 1806. 350

Vogtlin—Dubost. *Collect.* an 1810. 381

Voguet. (veuve et enfans) *Journ.*, 2e. sem. an 13. 205

Voillot-Bayet—Ranc. *Journ.*, 2e. sem. 1810. 45

Voisin—Petit. *Journ.*, 2e. sem. 1812. 483

Voisinet—Guernault. *Journ.*, 2e. sem. an 10. 513

Voiteure. (commune de) *Journ.*, 2e. sem. an 10. 226

Volant — Régie de l'enregistrement. Tom. 2, 1813. 321

Volckheimer—Wannemann. *Journ.*, 2e. sem. 1812. 253

Volder—la dame L**. *Journ.*, 2e. sem. 1810. 170

Volet, Vigneron, Sterne. Tom. 3, 1813. 53

Volf—Robert. *Journ.*, 2e. sem. an 11. 305

Volf—Flameut. *Journ.*, 2e. sem. an 12. 563

Vollan—Salignon. *Journ.*, 2e. sem. 1810. 509

Volquaert—Demulder. Tom. 1, 1813. 225

Voltz—Gross. Tom. 1, 1813. 276

Vonthyssen—Huseman. *Collect.* an 13. 26

Vonthyssen—Huseman. *Journ.*, 1er. sem. 1809. 49

Voyenne—Huau. *Collect.* an 1810. 56

Voyer—Guevenheim. (commune de) *Collect.* an 1809. 174

Vouland—Machard. Tom. 2, 1813. 79

Vouziers (commune de)—Lefebvre. *Journ.*, 1er. sem. 1806. 41

Voyneau — Auguste. *Journ.*, 1er. sem. 1809. 273

Vyndevogel et Lamens—Hameling. *Journ.*, 1er. sem. 1809. 221

Wacquant—Everard. *Journ.*, 2e. sem. 1812. 554

Wagenhart. (succession) *Collect.* an 11. 16

Wagon—Thomesse—De Belloy. *Journ.*, 2e. sem. 1806. p. 413

Walekiers. (veuve et héritiers) Tom. 3, 1812. 101

Wallard, Rollin — Brunot. *Collect.* an 1809. 378

Wallerand. *Collect.* an 12. 313

Wallet—le Ministère public. *Journ.*, 1er. sem. an 11. 369

Walsh Serrant, père et fils. *Journ.*, 2e. sem. an 12. 228

Walter—Pfleger. Tom. 3, 1812. 487

Wannemann—Volckheimer. *Journ.*, 2e. sem. 1812. 253

Warens (de)—Stubert. *Journ.*, 2e. sem. 1810. 474

Wargny—Zabé. *Journ.*, 1er. sem. an 12. 177

Warhem (commune de)—Denet. *Journ.*, 2e. sem. an 10. 198

Warly. (les mariés) *Collect.* an 13. 412

Warnet—Pigeaux. *Journ.*, 2e. sem. 1812. 523

Watier, Catry—Brison. Tom. 3, 1812. 597

Warthemann—Mathieu. *Journ.*, 2e. sem. 1807. 566

Wasberg—Abraham Alcan. *Collect.* an 1811. 217

Wastiau—Caslesart. Tom. 2, 1813. 519

Wattebled—Paillé. Tom. 3, 1812. 153

Wattiaux—Régie des domaines. Tom. 3, 1812. 373

Wecber—Arnsperger. *Collect.* an 1809. 159

Weilbrenner—Platz. *Collect.* an 14—1806. 85

Weiler — Bardonne — Vogel. *Journ.*, 2e. sem. 1806. 350

Weingartner—héritiers d'Esebeck. Tom. 3, 1812. 511

Weiss—Judas Koltz. *Collect.* an 1810. 441

Weissholtz — Robert. *Journ.*, 2e. sem. 1809. 142

Welvis—Poot. *Journ.*, 2e. sem. 1806. 100

et *Journ.*, 1er. sem. 1806. 357

Wendel—la commune de Ranguevaux. *Journ.*, 2e. sem. an 11. 321

Wendel—Goullet de Saint-Paul. *Journ.*, 2e. sem. 1811. 344

Werbrouck—Combe. *Journ.*, 1er. sem. 1807. 529

Wessang—Scihellé. *Journ.*, 1er. sem. an 12. 461

Weydel—Goll. *Journ.*, 2e. sem. 1811. 542

Wiart—Duverger. *Journ.* sem. an 14. 49

Wiart—Durieux. Tom. 1, 1813. 161

Wiguen—Dormesson. *Journ.*, 1er. sem. 1807. 405

Willemain Dangest. Tom. 1, 1812. 29

Williams—Colignon. *Collect.* an 13. 353

Wincelins—Lafontaine. *Journ.*, 2e. sem. an 12. p. 452
Winter—Meister. *Journ.*, 2e. sem. an 11. 289
Wirion—Raclot. *Collect.* an 1810. 450
Wirion. (veuve et héritiers) Tom. 3, 1812. 433
Wirkai—Finve. *Collect.* an 1807. 344
Wirtz—Collignan. *Journ.*, 2e. sem. an 12. 273
Wischere — Gilissen. *Journ.*, 1er. sem. 1806. 337
Withersheim—Defrance. *Journ.*, 2e. sem. 1806. 280
Wittersheims—Defrance. *Journ.*, 2e. sem. 1810. 345
Woilferdin—Halinbourg. *Journ.*, 2e. sem. 1811. 228
Wolf, Petri—Schott. *Journ.*, 1er. sem. 1806. 65
Wolff—Strub. *Collect.* an 1809. 474
Wolff—Schmitt. *Collect.* an 1810. 303
Worbe—Leduc. *Collect.* an 1810. 276
et *Journ.*, 1er. sem. 1811. 484
Wouters—Schalle. *Collect.*, an 1808. 58
Wurtzweiller—Schmitt. Tom. 3, 1812. 351
Wyndai, Sarrens. *Collect.* an 1807.

Xenomont—Stevens. *Journ.*, 1er. sem. 1808. p. 481
Xhcouet (héritiers)—Lefin. *Collect.* an 12. 251
Yernaux—Caroly. *Collect.* an 1807. 297
Youf—Guerin. *Journ.*, 2e. sem. 1809. 305
Yver—Bergerat—Riquet. *Journ.*, 1er. sem. 1811. 296
Zabé—Wargny. *Journ.*, 1er. sem. an 12. 177
Zahn—Dossmann. Tom. 3, 1812. 303
Zaman—Lafond. Tom. 1, 1812. 307
Zerboi—Bettinato. *Journ.*, 1er. sem. 1811. 278
Zibelin—Millauge et autres. *Journ.*, 2e. sem. an 11. 494
Zimmer—Mennet. *Collect.* an 12. 281
Zimmerback (habitans de)—Turkeim. (maire de) *Collect.* an 1809. 361
Zimmermann et consorts—Meyer. *Journ.*, 1er. sem. 1809. 85
Zindel—Legret. *Collect.* an 14—1806. 123
Zacharie — Régie des droits réunis. *Journ.*, 2e. sem. 1812. 27
Zolozzi—Ministère public. *Collect.* an 1808. 426
Zoppi—Nigra. *Journ.*, 2e. sem. 1811. 62
Zuercher—Fontaine de Biré. *Collect.* an 12. 417
Zwickert—Klinglin. *Journ.*, 2e. sem. 1811. 512

FIN DE LA TABLE DES NOMS DES PARTIES.

www.ingramcontent.com/pod-product-compliance
Lightning Source LLC
LaVergne TN
LVHW011938180726
843502LV00003B/830